序

承"香江文苑"之邀，裒辑"自选集"，默念耳顺之年已逾，马齿徒长，学殖荒落，记忆力与专注力日衰。幸四十年来，笔耕不辍，尚有碎金可拾，爰应命成编。

平生治学，以传统典籍文化及国际汉学为范畴，以义理、训诂、辞章为主干，以天人之际、古今之变为终极关怀。自千禧年起倡议跨领域研究（cross disciplinary research），凡二十余年，身体力行，略有述作，均不出上述宗旨。本书所选论文凡十四篇，分属《易》学、汉学、清代学术三部分。以下说明撰述背景，以见个人学术思想成长。

我研治《易》学，早承黄沛荣师启蒙，后随先师何佑森教授研究浙东学术，奉读黄宗羲（梨洲，1610—1695）《易学象数论》、胡渭（朏明，1633—1714）《易图明辨》，遂自宋代图书之学入手，着意分判河图、洛书、太极图与宋代道学义理的关系，《周敦颐〈太极图〉及其相关诠释问题》即属成果之一。旋为解决图书之学的象数原理，深入清儒象数《易》，并循汉魏《易》例，上溯本经，解剥《周易》经传关系，揭露"一字多义"（polysemy）现象，借探讨异文掌握经义。《〈易〉学与校勘学——异文与"一字多义"》一篇即循此思路而成。2002年撰写《易图象与易诠释》的同时，我已立志梳理卦爻辞与《十翼》关系，重建《周易》经传体系，对二十世纪初古史辨运动疑古思潮摧破《易》学体统，深感痛心，遂撰《论二十世纪初〈周易〉经传分离说的形成》，解构古史辨论述，为百年疑古派《易》学画下句号。自2000年起于台湾大学中文系为诸生讲授"中国思想史"凡十余年，解说上古思想肇兴，追述古史，澄涤本源，梳理《易》与儒、道思想源流，遂有《〈易〉儒道同源分流论》的撰著。至如《周易阶梯》《周易答问》等已刊布海内外，《周易郑解》一书亦已于去年12月付梓（台北：联经）。

汉学方面，《海外汉学发展论衡——以欧美为范畴》以五万字篇幅，游观欧洲、北美汉学风潮更迭，评骘诸家得失，期勉后学，既勿自囿于国学而妄自尊大，亦勿崇洋自卑而逐队随人，应充分借鉴海外汉学异色，重新审察自身学术文化故步，省思自砺，日新又新。个人治学自清儒入手，根柢文献以驰骋哲理思辨，深探概念范畴，论抽象形上之理不离训诂考核。《名、字与概念范畴》《论先秦思想史中的语言方法——义理与训诂一体性新议》《先秦经典"中"字字义分析——兼论〈保训〉"中"字》等三篇即为展示义理、训诂彼此互通之作。专著《汉学论衡初集》，亦已于2022年3月问世。

至于清代学术，论者多着眼经学考据，对清初民族矛盾隐痛，领会殊为不足，《读〈清史列传〉对吴伟业仕清背景之推测——兼论清初士风》一文于此有所发明。半个世纪前，余英时师（1930—2021）刊布《论戴震与章学诚》，欲借戴、章争论，分判经、史殊途。本书《论戴震与章学诚的学术因缘——"理"与"道"的新诠》一文，补充英时师之说，勾稽戴震（东原，1724—1777）、章学诚（实斋，1738—1801）学术因缘，而论经、史同源，率归本于庶民文化、人伦日用，可见清儒痌瘝在抱、民胞物与之情，未可轻忽。戴氏深研古礼而达"理"，章氏究于史志而论"道"，同异之际，亦不可不察。接下两篇分别论析戴、章学术思想。《戴震"以理杀人"说兼义衍释》追述戴氏"以理杀人"之说，下绾晚近学者评论，聚焦于三位祖籍安徽的学者对其乡先辈休宁戴震思想的阐释，并及近世人文精神传统的发明，以明戴氏思想在近代中国思潮的意义。《论章学诚的"道"——〈文史通义·原道〉新释》一文解析《文史通义》中《原道》三篇所申"三人居室""人伦日用""圣人学于众人"之义，比较版本，推寻胜义。末二篇《钱穆〈先秦诸子系年〉的历史考察：方法与思潮》《何佑森先生学术思想的发展》，旨在弘扬钱穆先生（宾四，1895—1990）搜罗考述先秦诸子的伟业，揭示清代先秦诸子研究风潮的兴起，并董理先师何佑森教授（1930—2008）毕生治学成就，以及思想演变的历程，以见饮水思源，追念师门之意。

个人幸承台湾大学中文系师长栽培，因兴趣广泛，研经读史，游心文史哲之际，兼涉儒释道之教。自追随佑森师后，以清代学术为职志，循清儒旧辙，上溯先秦经术思想，沉浸既久，枝叶渐茂。回首前半生，最幸运者实为"际遇"，中学就读于耶稣会创立之香港华仁书院，诵读《圣经》有年，于欧洲宗教文化别有会心；大学回归传统，于台大中文系接受正统汉学训练。复得内子敏慧支持照拂，无后顾之忧，俾能在数十年间，于东西各国上庠游访。承台大硕学鸿儒启蒙教诲之余，复得拜见当世海内外人文学界耆宿，雅聆德音，广窥学术堂奥，实属万幸。

以上缕析区区，未敢虚谈撰述。学问之道，浩如烟海，吾辈仅取一瓢之饮，满腹则止，尽心而已。篇末谨录旧作七律《临眺》一首，略识怀抱。诗云：

萧心日夕伫楼台，三叹沧桑尽一杯。
岘首羊公伤世宙[1]，隆中诸葛卧贤才。
齐州东海鸣锋镝，鲁殿西潮葬劫灰。
谁属书生天下事[2]？愁看乌鹊数飞徊。

郑吉雄

2024年3月23日书于御龙山寓庐

*本书由及门傅凯瑄博士编校整理，特此致谢。

---

① 《晋书·羊祜传》："祜乐山水，每风景必造岘山。置酒言咏，终日不倦。尝慨然叹息，顾谓从事中郎邹湛等曰：'自有宇宙，便有此山，由来贤达胜士，登此远望，如我与卿者多矣，皆湮灭无闻，使人悲伤。吾百岁后有知，魂魄犹应登此也。'"汪中《汉上琴台之铭》："弭节夏口，假馆汉皋，岘首同感，桑下是恋。"

② 龚自珍《送夏进士序》："天下事，舍书生无可属。"

目 Contents 录

《易》学

002　论二十世纪初《周易》"经传分离"说的形成

043　《易》学与校勘学
　　　——异文与"一字多义"

094　周敦颐《太极图》及其相关诠释问题

154　《易》儒道同源分流论

汉 学

236　海外汉学发展论衡
　　　——以欧美为范畴

296　名、字与概念范畴

332　论先秦思想史中的语言方法
　　　——义理与训诂一体性新议

392　先秦经典"中"字字义分析
　　　——兼论《保训》"中"字

清代学术

434　读《清史列传》对吴伟业仕清背景之推测
　　　——兼论清初士风

460　论戴震与章学诚的学术因缘
　　　——"理"与"道"的新诠

486　戴震"以理杀人"说兼义衍释

513　论章学诚的"道"
　　　——《文史通义·原道》新释

546　钱穆《先秦诸子系年》的历史考察：方法与思潮

579　何佑森先生学术思想的发展

《易》学

论二十世纪初《周易》"经传分离"说的形成①

一、问题的缘起

传统中国《周易》研究者本于经典的神圣性，以及"《易》历三圣""《易》历四圣"等观念，过于强调"传统"，偏执于伏羲、文王、周公、孔子（前551—前479）传承的内容，而只看到"经、传"的一致性。他们或者径以《易传》解卦爻辞，或径以卦爻辞释《易传》，俨然将经与传视为一体。其间也曾有学者提出怀疑［如欧阳修（1007—1072）《易童子问》］，终因违悖儒教的神圣性而归于沉寂。直到二十世纪初"疑古"的风潮骤兴，主流思潮为之一变。自此以后，研究者一意将经传的关系切断，同时也摧毁了《周易》经传的神圣性。正如高亨（1900—1986）所说：

> 《易传》解经与《易经》原意往往相去很远，所以研究这两部书，应当以经观经，以传观传。解经则从筮书的角度，考定经文的原意……解传则从哲学书的角度，寻求传文的本旨，探索传对经的理解……这样才能明确传的义蕴。②

学者认为绝不能透过《易传》来了解经文内容，也不能用经文来分析《易传》义理，因为经文是卜筮迷信的工具，《易传》才是《易》的义理之源。

1923年顾颉刚（1893—1980）《与钱玄同先生论古史书》中提出"层累地造成

---

① 本文初稿于2002年以原题目发表于山东大学易学研究中心2002年8月主办"海峡两岸易学暨中国哲学研讨会"，后收入刘大钧主编：《大易集奥》，上海：上海古籍出版社，2004年，第215—247页。2020年5月26日在复旦大学"光亨讲座"首场演讲为上海青年《易》学工作坊报告此题。

② 高亨：《周易大传今注·自序》，济南：齐鲁书社，1979年，第2页。

的中国古史",也就是后来著名的"古史层累"说,成为二十世纪初疑古辨伪思潮的新典范(paradigm)。①这样说,学术界大概没有什么异议。此一理论,主要认为历史愈晚,而对于古史的描述愈详细。本文尝试提出一个论证:其实在学术思想发展的历史进程中,新兴的观点无不是"层累"而成的:受到时代背景的影响,一个观念发轫于某一位或几位学者的思维世界,继而出于时代集体心理的需要,逐渐发展,影响渐广,始简而终巨,最后竟成为百余年无数学者群趋研究、接受,没有丝毫怀疑的信念。"典范"就此诞生。顾颉刚用"层累"说解剥古史,而将《周易》经、传视为截然无关的两批"材料","经传分离"从此成为治《易》的教条,经由研究的层叠与岁月的积累,逐渐层累成为牢不可破的金科玉律。二十世纪初《周易》"经传分离"说,实是"典范"形成的鲜明个案。

本文所说的"典范",主要借用孔恩(Thomas Kuhn,1922—1996)*The Structure of Scientific Revolutions* ②一书提出的"paradigm shift"(典范转移),认为典范之形成,除了出于科学研究内部的需要,科学以外的各种因素等亦有以致之。③自然科学领域因涉及物质性的实测,主观的好恶取向影响有限;人文学领域

---

① 关于"古史层累"说,可参王汎森:《古史辨运动的兴起:一个思想史的分析》,台北:允晨文化实业公司,1987年。第一,"时代愈后,传说的古史期愈长"。例如"禹"的传说出现在周朝,至孔子时就有了尧、舜,到战国时又有黄帝、神农,到秦朝有"三皇"之称,到汉以后有"五帝"、盘古。第二,"时代愈后,传说中的中心人物愈放愈大"。例如舜在孔子时只是一个"无为而治"的圣君,到《尧典》就成为行为模范的圣贤,再到孟子时就成为一个孝子的模范。第三,如此,要理解上古历史,须在年代较晚的文献寻觅;反过来将愈晚的传说内容剥掉,愈能获得古史的真貌。

② Thomas S. Kuhn, *The Structure of Scientific Revolutions*, (Chicago): University of Chicago Press, 1962.

③ 孔恩主要是基于观察哥白尼革命(Copernican Revolution),亦即以太阳为宇宙中心取代以地球为宇宙中心的托勒密体系(Ptolemaic system)而获得的推论,认为新典范(此处指的是自然科学新典范)的追求主要出于研究者寻求更优化而扼要的研究方案,而并非因为哥白尼系统提供了更精确的天体实测。因此,孔恩的"paradigm shift"旨在认为典范转移是社会学、自然科学与研究热情的混合物(mélange of sociology, enthusiasm and scientific promise),未必纯粹是科学的进步。

则因为直接涉及善恶价值、道德观念、性情好恶、审美准则等，以致典范转移，更取决于主观因素。中国自1840年鸦片战争直至1923年古史辨运动兴起[①]，80多年间历经战败、自强、再战败等政治动荡，最后改朝换代，旋又帝制复辟，再有二次革命等，国民对自身文化失去自信心。其间达尔文（Charles Darwin, 1809—1882）于1859年发表 "On the Origin of Species by Means of Natural Selection"，第6版发表于1872年，更名为 *The Origin of Species*（中译《物种原始》）[②]。赫胥黎（Thomas H. Huxley，1825—1895）将他于1893年在 "Romanes lecture" 所做关于物种演化的系列演讲内容，辑为 *Evolution and Ethics* 一书，严复（1854—1921）将部分翻译，加入己说，于1898年出版《天演论》。梁启超（1873—1929）受 "进化" 思想熏染，发表《史学之界说》，提出 "进化历史观"：

> 历史者，叙述进化之现象也。现象者何？事物之变化也。宇宙间之现象有二种：一曰为循环之状者，二曰为进化之状者。何谓循环？其进化有一定之时期，及期则周而复始，如四时之变迁、天体之运行是也。何谓进化？其变化有一定之次序，生长焉，发达焉，如生物界及人间世之现象是也。循环者，去而复来者也，止而不进者也。凡学问之属于此类者，谓之 "天然学"；进化者，往而不返者也，进而无极者也。凡学问之属于此类者，谓之 "历史学"。……吾中国所以数千年无良史者，以其于进化之现象，见之未明也。……历史者，以过去之进化，导未来之进化者也。[③]

自此以后，进化史观在中国植根，成为新史学运动的理论依据之一。[④]知识界既认

---

① 1923年5月6日，顾颉刚在《读书杂志》发表《与钱玄同先生论古史书》，正式掀起了古史辨运动的大波澜。详见本文第三节。顾颉刚：《与钱玄同先生论古史书》，顾颉刚编著：《古史辨》第1册，上海：上海古籍出版社重印本，1982年，第63页。

② 中文译本《物种起源》由马君武于1901年开始翻译，1919年翻译完毕，1920年以《达尔文物种原始》之名由上海中华书局出版。

③ 梁启超：《新史学》，《新民丛报》1902年第3期，第57—62页。

④ 关于二十世纪初进化论对中国思潮的影响，可参王中江：《进化主义在中国的兴起——一个新的全能式世界观》（增补版），北京：中国人民大学出版社，2010年。

为历史是进化的轨迹，愈往古代愈原始。依照此一规律，则一国保留古旧传统愈多，国家必然愈难进化。1923年的疑古思潮就是在这样的集体心理下掀起，而"古史层累"说则鼓励研究者拆除古史的空中楼阁。再加上同年的"科玄论战"①，破除玄学的风潮大盛。《周易》卦爻辞文辞古奥，又涉及宗教占筮活动，遭到古史辨学者解构批判，可想而知。这就是本文所说促成"典范转移"的心理背景。

也许有人会问："典范"既为一时代的人视为金科玉律，共同遵循，又怎么会"转移"呢？这种"转移"又带给我们什么启示呢？如前所述，任何众人皆以为理所当然、无可置疑的主流思想所形塑的"典范"，都有其特殊的历史因素，有以致之。这些历史因素每缘于该时代人们共同的心理需求（例如反传统、崇拜科学）。要知道心理的需求是可以强大到难以置信的地步，不论其中存在多少谬误甚至荒诞，当事人往往亦不自觉。必须等到时移世易，历史脉络变迁，特殊心理需求消失殆尽（例如反传统思潮发展至极，众人普遍心理又转而盼望发扬传统文化），特殊的历史因素不再存在，旧典范消失了，新典范才能在新的心理需求下形成。"典范转移"的现象提醒了我们，无论身处何时何地，知识人都应该持续对一切普遍为学界接受的价值信念，不论其权威性如何，要保持开放的态度，勇于怀疑，勤于检验，让心灵维持灵活流动的状态，不株守成说，不追逐流行。这对于学术研究的进步而言，至为重要。本文的撰写目的，也是要通过说明二十世纪初疑古思潮的形成和"古史层累"说的典范历程，提醒大家重新思考《周易》"经传分离"之说。

本文拟从清中叶的崔述（1740—1816）怀疑《易传》说起，切入分析二十世纪初的疑古思潮和"经传分离"说的形成，并讨论章太炎（炳麟，1869—1936）《易》学对古史辨学者的启示，以说明二十世纪初"经传分离"说的形成背景。

---

① 这个论战的主角是代表科学的丁文江（1887—1936）和代表玄学的张君劢（1887—1969），论战的肇起是张在清华大学以"人生观"为题作演讲，批评"科学对人生观无可作为"，丁在《努力周报》发表《玄学与科学——评张君劢的〈人生观〉》，反击张的论点。

二、《易传》的怀疑及其影响：由崔述到钱穆

"以传解经"的传统，形成于传统儒家尊崇古代圣人的信仰，认定《易传》的神圣性，所谓"《易》历三圣"或"《易》历四圣"的说法，是众所周知的。①从"《易传》可以解经"发展到"《易传》不能解经"，中间必先经过"打破《易传》神圣性"的阶段。这项工作，由北宋欧阳修（1007—1072）撰《易童子问》，疑《易传》非孔子所作，作了序幕。但欧阳氏的观点并未大行于世。下迄清代，崔述撰《考信录》，详细论证《易传》非孔子所作，《易传》的神圣性才能算被正式打破。②

崔述以前，中国"疑经"的传统始于宋儒，而清代则始于清初，万斯大（1633—1683）有《学礼质疑》，提出"疑经"的问题；同时的姚际恒（1647—约1715）有《古今伪书考》《九经通论》，遍疑诸经；又有阎若璩（1636—1704）《尚书古文疏证》怀疑《尚书》古文诸篇。学者疑经，旨在清理"伪"材料以维护经典的神圣性。而当时也有反疑经的学者，出于相同的动机而认为"疑"得太过

---

① "《易》历三圣"为伏羲画卦、文王重卦并作卦爻辞、孔子作《十翼》；"《易》历四圣"说则以爻辞为周公所作。总之，伏羲画卦，古今大抵无异辞。《史记·太史公自序》及《汉书·司马迁传》所载《报任少卿书》均有文王"演《周易》"之说。班固《汉书·艺文志》引《系辞传》宓戏氏始作八卦一节后，称："至于殷周之际，纣在上位，逆天暴物，文王……重《易》六爻，作上下篇。"见班固：《汉书》卷30，北京：中华书局，1962年，第1704页。本书引《汉书》皆据此本，不另出注。扬雄《法言·问神》称："《易》始八卦，而文王六十四，其益可知也。"见汪荣宝：《法言义疏》卷7，陈仲夫点校，北京：中华书局，1987年，第144页。王充《论衡·正说》曾提出疑义："周人曰《周易》，其经卦〔皆八，其别〕皆六十四，文王、周公，因象十八章究六爻。……伏羲得八卦，非作之；文王得成六十四，非演之也。演作之言，生于俗传。"见黄晖：《论衡校释》卷28，北京：中华书局，1990年，第1133—1134页。东汉以降，《易》家据爻辞提及文王死后之事，认为爻辞为周公所作，如马融、陆绩、朱熹、陈淳等均主此说。

② 说详郑吉雄、傅凯瑄：《〈易传〉作者问题检讨（上、下）》，分载《船山学刊》2015年第3期，第62—76页；2015年第5期，第76—87页。

了反而伤害了经典的信仰。①毛奇龄（1623—1716）著《古文尚书冤词》反驳阎若璩，即是一显例。②当时崔述《考信录》远承欧阳修《易童子问》，近承清初疑经的风气。他与欧阳修最大的不同，在于《易童子问》提出综合的怀疑，而《考信录》则详列了怀疑的理由，甚至对于怀疑的方法、怀疑的步骤和限制等，都有较详细的说明。《考信录提要》卷上《释例》开宗明义提出"圣人之道，在《六经》而已矣"。既然圣人之道在于《六经》，那么除非是要毁经非圣，否则岂能怀疑经典？但崔述标举这个大前提之后，随即又提出一连串的命题，说明了怀疑的理由。这些命题包括：

1. 人言不可尽信。

2. 凡人多所见则少所误，少所见则多所误。

3. 先儒相传之说，往往有出于纬书者。

4. 秦汉之书其不可据以为实者多矣。

5. 惜乎三代编年之史不存于今，无从一一证其舛误耳。然亦尚有千百之一二，经传确有明文，显然可征者。

6. 战国之时，邪说并作，寓言实多，汉儒误信而误载之，固也。亦有前人所言本系实事，而递传递久以致误者。

7. 传记之文，有传闻异辞而致误者，有记忆失真而致误者。一人之事，两人分言之，有不能悉符者矣。一人之言，数人递传之，有失其本意者矣。

8. 强不知以为知，则必并其所知者而淆之。是故无所不知者，非真知也；有所不知者，知之大者也。

9. 乃世之学者，闻其为"经"，辄不敢复议，名之为"圣人之言"，遂不敢有所可否，即有一二疑之者，亦不过曲为之说而已。

---

① 说详郑吉雄：《乾嘉学者经典诠释的历史背景与观念》，《戴东原经典诠释的思想史探索》，台北：台大出版中心，2008年，第229—273页。

② 毛奇龄说："予解经，并不敢于经文妄议一字，虽屡有论辨，辨传，非辨经也。即或于经文有所同异，亦必以经正经。同者经，即异者亦经也。"又说："夫儒者释经，原欲卫经，今乃以误释之故，将并古经而废之，所谓卫经者安在？"参毛奇龄：《古文尚书冤词》卷1，《景印文渊阁四库全书》第66册，台北：台湾商务印书馆，1983年，第548页。又第546页提到"毁经之机已萌"云云。

10. 伪撰经传，则圣人之言行悉为所诬而不能白。

11. 经传之文亦往往有过其实者。

12. 传虽美，不可合于经；记虽美，不可齐于经。纯杂之辨然也。①

上述这些命题，着眼的是获得知识的方法（epistemology）。它们必须合在一起考虑，不能分拆。例如第一条"人言不可尽信"，因为立言者的信誉人人不同，即使信誉再好，有时也不能尽信。所以这里讲的是一种遇事存疑的态度。第二条涉及见闻广博与否，也并不能视之为绝对。先儒之说出于"纬书"，当然是因为纬书有很多可怪之论。第四条"秦汉之书其不可据以为实者多矣"，今天欧美汉学家最喜言，总认为秦汉文献传闻失实失真的太多。但崔述的意思也没有将秦汉之书全盘否定，像紧接着第五条就是说"经传"有明文可据的，弥足珍贵。经传部分内容就是写定于秦汉时期。第七条提及"一人之事，两人分言之……一人之言，数人递传之"而出现失真，这是因为战国诸子引述人事，多用作譬喻，达到言说目的即可，年份、地名等或属借用，有时甚至虚构，并非言说者所关心。所以先秦的轶事（anecdote），常有误甲为乙、易丙为丁的现象。②第9条涉及尊经的态度，展现科学精神。将之置于清中叶考察，可见崔述能跳脱经学框框，从人文精神去思考普遍的认识论问题，也可见"怀疑"是崔述心目中最高的价值——即使要建立起儒家的信仰，也不妨先去疑经。总之，将上述十二条准则加以推广，实可适用一切人生事理。我们对此有所了解，就不难明白何以崔述的思想对二十世纪中国、日本的古史研究者影响会如此之大了。

崔述对"孔子作《易传》"的怀疑，见《考信录·丰镐考信录》卷之二"存疑"条引《易·明夷·象传》"内文明而外柔顺，以蒙大难，文王以之"：

> 《易传》本非孔子所作，乃战国时所撰，是以汲冢《周易》有《阴阳篇》而无《十翼》，其明验也。而所云"大难"者，亦未言为何难。《大戴》"嫌

---

① 参崔述：《考信录提要·释例》，《考信录》上册，台北：世界书局，1979年，第1—35页。

② 钱穆《先秦诸子系年》列举的例证甚多可参。参钱穆：《先秦诸子系年》，香港：香港大学出版社，1956年。

于死"句，亦殊难解；然上云"不说诸侯之听于周"，下云"伐崇许魏"，则文王之征伐，非纣之所赐矣；不云"臣事天子"，而云"客事天子"，则文王亦未尝立纣之朝而为之三公矣。《大戴记》乃秦汉间人所撰，此语不知何本。疑战国以前道商周之事，其说有如此者，是以晋韩厥、司马侯皆以之喻晋楚也。不知《易传》所谓"大难"，亦如《大戴记》之所云云邪？抑作《传》者即因见他传记有羑里之事而为是言邪？既无明文，未便悬揣而臆断之，姑列之于存疑；而《大戴记》虽不足征信，然亦可以资考证，故并列之存参。①

此条考证专论"以蒙大难，文王以之"二语，而辨证涉及殷、周关系。崔述推测文王与纣王并非严格的君臣从属关系。不过这段话的重点在于"《易传》本非孔子所作"一语。这个观点，崔述在《考信录·洙泗考信录》卷三论《论语》"子曰'加我数年，五十以学《易》，可以无大过矣！'"条有更重要而详细的申论。他说：

> 《世家》云："孔子晚而喜《易》，序《彖》《系》《象》《说卦》《文言》。"由是班固以来诸儒之说《易》者皆谓《传》为孔子所作。至于唐宋，咸承其说。②

以上起首一段文字下，有一大段按语。崔氏举出七个证据，证明《易传》非孔子作。分论如下：

第一证：《易传》辞采繁多，和孔子自著的《春秋》甚至孔子门人所辑录的《论语》都差太远，反而近似《左传》和《大戴礼记》。崔述说：

> 余按：《春秋》，孔子之所自作，其文谨严简质，与《尧典》《禹贡》相上下；《论语》，后人所记，则其文稍降矣。若《易传》果孔子所作，则当在《春秋》《论语》之间；而今反繁而文，大类《左传》《戴记》，出《论语》

---

① 崔述：《考信录》上册，台北：世界书局，1979年，第12—16页。
② 崔述：《考信录》下册，台北：世界书局，1979年，第38—40页。以下七个证据引文出处相同。

下远甚，何耶？

第二证：《易传》中有"子曰"二字，显见非孔子所撰。

> 《系辞》《文言》之文，或冠以"子曰"，或不冠以"子曰"。若《易传》果皆孔子所作，不应自冠以"子曰"字；即云后人所加，亦不应或加或不加也。……由此观之，《易传》必非孔子所作，而亦未必一人所为。盖皆孔子之后通于《易》者为之，故其言繁而文。其冠以"子曰"者，盖相传以为孔子之说而不必皆当日之言；其不冠以"子曰"字者，则其所自为说也。

第三证：孟子（前372—前289）不曾提到孔子传《易》之事。

> 孟子之于《春秋》也，尝屡言之，而无一言及于孔子传《易》之事。孔孟相去甚近，孟子之表章孔子也不遗余力，不应不知，亦不应知之而不言也。

第四证：魏文侯师子夏，但汲冢竹书《周易》并无《十翼》，足证《易传》不出于孔子。崔氏说：

> 杜氏《春秋传后序》云："汲县冢中，《周易》上下篇与今正同；别有《阴阳说》而无《彖》《象》《文言》《系辞》。疑于时仲尼造之于鲁，尚未播之于远国也。"余按：汲冢《纪年篇》乃魏国之史。冢中书，魏人所藏也。魏文侯师子夏，子夏教授于魏久矣。孔子弟子能传其书者莫如子夏；子夏不传，魏人不知。则《易传》不出于孔子而出于七十子以后之儒者无疑也。

第五证：《春秋》襄九年《左传》穆姜答史之言一段与今本《乾卦·文言传》文字大致相同。而崔述认为《左传》是原创，今文《乾·文言》是复制品。崔氏说：

> 又按：《春秋》襄九年《传》，穆姜答史之言与今《文言》篇首略同而词小异。以文势论，则于彼处为宜。以文义论，则"元"即"首"也，故谓为

"体之长"，不得遂以为"善之长"。"会"者"合"也，故前云"嘉之会也"，后云"嘉德足以合礼"，若云"嘉会足以合礼"，则于文为复，而"嘉会"二字亦不可解。"足以长人、合礼、和义，而干事，是以虽随无咎"，今删其下二句而冠"君子"字于四语之上，则与上下文义了不相蒙。然则是作《传》者采之鲁史而失其义耳，非孔子所为也。

第六证：引《周易·艮·象传》"君子思不出其位"一语，称《论语》载此语为曾子所说，而推论作传者必非孔子。崔氏说：

> 《论语》云："曾子曰：'君子思不出其位。'"今《象传》亦载此文。果《传》文在前与，记者固当见之，曾子虽尝述之，不得遂以为曾子所自言；而《传》之名言甚多，曾子亦未必独节此语而述之。然则是作《传》者往往旁采古人之言以足成之，但取有合卦义，不必皆自己出。既采曾子之语，必曾子以后之人之所为，非孔子所作也。

第七证：讨论《史记·孔子世家》"孔子晚而喜《易》，序《彖》《系》《象》《说卦》《文言》"[1]，依据《史记》文例，论证"序"为"序述"之义，非《序卦》之义。崔氏说：

> 且《世家》之文本不分明，或以"序"为《序卦》，而以前"序《书》传"之文例之，又似序述之义，初无孔子作《传》之文。盖其说之晦有以启后人之误。故今皆不载。[2]

以上七证，首二证依《易传》本文推论，为最重要。第五、六证属文献比较之例

---

① 司马迁：《史记》卷47《孔子世家》，北京：中华书局，1959年，第1937页。本书引《史记》皆据此本，不另出注。

② 《史记·孔子世家》这段话的读法有三种，说详郑吉雄：《周易阶梯》，上海：上海古籍出版社，2018年，第58—60页。

（《易》与《左传》；《易》与《论语》）。第三、四证以其他文献的记载推论，属于旁证。第七证则澄清《史记》所载，孔子未作《序卦传》，"序"字只是序述之意。①

二十世纪初推崇崔述的学者，以胡适（1891—1962）、傅斯年（1896—1950）最为人知。不过日本学者推许崔述，较胡、傅更早十余年。同时期钱穆（宾四，1895—1990）受崔述影响也很深，不过钱先生在1930年秋天才到燕京大学任教，在此之前没有迹象显示他对日本学术有所掌握。1928年至1929年间，钱先生发表了《论〈十翼〉非孔子作》②。该文提出十个证据，部分即直接承自崔述：

第一证：汲冢竹书无《十翼》。（此条与《考信录》第四证同）

第二证：《左传》穆姜论元亨利贞与《乾·文言》同，以文势论，是《文言》抄了《左传》。（此条与《考信录》第五证同）

第三证：《易·艮·象传》"君子思不出其位"一语，《论语》记曾子语。若孔子作《十翼》，则《论语》编者不应如此记。（此条与《考信录》第六证同）

第四证：《系辞》屡称"子曰"，显非孔子所撰。（此条与《考信录》第二证同）

第五证：《史记·太史公自序》引《系辞》称《易大传》而不称经，见太史公不以之为孔子之语。（此条《考信录》未提及）

第六证：太史公尊崇孔子，多称述孔子所称述的远古贤哲。今《系辞》详述伏羲、神农，但《史记》称五帝托始黄帝，更不叙及伏、神二氏，可证史公

---

① 崔述以后，晚清学者续有讨论，如康有为《新学伪经考》中论《易》卦爻辞作者为孔子而非文王，《易传》则《彖》《象》二传亦成于孔子之手，其余为后人伪托。说详郑吉雄、傅凯瑄：《〈易传〉作者问题检讨（上）》，《舟山学刊》2015年第3期，第67—68页。

② 该文篇首载"（民国）十七年夏在苏州青年会学术讲演会所讲《易经研究》之一部分；刊入《苏中校刊》第十七、八合期；又载十八、六、五，《国立中山大学语言历史学研究所周刊》第七集，第八十三、四合期"。参钱穆：《论〈十翼〉非孔子作》，收入顾颉刚编著：《古史辨》第3册，第89页。

时尚不以《系辞》为孔子作品。（此条《考信录》未提及）①

第七证：《论语》"加我数年五十以学易可以无大过矣"一条，《鲁论》"易"作"亦"，本很明白；《古论》妄错一字，遂生附会。（此条《考信录》未提及）

第八证：《孟子》书中常称述《诗》《书》而不及《易》。《系辞》有"继之者善，成之者性"，孟子论性善亦不引及。又荀子亦不讲《易》。（此条有一部分《考信录》第三证提及）

第九证：秦火未波及《易经》，证明并无孔子所撰、蕴涵义理性的《易传》附在《易经》之上。（此条《考信录》未提及）

第十证：《论语》和《易》思想不同。此条钱先生讨论了"道""天""鬼神"。末后并指出《系辞》近老庄，其哲学是道家的自然哲学。（此条《考信录》未提及）

以上十证中有一半承自《考信录》，足见钱受崔影响之深。钱先生也坦承所提出的前六个证据，"前人多说过"，所谓"前人"应该就是指崔述。但钱文在崔述的基础上，更进一步深入分析《史记》。第十证尤其详尽地讨论了《易传》和《论语》思想观念的歧异，用的是思想分析的方法，是崔述所未尝论及。

由崔述到钱穆对《易传》的怀疑，与其说最终目的是推翻整个古史文化传统，不如说是对于"求真"更为执着与贯彻的精神。当然，再仔细观察，二人又有毫厘之异。崔述积年累月研读经典，从内心建立儒家信仰，反映在《考信录》中是很清楚的。要知道思想观念一旦发展为信仰，即不容易反省潜藏其中的问题和谬误。而崔述很了不起的是：他以严谨的态度建立起对古代经典的信仰，又同时能将这种态度扩大，进一步去检视文献潜在的问题。至于钱先生则从小受儒家教育，在1928年至1929年间撰《论〈十翼〉非孔子作》，实无受古史辨思潮影响。不过他短暂对经

① 雄按：钱先生"太史公尊崇孔子，多称述孔子所称述的远古贤哲"一语亦系一种预设。依钱先生之意推之，孔子亦未尝言黄帝事，而《史记》"称五帝托始黄帝"，已可见《史记》立论，未必悉依孔子言论以为标准。今《史记》不言伏羲、神农，自亦不能推论太史公不以《系辞传》为孔子所撰著。此亦读者不可不注意之一点。

典提出怀疑，并未影响对中国文化终生信奉（"信、疑"的讨论，详本文结论）。

崔、钱二人辨《易传》，一则涉及"经"的神圣性，二则涉及"传"与"经"的紧密关联。他们致力论证孔子不但未尝作《易传》，甚至未尝读《易》和传授《易》。而《易传》晚出，甚至晚至秦火以后（亦即已至汉代），内容庞杂，和经文年代相距甚远。他们的考证，尚未发展到以分离"经传"为目的。但毕竟《易传》的神圣性消失，原本从属于卦爻辞的关系也被否定，从此学界转为探索《易传》与战国思想的关系，忙于争论《易传》思想究竟属于儒家抑或道家，凡数十年之久。[①]经传关系遭到撕裂是必然的结果。

三、疑古思潮和经传分离说

近代中国疑古思潮的兴起，至为复杂，一般认为和康有为（1858—1927）指控刘歆（约前58—23）伪造经书有关。[②]从历史考察，康有为对古史辨运动确有影响。顾颉刚草成《古史辨自序》，即提及其推翻古史的动机，乃受《孔子改制考》启发。[③]钱玄同（1887—1939）的著作也引述过《新学伪经考》中刘歆伪造古文的论点。[④]不过在中国真正掀起怀疑古史的风潮者是胡适。钱穆说：

> 古史之怀疑，最先始于胡氏（雄按：胡适）。其著《中国哲学史》，东周以上，即存而不论，以见不敢轻信之意。近数年来，其弟子顾颉刚始有系统见

---

① 近百年来主《易传》属儒家思想的学者甚多，坚持《周易》经传都属道家思想产物的则以持"道家主干说"的陈鼓应为代表。这些论争，可详郑吉雄、林永胜编：《易诠释中的儒道互动》，台北：台大出版中心，2012年。

② 康有为于1891年著成《伪经考》。1897年，康氏又撰成《孔子改制考》。若以此为基准点，则疑古运动自潜流而转变为显流，可能就是在十九世纪末二十世纪初。

③ 顾颉刚编著：《古史辨》第1册，第43页。

④ 钱玄同：《读汉石经周易残字而论及今文易的篇数问题》，原刊《北京大学图书部月刊》1卷2期，收入顾颉刚编著：《古史辨》第3册，第74—84页。

解之发表。①

钱先生只论中国，未论及东亚。其实学术界对于崔述的重视，甚至"疑古"的思潮，以及新史学的发轫，日本学界早于中国学界至少十年。②盖十九世纪末日本史学界开始受欧美史学方法影响，而出现新旧的对峙。③1902年，那珂通世（1851—1908）发表《考信录解题》。1903年，他从狩野直喜（1868—1947）处获得中国初版《崔东壁遗书》，而重新编校出版该书。1909年狩野的学生白鸟库吉（1865—1942）发表《尧舜禹抹杀论》，随又发表《〈尚書〉の高等批評》。而在中国，则迟至1919年至1920年才有学者将"疑"提倡为一种研究的态度与方法。1919年傅斯年撰《清梁玉绳〈史记志疑〉》说：

> 自我观之，与其过而信之也，毋宁过而疑之。中国人之通病，在乎信所不当信，此书独能疑所不当疑。无论所疑诸端，条理毕张，即此敢于疑古之精神，已可以作范后昆矣。……可知学术之用，始于疑而终于信，不疑无以见信。④

---

① 钱穆：《国学概论》，台北：台湾商务印书馆，1995年，第330页。

② 据大久保利谦《日本近代史学の成立》第二章"明治史学成立の過程"中"西洋诸学問の移植と新史観の形成"一节指出，August Comte（1798—1857）的实证哲学和达尔文的进化论成为高等教育课程的指导思想。参大久保利谦：《大久保利谦历史著作集》第7册，东京：吉川弘文馆，1988年，第62—68页。他在第一章"日本歷史の歷史"中"近代史学形成の過程"一节也指出，明治中叶是现代日本史学的萌芽，而大正时期则是确立阶段（第39页）。十九世纪末，"经世"及其他属于儒家思想等源自封建史学的观念广泛地受到批判。明治十六年（1883），东京东洋馆出版的贺长雄（1860—1921）《社会学》，认为"社会学"亦可翻译为"世态学"，而该书卷一的标题即是"社会进化论"。

③ 例如推崇考证史学的重野安绎（1827—1910）代表旧派，而积极引进欧洲史学的久米邦武（1839—1931）与坪井九马三（1859—1936）则代表新派。

④ 傅斯年：《清梁玉绳〈史记志疑〉》，原刊《新潮》创刊号（1919年1月），收入《傅斯年全集》第4册，台北：联经出版事业公司，1980年，第369—370页。

这段话中傅氏针对"信"和"疑"两个观念，提出"疑古的精神"。这种精神最重要的旨趣，应该就是"宁过而疑，勿过而信"二语。1920年7月胡适演讲《研究国故的方法》说：

> 宁可疑而错，不可信而错。①

同年胡适请顾颉刚查索姚际恒的著作，顾回信，附呈1914年春所撰《古今伪书考跋》，胡适于11月24日评说：

> 我主张，宁可疑而过，不可信而过。②

1921年1月，钱玄同亦向顾氏提"疑古"的观念，并公开宣扬要敢于"疑古"。③1923年春，胡适始作《崔述的年谱》，并发表《科学的古史家崔述》，上距那珂通世撰著《考信录解题》已有二十年。

---

① 胡颂平：《胡适之先生年谱长编初稿》，台北：联经出版事业公司，1984年，第407页。

② 顾颉刚编著：《古史辨》第1册，第12页。关于胡适和顾颉刚的疑古，读者亦可参杜正胜：《钱宾四与二十世纪中国古代史学》，《当代》1995年第111期，第70—81页；杜正胜：《从疑古到重建——傅斯年的史学革命及其与胡适、顾颉刚的关系》，《中国文化》1995年第12期，第224—236页。

③ 钱玄同：《论近人辨伪见解书》，顾颉刚编著：《古史辨》第1册，第25页。

关于中国疑古思潮是否受日本疑古思潮启发，学界有过争辩。[①]但似乎没有人注意到两项史实。第一，章太炎早在1899年东渡日本以后[②]，即对日本汉学有深入考察。1910年他撰《与罗振玉书》，广泛批评荻生徂徕（物茂卿，1666—1728）、林泰辅（1854—1922）、重野安绎（1827—1910）、三岛毅（1831—1919）、星野恒（1839—1917）、服部宇之吉（1867—1939）、儿岛献吉郎（1866—1931）、森大来（1863—1911）的汉学程度，批评他们“大率随时钞疏，不能明大分，得伦类”，提醒罗振玉（1866—1940）勿过度称誉日本汉学。太炎甚至直指白鸟库吉《尧舜禹抹杀论》“尤纰缪不中程度”，最后给了日本学者综合评语：

> 顷世学者不谕其意，以东国强梁，驰美于其学术，得懱截小善，辄引之为驰声誉。自孙仲容诸大儒，犹不脱是，况其稍负下者？[③]

太炎愀然慨叹中国学界普遍震慑于日本的强大，稍窥见日本学者枝微末节的心得，

---

① 近年关于中国疑古思潮是否得自日本学界的启发的争辩，先是胡秋原提出日本疑古运动早于中国，参胡秋原：《一百三十年来中国思想史纲》，台北：学术出版社，1973年，第83—84页。但王汎森、刘起釪均表达异议，主要认为顾颉刚并不谙日文，亦无从接触日本的学术研究成果。详王汎森：《古史辨运动的兴起：一个思想史的分析》，刘起釪：《现代日本的〈尚书〉研究》，《传统文化与现代化》1994年第2期，第82—91页。其后廖名春提出具体证据，论证顾颉刚曾在北京大学图书馆工作并接触日本学术材料。参廖名春：《试论古史辨运动兴起的思想来源》，陈明主编：《原道》第4辑，上海：学林出版社，1998年；后收入廖名春：《中国学术史新证》，成都：四川大学出版社，2005。读者亦可参考桑原武夫：《歴史の思想序说》，桑原武夫编：《歴史の思想》，《现代日本思想大系》第27册，东京：筑摩书房，1965年；钱婉约：《“层累地造成说”与“加上原则”——中日近代史学上之古史辨伪理论》，《人文论丛》，武汉：武汉大学出版社，1999年；严绍璗：《日本中国学史》，南昌：江西人民出版社，1991年；盛邦和：《上世纪初叶日本疑古史学叙论》，《二十一世纪》（网络版）2005年第36期。

② 太炎一生赴日三次：1899年、1901年、1906年。

③ 章太炎：《与罗振玉书》，原刊《学林》1910年第1期，收入《太炎文录初编》文录卷2，上海人民出版社编：《章太炎全集（四）》，上海：上海人民出版社，1985年，第171页。

即引述来提高自己的声誉，连大儒孙诒让（1848—1908）亦不免，更不用说不如孙氏的泛泛之辈（负下者）了。太炎的批评，证实了日本汉学在1910年以前已对中国学术界产生影响。姑勿论这影响是大或小，说1919年以后胡适提倡崔述的疑古，和1900年前后的日本学界全无关系，是很难说得过去的。

第二，1900年前后日本学者的疑古，主要关注的是《尚书》，除了上述白鸟库吉《〈尚书〉の高等批評》外，如内藤湖南（1866—1934）《尚书稽疑》①亦是显例。白鸟批判《尚书》，揭露关于尧、舜、禹的记载实奠基于神话传说，甚至在《〈尚书〉の高等批評》讨论中国二十八宿、十二支、五星等思想源自西方。②由批判中国，进而批判是日本天皇传说的《日本书纪》和《古事纪》所载关于天照大神的太阳崇拜神话。白鸟站立在东西方比较的观点，对中、日古史的综合批判，最后被其弟子所继承。桥本增吉（1880—1956）的天文历法研究即持近似的观点③，津田左右吉（1873—1961）发表《神代史の新しい研究》（二松堂，1913）、《古事记及び日本書紀の新研究》（洛阳堂，1919）、《日本上古代史研究》（岩波，1930）、《上代日本の社会及び思想》（岩波，1933）等，更直指涉及皇室的神圣性，招致日本右翼人士嫉恨，自1939年起一度被禁止出版学术著作。相对于日本，在中国，《尚书》的真伪问题，已有阎若璩著名的《尚书古文疏证》的辨伪在前，而一直被认为含有宗教迷信成分的《周易》又符合"科学玄学论战"反玄学思潮的价值取向，于是《周易》在中国学界转而成为被疑古派攻击的对象。

1923年5月6日，顾颉刚在《读书杂志》发表《与钱玄同先生论古史书》，依据《说文解字》，提出"禹"是"九鼎上铸的一种动物"，"大约是蜥蜴之类"的理论④，正式掀起了古史辨运动的大波澜。在相同的时间（1923年春），胡适始撰

---

① 内藤湖南：《尚书稽疑》，《内藤湖南全集》第7册，东京：筑摩书房，1997年。

② 参白鸟库吉：《〈尚书〉の高等批評（特に堯舜禹に就いて）》，桑原武夫编：《歴史の思想》。

③ 桥本增吉《支那古代历法史研究》第一章"十干、十二支の起原"中"古代民族の古曆法"一节，即讨论罗马、希腊、埃及以至阿拉伯、印度等地的古历法，进行比较研究。桥本增吉：《支那古代历法史研究》，东京：东洋书林、原书房，1982年。

④ 此信原写于1923年2月25日，见顾颉刚：《与钱玄同先生论古史书》，顾颉刚编著：《古史辨》第1册，第63页。

《崔述的年谱》，同年4月出版的《国学季刊》第一卷第一号上发表崔述43岁以前的部分①，等于正式表彰崔述为疑古精神的支柱。顾颉刚订《崔东壁遗书》第二册记：

> 先生（雄按：指胡适）"深信中国新史学应该从崔述做起，用他的《考信录》做我们的出发点，然后逐渐谋更向上的进步"。今年开始做《科学的古史家崔述》——崔述的年谱——还只做到嘉庆二年（原注：崔述五十八岁），就南下养病了。先将崔述四十三岁以前的年谱，在四月出版的《国学季刊》第一卷第二号上发表。此稿一搁搁了八年，以后由赵贞信写完。先生于二十年七月七日写了"后记"。②

1924年2月8日，胡适又有《古史辨讨论的读后感》一文，胡氏后来在《介绍我自己的思想》一文中对《读后感》一文有如下的说明：

> 《古史讨论》一篇，在我的《文存》里要算是最精彩的方法论。这里讨论了两个基本方法：一个是用历史演变的眼光追求传说的演变，一个是用严格的考据方法来评判史料。③
>
> 1925年4月22日夜，改定《读书》一文，其中提出"读书的方法：第一要精，第二要博"，又提出"读书要会疑"。④此可以看出，"疑"这个字可以代表古史辨运动的主要精神。

顾颉刚等学者掀起古史辨运动，所提出最重要的一个见解是"古史层累"说，认为古史系统愈晚，则传说的年代愈早，而系统则愈详尽而完备。此即胡适所说

---

① 胡颂平：《胡适之先生年谱长编初稿》，第530—531页。
② 胡颂平：《胡适之先生年谱长编初稿》，第531页。
③ 胡颂平：《胡适之先生年谱长编初稿》，第563页。
④ 胡颂平：《胡适之先生年谱长编初稿》，第590—591页。

"剥皮主义"①。关于这个学说的详细内容，读者可参《古史辨》第1册顾颉刚所撰《自序》。《古史辨》第1册问世后，1924年至1926年，傅斯年写了长信给顾，称赞顾提出"累层地造成的中国古史"是"史学中央题目"，而顾氏"恰如牛顿之在力学，达尔文之在生物学"，"在史学上称王了"②。1925年8月，钱玄同废钱姓而以"疑古玄同"为姓名。1926年1月12日，顾颉刚草成《古史辨自序》。

经过了1919年至1926年的酝酿，疑古派学者终于可以在《周易》研究上迈开大步。自1926年至1930年，他们在《周易》经传的性质和关系上，展开了一连串申论，奠定了二十世纪《易》学研究的基调。诚如杨庆中指出，古史辨派《易》学探讨了许多问题，"把这些问题归结起来，可以集中概括为两点：一是'经传分观'的问题；一是经传性质的问题"③。如本文的分析，《周易》经传关系既已被割断，而《易经》的神圣性又被打破，那么接下来，"经传性质"就是必然要碰触的问题。

古史辨学者对"经传分离"的论述约可分为四项：卦爻辞多记商周古史，蕴涵的是史料价值；《易经》只是筮书，价值低于龟卜；《易传》多附会不可靠；《易传》哲理主要属道家自然哲学而非儒学。兹分述如下。

（一）卦爻辞多记商周古史史料

1926年12月，顾颉刚开始撰写《〈周易〉卦爻辞中的故事》④。在他的语言

---

① 胡适《古史讨论的读后感》："这三层意思，都是治古史的重要工具。顾先生的这个见解，我想叫他做'剥皮主义'。譬如剥笋，剥进去方才有笋可吃。这个见解，起于崔述……崔述剥古史的皮，仅剥到'经'为止，还不算澈底。顾先生还要进一步，不但剥的更深，并且还要研究那一层一层的皮是怎样堆砌起来的。他说：'我们看史迹的整理还轻，而看传说的经历却重。凡是一件史事，应看他最先是怎样，以后逐步逐步的变迁是怎样。'这种见解重在每一种传说的'经历'与演进。这是用历史演进的见解来观察历史上的传说。"胡适：《古史讨论的读后感》，顾颉刚编著：《古史辨》第1册，第192页。

② 傅斯年：《谈两件〈努力周报〉上的物事》，顾颉刚编著：《古史辨》第2册，第297—298页。

③ 杨庆中：《二十世纪中国易学史》，北京：人民出版社，2000年，第113页。

④ 顾颉刚：《〈周易〉卦爻辞中的故事》，原刊《燕京学报》1929年第6期，翌年11月修改，收入顾颉刚编著：《古史辨》第3册，第1—44页。

中，"故"即"古"，"事"即"史"，"故事"就是"古史"。在这篇以"故事"为主题的文章中，顾氏试图将过去如"筑室沙上"、以"战国秦汉间材料造起"的"三皇直到孔子的《易》学系统"推倒，更借由考辨卦爻辞中的故事，定位卦爻辞年代，还原《周易》为筮书的本来面貌。欧阳修、崔述、钱穆打破"传"的神圣性，如今顾颉刚则是要打破"经"的神圣性。在"经传分离"说的发展历程上，这篇文章的影响很大。为此，胡适还写了一封信，对顾氏特加称赞。[①]其后余永梁、李镜池（1902—1975）、郭沫若（1892—1978）等学者均受影响。1942年，胡朴安（1878—1947）《周易古史观》成书，即是由"故事"观点发展出来的产物。

古史辨的学者对古史的兴趣，多在于揭发传说之伪并推论其作伪情形。他们自认挟着史料的优势[②]，以及新的出土材料知识[③]，用以解析卦爻辞，而得出很多具新意的推论。然而，平情观察，不难发现一旦涉及卦义的诠释时，他们往往陷入"浅碟化"之弊。1927年，余永梁开始撰写《〈易〉卦爻辞的时代及其作者》[④]，以历史的角度，考辨"经"的年代及作者，论证卦爻辞非文王或周公所撰著。该文"四、从史实上证卦爻辞为周初作"中，他说：

> 《易》不是史书，然而无论那一种书，必不免带有时代的背景，只有成分多少的差别。把《易》卦爻辞作历史的考查，不能算全无所得。[⑤]

---

① 胡适此信收入顾颉刚编著：《古史辨》第3册，第84—88页，题目是《论观象制器的学说书》。胡氏该信第一句却说"顷读你的《〈周易〉卦爻辞中的故事》"，这是因为顾氏寄给胡适的，是《论〈易系辞传〉中观象制器的故事》和《〈周易〉卦爻辞中的故事》的合编本。胡氏该信所论的，其实还是以《论〈易系辞传〉中观象制器的故事》的内容为主。

② 此指晚清以来地下文献如甲骨大量出土的特殊条件。这种条件不是每一个时代都会发生的。

③ 余永梁除《周易》外，亦研究殷墟文字。又如顾颉刚撰《〈周易〉卦爻辞中的故事》，引用王国维甲骨文的研究成果，如王亥的故事即一例。

④ 余永梁：《〈易〉卦爻辞的时代及其作者》，原刊《国立中央研究院历史语言研究所集刊》第1本第1分册（1928年10月），收入顾颉刚编著：《古史辨》第3册，第143—170页。

⑤ 余永梁：《〈易〉卦爻辞的时代及其作者》，第157页。

这里说《易》虽然不是一部史书，但总还算有一点点史料的价值。而所谓史料价值，更多是偏重作为反映古代社会情状的社会史料价值。就像郭沫若引用生殖器崇拜（phallicism）之说解释"阴、阳"，将二爻解释为男女生殖器的形象①，就是很典型的社会史的视角。这样的研究取向对《周易》的贬抑是显而易见。这导致研究者对上古经典失去敬意，更麻烦的是让《易》的研究"浅碟化"，研究者常不理会是否合适，就生搬硬套各种理论，并浅尝即止。这对古典研究而言，实是灾难：经典优美的艺术性，被弃如敝屣。例如余永梁论卦爻辞中的风俗制度时，引《屯》卦六二、六四、上六爻辞"乘马班如，匪寇婚媾""泣血涟如"等内容，说：

> 古代婚姻掠夺情毕现。……掠夺婚姻，在社会进化史上的篇幅，很明白的，就是中国西南民族如猺、獞、苗等都还有这种遗风。……《诗·七月》"我心伤悲，殆及公子同归"也有这种掠婚的意味。②

将"匪寇婚媾""泣血涟如"解释为"掠夺婚姻"，纯粹是凭空想象。清人如李光地（1642—1718）《周易折中》、王引之（1766—1834）《经义述闻》对此卦都已有很清楚的解释。《折中》"言彼乘马者非寇，乃吾之婚媾也"③是通解——虽未必绝对正确。但余永梁似乎对传统传注不甚了了，只好单凭臆测。④至于上六虽与六二均有"乘马班如"之辞，但"泣血涟如"，却未必与六二"婚媾"有关。另外《诗·豳风·七月》"女心伤悲，殆及公子同归"与掠夺婚姻无关，近年更已经

① 郭沫若：《中国古代社会研究》第一篇第一章，上海：上海联合书店，1930年，缺页码。

② 余永梁：《〈易〉卦爻辞的时代及其作者》，顾颉刚编著：《古史辨》第3册，第158页。

③ 李光地等奉敕撰：《御纂周易折中》，《景印文渊阁四库全书》第38册，第56页。

④ 黄庆萱参考李光地的解释，并参考爻的"正应"以及"互体"之说："《易》言'匪寇婚媾'者凡三：屯二、贲四、睽上。《贲》卦☲☳六四云：'贲如皤如，白马翰如，匪寇婚媾。'贲六四与初九相应，而其间二三四爻互体为坎为盗。《睽》卦☲☱上九云：'先张之弧，后说之壶，匪寇婚媾。'睽上九与六三相应，而三四五互体为坎为盗。取象都与屯二相同。"其说可参。说详黄庆萱：《周易读本》，台北：三民书局，1980年，第77页。

《诗经》的专家辨正。[①]今天站在二十一世纪初的立场，将这一类以社会进化史的观点，置回二十世纪中西文化激烈碰撞的时期来观察，可以见到当时学者研究人文学的一种隐情：他们研究问题的真正目的，宣之于口的理由是要透过科学研究找到客观答案，但潜在的动机则是破坏旧说、推翻旧传统，为宣扬新观念、建立新学说而宣扬。最终目的，往往和社会改革运动有关。古史辨运动中的《易》学研究所引起的最大问题恐怕在此。

（二）《易经》只是筮书，价值低于龟卜

关于卦爻辞（经）性质的定位，古史辨派学者主流见解的形成，主要受三方面影响：一是殷墟甲骨的出土与研究，二是"古史层累"说，三是科学主义思潮。关于第一点，因为殷墟甲骨的出土与罗振玉、王国维（1877—1927）等学者的研究，使古史辨学者得以借其材料与成果，来研究《易》卦爻辞。[②]"古史层累"说则是基于"宁可疑而错"的心理预设，疑古者持怀疑眼光对《易传》逐一检视，不免对传统旧说，一切不信任，只要稍涉可疑，即成批判对象。最后因为科学主义思潮的当行，而"经"又被考订为卜筮之书；占卜迷信既是反科学的，卦爻辞的价值自然低了。

1928年春夏间，容肇祖（1897—1994）发表《占卜的源流》，篇首开宗明义说：

> 近二十年来殷墟甲骨发现，而后谈占卜的乃得实物的证明。……向来最纠

---

① 《诗·豳风·七月》"殆及公子同归"一句，传统解经者纵有异义，亦未尝有"掠夺婚姻"之说。"掠夺婚姻"之解，最早似为章太炎提出（详参本文第四部分），但太炎亦不过说古代婚礼"效劫略而为之"。大陆承古史辨学者之说，仍多视《七月》此句为掠夺婚姻或强抢民女（如袁梅《诗经译注》，齐鲁书社，1983年），洪国梁教授引用清朝方玉润《诗经原始》之说，对此诗有一较接近历史事实的深入考证，参洪国梁：《〈诗经·豳风·七月〉之"公子"及其相关问题》，朱晓海主编：《新古典新义》，台湾：台湾学生书局，2001年，第165—194页。

② 于省吾《双剑誃易经新证》以甲骨文和金文的知识解释卦爻辞，是这一研究方法颇具代表性的学者。

纷的、最不易解决的《周易》的一个问题，到此当亦可以迎刃而解。盖占术的《周易》，既不是古帝王的神奇；而哲学化的《周易》，也不过是多生的枝节。从古占卜的研究以明探他的起源，又从近今占卜的流变以寻他的支裔，就知道《周易》一书只不过用古圣人的名号作了包皮，也都和别的占卜书属于一类的呵！①

容氏将《周易》与后世的《太玄》《易纬》《参同契》《潜虚》《灵棋经》《火珠林》及签诗、梅花数、牙牌数、金钱卦等混为一炉，那么《周易》即使是王朝典册，在历史洪流中也只不过占术的一种。抹去了神圣性，连《易传》之类的哲理性解释都是"多生的枝节"。他也分析了周代的筮辞，包括《左传》《国语》的筮例，认为"《周易》只是占筮家的参考书，汇集古占辞而成。但是在春秋时的占筮者多本于《周易》，可知《周易》的编集，当在春秋以前"②。

1930年12月12日，李镜池发表《〈周易〉筮辞考》，说：

> 我们相信《周易》是卜筮之书：其起源是在于卜筮；其施用亦在于卜筮。③

《周易》纯粹只是卜筮之书。上文引余永梁说"《易》不是史书"，其意也是认为《易》为筮书。李镜池又说：

> 我对于《周易》卦、爻辞的成因有这样的一个推测，就是，卦、爻辞乃卜史的卜筮记录。④

① 容肇祖：《占卜的源流》，原刊《国立中央研究院历史语言研究所集刊》第1本第1分册（1928年10月），收入顾颉刚编著：《古史辨》第3册，第252页。

② 容肇祖：《占卜的源流》，第266页。

③ 李镜池：《〈周易〉筮辞考》，顾颉刚编著：《古史辨》第3册，第187页。

④ 李镜池：《〈周易〉筮辞考》，第189页。

再细微地观察，又可注意到当时学者区分"卜""筮"。容肇祖《占卜的源流》一文即作这种主要的区分。古史辨学者也有倾向重"龟卜"而轻"易筮"的判断。1928年，余永梁发表《〈易〉卦爻辞的时代及其作者》，说：

> 《易》卦辞、爻辞是与商人的甲骨卜辞的文句相近，而筮法也是从卜法蜕变出来的。①

余氏又说：

> 筮法兴后，虽然简便，但没有龟卜的慎重，所以只有小事筮，大事仍用龟。②

1930年夏，李镜池发表《〈左〉〈国〉中〈易〉筮之研究》，指出《左传》《国语》中显示春秋时人重"龟卜"多于"易筮"。容肇祖引《尚书·洪范》证明"古人龟卜并用时，宁舍筮而从龟"③。另一方面，容氏又论证认为"春秋时的占筮多本于《周易》"，但：

> 疑筮师相传，其法到春秋时已小有变异，不尽沿用六爻的名称。间有卜师不依据《周易》的成文，疑其源亦必有受。这样看来，则《周易》只是占筮家的参考书，汇集古占辞而成。④

易筮晚于龟卜，春秋时的筮师并未全盘接受六爻的名称，亦有卜师不依《周易》成文，最后则推论《周易》只是汇集古占辞的参考书。那么《周易》不但晚出，而且非所有筮师都接受，更没有独立的学说体系，性质既是"汇集"，价值之低也就不

---

① 余永梁：《〈易〉卦爻辞的时代及其作者》，第149页。
② 余永梁：《〈易〉卦爻辞的时代及其作者》，第150页。
③ 容肇祖：《占卜的源流》，第258页。
④ 容肇祖：《占卜的源流》，第263—264页。

言而喻。《周易》经文被贬抑到这种程度，除了可供古史研究参考之外，还有什么价值呢？余永梁又说：

> 最初用龟卜，后来用筮法，儒家用"襀祥""象数""义理"去解释《易》，离《易》的本义愈远，所以《易》遂"不切于用"。在汉有《易林》，后来有签法，都因为《易》不能切用了，才应民间需要而发生了。[①]

著筮无法验证，自是无稽之谈。儒家引申发挥固是白费工夫，后世也舍而不用。龟卜是否早于著占，姑置不论，古史辨学者最后想说的，是证明"经"的一无是处。当然，龟卜具见于殷墟甲骨，是实物材料，符合实证的需要。相对上，《易》的著占演卦之法，年代既晚，《左传》《国语》所记的变例又多，价值自然不高了。

（三）《易传》多附会

1930年10月，顾氏发表《论〈易系辞传〉中观象制器的故事》[②]，认为《易传》不合理者有三：《易传》将一切文明皆发源于卦象，当伏羲画卦之时已蕴藏了无数制器的原理，此不合理者一。"观象制器"所观之象应为"自然界的象"，《易传》却说成"卦爻的象"，此不合理者二。《系辞下传》第二章"古者包牺氏之王天下也"所讲的观象制器说，六十四卦之喻象彼此互换，亦无不可[③]，此不合理者三。顾氏并推论《系辞传》所观之象是建筑于《说卦传》之上，而《说卦传》与汉代京房（前77—前37）、孟喜（约前90—前40）《卦气图》相合。《系辞传》虽为司马谈提及，但却经过窜乱，"《系辞传》中这一章是京房或是京房的后学们所作的，它的时代不能早于汉元帝"。他进一步指出这个伪作的意义有三：

---

① 余永梁：《〈易〉卦爻辞的时代及其作者》，第168—169页。

② 顾颉刚：《论〈易系辞传〉中观象制器的故事》，原载《燕京月刊》1930年10月第6卷第3期，收入顾颉刚编著：《古史辨》第3册，第45—69页。

③ 如《系辞传》以"日中为市……盖取诸《噬嗑》"，顾氏谓《涣》卦可引申为有"日中为市"之象。

一是要抬高《易》的地位，扩大《易》的效用；其二，是要拉拢神农、黄帝、尧、舜入《易》的范围；其三，是要破坏旧五帝说而建立新五帝说。①

顾氏自言此文撰写期间，"适之、玄同两先生见之，皆有函讨论"②。钱玄同的信，就是1930年2月2日的《论观象制器的故事出京氏〈易〉书》③，其中称赞顾氏此文：

功不在阎、惠辟《古文尚书》，康、崔辟刘歆伪经之下，盖自王弼、韩康伯以来未解之谜，一旦被老兄揭破了，真痛快煞人也！④

顾氏新说的"护法"，除了钱玄同外还有李镜池。1930年3月13日，李镜池有《论〈易传〉著作时代书》，为致顾颉刚函，进一步推测《系辞传》是著成于西汉初至西汉末，并认为《文言传》是《系辞传》的一部分。他宣称这两部《易传》是"易家店中的杂货摊上的东西"，后经某一顾客挑选装潢：

于是乎"文言摊""系辞摊"等一起冒了孔家店的牌，公卖假货。⑤

李氏信中对二《传》，可谓极尽丑诋之能事。21日顾氏复信，即《论〈易经〉的比较研究及〈彖传〉与〈象传〉的关系书》⑥。之后李氏又有答书。这两次书信，主要讨论《彖传》《象传》的关系。顾颉刚推测《彖传》原即是《象传》，后有新《象传》出现，于是旧《象传》改"象"字为"彖"。大约受到顾氏的影响，李镜

---

① 顾颉刚：《论〈易系辞传〉中观象制器的故事》，第68页。

② 顾颉刚：《论〈易系辞传〉中观象制器的故事》，第45页。

③ 钱玄同：《论观象制器的故事出京氏〈易〉书》，附于顾氏文章之后，其发表时署名为"疑古玄同"。参顾颉刚编著：《古史辨》第3册，第70页。

④ 钱玄同：《论观象制器的故事出京氏〈易〉书》，第70页。

⑤ 李镜池：《论〈易传〉著作时代书》，第134页。

⑥ 顾颉刚：《论〈易经〉的比较研究及〈彖传〉与〈象传〉的关系书》，顾颉刚编著：《古史辨》第3册，第134—139页。

池又于同年11月发表《〈易传〉探源》，将七种《易传》的年代的上限定为秦汉之间，下限定于西汉昭宣后。

关于上述的各个论点，从历史证据判断，经二十世纪《易》学者的研究，尤其是马王堆出土的几种帛书《易传》的佐证，已可推翻"秦汉至西汉昭宣之间"的年代定位之说。[①]在顾、李之前，上自欧阳修下迄钱穆，认为《说卦》出于孟喜、京房，《序卦》《杂卦》出自刘歆作伪[②]，而《系辞》思想近于道家哲学，也约略显示诸《传》之间思想存在差异性。如今顾、李二人站立在传统学者论证基础上，挖掘传与传之间的文辞思想的差异性，进一步强化了前贤批评《易传》的努力。李氏《〈易传〉探源》中说：

> 《文言传》不是一个人底著作，痕迹很显明，只要看释《乾》一卦而有四说，就可以知道了。[③]

《乾·文言》四说之中，部分参考自《左传》并非问题，问题在于"一卦有四说"是否足以论断"不是一个人底著作"。其实任何人为经文作"传"，都不能不参考前人的成说。正如孔颖达（574—648）《周易正义》，一卦一爻之下，亦往往数说并存。即使今人作新注解，亦未必全书均只能采取一说。因此，一卦而有四说，其实并不能证明《文言》非出于一手。笔者指出这一点，不是想反驳李镜池（事实上李氏晚年治《易》的观点已有相当大的改变），而是要说明古史辨学者在十九世纪末西方达尔文主义以及科学主义的冲击下，是如何以看似严格、实则轻率的态度，来撕裂经传之间和各传之间的内在关系。

（四）《易传》哲理主要属道家自然哲学而非儒学

李镜池在《〈左〉〈国〉中〈易〉筮之研究》中说：

---

① 详参杨庆中：《二十世纪中国易学史》，第361—389页。

② 顾颉刚《论〈易系辞传〉中观象制器的故事》一文曾引述，参顾颉刚编著：《古史辨》第3册，第46页。

③ 李镜池：《〈易传〉探源》，顾颉刚编著：《古史辨》第3册，第124页。

> 我想《周易》之在春秋时代，还只是占书的一种，比较著名的一种。后来
> 因为：一则它用法简便，二则颇为灵验，三则它带有哲理的辞语，所以他的价
> 值渐渐增高。①

要注意所谓"带有哲理的辞语"并不是认真承认《周易》具有哲理。在鲜明的疑古思潮下，文献偶尔透露的哲学思想实不足道。容肇祖更径直地指出"哲学化的《周易》也不过是多生的枝节"②。在古史辨学者中，只有胡适和钱穆先生是特别具有哲学理趣的。而他们的哲学理趣，特别偏重《易》和先秦诸子百家的思想关系。要知道先秦诸子学研究，自清中叶已有复兴的趋势。复经十九世纪末多位大师如俞樾（1821—1906）、孙诒让、章太炎等人的提倡，益成显学。二十世纪初学者考订《易传》年代为晚出，又非孔子所撰，则其中自包含孔子以后的思想，又可以与诸子典籍相比较。这是古史辨时期《易传》与诸子学发生关系的背景。

钱穆《论〈十翼〉非孔子作》第十证论《易传》思想与《论语》迥不相侔，反而与道家自然哲学相近。他讨论第一组观念是"天、道"。钱先生认为"《论语》上的'天'字是有意志有人格的"，而"《论语》上的'道'字是附属于人类行为的一种价值的品词"。《系辞》上说的"道"却是"抽象的独立之一物"，"是最先的、唯一的"，又"把'道'字的涵义广为引伸，及于凡天地间的各种异象，故说'乾道''坤道''天地之道''日月之道''昼夜之道''变化之道'与'君子小人之道'等"。钱先生进而说《系辞》"把天地并举为自然界的两大法象"，又"把天象来推人事"，与《论语》"用人事来证天心"不同。③另一组观念是"鬼神"，钱先生认为"《论语》上的鬼神也是有意志有人格的"，而《系辞》上的鬼神是"神秘的、惟气的，和《论语》上素朴的人格化的鬼神截然两种"。他特别强调：

> 《系辞》说的"神者变化之道，不疾而速，不行而至，无思无为，寂然不

---

① 李镜池：《〈左〉〈国〉中〈易〉筮之研究》，顾颉刚编著：《古史辨》第3册，第172页。

② 容肇祖：《占卜的源流》，第252页。

③ 钱穆：《论〈十翼〉非孔子作》，第92—93页。

动，感而遂通天下之故"等话，都只是形容自然的造化，像天地造叶一样。后来宋儒不明得《系辞》里的神字本是老、庄自然的化身，偏要用儒家的心来讲，所以要求无思无为寂然而通的心体，便不觉走入歧路。可见讲学是应得细心分析的。我今天要明白指出《系辞》非孔子所作，就为这些缘故。①

钱先生强调《系辞》思想上大悖儒家人格道德学说，走入老庄自然神秘的场域，因此不得不辩明，这是论证《系辞》和孔子无关的进一步强化，以引申至《易传》与儒家的关系可以断绝。最后，钱先生说：

> 所以《易·系》里的哲学，是道家的自然哲学，他的宇宙论可以说是唯气之一元论，或者说是法象的一元论。……至于详细，应该让讲道家哲学和阴阳家哲学的时候去讲。②

他将《系辞传》的思想渊源轻易地接上了道家和阴阳家，关键在于忽略了"经"亦即六十四卦卦体、卦爻辞、卦序等具有整体性所展现的自然哲学本质。正因为认定了"经"只是干枯的占筮记录，"传"的基因自然不明不白，于是七种《易传》的血统，也就轻易被转移到战国时期渐次成熟的诸子思想上。

钱文发表后不久，李镜池于1930年11月发表的《〈易传〉探源》，其中第二节"《易传》非孔子作底内证"，也提出了和钱先生相近的论据，认为《彖》《象》《系辞》的内容"有一种自然主义的哲学"③。

又胡适于1930年10月发表《论观象制器的学说书》，极赞誉顾氏《〈周易〉卦爻辞中的故事》一文。又提出"《系辞》此文出现甚早，至少楚汉之间人已知有此书，可以陆贾《新语·道基篇》为证。《道基篇》里述古圣人因民人的需要，次第制作种种器物制度，颇似《泛论训》，而文字多与《系辞传》接近"④。这些论

---

① 钱穆：《论〈十翼〉非孔子作》，第93页。
② 钱穆：《论〈十翼〉非孔子作》，第94页。
③ 李镜池：《〈易传〉探源》，第100页。
④ 胡适：《论观象制器的学说书》，第85页。

述，都对二十世纪后期的学者大量研究《易传》和先秦诸子百家思想的关系，产生了影响。

四、章太炎《易》学对古史辨学者的启示

关于章太炎一节，在本文中原应置于崔述之后、钱穆之前作介绍。但因为章太炎对《易》以及其他经典的态度，与古史辨运动学者在"同"之中有较大的"异"，存在相当程度的独特性，因此改置于此，独立讨论。

康有为、崔述与古史辨运动的关系论者颇多，对章太炎的探讨则相对较少。陈桐生《20世纪的〈周易〉古史研究》一文指出太炎和沈竹礽（1849—1906）率先将《周易》视为古史。①将沈竹礽归类于古史学派，有待商榷；称太炎有开始之功，仍嫌笼统。杨庆中《二十世纪中国易学史》有专章讨论太炎《易》学，析理翔实，但仍有补充的空间。

古史辨学者以严厉的批判态度研究古史和《周易》，确受太炎影响不少。要知道胡适、钱玄同等学者，都是太炎的学生辈，和太炎关系非比寻常。钱玄同在太炎被袁世凯（1859—1916）软禁于北京时"时时来候"②，与太炎的师生关系尤深。钱穆先生受太炎影响亦深。③这都说明了古史辨运动与太炎的关系。

太炎一生的思想转折变化颇多，具见于他的《菿汉微言·跋》关于平生志略与

---

① 陈桐生：《20世纪的周易古史研究》，《周易研究》1999年第1期，第23—30页。

② 章太炎《民国章太炎先生炳麟自订年谱》（以下简称《自订年谱》）"中华民国三年（1914）"条："是时共和党犹以空名驻京，宪兵逼迫，余终日默坐室中。弟子独钱季中及贵阳平刚少璜时时来候。"钱季中即钱玄同。参章太炎：《民国章太炎先生炳麟自订年谱》，台北：台湾商务印书馆，1987年，第24页。

③ 钱先生与太炎毕生只有一次对谈，参钱穆：《师友杂忆》，《八十忆双亲、师友杂忆合刊（合刊）》，台北：东大图书公司，2020年，第173—174页。

学术次第的自述。[①]他的《易》学既有历史实证的方法，也有作为老派士大夫家国身世之感的投入，同时，他对古经典的融会贯通，又让他能以艺术的眼光，直探经典中圣王经世济民的心曲。这导致后人常摸不透太炎《易》学，让他部分《易》学为古史辨学者所取，部分被遗弃。他虽自谦"不敢言《易》"[②]，但《易》理《易》义，一直与其生命俱进。如《自订年谱》"民国三年（1914）"条有：

> 余感事既多，复取《訄书》增删，更名《检论》。处困而亨，渐知《易》矣。[③]

太炎写此条时，正被袁世凯囚于北京。而"处困而亨，渐知《易》矣"二语，信手拈来，自然流露，足见《周易》文辞义理，早已融入其思想。1916年，太炎为其著作《菿汉微言》撰跋，追述1913年至1914年被囚之时的思想状态，称：

> 癸甲之际，厄于龙泉，始玩爻象，重籀《论语》。明作《易》之忧患，在于生生。生道济生，而生终不可济。饮食兴讼，旋复无穷。故唯文王为知忧患，唯孔子为知文王。[④]

"生道济生，而生终不可济"二语，应该参考了《系辞传》"生生之谓易"并引申《未济》卦的旨趣，意指作《易》者之忧患，在于为众生谋生存、生活之道；但以

---

① 章太炎：《菿汉微言》，《章氏丛书》，台北：世界书局，1958年，第960—961页。该文文辞古奥，对于未受古文训练的一般读者来说，十分艰涩。又据鲁迅评述，太炎早岁是革命家出身，晚年则"用自己手造的和别人帮造的墙，和时代隔绝了"。鲁迅所不满的，主要是太炎晚年接受军阀如孙传芳之流的礼遇，做复兴国学一类的工作。参鲁迅：《关于太炎先生二三事》，章念驰编：《章太炎生平与学术》，北京：生活·读书·新知三联书店，1988年，第8页。

② 参章太炎：《〈周易易解〉题辞》，《太炎文录续编》卷2之下，上海人民出版社编：《章太炎全集（五）》，上海：上海人民出版社，1985年，第148页。

③ 章太炎：《民国章太炎先生炳麟自订年谱》，第25页。

④ 章太炎：《菿汉微言》，《章氏丛书》，第961页。

谋生存的方法来谋取生存，创造一法制，必生一弊端，则又不得不再创一法制以挽救；如此法弊相生，辗转往复，而众生则最终亦归于消亡。所谓"生不可济"即指此。这是《易》六十四卦以《未济》告终的意义。这些片段的言论，其用意都很深刻，展现了传统读书人沉浸古典的境界，亦说明太炎时时以《易》义与平生所遇、所思融贯。太炎论著中的论《易》文字，约有九种：

1. 1891、1892年所撰《膏兰室札记》①474条笔记中有5条论《易》。又《诂经精舍课艺》有1条。

2. 1909年有《八卦释名》1篇②。

3. 1913年有《自述学术次第》，其中有一段以历史实证观点论述《易》卦取义体系。

4. 1910年至1913年修订《訄书》为《检论》，收入《易论》1篇；立说与《自述学术次第》相似，似为修正的说法。

5. 1915年5月《检论》定稿，中有《易论》1篇，后附《易象义》1篇。

6. 1916年成《菿汉微言》，其中有论《易》义。

7. 《太炎文录初编》收《八卦释名》，后附《说象象》1篇。

8. 1931年替沈竹礽《周易易解》撰《题辞》。

9. 1935年《国学讲演录·经学略说》曾讨论卦爻辞作者以及"易"的名义。
上述九种材料，其中第三、四种和第八种是特别值得注意的。

第三、四种以历史的、唯物的眼光解释六十四卦的排序。《易论》一篇，杨庆中订立了"论《易经》中的社会进化思想"一节，称这一篇为"比附的痕迹是很明显的"，其中"至少表明了两层意思：一是社会进化思想，即社会历史的发展表现

---

① 沈延国《膏兰室札记点后记》引国学讲习会印本《太炎先生著作目录初稿·未刊之部》载："《膏兰室札记》四卷。谨按：此稿系辛卯、壬辰左右所著，于《荀子》《管子》《韩非》《吕览》等书，逐条考证。"辛卯、壬辰即光绪十七、十八年。其时太炎二十四五岁，肄业于杭州诂经精舍。参沈延国：《膏兰室札记点后记》，上海人民出版社编：《章太炎全集（一）》，上海：上海人民出版社，1982年，第302页。雄按：太炎于精舍受业于俞樾。其撰《膏兰室札记》，实深受俞氏《诸子平议》影响。

② 该文刊于《国粹学报》第51期，时为宣统元年。参章太炎：《民国章太炎先生炳麟自订年谱》，第80页。

为一种进化过程；一是国家的确立，是争讼的产物，而争讼的产生乃是由于'农稼既兴'，即生产发展的结果"。①至于第三种《自述学术次第》一篇，杨庆中称"其基本精神与上述（雄按：指《易论》）无别，文繁不述"。然而，杨庆中显然未注意此二文内在观点截然不同，在近世《易》学史上具有重大启示。

首先，讨论《自述学术次第》和《易论》两篇文章的撰著先后。笔者在上文之所以提出后者为前者的"修正"，主要是根据四个理由：

其一，《自述学术次第》全文约可分为三段，自"上经以乾坤列首"下迄"足知开物成务，其大体在兹矣"为第一段；自"屯称利建侯"下迄"自主受者吉凶，不及法制"为第二段；自"易以开物成务"下迄"其曰穷理尽性，岂虚言哉"为第三段。②《易论》全文较为完整，引义较丰富，约分为五段：第一段论九卦之义；第二段论《易》所常言，婚姻、刑法为多；第三段论作《易》者之忧患；第四段论《易》不为小人谋；最后一段则论《易》本衰世之意及圣哲之忧患。

其二，《易论》首列《屯》《蒙》《需》《讼》《师》《比》《履》《泰》《否》《同人》共计十卦，逐一讨论，而称："此九卦者，生民建国之常率，彰往察来，横四海而不逾此。过此以往，未之或知也。"（雄按："九卦"疑当为"十卦"之误。）太炎认为这十卦所讲的草蒙时期以至于生民建国的过程，古今中西四海皆然，所谓"横四海而不逾此"。过此以往，则文化体系各不相同，各民族之发展各个相异；如何相异，则迥不可知③。反观《自述学术次第》，第三段举《屯》《蒙》《需》《讼》《师》《比》《小畜》《履》《泰》《否》《随》《蛊》《观》等十三卦，虽略识体系，却似在上经中随意选出。而"此九卦者，生民建国之常率"一类概括性的见解，尚未形成。

其三，《易论》称"人文之盛，昏礼亦箸焉"，举《屯》六二、《贲》六四、

---

① 杨庆中：《二十世纪中国易学史》，第13页。

② 章太炎：《民国章太炎先生炳麟自订年谱》，第55—58页。

③ 章太炎：《易论》，《检论》卷2，上海人民出版社编：《章太炎全集（三）》，上海：上海人民出版社，1984年，第380—381页。杨庆中释为："或许由于《同人》之后的卦于比附上困难较大，所以章氏说：'过此以往，未之或知也。'"这是误解了太炎的意思。杨庆中：《二十世纪中国易学史》，第13页。

《睽》上九均有之爻辞“匪寇婚媾”为说，而称“开物成务，圣人之所以制礼，岂虚言哉”①，显见其极推崇圣人的制礼。《自述学术次第》亦论及《屯》六二“匪寇婚媾”，称“文明之世，婚礼大定……足知开物成务，其大体在兹矣”，但未言及“圣人制礼”②。

其四，《易论》第二段称“《易》所常言，亦惟婚姻刑法为多”③，故全段皆论婚姻和刑法二者，意义完整。《自述学术次第》的第一段亦论《噬嗑》《贲》二卦的刑狱，以及《屯》《贲》二卦的婚礼，但未归纳到“《易》所常言，惟婚姻刑法为多”。

《易论》与《自述学术次第》论《易》虽繁简有异，著作先后不同，但大致上代表了1913年前后太炎的《易》学见解。其中《易论》解《屯》卦有两说：

> 婚姻未定，以劫略为室家，故其爻曰“匪寇婚媾”。④

这一段话很简单地将“匪寇婚媾”解释为“以劫略为室家”。前文指出余永梁“掠夺婚姻，在社会进化史上的篇幅，很明白的”一说，其中既说“掠夺婚姻”，又提“社会进化”。余的用意显然和太炎所说有关，但可惜余氏并没有消化太炎的义理。《易论》说：

> 人文之盛，昏礼亦箸焉。斯与屯爻，何以异邪？亲迎之礼，效劫略而为之，故等曰“匪寇婚媾”。惟其文实为异。《屯》曰：“屯如邅如，乘马班如，匪寇婚媾。”言劫略者，当班如不进。《贲》曰：“贲如皤如，白马翰如，匪寇婚媾。”言亲迎则可翰飞而往也。及夫《睽》之上九，以文明之极，而观至秽之物，亦曰“匪寇婚媾”。开物成务，圣人之所以制礼，岂虚言哉？⑤

---

① 章太炎：《易论》，《检论》卷2，《章太炎全集（三）》，第382页。
② 章太炎：《民国章太炎先生炳麟自订年谱》，第56页。
③ 章太炎：《易论》，《检论》卷2，第381页。
④ 章太炎：《易论》，《检论》卷2，第380页。
⑤ 章太炎：《易论》，《检论》卷2，第382页。

这段话的主旨是，婚礼亲迎的礼仪，是仿效劫略。它既已经发展为礼仪，自然就不再是"劫略"了。这四个字在经典之中已成为"语典"——隐括在经典文辞中的文学用法，它就会随着文脉（context）的变化，而有不同的表现。这就是太炎所谓"其文实为异"。同样是亲迎之礼，马的"班如"，马的"翰飞"，甚至"观至秽之物"，都可以用来展现礼制庄严，归结于圣人"婚媾"的制礼崇德。余永梁将这四个字分拆为"匪寇""婚媾"，然后解释为"掠夺婚姻"，可谓焚琴煮鹤，大煞风景！这一段从"圣人制礼"的历史角度，解释"匪寇婚媾"一词在《易》中反复出现的背景，却并不为余永梁所理解，一部分也由于太炎行文佶屈之故。

其次，《易论》和《自述学术次第》都以《周易》上经的卦序，对于古史提出两类的解释。第一类是解释"庶虞始动""草昧部族"时期，逐渐进化到"宗盟之后，异姓其族，物细有知，诸夏亲昵，戎狄豺狼者，而族物始广矣"的圣人制礼作乐，推扩治道的过程。第二类是解释古代封国建侯的历程，即《比·象传》"先王以建万国亲诸侯"，而"屯之侯，部落酋长，无所统属者也"，逐渐演进，而至于"周秦汉之侯王，大分圭土"；而下经则以《咸》《恒》夫妇之道为始，至于《姤》卦"以一阴承五阳"，比附"乌孙匈奴之妻后母"的风俗。

古史辨学者视《易经》为史料，发展出胡朴安的"古史观"，以古史释《易》，虽与太炎不尽相同，但肯定是受太炎"以史释易"的启发。

太炎是严复的晚辈，受其《天演论》的影响，接受了赫胥黎、达尔文的进化思想。进化论的特色之一，就在于唯物而不唯心，故太炎有《无神论》《征信论》的主张。进化论的特色之二，是以物质自然进展为人类文化文明演进的解释基础。这方面，除了《易论》和《自述学术次第》外，还要讨论到上述第八种材料《〈周易易解〉题辞》以地理的眼光解释八卦的方位。沈竹礽《周易易解》于1931年在杭州刊行。《题辞》由太炎亲撰。按太炎早先曾撰《八卦释名》，顺从训诂的解释，说明八卦卦名的义涵。但其释"乾"为"天"，"坤"为"地"，"震"为"劈历振物"为"雷"，"巽"为"纳入遣纵"故为"风"，"坎"为"水"为"陷"，"离"为"火"为"隙中光"为"日"，"艮"为"垠"为"岸"为"止"，"兑"为"山间陷泥"为"泽"[1]，都是以字源、声韵的方法、将八卦导向自然实

---

① 章太炎：《八卦释名》，《太炎文录》卷1，《章太炎全集（四）》，第15—16页。

物的解释。这就是一种唯物的解释。至《〈周易易解〉题辞》说：

> 顾余尝取八卦方位观之，知古之布卦者，以是略识中国疆理而已。中国于大地处东北，而北不暨寒带，北极乃正直其西北，故以处“乾”。求地中者当赤道，下于马来则稍西，乃正直中国西南，故以处“坤”。北限瀚海，故以处“坎”。南限日南，故以处“离”。当坤之冲为山脉所尽，而长白诸山犹屹然焉，故以东北处“艮”。东南滨海，不得大山以遮之，故多烈风，而飓风自台湾海峡来，故以东南处“巽”。泽万物者莫沛于江河之源，故以西方处“兑”。动万物者莫烈于海中火山，故以东方处“震”。八卦成列，义如此其精也。为《先天》之图者，离东坎西，犹有说，及以南处乾，以北处坤，则于方位大舛矣。彼徒以阴阳相配，不知庖牺之作八卦，尝观地之宜也。唐人作《疑龙》《撼龙》诸经，以识形法，其人盖尝巡见山川者，然于江河岭外犹相及，自蜀以西南，自燕蓟以东北，则不能至焉。括囊大体，孰有如《易》之至者乎？[1]

太炎认为《说卦传》所说的八卦方位，都有自然科学的根据。《易》的作者居于中国，以中国为中心，则“乾”居西北是因为中国北方未达北极，古人以“天不足于西北，地不满于东南”（《素问·阴阳应象大论》），故视西北为北极；“坤”居西南是遥指赤道；“艮”居东北是喻指长白山脉；“震”居东方是指东方沿海的火山（指海洋中的地壳板块）；“坎”居北方是指瀚海；“离”居南方是指日南；“巽”居东南是指东南沿海的飓风；“兑”居西方是指中国江河皆源出青藏高原。这样一讲，八卦就突破了《八卦释名》一文的训诂实义，而代之以自然科学的根据。但其中微妙的地方在于：依此一说，则变成用地理科学知识讲《说卦传》，复以《说卦传》讲《易经》之八卦原义。此一卦位解说可谓石破天惊，但细思之又大谬不然，因为作《易》者无论是否文王，其地理知识竟已涵盖今天北半球亚洲广袤的地域，几乎是绝无可能之事。太炎申论地理科学，又接受以传释经的立场。以之与古史辨学者的解《易》比较，可谓差之千里。尤其有趣的有两点：其一，他竟

---

[1] 章太炎：《〈周易易解〉题辞》，《太炎文录续编》卷2之下，第148—149页。

以此一立足于自然科学事实之上的理论，批判邵雍（1011—1077）的先天八卦方位"于方位大舛"；其二，他认为创立八卦之名的撰《易》者庖牺氏的智慧"括囊大体"，其于标识形法，竟达到连唐代人都做不到的限度。我们可以从这一段话中找到很多自然科学的成分，但偏偏又透露了极强烈的反科学成分。

从太炎相关著作中不难看出他在《易》学上的造诣，以其对经典文献掌握的深广和在小学训诂运用上的精熟，古史辨学者实难以企及。他曾多次直言王弼（226—249）《周易注》超越汉代孟、荀、郑三家注①，也显示他对于历代《易》注都曾细心考察。然而，太炎《易》学实兼有极前卫和极保守的元素。他的《易》说虽发表于古史辨运动如火如荼之前，却并未在当时甚至后来的《易》学史上掀起波澜。古史辨学者充分汲取了他《易》学前卫的部分——以古史的眼光看待《周易》，但以科学方法阐释《易传》的部分则被扬弃了。不过《〈周易易解〉题辞》篇首说：

> 余少尝遍治诸经，独不敢言《易》。尝取《乾》《坤》二卦以明心体，次乃观治乱之所由兴，与忧患者共之而已。②

太炎始终以忧患意识为读《易》的中心理念，将《易》理和个人身世以及民族命运

---

① 太炎《检论·易论》论之较详，讥汉儒象数派凭胸臆增窜象说，不及王弼闳廓深远，洒落象数，处衰世而人事的正变，远较高明："京、郑皆有爻辰，其取象或主干支天官，与《周易》异伦。荀、虞自谓用《说卦》矣。仲翔所补，逸象尤多，当刘向校古文时未有，其为私意增窜甚明。独慈明为稍循纪。（雄按：以下批评焦、京、虞等象数派，论《易》象不能区分八卦三爻小成之象与六十四卦六爻的合成之象。）……大氏汉世博士，喜道五行阴阳秘书，学者从风化之，虽主费氏者勿能坚。……辅嗣先世与景升旧故，或得其传。其说《观》卦'盥而不荐'，引《论语》禘祭为征，本之马氏'龙喻阳气'，不与《说卦》。物象自丁宽《子夏传》已明之，推迹辅嗣，洒落之功，盖将上复丁、费故言，岂自任匈臆尔乎？观其《略例》，闳郭深远，躬处衰世，故观人事变复益明。"章太炎：《易论》，《检论》卷2，第385—386页。又《汉学论下》："清人说《周易》多撅李鼎祚《集解》，推衍其例，则郑、荀、虞之义大备。然其例既为王氏《略例》所破，纵如三家之说，有以愈于王氏乎？无有也。"章太炎：《汉学论下》，《太炎文录续编》卷1，第22页。

② 章太炎：《〈周易易解〉题辞》，《太炎文录续编》卷2之下，第148页。

比合而观，透显了他对《易》与个人和民族生命的崇高敬意。这种敬意，在标榜科学实证的古史辨学者的身上，再也寻找不到一丝遗留。[①]

五、结论

本文借说明二十世纪初疑古思潮中的典范——顾颉刚"古史层累"之说，说明《周易》"经传分离"说也是"层累"出来的一种学说。它的形成，和历史上很多典范转移的案例相似，实源出于某一历史阶段集体心理之需要。具而言之，大凡一时代学人治学，每受到时代风气与价值观念的影响，接受了当时某种广为人知的新观念、新思想，遂自觉或不自觉地共同汇聚出某种视角及价值取向，最后形成一种他们视为理所当然、不肯也不会加以质疑的观点，成为研治该领域学问的学者共同依循的基础及框架。人文学的典范，往往循此以建立。在二十世纪百年间被视为金科玉律的"经传分离"说也不例外。

"经传分离"看似是对"经""传"两批文献年代与关系的科学鉴证。但借用胡适"剥皮主义"之法，将国民民族自信心低落、进化史观的思潮、科学主义的强势传播等"剥"去，回归古典研究本身而言，《周易》的疑古研究和经传分离说的

---

① 太炎自赴日本习大乘佛典，常喜以中国经典与内典相印证，在《菿汉微言》中论《易》亦如此，说："'乾知大始，坤作成物'。'乾'即'阿赖邪'，先有生相，即起能见，而境界妄见矣，故曰'大始'。'坤'即'末那'，执此生为实，执此境界为实，皆顺'乾'也，故曰'成物'。""'大哉乾元，万物资始'，此固'阿赖邪'之征；'至哉坤元，万物资生'，即无明为缘生弟一支也。无明无往不在，而'末那'我痴，即是无明本体，且'坤'卦言'先迷后得主'，'迷'者，无明不觉之谓。依如来藏，有此不觉，不觉而动，始为阿赖邪识，故曰'先迷'；阿赖邪识既成根本，无明转为我痴，执此阿赖邪识以为自我，故曰'后得主'；以其恒审思量，故《传》曰'后得主而有常'；以其执人、法，故《传》曰'含万物而化光'，明万法依是建立也。"章太炎：《菿汉微言》，《章氏丛书》，第933页。此依注释的体裁，将唯识学关于"识"的区分（前五识为视觉、听觉、嗅觉、味觉、触觉；第六识为肉身知觉总成；第七识为前六识执着之总成，第八识又转上一层），一一对应《周易》卦爻辞内容，可谓弥缝而无隙。

建构，实是一场野火燎原的灾难：经典优美的艺术性被弃如敝屣。面对《周易》经传熠耀变幻的辞采，他们恍若全无鉴赏能力，好比失去味觉和嗅觉的人，在品尝佳肴时味同嚼蜡。

在此笔者也拟提出反思。反思之一：《易》原本只有"阴""阳"观念，将抽象的"阴""阳"具象化而成为阴爻、阳爻，再结构化而成为三爻的八个"经卦"，再体系化而成为八卦相重而为六爻的六十四"别卦"。殷商民族以文字系上各卦，而有了《归藏》；周民族在《归藏》基础上再添加文字系上各爻，而有了《周易》。如果认真去"分离"，每一个环节都可分之离之：阴、阳与"——""— —"没有必然关系，卦名与卦体亦未必有关（因同一卦画，《归藏》《周易》卦名不同），爻辞本与爻无关，卦辞与卦亦非一体，别卦不是经卦，经卦不与阴、阳同科，那么说《易传》和卦爻辞无关，又有何可怪呢？然而，文化自有生命、经典传注传统依循文化文明的递进，有新创必然有承继。我们一旦承认八经卦源于阴阳爻、六十四别卦源于八经卦、卦爻辞源出于卦爻，那么要说《易传》源出于经文，又何须怀疑呢？

反思之二：《荀子·非十二子》：信信，信也；疑疑，亦信也。[1]"信"和"疑"适为相反，动机却很难说一定相反。因为信所当信，是"信"；疑所当疑，也有可能是"信"。所以单看行为或态度的表征，实在很难认定信古者或疑古者究竟是真信或真疑。我们批判性地解读荀子（约前313—前238）的话：不带任何怀疑地信其所信，或至于盲从；不怀好意地疑其所疑，或流于非理性。所以浅层地认定对古史的考辨是出于"信"或"疑"，甚至这种"信"或"疑"是否具有哲理深度，都是有待商榷的。因此，我们不能轻率地因为胡适推崇崔述，就认定崔述是古史辨思潮的渊源，因为仔细区分，崔氏"考信"的动机近乎"疑疑，亦信也"，而古史辨学者则近乎"疑疑，疑也"。古史辨学者一心一意推倒传统古史体系，势必先推翻《周易》的神圣性，而认为卦爻辞只是卜筮的记录，与后世占卜工具同类；二则提倡"经传分离"说，而切断《易传》与经文的关系；三则论证《易传》义理源出儒、道、阴阳，只是诸子思想的附庸，而截断《易》哲学的独立性。由此而推

---

① 王先谦：《荀子集解》卷3，沈啸寰、王星贤点校，北京：中华书局，1988年，第97页。本书引《荀子》皆据此本，不另出注。

毁整个《周易》经传的体统。于是《周易》仅存的，就只有一点点史料的价值了。

反思之三：卦爻辞是否占卜记录，笔者已发表《〈归藏〉平议》[①]，指出殷墟卜辞与《归藏》文辞不类，显示《易》（指《归藏》，此处借"三《易》"之名称之为《易》的一种）、卜已经分流。另有《论〈易经〉非占筮记录》[②]一文。细节在此不再赘言。

反思之四：关于《易传》的年代，古史辨学者论证诸《传》在秦火之后，成于两汉，年代甚晚。大家如综考传世与出土文献，以及汉人学《易》师承谱系，已证明其说不可靠。[③]笔者认为，《彖》《象》撰著时代约在战国中叶或稍早，则上距经文写定（假定为西周中、晚期），短则约五百年，长则约八百至九百年。它们是世界上最早的一批解《易》的专著。三千年后的人们，很难说有资格一口咬定它们的哲理与卦爻辞无关。

反思之五：任何经典都有其政治、历史、义理相纠缠的背景，经典诠释传统（commentarial tradition）有其自身的生命历程，而且经典的研究近乎艺术，不能全诉诸可计量（quantifiable）的因素，而需要运用研究者自己的文学素养去感受辞气内容的内在关联。读者如能平心静气阅读，必能体会《易传》义理哲理多承继自经文。经传关系，有如父母与子女，子女固然是独立的生命体，但父母的个性习气亦常因遗传而影响子女。《周易》经传也当作如是观。经的血缘被传所承继，则传必然含有经的基因。研究者固然不应视经传为毫无区别的一体，就像我们不应把子女视为父母的分身；但亦不宜视经传为绝无关系的两批文献，正如不能视父母、子女为绝无关系的陌路人。

本文旨在说明古史辨学者如顾颉刚、李镜池、余永梁、容肇祖等所持的"经传分离"说，历有渊源，可以追溯到乾嘉时期的崔述，甚至更早的欧阳修。近则受到日本学者"疑古"的启发，以及章太炎以历史实证的态度治《易》的影响。但他们的终极目标实与欧阳修、崔述不同，治《易》的心情也与太炎迥异。《易》学中的

---

① 郑吉雄：《〈归藏〉平议》，《文与哲》第29期（2016年12月），第37—72页。

② 郑吉雄：《论〈易经〉非占筮记录》，《周易研究》2012年第2期，第24—32页。

③ 详参郑吉雄：《周易阶梯》第四章"《易传》综述·关于《易传》作者和年代的讨论"，第57—84页。

忧患意识对太炎立身制行、思想演化的影响，并未被古史辨学者所承继，而"经传分离"之说一经"古史层累"说推波助澜，遂成为1923年以后《周易》研究具典范性的金科玉律，迄今鲜少学者敢于正面批判。

《易》学与校勘学

——异文与"一字多义"①

一、两类"校雠／校勘"

校雠学在中国是一门古老的学问。如果说文献是文化与文明的载体，"校雠"就是保证文化文明能借由文献获得完整而准确的承载与传播的一门学问。古人常常强调读书治学要"求义"，揭示经典文献里面的"意义"是最终目标，而校雠作为"方法"是达至目标的必要工具。倘若方法不够完善，目标就无法达至。本文借由《周易》的版本与异文作为范例，说明中国古代经典文献存在一种"一字多义"（polysemy）的现象，以及这种现象和校雠学之间的关系。

"校雠"也称之为"校勘"，原本是指文献的核对；但广其意义，也指涉因整理文献之需要而对于图书知识进行分类的工作。这两种意义的"校雠"，原本都和刘向（前77—前6）有关。因为刘向校书中秘，不但在技术上对文献内容进行对勘校正，其所编《七略》和《别录》，也对先秦流传至汉初的文献，依据其知识的类型和施用以及传承的源流，提出前所未有的一种分类架构。前一项是古今治校雠、校勘学者所重视的工作，《别录》所谓"一人读书，校其上下，得谬误，为'校'；一人持本，一人读书，若怨家相对，为'雠'"即

---

① 本文发表于2013年琉球大学在冲绳举办的"校勘与经典国际学术研讨会"，北京大学刘玉才教授、琉球大学（现任东京中央大学）水上雅晴教授召开，原文曾收入刘玉才、水上雅晴编：《经典与校勘论丛》，北京：北京大学出版社，2015年，第9—37页。2020年笔者补写《"革"卦"己日乃孚"辨正——再论〈周易〉异文与一字多义》，安平秋主编：《中国典籍与文化论丛》第23辑，南京：凤凰出版社，2021年，第1—12页，其后将两篇文稿合为本篇。

指此。①传统学者于文献的讹误，透过版本的研究，字词的比较，而对内容有所匡正，排除了障碍，让后人顺畅地通读中国古典载籍。毫无疑问，这是当今文献学家所不陌生的。然而今人论"校雠"或"校勘"，有时会将重点置于此，而忽略了图书与文献分类以明知识源流的重要性。著名文献学家乔衍琯（1929—2008）说：

> 我国历史悠久，载籍繁富，而每经一次传钞或刊印，便不免有些脱误、衍羡或颠倒的情形，影响到学术研究，便得靠精密的校勘来改正，而校勘又是读书的基本功夫。我国校勘书籍，早在周秦，便已注意到，而宋代盛行雕版印书，清代崇尚实学，校勘学都有辉煌的成就。宋人对校勘的见解，散见于文集、笔记或所校书的叙跋中，清人如王念孙的《读书杂志》、卢文弨的《群书校补》，都极精审，俞樾的《古书疑义举例》，更建立了校勘的体系。此后校勘益密，陈垣撰《元典章校补释例》（原注：民国二十三年十月史语所刊于北平），胡适之推为我国校勘学走上科学道路之杰作。王叔岷校诸子数十种、《史记》一百三十卷，旁及《孟子》《陶渊明诗集》等，更集其数十年校勘的学识经验，撰为《校雠学》，后出转精，又超越清儒的成就。②

乔先生讲校勘、校雠，侧重了技术层面也就是文献的校订的工作，却没有提及文献编次所涉及图书与知识源流变迁的研究的重要性。而后者在整个文献学史乃至于广义的思想史的发展源流上，重要性绝不在前者之下。刘歆《七略》、班固（32—92）《汉志》借由图书部次而转对于文史知识作宏观的分类，在中国近世亦不乏学者加以继承，其中当以郑樵（1104—1162）及章学诚（1738—1801）为最著名。郑樵的学说具见于《通志·校雠略》；学诚的学说则具见于《文史通义》及《校雠通

---

① 参考《文选》中左思的《魏都赋》"雠校篆校"句下，李善注引《风俗通》录刘向《别录》语。萧统编，李善注：《文选》，台北：台北艺文印书馆影印清胡克家重刻宋淳熙本，1955年，第6卷，第22页上。

② 中国文化大学中华百科全书编纂委员会编，张其昀监修：《中华百科全书》第7册"校勘学"条引，台北：中国文化大学出版部，1981年，第571页。

义》。严格来说，章学诚的学问主要还是来自郑樵，而《校雠通义》实系不完整的文稿，亦系章氏中年未定之论，他的相关学术思想的定论，还是多寄托于晚年撰写的《文史通义》诸篇①。回溯郑樵的"校雠"之论，见于其《通志》卷七十一，《校雠略》第一的第二部分"编次必谨类例论六篇"的第一篇说：

> 学之不专者，为书之不明也；书之不明者，为类例之不分也。有专门之
> 书，则有专门之学；有专门之学，则有世守之能。人守其学，学守其书，书守

---

① 章学诚注意到郑樵，和他毕生的论敌也是景仰者戴震也不无关系。学诚在《答客问上》说："癸巳（雄按：乾隆三十八年，1773）在杭州，闻戴征君震与吴处士颖芳谈次，痛诋郑君《通志》，其言绝可怪笑，以为不足深辨，置弗论也。其后学者颇有訾謷，因假某君叙说，辨明著述源流，自谓习俗浮议，颇有摧陷廓清之功。"章学诚：《文史通义·答客问上》，《章氏遗书》卷4，台北：汉声出版社影印刘氏嘉业堂本，1973年，第84页。本年夏是学诚毕生第二次遇到戴震，可能是在他与戴震在宁波道署相遇之前的一次，其时学诚在史学上已窥见门径，自信满满。而同年学诚撰《与严冬友侍读》说："识力颇进，记诵益衰，思敛精神，为校雠之学。上探班刘，渊源官礼，下该《雕龙》《史通》，甄别名实，品藻流别，为《文史通义》一书，草创未多，颇用自赏。"见《章氏遗书》卷29，第747页。这一年他的"校雠之学""上探班刘"，那就是追源于《七略》《汉志》，但当年尚未撰《校雠通义》，而是开始经营《文史通义》。而翌年（乾隆三十九年甲午，1774）学诚撰成《和州志》并从中辑为《和州文征》八卷，后删为《和州志隅》二十篇。《和州志隅·自叙》说："郑樵有史识而未有史学，曾巩具史学而不具史法，刘知幾得史法而不得史意，此予《文史通义》所为作也。《通义》示人，而人犹疑信参之。盖空言不及征诸实事也。"见《章氏遗书》外编卷16，第1236页。当年学诚对于郑樵略有批评，但并未影响他对郑的推崇。至乾隆四十四年己亥（1779）学诚始著成《校雠通义》四卷，而乾隆四十六年辛丑（1781）学诚在大梁遇劫匪，失去所有书籍，也包括《校雠通义》。他在《跋酉冬戌春志余草》记："余自辛丑游古大梁，所遇匪人，尽失箧携文墨，四十四岁以前撰著，荡然无存。……但己亥著《校雠通义》四卷，自未赴大梁时，知好家前钞存三卷者，已有数本。及余失去原稿，其第四卷竟不可得。索还诸家所存之前卷，则互有异同，难以悬断，余亦自忘真稿果何如矣。遂仍讹袭舛，一并钞之。"见《章氏遗书》卷29，第727页。由此可见今本《校雠通义》并不完整，亦非原本。

其类。人有存没，而学不息；世有变故，而书不亡。①

由此段话中可见，郑樵论"校雠"，其首要的关怀，在于分类例，守专家之学而使学术能超越个人的生死，代代相传。对于书籍类例的区分，也就等于上文所说的"对于知识的分类"；唯有成功地区分书的类例，才能让书的要旨明晰，进而让学术能专精。而专精，正是学术超越于世变以外的一种永恒的作用。"世有变故"也许是无法避免的，但书不亡，世变背后的稳定价值就能借由书籍的保存、学术的专精而守住。这是"校雠"在改正脱误、衍羡、颠倒的技术工作之上，更为深远的理想。章学诚《校雠通义》论"校雠"尤深于此一项工作：

> 校雠之义，盖自刘向父子部次条别，将以辨章学术，考镜源流，非深明于道术精微，群言得失之故者，不足与此。后世部次甲乙，纪录经史者，代有其人，而求能推阐大义，条别学术异同，使人由委溯源，以想见于坟籍之初者，千百之中，不十一焉。②

学诚所谓"道术"，讲的其实是一种人文文化变迁的理路。③人类生活形态与文明的发展，是圣王立政创制的依据，而官府政制的文字纪录，即所谓"史"，实乃儒家经典的原始，而为后世学术的起源。"辨章学术，考镜源流"者，其意义范围，已经超越于对文献书籍"脱误、衍羡或颠倒的情形"加以校正的技术层面工作，也并非仅仅只是目录学的编目工作，而是进而及于历史文化的伟业。

以上略说两类"校雠"，相信都是当世治校雠学的学者所熟知的，不待笔者于此赘言。后一种"校雠"涉及文史知识的分类，需要具备对于人文学、文献学的宏

---

① 郑樵：《通典·校雠略》卷71，收入《十通》，台北：台湾商务印书馆，1987年，第831页。

② 章学诚：《校雠通义·叙》，《章氏遗书》卷10，第213页。

③ 详见郑吉雄：《论章学诚的"道"与经世思想》，《台大中文学报》第5期（1992年6月），第303—328页；郑吉雄：《论戴震与章学诚的学术因缘——"理"与"道"的新诠》，《文史哲》2011年第3期，第163—175页，收入本书第十篇。

观视野，高瞻远瞩，虽然经郑樵、章学诚的阐发，为学界所知悉；唯因晚近中国文史领域受西方文明冲击尤其欧美大学分科观念的规范，今天言"校雠"或"校勘"的学者，已鲜少致意于此，可为之太息长叹，但亦无可如何。至于前一种强调搜罗版本、订正异文的"校雠"，虽然广泛受到当世治校雠学的学者所注意，但其实个中种种繁复的问题颇不少，未发之覆尚多。本文特别要提出的是中国文献里面字词的"多义性"所呈现一字多义（polysemy）的现象，有时在校勘工作中很容易被忽略。学者对于比对不同版本而发现的异文，除了能辨别异文的对错、版本的优劣外，也要着眼于不同异文之间共同呈现的关系。简而言之，由于汉字具有形音义统一的特性，统一之中又有参差：有两个字形异而义同的，有两个字音近而义通的，也有两个字形混而义异的。这些情形，导致一个文本中的某个字在不同版本中出现各式各样异写（即"异文"）的情况。由于情况众多，原因繁复，校书者应避免遽尔下断语，在彼此之间做是非判断，独取其中一种字形以撷取某一种意义，而是应该透过训诂的知识，注意不同版本的异写，其实可能反映的是经典字词的多义性——某一个字同时具有两种或以上的意义，可以并存。研究者应将这几种字义一并考虑，勿作轻易取舍。以下谨以《周易》版本异文为例，撰为本文，就教于方家。

二、《周易》版本校勘、异文到"一字多义"

传本《周易》不同版本的异文多录于《经典释文》，清儒著述迻录者亦多[①]，而近世出土文献关于《易》的文本尤其丰富：

---

① 如王引之《经义述闻》卷一、二"周易上、下"。又钱大昕《潜研堂文集》卷十一《答客问》："问：许叔重《说文解字》十四篇，九千三百五十三文，不见于经典者几十之四，文多而不适于用，窃所未喻"一节，指出《易》经传内容数十条，如"塙"即《易》"确乎其不可拔"之"确"。见钱大昕著，陈文明、曹明升点校：《潜研堂文集》卷11，收入陈文和主编：《嘉定钱大昕全集（增订本）》，南京：凤凰出版社，2016年，第9册，第170页。

1. 汉石经：自宋代以降陆续问世的汉石经《周易》遗文，经屈万里（1907—1979）《汉石经周易残字集证》搜辑考证而广受注意。

2. 辑本《归藏》：清代马国翰（1794—1857）《玉函山房辑佚书》以及严可均（1762—1843）《全上古三代秦汉三国六朝文》所辑《连山》《归藏》遗文，因为此二书与《周易》为相传三代筮书，有可供比较的价值。

3. 帛书《周易》：1973年湖南长沙马王堆帛书出土，其中有《周易》1种，以八宫卦的形式为卦序，卦名与今本不同。除六十四卦外，尚有：《二三子问》（共三十二节），卷下：《系辞》《易之义》《要》《缪和》《昭力》5种。

4. 阜阳汉简《周易》：1977年安徽阜阳双古堆出土汉简，其中有《周易》残简，经韩自强十余年整理，而略可见其大体。据韩自强《阜阳汉简〈周易〉研究》指出，属卦爻辞的约1108个字，分属53个卦，170多条卦爻辞。卦名保存的有32个。总计阜阳《周易》和今本、帛书不同的异文有63个字，和今本相同与帛书有别的异文51个字，和帛书相同与今本有别的26个字。①

5. 上博简《周易》：1994年出现在香港文物市场，后为上海博物馆收购的一批战国楚地竹简，其中有58支竹简记录了34个《周易》的卦（部分为残断，含25个卦画），总计1806个字。其中第32简《睽》卦九三爻辞，缺"牛掣，其人天且劓。无初，有终"。香港中文大学中国文化研究所旧藏的一支残简，恰好有这11个字，应该就是原缺的简段②。

6. 王家台秦简《归藏》：1995年湖北省江陵县荆州镇郢北村出土秦墓，有大量竹简，荆州博物馆发表《江陵王家台15号秦墓》发掘报告③，其中有一批164支属《易》卦包括卦画、卦名及卦辞的简。这是一部从未被发现过、与今本《周易》不同，却与清人所辑《归藏》有大量相近同内容的本子。

由传世文献到出土文献，"异文"的出现提供给校勘家丰富的研究资源。但研究者一般的态度是在不同版本与众多字形之中，区别出是非对错——确定某字当

---

① 韩自强：《阜阳汉简〈周易〉异文》，《阜阳汉简〈周易〉研究》，上海：上海古籍出版社，2004年，第100页。

② 香港中文大学所藏简"掣"字字形作"㸚"。

③ 荆州地区博物馆：《江陵王家台15号秦墓》，《文物》1995年第1期，第37—43页。

作某，读如某，而不去考虑不同字形结体之间是有"并存"的可能性。自2005年笔者发表《从卦爻辞字义的演绎论〈易传〉对〈易经〉的诠释》①阐述《周易》经文（卦爻辞）字义的多样性与歧异性后，多年来笔者一直注意《周易》版本与异文以及"一字多义"的现象。无论是"异文"或"一字多义"，皆非古汉字及汉文献所独有，拉丁文、梵文等古老语言文字均如此，最初皆因字少所致。如《诗·大雅·绵》"自土沮漆"，传注释"漆"为漆水、"沮"为沮水。唯孔德成师（号达生，1920—2008）《"自土沮漆"解》考证"土"即"杜"，谓《汉书·地理志》"杜阳"所指之"杜水"，齐《诗》正作"杜"；"沮"同"徂"。四字义谓周太王迁岐，自杜水往漆水之事。达生师说：

> 盖古者字少，且以一字当数义，又同音文字，往往通用不别，若此类者，本无足异，故甲骨文及金文，或以且作祖，或以且作俎，《韩非子》以范雎作范且（见《外储说左上》）。先秦经籍，此类例证甚多。②

达生师所指出"古者字少"，正好说出了"异文"和"一字多义"现象的成因。古代文字不多，或借用某一字形表达另一音义不同的字，是为假借，如"然"字本义为"燃"，下方四点即是"火"字。但此字被"然而""虽然"借用为语词后，书写者唯有再添加一"火"于左边，成为"燃烧"的专用字。又或同属一字而有不同写法，如"毓""育"二字实皆女性产子的会意，音义皆同，而字形结体则有异。总之，汉字形、音、义的关系，或离或合、或异或同，变化多端，而在历史洪流中，字形讹变，亦未必有道理可讲。《周易》迭经历代人传抄，难免出现字的讹误。后人不认得原字，有时会用另一同音字取代（音近而误），或误用另一同形字（形近而误），甚至有时直接用较通行的字代替。

　　《周易》包含"经"（卦体、卦辞、爻辞、卦序等）及"传"（即《十

---

　　① 郑吉雄：《从卦爻辞字义的演绎论〈易传〉对〈易经〉的诠释》，《汉学研究》2006年6月第24卷第1期，第1—33页。

　　② 孔德成：《"自土沮漆"解》，原刊《说文月刊》1943年5月第3卷第10期，第169—170页，收入孔德成：《孔德成先生文集》，台北：艺术家出版社，2018年，第15页。

翼》），其涉及校雠的工作，首在于版本异文的问题。《经典释文》所列版本的异同至多，其中经文异文甚多，形成的原因也很多。近世出土文献中出现多种本子的《周易》，如马王堆帛书《周易》（以下简称《帛易》）、阜阳双古堆《周易》残简（以下简称"《阜阳易》"）、上博简《周易》（以下简称"《上博易》"）等，以及疑为《归藏》而与《易》相关的文献，版本的异同增多了，研究的材料丰富了，的确有利于研究者将《易》学向前推进；不过这部经典的异体字原本繁复的情形，因新材料的出现而更显复杂，也是事实。然而研究者对于这些古今出现的异文，往往会将之单纯化，加以处理。《阜阳易》的整理者韩自强就说：

> 阜阳《周易》出现的异文，都是因为衍、夺、通假和使用古今字不同而造成的。[1]

《帛易》出土后，李学勤（1933—2019）评论其中的异文，特别指"异文大多数是文字通假"：

> 当然，帛书与通行本比较，不一定帛书总是更好，而且异文大多数是文字的通假。[2]

笔者同意帛书与通行本比较，不一定较好，说异文中有不少是文字的通假，基本上也没有错；但这种说法很容易误导学者：只用"通假"的原则，就将原文似乎读不通的字，一概以读音类近、"一音之转""声近可通"等为理由，转读为另一个字，以求符合研究者自身主观所想望的意思。这种研究取向，近年在《易》学界非常普遍，学者当不会陌生。韩自强的一番话，就是很典型的例证：

> 阜阳《周易》有些异文使用了比今本字义更为准确明白的字。例如《豫》

---

[1]　韩自强：《阜阳汉简〈周易〉异文》，第100页。

[2]　见李先生为邓球柏《帛书周易校释》所撰《序言》。邓球柏：《帛书周易校释》，长沙：湖南人民出版社，1996年，第3页。

卦的"盱豫"作"歌豫";《复》卦的"无祇悔"作"无智悔"。就使得令人费解的"盱""祇"两字的含义得以明了。再如《剥》卦里的"剥床以辨""剥床以肤",床何以有肤、有膝盖!这些难解的文句,在阜阳《周易》简里作"仆床以肤",帛书作"剥臧以肤",仆、臧皆是古代的奴隶,剥是小击,床和臧都是戕字的假借字,"仆戕以肤"或"剥臧以肤",都是说奴隶的皮肤或膝盖受到创伤,这样,《剥》卦的内容就很容易理解了。[①]

韩先生整理《阜阳易》十年以上,备极辛劳,人所共知;但上述的解读方法,真是完全让人无法接受,举三方面说明:

1. 卦爻辞非常古老。就像《尚书·周书》诸篇、《诗·大雅》《诗·周颂》一样,卦爻辞本来就不可能容易解读。后人解读卦爻辞,应以准确靠近原义为目的,而非以"容易理解"为目的。

2. 凡指某字应"读为"或"读若"某声,或某字是另一字之假借,应有辅证,不能单纯以声音为关联,直接指称假借而不理会上下文脉和其他辅证。

3. 究竟卦爻辞性质是什么?这至今仍没有可靠的答案,何以见得多记大人君子治国用兵的《周易》卦爻辞,竟然会琐碎到记录"奴隶的皮肤或膝盖受到创伤"呢?[②]

事实上,经典出现异写、异文的原因很多,除了一般常见的"假借""形近而误""涉上文或下文而误"等之外,还有地域、年代、书写者之身份与习惯,乃至于本文的"一字多义"等原因都存在。后人不能因为古典"难解",就尽求方便易解以图了事。"假借"是一个容易借用的理由,尤其应该谨慎从事。事实上《易》学界以及出土简帛研究者滥用假借、不去全面追溯字义历史发展的情形已经太多,熟悉这一行的学者一定知道。笔者近年曾针对"行""中"两个字写过两篇

---

① 韩自强:《阜阳汉简〈周易〉异文》,第100页。

② 说详郑吉雄:《论〈易经〉非占筮记录》,《周易研究》2012年第2期,第24—32页。

长文①，讨论其字义变迁的类别与轨迹，正是希望提示学界对于古代经典字义应采取更严谨的态度。关于《周易》异文，多年前已有专门的著作出现②，但顶多胪列归纳，断言某一字应读为某字而已，未尝对异文可能反映汉语"多义性"的现象，有一丝一毫的发明。直至今天，除笔者反复著述申论外，以个人的浅陋所知，似尚未见有学者专注及于此，殊为可惜。

搜罗《周易》异文的著作，最早且最为丰富的，当推陆德明《经典释文》，其中所列，何止百条。那是因为汉魏以前，《易》家各有师承，对于经典原文内容，各有所持，亦各有其独特的说解。自郑玄（127—200）兼综今古文，诸家经说散佚者多，幸而透过唐代《经典释文》《周易集解》一类书籍，才得以保存。其中有的是很单纯的差异，例如《困》卦九四"困于金车"，《释文》云"金车，本亦作金舆"。"车"是"舆"字的部件，二字意义相同。作"车"作"舆"，也许对爻义的解释，关系不甚大。又或《损》卦《象传》"君子以惩忿窒欲"，"窒"字《经典释文》记"郑、刘作懫。懫，止也"③。"窒"之与"懫"均有"止"之义，意义亦无分别。《说文解字》以"窒"与"窒"字互释，段玉裁释"窒"为"寒"

---

① 郑吉雄、杨秀芳、朱歧祥等合著：《先秦经典"行"字字义的原始与变迁——兼论"五行"》，《中国文哲研究集刊》第35期（2009年9月），第89—127页。郑吉雄：《先秦经典"中"字字义分析——兼论〈保训〉"中"字》，发表于2011年11月30日—12月2日香港浸会大学中文系主办"简帛经典古史研究国际论坛"，收入陈致主编：《简帛·经典·古史》，上海：上海古籍出版社，2013年，第181—208页；又收入本书第八篇。

② 如吴新楚：《周易异文校证》，广州：广东人民出版社，2001年。

③ 陆德明：《经典释文》卷2《周易音义》，上海：上海古籍出版社，1984年影印北京图书馆藏宋刻本，第104页。又《诗·豳风·七月》"穹窒熏鼠"，《经典释文》："窒，塞也。"《经典释文》卷6《毛诗音义中》，第281页。

字，俗讹为"塞"，意为"填实"。①与又如《谦》卦，《释文》记《子夏传》作
"嗛"，云"嗛，谦也"。"谦""嗛"二字形近义同，亦不至于混淆。有一些异
文对于校正原本经文，或将文义顺通，是有帮助的。例如《晋》卦初六"晋如摧
如，贞吉。罔孚，裕，无咎"。"浚"，王弼本作"摧"。《释文》："催，退
也。""浚"，当读为"逡"，退也，与"摧"音近相通②。实则《经典释文》释
"摧"：

> 罪雷反，退也。郑读如"南山崔崔"之崔。③

郑玄读为"崔嵬"之"崔"，《说文解字》："崔，大高也。"④那就是巍峨之
意，指的是山岳的崇高。面对崇高的山岳，而徘徊不前，这样或能补充解释《帛
易》作"浚"而义为"逡巡"的徘徊不进的原因。当然，究竟文本讲的是"崇高"
（作"崔"）还是"逡巡"（作"浚"），从严格意义上说争议仍在，问题又未必
解决了。

三、引起困扰的异文

《周易》迭经历代传抄，难免出现字体的讹误，主要因为原本某字后来没有再
被使用，渐为历史淘汰——有点类似字"死"了。后人不认得原字，便会用另一个

---

① 《诗经·豳风·东山》："洒扫穹窒。"《豳风·七月》："穹窒熏鼠。"《说文
解字》："窒，窒也。"段玉裁《注》："窒之隶体为窒。……塞于义不为窒，边塞其本义
也。自用塞为填窒字，而窒义废矣。……《释言》《豳传》皆曰：'窒，塞也。'"（许慎
撰，段玉裁注：《说文解字注》7篇下，上海：上海古籍出版社，1981年，第346页）"窒"
字，段玉裁《注》："此与土部塞，音同义异。与心部塞，音同义近。塞，隔也；隔，塞
也。与窒、窒训别。塞，实也；实，富也。与窒、窒训近，凡填塞字皆当作窒。"（5篇
上，第201页）

② 张政烺：《马王堆帛书周易经传校读》，北京：中华书局，2008年，第87页。

③ 陆德明：《经典释文》卷2《周易音义》，第100页。

④ 许慎撰，段玉裁注：《说文解字注》9篇下，第441页。

较通行的字代替。例如《大畜》卦九三爻辞"曰闲舆卫"，《经典释文》"曰"：

> 音越，刘云："曰犹言也。"郑人实反，云"日习车徒"。[①]"曰闲舆卫"四字颇费解，郑读"曰"为"日"，释"闲"为"习"，则于文义较通顺。郑读如为实，则显属传抄时"日"字因形近而讹为"曰"。[②]

《夬》卦九五"苋"，诸家皆读如字。王弼《注》：

> 苋陆，草之柔脆者也。决之至易，故曰"夬夬"也。[③]

朱熹（1130—1200）《周易本义》：

> 苋陆，今马齿苋，感阴气之多者。[④]

唯王夫之（1619—1692）《周易内传》读为"莧"[⑤]。《说文解字》十篇上"莧"部：

> 山羊细角者。从兔足，从苜声。凡莧之属皆从莧。读若丸。宽字从此。[⑥]

"苋"常见而"莧"罕睹。如读为草本植物的"苋"，则"苋陆夬夬"意义，实难

---

① 陆德明：《经典释文》卷2《周易音义》，第93页。

② 《经典释文》："闲，马、郑云'习'。"同前注。朱熹亦说："曰，当为日月之日。"（《周易本义》卷2，台北：大安出版社，1999年，第117页）

③ 王弼注，孔颖达疏：《周易正义》卷5，李学勤主编：《十三经注疏整理本》，北京：北京大学出版社，2000年，第214页。

④ 朱熹：《周易本义》卷2，第168页。

⑤ 王夫之：《周易内传》卷3下，严灵峰编：《无求备斋易经集成》第75册，台北：成文出版社，1976年，影印清道光二十二年湘潭王氏守遗经书屋刊本，第16页下。

⑥ 许慎撰，段玉裁注：《说文解字注》10篇上，第473页。

索解；如读为细角山羊之"莧"，释为山羊在草地上决行无碍之貌，义更见长。设想原作"莧"而后人因字不常见而以"苋"字代替，实也在常理之中。今日的困难在于孤证难为定论，从最严谨的角度考虑，暂时只能存疑。

又如《明夷》卦六二"明夷，夷于左股，用拯马壮，吉"①，《经典释文》讨论"夷于左股"之"夷"：

> 如字。子夏作"睇"，郑、陆同，云："旁视曰睇。"京作"眱"。②

"如字"云云，说明"夷"是陆德明所确认的写法。如采子夏、郑玄、陆绩（188—219）之"睇"字，释为"旁视"，则旁视左股，难以理解。本爻"夷于左股"，似乎与下句"用拯马壮"意义相承接，"夷"字似读为"痍"，义为"伤"③，即伤于左股之意。这种情形是，"夷"字原有平、易、安等义，后来假借为受伤的"痍"字，然后才出现了专字"痍"。但"痍"字罕见亦罕用，于是后人读"夷于左股"，便忘记了（也就舍弃了）"痍"，而读回原来的"夷"。

又如《睽》卦六三"见舆曳，其牛掣，其人天且劓。无初，有终"，《经典释文》：

> 掣，昌逝反。郑作"挈"，云："牛角皆踊曰挈。"徐"市制反"。《说文》作"觢"，之世反，云："角一俯一仰。"子夏作"觠"，《传》云：

---

① 雄按：王弼读为"用拯马，壮吉"。王弼《周易注》："以柔居中，用夷其明，进不殊类，退不近难，不见疑惮，'顺以则'也，故可用拯马而壮吉也。"王弼注、孔颖达疏：《周易正义》卷4，第183页。

② 陆德明：《经典释文》卷2《周易音义》，第100页。

③ 《春秋公羊传》成公十六年："晋侯及楚子、郑伯战于鄢陵。楚子、郑师败绩。败者称师，楚何以不称师？王痍也。王痍者何？伤乎矢也。"何休解诂，徐彦疏：《春秋公羊传注疏》卷18，李学勤主编：《十三经注疏整理本》，第465页。又按《大壮》卦，《周易集解》引虞翻："壮，伤也。"参李鼎祚：《周易集解》卷7，台北：台湾商务印书馆，1968年，第170页。

"一角仰也。"荀作"觭"。刘本从《说文》，解依郑。①

由此看来，"其牛掣"的"掣"字几乎可以确定是形近而致的讹误，其本字取义与"牛角"或有关，或"牛角皆踊"，或"角一俯一仰"，或"一角仰"。诸形不论为觢抑或觢，都是因形近而讹为"掣"字。陈松长编著《香港中文大学文物馆藏简牍》注称"此字读为'掣'"。引饶宗颐（1917—2018）《在开拓中的训诂学——从楚简易经谈到新编〈经典释文〉的建议》：

> 楚简此本作"㣇"者，因诸觢、觢、契均从㓞为声，《说文》四下："㓞，巧㓞也，从刀丯声。"又丯字云："艹蔡也，象艹生之散乱，读若介。"㣇字从介为声，与㓞之丯声读若介正同音，可借用。《说文》角部："觢，一角仰也，从角㓞声，《易》曰其牛觢。"今本《易经》觢作掣。《集韵》去声十三祭：掣字下同音字共二十，掣又作𢵄，与觢、觢为一字。足见楚简之"㣇"，乃丯、㓞之音借。②

笔者怀疑《集韵》去声十三祭"掣"字下同音字中的"𢵄"字是后起字，是否"与觢、觢为一字"，仍应以《经典释文》为准。因此审慎考虑，此字不宜作"掣"，以免混淆。透过异文，我们可以纠正原文的错误。这是一个显例。

罕见字被通行字所取代，情形也有很多种。有时两种或以上的异体字，不但字形不同，意义也南辕北辙，让后世的学者不容易作取舍。如王应麟（1223—1296）《困学纪闻》论《颐》卦六四爻辞"虎视耽耽，其欲逐逐"：

> 《汉书·叙传》"六世耽耽，其欲泬泬。"（原注：音涤。）《注》：

---

① 陆德明：《经典释文》卷2《周易音义》，第101—102页。

② 陈松长编著：《香港中文大学文物馆简牍》，香港：香港中文大学文物馆，2001年，第12页。引文见饶宗颐等著，台湾中山大学中国文学系、中国训诂学会主编：《训诂论丛》第3辑"第一届国际暨第三届全国训诂学学术研讨会论文集"，台北：文史哲出版社，1997年，第3页。

"《颐》六四爻辞，㳠㳠，欲利之貌。今《易》作'逐逐'。"《子夏传》作"攸攸"。颜《注》以"㳠㳠"为欲利，辅嗣以"逐逐"为尚实，其义不同。①

这个例子和"鹿""麓"之例相同，让人难以定夺"逐""攸""㳠"三者究竟何者为正确。

又如《豫》卦九四"由豫，大有得。勿疑，朋盍簪"的"簪"字，异体至多。《经典释文》：

"簪"，徐侧林反，《子夏传》同，疾也。郑云："速也。"《埤苍》同。王肃又"祖感反"。古文作"贷"。京作"撍"。马作"臧"。荀作"宗"。虞作"戠"，戠，丛合也。蜀才本依京，义从郑。②

"簪"字有"贷""撍""臧""宗""戠"等异体合计5种，读音至少2种。它们或仅知其形而未知其义，或采相同之形而不同之义（如蜀才），简直让人无从选择。

又如《益》卦上九《象传》：

《象》曰："莫益之"，偏辞也；"或击之"，自外来也。

"偏辞"一词，《经典释文》：

音篇。孟作"徧"，云：周匝也。③

---

① 王应麟著，翁元圻等注：《困学纪闻》卷1《易》，栾保群、田松青、吕宗力点校，上海：上海古籍出版社，2008年，第114页。
② 陆德明：《经典释文》卷2《周易音义》，第86页。
③ 陆德明：《经典释文》卷2《周易音义》，第104页。

作"徧"则义为周匝，作"偏"则不周匝，二字字形略有区别，意义适为相反。

又如《泰》卦九二"包荒，用冯河，不遐遗，朋亡，得尚于中行"。其中"包荒"，《帛易》作"枹妄"。《经典释文》：

> "苞"，本又作"包"，必交反。下卦同，音薄交反。"荒"，本亦作亢，音同。郑注《礼》云："秽也。"《说文》："水广也。"又大也。郑读为康，云虚也。……冯，音凭。[1]

然则"包荒"或作"枹妄""苞荒""苞亢"，究竟哪一个为正确？实无定论。惠栋（1697—1758）《九经古义·周易古义》卷一《泰》九二：

> "包荒"，《说文》引作亢，从川亡，云"水广也"。《释文》云："本亦作亢，音同。（原注：郑氏云：'亢读为康，虚也。'《穀梁传》云：'四谷不升谓之康。'康是虚亢之名，其义同也。"）[2]

雄按："包荒"的"荒"字，《经典释文》："郑读为'康'，云'虚'也。"《说文解字》引则作"亢"，义为"水广"[3]。郑玄经说与许慎多不同[4]，此处亦不例外。许慎引此卦而训"亢"为"广"，显然着眼于河，即读"包荒"二字义为被广阔之大河所包围。郑玄读"亢"为"康"训"虚"，则着眼于"包"而读为"匏"，"包亢"就是"匏虚"。"匏虚，用冯河"，是将匏瓜掏空，用以渡河，即《庄子·逍遥游》所谓"虑以为大樽而浮乎江湖"：

> 惠子谓庄子曰："魏王贻我大瓠之种，我树之成，而实五石，以盛水浆，

---

① 陆德明：《经典释文》卷2《周易音义》，第83页。

② 惠栋：《九经古义》，台北：艺文印书馆，《景印文渊阁四库全书》第191册，第3页。

③ 许慎撰，段玉裁注：《说文解字注》11篇下，第568页。

④ 如许慎著《五经异义》，郑玄著《驳五经异义》。

其坚不能自举也。剖之以为瓢，则瓠落无所容。非不呺然大也，吾为其无用而掊之。"庄子曰："……今子有五石之瓠，何不虑以为大樽而浮乎江湖，而忧其瓠落无所容？"①

"包荒"二字究竟采用何形何义，许、郑两位经学大师的训释即截然相异，实让人费解。②

又如《屯》卦六三"即鹿无虞，惟入于林中。君子几不如舍，往吝"。"鹿"，《经典释文》"王肃作麓"③。鹿、麓二字，影响到该爻的说解。《周礼·夏官·司马》：

虞人莱所田之野，为表，百步则一，为三表，又五十步为一表。④

① 郭庆藩：《庄子集释》卷1上，王孝鱼点校，北京：中华书局，1982年，第36—37页。本书引《庄子》皆据此本，不另出注。又按：《说文解字》："瓠，匏也。"参许慎撰，段玉裁注：《说文解字注》7篇下，第337页。

② 王应麟《困学纪闻》："郑康成《诗笺》多改字，其注《易》亦然。如'包蒙'，谓'包当作彪，文也'；《泰》'包荒'，谓'荒读为康，虚也'；《大畜》'豮豕之牙'，谓'牙读为互'；《大过》'枯杨生荑'，谓'枯音姑，无姑山榆'；《晋》'锡马蕃庶'读为'藩遮'，谓'藩遮，禽也'；《解》'百果草木皆甲宅'，'皆读如解'，'解谓坼，呼皮曰甲，根曰宅'；《困》'劓刖当为倪'；《萃》'一握为笑'，'握读为"夫三为屋"之"屋"'；《系辞》'道济天下'，'道当作导'；'言天下之至赜'，'赜当为动'；《说卦》'为乾卦'，'乾当为幹'。其说多凿。郑学今亡传，《释文》及《正义》间见之。"王应麟：《困学纪闻》卷1《易》，第32—33页。王应麟评郑玄之说，可参。唯《说卦》"为乾卦"当作"为幹卦"，可信。离卦固非乾卦，称"离"之象"为乾卦"不可解，此其一。"离"为中男之象，阳爻自初至中，有干正之义，作"幹"较合文义，此其二。《经典释文》："古丹反。郑云：'乾当为幹。阳在外，能干正也。'董作'幹'。"（卷2，第134页）陆德明引董遇，并注明反切，即读此字为"幹"，此其三。《周易本义》："乾，音干。"（卷4，第273页）朱子亦采此说，此其四。

③ 陆德明：《经典释文》卷2《周易音义》，第77页。

④ 郑玄注，贾公彦疏：《周礼注疏》卷29，李学勤主编：《十三经注疏整理本》，第911页。本书引《周礼》皆据此本，不另出注。

又《天官·大宰》：

> 虞衡作山泽之材。

贾公彦《疏》：

> 案《地官》："掌山泽者谓之虞，掌川林者谓之衡。"则衡不掌山泽。而云"虞衡作山泽"者，欲互举以见山泽兼有川林之材也。[1]

如作"鹿"，此爻即谓君子射猎逐鹿至于森林之中而无虞人引领[2]；如作"麓"，此爻即谓君子行入山泽之中并无虞人引领。二者对经义终极的解读，也许没有太大分别；但对此爻爻义的解释，毕竟至为不同。不过，有没有可能这个字同时指涉"鹿""麓"二字呢？如果考虑本文所提出卦名一字多义的现象，我们也很难完全排除"鹿""麓"兼采的可能性，但毕竟此一例并不似下文讨论《井》《履》那样明显，所以我们也不好遽尔下定论，以某字为是，某字为非。

又如《师》卦卦辞"师，贞，丈人吉，无咎"。王弼《周易注》：

> 丈人，严庄之称也。为师之正，"丈人"乃吉也。兴役动众，无功，罪也，故吉乃"无咎"也。[3]

朱熹《周易本义》：

> 丈人，长老之称。用师之道，利于得正，而任老成之人，乃得吉而无咎。

---

[1] 郑玄注，贾公彦疏：《周礼注疏》卷2，第40页。

[2] "君子几不如舍"，《经典释文》又记："郑作机，云：弩牙也。"郑读"几"为"机"，言机不如舍，有射猎的情状，则以作"鹿"于义较胜。陆德明：《经典释文》卷2《周易音义》，第77页。

[3] 王弼注，孔颖达疏：《周易正义》卷2，第60页。

戒占者亦必如是也。①

《帛易》及《上博易》皆作"丈人"，与今本无异。然而，"丈人"一词，《周易》六十四卦卦爻辞仅此一见，是属于比较罕见的词汇。唯李鼎祚《周易集解》载崔憬引《子夏传》，"丈人"作"大人"②。倘若经文本作"大人"而后世抄本始误作"丈人"，不但竹简本与帛书本抄写错了，后世注家如王弼、朱熹的说法亦皆误③。然而如今考察此字，读为"大人"虽较"丈人"为通顺，毕竟属于孤证，即使有《上博易》以外的出土文献作"大人"，亦难遽尔推翻简帛本及今本。

又如《晋》卦六五"悔亡，失得勿恤。往吉，无不利"。"失得"，《经典释文》：

> 如字。孟、马、郑、虞、王肃本作"矢"。马、王云："离为矢。"虞云："矢，古誓字。"④

作"矢得"有两解：一解因《晋》卦上离下坤，六五居外卦"离"之中爻，马融（79—166）、王肃（195—256）之释实取外卦"离"象，其说本于《说卦传》；另一解为虞翻（164—233）之释，则以"矢"为古"誓"字，释"矢得"为"誓得"。这两个解释都属于汉魏《易》家，均读"失得"为"矢得"，并无异议，只是对"矢"的解释有分歧而已。对今人而言，究竟依文本读"失得"，还是依汉魏《易》说读为"矢得"呢？如采用"矢得"，又应读为马、王所依据《说卦传》，用"离为矢"的意义理解"矢得"，抑或用虞翻"誓得"的意义去理解呢？这委实难以定夺。

---

① 朱熹：《周易本义》卷1，第59页。

② 李鼎祚：《周易集解》卷3，第56页。

③ 高亨《周易古经今注》："丈人，《集解》引崔憬曰：'子夏传作大人。'李鼎祚曰：'子夏传作大人，是也。'吴澄曰：'丈字盖大字之讹。'姚配中曰：'此当从子夏传作大人。'亨按：诸说是也。《易》恒言'大人'，无言'丈人'者。"见高亨：《周易古经今注》（重订本）卷1，北京：中华书局，1984年，第180页。

④ 陆德明：《经典释文》卷2《周易音义》，第100页。

又《小畜》卦九二"牵复，吉"。屈万里《周易集释初稿》：

> 牵复，言被牵而复也。疑"犨鞕"二字之讹，牵字汉石经作"字"（原注：见牵羊悔亡），形近犨。犨，车轴头铁。鞕，《说文》："车轴缚也。"二者皆所以固轴。既犨又鞕，轴固故吉。轴当车之中，故象曰在中也。又疑牵如字，复作鞕。（原注：大畜作鞕）牵鞕，谓缚鞕于轴也。牵鞕则吉，脱鞕则凶。①

历代传注多采"牵复"之说，意思是被牵而复，因意义畅通，似无异辞。而屈先生以实证方式提出"犨鞕"之说，或读为"牵鞕"，实均可以成立，于卦义亦圆融无碍。但究竟应采何种读法，今天看来，亦值得研究者思考。

由上文可知，《周易》的异文极多而繁复，其实有许多因年代久远，实难获得定论，至今即使得出土文献之助，仍然缺乏确据，恐难以平息争议。治《易》之困难，除象数、义理纠纷聚讼甚多外，异文亦是重要因素，只不过一般读者不去注意，没能察觉其中的关键而已。以上引述的异文之"例"，虽未必能有定论，以确定彼此之是非，但至少提供了后代学者参照之用。

四、引发更多新意义的异文

《大有》卦之"有"，《杂卦传》：

> 大有，众也。

《经典释文》：

---

① 屈万里：《周易集释初稿》，收入《读易三种》，《屈万里全集》第1册，台北：联经出版事业公司，1983年，第79页。

包容丰富之象。①

《诗·鲁颂·有駜》："自今以始，岁其有。"②毛《传》：

岁其有丰年也。③

《说文解字》"年"：

秊，谷孰也。从禾，千声。《春秋传》曰："大有年。"

段玉裁（1735—1815）注：

宣十六年经文。《穀梁传》曰："五谷皆孰为'有年'；五谷皆大孰为'大有年'。"④

《大有》上九爻辞"自天祐之，吉，无不利"，《帛易》"祐"作"右"。《说文

①　陆德明：《经典释文》卷2《周易音义》，第84页。

②　阮元《校勘记》引《唐石经》"有"下旁添"年"字，云："案：《释文》云：'"岁其有"，本或作"岁其有矣"，又作"岁其有年者矣"。皆衍字也。'……考此诗'有'与下'子'韵，不容更有'年'字。依《释文》本为是。"这是说《诗经》文本为"岁其有"。"年"字衍。毛亨传，郑玄笺，孔颖达疏：《毛诗正义》卷20之1，李学勤主编：《十三经注疏整理本》，第1641页。

③　孔颖达《五经正义》本作"岁其有丰年也"，疏云："定本、《集注》皆云'岁其有年'。"阮元《校勘记》："考此经本云'岁其有'，传本云'岁其有年也'，传以'有年'说经之'有'也。经误衍'有'下'年'字，传又误衍'年'上'丰'字，皆失其旨。当以定本、《集注》为长。"这是说《毛传》应作"岁其有年"。"丰"字衍。毛亨传，郑玄笺，孔颖达疏：《毛诗正义》卷20之1，第1641—1642页。又，本书引《诗经》皆据此本，不另出注。

④　许慎撰，段玉裁注：《说文解字注》7篇上，第326页。

解字》：

> 祐，助也。
> 右，助也。①

"右"为"祐"字的语源，加"示"旁，专指天之帮助、庇祐，但此种庇祐，在农业社会，当以"谷熟"为最重要，所以这个"右"或"祐"字，是从《大有》卦名的"有"字而来。据此，《帛易》作"右"字，兼有"庇祐"和"谷熟"两义，非仅有"助也"一义。换言之，如单纯释"自天右之"为得天之助，就代表了释经者忽略了一字多义的原则了②。

六十四卦中不少卦名虽有异写，但应该只是假借，但也兼采原字的原义。例如今本《周易》的《需》卦，《帛易》作"襦"，《上博易》作"孤"，辑本《归藏》亦有"溽"卦。"需""溽"二字上古均属"侯"部，而"襦"字或作"繻"，在《周易》仅一见，即《既济》卦六四"繻有衣袽"，《上博易》作"需又衣紧，冬日戒"，"繻"又作"需"。按《说文解字》"襦"：

> 襦，短衣也。从衣，需声。一曰䕞衣。③

《需》卦全卦取等待之义，和衣服并无关系。正如《说文解字》释"需"：

> 需，䇓也，遇雨不进，止䇓也。④

---

① 许慎撰，段玉裁注：《说文解字注》1篇上，第3页；2篇上，第58页。

② 张立文："盖天助为，故挈为'祐'。从示，以示自天助也。"即未顾及此"右"及"祐"字与"有"之间的语源关系。参张立文：《周易帛书今注今译》，台北：台湾学生书局，1991年，第600页。

③ 段玉裁《注》："日部曰：'安䕞，温也。'然则䕞衣犹温衣也。"许慎撰，段玉裁注：《说文解字注》8篇上，第394页。

④ 许慎撰，段玉裁注：《说文解字注》11篇下，第574页。

《说文》并未具体指"需"字有"靁衣"之义，因此，《帛易》的"襦"字只能说是"需"的假借，与另一字"壐"通，并未含有在"需"字以外的特殊意义。又如今本《周易》《临》卦，《帛易》《阜阳易》皆作"林"。"临""林"上古皆"来"纽"侵"部，古音相同。又辑本《归藏》无《临》卦但有"林祸"，学者即指为《临》卦。《临》卦的卦义，是大人君子临民、治民，字义并没有树林、林木或者相关的意义，其字作"林"，应该属于单纯的假借。至于"祸"字则不知何所指。又如今本《周易》的《无妄》卦，《帛易》作"无孟"，阜阳汉简作"无亡"，上博简作"亡忘"，王家台秦简《归藏》作"毋亡"，辑本《归藏》作"母亡"。按《无妄》卦卦义，即孔颖达《正义》所谓：

> 物皆无敢诈伪虚妄，俱行实理，所以大得亨通，利于贞正，故曰"元亨利贞"也。[1]

而其他诸本所作异写，均无异于"无妄"的特殊意义。故彼此间仅有单纯的假借关系。其余许多卦，包括《咸》[2]《遯》[3]《晋》[4]等，以及《否》卦《帛易》作"妇"，《损》卦辑本《归藏》作"员"，《剥》卦阜阳汉简、辑本《归藏》皆作"仆"，都属于单纯假借之例。韩自强将《剥》字读为奴仆之"仆"，并无根据。

但此外尚有不少卦，情况截然不同，不同的本子作异写，并不是单纯的假借，而是有超过一个意义的牵连。如"坤"之为卦名，《经典释文》云：

> 本又作"巛"。[5]

------

[1] 王弼注，孔颖达疏：《周易正义》卷3，第135页。

[2] 《帛易》、上博简《周易》、辑本《归藏》皆作"钦"。"咸""钦"上古同属侵部。

[3] 《经典释文》一本作"遂"，又作"遁"。陆德明：《经典释文》卷2《周易音义》，第98页。《帛易》作"掾"，《上博简》作"塍"，辑本《归藏》作"遂"。

[4] 《帛易》作"溍"。《晋》卦为日出地上之象，日有火象，与水无关，作"溍"应属假借。

[5] 陆德明：《经典释文》卷2《周易音义》，第76页。

"坤"与"〈〈〈"之为异体，就涉及解读的问题。王引之《经义述闻》说：

> 《说文》："坤，地也。《易》之卦也，从土从申，土位在申。"是乾坤
> 字正当作"坤"。其作"〈〈〈"者，乃是借用"川"字。考汉孔龢碑、尧庙碑、
> 史晨奏铭、魏孔羡碑之"乾坤"，衡方碑之"剥坤"，郙阁颂之"坤兑"，字
> 或作𝘂𝘂，或作𝘃𝘃、或作川，皆隶书"川"字。是其借"川"为"坤"，显然
> 明白。"川"为"坤"之假借，而非"坤"之本字。故《说文》"坤"字下无
> 重文作"〈〈〈"者。《玉篇》"坤"下亦无"〈〈〈"字，而于"川"部"〈〈〈"字下
> 注曰："注渎曰川也。古为坤字。"然则本是"川"字，古人借以为"坤"
> 耳。①

按《帛易》《坤》卦名正作"川"。"川"，王氏父子以为是"坤"的假借，并非
"坤"的本字。然而，出土竹简阴爻皆作"八"或"八"，"〈〈〈"字诸形如"𝘂𝘂"
"𝘃𝘃""川"等似均与《坤》卦卦体"㸴"形的侧置相似。以此而论，"〈〈〈"可
能是《坤》卦在简帛出土文献的卦体之形的借用，它与"坤"字的关系，就不是假
借，而是指涉同一卦名的两个不同的字。这个"〈〈〈"字，后来部分抄写者因形近而
写成"川"，也有仍保持原形如王氏父子所引几种碑铭的写法，在"川""〈〈〈"之
间。《象传》作者以"川""顺"同音，遂引申为"地势坤"，形成如王氏父子所
说的"天行健"，"健"即是"乾"，"地势坤"，"坤"即是"顺"的平行现
象。至于"坤"字最早出于战国，与右旁从"申"即与闪电有关，与"〈〈〈"意义并

---

① 王引之：《经义述闻》卷1《周易上》，南京：江苏古籍出版社，2000年，第4—
5页。

无关联①，但合而观之，则可以窥见相对于"天"或"乾"而与大地相关的意义②。

又如《履》卦之"履"本义为鞋履，引申为步履，故有"履虎尾""履道"云云，但实则同时含有"礼"之义，因礼仪礼制，重在实践，如人行步。故《履·象传》云：

> 君子以辩上下，定民志。

"辩上下"正是"礼"之要义，故《履》卦《经典释文》云：

> 利耻反，礼也。③

《履》初九"素履"，《周礼·天官·屦人》：

> 掌王及后之服屦。为赤舄、黑舄、赤繶、黄繶；青句、素屦，葛屦。④

又《仪礼·士冠礼》：

---

① 程燕认为《清华简》"坤"字作𡘺为从"大"，"昆"声。实则此字下笔并非"大"字，实为两阴爻，形状与众多出土数字卦阴爻之形几完全相同。程燕：《谈清华简〈筮法〉中的"坤"字》，《周易研究》2014年第2期，第19—20、31页。

② 杨秀芳论证"乾"《帛易》作"键"，"键"与"楗""犍"等字为同一"词族"（word family），"键""楗"皆有支撑之义，与"乾"的"天"的象喻有关。详杨秀芳：《从词族研究论"天行健"的意义》。又参郑吉雄：《试从诠释观点论易阴阳乾坤字义》，彭林编：《中国经学》第6辑，桂林：广西师范大学出版社，2010年，第33—52页。

③ 陆德明：《经典释文》卷2《周易音义》，第82页。

④ 郑玄《注》："屦自明矣，必连言服者，着服各有屦也。"郑玄注，贾公彦疏：《周礼注疏》卷8，第254页。

素积白屦，以魁枘之。①

《周礼》《仪礼》晚于《周易》卦爻辞时代，但所记载的礼仪却不是新生事物，而是古礼的遗留，反而可以证明"素履"或"素屦"属于古礼之一部分，说明了"履"与"礼"的关系。难怪《坤》卦初六"履霜坚冰至"，"履霜"《经典释文》云：

如字。郑读履为礼。②

衡诸古史，郑读的有确据。《帛易》的《履》卦正作"礼"，《序卦传》也说"物畜然后有礼，故受之以履"，恰好说明了"履""礼"的关系。可见将"履"写成"礼"，并不是单纯的假借，而表示此卦兼指"履""礼"二义，包含的意义在一种以上。

又如《井》卦，诸本无异，唯《上博易》作"汬"，从表面上看，"井"中有水，作"汬"传达此一字义，似理所当然。但证诸本经内容，实则不然。初六"井泥不食，旧井无禽"，王引之《经义述闻》"旧井无禽"条：

《易》爻凡言田有禽、田无禽、失前禽，皆指"兽"言之。此禽字不当有异，井当读为阱；阱字以井为声。（原注：《说文》："阱，大陷也。从阜井，井亦声。"）……是阱所以陷兽也。旧阱，湮废之阱也。阱久则淤浅，不足以陷兽，故无禽也。……卦体上坎下巽，坎为陷，巽为入，故有禽兽陷入于阱之象。初六阴爻体坤，坤土塞阱，故湮废而不用也。不然，则"久井不见渫治，为禽所不向"，仍是"井泥不食"之义。③

---

① 郑玄注，贾公彦疏：《仪礼注疏》卷3，李学勤主编：《十三经注疏整理本》，第59页。

② 陆德明：《经典释文》卷2《周易音义》，第76页。

③ 王引之：《经义述闻》卷1《周易上》，第27—28页。

王氏父子从"禽"字的义训（非家禽，乃专指捕猎之野兽）论证"井当读为阱"，但事实上此一解说犹有一间之未达。"井泥不食，旧井无禽"之义，系指旧井已涸，用以取水则无水可食，用为陷阱又无禽可获，引而申之，虽无凶象，但亦如卦辞所言"无丧无得"。据此卦名，"井"字在此卦卦爻辞中，原本兼指水井、陷阱两义，诸本作"井"，虽不能同时兼指此两义，但至少可以将两义同时包括；上博简抄写者在"井"下加"水"字成"渁"，则反而使"陷阱"之义被忽略了，后人就读不到"旧井无禽"中特有的"陷阱"的意思了。

与《井》卦颇有相关的是《习坎》卦，亦与陷阱有关。《经典释文》云：

> "坎"，徐"苦感反"，本亦作"埳"，京、刘作"欿"，险也，陷也。①

《说文解字》"欿"义为欲得，并没有险、陷之义；《孟子》"自视欿然"，才假借为"坎"，义为虚空，亦和险、陷无关②。未知"京、刘作欿，险也、陷也"是否实为另一字的混淆，抑或直指《坎》的卦象引申。又《帛易》作"习赣"，《归藏》此卦则名为"劳"（王家台本）或"荦"（辑本），字无可说。"坎"于八经卦之象为"水"，然而此卦为《习坎》（即"水洊至"）而非《坎》，初六、六三爻辞皆言"入于坎窞"，六四"纳约自牖"、上六"系用徽纆，置于丛棘"，皆强调陷身坎窞之中未能脱身。是故诸家所释，此卦以"埳""欿"之义为主，以"水"之义为辅。故王弼《周易注》：

> 坎，险陷之名也。③

---

① 陆德明：《经典释文》卷2《周易音义》，第95页。

② 《说文解字》："欿，欲得也。"段玉裁《注》："《孟子》：'附之以韩魏之家，如其自视欿然，则过人远矣。'玉裁按：'孟子假欿为坎，谓视盈若虚也。'"许慎撰，段玉裁注：《说文解字注》8篇下，第413页。

③ 王弼注，孔颖达疏：《周易正义》卷3，第152页。

朱熹《周易本义》：

> 坎，险陷也，其象为水，阳陷阴中，外虚而中实也。此卦上下皆坎，是为
> 重险。①

然则"习坎"之"坎"，取其涉水危险之象；"习欿"则取其深陷坎窞、陷阱之
象。两种写法，意义虽微有不同，但终极取向则一致。笔者不认为有谁可以在这种
异文之中，区分出对错、是非，甚至优劣。

又如《蹇》卦有蹇困之义，"王臣蹇蹇"，实兼有"蹇"及"謇"二义，故
"蹇蹇"也兼有"謇謇"的意思，即《离骚》"余固知謇謇之为患兮"②，指正
言、直言之貌③。古代君臣之义，臣下持正直言，是士大夫精神，故有"謇謇"之
义；但在专制独裁的体制下，犯颜直谏，既困难又危险，甚至有杀身之祸，故又有
"蹇蹇"之义。然而经文抄写者或印刷商，实难以将两个字同时写在一段经文之
中，唯有保存一个、舍弃另一个，这就让经典作者将两字字义同时寄托在一个字之
中的苦心，灰飞烟灭了。

又如《需》卦九五"需于酒食"，黄沛荣师云：

> 唯是九五"需于酒食"，则不可谓待于酒食之中。细核辞义，疑"需"读
> 为"醹"。《说文》："醹，厚酒也。"然则"需于酒食"者，谓厚于酒食
> 也。④

这是十分精到的观察。然而读者也要注意，这个"需"字其实兼有等待和厚于酒食

---

① 朱熹：《周易本义》卷1，第123页。

② 洪兴祖：《楚辞补注》卷1，白化文、许德楠、李如鸾等点校，北京：中华书局，
1983年，第9页。

③ 《广韵》："謇，正言也。"《韵会》："謇，直言貌。"

④ 黄沛荣：《周易卦义系统之研究》，《易学乾坤》，台北：大安出版社，1998年，
第92页。

两层意思，不应该择一而遗一。

　　再举《观》卦为例，王家台秦简《归藏》亦有此卦，卦名作"灌"。"观""灌"二字，似属异文而无关。然而《观》卦卦辞：

　　　　盥而不荐，有孚颙若。

《周易集解》引马融：

　　　　盥者，进爵灌地，以降神也，此是祭祀盛时。及神降荐牲，其礼简略，不足观也。①

"观"之为义，与"盥"有关，"盥"为"进爵灌地以降神"，则与"灌"亦有关。无怪乎王家台秦简《归藏》作"灌"了。王弼《周易注》：

　　　　王道之可观者，莫盛乎宗庙。宗庙之可观者，莫盛于盥也。至荐，简略不足复观，故观盥而不观荐也。孔子曰："禘自既灌而往者，吾不欲观之矣。"尽夫观盛，则"下观而化"矣。故观至盥则"有孚颙若"也。②

《说文解字》"观"：

　　　　谛视也。从见，雚声。③

"观""灌"皆从"雚"，辑本《归藏》此卦作"瞿"，以王家台秦简《归藏》作"灌"考之，显然为"雚"形近之误。"观""盥""灌"又与"祼"有关。《说文解字》"祼"：

---

① 李鼎祚：《周易集解》卷5，第112页。

② 王弼注，孔颖达疏：《周易正义》卷3，第114页。

③ 许慎撰，段玉裁注：《说文解字注》8篇下，第408页。

灌祭也。从示，果声。①

由此可见，王家台秦简《归藏》之作"灌"，绝非只取声音的相同以为"观"之
假借，而是关乎祭祀的内容与精神。《左传》襄公九年"君冠，必以裸享之礼行
之"，杜预《注》云：

裸，谓灌鬯酒也。②

孔颖达《疏》：

《周礼·大宗伯》"以肆献裸享先王。"《郁人》："凡祭祀之裸事，和
郁鬯以实彝而陈之。"郑玄云："郁，郁金，香草也。鬯酿秬为酒，芬香条畅
于上下也。筑郁金煮之，以和鬯酒。"《郊特牲》云："灌用鬯臭。"郑玄
云："灌谓以圭瓒酌鬯，始献神也。"然则"裸"即灌也，故云"裸谓灌鬯酒
也"。裸是祭初之礼，故举之以表祭也。③

《周礼·春官·大宗伯》"以肆献裸享先王"郑玄《注》：

裸之言灌，灌以郁鬯，谓始献尸求神时也。《郊特牲》曰："魂气归于
天，形魄归于地，故祭所以求诸阴阳之义也。殷人先求诸阳，周人先求诸
阴。"灌是也。④

---

① 许慎撰，段玉裁注：《说文解字注》1篇上，第6页。
② 杜预注，孔颖达疏：《春秋左传正义》卷30，李学勤主编：《十三经注疏整理
本》，第1004页。
③ 杜预注，孔颖达疏：《春秋左传正义》卷30，第1004—1005页。
④ 郑玄注，贾公彦疏：《周礼注疏》卷18，第541页。

扼言之，"裸"为祭礼之专名，"灌"则专指礼中"灌以郁鬯"之仪式①。《礼记·郊特牲》：

> 周人尚臭，灌用鬯臭，郁合鬯，臭阴达于渊泉。灌以圭璋，用玉气也。既灌，然后迎牲，致阴气也。萧合黍、稷，臭阳达于墙屋，故既奠，然后焫萧合膻芗。

"膻芗"即"馨香"。郑玄《注》：

> 膻当为"馨"，声之误也。奠或为"荐"。②

这部分的祭礼，先使气味（臭）达于渊泉，再使气味达于墙屋。前者为"灌"礼，属阴；后者为"荐"（奠）礼，属阳。先阴而后阳，典礼的次序井然，黄庆萱说：

> "盥""荐"都是宗庙祭祀的仪式。盥，通灌，于宗庙神龛前东向束白茅为神像置地上，而持鬯酒灌白茅束成的神像上，使酒味渗入渊泉以求神。荐，是将牺牲陈列在供桌上。③

黄先生似乎没有注意到祭祀仪式中也有阴阳的象征意义。朱熹《周易本义》：

> 观者，有以示人，而为人所仰也。九五居上，四阴仰之，又内顺外巽，而九五以中正示天下，所以为"观"。……颙然，尊敬之貌。④

---

① 禘礼亦有"灌"之仪式。《论语·八佾》："禘自既灌而往者，吾不欲观之矣。"

② 郑玄注，孔颖达疏：《礼记正义》卷26，李学勤主编：《十三经注疏整理本》，第952—953页。又《经典释文》："芗，音香。"陆德明：《经典释文》卷12《礼记音义二》，第729页。

③ 黄庆萱：《周易读本》，第250页。

④ 朱熹：《周易本义》卷1，第98页。

雄按："观""灌"从"藋"声，"灌""裸""盥"音义相近。可见《观》卦本义，原本关乎神圣的祭礼，但又绝非如"古史"一派的解释，指该卦为记述某一古代故事，因为《观》卦诸爻都引申"观临""目视"之义，并不是史书记实。以"盥"字之会意而分析，字形象人手于器皿中洗涤。

倘若再以《临》卦与《观》卦互证，《观》《临》互为覆卦，《临》亦有观临目视之义。《说文解字》"临"字紧接"监"字之后，释"监"字为"临下也"，释"临"字为"监也"①。二字互训。"监"字甲骨文"𥄉"②象人俯身自器皿所盛之水为镜自照③，故称"监"，或加偏旁为"鉴"，与"临"字象人巨目注视，《观》卦"观我生""观其生""观国"等义亦相近（凡《周易》六十四卦，每两卦为一组，非覆即变，每组意义或相反，或相近）。《观》卦卦辞用"裸""灌"祭祀之义，以譬喻观民、自观的神圣性。祭礼先"裸"而后"荐"，"盥而不荐"，意即向先祖神灵敬酒，而不以宗庙祭祀的惯例献祭，"有孚颙若"，主要依靠的是个人的信孚。"临"有"君临"之意，指君主临民教民，故有"咸临""甘临"之名；"观"则不限于君主，而及于士大夫对人民生活各种观察，故有"观我生"（治国者自观）、"观其生"（观民）之别。总结上文分析，"观""灌""裸""盥"与"临""监"等都彼此相关，共同呈现一种以神圣虔敬心情对待祭礼的态度来观临人民，又有自监自省的意义。异文之难以区分对错是非，又可见一斑。

上文所举之例子，皆一字兼有二义或以上。亦有如《升》卦，《帛易》《阜阳易》作"登"（二字上古皆属"蒸"部），二字属同义。余如《丰》卦，《汉石经》作"豐"，即"礼"之本字，《说文解字》释"豐"为：

> 行礼之器，从豆，象形。凡豐之属皆从豐，读与礼同。④

---

① 许慎撰，段玉裁注：《说文解字注》8篇上，第388页。

② 摭续190、合27742、无名组。

③ 何琳仪："会人以皿中盛水照影之意。"何琳仪：《战国古文字典：战国文字声系》谈部，北京：中华书局，1998年，第1451页。

④ 许慎撰，段玉裁注：《说文解字注》5篇上，第208页。

因《丰》卦诸爻"丰其蔀""丰其沛""丰其屋",可见"丰"之义引申为盛大,而卦辞"王假之",故与典礼有关。

值得一谈的是今本《周易》的《大畜》《小畜》二卦,"畜"皆有畜积之意。"小畜",《帛易》作"少藯",《经典释文》:

> 本又作"蓄",同。敕六反,积也,聚也。卦内皆同。郑许六反,养也。①

又《师》卦《象传》"君子以容民畜众"之"畜",《经典释文》:

> 敕六反,聚也;王肃许六反,养也。②

则"畜"有积聚、养育之义。《小畜》卦《象传》释为"君子以懿文德",实由卦辞"密云不雨,自我西郊"(此二句讲的是水汽的畜积、畜养,引申为畜养懿德)而来。"自我西郊"指周民族居岐而言,"密云不雨"疑指文王畜积恩德不发③,故《象传》称"施未行也"。而据《经典释文》,《大畜》卦之"畜"本又作"蓄",与《小畜》相同④。然而《大畜》的"畜"字字义,又兼指体型大的牲畜,即爻辞所称"豶豕""童牛""良马"。以"豶豕之牙"一辞,可知《大畜》卦所述的牲畜非豢养于家中,而系自外捕猎而得,因其勇悍而易伤人,故爻辞称"豶豕之牙"。其余"童牛之牿""良马逐",都清楚提示了获得此类野兽的主人应设法驾驭并防范,避免受其伤害。正如《象传》所言,《大畜》卦精神在于"养贤":

---

① 陆德明:《经典释文》卷2《周易音义》,第81页。

② 陆德明:《经典释文》卷2《周易音义》,第80页。

③ 文王"积善累德……阴行善"(《史记·周本纪》),有潜龙之象;"诸侯皆向之",终能"自西自东,自南自北,无思不服"(《诗·大雅·文王有声》)。故"密云不雨,自我西郊",有所畜积而东向拓土,在周人而言,即属文王之象。

④ 《经典释文》《大畜》卦:"本又作蓄,敕六反,义与小畜同。"陆德明:《经典释文》卷2《周易音义》,第92页。

> 《彖》曰：大畜，刚健，笃实，辉光，日新其德。刚上而尚贤，能止健，
> 大正也。"不家食，吉"，养贤也。"利涉大川"，应乎天也。

以此譬诸天子、诸侯养贤，贤士的能力强大者（不论文武）亦容易伤害其主人，故古人有养士譬如养虎、养鹰的种种譬喻[1]。这一类的思维，即源出于《大畜》卦。卦辞所谓"不家食"，就是不食于家之意，亦即获之于野外的意思。天子求贤，多从宫廷以外求，汤之聘傅说、文王之延吕尚，都如此。得贤以后，即畜养于朝廷。总之《大畜》《小畜》皆有畜积、畜养之义，《帛易》中《小畜》之"畜"作"蒁"、《大畜》之"畜"作"壵"，均为同义之异文，但《经典释文》二卦下皆云"本又作蓄"，《帛易》亦作"蓄"，则兼有"豢养"及"畜积"二义；《大畜》之"畜"更兼有抽象之"畜积"及具体之"牲畜"二义。《归藏》所记两卦名，多一"毒"字，辑本《大畜》作"大毒畜"，王家台简未见；辑本《小畜》作"小毒畜"，王家台本作"少督"。"少督"之"督"，宜与"毒"为假借[2]。"毒"字有二义，一为毒药之意，如《周易》的《噬嗑》卦"噬腊肉，遇毒"之"毒"；另一为养育之意，即《老子》"亭之毒之"、《周易》的《师》卦"以

---

① 韩非子早已以虎喻力量强大的臣下，《韩非子·主道》："弑其主，代其所，人莫不与，故谓之虎。……散其党，收其余，闭其门，夺其辅，国乃无虎。"（王先慎撰，钟哲点校：《韩非子集解》卷1，北京：中华书局，2003年，第28—29页）《三国志·魏书·吕布传》："始，布因（陈）登求徐州牧。登还，布怒，拔戟斫几曰：'卿父劝吾协同曹公，绝婚公路。今吾所求无一获，而卿父子并显重，为卿所卖耳！卿为吾言，其说云何？'登不为动容，徐喻之曰：'登见曹公言："待将军譬如养虎，当饱其肉，不饱则将噬人。"公曰："不如卿言也。譬如养鹰，饥则为用，饱则扬去。"其言如此。'布意乃解。"（陈寿：《三国志》卷7，北京：中华书局，1959年，第225页）又杜甫《送高三十五书记》："饥鹰未饱肉，侧翅随人飞。高生跨鞍马，有似幽并儿。"（杜甫著，仇兆鳌注：《杜诗详注》卷2，北京：中华书局，1999年，第127页）

② "毒"定纽幽部、"督"端纽幽部。二字相近可通。

此毒天下"之"毒"①。因可推知《归藏》卦名之"毒"字，义为养育，实与"畜养"之意相辅。

五、《革》卦"己日乃孚"的四个版本

（一）已日

汉魏《易》家注解《周易》，多将"已日"读为"已经"字，是结束、完成的意思。如《玉篇》释"巳"（雄按：此"巳"字实为"已"）：

> 退也、止也、此也、弁也、毕也、又迄也。②

《革》卦六二"已日乃革之，征吉，无咎"，荀爽（128—190）：

> 五巳居位为君，二乃革意，去三应五，故曰"已日乃革之"。③

王弼《注》：

---

① 王弼《老子注》："亭谓品其形，毒谓成其质。"《老子四种》，台北：大安出版社，1999年，第44页。《周易·师·彖传》："以此毒天下，而民从之。"《经典释文》："毒，徒笃反，役也。马云：治也。"陆德明：《经典释文》卷2《周易音义》，第80页。《庄子·人间世》："无门无毒。"郭象《注》："毒，治也。"《经典释文》同。参郭庆藩：《庄子集释》卷2中，第149页。实则《师·彖传》《庄子·人间世》郭《注》所训"治、役"，义与"育"亦相通，因养育人民，与治役人民，并无二致。

② 顾野王：《大广益会玉篇》卷30，台北：台湾商务印书馆，1979年，《四部丛刊正编》影印建德周氏藏元刊本，第3页下。

③ 参李鼎祚：《周易集解》卷10，第242页。

不能自革。革已，乃能从之。①

干宝（286—336）：

天命已至之日也。②

崔憬：

汤武行善，桀纣行恶，各终其日，然后革之，故曰"巳日乃革之"。③

金景芳（1902—2001）、吕绍纲《周易全解》说：

已字应读作巳（yǐ），不应读作十二地支辰巳的巳（sì），也不应读作十
天干戊己之己（jǐ）。已日，可革之日也。条件不到位，即先时而革，人疑而
不孚。④

考察上述诸说，传统学者没有开展讨论，尚未知道他们选择读为"已"的理由。金
景芳、吕绍纲则提出理由。但显然他们是对卦爻先作了诠解，然后根据诠释决定选
择"已"字。无奈这欠缺字形分析的理据。

（二）巳日

《易》家读"已日"为"巳日"，有两个解释，或将"巳"字读为十二地支
（earthly branches）的第六个"巳"。按《史记·律书》：

---

① 王弼注，孔颖达疏：《周易正义》卷5，第239页。
② 参李鼎祚：《周易集解》卷10，第241页。
③ 参李鼎祚：《周易集解》卷10，第242页。
④ 金景芳、吕绍纲：《周易全解》（修订本），上海：上海古籍出版社，2005年，第
381页。

> 中吕者，言万物尽旅而西行也，其于十二子为巳。巳者，言阳气之巳尽也。

王应麟《困学纪闻》卷一：

> ……如"月几望""巳日乃孚"，皆阴阳气数之变。①

王夫之《周易内传》卷四上则将"巳"和"日"分开，释"巳"为"巳时"：

> 道之大明，待将盛之时以升中，于时为"巳"，日在禺中而将"午"。前明方盛，天下乃仰望其光辉而深信之。六二当之，故三阳协合，以戴九五于天位。②

"三阳协合"的"三阳"，指的是《革》卦三四五爻。又或亦主"巳"字，但读为"祭祀"字。高亨《周易古经今注》卷四：

> 巳，疑借为祀。孚读为浮，罚也。巳日乃孚，谓祀社之日乃行罚也。……行罚之时，必祀社以告神，故曰巳日乃孚。③

同书卷三《损》卦初九"已事遄往"：

> 《释文》："已，虞作祀。"《集解》已作祀。惠栋曰："郑《诗谱》云：孟仲子，子思弟子，子思论《诗》：'於穆不已。'孟仲子曰：'於穆不祀。'知已与祀通。"亨按此文字当作巳，巳借为祀。《革》云"巳日乃

---

① 王应麟：《困学纪闻》卷1《易》，第95页。

② 王夫之：《周易内传》卷4上，船山全书编辑委员会编校：《船山全书》第1册，长沙：岳麓书社，2011年，第396页。

③ 高亨：《周易古经今注》（重订本），第302页。

孚。"六二云："巳日乃革之。"并以巳为祀。余疑《周易》初本"祀"皆作"巳"，今多作"祀"者，后人增示旁耳。[1]

周振甫（1911—2000）《周易译注》：

> 译文：《革》卦（原注：人们怀疑改革），到祭祀日才相信，大通顺。[2]
> 注释：……巳，同祀。孚，信。[3]

由上述可见，读为"巳"有两派，一派读地支而释为巳时，另一派则读为祭祀字的省形。同样地，他们的论证都欠缺古文字上的理据，主要是根据他们对经文文本推测而作判断。

（三）己日

《易》家又或将"巳日"读为"己日"，其中也可以区分为两种意见。第一种认为"己日"为古代天干记日之法中的"己日"，同时也因"己"在经典中也可以读为"改"，有更改、改变的意思。顾炎武（1613—1682）《日知录》"巳日"条引南宋朱震读为"戊己之己"，认为甲日至癸日之间，过"己日"（第六日）则为过中，有改革的意思：

> 《革》"巳日乃孚"。六二"巳日乃革之"。朱子发读为"戊己"之"己"。天地之化，过中则变，日中则昃，月盈则食。故《易》之所贵者中，十干则"戊""己"为中，至于"己"则过中而将变之时矣，故受之以"庚"。"庚"者，更也，天下之事当过中而将变之时，然后革而人信之矣。古人有以"己"为变改之义者。《仪礼·少牢馈食礼》"日用丁己"，《注》："内事用柔，日必丁己者，取其令名自丁宁，自变改，皆为谨敬。"

---

① 高亨：《周易古经今注》（重订本），第277页。
② 周振甫：《周易译注》，台北：五南图书公司，1993年，第314页。
③ 周振甫：《周易译注》，第315页。

而《汉书·律历志》亦谓"理纪于己，敛更于庚"是也。王弼谓"即日不孚，己日乃孚"，以"己"为"已事遄往"之"已"，恐未然。①

清儒吴夌云《吴氏遗箸》卷一：

"己"读若"改"，与"开"读若"開"、"岂"读若"恺"同例。从"攴"为"改"，又与"学"为"斆"，"启"为"啟"同意。《仪礼·少牢礼》："日用丁己。"《注》："必用丁己者，取其令自变改也。"是郑（玄）以"己"为古"改"字矣。"己日"，即"改日"；"改日"，犹"革日"也。②

屈万里《周易集释初稿》引顾、吴之说：

按：吴说，顾亭林已先言。又按："己"即戊己之"己"，因其音同"改"，有改变义，故曰"己日乃孚"也。③

顾炎武、吴夌云之说，涉及笔者"一字多义"之说，笔者论《易》学的著作亦有详细分析。

另一种读为"己日"则是用"纳甲说"解释。汉儒"纳甲"的学说，是以八卦配十天干：乾、坤对应甲、乙和壬、癸，以震、巽对应庚、辛，以坎、离对应戊、己，以艮、兑对应丙、丁。《革》的内卦"离"为"己"，故虞翻说：

四动体离，五在坎中。

① 顾炎武著，黄汝成集释：《日知录集释》（全校本）卷1，栾保群、吕宗力点校，上海：上海古籍出版社，2006年，第28—29页。

② 吴夌云：《吴氏遗箸》卷1，《丛书集成续编》第73册，台北：新文丰出版公司，1989年，第591页。

③ 屈万里：《周易集释初稿》，第298页。

尚秉和（1870—1950）《周易尚氏学》引虞翻之说，云：

> "离"为日，贞"己"，故曰"己日"。己日谓二。二，"离"主爻，承
> 阳应五，故曰"己日乃孚"。……顾炎武《日知录》谓朱子发读为戊己之己，
> 当从之。按虞氏注云："离为日，孚谓坎。四动体离，故己日乃孚。"是虞氏
> 亦以"离"为己日，读为戊己之己明甚。①

惠栋《周易述》：

> 二体离，离象就己，为"己日"。孚谓五，三以言就五。（原注：……二
> 体离为日，晦夕朔旦，坎象就戊；日中则离，离象就己。故为"己日"。）②

汉儒"纳甲"之说，以八卦配十天干，《系辞传》"在天成象"，《周易集解》引
虞翻：

> 谓日月在天成八卦，震象出庚，兑象见丁，乾象盈甲，巽象伏辛，艮象消
> 丙，坤象丧乙，坎象流戊，离象就己。故"在天成象"也。③

清儒李道平（1788—1844）亦主纳甲之说，云：

> 二体离为日，离纳己，故曰"己日"。④

所谓"二体离"指的是《革》内卦"离"及三四五互"离"，皆纳"己"。以上可
知，读"己日"的亦有两派：一派认为就是天干纪日的第六日"己日"，另一派则
用纳甲说来解释。

---

① 尚秉和：《周易尚氏学》卷14，北京：中华书局，2020年，第219页。
② 惠栋：《周易述》卷7，《景印文渊阁四库全书》第52册，第87—88页。
③ 李鼎祚：《周易集解》卷13，第312页。
④ 李道平：《周易集解纂疏》，北京：中华书局，1994年，第436页。

（四）巳、已、己的相混——传本到译本

"巳""已""己"三字在历代版本之中相混，也是造成注释系统错乱的原因之一。《说文解字》"巳"字：

> 已也。

段玉裁《注》引《史记·律书》及《汉书·律历志》说：

> 辰巳之"巳"，既久用为已然、已止之"已"，故即以已然之"已"释之。……即用本字，不叚异字也。《小雅·斯干·笺》云："'似'读为'巳午'之'巳'。'巳续妣祖'者，谓已成其宫庙也。"此可见汉人"巳午"与"已然"无二音，其义则异而同也。[①]

古书无"已"字，假借"巳"字而为"已"，故汉代发生相混。[②]《说文解字》"己"段玉裁《注》又说：

> 此与巳止字绝不同。宋以前分别，自明以来书籍间大乱，如《论语》"莫己知也""斯己而已矣"，唐石经不讹，宋儒乃不能了。[③]

而明代则"己""巳"亦相混。，直至清代，经书的刻本二字仍然相混。除了阮元刻本《十三经注疏》外，阮元《经籍籑诂》卷三四下（四纸下）"巳"字条引《释名·释天》：

---

① 许慎撰，段玉裁注：《说文解字注》14篇下，第745页。
② 魏慈德："先秦时'已'字尚未从'巳'字中分化出来……因此当时'巳'这个形体既可读'巳'声，也可读'已'声。"参魏慈德：《从出土文献的通假现象看"改"字的声符偏旁》，《文与哲》2009年第4期，第12页。
③ 许慎撰，段玉裁注：《说文解字注》14篇下，第741页。

巳，已也，阳气毕布已也。①

这里"巳"也读为"已"。②我们看北京大学出版社2000年出版李学勤主编《十三经注疏》整理本虽为铅字排印，但《革》卦仍作"巳日乃孚"③，尽管王弼《注》读为"已事遄往"之"已"。

汉字"巳""已""己"的相混，对以汉语为母语的华人学者而言已属繁难，对欧美学者而言更是困扰。上述三种读法，在英译《周易》中都曾被欧美学者采用：

Wilhelm / Baynes读为"己日"，自己的"己"："On your own day you are believed……Six in the second place: When one's own day comes, one may create revolution." ④

John Lynn读为"已日"，已经的"已"："Only on the day when it comes to an end does one begin to enjoy trust." ⑤

Richard Rutt则读为"巳日"，祭祀的"巳"："On a sacrifice day, use the captives." ⑥

（五）攺日/改日

"巳日"字形不同的争议，近年因上海博物馆刊布所藏《战国楚竹书》（以下简称"上博简"）而有新说。上博简第三册有《周易》简，整理者濮茅左《楚竹书〈周易〉研究》则隶定为"攺日"，解释作：

---

①　阮元：《经籍籑诂》，北京：中华书局，1995年，第964—965页。

②　并参魏慈德：《从出土文献的通假现象看"改"字的声符偏旁》，第13页。

③　王弼注，孔颖达疏：《周易正义》卷5，第237页。

④　Richard Wilhelm translation rendered into English by Cary F. Baynes, *The I Ching, or, Book of Changes*, Princeton, New Jersey: Princeton University Press, 1971, pp.636, 638.

⑤　Richard John Lynn trans., *The Classic of Changes: A New Translation of the I Ching as Interpreted by Wang Bi*, New York: Columbia University Press, 1994, p.445.

⑥　Richard Rutt, *The Book of Changes*, Surrey: Curzon Press Ltd. 1996, p.272.

逐鬼禳祟之日。①

图1　上博简（局部）

　　濮茅左隶定"⚇"字为"改"，可能依据甲骨文至楚系简帛文字字形仅有"改"而无"改"字。甲骨文作"⚇"②、"⚇"③等形。郭店楚简《缁衣》作"⚇"④。侯马盟书308"而敢或𢾆改"的"改"字作"⚇"，与上博简明显不同。而丁四新也有近似的推断，《楚竹简与汉帛书周易校注》说：

---

　　①　见濮茅左：《楚竹书〈周易〉研究：兼述先秦两汉出土与传世易学文献资料》，上海：上海古籍出版社，2006年，第164页。陈仁仁亦采用濮茅左之说，又说"从楚竹书本作'改'来看，此处变革之义似非抽象地谈，而是涉及具体的'逐鬼禳祟'之事或风俗，似表示需待'改'后方可革更之。"参陈仁仁：《战国楚竹书〈周易〉研究》，武汉：武汉大学出版社，2010年，第270页。夏含夷顺从濮茅左之说，"Here and in the Six in the Second line, for yi 改, which Pu Maozuo says means 'to drive off ghosts and dispel curses,' R reads si 巳, 'the sixth of the earthly branches.'"并译此爻为"On an exorcism day when trust." See Edward L. Shaughnessy, *Unearthing the Changes: Recently Discovered Manuscripts of the Yi Jing (I Ching) and Related Texts*, New York: Columbia University Press, 2014, pp.122–123.

　　②　前5.10.6，合39465，黄组。

　　③　前5.17.6，合39468，黄组。

　　④　引自"中央研究院"楚系简帛文字库http://xiaoxue.iis.sinica.edu.tw/chuwenzi。

  "改"，帛本残，今本作"巳"。案：《说文》分别"改""改"为二字，误。其实为一字，字本从巳从攴，"改"乃俗讹字。[1]

丁四新断定"改"字为正，"改"字乃俗讹字，可能正是根据甲骨文至楚系简帛仅有"改"字而无"改"字。然而针对同一文本，李零有很不同的观察，值得参考。上博简《井》卦"改邑不改井"，李零说：

  改，简文从巳。濮说此字与"改"形近字通，不妥。案许慎以为改字从攴己（《说文》卷三下），李阳冰也说"己有过，攴之即改"，都是误以此字从己。其实，早期巳、巳无别，但与己明显不同。改字并不从己，因此也无所谓形近字通。[2]

《革》卦"改日"下又说：

  改，简文写法同简44，马王堆本、今本作巳，濮注读为勒改的改，不妥。[3]

又说：

  "巳日"读"改日"。上博本作"改日"，下"巳日"同。马王堆本、双古堆本，这两处皆残缺。下九四有"改命"。"改日""改命"皆与"革"字有关。案：改字从巳或巳，不从己。巳、巳、己现在写法相似，但古文字，巳、巳无别，而与己完全不同。[4]

---

  [1] 丁四新：《楚竹简与汉帛书周易校注》，上海：上海古籍出版社，2011年，第145页。

  [2] 李零：《读上博楚简〈周易〉》，《中国历史文物》2006年第4期，第62页。

  [3] 李零：《读上博楚简〈周易〉》，第63页。

  [4] 李零：《死生有命，富贵在天：〈周易〉的自然哲学》，香港：香港中文大学出版社，2013年，第213页。

李零读为"改日"，即改革字，不同意濮茅左读为"玫日"，为毅改字。首先，诚如李零指出，"己""巳"二字完全不同，李零强调"改"字不从"己"而从"巳"，说明了"改""玫"二字无所谓"形近字通"，"玫"也不是"改"的俗讹字，二字并不如丁四新所说"其实为一字"。

魏慈德《从出土文献的通假现象看"玫"字的声符偏旁》一文对于"改""玫"二字的声符与字义发展的关系，有系统性的分析与说明，甚有价值。他胪列楚简中的"玫"字的文例，皆用为"改"（更改字）[①]，读音为"巳"（余纽之部），并直言：

> 认为楚简中的"玫"字非"改"是不可信的，因为目前所可见的楚简中未见有写作"从己从攵"的"改"，而且楚简中可与文献对读的"玫"字都作"改"。[②]

我们判读传本及出土简本经典文字，应该考察它动态的变化，有时不能执着于字形笔画的异同。从最普通的文献阅读经验看，更改、改变的"改"字在经典中十分常见，像《诗·郑风·缁衣》的"予又改为兮""予又改造兮""予又改作兮"的"改"[③]、《尚书·仲虺之诰》的"改过不吝"、《召诰》的"改厥元子兹大国殷之命"、《楚辞·离骚》"何不改此度"等等，用的都是更"改"字，"逐鬼禳祟"义的"玫"字绝少。在没有充分证据时硬要舍"改"而取"玫"，没有什么道理。

《说文解字》区别"改""玫"为二字。"改"字为：

> 更也。从攴，己声。[④]

---

① 魏慈德：《从出土文献的通假现象看"玫"字的声符偏旁》，第2、5页。

② 魏慈德：《从出土文献的通假现象看"玫"字的声符偏旁》，第5页。

③ 毛《传》："改，更也。"毛亨传，郑玄笺，孔颖达疏：《毛诗正义》卷4之2，第326页。

④ 许慎撰，段玉裁注：《说文解字注》3篇下，第124页。

"改"字：

> 毅改，大刚卯，以逐鬼魅也。从攴，巳声，读若巳。①

段玉裁注"改"字为"古亥切"，"改"字为"余止切"，并说"一本作'古亥'，非"②。二字不同。朱骏声《说文通训定声》"改"字说：

> 更也。从攴，己声，与从"巳"之毅改字别。《诗·缁衣》："敝，予又改为兮。"《传》："更也。"……《士相见礼》："改居，则请退可也。"《注》："谓自变动也。"③

"改"字说：

> 与从"己"声之改革字别。按："毅改"亦叠韵连语，以正月卯日作，故曰"刚卯"。或以玉，或以金，佩之辟邪，其度大者长三寸，广一寸，小者长一寸，广五分，皆四方，于中央从穿作孔，采丝系之，文曰："正月刚卯。既央，灵殳四方，赤青白黄，四色是当。帝令祝融，以教夔龙，庶疫刚瘅，莫我敢当。"④

朱骏声论"改"字强调"与从'巳'声之改革字别"（这里朱氏的"巳"实是"已"），论"改"则强调"与从'巳'之毅改字别"，显然是提醒学者切勿混淆此二字。魏慈德也指出："改日"的"改"读为"已"，"改日"就是"已日"，

---

① 许慎撰，段玉裁注：《说文解字注》3篇下，第126页。
② 许慎撰，段玉裁注：《说文解字注》3篇下，第126页。关于《说文》不同版本之间的问题，魏慈德的文章亦有讨论，详《从出土文献的通假现象看"改"字的声符偏旁》第二节"关于'改'字的构形"，第8—10页。
③ 朱骏声：《说文通训定声·颐部弟五》，武汉：武汉市古籍书店，1983年，第171页。
④ 朱骏声：《说文通训定声·颐部弟五》，第169页。

并指出清代《说文》四大家中，朱骏声是唯一指出"改"字从"巳"声的。他认为，先秦时期写作"改"的"改"字，与写作"巳"的"巳"字相通，因二字同属"余纽之部"。他同时列举出土文献指出先秦至汉代有多个用读音"巳"的"茝"字代替"改"字的例子①。至汉代则声纽渐由"余"变为"见"，遂令偏旁亦从"巳"变为从"己"。魏的分析，虽然没有讨论《周易》文本的义理系统，但无异支持了"巳日"之说，只是认为其字形即作"改"（上博简即写作"改"）而读为"改"。

朱骏声著有《六十四卦经解》，说虽本汉儒，但他读《革》卦卦辞，却对上述几种读法一概反驳，单采历法之义，释读为"己日"：

> 甲子至癸亥名目，古以纪旬，不以纪年。旬法六十日一周。一岁六周。故今年甲子日子正初刻初分冬至，则明年必己巳日卯初三刻奇冬至也。计阅三百七十一年，而又为甲子日子正初刻初分冬至，但不在朔日耳。……然则"己日"为太阳一岁周而复始之日，举一年以概三百六十年也。天运有常，不愆于期，故孚。所谓革而信之也。所谓"天地革而四时成"也，所谓"行有嘉"也，所谓"革去故"也。故《彖传》统一卦之象而揭之曰"君子以治历明时"。②

朱骏声根据《彖传》"天地革而四时成"和《象传》"君子以治历明时"，认定《革》卦与天文历法有关，认为古代用甲子纪日，而每年365¼日，故今年甲子日在子正初刻初分冬至，经365日即为己巳日，再过¼日即由子正初刻至卯初三刻。因此"己日"就是太阳一岁周而复始之日，举一年即可概括其余。至于"己""巳""巳"的读音，朱骏声说：

> 辰巳之巳，与已止之已，字画音声，本皆无异，皆羊里反，以阳气至，巳而尽出，至午则阴生，故转训为"既"为"止"。……按《说文》"己"居拟

---

① 魏慈德：《从出土文献的通假现象看"改"字的声符偏旁》，第7—8页。
② 朱骏声：《六十四卦经解》，北京：中华书局，1958年，第212页。

切，"象万物辟藏诎形也。己承戊，象人腹"。"巳为蛇，象形"，详里切。"四月，阳气已出，阴气已藏，万物见，成文章"，故象蛇形也。"已"，羊止切，"用也，从反巳，贾侍中说'已意已实也'，象形"。三字音声略同，字画迥殊，意义亦别。况文岂言"巳时乃孚"耶？又"己日，天命己至之日"，……然己至之日，安得但云"己日"。①

朱氏强调"己""已""巳"三字音声略同，但字画、字义均不相同，"已日""巳日"均窒碍难通，而"己日"则怡然理顺。

综上所论，《革》卦的"己日"，汉儒皆误读为"已日"，实即沿"改"字从"已"为声，即用"已经""已然"的意义理解，显属谬误。笔者对此字赞成"己日"，但不采朱骏声"己日"的解释，而采用顾炎武之说，原因如下。

顾炎武《日知录》以十天干之"己日"解说，认为"己日"为第六日，在十日之中已过半，"过中则改"，故有"改日"之义。这与殷商纪旬之法②，以及《周易》沿袭而称"甲日""庚日"的辞例均相符合。此外，《革》卦全卦均申论"改

① 朱骏声：《六十四卦经解》，第212—213页。

② 殷商有纪日之法、纪旬之法、纪月之法。其中纪旬之法，以十日为"一旬"，《尚书·尧典》所谓"朞三百有六旬有六日"。"朞"即"期"，《尧典》称366日，传统解释均以为是太阳历365¼日的概括数字，沈括《梦溪笔谈》卷七"循黄道日之所行一朞，当者止二十八宿星而已"，所谓黄道日所行一朞，亦指365¼日而言。胡道静、虞信棠、金良年编：《梦溪笔谈校证》，上海：上海人民出版社，第242页。不过经典对于"朞"的说法颇有歧异。朱熹《周易本义》也说："期，周一岁也，凡三百六十五日四分日之一。此特举成数而概言之耳。"但《周易·系辞传》："乾之策，二百一十有六；坤之策，百四十有四，凡三百有六十，当期之日。"是以360日为"朞"，与《尚书·尧典》不同。而《左传》宣公十一年亦有"事三旬而成"；《周礼·地官·质人》有"凡治质剂者，国中一旬，郊二旬，野三旬，都三月，邦国朞。期内听，期外不听"；《孟子·梁惠王下》亦有"五旬而举之"。宜乎董作宾解释说："在一月之内，十日一纪，是很便当的；在一月之外，似乎应该纪月了，何以还记'三旬'、'五旬'、'六旬'呢？这是因为月有大小，不如纪旬的日数准确。即如《周礼》所载，质人所掌之事，为交易契约的'时效'。时效是法定的日数，所以以一旬，二旬，三旬，三月，朞来定准确的时间。"参董作宾：《卜辞中所见之殷历》，《董作宾先生全集甲编》第1册，台北：艺文印书馆，1977年，第153—154页。

革"之义，"己日"的"过中则改"与"改日"也合乎卦义的系统。顾氏指出"己日"之"己"，既读为十天干"戊己"字，亦有《仪礼·少牢礼》及《汉书·律历志》"丁己"字，"己"都有"改"的读法。这不但和《蛊》卦卦辞"先甲三日，后甲三日"、《巽》卦九五爻辞"先庚三日，后庚三日"，以"辛"喻"新"、以"丁"喻"叮"、以"癸"喻"揆"等，其例均同①。这提醒我们，在《周易》《革》卦中，此字实兼有二义——《周易》哲理本于阴阳消长、反复其道，"己日"为第六日，过中则改，故同时也有"改"革的含义。这正是本文"一字多义"的又一例证。对于《周易》的《革》卦的分析，笔者参酌了古文字及谐声的方法，至于讨论卦爻辞义理，则回归卦义系统切入。笔者的进路，与历代文字音韵学家专注于小学形音义分析的进路有所不同，请读者并观之。

六、结语

"校雠"是一门古老的学问。文献是文化与文明的载体，严谨的校雠，保证了文化文明借由文献获得完整而准确的承载与传播。《周易》文本传抄已历三千年，当中有各类问题，不但影响文义，也关乎艺术性。如《未济》九四爻辞：

> 贞吉，悔亡。震用伐鬼方，三年有赏于大国。

"大国"当作"大邦"，疑因避汉高祖刘邦名讳而易为"国"字。《周易集解》

---

① 拙著：《释"天"》（《中国文哲研究集刊》2015年第46期，第63—99页）及《论〈易传〉对〈易经〉哲理的诠释——辞例、易数、终始观念》（北京大学国际汉学家研修基地编：《国际汉学研究通讯》第3期，北京：北京大学出版社，2011年，第59—79页），均曾引自汉至宋历代《易》家的注解，以及王引之《经义述闻》的深入考释，有详细说明，请读者自行参阅。

引虞翻本即作"邦"，可证。"邦"字与前句"亡""方"叶韵①，因此厘清此一字，即可得卦爻辞音节之美。这就关系到经典的艺术性问题。

本文特别阐明的"一字多义"，则关系到写本文献传抄时的限制，实质影响到阅读理解的重大问题。经典异文甚多，而历代的抄写者在抄写经文时，受限于文本物质的限制，当不可能同时写下反映数种意义的文字的各种形体。《周易》亦不例外，如"井"之与"汬"，"坎"之与"欿"均是。字形虽含歧义，但毕竟任何抄本都只能选择其中一种写法，以寄托抄写者自身解读的意义。故对后世学者而言，抄不同的版本，读到不同的字体，不同的写法，应该要注意到，这些分歧不但反映了抄写者对于该经典的某种特殊理解及诠释，同时也注定让读者失去其他未被选择而呈现出来的字形及其寄托的意义。可惜的是，传统校雠学方家，在不同版本之间作出是非判断，如老吏断狱，不容含糊于其间，是其所擅长，也就导致他们无法考虑到《周易》经文中"一字多义"的现象，更不会思考到文献学、训诂学上"异文"的背后，在训诂学、诠释学和哲学上的意义。研究者倘未能以宽广的心情，看待同一个字可以兼有两种或以上的意义，又如何能想象到，一个小小的"异文"，

---

① "大国"当作"大邦"，由黄沛荣师先发其覆（见《周易卦爻辞释例》，第156页）。现今流通的各种《周易》版本，此爻爻辞皆作"大国"，唯《周易集解》虞翻本作"大邦"。但《周易集解》不同版本也有不同情形。台湾商务印书馆1968年的本子（末有乾隆丙子德州卢见曾序），此爻作"大邦"（第309页），而北京中华书局2016年王丰先点校本，采聚乐堂朱本为底本，以《秘册汇函》胡本、汲古阁毛本、雅雨堂卢本、文渊阁四库本及枕经楼周本为校本，再参以明清校勘家的意见（李鼎祚撰，王丰先点校：《周易集解》，北京：中华书局，2016年，第14页），此爻却作"大国"（第387页）。雄按：检《未济》九四虞翻《注》云："变之'震'，体《师》，'坤'为鬼方，故'震用伐鬼方'，'坤'为年，为大邦；阳称赏。四在'坤'中，体《既济》'离'三，故三年有赏于大邦。"雄按："变之震"，谓九四变为六四（阳变阴），则二三四互"震"；三四五互"坤"（四爻，"坤"之中爻，故谓"四在坤中"），与内卦"坎"合为《师》卦，故谓"体师"。互体有"坤"象，引喻"鬼方"、"年"、"大邦"。《未济》九四，覆而成《既济》九三，故谓"体《既济》'离'三"。如此，即为爻辞"三年有赏于大邦"作出迂回的解释。然而王丰先点校本九四爻辞作"三年有赏于大国"，虞翻《注》末句作"故三年有赏于大国。"既然虞翻指出"坤为年，为大邦"，末句应作"大邦"，意义始符合。怀疑后人传抄，仍沿袭西汉避讳，误以为"坤为年，为大邦"喻指"大国"，未审文义，遂致误。

已足以衍生出好多种不同的说解，可以引起千百年的误会和跨世代的辩论呢？

如果治校雠学者不能察觉汉语"一字多义"的本质，对于异文的现象轻轻放过，最终结果，可能导致文化、文明传承的失真。这真是关乎文化命脉存续的大问题。汉字是结合形、音、义三者为一的语言，而三个元素可以有不同的组合，有时字形相同，用不同的读音来表达不同意义；有时读音一样，字形、字义却都不同；有时音义一样，却又有不同的字形结构。更有很多例子是，一字本身即含有两个以上的意义。

生于后代的研究者，应该高度警觉汉字"一字多义"的现象，追源汉语本身形、音、义合一的特性，将不同版本写作不同形体的异体字放在一起，从"形""音""义"三方面参互比较，比合而观，不宜一概用单纯的方法视某字为本义，其余诸体则为假借。更重要的是，凡涉及经典诠释，必须细心揣摩、品尝文本，切忌囫囵吞枣，急急判断是非对错，造成文献的讹误，也引致读者的误解。

周敦颐《太极图》及其相关诠释问题

一、前言

周敦颐（1017—1073）《太极图》及《图说》问题，争讼数百年，至今未已。相关的问题，大致可以区分为三类：第一类是材料的考证，如该图的来源是否为"无极图"或"太极先天之图"、《上方大洞真元妙经图》的真实性等等。关于这些问题，旧的证据，已经被反复讨论过，目前又没有重要的新证据出现。近年大陆学者精研《易》图，对相关的材料考证问题多所辩论，将过去未弄清楚的部分大体上都考据清楚了。因此这类的问题应该可以暂时告一段落。这方面的工作，对于《太极图》相关问题的思考是有帮助的；当代学术界对《太极图》的讨论，亦以这一类课题为多。然而也因为研究者胸中有一"考证"的动机，以至于往往停留在考据"真相"的层面，忽略了从思想史、诠释态度等不同角度多方面思考，终而徘徊在旧说之中。

第二类是《太极图》思想体系如何解释的问题。这方面，许多写过《中国思想史》《中国哲学史》的专家学者已有精辟深入的创见；稍感遗憾的是这些论著多著成于二十世纪七十年代以前，未及参考当代学者最新的论著。因此，集合多方面的见解，补前修之未备，是吾人可以继续努力的。

第三类是从思想史的角度，透过探索《太极图》诠释问题的演进历程，以对于相关观念的转变及其在思想史上的意义，作出反思。这一点，正是本文最希望做到的。总而言之，本文希望讨论下列四个问题：

1. 古今《太极图》图形歧异的问题。
2. 思想史上《太极图》问题被重视的主要原因。
3. 朱熹诠解《太极图》的方法及儒道思想的转移。
4. 学术界关于《太极图》思想性归属问题的讨论。

我最初之所以注意《太极图》及其相关问题并进行研究的原因，是在阅读近世儒学论著时，发觉古今各种文献所载录的《太极图》图形，彼此之间往往存在歧异。这些歧异不但很多，而且很大。这是颇不寻常的现象。周敦颐《太极图》之所以引起争议，主要就是肇因于其形体与一些道教《易》图颇相近似。后世辨析此一问题的学者，在引录图形时，对于形体结构的各个部分理应特别小心谨慎，以免失真。但事实却并不如此。于是我下决心广搜博取，从各种论著中搜集了一百多种不同的形体，观察图形的同异，阅读说解的内容，渐渐发现此一问题的复杂性。后复上溯周敦颐《通书》思想体系以及朱熹的说解，往下博观当代《易》学专家以及思想史名家的分析。最后决定撰为本文，冀能对于周敦颐《太极图》相关问题，作一较全面的总结。由于牵涉材料甚多，篇幅有限，因此引述文献，仅能说明问题即止。读者幸识之。

二、古今《太极图》图形的歧异

周敦颐《太极图》自南宋即存在着两种主要不同的图式结构，依各自的形构，在流传过程中又渐次影响其他的图式，而区分为两个不同的系统。其一是朱震（1072—1138）《汉上易传》及杨甲《六经图》的样式①；另一则是经朱熹考订而流传的样式。二者之间，比较大的歧异在于前者"阴静"居上而"阳动"居下，后者则是"阴静""阳动"并列。这两个图式，被后代学者征引，又各自衍生出不同的变异。

《太极图》全图从上到下概分为五个部分。最上一圈"〇"，即朱熹的版本题为"无极而太极"的部分，为第一层；接下来是左右黑白相间相反的一圈，即清初康熙年间方迈②《说易》与毛奇龄（1623—1716）《太极图说遗议》所称的"水火

① 参朱震：《汉上易传·卦图》，徐乾学辑、纳兰成德校订：《通志堂经解》"易一"，台北：汉京文化事业公司，1971年，第630页；杨甲《六经图》题为"易有太极图"，参杨甲：《六经图》，《景印文渊阁四库全书》第183册，第140页。

② 方迈，字子向，福建人，康熙癸酉进士，曾任萧山县知县。

匡廓图"①，为第二层；再下来是金、木、水、火、土五行分列为五圈（五圈之下又有一小圈，合计为六圈）并有线相连的部分，即方氏与毛氏所称的"三五至精图"，为第三层；再接下来是左右分列"乾道成男""坤道成女"的圆圈，为第四层；最下方即标识"万物化生"四字的圆圈，为第五层。

《太极图》这五层所组成的图形中，有两个地方呈现较为复杂的形态，分别为第二、三层之间，以及第三层串联"五行"的几条线。

以下我就历来流传的各种图式，从最高一层开始，逐层往下检视。

（一）第一层的结构问题

第一层大致有三种形式。第一种是朱熹所订定的形式［以《四部备要》本《宋元学案》为例（图1）②］，圆圈"○"之上有"无极而太极"五字③；第二种是依照洪迈（1123—1202）所持的版本，"无极而太极"作"自无极而为太极"④；第三种是朱震《汉上易传》［以《通志堂经解》本为例（图2）⑤］和杨甲《六经图》（图3⑥）所传的形式，"○"之上没有字，圆圈旁边标示的是"阴静"。朱熹虽

---

① 参毛奇龄：《太极图说遗议》，《毛西河先生全集》，萧山陆凝瑞堂藏本，第3页。

② 黄宗羲撰，全祖望续修，王梓材校补：《宋元学案》卷12，《四部备要》本，第1页。

③ 《四部备要》及各种《宋元学案》的本子都有"无极而太极"五字；历代所刊周敦颐《文集》的附图，则多缺此五字。依照朱熹的说解，其实应该有此五字；今缺如，可见只是省略而已。

④ 据《朱文公文集》卷71《记濂溪传》所记，淳熙十五年（1188，时朱熹五十九岁）朱熹遇洪迈，见史传所载有"自无极而为太极"一语。朱熹称"不知其何所据而增此'自'、'为'二字也"。郭齐、尹波点校：《朱熹集》第6册，成都：四川教育出版社，1996年，第3694页。

⑤ 朱震：《汉上易传》，第614页。

⑥ 杨甲：《六经图》，第140页。

然不同意洪迈的版本，但近现代学者，相信洪迈说法的却甚多①。无论如何，历来流传的《太极图》图式，鲜少作"自无极而为太极"②。所以在没有新证据的情况下，洪迈的版本可以暂时先不考虑。因此，就古今流传的图式而言，主要就是朱熹和朱震两大系统。照朱震的形式，"阴静"居于"阳动"之上，阴阳的关系不再是一种平行的辩证关系，而是"阴静"的位阶较高、"阳动"较低的情况。这样的形态，与朱熹的《太极图说》说解绝不符合③，却较有利于道教思想的演绎④。我们看研究道教的学者卿希泰所撰的《中国道教史》，其中引录两种《太极图》，一种引张理《大易象数钩深图》（以下简称《钩深图》，图4⑤），另一种引朱震《汉上易传》（图5⑥），都是"阴静"居于最上一圈的旁边，而"阳动"居于第二、三层之间。但事实上，该书引录的，是《道藏》本的《钩深图》。至于《通志堂经解》本和《四库全书》本两种版本的《钩深图》，"阴静"和"阳动"都是平行地居于第二层的左右两旁，而非一上一下（图6⑦、图7⑧），与《道藏》本截然不同。究竟哪一种版本的形成符合张理的原意呢？目前恐怕无法给予确定的答案。但从这里已可看出，历来学者在撰著中引录《太极图》时，是依照各人的理解不同，而有所选择

①　如张立文说："'无极'是周敦颐哲学逻辑结构的最高范畴，它既是宇宙万物的本源，亦是人类社会最高的道德伦理原则。'无极'作为'无人身的理性'，它必须自己安置自己，这个'安置'便是'自无极而为太极'。"张立文：《宋明理学逻辑结构的演化》，台北：万卷楼图书公司，1993年，第207页。

②　据束景南考证，洪迈的版本是"作伪"的，参束景南：《周敦颐〈太极图说〉新考》，原刊《中国社会科学》1988年第2期，后收入黄寿祺、张善文编：《周易研究论文集》第3辑，北京：北京师范大学出版社，1990年，第230—247页。

③　朱熹的说解详下文。

④　道教思想虽重元气，唯其重要观念多本于《老子》。《老子》一书有"无为""致虚极，守静笃"的思想。静、虚、无，属阴，动、实、有，属阳。道教思想深受《老子》，而有置"阴"于"阳"之上的观念。

⑤　卿希泰主编：《中国道教史》第2卷，成都：四川人民出版社，1992年，第701页。

⑥　卿希泰主编：《中国道教史》第2卷，第701页。

⑦　张理：《大易象数钩深图》，《通志堂经解》"易九"，第5013页。

⑧　张理：《大易象数钩深图》，《景印文渊阁四库全书》第25册，第3页。

的。除了上述的三种形式外，也有很多引录《太极图》的著作，最上一圈的上下左右都没有"无极而太极"或任何文字。读者可以将之视为朱熹形式的一种省略。当然，这样做也可以避免在朱熹与洪迈两个版本之间作出选择的麻烦。

（二）第二层的结构问题

第二层的结构为一黑白相间、左右相反的圆圈，表述的是一个离卦居左而一个坎卦居右的圆形体。照毛奇龄的讲法，这部分的图形名为"水火匡廓图"（图8[①]），是五代彭晓注《参同契》时所作[②]。毛氏的论点已多次被学者指出其谬误，但可惜至今仍有学者征引其说法以为依据[③]。当然，《道藏》所收彭晓的著作实并无《太极图》一类的图[④]；但这也并不代表毛氏的说法没有来历。毛氏是浙江省萧山县人，和余姚、鄞县（今属宁波）等四明地区的学者同属浙东人，地域上的距离很近。毛氏曾参与过康熙七年（1668）在绍兴由黄宗羲（1610—1695）召开的证人讲会[⑤]。黄宗羲、黄宗炎（1616—1686）兄弟虽治儒学，但都精研道教文献。宗羲著《易学象数论》，内容虽以辩卦气、《易》图、象数为主，但像天根月窟、纳甲等理论，亦颇有道家思想或道教丹术旨趣。因道教中人推尊"三玄"，《易》居

---

① 毛奇龄：《太极图说遗议》，第2页。

② 研究思想史或《易》图的学者都知道《道藏》中所收录彭晓的著作中并无任何诸如"水火匡廓"一类的图。《续金华丛书》本《周易参同契通真义》卷下有"日象"（圈中有一金乌）、"月象"（圈中有一玉兔）、"明镜之图"等三幅图，与《太极图》无关。

③ 按奇龄称魏伯阳《参同契》中有"水火匡廓"与"三五至精"两图，实则传本《参同契》原本并无图。但大陆学者论述《太极图》图者却有不少仍沿用此一说法。毛奇龄的讹误，请参李申《易图考》第一章"《周氏太极图》源流考"，北京：北京大学出版社，2000年，第30—37页。

④ 《道藏》所收彭晓的著作仅《周易参同契分章通真义》三卷，而其中有"日精""月魂"图，"金镜之图"等。

⑤ 黄宗羲于康熙六年（1667）在绍兴恢复证人讲会。翌年宁波万氏成立证人书院，邀宗羲赴讲。奇龄则赴绍兴参加仍然举行的证人讲会，而与邵廷采结识，即廷采《谒毛西河先生书》所记"康熙七年六月初吉，望见光颜于古小学"一事。"古小学"即前年宗羲恢复证人讲会之所在地。参邵廷采：《思复堂文集》卷7，台北：华世出版社，1977年，第607页。

其一，如《易》有图书之学，而道教典籍三洞十二类①中，即有"灵图"一类，其中亦收录儒者《易》图著作。宗炎著《图学辩惑》，称《太极图》出自陈抟（？—989）刻于华山石壁的"无极图"（图9②），为丹家修炼之用。宗羲的学生仇兆鳌（1638—1717）撰有《参同契集注》二卷，校勘过《参同契真义》。这一批浙东学者彼此之间都研究儒学，而又同时涉猎道教，讨论过《易》图，对儒道关系相关的看法，可能有共同的来历。我的所谓来历，不是说一定有确切的材料和来源，也有可能是来自明代末年流传于浙江地区的属于道教的某种文献。研究《易》图的人都知道，宋代《易》图以白色代表阳，以黑色代表阴。冯友兰（1895—1990）《中国哲学史新编》照着毛奇龄的讲法解释"水火匡廓图"，其中左离右坎的图形是"取坎填离"。冯氏说：

> 这个圈黑白相间。……左边一半是阳阴阳，就是一个离卦。右边一半是阴阳阴，就是坎卦。"取坎填离"，就是把坎卦中的那个阳爻取过来，填在离卦之中，替代那个阴爻。这样左边那一半就成为乾卦，右边那一半就成为坤卦。这就是所谓"取坎填离"。③

在这里暂且不论这个图形是否出自道教，又是否为"水火匡廓图"。如果"取坎填离"一词是存在而且可靠，冯氏的解释就未为完整。坎卦中间的阳爻取过来填在离卦中的阴爻位置，亦即二卦的中爻互换，变成左乾右坤。"左乾右坤"的状态和水火、坎离、阴阳、动静是一种什么关系呢？从左离右坎变为左乾右坤的意义又何在呢？这些，冯友兰都未讲到。因此，这个解释只讲了一半，并没有讲完。我认为，这里有两个可能。如果依照冯友兰的讲法，"取坎填离"进一步变而为"左乾右坤"，和道教内丹修炼的原理有关，讲的是自"坎离交媾"（即丹术所谓"小周天

---

① 三洞为洞真、洞玄、洞神三部，十二类为每洞各十二部类，总计三十六部类。十二类分别为本文、神符、玉诀、灵图、谱录、戒律、威仪、方法、众术、记传、赞颂、章表。

② 黄宗炎：《图学辩惑》，《景印文渊阁四库全书》第40册，第750—751页。

③ 冯友兰：《中国哲学史新编》第5册第51章"道学的前驱——周惇颐和邵雍"，北京：人民出版社，1989年，第55页。

功"）晋升至"乾坤交媾"（即丹术所谓"大周天功"）的修炼过程。如果此说成立，则这个图形（水火匡廓）确实是属于道教丹术的图，经周敦颐借用而成为《太极图》的一部分。另一个可能是，依照传统中国语文的习惯，"取坎填离"和"取离填坎"是一样的，意指取坎而助离、取离而助坎，亦即水火互济互补的意思。水火互济，在《易》卦中第六十三卦《既济》即如此。汉魏《易》家讲卦气的学者如虞翻就认为这一卦是阴阳爻分布最理想的状态①。在道教丹术之中，水火互济亦是一个要旨。换言之，用"水火互济"来解释"取坎填离"，在《易》学史和道教史上也有清楚的来历和证据。不过话说回来，我认为"取坎填离"这个图形出现后，后来的学者的确曾经有过误解。因为后来有若干流传的"太极图"，"左离右坎"的部分确实变成了近似于"左乾右坤"，左边离卦的中爻（即黑色的部分）都变得非常细，而右边的坎卦，白色部分近乎消失，几乎变为全黑（雄按：宋代《易》图的通用符号，黑色代表阴，白色代表阳）。骤眼看去，就是"左乾右坤"的形体。《四库全书》本杨甲《六经图》（图3）、《易经集成》所收《道藏》本（图10②）以及《通志堂经解》所收张理《大易象数钩深图》（图6）、万历四十三年刊本吴继仕《七经图》（图11③）、《道藏·洞真部·灵图类》所收《周易图》所载"周氏太极图"（图12④）等文献所载录的"太极图"图形，甚至《道藏·洞玄部》所收《上方大洞真元妙经图》的"太极先天之图"（图13⑤）均如此。这些都是晚出的变形，它们和"太极图"其他部分的变形是一样的，都显示了儒道思想相互间转移的痕迹。至于《通志堂经解》所收熊良辅（1310—1380）《周易本义集成》一书所引录图式的第二层，共由四个断断续续的圆圈组成，完全看不见表述"阴"的黑

---

① 汉魏《易》例汇集于李鼎祚《周易集解》一书。虞翻"成既济定"一节，参屈万里：《先秦汉魏易例述评》卷下《虞氏卦变》，台北：台湾学生书局，1969年，第137—138页。

② 张理：《大易象数钩深图》，《无求备斋易经集成》第144册，台北：成文出版社，1976年，第2页。

③ 吴继仕：《七经图》，《四库全书存目丛书》经部第150册，台南：庄严文化事业公司，1996年，第351页。

④ 《周易图》卷上，《正统道藏》第4册，台北：新文丰出版社，1988年，第663页。

⑤ 《上方大洞真元妙经图》，《正统道藏》第11册，第487页。

色部分和表述"阳"的白色部分（图14[①]），距离"左离右坎"的形态更远，显示绘制图形者根本不了解左离右坎的含义。这又是更进一步的变形。

（三）从第二层到第三层的结构问题

第二、三层之间，据朱熹的诠解，应该是两条交叉的线，分别将第二部分"阴静"的一端引到第三部分"火"的一圈，将"阳动"的一端引到第三部"水"的一圈。然而，在各种文献所载录的图式中，交叉的部分有些图式变形而成为朝上的半圆（如图15[②]、图16[③]）；有些则变成一个独立的圆圈（图17[④]、图18[⑤]、图19[⑥]）；或为一椭圆，其中有"阳动"二字（图20[⑦]）；有些图式是一个倒三角形（如图21[⑧]、图22[⑨]）；甚至有作正三角形的（图23[⑩]）。唯自元朝以来，即出现第二、三层之间的线条消失的图形，等于两层间完全隔断，前引熊良辅《周易本义集成》［包括《通志堂》本（图14）及《四库》本（图24[⑪]）］及张理《大易象数钩深图》（包括《通志堂》本及《四库》本，参图6、图7）均如此，因此后来许多文献

---

① 熊良辅：《周易本义集成》，《通志堂经解》"易八"，第4480页。

② 孙奇逢：《理学宗传》，济南：山东友谊书社，1989年，第159页。

③ 赵瑞民：《〈水火匡廓图〉〈三五至精图〉考辨》，《道教文化研究》第1辑，北京：书目文献出版社，1995年，第27页。

④ 王皞：《六经图》，《四库全书存目丛书》经部第153册，第5页。

⑤ 杨魁植：《九经图》，《四库全书存目丛书》经部第153册，第476页。

⑥ 陈寒鸣：《周敦颐〈太极图说〉渊源新探》，《朱子学刊》第4辑，合肥：黄山书社，第42页。

⑦ 张立文：《宋明理学研究》，北京：中国人民大学出版社，1985年，第107页。

⑧ 吴康：《周濂溪学说研究》，项维新、刘福增主编：《中国哲学思想论集·宋明篇》，台北：牧童出版社，1997年，第124页。

⑨ 冯友兰：《中国哲学史》，台北：台湾商务印书馆，1993年，第821页。

⑩ 董俊彦：《周敦颐》，王寿南主编：《中国历代思想家》，台北：台湾商务印书馆，1978年，第2859页。

⑪ 熊良辅：《周易本义集成》，《四库全书荟要》第12册，台北：世界书局，1986年，第232页。

的引录，也都受到这种形式的影响（如图25^①、图26^②、图27^③、图28^④、图29^⑤）。也有作一背对背的两个半圆形（如图30^⑥）。假设朱熹的图式和解说都是正确的，则后世流传的朱震图式，就应该是朱熹图式通行以后，渐渐变化而成的。

第三层"五行"即五圆圈之间的线，诸家引录，至为混乱。首先，"五行"之下复有另一圆圈，和第二、三层诸线条连系一起，居于最下方即"木"与"金"之间，即朱熹《太极图解》称之为"此无极二五所以妙合而无间也"的部分。接着，据朱熹所订的长沙本《通书》的形体，以及他于淳熙十五年（1188）所刊布的《太极图解》，第二部分"阳动"之下一曲线延伸至于第三部分之"水"一圈，"阴静"之下一曲线延伸至于第三部分之"火"一圈。换言之，"水"与"火"之间并没有一直接的线将彼此相连。而自"水"一圈引出三条线，一条连到右下方的"金"，一条连到最下方居中的圆圈，一条绕过中间的"土"而连到左下方的"木"。自"火"一圈亦引出三条线，一条连到左下方的"木"，一条连到最下方居中的圆圈，一条连到"土"再连到右下方的"金"。以上是朱熹的图式。

至于朱震《汉上易传》的线则稍稍不同，"阳动"成为第二、三层之间独立的部分，而且第三层所有的线都是直线，"水"连到"木"的线也与居中的"土"相连，而不是像朱熹图式那样绕过去（此依《通志堂经解》本，参图2）。《四库全书》本杨甲《六经图》也是"阴静"居上而"阳动"居下，形态与朱震图式相同，但"阳动"变成一个独立的圆圈，居于"水"与"火"相连的线之中（图3）。近世学者引述的《太极图》图式，依照各人的差异，从较大的不同看，还可区分为三种。

第一种是线比较少的。如陈庆坤等编《中国哲学史通》所引的图式，第二、

---

① 江为龙等辑：《朱子六经图》，《四库全书存目丛书》经部第152册，第160页。

② 仇兆鳌：《参同契集注》，《道藏精华》第13集之1，台北：自由出版社，1979年，第557页。

③ 罗光：《中国哲学思想史》第3册，台北：先知出版社，1976年，第82页。

④ 陈庆坤等编：《中国哲学史通》，吉林：吉林大学出版社，1995年，第370页。

⑤ 侯外庐、邱汉生、张岂之主编：《宋明理学史》上卷，北京：人民出版社，1984年，第55页。

⑥ 杭辛斋：《易楔》，《无求备斋易经集成》第147册，第12页。

三层之间的线、最下方居中的圆圈连到"金"与"木"的线都消失了（图28）；陈钟凡（1888—1982）《两宋思想述评》引朱震的图式，右上方的"水"和右下方"金"之间的线，以及"水"至于"木"之间的线无故遗漏了（图31①）。

第二种是线比较多的。主要是由中央"土"的部分，延伸至于居下方的小圆圈，如李申《周易与易图》引《宋元学案》（图32②），赵瑞民《〈水火匡廓图〉〈三五至精图〉考辨》（图16）。

第三种是最下方居中的圆圈与第四层的圆圈相连。此形体则宋刻本《元公周先生濂溪集》已如此（图33③），余如《四库》本朱震《汉上易传·卦图》（图34④）亦如此。相同的情况并参图1、图10、图35⑤、图36⑥。流传朱熹所订的图式，这个部分有些是分离的，而朱震图式则是自下而上包覆的（图2），那么二圈相连，就是介于两者之间的情况。

关于第三层，除了线条较少以外，诸家引用版本、形体不同，也是严重的问题。早在清代，杨魁植《九经图》（图18）所引的图形，不但第二、三层之间出现一独立之小圆圈，而且"五行"部分的线条竟向下连接"乾道成男，坤道成女"的圆圈，呈现极为奇特不合理的形构。近世的著作如侯外庐（1903—1987）等主编《宋明理学史》上卷引黄宗炎的图式（图29），形态与陈庆坤（图28）的大致相同，但与《四库全书》本黄宗炎《图学辩惑》（图37⑦）的形体却大不相同；又《宋明理学史》引朱震的图式（图38⑧），与前引《通志堂》本及《四库》本朱震《汉上易传》的亦绝不相同。张立文《宋明理学逻辑结构的演化》一书引

① 陈钟凡：《两宋思想述评》，台北：华世出版社，1977年，第44页。

② 李申：《周易与易图》，沈阳：沈阳出版社，1997年，第145页。

③ 《元公周先生濂溪集》，《北京图书馆古籍珍本丛刊》第88册，北京：书目文献出版社，1988年，第26页。

④ 朱震：《汉上易传·卦图》，《景印文渊阁四库全书》第11册，第313页。

⑤ 薛侃：《图书质疑》，《四库全书存目丛书》，经部第3册，第706页。

⑥ 李申：《太极图渊源辨》，《周易研究》1991年第1期，第22页。

⑦ 黄宗炎：《图学辩惑》，第752页。

⑧ 侯外庐、邱汉生、张岂之主编：《宋明理学史》引朱震，第55页。

《性理大全》所录的《太极图》（图39①），与万历本《性理大全》的图形（图40②）亦绝异。再如石训、姚瀛艇等编著《中国宋代哲学》所描绘的《太极图》，"水""火""金""木"被一大圆形圈圈串联起来，原本居中最下方的圆形被提升到大圆圈之中（图41③），与杭辛斋（1869—1924）《易楔》载录的图形（图30）近似，均不知用意为何。朱伯崑（1923—2007）《易学哲学史》引周敦颐《太极图》，将"五行"的构图绘画成一正方形（图42④），似是依据杨甲《六经图》，而非传本周敦颐《通书》；罗光《中国哲学思想史》所引《太极图》的形体，"水""火""金""木"由两条线交叉串联起来，交叉点恰好穿过中间的"土"，也显得极奇特，不知依据何种版本而成（图27）。项维新、刘福增主编《中国哲学思想论集》"宋明篇"所收吴康《周濂溪学说研究》引《太极图》，竟然将之横向放置（图21），完全违背了古今流传所有的《太极图》式，也破坏了传本《太极图》以及同类的其他《易》图借由"由上而下"的形体表现天人关系、宇宙化生历程的精神，可谓不可思议。不知是原著即如此抑或出于编者改订。

至于第四层，朱熹和朱震两大系统的主要不同点，是朱熹的图式为一完整的圆形；而朱震图式（《通志堂》本），则为一个向上开口的椭圆形，上方开口处嵌入"五行"图形下方居中的圆形。

（四）余论：以朱震图式为例

以下再以朱震《汉上易传》的周敦颐《太极图》为例，《通志堂》本与《四库》本的形体已稍有不同。兹再胪列十二种自称引自朱震图式的著作如下：

1. 清儒张惠言（1761—1802）《易图条辨》引（图43⑤）。

2. 陈钟凡《两宋思想述评》（1977）引（图31）。

---

① 张立文：《宋明理学逻辑结构的演化》，第314页。

② 胡广等奉敕撰：《性理大全》卷1，明万历二十五年师古斋刊本，第1页。

③ 石训、姚瀛艇等编著：《中国宋代哲学》，郑州：河南人民出版社，1992年，第561页。

④ 朱伯崑：《易学哲学史》第2卷，北京：华夏出版社，1995年，第86页。

⑤ 张惠言：《易图条辨》，《无求备斋易经集成》第146册，第35页。

3. 侯外庐等主编《宋明理学史》上卷（1984）引（图38）。

4. 张立文《宋明理学研究》（1985）引共两种：一为引自毛奇龄《太极图说遗议》（图20）；一为所称今存朱震《汉上易卦图》之形（图44[①]）。

5. 陈寒鸣《周敦颐〈太极图〉渊源新探》（1991）引（图19）。

6. 李申《太极图渊源辨》一文（发表于1991）引（图36）。

7. 卿希泰主编《中国道教史》第二卷（1992）引（图5）。

8. 徐芹庭《易图源流》（1993）引（图45[②]）。

9. 梁绍辉《周敦颐评传》（1994）引（图46[③]）。

10. 朱伯崑《易学哲学史》（1995）引（图47[④]）。

11. 李养正《道教经史论稿》（1995）引（图48[⑤]）。

12. 林忠军《周敦颐〈太极图〉易学发微》（1998）引（图49[⑥]）。

《通志堂经解》本及《四库全书》本朱震《汉上易传》的图式，"阳动"居于"水火匡廓图"之下，并不是一个独立的圆圈；二者之间的差异则在于：《通志堂》本第四层"乾道成男，坤道成女"的一圈，并不是圆形，而是向上开口、包覆着第三层"五行"居中最下方的圆圈的下半。上述所引十二种引录朱震系统《太极图》图式的著作共十三幅图，其中图36、图49与《四库》本相同，只有图44、图46、图47等三种与《通志堂》本相符（李申的图式清楚地注明引自《四库》本）。其余诸图都呈现与两种《汉上易传》版本截然不同的面貌。徐芹庭的图式与张惠言的相同；李养正的图式与毛奇龄（张立文所引，图20）、卿希泰（图5）的相同，可能就是引自卿希泰。上引的十三幅图中，"阳动"大多变成一独立圆圈，与两种《汉上易传》均不同，而更接近于杨甲的图式；或第四层变成一独立的圆圈，其余

---

① 张立文：《宋明理学研究》，第108页。

② 徐芹庭：《易图源流》，台北：台湾编译馆，1993年，第400页。

③ 梁绍辉：《周敦颐评传》，南京：南京大学出版社，1994年，第111页。

④ 朱伯崑：《易学哲学史》卷2，第88页。

⑤ 李养正：《〈太极图〉〈无极图〉〈太极先天图〉蕴义及源流考》，《道教经史论稿》，北京：华夏出版社，1995年，第42页。

⑥ 林忠军：《周敦颐〈太极图〉易学发微——兼与任俊华等先生商榷》，刘大钧主编：《大易集述》，成都：巴蜀书社，1998年，第94页。

的或多了一些线、或缺了一些线。朱震系统《太极图》的特色在于"阴静"居上，"阳动"居下，并不是分列于"水火匡廓图"的左右边。这一点诸家俱无异辞。独有陈寒鸣的图式（图19），自称引朱震，但"阳动""阴静"竟为平列两旁，而且左右颠倒，可以确定是严重的错误。余如元朝王申子《大易缉说》，"五行"居中最下方的圆圈与"乾道成男、坤道成女"圆圈之间出现了四条线（图50①），不见于其他的图形，则可以判定是偶然的变体。

混乱的情况还不止于此。如林忠军《周敦颐〈太极图〉易学发微——兼与任俊华等先生商榷》一文，引录的是朱震的图式（图49），讲解的却是朱熹的图式②。又如张立文1985年出版的《宋明理学研究》第115页载录的一幅《太极图》（图51③），与其于五年后发表的另一篇论文《朱陆无极太极之辩——周敦颐〈太极图〉与〈太极图说〉的矛盾》④所引述的《性理大全》图式相同。至1993年张氏出版《宋明理学逻辑结构的演化》一书时，再次引录《性理大全》的图式（图39），大致与前两次引录的相同，只不过"金""水"和中间居下方的圆圈之间的线，不知为何却消失了。还有更重要的是，张氏所引的《性理大全》图式，与明万历二十五年（1597）师古斋刊本的《性理大全》的图式（图40）亦不相同。不知道张氏根据的，又是哪一个版本？

上述这些混乱的状况，代表什么呢？就是代表大部分的学者在引用《太极图》时警觉性是很低的，甚至是任意的、敷衍的。既没有去觉察历来流传《太极图》图

---

① 王申子：《大易缉说》，《景印文渊阁四库全书》第24册，第62页。

② 按朱震图式的特点是"阴静"居上，二、三层之间没有像朱熹图式那样，有两条交叉的曲线，将第二层右边的坎卦引导去第三层左上方的"火"，又将第二层左边的离卦引导去第三层右上方的"水"，而是"阳动"变成一小椭圆，居于第二、三层之间。但林氏于后文解说第三层时，却称"'丶'表示阳之变，'丿'表示阴之合"。这两句话只能适用于朱熹所订的《太极图》式，和朱震的绝不相同。读者请参阅林忠军：《周敦颐〈太极图〉易学发微——兼与任俊华等先生商榷》，第94—95页。

③ 张立文：《宋明理学研究》，第115页。

④ 张立文：《朱陆无极太极之辩——周敦颐〈太极图〉与〈太极图说〉的矛盾》，《孔孟月刊》1990年1月第28卷第5期，第33—37页；同年6月又发表于《中国文化》1990年第2期，第136—139页。

式的多样性，也没有先从周敦颐的思想，亦即《太极图》的理论背景入手，逐步细部地分析图形，以至于无法判断应该采用哪一种形体。

三、《太极图》问题的焦点

在"五经"之中，《周易》论述天道形上思想最详，而《系辞传》《文言传》等又常被宋代理学家讨论及引述，为宋代理学形上思想重要的文献依据。周敦颐、邵雍、二程等北宋最重要的几位理学家，都深研《易》理，并有重要著作传世。就本文所讨论的周敦颐及其著作《太极图》《图说》及《通书》而言，据潘兴嗣（约1023—1100）为其所撰《墓志铭》，周敦颐"作《太极图》《易说》《易通》数十篇"，其中《易说》《易通》已不见于后世。传世的《通书》，据冯友兰的看法，是结合《易说》《易通》而成。朱熹以潘《铭》为主要依据，重订《太极通书》，特置《太极图》于篇首，称《通书》：

> 与《太极图说》并出，程氏以传于世。而其为说实相表里，大抵推一理、二气、五行之分合，以纪纲道体之精微，决道义文辞禄利之取舍，以振起俗学之卑陋。①

换言之，朱熹之所以极推重周敦颐者，不但以其为二程之先辈，启伊洛之先声，更在于其著述"纪纲道体之精微"，建构宋代道学形上体系最重大之关节。而推究周敦颐学说最重要者，则系在于《太极图》及《通书》所论"一理、二气、五行之分合"。据朱熹的见解，《太极图》既奥义深微，甚至"程氏之书，亦皆祖述其意"②，其在宋代理学，实居于无可取代的首要位置。

试从此一史实推论：若朱熹及诸儒能证明《太极图》确为周敦颐自著，且其中主旨确然出自《周易》，则宋代理学形上理论架构、与先秦儒家正统学说之间的一

---

① 朱熹：《通书后记》，《朱熹集》第7册，第4209页。
② 朱熹：《再定太极通书后序》，《朱熹集》第7册，第3967页。

致性，可得保证，其绝对正统的地位亦可得确立；相反地，若反驳者能证明《太极图》与道教中人（陈抟）及道教文献（如"无极图"、《上方大洞真元妙经图》）有直接渊源，则无异表示宋代理学形上理论架构最重要之部分，实系源出道教，甚或系道教产物，而宋代理学于二千年儒学之地位，亦不难动摇矣[①]！钱穆先生曾说：

> 明清以来，驳击图象之说益烈。遂谓濂溪《太极图》康节《先天图》皆源出方外，因谓宋儒即和尚道士之变相。其说至今，更为时流所信。余曾论宋学渊源，大本决非出于方外。[②]

钱先生这段话，可以说直接道出了问题的重心所在：《太极图》《先天图》源出方外，竟引致"宋儒即和尚道士"的推论，则敦颐学说牵涉宋代理学的"大本"，亦可思过半矣。然则《太极图》的来历与思想内涵，成为思想史上重要问题的真正原因，就是在于其关系到宋代理学价值的确立与否。

最早讲述北宋《易》学传授谱系的是南宋的朱震。他指出《先天图》的谱系

[①] 如周世辅在所著《中国哲学史》第三章"近代哲学思想"中接受了黄宗炎和毛奇龄的观念，认为周敦颐《太极图》源出道教："考周濂溪《太极图》，乃得之于道教，原为方士炼丹之用，其作用是由下而上的，周子颠倒其次序，由上而下，以说明宇宙万物发生及演变之历程，言他人所未言，这算是'援道入儒'，并且是返道教于道家的新学问。"周世辅：《中国哲学史》，台北：三民书局，1988年，第298页。周世辅所谓"援道入儒"，指的是《太极图》虽为儒家思想之本体论，但其内涵实属于道教。因此他说："西洋哲学中的本体论（ontology）以研究宇宙之本体及其性质或元素为对象。换言之，即在研究宇宙万物之根源。儒家的《论语》《大学》及《孟子》七篇，很少有作这种探论，惟《易经》天人并论，老、庄、列及阴阳家均注意及此，周濂溪融会各家，著《太极图说》，明天理之根源，究万物之终始，遂为儒家创造了一种具体的本体论。"（第297页）前面一段话清楚地指出《太极图》源出道教，这段话称《易经》是儒家典籍，天人并论，周子"融会各家"，为儒家创造一种具体的本体论。推究其意，无异认为此种儒家之本体论，其实是道教的产物。

[②] 钱穆：《论太极图与先天图之传授》，《中国学术思想史论丛（五）》，台北：东大图书公司，1978年，第73页。

为陈抟、种放（955—1015）、穆修（979—1032）、李之才（？—1045）、邵雍；"河图洛书"的谱系为种放、李溉、许坚、范谔昌、刘牧（1011—1064）；《太极图》的谱系则是穆修、周敦颐、二程①。据李申的分析，朱震指出这些谱系，而推源陈抟，其用意并非论证宋代《易》图之学系源出道教；相反地，他力证象数《易》为儒门《易》学正宗，至王弼"杂以老庄之言"，始流入道教异端；至陈抟而始重新阐明象数《易》，并传授新的《易》学统绪。因此朱震所推尊之陈抟，实非一修炼于华山的道士，而是一有功于《易》学的儒生②。此又可证明我所说的，围绕着《太极图》的相关思想史的问题，始终都与"儒道之辨"存在密切的关系。

（一）《太极图》争议点一：无极、太极

自朱熹表彰《太极图》以后，引起了历时数百年的辩论，大致依时代先后区别，可分为七个主题：

1. 《通书》有无《太极图》之争。

2. 朱震、朱熹《太极图》形体之异同。

3. 朱熹"无极而太极"与洪迈"自无极而为太极"的版本之异同。

4. 朱熹、陆九渊（1139—1193）"无极""太极"之辩。

5. 朱熹、度正（1167—？）关于《太极图》源流的考辨。

6. 明末清初《易》图之辨：黄宗炎《图学辩惑》称《太极图》源出于"无极图"。

7. 明末清初《易》图之辨：毛奇龄《太极图说遗议》称《太极图》源出于《上方大洞真元妙经图》的"太极先天之图"。

关于第一点，将于本文第四节讨论。

关于第二点，我认为朱震的图式将"阴静"置于"阳动"之上，"阴"的位阶高于"阳"，与《图说》阴阳并立的主要概念实不符合。学者或谓《图说》中有"主静"一语，似可为"阴静"尊而"阳动"卑之证；然而此二字之下，周敦颐原

---

① 《宋史·朱震传》所载《进汉上易表》，参脱脱等撰：《宋史》卷435，北京：中华书局，1977年，第12908页。

② 李申：《易图考》第一章"《周氏太极图》源流考"，第44页。

注"无欲故静"，这恰好证明了周敦颐所强调"主静"之原义，并不是重"阴"轻"阳"而是"无欲"。

关于第三点朱熹与洪迈版本异同的问题，如前文所述，"自无极而为太极"的版本只出现于洪迈史传之中，历来也鲜少被称引《太极图》者所接受。在没有新证据出现的情形下，研究者暂不宜相信洪迈的版本。

关于第四点"无极"一词的争议问题，实是整个问题的最重要之处。此二字之解释，历来不过两说，一是认其为名词，就是"无极"为"太极"之上居更高位阶的概念，是"太极"的来源。这样讲，《太极图》所讲述的宇宙根源就是"无"。陆九渊就是认为《太极图》此一概念有这种嫌疑，在太极之上加一无极，是"头上安头"[1]，就是说，如果"太极"已经是一个宇宙开端，不应该在这之上又加上另一个开端。另一说则认为其为状词（即形容词），是形容太极之"无声无臭"。朱熹就持此说。他在解《太极图》时特别说"非太极之外，复有无极也"。这个问题成为朱陆鹅湖之辩"道问学""尊德性"之争以外另一个争议点，也困扰了后世无数的学者[2]。后来赞成陆九渊讲法的讲者，即认为周敦颐《太极图》所讲的"无极"是实实在在来自道教的概念，是名词而非状词。于是多转移其注意力于文献考据，设法找出"无极"一词的确切来源。黄宗炎《图学辩惑》论《太极图》出于华山石壁上的"无极图"，即出于此一动机。但事实上，朱陆的争议，更多部分是属于哲学概念的范畴，是文献的考据无法解决的。《太极图说》短短数百字，从宇宙本体的问题一路讲下来，讲到中正仁义，君子小人，这整个架构是拆不开的。周敦颐强调的也正是这个本末一体的架构。不过，既要著成文字，则不能不有叙述之先后次序；既有叙述之先后次序，则又不免会予人分解的印象。这是开示哲学概念所无法避免的一种困难。关于这一点，戴景贤《周濂溪之〈太极图说〉》一文讲得很好。他说：

---

① 参黄宗羲原本、黄百家纂辑、全祖望修定：《宋元学案》卷12《濂溪学案下》"附朱陆太极图说辩"，沈善洪主编：《黄宗羲全集》第3册，杭州：浙江古籍出版社，1986年，第607—616页。

② 朱、陆释"太极"的歧异问题，读者可参戴君仁：《朱陆辩太极图说之经过及评议》，《梅园论学集》，台北：台湾开明书店，1970年，第213—222页。

濂溪之既分说，又欲合一……既以太极与阴阳分别体用，又恐人遂以为用之外尚有所谓本体，或用之先尚有所谓本体，故又提出"无极"二字，谓太极本无极也。①

周敦颐所用的是哲学的表述方式，其终极关怀亦为哲学的关怀，此所以其深致意于本体的描述，而《太极图说》自"太极"讲到"人道"，最后讲到"原始反终""死生之说"，其意正在于使学者从生命之生死，以体验宇宙之终始；亦从体知宇宙之终始、了知生命之生死。义理的阐析，至于篇末，又复与篇首相呼应。这是周敦颐一种圆融的描述。因此，后世研究哲学思想的学者，多从这一角度接受朱熹的观点，如范寿康（1896—1983）也直接说：

宇宙的根源是太极。太极，从它的无始无终、无声无臭方面看，又叫作无极。②

这是说"太极"的性质是"无始无终、无声无臭"的，所以称之为"无极"。戴景贤亦说：

所谓"无极"者，"极"指"太极"言，太极本无极者，犹云"本无此太极"也。极之本义，本指屋之正中至高处，所谓栋也。故引申有原始、枢极之义。若以体用之观点言，体乃用之依准，有体斯有用，故极可指体，体兼有极之义。若"太"者，则"至高无上"之谓也。然所谓有体斯有用，体为用之依准者，亦止是人之语言必如此说，体固不可舍用而独存，若将体用分离，则体非体，而用亦非用矣。此乃因人之语言有偏至，说此即遗彼，说彼则遗此，故体与用，不得不分说，而其实未曾相离也。濂溪于阴阳之上，别说太极，而太

① 戴景贤：《周濂溪之〈太极图说〉》，《孔孟月刊》1976年11月第15卷第3期，第26—28页，后收入黄寿祺、张善文编：《周易研究论文集》第3辑，第204页。
② 范寿康：《中国哲学史纲要》第二章"宋明儒家思想的概要"，台北：台湾开明书店，1979年，第306页。

极之上，又言无极者，其义本如此，固非有如论者之所疑也。至如庄老书言太极无极，极皆至极无穷之常义，无甚深解，与濂溪之用辞，貌虽似，其实不相涉也。①

戴氏的意思是：阴阳、太极、无极其实都是讲述一种体用不离的状态，不过"人之语言有偏至"，不得已只好分解地讲。这方面，牟宗三（1909—1995）的讲法亦近同。他说：

太极是正面字眼，无极是负面字眼；太极是对于道体之表诠，无极是对于道体之遮诠。

他又说：

"无极"一词虽出于《老子》"知其白，守其黑，为天下式。为天下式，常德不忒，复归于无极"（原注：王弼本，二十八章），然老子之使用此词亦是状词意。故王弼注云："不可穷也"，言无可穷极也。《老子》此章前言"复归于婴儿"，后言"复归于朴"。婴儿、无极、朴，皆示无为浑玄之境，而此即是极至之道也。五十八章"孰知其极，其无正"。……此亦是"无可正举，无可形名"之浑玄之无而显极至之道。此是极通常之思路，不可出于老子，便不可用，如此思维，亦不足以决定即是道家思想。《老子》言"无欲"（原注："我无欲而民自朴"），儒者即不可言"无欲"乎？依儒家，自然神化之道体自是"无思、无为""无方、无体"之无可穷极也。故言道而至"不可度思，矧可射思"，无极之极乃必然不可免者。②

牟先生认为儒家强调"道"的自然神化、无思为无方所，则不可避免地必然触及

① 戴景贤：《周濂溪之〈太极图说〉》，第204页。
② 牟宗三：《心体与性体》第1册第二部分论一"濂溪与横渠"，台北：正中书局，1985年，第358—359页。

"无极"之议题。不可谓道家言"无极",而儒家即不可以言。若从此一出发点思考,则必先承认不同流派的思想家对于宇宙形上本体的描述,自有其"共法"存在。然而在最高层次理念如"太极"者,尚有此一"共法"存在于儒道之间,则毕竟"儒"与"道"之间的界限,竟尔只存一线之隔。显然地,这是此一解释唯一无法解决而又最令人不安之处。束景南将表述儒家思想的《太极图》和表述道教思想的"太极先天之图"放在一起看。他解释"无极而太极"说:

> 在同一张图上,从逆的万物→五行→阴阳→无极的复归过程看,最上一圈是"无极";从顺的太极→阴阳→五行→万物的生化过程看,最上一圈又是"太极"。同一圈既是"无极",又是"太极",所以周敦颐劈头总提一句:"无极而太极",高度概括了宇宙顺逆终始变易的全过程。无极即太极,太极即无极,只是因顺逆两种不同方向的描述才用了两个名称;不是无极生太极(原注:实际连道教也没有这种说法),更不是无生有。"无极而太极"究竟作何解,这个近千年来纷争不已的哲学大公案,从上面对图的顺逆描述解说上已可完全得到解答。[1]

这个解法,采用了黄宗炎和毛奇龄的观点和方法,将问题完全落实在文献之上,认为《太极图》源出道教"太极先天之图",而"无极而太极"一语,则恰好标志了敦颐对于道教丹图的借用痕迹。但谛审束氏观点,其实有一重要的前提,即系认为敦颐创为《太极图》之前,已先有一道教之"太极先天之图"或"无极图"出现或存在。必须有此一前提,束氏所谓"同一圈既是无极,又是太极"的顺逆并存之说,才能够成立。而事实上直至今日,学术界仍无法提出具体证据,证明此一前提。因此,不论束氏如何辨析,他的立论,实未能推翻牟宗三、戴景贤等学者的推论。

(二)《太极图》争议点二:源出道教

《太极图》的义理虽经朱熹明白阐析,然而自清初以来,不断有学者考证辩论

---

[1] 束景南:《周敦颐〈太极图说〉新考》,第239—240页。

《太极图》源出道教，且发现不少新材料。在这里，我认为有三个重点是必须先正视的。第一，不少学者相信《太极图》是周敦颐所创（如朱熹），《图说》的意旨、图形本身的整体结构，以及《通书》的思想三者极为一致，研究者在搜寻该图与道教的关系之外，实在应该用心留意此一图形在周敦颐思想体系中的位置与意义。第二，朱熹是第一位深入而全面地诠解《太极图》及《图说》之后深信不疑的学者，他的考据方法向称缜密。研究者宜应先检视朱熹诠解《太极图》的方法，从中再作进一步的反思，而非截断众流，只管维护自己的观点。第三，儒道思想之间的转移影响，在思想史的历程中至为繁复，绝非一言可决，研究者似不应盯着一两个文献上的证据，就企图在思想史演变问题上获得结论。

四、朱熹的诠解与儒道思想的转移

朱熹诠释《太极图》之前，曾对周敦颐的著作做过一番考订的工作。本文在讨论朱熹诠释《太极图》以前，实有必要对此一背景作适切的说明。据绍兴甲子（1144）祁宽在所撰《通书后跋》中自称：

> 《通书》即其所著也。始出于程门侯师圣，传之荆门高元举、朱子发。宽初得于高，后得于朱，又后得和靖尹先生所藏，亦云得之程氏，今之传者是也。逮卜居九江，得旧本于其家，比前所见，无《太极图》。或云：图乃手授二程，故程本附之卷末也。[1]

可知南宋时存在两种版本的《通书》，其一是"九江家藏旧本"，其中没有《太极图》；其二是程门的版本，《太极图》是"附之卷末"（"手授二程"四字是一推测）。至朱熹重订《通书》，始将之置诸卷首。照劳思光（1927—2012）的考订，

---

① 周敦颐：《周敦颐集》"附录二"，陈克明点校，北京：中华书局，1990年，第119页。

以《太极图》为周敦颐自作的，亦始于朱熹①。

（一）朱熹历年的讨论

按朱熹讨论《太极图》问题，前后撰文多篇，连同相关的讨论，略加编年如下：

1. 乾道五年（1169，四十岁），撰《周子太极通书后序》。

本文首次宣示将《太极图》置《通书》篇首的理由。

2. 乾道七年（1171，四十二岁），撰《答胡广仲》第二书②。

本文提及《太极图》旧本的问题，称"旧传图说，皆有谬误。幸其失于此者，犹或有于彼。是以向来得以参互考证，改而正之。凡所更改，皆有据依，非出于己意之私也"。

3. 乾道九年（1173，四十四岁），撰《太极图说注后记》。

本篇称"此图立象尽意，剖析幽微，周子盖不得已而作也"。又说"此书详于性命之原，而略于进为之目，有不可骤而语者也"。

4. 淳熙四年（1177，四十八岁），撰《江州重建濂溪先生书堂记》。

本文提及"夫天高地下，而二气五行纷纶错糅，升降往来于其间，其造化发育、品物散殊，莫不各有固然之理。而最其大者，则仁、义、礼、智、信之端，君臣、父子、昆弟、夫妇、朋友之伦是已"③。以仁义礼智信为五常五行，为子思（前483—前402）、孟子一派的主张。此亦可见朱熹接受《太极图》"五行"论述的原因。

5. 淳熙五年（1178，四十九岁），撰《袁州州学三先生祠记》。

本文称"濂溪周公先生奋乎百世之下，乃始深探圣贤之奥，疏观造化之原而独

---

① 劳思光：《中国哲学史》三上第三章"初期理论之代表人物"，台北：三民书局，1984年，第127页。

② 此信系年，据陈来：《朱子书信编年考证》，上海：上海人民出版社，1989年，第82页。

③ 此段内容系据淳熙本即现存最早的宋刊本《晦庵先生文集》。四川教育出版社的《朱熹集》用《四部丛刊》影印明嘉靖十一年本，该文"信之端"三字作"之性"。参《朱熹集》，第7册，第4073页。

心得之，立象著书，阐发幽秘，词义虽约，而天人性命之微；修己治人之要，莫不毕举"。

6. 淳熙六年（1179，五十岁），居南康，撰《再定太极通书后序》。

本文宣示"濂溪之学之奥，其可以象告者，莫备于《太极》一图。若《通书》之言，盖皆所以发明其蕴，而《诚》《动静》《理性命》等章为尤著"。

7. 淳熙十四年（1187，五十八岁），撰《通书后记》。

本文推崇《通书》（含《太极图说》），有"推一理、二气、五行之分合，以纪纲道体之精微"等语。

8. 淳熙十五年（1188，五十九岁），撰《太极图解》。

朱熹此《解》主要是用周敦颐的《太极图说》来解释其《太极图》。又据《朱文公文集》卷七十一《记濂溪传》[1]，朱氏本年遇洪迈，见史传所载有"自无极而为太极"一语，不知何据而增"自""为"二字。

9. 绍熙四年（1193，六十四岁），撰《邵州特祀濂溪先生祠记》。

该文仍感叹"自无极而为太极"一句没有被删削。

除上述九篇文章、尚有《朱子语类》讨论周敦颐思想及《太极图》若干条，以及散见于《文集》中的文章如《太极说》[2]等。由于这些文献的意旨已可涵括在上述九种文献中，在此暂不一一详述。

（二）《太极图·易说》

由于朱熹所撰《太极通书后序》称"潘清逸志先生之墓，叙所著书，特以作《太极图》为称首，……今特据潘《志》置《图》篇端"[3]，后来的学者，多认为这是朱熹改定《太极图》的主要依据。如张其成就直接说"朱熹的主要文献依据是潘兴嗣写的《墓志铭》"[4]。朱熹又说"先生之学之妙，不出此《图》，以为得之

---

① 朱熹：《记濂溪传》，第3694页。
② 朱熹：《太极说》，《朱熹集》第6册，第3536—3537页。
③ 朱熹：《太极通书后序》，《朱熹集》第7册，第3942页。
④ 张其成：《易图探秘》第三章，北京：中国书店，2000年，第179页。

于人，则决非种、穆所及"①，劳思光据此说：

> 朱熹认为《太极图》乃周氏自作，其理由不外两点。一则潘《铭》有"作
> 太极图易说易通数十篇"一语；二则是朱熹认为此图所代表之理论，"非种、
> 穆所及"，不应传自种放、穆修一流人。②

劳氏进一步推论潘《铭》应读作"《太极图易说》"，而不应将《太极图》和《易说》分为两书，因为《太极图》"本为以图说《易》之作"，而"《通书》本即是解《易》之作，亦不应另又有一《易说》"③，所以《图》和《图说》是一个完整的著作而不是两个。其实这并不是一个新观点，因为早在明朝以前，《太极图》和《易说》是一抑或二，在学术界就已存在不同的看法。明朝学者杨时乔（1531—1609）就说：

> 潘清逸志墓，言先生作《太极图易说》。或谓：别有《易说》。考之《太
> 极图》，即此《图》；《易说》，即"无极而太极"一篇。有此"图"即有此
> "说"，所以明《易》理。观首言"太极"，末言"易其至矣"，盖天地间
> 《易》理，即此《图说》发明殆尽，此外安得再有说乎？④

杨时乔称"或谓别有《易说》"云云，可见在这以前已存在此一争论。杨氏本人认为《图》与《说》是一体的，因此没有别出的所谓《易说》一书。多位大陆学者也持这样的观点。早在1981年邱汉生就曾提出《太极图·易说》之名⑤。三年后邱氏与侯外庐、张岂之主编《宋明理学史》，采入其说法，大段考证《太极图·易说》

---

① 朱熹：《太极通书后序》，第3943页。

② 劳思光：《中国哲学史》三上第三章"初期理论之代表人物"，第128页。

③ 劳思光：《中国哲学史》三上第三章"初期理论之代表人物"，第128页。

④ 参朱彝尊原著：《点校补正经义考》第3册，许维萍等点校，台北："中央研究院"中国文哲研究所筹备处，1997—1999年，第79—80页。

⑤ 邱汉生：《理学开山周敦颐》，中国哲学编辑部：《中国哲学》第5辑，北京：生活·读书·新知三联书店，1981年，第33—71页。

之名，并反驳傅耆所见《姤说》《同人说》之为《易说》的观点。其后大陆学者多接受此一说法，如陈少峰①、林忠军②、张其成等均是。张其成说：

> 今人邱汉生先生在《理学开山周敦颐》中认为这句话标点有误，应该是"作《太极图·易说》《易通》数十篇"。因为周氏没有作过《易说》，只作《太极图说》。此说确属卓识。

张氏大概不知道历来说者已甚多，不能说是"卓识"。如前文所述明代学者已提出过，即当代学者中亦有劳先生提过。张氏又说：

> 《太极图·易说》即《太极图说》，此"说"正是以"易"说"图"。如同周氏的《易通》实为《通书》一样。这样一来周敦颐就不是作《太极图》，而是作《太极图说》。③

张其成并引另一位学者束景南，认为他也支持此一说法。束景南的意见，应该也是来自邱汉生。但冯友兰却认为：

> 周惇颐的朋友傅耆给他的信中说，周惇颐曾给他看过《姤说》和《同人说》，朱熹的学生度正认为："二说当即所谓《易通》者。"这个判断大概不对，这些卦说应该是《易说》的一部分。周惇颐大概对于《周易》，有专讲易卦的，这是《易说》；有通论《周易》的，这是《易通》，《易说》和《易通》的分别就像王夫之《周易内传》和《周易外传》的分别。大概这两部著作后来都残缺了，有人把剩余的部分混为一书，总名之曰《通书》。④

---

① 陈少峰：《周敦颐〈易〉学的道家思想渊源》，陈鼓应主编：《道家文化研究》第12辑，北京：生活·读书·新知三联书店，1998年，第423—431页。
② 林忠军：《周敦颐〈太极图〉易学发微——兼与任俊华等先生商榷》，第93页。
③ 张其成：《易图探秘》第三章，第187页。
④ 冯友兰：《中国哲学史新编》第5册，第53—54页。

比较起来，因为有傅耆书信的确据，"姤"与"同人"是《易》六十四卦中的两卦，傅耆所见的篇名又有"说"字，冯氏认其为《易说》，是十分合理的推测。《太极图》不讲《易》卦，内容与《易说》显然不同。邱汉生在《宋明理学史》中阐述的观点，实较缺乏证据①；而张其成支持邱说，却没有针对冯友兰的论点作出反驳，也不免疏失。

我的看法认为，就著作名称来看，《太极图易说》是很怪异的，因为书名中既云"太极图"，又云"易"，究竟是"说"《易》抑或"说"《太极图》呢？张其成、束景南等学者一意主张周敦颐《太极图》承受自道教《易》图，大概也觉得难以安顿，因此特别辩称《太极图易说》中的"易"字，不是指《易》书而是指"变易"②。这样讲，《太极图易说》一名，就是"《太极图》变易之说"的意思，这个名称就显得更奇怪。《太极图》是否以"变易"思想为主，姑置勿论，单单依照中国传统书名体例考察，"说"字置于书名之末，应该是说解《太极图》的意思，那么《太极图易说》究竟是指"变易地说解《太极图》"、抑或是"说解《太极图》之变易理论"呢？另一方面，《太极图易说》被引述时偶然也作《太极图·易说》③，中间加一黑点，意义与五字连系的《太极图易说》又大大不同了——变成将《太极图》与《易说》（雄按：注意此处的"易"字，已不能像张其成那样解释为"变易"）两件文献，在名称上结合起来，而成为一部书。依据中国传统书名的语例，这也是极其怪异的。这个含义不清的书名，是不是加上一个现代人用的符号（黑点），将两个部分区隔开来，不通的地方就可以讲通了呢？我想持此说者至少要找到相类似的书名，作为文献证据，否则光就名称本身来看，就显然不合理。

---

① 《宋明理学史》上卷说："至于傅耆所见的《姤说》《同人说》，是周惇颐所作的个别的卦说，并非系统《易说》中的两卦之说。"侯外庐、邱汉生、张岂之主编：《宋明理学史》，第51页。我认为，除非编者曾见过"系统《易说》"，或有确据证明周敦颐当日所撰著之《易说》绝无二《说》在内，否则对于《姤说》《同人说》之为《易说》的一部分的合理推断，是无法一言而否定的。

② 张其成：《易图探秘》第三章，第187页；又参束景南：《周敦颐〈太极图说〉新考》。

③ 大陆学者如陈少峰、束景南，日本学者如吾妻重二的文章均如是。吾妻氏《太極図の形成》一文即用此名，详后文。

（三）"太极先天之图"的年代问题

事实上，大陆学术界讨论《太极图》问题的学者，看法虽然很多，但有一个基本上的歧异，一派认为黄宗炎所说刻在华山石壁上的"无极图"根本不存在，而毛奇龄所称附有唐玄宗序的《上方大洞真元妙经图》是晚出的作品，彭晓所作的"水火匡廓图""三五至精图"也不见于《道藏》。李申即持此一观点。[①]从这个观点发展，则很容易推得周敦颐自撰此图的结论。另一派则相信朱震所称的传授，认为周敦颐《太极图》绝非自撰，而是有所承受。其承受的来源，即是北宋以前的道教传统。支持此一看法的有束景南、张其成等。

我的基本看法认为，目前实在找不到确实的证据，可以证明《太极图》的授受来源。张其成虽然在李申、束景南的辩论中，设法为束氏辩护，但他每次遇到无法找出确实证据时，都只用"可能""很可能"等字眼带过[②]，恰好显示了其论证上的困境。"可能"只是推测之辞；光凭推测，怎能考证？至于《太极先天之图》，绝对是晚出的作品，李申和王卡等学者的考证是比较可靠的[③]。尽管林忠军举出例证，辩称唐玄宗避讳的问题不存在[④]，但研究者若暂时抛开外缘材料不论，直接检查核心材料《上方大洞真元妙经图》，应不难有所发现。《妙经图》除了收录"太极先天之图"外，尚有其他图形。其中"虚无自然之图"（图52[⑤]）以黑白圆点构成环形，表述虚无自然之状态，与北宋刘牧《易数钩隐图》卷上的"太极第一"之

① 李申：《易图考》，第35—36页。

② 如《易图探秘》说"虽然《正统道藏》本中前两图（雄按：指"水火匡廓图"及"三五至精图"）未收录，但不能以此否定散佚的其他版本中可能收录。这些图北宋时保留了一些，周敦颐很可能看过。"（第184页）又说："从北宋目录书记载看，周敦颐之前的唐五代之时可能已经有了这种图式（雄按：指"无极图"一类的图式），周敦颐《太极图》为借用和改造。"（第185页）

③ 参李申：《易图考》第一章十二节"《上方大洞真元妙经品》之唐明皇序言是伪造的"。王卡认为《妙经品》是金人时雍或其弟子的著作。参《中华道教大辞典》"《上方大洞真元妙经品》"条、"《上方大洞真元妙经图》"条，北京：中国社会科学出版社，1995年，第414页。

④ 参林忠军：《周敦颐〈太极图〉易学发微——兼与任俊华等先生商榷》，第95页。

⑤ 《妙经图》，《正统道藏》第11册，第487页。

图（图53①）以同样的黑白点环形表述"太极"的概念，极为相似，而众所周知，刘牧这种表述方法在宋代《易》图中是非常特殊的。至于《妙经图》收录另一幅"道妙惚恍之图"②，与《道藏》所收《周易图》卷上所录"太极图"③、《上阳子金丹大要图》的"清浊动静之图"（图54④）等图形亦绝相似，而其构图的繁复，实不似早于北宋的作品，更不用说该图以白色表述"阳"，居第三层上半，表示阳清为天，以黑色表述"阴"，居第三层下半，表示阴浊为地，实与流行于宋元明的其他儒、道《易》图符号一致。我们若再将"太极先天之图"一并考虑，就不难发现《妙经图》诸图是晚出的作品。退一步说，即使有确实的证据，证明周敦颐以前的确存在类似"太极先天之图"和"无极图"一类的图式，实在也不能证明什么。因为，如果周敦颐确实具有一套完整而衍发自其个人思想的理念，而用以诠解一个像《太极图》那样的图式，而能使"图"与"说"融合无间，就等于给旧的图赋予了一个全新的精神内涵。这时候，"图"的外形是否与其他图近似，根本就是不重要的。研究人文学科，尤其是哲学思想的学者，总不应该如此地拘执于事物的外在形貌吧？

（四）《太极图》中的道教论述之一：坎离问题

在这里我并不是要将《太极图》与道教的关系一笔抹杀；相反地，我必须指出，证据明显显示《太极图》的各个部分，和道教思想存在着紧密的关系。日本学者吾妻重二曾有一篇重要的文章《太极图の形成》⑤，该文检讨了《太极图》问题以及儒、道、佛思想的关系。尽管陈少峰指出其中有两个缺点⑥，但该文所指出"《太极图》确有受到道教的影响。……尤其可以确定的是第二圈和第三圈"⑦是

---

① 刘牧：《易数钩隐图》，《无求备斋易经集成》第143册，第5页。

② 《妙经图》，第486页。

③ 该图为元明时期作品，《周易图》卷上，第663页。

④ 《上阳子金丹大要图》，《正统道藏》第40册，第513页。

⑤ 吾妻重二：《太極図の形成》，《日本中国学会报》第46集（1994年），第73—86页。

⑥ 陈少峰：《周敦颐〈易〉学的道家思想渊源》，第425页。

⑦ 吾妻重二：《太極図の形成》，第84页。

很正确的。我亦认为《太极图》中各部分符号实源出于道教，绝无疑义。《太极图》第二层，毛奇龄称之为彭晓所作"水火匡廓图"。历史上彭晓是否曾撰此一图，暂不讨论。但无论如何，这个图的道教思想成分，却是确不可移的事实。依照《易经》的体系，八卦之中"乾""坤"二卦居于六十四卦之首，地位独尊，应无问题。传本《周易》独二卦有《文言传》，恰好反映此二卦之特殊重要性。然而"坎""离"居《周易》上经之末，验诸历代文献，却没有任何支持此二卦在儒学体系中占有特殊位阶的理由[①]。《太极图》第二层左离右坎，以水火相对，用以表述阴阳动静，在先秦以降儒学各宗派学说中，俱为无征。在《易》学而言，亦没有特殊的意义。唯自魏伯阳著《参同契》，以《易》理与丹道结合，始启其端。内丹术理论中，乾为纯阳，坤为纯阴；坎二阴一阳为水为男，离二阳一阴为火为女。俞琰《周易参同契发挥》说：

> 乾为天，坤为地，吾身之鼎器也；离为日，坎为月，吾身之药物也。[②]

在内丹术中，炼精化气，为小周天功，为初关，为坎离交媾；炼气化神，为大周天功，为中关，为乾坤交媾。再进一步就是"上关"的"炼神还虚"。元代道士陈冲素《规中指南》说：

> 乾坤交媾，亦谓之大周天，在坎离交媾之后见之。[③]

就是讲的这个历程。因此我在上文说冯友兰对于"取坎填离"四字的说解，称为取坎卦之中爻以填离卦之中爻，使坎变而为坤，离变而为乾，唯有置之于内丹理论之

---

① 唯《既济》卦内离外坎，初、三、五为阳爻，二、四、上为阴爻，抑且刚柔相应，表达出一种理想的状态，而为汉代《易》家所特尊。如前文所述，虞翻往往有"成既济定"之语，就是讲述这一理念。但此又与"左离右坎"无关。

② 俞琰：《周参同契发挥》卷1，《正统道藏》第34册，第358页。

③ 陈冲素：《陈虚白规中指南》卷上"乾坤交姤第六"，《正统道藏》第7册，第37页。

中解释，才讲得通。"取坎填离"等于是以小周天功为基础，进入大周天功的阶段。北宋道教南宗宗师张伯端（987—1082）《悟真篇》说：

> 离居日位翻为女，坎配蟾宫却是男。不会个中颠倒意，休将管见事高谈。

其下仇兆鳌《集注》称：

> 易中卦象，离为日为女，坎为月为男。日位太阳，反以离女居之；月位太阴，反以坎男居之。如此颠倒互换，各有深意。[1]

什么是"颠倒"呢？李涵虚（1806—1856）《三车秘旨》说：

> 所谓颠倒者，乃心肾中之神气耳。心神俯而下就，肾气仰而上升，神气颠倒，则有形之心肾亦如颠倒，无形之乾坤亦皆颠倒。颠倒交施，坤中生一阳为坎，乾中生一阴为离。离女与坎男交施，则如西方之兑女，相接东方之震男。[2]

从此可见，心属火、为离为神，肾属水、为坎为气；"颠倒"就是内丹修炼过程中心火与肾水升降互济，终而至于乾坤相交，以一点纯阳纯阴之力，行水火交媾之功。李涵虚的话提及坎离、男女。在《易》学的体系中，坎为中男，离为中女，都是以中爻为主爻。这里显示了道教思想与《易》理的密切关系。原本《易》就是"三玄"之一。仇氏对于《悟真篇》文句的解释，虽为依据《易》中卦象之义，亦是发挥坎离互济的丹道理论。若和《太极图》的内容深入比较，恰好又可以证明第二层"取坎填离"与第四层"乾道成男，坤道成女"之间的对应。

张立文曾针对坎离位置，批评《太极图》与《图说》矛盾：

---

① 仇兆鳌：《悟真篇集注》中卷之上，《道藏精华》第6集之1，第147—148页。
② 李涵虚：《三车秘旨·收心法杂谈》，《藏外道书》第26册，成都：巴蜀书社，1994年，第632页。

123

> 与坎相对应的应是男阳，而不应是女阴；与离相对应的应是女阴，而不是男阳。[1]

这是说《太极图》右方"坎"下为"坤道成女"，左方"离"下为"乾道成男"，恰好弄相反了。事实上，依照冯友兰的解释，"取坎填离"之后，变成左乾右坤，恰好可以与下方左"乾道成男"、右"坤道成女"相应。张氏所说的不符合，其实并不存在。

（五）《太极图》中的道教论述之二：五行问题

至于"五行"的问题，一般学者多注意《尚书·洪范》所说的"初一曰五行"以及"一五行：一曰水、二曰火、三曰木、四曰金、五曰土"以下一段文字，以及《荀子·非十二子》中批评子思、孟子之徒以仁义礼智信为"五行"的一段文字。我认为"五行"在春秋时期原本只是很朴素的观念。《春秋》昭公二十五年《左传》记子大叔见赵简子时所说的一段话，已有此一名，说：

> 天地之经，而民实则之。则天之明，因地之性，生其六气，用其五行，气为五味，发为五色，章为五声。淫则昏乱，民失其性。是故为礼以奉之：为六畜、五牲、三牺，以奉五味；为九文、六采、五章，以奉五色；为九歌、八风、七音、六律，以奉五声。

这里标示以"五"的概念，计有六个，"五味"之中有"五牲"，"五色"之中有"五章"，此外又有五行、五声。这段话中"五行"的原意是否为"金木水火土"，尚不得而知，亦未涉及方位、颜色、人类德性等问题。但究其含义，涉及礼教，为后世儒家发扬光大。老子和庄子等反儒的思想家，就曾针对这些概念大加挞伐。《老子》第十二章说：

---

[1] 张立文：《朱陆无极太极之辩——周敦颐〈太极图〉与〈太极图说〉的矛盾》，《中国文化》1990年第2期，第137页。

> 五色令人目盲；五音令人耳聋；五味令人口爽；驰骋田猎，令人心发狂；难得之货，令人行妨。

《庄子·天地》说：

> 且夫失性有五：一曰五色乱目，使目不明；二曰五声乱耳，使耳不聪；三曰五臭熏鼻，困惾中颡；四曰五味浊口，使口厉爽；五曰趣舍滑心，使性飞扬。此五者，皆生之害也。

拙著《九与五的数字观念及其思想史上的问题》说：

> 五色、五音、五味在儒家亦为"则天因地"之物，在老子则视之为令人目盲耳聋口爽的祸害，而原因正在于五类标准的制定与划一，否定了其他色、声、味的自然存在与价值。庄子更以滑稽的文笔说之，以"趣舍滑心，使性飞扬"加诸前四者之后，凑足"五"之数。"此五者，皆生之害也"一语，无疑是对于以"五"化约物类的思维方式，作一直接的讽刺与否定。[①]

即此可见，"五行"与其他"五味"等等，均属于典型的儒家观念。这一观念，其后析为二途，分别为儒家及阴阳家所吸收。儒家方面，子思、孟子稍加转化，发展为仁、义、礼、智、信的五行思想，为其具体证明。近年郭店楚简出土文献中有《五行》《性自命出》等篇章，讲述诸如"性"系"天"之所"命"[②]，"仁义

---

① 该文为1988年"科学委员会"研究奖励费（乙种）获奖论文，但未正式发表。

② 《性自命出》："性自命出，命自天降；道始于情，情生于性，礼生于情，爱生于性，虑生于欲，智生于性，卯生于智，恶生于性，怒生于恶，喜生于性，乐生于喜，愠生于性，忧生于愠。"参荆门市博物馆编：《郭店楚墓竹简》，北京：文物出版社，1998年，第179页。

礼智圣"结合为一则为"德之行"、"德"为"天之道"①等思想，代表的就是子思、孟子一脉的思想。甚至有学者认为郭店楚简中的若干篇章，根本就是已佚的《子思子》②。

"五行"另一条发展途径则是战国末年的阴阳家。我这里所说的"阴阳家"取其泛义，不专指驺衍而言。五帝、五行、五方（东南西北中）、五色互相配合成一庞大体系的思想，就见于《逸周书·月令解》《吕氏春秋·十二纪》《礼记·月令》等。据《汉书·艺文志》：

> 五行者，五常之形气也。……其法亦起五德终始，推其极则无不至。

"五行"的观念引起了"五德终始"的思想③，在在显示先秦末期"五行"及其相关思想的成熟及盛行，终而至于后世医家、道教等各流派的思想都广受影响。《吕氏春秋》《逸周书》《礼记》等文献已将"五行"与宇宙万物包括人的五脏、大地之方位、颜色、季节等相配。直至汉代，这一条途径与前述思孟学派的路径汇合了。《春秋繁露·五行对》以"木火土金水"比附成"孝"为"天之经"的思想④，儒家的意味颇浓；但《五行相生》《五行相胜》《五行顺逆》等几篇，又显然充满阴阳家五德终始的思想。西汉翼奉有"五性不相害"一语，晋灼称其"五

---

① 《五行》："仁形于内谓之德之行，不形于内谓之行。义形于内谓之德之行，不形于内谓之行。礼形于内谓之德之行，不形于内谓之行。智形于内谓之德之行，不形于内谓之行。圣形于内谓之德之行，不形于内谓之行。德之行五和，谓之德，四行和，谓之善。善，人道也；德，天道也。"《郭店楚墓竹简》，第149页。

② 李学勤：《荆门郭店楚简中的〈子思子〉》："《缁衣》《五行》《鲁缪公》和别的子思一系的作品，称为《子思子》是恰当的。"李学勤：《荆门郭店楚简中的〈子思子〉》，《中国哲学》第20辑，沈阳：辽宁教育出版社，2000年，第79页。不过反对此一观点的学者也有很多，因此暂不能被视为定论。

③ 《汉志》这段话中"其法亦起五德终始"中的"起"字，是一个外动词，是说"五行"引起了"五德终始"。

④ 苏舆：《春秋繁露义证》卷10，钟哲点校，北京：中华书局，1996年，第315页。

性"是指肝性静，心性躁，脾性力，肺性坚，肾性智[1]。《汉书·艺文志·方技略·经方类》所著录的十一家著作中，有五家书名题为"五藏"。再如多掺杂谶纬思想的《白虎通义》，该书既称"五性者何谓？仁义礼智信也"[2]，又说"五藏，肝仁、肺义、心礼、肾智、脾信也"[3]。汉代的儒家文献，也在在显示了子思、孟子学派与阴阳五行学派的合流。更重要的是，东汉以降的道教，其丹术理论尤其是内丹理论中，大量运用五行来表述宇宙循环、人体结构、药物性质等有很多；相对地，儒家学者对于"五行"这个概念就很少再有进一步的发挥。

（六）《太极图》与《系辞传》有关系吗？

再回来看《太极图》，其图既为一个整体，各层之间的关系当然亦极密切。第二层既与内丹术关系如斯密切，第三层"五行"五圆圈自然也和道教脱离不了关系。无论如何，"五气顺布"与图中"水火土金木"的"五行"，是明显不可能涉及"仁义礼智信"的"五常"之义的。论者或会认为，吾妻重二明确地指出《太极图》的根本思想是来自《周易·系辞传》"是故易有太极，是生两仪，两仪生四象，四象生八卦"一段话，吾妻氏并引《周易正义》对这段话的解释作为佐证[4]。按孔颖达《正义》说：

> "两仪生四象"者，谓金木水火，禀天地而有，故云"两仪生四象"。土则分王四季，又地中之别，故唯云四象也。[5]

孔颖达指出《系辞传》所讲的"四象"其实就是"五行"。吾妻氏据此，而认为《太极图》第三层"五行"即是《系辞传》的"四象"。但他似乎没有注意到《太

---

① 参班固：《汉书》卷75《翼奉传》，第3170—3171页。

② 《白虎通义·性情》，陈立：《白虎通疏证》卷8，吴则虞点校，北京：中华书局，1997年，第381页。

③ 《白虎通义·性情》，陈立：《白虎通疏证》卷8，第383页。

④ 吾妻重二：《太极图の形成》，第80页。

⑤ 王弼注，孔颖达疏：《周易正义》卷7，第340页。

极图》的整体结构，其实与《周易·系辞传》这段内容并没有直接的关系。证据之一是：《系辞传》的"两仪"指的是"阴阳"而非"坎离"，但从图的整体看，第二层明明是"左离右坎"，并不是"左阳右阴"，因此，这一层绝不能被称为"两仪"。倘若要将之变成"左阳右阴"，除非先用内丹术中"取坎填离"的方法，将之演变为"左乾右坤"，第二层才能变成乾（阳）坤（阴）对立。这样一来，第二层又必须透过道教理论的绎释，才能和《系辞传》的内容相应①。转转折折，"两仪"与"左离右坎"之图之间，始终连不上关系。证据之二是：《太极图》并没有显示八卦全部的形体或概念。倘若像吾妻氏所说的用《正义》的解释，将第三层"五行"视为"四象"，则《系辞传》"易有太极，是生两仪，两仪生四象"在《太极图》中都得到发挥，独独"四象生八卦"一语却被遗漏了，则又有解释不完整的问题。这两个证据，足以证明周敦颐最初撰著《太极图》动机，和《系辞传》并没有必然的关系；而单就第二、三层而论，却又显示了该图和道教思想脱离不了关系。

《太极图》中的各部分图形和观念与道教思想关系甚深，吾人大可不需要否认或假装视而不见。因为周敦颐撰著《太极图》及《图说》最有意义的地方，正在于他和朱熹将这些原为表述丹道观念的图形，加以崭新的诠解，使之回归儒门，而成为儒学理论的重要架构。

（七）朱熹的内证法

首先，我们若回溯朱熹讨论《太极图》的整个历程，应不难发现他始终是用"内证"的方法来作考释。简而言之，即以《太极图》的形上架构为中心点，思考一切相关的问题。从一开始他判断《太极图》的重要性，就是从研究该图与《通书》之间的内在关系为基础的。《太极通书后序》开宗明义就说：

> 盖先生之学，其妙具于《太极》一图，《通书》之言，皆发此《图》之蕴。……观《通书》之《诚》《动静》《理性命》等章及程氏书之《李仲通

---

① 当然，周敦颐在第二层两旁注明"阳动、阴静"，标示阴阳，其意正系抹去道教的痕迹，而昭示《通书》的思想观念。

铭》《程邵公志》《颜子好学论》等篇，则可见矣。①

《再定太极通书后序》说：

> 盖先生之学之奥，其可以象告者莫备于《太极》之一图。若《通书》之言，盖皆所以发明其蕴，而《诚》《动静》《理性命》等章为尤著。②

写了这篇《后序》之后八年（淳熙十四年），朱熹又撰《通书后记》，称：

> 独此一篇（雄按：指《通书》），本号《易通》，与《太极图说》并出，程氏以传于世。而其为说实相表里，大抵推一理、二气、五行之分合，以纪纲道体之精微，决道义文辞禄利之取舍，以振起俗学之卑陋。③

又翌年而公布《太极图解》。其中"而万物一太极也"句和"惟人也"句之间，有一段自注，说：

> 此以上引《说》解剥《图》体，此以下据《图》推尽《说》意。④

此明明白白就是运用周敦颐《通书》《太极图》与《图说》互相释证，也就是：用周敦颐来解释周敦颐。朱熹的学生度正撰《周敦颐年谱》时也说：

> 今观《太极图说》精妙微密，与《易大传》相类。盖非为此《图》者，不能为此《说》；非为此《说》者，不能为此《图》。义理混然，出于一人之

---

① 朱熹：《太极通书后序》，第3942页。
② 朱熹：《再定太极通书后序》，《朱熹集》第7册，第3967页。
③ 朱熹：《通书后记》，《朱熹集》第7册，第4209页。
④ 周敦颐：《周敦颐集》卷1，第2页。

手，决非前人创《图》，后人从而为之说也。①

"非为此《图》者，不能为此《说》；非为此《说》者，不能为此《图》"二语，即强调《图》与《说》的内在的一致性。在近世诠解周敦颐《太极图》的学者中，唯牟宗三《心体与性体》最忠实地把握朱熹所用的内证法，并在分析时大加运用。他认为除了《通书》没有讲到"无极""动而生阳"等问题之外，《太极图》及周敦颐自注均可以在《通书》之中找到相对应的文字。他说：

> 此《图说》全文，无论思想或语脉，皆同于《通书》，大体是根据《动静》章、《理性命》章、《道》章、《圣学》章而写成。"一动一静，互为其根"，直至"万物生生，而变化无穷焉"，此一整段同于《动静》章"水阴根阳，火阳根阴"以下以及《理性命》章"二气五行，化生万物"等八句。"圣人定之以中正仁义而主静，立人极焉"，依自注观之，此句同于《道》章及《圣学》章，是此两章之简括。依此观之，《图说》义理骨干不外此四章，不可谓非濂溪之手笔也。②

《心体与性体》中的分析已经讲得很清楚，我在这里也不必费辞了。

（八）《太极图》的十个观念

我既然说朱熹"始终是以《太极图》的形上架构为中心点，思考一切相关的问题"，那么这个形上架构是什么呢？从最基本的大方向看，研究者必须认清这是一个儒家思想的形上架构，而绝非属于道家。请注意《太极图说》中提到的重要观念，除了历来学者争论的"无极""太极"之外，还有下列十个重要观念，分别为"动静""阴阳""五行""乾坤""生生""形神""善恶""中正""仁义""君子小人"。其中属于《易》范畴的有"动静""阴阳""乾坤""生生""中正"等五个；"五行"见于《左传》《国语》《尚书·洪范》等，在周敦

---

① 周敦颐：《周敦颐集》"附录一"，第104页。
② 牟宗三：《心体与性体》第1册，第358页。

颐虽涉丹术，但究其于思想史之中亦属儒家恒言；"善恶"为楚简中常见的儒家思想概念，"形神"的问题是先秦以降诸子百家（包括佛教、道教）均所关怀；"君子小人"是孔子常所强调的，见于《论语·里仁》尤多；"仁义"是孔孟的思想宗旨，更无疑问。综合而言，《太极图说》所讲的十个主要观念，属于《周易》及孔孟儒家的，就有九个之多。周敦颐思想之归宗儒家，还有任何疑问吗？

就第二层（即前文所指出显然属道教观念的部分）中《图说》所称的"动静"和"阴阳"两组观念而言，它们虽然亦是先秦道家所喜谈，但研究者不可忽略，其亦系《易传》中的重要概念。就《太极图》而言，显示在《图》中为"阴静""阳动"，彼此交错相关。阴与阳是《易传》中表述宇宙论的两个核心概念，《周易·系辞传》说"一阴一阳之谓道"，约略可见其辩证的关系，但尚未清楚到显露出二者之间的主从、轻重。然而，周敦颐讲到"动而生阳，动极而静，静而生阴，静极复动"，就清楚地显示了一个循环的过程；然后再讲到"一动一静，互为其根"。周敦颐扣紧第二层"取坎填离"坎离相对之状，却只是发挥其阴阳动静之义，而绝不涉及其他，尤其可以证明其不欲涉及道教内丹思想的用意。朱熹以《通书·诚》章解释《图说》"太极动而生阳"一段。若回归《诚》章本文，则《诚上第一》说：

"大哉乾元，万物资始"，诚之源也。[①]

随称"诚"为"纯粹至善"；又称《乾》卦卦辞"元亨"为"诚之通"，"利贞"为"诚之复"。《诚下第二》又称"圣，诚而已"，又称"诚"为"五常之本，百行之源"。如我们所知，"诚"字本义原为诚实义，是儒家学者所强调的修养工夫；进一步依天人合一的思想推衍发挥，则自可以推及宇宙终极意义诸问题。周敦颐亦系发挥此义，以建构儒学的形上架构，而无涉于道教思想。朱熹发挥周敦颐思想，旨在阐释儒学理念，亦绝与道教思想无涉。如"动静"的"动"这个概念，朱熹即释《诚上第一》"'大哉乾元，万物资始'，诚之源也"句，说：

---

① 周敦颐：《周敦颐集》卷2，第13页。

言乾道之元，万物所取以为始者，乃实理流出，以赋于人之本。如水之有源，即《图》之"阳动"也。[①]

"乾元"与"万物"的关系，前者为"万物所取以为始"之实理，后者得此一实理而化生。此一过程，系属于"动"之状态，故朱熹即以《太极图》"阳动"解释。又如学者认《太极图》"无极"有一"无"字，即一意追溯此一概念在道家文献的来源。然而《诚几德第三》称"诚，无为"，甚至与《老子》"无为而无不为"中之"无为"相同，但吾人岂能据此二字，就认定周敦颐之语即是用《老子》之义？换言之，单以《诚》章而论，周敦颐即推阐此一观念至于认为其为纯粹至善之"圣"之境界，则以此章阐释《太极图》及《图说》，"太极"亦系"诚"，也是理所当然之义。因此朱熹诠解"诚，无为"三字，说：

实理自然，何为之有！即"太极"也。[②]

从《通书》中即可证明，周敦颐对"诚"观念的发挥，绝非仅止于一般的"诚实""诚恳"义，而系以"诚"字推及于宇宙万物之根源、本体。然则《太极图》中所说"无极""太极""动静"诸概念，以《通书·诚》章释证，其结合《易》学、儒学以建构天人关系架构之意，实至明白不过。朱熹以《通书》与《太极图》及《图说》互相释证，即有效地把握到此一重点。

据朱熹几封《答袁仲机》[③]的书信，第五书称"前书所论仁义礼智分属五行四时，此是先儒旧说，未可轻诋"，推其意应系指思孟学派以仁义礼智信为"五行"，以及《礼记·月令》以金木水火分主四时（土属季夏），均为"先儒旧说"。此亦可证朱熹对于儒家旧说的尊重。第四书称"不若直以阳刚为仁、阴柔为义之明白而简易也"。"阳刚为仁，阴柔为义"，朱熹以前，论者甚少，《论》

---

① 周敦颐：《周敦颐集》卷2，第13页。

② 周敦颐：《周敦颐集》卷2，第16页。

③ 朱熹《答袁机仲书》共十一书。据陈来《朱子书信编年考证》，这些书信都写在宁宗庆元四年（1198，时朱熹六十九岁）以后，算是朱熹晚年定说。

《孟》之中亦未见。但朱熹始终有意将《周易》刚柔、阴阳等思想和孔孟所倡的仁义观念绾合在一起，不能说先儒旧说所无，后人即不能开创。学术思想的演进，与古为新，前人未及论述发挥之处，后人加以推衍创发，是最平常不过的事。后世学者讨论此一问题，往往不甚重视自身著作所引述的图形；却又詹詹然致辩于周敦颐的图形是否源出道教，实在没有什么道理。

近今学者大多承认《太极图》及《图说》表述的是儒家思想，但又吸收道家思想。论者甚至称周敦颐"虽满蓄仙风道骨，仍然不忘儒家成圣的价值指归"①，殊不知儒家、道教各有深造，各有其终极关怀与修养宗旨，设若敦颐"满蓄仙风道骨"，又岂会仍然"不忘儒家成圣的价值指归"、"弊弊焉以物为事"（用《庄子·逍遥游》语）呢？这一类平面、两可的讲法，无异将他苦心孤诣地将道教观念转移为儒家产物的努力，讲得太轻易。敦颐能勇往直前，直接夺取道教丹术的图式，而灌注入儒家中正仁义、倡明人道的思想，可以说是有意识地"入赵营"而"立汉帜"。这若不是具有英雄豪杰气概的作为，又是什么？

五、《太极图》思想归属的四种观点

学术界关于《太极图》思想归属的观点，大略可区分为四种。

第一种是认为周敦颐此图与儒学、《易》学无关。持此观点的主要有若干《易》学专家，如屈万里先生②。屈先生深受二十世纪初科学方法整理国故的思潮影响，因而认为象数、图书之学均非正统《易》学。至于治哲学史的学者中，劳思

---

① 语出陈少峰：《周敦颐〈易〉学的道家思想渊源》，第431页。

② 屈先生在《先秦汉魏易例述评·序》称"至于图书之学，于例既无与于易旨；又皆不重训诂，是其说最无可取"。此可见他的基本立场。屈万里：《先秦汉魏易例述评》，第2页。

光亦认为《太极图》系"以道教观念为基础"①。不过劳先生其实并不是那么严格直接地将《太极图》理论归属于道教产物，他说：

> 盖周氏本人在理论上，强调"无"及"静"，二者皆近道家之说。若就历史源流考之，则道家之形上学观念，在《易传》中已与儒学观念混合，《礼记》中《乐记》篇所谓"人生而静"，亦是此一混合状态之思想下之产物。周氏虽被后人认作宋代最早立说之"儒者"，但其所据之前人成绩，原偏重在此类混合思想，则其论价值标准或"人极"时有"主静"之论，亦不足怪。②

他特别用引号括起"儒者"二字，似乎暗示他并不认为周敦颐是纯粹儒家思想，只能说周敦颐所承受的思想中有儒家的部分，亦有道家的部分，更多则是儒道混合的部分。治思想史者多接受周敦颐为北宋大儒的传统观点，劳先生直接用"混合思想"指称之，而不为旧说所缚，值得佩服。不过这可能只代表他早年的看法，尚未足为定论。

第二种是认为理学是理学家自己的创造，不可误认其与佛、道思想有瓜葛。持此一观点的学者有朱伯崑、李申、林忠军、吾妻重二等。李申说：

> 整个宋代理学，人们常常论及它和佛、道二教的关系。宋代理学家们，也常常互相揭露对方近禅，或是近道。他们自己，也并不讳言自己多年出入佛老的历史。张载、二程、朱熹，都是如此。我们从他们的著作中，常常可以找到许多佛、道二教影响的痕迹。虽然如此，理学仍然是理学家自己的创造，并且

---

① 劳思光：《中国哲学史》三上第三章"初期理论之代表人物"，第100页。劳氏又说："至于'阴阳'何以能生'五行'，则周氏之说只有'阳变阴合'四字，并无确切解释。朱熹则以《系辞》中'天一，地二……'一段解之，其实此即所谓'河图'之数。'河图'出于纬书，其后道教人士最喜据此以说《易》。周氏《图说》中此种观念，即属于以图解《易》之传统，乃无可争议者。"（第104页）这段话认为《周易·系辞传》"天一地二"一段文字为后世纬书及河图理论的源头，与道教思想又复颇有关系。因此周敦颐"属于以图解《易》之传统"，即表示其中又涉及道教思想。

② 劳思光：《中国哲学史》三上第三章"初期理论之代表人物"，第109页。

是和佛、道二教相对立的、甚至在基本方面是互相反对的另一种学问。①

这讲的是理学家一面吸取佛、道思想，一面与佛、道思想对立。近似于陈寅恪（1890—1969）对于道教与新儒家的观点②。李申的观点，我认为是很合理的。吾妻重二《太极图の形成》一文则有切断《太极图》与释、道思想关系的企图，强调该图的根本思想来自《周易·系辞传·正义》及传统的五行理论③。虽然我认为他的细部论证有明显的瑕疵，但他对于《太极图》思想为周敦颐独创这个见解的相关推论，却很缜密而合理。又朱伯崑《易学哲学史》亦认为周敦颐改造道教丹图，而归宗于儒家思想。其见解与李申相近。朱氏说：

> 儒家学者周敦颐将道教的太极图，加以改造，并对其作了新的解说。其总的倾向是，吸收了其中的宇宙论，抛弃了成仙得道的炼丹术，作为儒家成圣人的理论依据。④

---

① 李申：《易图考》，第16页。

② 陈寅恪指出："至道教对输入之思想，如佛教、摩尼教等，无不尽量吸收，然仍不忘其本来民族之地位。既融成一家之说以后，则坚持夷夏之论，以排斥外来之教义。……其真能于思想上自成系统、有所创获者，必须一方面吸收输入外来之学说，一方面不忘本来民族之地位。此二种相反而适相成之态度，乃道教之真精神，新儒家之旧途径，而二千年吾民族与他民族思想接触史之所昭示者也。"见陈寅恪：《冯友兰〈中国哲学史〉审查报告》，《金明馆丛稿二编》，上海：上海古籍出版社，1980年，第252页。陈氏在这段话中指出：道教吸收了自外国传入的佛教思想，最后却反过来加以排斥。其中所谓"新儒家之旧途径"，即指宋代新儒家的路径，亦系"一方面吸收外来输入之学说，一方面不忘本来民族之地位"。

③ 吾妻氏文章的结论共有六点：一、朱震所述的《太极图》传授说没有实据；二、朱震之传受谱系系唯一史料，既无实据，则从常识判断《太极图》应是周敦颐自创；三、限于材料，《太极图》的佛教和道教来源说均不能成立；四、《太极图》的原始动机来自《系辞传》和《周易正义》的解释，也兼采传统五行理论；五、《太极图》受道教影响是无可否定的，从第二圈与第三圈与唐末至宋代所流行的坎离造化论有密切关系；六、《太极图》部分受道教影响，非窃自道教而操作的。参吾妻重二：《太極图の形成》，第85页。

④ 朱伯崑：《易学哲学史》第2卷，第94页。

朱氏的观点和一般指周敦颐兼取儒、道的观点，显然是不同的①。

第三种观点认为周敦颐《太极图》以儒家思想为主，兼取释、道思想。如范寿康、张立文，日本学者荻原扩、户田丰三郎均主此说。范寿康说：

> 周子之学可以说是以儒家哲学为骨干，兼采着佛道二家的思想，他是一个想把儒、释、道三教加以调和与综合的学问家。②

又如张立文说：

> 尽管《太极图说》融合儒、释、道，但毕竟以儒家思想为主导而吸收释、道思想，其宗旨是儒家思想。③

这是说《太极图》中儒家的成分是主要的，而也兼取佛、道二家思想。至于户田丰三郎《周子太極図说考》一文④认为"自无极而为太极"是道家学者传下来的，而周敦颐删去"自""为"二字。《太极图》则是以《道藏》所传下来的"太极先天之图"为源流，遗落了"先天"二字转变而成。虽然朱熹极力主张《太极图》乃周敦颐所作，但《图说》是道家学者流传下来、由周敦颐删补而成的说法，还是较为恰当。这其实仍然是依沿传统"儒道并重"的理解。户田此一论点，似乎是受到较早年另一位日本学者荻原扩《周濂溪の哲学：初期宋代哲学の研究》一书⑤的影响。户田引述了该书第229页的内容，其中荻原提出周敦颐受老、佛思想的影响，生于儒教世家，以儒教为己任。在接受《太极图》与《图说》之时，将之加入儒家

---

① 大致上，第二种亦即朱伯崑、李申、林忠军等三位的观点，与我的看法比较接近。尤其关于周敦颐属于儒家的见解，朱、林二位学者讲得很清楚。关于《太极图》、"太极先天之图"和"无极图"之间关系的意见，我则较同意李申的考证。

② 范寿康：《中国哲学史纲要》第二章"宋明儒思想的概要"，第310页。

③ 张立文：《宋明理学逻辑结构的演化》，第316页。

④ 户田丰三郎：《周子太極図说考》，《广岛大学文学部纪要》第16卷（1959年9月），第35—54页。

⑤ 荻原扩：《周濂溪の哲学：初期宋代哲学の研究》，东京：藤井书店，1935年。

思想以进行修补，以谋求与《通书》的调和。荻原与户田的见解，和上引范寿康、张立文的一样，都是强调敦颐调和儒道或调和儒释道的努力。我认为此一说法一方面要借由强调敦颐汲取释、道思想而突显其于北宋新儒学的创辟地位，同时又不希望悖离传统视敦颐为北宋儒宗的观点，于是转转折折，希望两面兼顾。此一立论是否合理，则是见仁见智了。

第四种观点是强调儒家与道教本有的"共法"。此一论点的代表人是牟宗三。他在讨论"无极而太极"句中"无极"一词时，接受朱熹的讲法，认为"无极"是状意词，虽然语出《老子》"复归于无极"，"然老子之使用此词亦是状词意"，又说：

> 婴儿、无极、朴、皆示无为浑玄之境，而此即是极至之道。……此是极通常之思路，不可以出于《老子》，便不可用，如此思维，亦不足以决定即是道家之思想。《老子》言"无欲"（原注："我无欲而民自朴"），儒者即不可言"无欲"乎？依儒家，自然神化之道体自是"无思、无为""无方、无体"之无可穷极也。故言道而至"不可度思，矧可射思"，无极之极乃必然不可免者。①

他又在论"太极动而生阳"一节时，又论及《通书》卷二"动静"第十六"动而无静，静而无动，物也。动而无动，静而无静，神也"时，引用了《庄子·大宗师》"其一也一，其不一也一"以及《德充符》"天刑之，安可解"句下郭象（252—312）《注》一段话加以说明。牟氏说：

> 彼（雄按：谓郭象）虽用道家词语以明之，然此种圆融之思理固是儒道之所共，非是道家所可得而专也。②

在牟氏对于宋明理学关于儒、释、道思想关系的分析中，"共法"是一个颇常用的

---

① 牟宗三：《心体与性体》第1册，第358—359页。
② 牟宗三：《心体与性体》第1册，第362页。

观念。不过在这里牟氏的意思并不是说儒家借用道家观念是天经地义的事，而是说有一些思理与观念实是不同派别的思想所共享的。

六、结论

周敦颐《太极图》问题是中国思想史上整个"儒道之辨"历程中的一环。早在二十世纪三十年代，已有学者指出魏晋时期"有无之辨"与此一问题之间的关系[①]；但事实上《太极图》问题在历史上自有其特殊性，与前代的论题未必有直接的关系。要言之，该图若能被证明确为周敦颐自著，且其中主旨确然出自《周易》，则宋代理学形上理论架构、与先秦儒家正统学说之间的一致性，可得保证，其绝对正统的地位亦可得确立；相反地，若反驳者能证明《太极图》与道教中人及道教文献有直接渊源，则无异表示宋代理学形上理论架构最重要之部分，实系源出道教，甚或系道教产物，而宋代理学于二千年儒学之地位，亦不难动摇。这是《太极图》受到古今学者重视的主要原因。

周敦颐《太极图》历来引起争议极多，相关诠释问题也至为繁复，大致可区分为六个问题：图式来源之辩（即图式是否来自"无极图"或《上方大洞真元妙经图》）、"无极""太极"之辩（即"无极"是一概念语抑或形容词之辩）、"自无极而为太极"的版本之辩（即洪迈所得版本为"自无极而为太极"是否为周敦颐原本之辩）、《太极图说》相关概念的思想史位置问题、后世学者对《太极图》及《图说》的诠释歧异问题，以及学术界引录《太极图》图式的歧异问题等。

另一方面，周敦颐《太极图》在思想史上前必有所承受，而后必引起影响。过去近一个世纪的学者，大多将注意力放在前者，而往往忽略后者，以至于反复讨论

---

① 参但植之：《晋纪瞻顾荣论〈易〉太极为周敦颐〈太极图说〉所本考》，《制言半月刊》第20期，1936年。该文提出《晋书》记载纪瞻与顾荣二人共论太极、二仪诸问题，为周敦颐《太极图》之所本。我并不赞同此一观点。

敦颐图式的道教来源，而不甚理会其反过来对道教的影响①。

本文研究所得的结论，大致可归纳为以下六点：

1. 《太极图》图形的版本依据，及其形体结构，是必须重视的。过去的研究者在撰述引录时多不注意，此一缺失宜应改正。

2. "无极""太极"之辩并不纯然是文献版本的问题，因此提出文献的证据论证《太极图》授受源流，并不表示就可以解决该图形上思想的相关问题。这也是研究《太极图》的学者必须注意的。

3. 朱熹研究《太极图》，是透过内证的方法，将图形各部分与《图说》和《通书》的内容融合、比较、分析，所得的结论最为坚实。本文重新检讨此一研究取向，亦证明其解释为有效。单单持执外缘数据进行研究的学者，实不宜跳过"分析周敦颐思想核心材料"这一步骤，而贸然推出结论。

4. 《太极图》图形源自道教内丹学，应无疑问。此从第二层"左离右坎"与第三层"五行"等两部分可证。

5. 本文归纳《太极图说》重要的观念共计十个，属于《周易》《论语》《孟子》的就有九个之多。以图与《图说》合观，可知周敦颐思想之归宗儒家，是毫无疑问的。

6. 《太极图》中许多的观念，有原本属于先秦儒学经典之概念，亦曾经过历代演变，转移为道教所汲取。这一点，过去的研究者都曾指出。此在思想史的发展过程中，为正常现象，无足深怪。周敦颐勇往直前，直接夺取道教丹术的图式，而灌注入儒家中正仁义、倡明人道的思想，建立宋代儒学形上观念，可以说是有意识地"入赵营"而"立汉帜"。这种勇敢的气魄，是值得后世研治思想史者尊敬的。

---

① 我在1987年发表的《论宋代易图之学及其后的发展》一文亦曾举后世伪托的吕岩《易图》为例，指出北宋《易》图受到之前的道教思想影响，其后又反过来影响道教的情况。吾妻重二《太極図の形成》一文中亦曾数度提及《太极图》对道教及佛教有更深远的影响。郑吉雄：《论宋代易图之学及其后的发展》，《中国文学研究》创刊号（1987年5月），第1—38页。

周敦颐《太极图》及其相关诠释问题附图

图1　《宋元学案》"太极图"

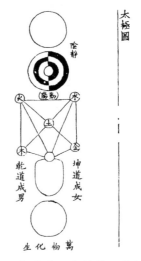

图2　朱震《汉上易传·卦图》
　　　"太极图"

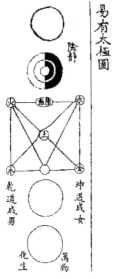

图3　杨甲撰、毛邦翰补《六经
　　　图》"易有太极图"

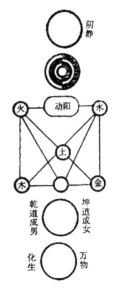

图4　卿希泰主编《中国道教
　　　史》，引张理

图5 卿希泰主编《中国道教
史》，引朱震

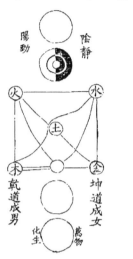

图6 张理《大易象数钩深图》
"易有太极图"

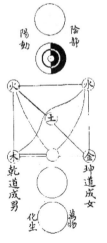

图7 张理《大易象数钩深图》
"易有太极图"

图8 毛奇龄《太极图说遗议》
"水火匡廓图"

141

图9　黄宗炎《图学辩惑》

"陈图南本图"

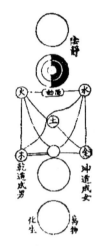

图10　张理《大易象数钩深图》

"易有太极图"

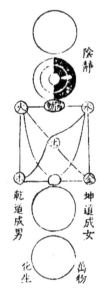

图11　吴继仕等《七经图》

"易有太极图"

图12　《周易图》"周氏

太极图"

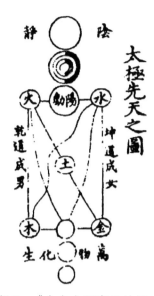

图13 《上方大洞真元妙经图》"太极先天之图"

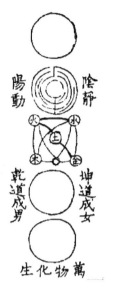

图14 熊良辅《周易本义集成》"周子太极图"

图15 孙奇逢《理学宗传》"太极图"

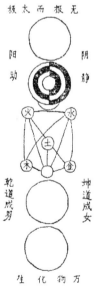

图16 赵瑞民《〈水火匡廓图〉〈三五至精图〉考辨》"周敦颐太极图"

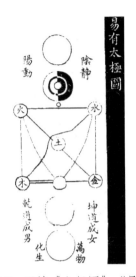

图17 王皞《六经图》"易有
太极图"

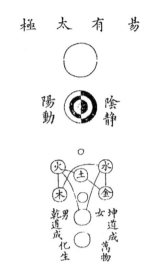

图18 杨魁植《九经图》"易
有太极"

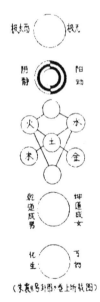

图19 陈寒鸣《周敦颐〈太极
图说〉渊源新探》"太
极图"

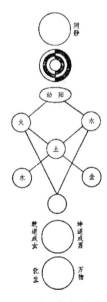

图20 张立文《宋明理学研
究》，引毛奇龄《太极
图说遗议》"太极图"

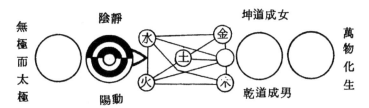

图21 吴康《周濂溪学说研究》"太极图"

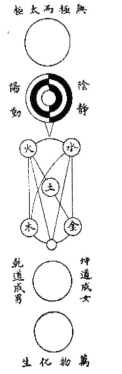

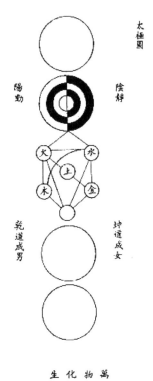

图22 冯友兰《中国哲学史》
"太极图"

图23 董俊彦《周敦颐》"太
极图"

图24 熊良辅《周易本义集
成》"周子太极图"

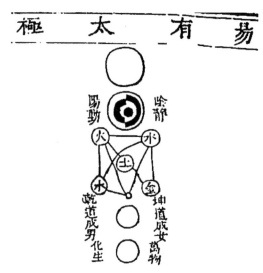

图25 江为龙等辑《朱子六经
图》"易有太极"

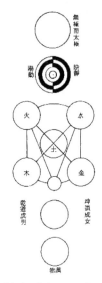

图26 仇兆鳌《参同契集注》
"太极顺生图"

图27 罗光《中国哲学思想
史》第三册"太极图"

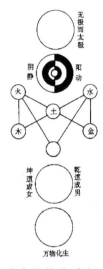

图28　陈庆坤等编《中国哲学
　　　史通》"太极图"

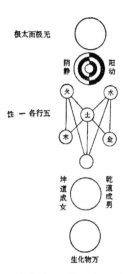

图29　侯外庐、邱汉生、张岂
　　　之《宋明理学史》，引
　　　黄宗炎所录

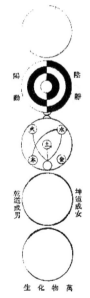

图30　杭辛斋《易楔》"周濂
　　　溪太极图"

图31　陈钟凡《两宋思想述评》，
　　　引朱震《汉上易卦图》

147

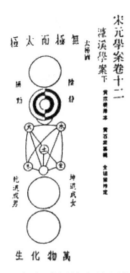

图32　李申《周易与易图》引
　　　《宋元学案》"太极图"

图33　宋刻本《元公周先生濂
　　　溪集》"太极图"

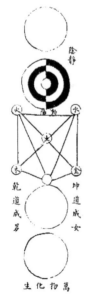

图34　朱震《汉上易传·卦图》

图35　薛侃《图书质疑》"周子
　　　太极原一图"

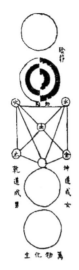

图36 李申《太极图渊源辨》，
引朱震

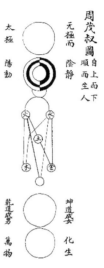

图37 黄宗炎《图学辩惑》
"周茂叔图"

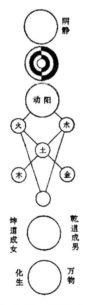

图38 侯外庐、邱汉生、张岂之
《宋明理学史》，引朱震

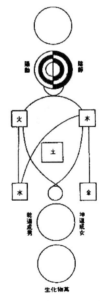

图39 张立文《宋明理学逻辑结
构的演化》，引《性理大
全》"太极图"

149

图40 《性理大全》"太极图"

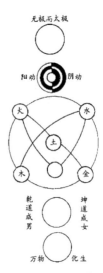

图41 石训、姚瀛艇等编著《中国宋代哲学》"太极图"

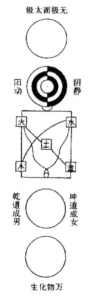

图42 朱伯崑《易学哲学史》，引周敦颐"太极图"

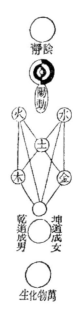

图43 张惠言《易图条辨》，引朱震

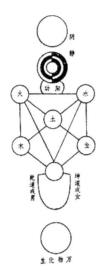

图44　张立文《宋明理学研
　　　究》，引朱震

图45　徐芹庭《易图源流》
　　　"太极图"，引朱震

图46　梁绍辉《周敦颐评传》，
　　　引朱震

图47　朱伯崑《易学哲学史》，
　　　引朱震

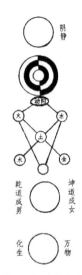

图48 李养正《〈太极图〉〈无极图〉〈太极先天图〉蕴义及源流考》，引朱震

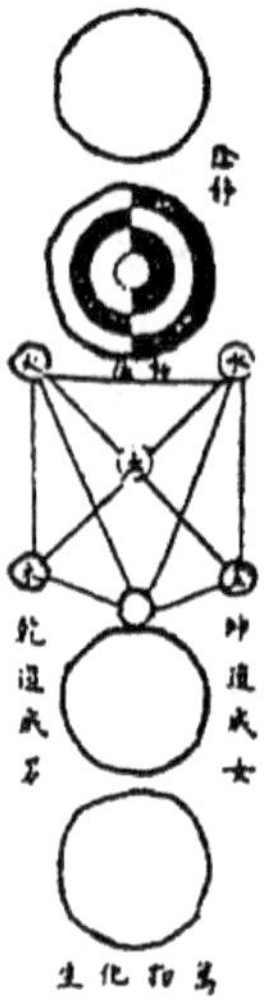

图49 林忠军《周敦颐〈太极图〉易学发微——兼与任俊华等先生商榷》，引朱震

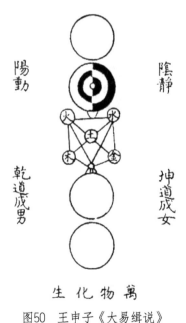

图50 王申子《大易缉说》

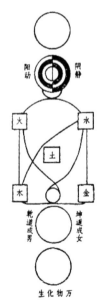

图51 张立文《宋明理学研究》另一"太极图"

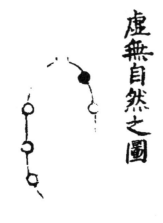

图52 《上方大洞真元妙经图》"虚无自然之图"

图53 《易数钩隐图》"太极第一"

图54 《上阳子金丹大要图》"清浊动静之图"

153

《易》儒道同源分流论

一、绪论

本文追溯殷商、西周到春秋战国近一千年的古史变迁，透过述说儒家的代表人物孔子和道家的代表人物老子的身分认同与文化认同的冲突，指出孔子礼乐思想和老子无为思想，与《归藏》和《周易》的渊源关系，揭露孔、老二人与遥远的殷商王朝的联系，以及殷末周初至春秋末年数百年间一段被隐没已久、令人荡气回肠的故事。

在阅读本文以前，建议读者先读笔者已发表的两篇论文：《从遗民到隐逸：道家思想溯源——兼论孔子的身分认同》[①]及《隐士逸民与出处进退——清儒论"隐"》[②]。二文均收入拙著《汉学论衡初集》[③]。

"五经"的撰著年代，前后不一，众说纷纭。因为其书编定，已迟至汉代，又有伪篇搀杂，加上历代战乱，传承困难。从历史文化以及文明进程考察，"五经"中应以《易》《诗》《书》为最早，皆成于西周初叶，属于朝廷典册。鲁国保存礼乐典籍最备，其余各国则难言。春秋以后，礼乐隳毁，王官学星散，而逐渐流为百家言。诸经各章，乃至于释经之"传"，辗转传抄，在战国时期已有不同的版本。近年出土简帛，有不少篇章，内容或与传本诸《经》近同，或不同但可与诸《经》互相补充。这是由于文献常常随着人类活动而变动、迁徙、传抄、增补，孳乳衍生，内容寖多。其相同的部分，保存了不因时空变迁而改变的核心价值；其相异的部分，则反映了不同时期人类思想价值的差别。由此可知，"五经"经传的发展、

---

① 郑吉雄：《从遗民到隐逸：道家思想溯源——兼论孔子的身分认同》，《东海中文学报》2010年第22期，第125—156页。

② 郑吉雄：《隐士逸民与出处进退——清儒论"隐"》，《岭南学报》2021年第1期，第239—278页。

③ 郑吉雄：《汉学论衡初集》，台北：台大出版中心，2022年。

演化，实与中国古代"思想史"①共同成长，互相支持。经典内容的发展变化，不但说明了文化、文明的演进，也反映了思想、观念的发展轨迹。反过来说，思想、观念的历史变化，也常常在经典内容中留痕。故研究经典，不能不注意思想史；反之亦然。一部中国思想史，其实就是一部中国经典诠释的历史。因此，无论是研究古代经典、思想发展、古历史文明，综合（integration）是研究所不可或缺的能力。

从方法上讲，"哲学"常站立在高于政治教化的层次思考普遍性的课题，相对而言"思想"则未必，因此"哲学"的研讨常可以孤立于"历史"之外，"思想"则不然。古代中国，"思想"的展现从来没有脱离现实历史政治。反过来说，历史政治的走向，思想观念常引领在前，而"经典"则是历史政治与思想观念得以流传至今的最重要载体。这是笔者坚持思想、历史、经典必须结合研究的原因。古代思想史的勾稽，不但需要文献考证，也需要哲学思辨，更重要的是想象力，将看似无关的材料，以及未见诸文字的抽象理念，一一联系。纵向，则刻画思想发展的源流；横向，则统整史事、哲理、经典等各方面。最终目的，是将过去偏差的研究观点摆正。

本文试将殷、周之际政治意识形态的大转变，指出《周易》的特色所在，进而论儒家、道家思想的源流，说明儒家实继承西周政治理念而符合《易》道尚刚的思想，道家则远承殷商政治理念，而将尚刚的《易》道转而强调其柔弱的政治艺术的效用。这也是过去学界未曾有人提出过的新观点。

过去研究中国哲学史及中国思想史的学者，多将孔子置于第一章，用意在于高扬理性主义与人文精神，而墨家、法家、道家等则渐次介绍。独有钱穆先生以"儒、墨"二家总领战国思潮的兴起，明显与其他学者不同。钱先生的观点，实受二十世纪初新史学思潮影响，着眼于社会学为史学基础，故特指儒家、墨家为社会

---

① 尽管《周易》六十四卦卦爻辞的系统性已足具"哲学"的要件，就整个先秦思想史而言，笔者宁可选用"history of thoughts"的观点多于"history of philosophy"，主要因为先秦思想主要以政治教化为目标，而鲜有单纯的真理之追求。

的两大行业从业者的集体观点。①笔者看法与钱先生不同，认为回归历史源流，先秦思想，实以"儒、道"为大宗，而其源流又可上溯于殷周两代迥然相异的政治意识形态。②

就儒家而言，将"孔子"定为中国思想史的起始点，镁光灯照射点就在孔子，孔子以前的一段历史，就自然而然地被排除在"思想史"的范畴以外。研究者既忽略了孔子以前，对于公元前六世纪孔子的理念与公元前十世纪周公制礼作乐意向之间的关系，自然更不会注意。孔子毕生企望振兴的礼乐，就是西周政治理念、意识形态的寄托，而西周初年的政治理念，又与殷商政治理念截然不同，其关键正在于殷、周二民族地域文化歧异所引致的制度上的差别。

本文论证《归藏》与《周易》为儒家及道家思想的远源，并不是用简单的二分法，认为《归藏》引起了道家思想，《周易》则引起了儒家思想。这样观察思想史，是轻率而粗疏的。我们要注意到，《归藏》只是一个背景，它的许多内容已被吸纳到《周易》之中；另一方面，我们今天看到的《归藏》，尽管保留了殷商时代一部分内容原貌，毕竟并不全然是原本。《归藏》固然以《坤》为首卦，《乾》为次，而有尚阴之义；《周易》固然以《乾》为首卦，《坤》次之，而有尚阳之义，但是，《周易》是《乾》中有《坤》，《坤》中有《乾》，卦爻辞实已透露了阴阳互相依存的消息。这就提醒我们，《归藏》的尚阴与《周易》的尚阳，不能机械地截然二分。

我们掌握《归藏》的材料有限，只能从片段的材料中捕捉到它的基本原理。

---

① 钱穆《先秦诸子系年》卷二第三十二条："盖儒之与墨，皆当时人物流品之一目，人生行业之一端耳。儒者初未自认其为儒，而墨者则直承其为墨，曰：人呼吾墨，吾则以为大圣夏禹之道也。故曰：非夏禹之道，不足为墨。人以墨致讥，而彼转以墨自夸焉。……故当所谓儒墨，易言之，则士与民之分也，君子与刑徒之等也。谓余不信，请熟翻之于先秦诸子之古籍。凡所记儒者之衣服饮食起居动作言论，岂不俨然一所谓士君子者之衣服饮食起居动作言论乎？至于墨，则不然。其衣服，奴隶之衣服也；饮食，奴隶之饮食也；起居动作言论，奴隶之起居动作言论也。要之，一派为模拟上层之贵族，一派为代表下层之庶民。彼自为士君子，人亦从而士君子之；彼自为刑徒奴民，人亦从而刑徒奴民之。儒墨之称，由此生也。"钱穆：《先秦诸子系年》，第93页。

② 说详郑吉雄：《从遗民到隐逸：道家思想溯源——兼论孔子的身分认同》。

后当周文王撰《周易》，始将《归藏》一部分内容融入，并加以改写。这就是笔者在《〈归藏〉平议》①一文提出"历史连续性"的视角。《周易》《坤》卦率皆周王朝训饬遗民语言，其语调与《尚书·多士》一样，重在警告殷遗民安分守己。其中采"马"为喻，又有"履霜""直方大""龙战于野"等语，均自《坤》的土地喻象的引申。《易传》在这个基础之上，多取"土地"之象，引出柔顺、自我约束、敬谨等精神。如《彖传》云："牝马地类，行地无疆""先迷失道，后顺得常"。《象传》云："地势坤""慎不害"。《文言传》云："坤道其顺乎，承天而时行""括囊、无咎无誉，盖言谨也"。凡此内容，都是《周易》经传作者，汲取了《归藏》以《坤》卦列为首卦的精神。《坤》卦取"土地"为象征，阐述自我约束、柔顺的精神，并由《易传》衍生厚德载物的思想，而与《乾》卦匹配。正因为《周易》中已包含了部分《归藏》的思想元素，《周易》成为儒、道二家思想共源之说，才能够持之有故，言之成理。

以下先论殷周历史与制度的异同，厘清历史场景，以说明殷周的制度之异，实引起数百年后战国政治理念中"复兴礼教"与"反对礼教"两种政治态度的对立，而衍生出儒家（复兴礼教）、道（批判礼教）两派之思想。平王东迁，封建失序，虽有霸业兴起以"尊王"为号召，毕竟王命不行，诸侯不臣，"王者之迹熄"，是不可抗逆的历史潮流。《春秋》止于获麟，礼崩乐坏，周室衰微。历史出路，儒、道各有所主。

春秋末叶，孔子有意复兴礼乐，为礼乐赋予新的精神与意义，但最终扭转不了礼崩乐坏的历史大势。游、夏之徒，乃至子思，承继孔子奔走卫鲁的做法，一面游

---

① 郑吉雄：《〈归藏〉平议》，《文与哲》第29期，第37—72页。

走诸国，开处士横议风气，一面以文字阐述礼乐，而有经师、儒生的分流①。这是在春秋末礼乐崩坏、王化不行的时期，儒家应对的策略。儒家学说与"礼乐"的关系至为紧密，但儒家与《易》的关系则讨论者甚少。

道家以老子为代表则不同，《史记·老子韩非列传》"居周久之，见周之衰，乃遂去"而归隐，为关令尹喜"著书上下篇，言道德之意五千余言而去"，尽管指出老子离开的原因是"见周之衰"，却没有说出动机。倘若从《老子》书中找寻线索，则老子强力批判礼乐道德价值，指出带有进取性的文化、文明终将衰败。尽管天地之间，盛衰往复，治乱循环，无可避免，老子仍深信用"无为"的精神来经营个人，能有助于调养身心；用"无为"的精神来管治国家，更能免除战争引起的不幸。

《周易》阴阳哲学尚阳主刚的精神，成为孔子及儒家的思想资源；而老子则同时汲取《归藏》尚阴的思想以及《周易》变化循环的哲学，为礼崩乐坏的春秋末叶以及走上衰败的周室指出一条未来的道路。

孔子是殷人之后，人所共知，他对《周易》的娴熟，已至于将《易》的语言化为日常用语，而原已深植周朝礼乐的阴阳哲学，也继续深入渗透到儒家礼教学说中。老子生平似谜，与殷商是否有血缘虽未能知悉，但在思想上，殷民族重母统的

---

① 章太炎《诸子学略说》："虽然，有商订历史之孔子，则删定六经是也。有从事教育之孔子，则《论语》《孝经》是也。由前之道，其流为经师；由后之道，其流为儒家。"雄按：太炎后裒辑《章氏丛书》，刊落此文，并在《与柳翼谋书》（翼谋，柳诒征字）中自悔《诸子学略说》有"诋孔"的言论，叹"前声已放，驷不及舌。"章太炎《诸子学略说》于光绪三十二年（1906）刊《国粹学报》第8、9号，收入傅杰编校：《章太炎学术史论集》，昆明：云南人民出版社，2008年，第216—234页。《与柳翼谋书》撰于1922年，原载《史地学报》第1卷第4期，收入马勇编：《章太炎书信集》，石家庄：河北人民出版社，2003年，第741页。读者亦可参严寿澂：《章太炎国学观略论》，《饶宗颐国学院院刊》2018年第5期，第373—402页。雄按：章太炎自悔诋孔，固然是事实，但他并没有否定《诸子学略说》的论据，说明了他自悔的只是态度，未必自承持论谬误。而且就孔子"删定六经"而流为经师，"从事教育"而流为儒家的论点而言，实属不刊之论，从《宋元学案》《汉书》考察孔子以后儒门的分流，《儒林传》《六艺略》的传经之儒，与《诸子略》的说理论政之儒，确然二途。

传统反映于《归藏》立纯阴的《坤》为首，这一点灵根，明显成为老子思想的活水源头。老子也将《周易》尚阳的阴阳哲学，转化为尚阴的阴阳哲学，建构宏大的政治教化的方略。原来先秦两大思想家都可溯源于殷商，和《归藏》《周易》都脱离不了关系！

二、殷周递嬗：文化与理念的巨变

《易》的撰著，可以溯至夏代，故《周礼》有"三易"传承之说，证明夏、商、周三代，朝代更迭，《易》理亦每有变革。夏代距今甚远，夏民族活动地域，一般认为在河南西北与山西南部一带为主①，具体区域至今虽有争议，但至少确定河南二里头文化为夏文化，二里岗文化则是商文化，是考古学家共同承认的②。据王国维《殷周制度论》考证，夏、殷二民族活动之地域，上承黄帝、唐、虞，俱在东土，颇为相近。③据李济（1896—1979）的研究，殷商文明是综合了东夷、西夏和原商三种文化传统。他说：

> 夏开青铜器及青铜铸造的先河。……第二个文化地区位于东部沿海一带，以黑陶民族为代表，亦即历史上的东夷，早期的文献中称之为"蹲居的蛮族"（Squatting Barbarians）。……但是无论是历史方法或是考古学的方法，都不能证实商朝的祖先具有上述的两种传统。商朝的创始者可能很早就采用了跪坐的习惯。……商朝的祖先首先征服了东夷，吸取了他们的某些艺术传统，也教

---

① 邹衡即指二里头（今河南省洛阳市偃师区）文化为夏文化遗址。说详邹衡：《试论夏文化》，《夏商周考古学论文集》，北京：文物出版社，1980年，第103—104页。考古学家略无异辞。

② 参张国硕：《商文化阶段划分探索》，中国社会科学院考古研究所编：《殷墟与商文化：殷墟科学发掘80周年纪念文集》，北京：科学出版社，2011年，第214—215页。

③ 王国维："夏自太康以后，以迄后桀，其都邑及他地名之见于经典者，率在东土，与商人错处河济间，盖数百岁。"详王国维：《殷周制度论》，《观堂集林》卷10，北京：中华书局，1999年，第451—452页。

给他们一些战争新技术，则为相当确定的史实，当然他们只能在商人的领导下作战。商人挟此新练之兵，西指克夏，又吸收了一部分他们认为有价值的夏文化。所以商朝的文明，综合了东夷、西夏和原商三种文化传统。①

参以《论语》所记孔子"三代损益"之说，此说或可证明殷商文明部分承继夏朝文明的史实②。殷商立国，既吸收夏文化并及于东夷文化，从安阳小屯出土文化及相关经典载籍记载，殷人精于铸造青铜器为武器及礼器，爱好大规模的狩猎活动，其文化武功之力量及于长江南岸③。殷商经济文化高度发展，而王室衰败，与沉湎于酒色逸乐有关④。关于殷商之制度，王国维《殷周制度论》论之最详，且有创辟之功。简而言之，周民族自西而来，与夏、殷大异。⑤如夏、殷二朝为一文化系统，

---

① 李济：《商朝装饰艺术的诸种背景》（"Diverse Background of the Decorative Art of the Shang Dynasty"），《中国文明的开始》，《安阳》附录，石家庄：河北教育出版社，2000年，第480—481页。

② 钱穆《国史大纲》第一编第一章"中原华夏文化之发祥"说："古史已难详论，然夏商两代就文化大体言之似是一系相承，并无甚显著之不同，则夏商殆我汉民族之两支，而非两民族也。"参钱穆：《国史大纲》（修订本），香港：商务印书馆复刻八十年纪念版，2020年，第12页。但钱先生第19页旋亦据汉人"夏尚忠，商尚鬼，周尚文"论夏周民族皆是尚力行的民族，而商人尚鬼，则近于宗教玄想，与夏周两族之崇重实际者迥异。

③ 从安阳出土之龟甲来自南方可知。参李济：《中国文明的开始》，《安阳》附录，第495页。

④ 《尚书·微子》："我祖底遂陈于上；我用沈酗于酒，用乱败厥德于下。"又："父师若曰：'王子！天毒降灾荒殷邦，方兴沈酗于酒。'"孔安国传，孔颖达疏：《尚书正义》卷10，《十三经注疏整理本》，第310、312页。本书引《尚书》皆据此本，不另出注。

⑤ 王国维《殷周制度论》："商有天下，不常厥邑，而前后五迁，不出邦畿千里之内。故自五帝以来，政治文物所自出之都邑，皆在东方。惟周独崛起西土。武王克纣之后，立武庚，置三监而去，未能抚有东土也。"《观堂集林》卷10，第452页。

周人崛起于西方，则属另一系统。①故《殷周制度论》说：

> 以地理言之，则虞夏商皆居东土，周独崛起于西方，故夏、商二代文化略
> 同。《洪范》九畴，帝之所以锡禹者，而箕子传之矣。夏之季世，若胤甲、若
> 孔甲、若履癸，始以日为名，而殷人承之矣。文化既尔，政治亦然。

又说：

> 周之克殷，灭国五十。又其遗民，或迁之雒邑，或分之鲁、卫诸国。而殷
> 人所伐，不过韦、顾、昆吾，且豕韦之后，仍为商伯。昆吾虽亡，而己姓之国仍
> 存于商周之世。《书·多士》曰"夏迪简在王庭，有服在百僚"，当属事实。故
> 夏、殷间政治与文物之变革，不似殷、周间之剧烈矣。殷、周间之大变革，自其
> 表言之，不过一姓一家之兴亡与都邑之移转；自其里言之，则旧制度废而新制度
> 兴，旧文化废而新文化兴。又自其表言之，则古圣人之所以取天下及所以守之
> 者，若无以异于后世之帝王；而自其里言之，则其制度文物与其立制之本意，乃

---

① 据占史史料，殷人姓"子"。《史记》引《诗传》："汤之先为契，……契生而
贤，尧立为司徒，姓之曰子氏。子者兹；兹，益大也。"周人姓"姬"，《史记·周本纪》：
"帝舜曰：'弃，黎民始饥，尔后稷播时百谷。'封弃于邰，号曰后稷，别姓姬氏。""姬"
姓与黄帝有关联，《国语·晋语四》："昔少典娶于有蟜氏，生黄帝、炎帝。黄帝以姬
水成，炎帝以姜水成。成而异德，故黄帝为姬，炎帝为姜，二帝用师以相济也，异德之故也。"上
海师范学院古籍整理组校点：《国语》卷10《晋语四》，上海：上海古籍出版社，1978年，
第356页。张光直则不完全赞成王国维的观点，说："从物质遗迹上看来，三代的文化是相近
的：纵然不是同一民族，至少是同一类的民族。再从本文所讨论的都制来看，三代的政府形式
和统治力量的来源也是相似的。全世界古代许多地方有青铜时代，但只有中国三代的青铜器在
沟通天地上，在支持政治力量上有这种独特的形式。全世界古代文明中，政治、宗教和美术都
是分不开的，但只有在中国三代的文明中这三者的结合是透过青铜器与动物纹样美术的力量
的。从这个角度来看，三代都是有独特性的中国古代文明的组成部分，其间的差异，在文化、
民族的区分上的重要性是次要的。"张光直：《夏商周三代都制与三代文化异同》，《中国青
铜时代（第二集）》，台北：联经出版事业公司，1994年，第40页。

出于万世治安之大计。其心术与规摹，迥非后世帝王所能梦见也。[①]

其实武王灭纣，亦坦然承认自身是西方小国，遽尔取代东方大国为中原共主，《尚书》所谓"天休于宁王，兴我小邦周"[②]，"改厥元子兹大国殷之命"皆反映周人心理上仍在调适。王氏追溯周民族与夏、殷二朝地理与历史上的差异，而深探周人治天下的宏图，并且将关注点放在制度之上：

> 欲观周之所以定天下，必自其制度始矣。周人制度之大异于商者，一曰立子立嫡之制，由是而生宗法及丧服之制，并由是而有封建子弟之制、君天子臣诸侯之制。二曰庙数之制。三曰同姓不婚之制。此数者，皆周之所以纲纪天下，其旨则在纳上下于道德，而合天子诸侯卿大夫士庶民，以成一道德之团体。周公制作之本意，实在于此。此非穿凿附会之言也。兹篇所论，皆有事实为之根据。[③]

这里有四点值得注意：

其一，殷、周二代制度之所以截然相异，既有其地理活动背景之异，亦存在文化上巨大差别。考察周人奄有中土、开邦建制的立国宏图，必不能忽视殷、周二朝政治与制度的差异性，而必须用一种镜像式的视角，对照殷、周二朝，捕捉周人立国设计与殷商不同之处。

其二，如王国维所说，周人礼乐制度，实存在深远的宏图，立制之本意，乃出于万世治安之大计，因此具有特殊的心术与规模。其实，周人所谓"天命靡常"（《诗·大雅·文王》）所倡议的变动的天命观，是属于政治意识形态的转型正义，试图以此一新意识形态灌输治下的臣民，使其接受新王朝的统治。而此种强调变动的精神，恰与《周易》主变哲学一致。

其三，殷、周二朝对待诸侯国政策截然不同。相对于周人系统性的封建子弟

---

① 王国维：《殷周制度论》，《观堂集林》卷10，第452—453页。

② 《尚书·大诰》称"小邦周"，《尚书·顾命》称"大邦殷"，均反映周民族自视为小邦，视殷商为大邦。

③ 王国维：《殷周制度论》，《观堂集林》卷10，第453—454页。

之制，殷商对诸侯国即有征伐亦不灭国，周人则"戡国九十有九"①，而"灭国五十"②。从文献考察，殷商民族已有"天"的意识，如《尚书·汤誓》"有夏多罪，天命殛之"，《仲虺之诰》"奉若天命""永保天命"，《盘庚上》"恪谨天命"等等，与周民族相似，但殷商则始有祭"帝"的礼制。但在细节上，如周人以"日"称"月"——称周正之"一月"为"一之日""二月"为"二之日""三月"为"三之日"等等（见《诗·豳风·七月》），不从殷商甲骨"𝄡"字兼有"月"之形象与历法意义的引申（"𝄡"的圆缺一周期为29.53日，为阴历月之长度），反映了周人尚阳思想③。

其四，相对于周人，殷民族更重视女性的地位。除了众所周知武丁之妻、统兵出征的"妇好"④可以为证外，从殷商"兄终弟及"的制度，亦可窥见迹象。王国维《殷周制度论》指出周人"嫡庶之制"出于"传子之制"，而"传子之制"是为救"兄终弟及"之制而生。"兄终弟及"即《春秋》襄公三十一年所说：

> 太子死，有母弟则立之，无则立长，年钧择贤，义钧则卜。

---

① 据《逸周书·世俘》："戡国九十有九，馘魔亿有十万七千七百七十有九，俘人三亿万有二百三十，凡服国六百五十有二。""戡"义为怨、恶。"戡国"，翟灏释为"不顺服之国"；顾颉刚释为"讨伐所恶之国"。黄怀信、张懋镕、田旭东：《逸周书汇校集注（修订本）》卷4，上海：上海古籍出版社，2011年，第435页。

② 《孟子·万章下》赵岐注语。见赵岐注，孙奭疏：《孟子注疏》卷10下，李学勤主编：《十三经注疏整理本》，第329页。

③ 说详拙著：《释"天"》，第63—99页。又基德炜（David Keightley，"The Late Shang State: When, Where and What?" in his In the Origins of Chinese Civilization, Berkeley: University of California Press, 1983）认为商人没有直接祭"帝"，周人则直接祭"天"。而江雨德《国之大事：商代晚期中的礼制改良》（《殷墟与商文化：殷墟科学发掘80周年纪念文集》，第272页）则认为殷墟晚期铭文"四祀邲其卣铭文拓本"暗示了帝乙帝辛时期商王已经直接祭"帝"。按：此可证尊天、祭天是周民族有异于殷商之处。

④ 妇好墓即殷墟五号墓。妇好生前屡主祭天及祭先祖，领兵征伐，卜辞有大量记载，如"辛巳卜贞登妇好三千登旅万呼伐方"（合39902）、"贞王勿乎妇好往伐土方"（《库方》237），尊贵可见一斑。自妇好墓出土后，关于其事迹研究甚多，可参朱歧祥：《花东妇好传》，《东海中文学报》2007年第19期，第1—12页。

王氏又说：

> 兄弟之亲，本不如父子；而兄之尊，又不如父。故兄弟间常不免有争位之事，特如传弟既尽之后，则嗣立者当为兄之子欤？弟之子欤？以理论言之，自当立兄之子；以事实言之，则所立者往往为弟之子。此商人所以有中丁以后九世之乱，而周人传子之制，正为救此弊而设也。[①]

王氏注意到周人用"传子"革去"弟及"目的在于"救弊"，却没有解释这样存在明显弊端的制度，何以被殷商采用，绵延数百年而不替。诚如王氏所说：

> 自成汤至于帝辛，三十帝中，以弟继兄者凡十四帝。其中以子继父者，亦非兄之子，而多为弟之子。[②]

---

① 王国维：《殷周制度论》，《观堂集林》卷10，第456—457页。李济指出，在《殷周制度论》中，王国维"提出的理论是周朝的建立者在两方面完成了伟大的政治革命与社会革命。其一是长子继位制的确立和兄终弟及制的废除，这消除了家族纠纷的根源之一。……其二是婴儿随母亲的身份不同，即为第一个妻子所生还是妾所生，社会地位也不同。这种社会分层导致家庭结构进一步变化。"李济：《安阳》，第240页。

② 王国维：《殷周制度论》，《观堂集林》卷10，第454—455页。雄按：钱穆《国史大纲》批评王国维之说，亦不同意"谓商代方在一母系中心的氏族社会"的说法："此据商代帝王兄终弟及之制度推论，然此最多可谓此种制度渊源于此种社会，不能便谓仍是此种社会也。且商代三十一帝十七世，直按传子者亦十二三，几占半数。春秋时吴通上国，其王位继承亦仍是兄终弟及，岂得谓其亦为母系中心时代？"钱穆：《国史大纲》，第20页。钱先生是据《史记》与王国维《殷卜辞中所见先公先王考》注意到"兄终弟及"制并非殷商十七世的普遍现象。陈寅恪亦注意到这一点，认为殷商后期已开始实行长子继位的制度。李济进一步指出，康丁为商朝第二十六位王，之后的四任继位者武乙、太丁、帝乙、帝辛，都是父子继承制。（陈寅恪的口述意见为李济追述，详李济：《安阳》，第241页。）但若从民族演进的通常现象看，从"兄终弟及"到"父子继承"虽未必因殷周鼎革而发生跳跃式变革，但自母系社会而产生兄终弟及之制度，再经由逐步发展，而演变至父子继承之制，自有各种人为因素，有以致之。

关键可能就在王氏所说"兄弟之亲，本不如父子"云云，是一种父系社会的思维，并不能解释母系社会。要知道母系社会形成，原不复杂。因男女交媾受孕，怀胎的是女性而非男性，一旦婚姻不稳，或男性因狩猎、战争而亡，婴儿必然追随母亲成长。与其说"母系社会"是一种人为的社会制度，倒不如说它是人类社会自然发展的产物（现代东西方社会单亲家庭，母亲独力抚养儿女事例常较多，亦近于此一现象）。而在这种情形下，父子之亲，不如兄弟，恐怕反而是社会常态。正如吕思勉（1884—1957）说：

> 女系社会，恒兄弟相及。盖兄弟为一家人，父子非一家人也。[①]

这也许解释了"兄终弟及"制度的形成，同时也透露了殷商社会中女性地位重要的背景。这种背景，单从殷周社会习俗考察，固然不难找到蛛丝马迹，例如《尚书·牧誓》记武王伐纣作誓，历数纣王罪名，第一条即揭橥性别议题：

> 古人有言曰："牝鸡无晨；牝鸡之晨，惟家之索。"今商王受惟妇言是用……

武王出征作誓，旨在向上天历数商朝天子的罪名，而第一条罪名竟然是以"牝鸡无晨"的理由指责"商王受惟妇言是用"，可谓出人意表。但如果考虑殷商民族风俗上与母系社会的密切关系，以及《归藏》尚阴的角度观察，又完全是怡然理顺。下逮战国，综观诸子百家之中，唯独《老子》思想尚阴：

> 谷神不死，是谓玄牝。玄牝之门，是谓天地根。

---

① 吕思勉：《吕思勉读史札记（增订本）》"殷兄弟相及"条，上海：上海古籍出版社，2005年，第116页。

"牝"原专指雌性动物①（与"牡"字为相对，或合为一词"牡牝"②），甲骨文或从牛作"𤘗"③，或从羊作"𦍋"④。《老子》第五十五章亦言"牝牡"，指雌雄两性交合⑤；但与"玄"字结合为一新词"玄牝"，显然已脱离具体生物事象，转变为哲理性的抽象概念，意即抽绎"牝"字普遍性之意义，包括天地间一切属于雌性之事物，即第六十一章所谓"天下之牝"：

> 大国者下流，天下之交，天下之牝。牝常以静胜牡，以静为下。⑥

这样突显"雌性"意义的宣示，在尚阳的周朝礼乐时代（尽管春秋已降，礼已渐崩乐已渐坏，礼乐伦常仍为价值系统主流），不但异常特殊，且更显出其与殷商尊尚母系的关系。要知道母亲哺育儿女，原有承载、养育的精神，而常与土地连结。从

---

① 雄按：古今学者解"玄牝"都十分迂回，避免直言生殖器。故王弼《老子注》称之为"无形无影"的"至物"，《朱子语类》称为"牝只是木孔受枘能受的物事。玄牝者，至妙之牝，不是那一样的牝"。俞正燮说："牝者，古人以为溪谷，所谓虚牝者，如今言空洞。"以上皆见《列子·天瑞》杨伯峻《集释》引。参杨伯峻：《列子集释》，北京：中华书局，1979年，第4页。高明："牝为母性之生殖器官，玄牝是用以形容道生天地万物而无形无迹，故谓其微妙幽深也。苏辙云：'谓之谷神，言其德也；谓之玄牝，言其功也。牝生万物而谓之玄焉，言其生之，而不见其所以生也。玄牝之门，言万物自是出也；天地根，言天地自是生也。'其说似也贴切。"高明：《帛书老子校注》，北京：中华书局，1998年，第248—249页。

② 如"……卜，贞：……生于高妣……牝牡"（戬23.10）。

③ 戬23.10，合34079。

④ 前5.43.6，合11198。

⑤ 第五十五章"未知牝牡之合而全作，精之至也"，帛书本作"未知牝牡之合而朘怒，精之至也"，郭店甲本作"未智牝戊之合而怒，精之至也"。廖名春、刘钊等均释"怒"为雄性生殖器的勃起，认为此句指男婴未知牝牡交合，生殖器有时亦勃起，是精气充盈极致的表征。参彭裕商、吴毅强：《郭店楚简老子集释》，成都：巴蜀书社，2011年，第337页。

⑥ 河上公《注》"谦德"第六十一云："牝者，阴类也。……女所以能屈男，阴胜阳，以安静不先求之也。阴道以安静为谦下。"《老子四种》，第76页。

比较文化的角度看，希腊神话中的大地之母盖娅（Gaia，即罗马神话中的Tellus）或掌管农作收成的德弥达（Demeter）均属这类意象。这是因为大地接受阳光雨露滋润，得以繁育万物，与女性受孕而养育儿女，其事相同。殷人尚母统，《归藏》立《坤》为首卦，精神意向，即在于此。因此殷商民族统理万国的方略，较诸周人行封建制度，更具有厚德载物的包容性。

首先，殷商有诸侯，亦有封国之制①，自中央由内至外②，诸侯与天子之间，尚有迎入、将币、助祭、赐命、飨宴等朝觐礼仪③，天子可赐弓矢斧钺以命诸侯④，亦有赐土地的做法⑤，关键在于，殷商尚未有周民族武装殖民式的封建制度，而封建制度，在于收天下归于一姓⑥。换言之，殷商仍然是处于一种共主的状态，亦即由各诸侯国尊奉殷商以为天子，并不以血统为专利，分封子姓于各地，像周王朝那样分封姬姓子弟于各地而形成辐辏式护卫王畿的框架。换言之，殷商效法的是大地繁育万物，让生物欣欣向荣的精神，正如《诗·商颂·玄鸟》：

---

① 董作宾：《五等爵在殷商》，原刊《国立中央研究院历史语言研究所集刊》第6本（1936年8月），收入《董作宾先生全集甲编》第3册，第885—902页。并参胡厚宣：《殷代封建制度论》，《甲骨学商史论丛初集》第1册，成都：齐鲁大学国学研究所，1944年；李雪山：《商代分封制度研究》，北京：中国社会科学出版社，2004年。

② 徐义华："在商人初建的国家内，基本可以分为四种地区，一是商人传统势力区，居住的是商人的本部族人员和已同化部族；二是与商人联盟区，居住的是较早与商人建立友好关系的部族；三是归服商人的地区，迫于商人压力归顺的部族；四是商人的征服区，主要是夏人统治的中心地区。"徐义华：《商代分封制的产生与发展》，中国社会科学院考古研究所编：《殷墟与商文化：殷墟科学发掘80周年纪念文集》，第261页。

③ 郭旭东：《甲骨文中所见的商代朝觐礼仪》，《殷墟与商文化：殷墟科学发掘80周年纪念文集》，第444—452页。

④ 《史记·殷本纪》记"纣乃赦西伯，……赐弓矢斧钺，使得征伐，为西伯"。

⑤ 《太平御览》引《竹书纪年》："武乙即位，居殷。三十四年，周王季历来朝，武乙赐地三十里，玉十瑴，马八匹。"李昉等奉敕编：《太平御览》卷83《皇王部·殷·帝武乙》，北京：中华书局，1960年，第521页。

⑥ 虽然《诗·商颂·殷武》称高宗武丁"命于下国，封建厥福"，但此处之"封建"是普通用语。毛《传》："封，大也。"郑《笺》："大立其福。"参毛亨传，郑玄笺，孔颖达疏：《毛诗正义》卷20之4，第1723—1724页。

邦畿千里，维民所止，肇域彼四海。四海来假，来假祁祁，景员维河。殷
受命咸宜，百禄是何。

及至文王始著《周易》，吸取《归藏》内容，将原本充满浪漫神话的色彩，变而
为尚德、主变的政治教诲。关键可能是钱穆先生指出殷周民族性—浪漫—务实的
不同：

> 汉人传说夏尚忠，商尚鬼，周尚文，此论三代文化特点，虽属想象之说，
> 然以古人言古史，毕竟有几分依据。大抵尚忠尚文，全是就政治社会实际事务
> 方面言之，所谓忠信为质，而文之以礼乐。周人之文，只就夏人之忠上加上一
> 些礼乐文饰，……其实西方两民族皆是一种尚力行的民族，其风格精神颇相近
> 似。商人尚鬼，则近于宗教玄思，与夏周两族之崇重实际者迥异。故《虞书》
> 言禹为司空治水，弃后稷司稼穑，而契为司徒主教化。禹稷皆象征一种刻苦笃
> 实力行的人物，而商人之祖先独务于教育者，仍见其为东方平原一个文化优美
> 耽于理想的民族之事业也。①

钱先生观察入微，不但解释了《归藏》浪漫迥异于《周易》的特色，也说明了孔
子作为殷人的苗裔推行宗教仪轨教育的文化渊源。就主体精神而言，《周易》立
《乾》为首，以"九六"为爻题而主变，与殷易《归藏》大相径庭，符合周民族的
立国精神。就修养观点而言，《周易》中《革》《乾》《观》《谦》等卦的爻辞内
容，说明自我革新的精神②。《周易》也是周王朝教育士大夫的教材，从自然与人
文结合之原理，论士君子自治治人之道；论卜筮之理，必以修德为本，其后影响了

---

① 钱穆：《国史大纲》，第19页。

② 参郑吉雄：《〈易经〉身体语言义理的开展——兼论〈易〉为士大夫之学》，安平
秋主编：《中国典籍与文化论丛》第12辑，北京：北京大学出版社，2009年，第4—23页；
又收入郑吉雄：《周易玄义诠解》，台北："中央研究院"中国文哲研究所，2012年，第
99—137页。

儒家思想①。历来学者以《周易》重卦、卦辞系于文王。《易》虽未有明文证据证明为文王所亲撰，但《系辞传》说：

> 《易》之兴也，其于中古乎？作《易》者其有忧患乎？
>
> 《易》之兴也，其当殷之末世、周之盛德邪？当文王与纣之事邪？

司马迁（前145—？）说：

> 西伯盖即位五十年，其囚羑里，盖益《易》之八卦为六十四卦。
>
> 昔西伯拘羑里，演《周易》。
>
> 盖西伯拘而演《周易》。②

则将作《周易》卦爻辞之人系于文王，不但有明文确据③，亦可反映其于殷周鼎革时期的忧患思想。《周易》主变之思想，既与周民族主革新之思想相符合（所谓"周虽旧邦，其命维新"），故具有以下两种特征：

其一，强调天人合一之理：即认为自然规律与人生行为相对应，故占筮之中即有义理，义理架构不离占筮，宗教精神与人文精神迭合。

其二，寄托周室政治精神：作《易》者立《乾》《坤》为门户后，即以《屯》《蒙》《需》《讼》《师》《比》一一居次，从人类群体生命源起，宣扬生命积极

---

① 关于《周易》卜筮义理一体之论，过去朱熹曾说："《易》所以难读者，盖《易》本是卜筮之书，今却要就卜筮中推出讲学之道，故成两节工夫。"黄沛荣认为："《周易》之占筮性质固可断言，然卦爻结构中亦蕴含丰富义理。换言之，此二种性质原即并存，不需有先后之演化关系。"详黄沛荣：《〈易经〉形式结构中所蕴涵之义理》，《汉学研究》2001年6月第19卷第1期，第1—22页，该文主要从卦序结构所反映的天道观、社会观与人生观立论。

② 分见《史记·周本纪》《史记·太史公自序》，及《汉书·司马迁传》所载《报任少卿书》。

③ 论者或不信《系辞》《史记》《汉书》等，实则依考据的方法，除非有出土文献提出反证，否则后世学者没有理由不去相信经史文献的证据。

奋斗之精神，渐次论及君臣父子群体伦理之义，以及君子困塞穷通之道。气魄极恢宏，反映一种开国建侯的气象。这是我们读《易》所不可不体会的精神。体现于政治方略，从地域上讲，周人第一次封建，势力尚未及于太行山以东；自周公东征，定三监之乱后，实施第二次封建，伯禽封于鲁，太公望之子丁公封于齐，地域已越殷商而东达海滨；康叔封于卫（太行山以东河北一带，约当盘庚"将治亳殷"①的殷地），唐叔封于夏墟立晋国。封建制度将尚阳、主刚的精神转化为侵略性，受封者主要为三类身分。据《史记·周本纪》，第一是远古圣王后裔：

> 武王……乃罢兵西归，行狩，记政事，作《武成》。封诸侯，班赐宗彝……乃褒封神农之后于焦，黄帝之后于祝，帝尧之后于蓟，帝舜之后于陈，大禹之后于杞。

其次是功臣谋士：

> 于是封功臣谋士，而师尚父为首封，封尚父于营丘，曰齐。

第三是同姓子弟：

> 封弟周公旦于曲阜，曰鲁。封召公奭于燕。封弟叔鲜于管，弟叔度于蔡。余各以次受封。

第一批受封者有政治宣示作用，目的在于安抚不同部族；封功臣谋士则是报酬；封同姓子弟最多，实是本于天下为一姓的观念，分封同一血缘至亲，进行钱穆先生所称的"武装殖民"：

---

① 《尚书·盘庚上》："盘庚五迁，将治亳殷。"《正义》引《汲冢古文》："盘庚自奄迁于殷"，"奄"即鲁，"殷"即河南安阳殷墟。孔安国传，孔颖达疏：《尚书正义》卷9，第265页。

　　西周的封建，乃是一种侵略性的武装移民，与军事占领，与后世统一政府只以封建制为一种政区与政权之分割者绝然不同。因此在封建制度的后面，需要一种不断的武力贯彻。[①]

辅之以礼乐教化，以"纳上下于道德，而合天子诸侯卿大夫士庶民，以成一道德之团体"（王国维语）。封建的武装殖民既具有高度侵略性，可谓彻底改变了殷商对于万国，即征伐亦不消灭，符合大地养育万物的精神。我们更应该注意，周民族崇尚勤劳、积极、有为的生活态度，与《易》主刚、尚阳、主变精神颇一致。回归《诗》《书》，天命转移、天命无常，或天命维新的观念处处可见，如强调"新命"[②]"作新民"[③]，《诗·大雅·文王》有"文王在上，於昭于天。周虽旧邦，其命维新"[④]"侯服于周，天命靡常"[⑤]"殷之未丧师，克配上帝。宜鉴于殷，骏命不易"[⑥]等语，毛《传》郑《笺》均将此"天命"专指文王受命于天，而天命不易的准则。同时，经典亦谆谆强调德行，深信上天将惩罚淫佚的君主而将天命赋予勤劳的有德者，如《多士》"有夏不适逸，则惟帝降格。……凡四方小大邦丧，罔非有辞于罚"一段，以及《毋逸》"呜呼！我闻曰昔在殷王中宗，……肆祖甲之享国，三十有三年"一段，尤再三致意于夏、殷二代兴衰之故，取决于帝王的勤劳抑或懒惰。至于主变，如上文所述，是强调天命靡常，常于有德者。在殷周之际的历史背景中，小而强悍之周民族以武功建立崭新的秩序，正赖其强调天命无常的精神，以及"不敢荒宁"（《尚书·毋逸》）的自省自砺精神。

---

① 钱穆：《国史大纲》第一编第三章"封建帝国之创兴"，第28页。

② 《尚书·金縢》："予小子新命于三王。"

③ 《尚书·康诰》："亦惟助王宅天命，作新民。"

④ 毛《传》："乃新在文王也。"郑《笺》："至文王而受命。言新者，美之也。"毛亨传，郑玄笺，孔颖达疏：《毛诗正义》卷16之1，第1121页。

⑤ 毛《传》："则见天命之无常也。"郑《笺》："无常者，善则就之，恶则去之。"毛亨传，郑玄笺，孔颖达疏：《毛诗正义》卷16之1，第1127页。

⑥ 毛《传》："骏，大也。"郑《笺》："宜以殷王贤愚为镜。天之大命，不可改易。"毛亨传，郑玄笺，孔颖达疏：《毛诗正义》卷16之1，第1130页。

三、老子其人其书综述

关于老子其人与《老子》其书的讨论，近一世纪以来争论不休，而迄无定论。据《史记》，老子姓李，名耳，或名聃，楚国苦县（今河南鹿邑县）人，周王室史官，孔子曾向他问礼。其后见周衰，西行而莫知其所终。老子是道家思想的创始者，著《道德经》。《史记·老子韩非列传》：

> 老子者，楚苦县厉乡曲仁里人也，姓李氏名耳，字聃，周守藏室之史也。……或曰：老莱子亦楚人也，著书十五篇，言道家之用，与孔子同时云。盖老子百有六十余岁，或言二百余岁，以其修道而养寿也。自孔子死之后百二十九年[①]，而史记周太史儋见秦献公，曰："始秦与周合，合五百岁而离，离七十岁而霸王者出焉。"或曰儋即老子，或曰非也，世莫知其然否。老子，隐君子也。……世之学老子者则绌儒学，儒学亦绌老子。"道不同不相为谋"，岂谓是邪？李耳无为自化，清静自正。

周太史儋见秦献公事，并见《周本纪》，在周烈王二年（前374）。历史上关于老子传述，虽有异辞，但已足以说明其为道家学说之代表性人物，又兼为隐士逸民——当然也标志了"道家"与"隐逸"两类人物特殊密切的关系。老子年代最难确定。《论语·述而》："子曰：述而不作，信而好古，窃比我于老彭。"如据何晏（196—249）《集解》引包咸、邢昺《疏》所述，"老彭"或为"殷贤大夫"[②]，或即庄子所谓"彭祖"[③]，或为殷商守藏史篯铿，在周为柱下史。王弼则释"老聃，彭祖"，而聃为周守藏室之史。《史记·老子韩非列传》记"孔子适

---

① 雄按：即周显王十八年（前351）。

② 何晏注，邢昺疏：《论语注疏》卷7，李学勤主编：《十三经注疏整理本》，第93页。又，本书引《论语》皆据此本，不另出注。

③ 《庄子·逍遥游》："而彭祖乃今以久特闻。"葛洪《神仙传》："彭祖者，姓篯讳铿，帝颛顼之玄孙也，殷末已七百六十七岁。"《神仙传》卷1，北京：中华书局，1991年，第5页。又《史记·楚世家》："彭祖氏，殷之时尝为侯伯，殷之末世灭彭祖氏。"

周，将问礼于老子"，《礼记》亦有类似的记载①。如能成立，则老子与孔子年代相若而略早。《史记》所记周太史儋见秦献公事，据《周本纪》在周烈王二年（前374），上距孔子逝世（周敬王四十一年，前479）已百余年，似不甚可能。故司马迁称"或曰儋即老子，或曰非也"，亦属存疑之意②。

《史记》所考的三位老子，唯一有较确实史迹可考的是周太史儋。儋见秦献公事，如据《周本纪》在周烈王二年。汪中（1745—1794）《老子考异》提出五证，认为太史儋即系《老子》书的作者③，钱穆先生《先秦诸子系年》力主汪中之说，并有所补充论辩④。司马迁称"或曰儋即老子，或曰非也"，系存疑之意。但汪中所辨，仅辨太史儋年世，又考儋即系西行出关、离开中原之老子，但始终未能确证《老子》一书即出自儋之手。先秦诸子书籍，多出后人纂辑；即使其人亲撰，亦多经弟子整理。倘太史儋即系著《道德经》五千言的老子，则《老子》必晚至战国末年始成书。事实上先秦典籍既记孔子问学或问礼于老子，钱先生虽未相信，亦未能

---

① 《礼记·曾子问》："孔子曰：'……吾闻诸老聃曰：天子崩，国君薨，则祝取群庙之主而藏诸祖庙，礼也。'"又："孔子曰：'昔者吾从老聃助葬于巷党，及堩，日有食之。'"又："孔子曰：'吾闻诸老聃曰：昔者史佚有子而死，下殇也。墓远，召公谓之曰："何以不棺敛于宫中？"史佚曰："吾敢乎哉？"召公言于周公，周公曰："岂不可？"史佚行之。下殇用棺衣棺，自史佚始也。'"诸子书中，如《庄子·天地》《天道》《天运》等篇皆记孔子见老子事。《吕氏春秋·当染》有"孔子学于老子"之语。

② 并参唐兰：《老聃的姓名和时代考》，罗根泽编著：《古史辨》第4册，第344—345页。又素痴：《〈老子〉的年代问题》，罗根泽编著：《古史辨》第4册，第415页。李学勤：《申论〈老子〉的年代》，《道家文化研究》第6辑，上海：上海古籍出版社，1995年，第72—79页。

③ 参汪中：《老子考异》，《新编汪中集》文辑第四辑，田汉云点校，扬州：广陵书社，2005年，第407页。

④ 说详钱穆：《先秦诸子系年》"老子杂辨"条，第202—226页。

否认二人相见之事①，则按种种材料推断，孔子往见问礼的老子，应如唐兰、李零考证②，确有其人。老子的年代，仍应订与孔子时代相同而略早，且二子确有相见之事。事实上孔子生前，老子思想已有所传播。《老子》：

> 大小多少，报怨以德。

《论语·宪问》：

> 或曰："以德报怨，何如？"子曰："何以报德？以直报怨，以德报德。"

萧公权（1897—1981）据以为孔子之语近于老子守辱不争之旨，并进而推论道家思想与儒家思想的相互影响的问题③。陈鼓应、李学勤都认为《论语》所记孔子的话是在反驳老子。李学勤进一步检讨了孔子及其后儒家文献中批评《老子》"报怨

---

① 即钱先生亦认为孔、老曾相遇，采《庄子·山木》"孔子围于陈蔡之间，七日不火食。太公任往吊之，为言不死之道"一节，而考论"任"即"担"或"儋"，太公任即"儋"，认为"盖孔子所见之老子，其始为南方一隐君子，渐变而为北方之王官，一也。孔子之见老聃，其先为草野之偶值，渐变而为请于国君，以车马赴夫天子之朝，而北面正弟子之礼，以执经而问道，二也。"说详钱穆，《先秦诸子系年》"老子杂辨"条，第209页。

② 唐兰《老聃的姓名和时代考》文中有四点总结，"甲"点为"老聃比孔子长，孔子曾学于老聃，……可以相信为真确的事实了"，第344—345页。李零引《大戴礼记·卫将军文子》《孟子·万章》等文献，认为"老莱子不但是楚人（见第六条），不但是孔子问教的对象（第一至三条），而且其舌齿之譬（第三、五两条）也正合老聃贵柔之说（第五条易孔子为子思，恐是误传）"。参李零：《郭店楚简校读记》（增订本），北京：中国人民大学出版社，2007年，第256—258页。

③ 萧公权又说："而《中庸》记孔子对子路问强，有'宽柔以教，不报无道，南方之强'与'衽金革，死而不厌，北方之强'相对举，似当时南方风气，固已与老学相合。"参萧公权：《中国政治思想史》，台北：中国文化大学出版部，1980年，第37页。

以德"的话。①孔子在世时，《老子》书应尚未行世（说详下）。如本文推论"老子"所代表之隐逸思想源出殷商遗民之说能够成立，则是否"报怨"、或如何"报怨"，有可能是改朝换代之际，遗民对于征服者（即新政权）的复杂态度之一，其事可上溯至于殷末周初。事实上，拒绝接受武王伐纣一事的伯夷、叔齐，孔子亦曾两度评论过二人是否有"怨"②，则老子与遗民之间，亦有关系。前引何晏《集解》及邢昺《疏》所述老子是殷贤大夫"老彭"，可能正因隐逸之老子，思想上与殷遗民存在某种关系，而被视为同一人。这样看，老子部分学说的确可以上溯至殷周之际、刀锯之余的遗民隐士的思想，其学说久已流传。《宪问》篇"或曰"的问者，所用"以德报怨"四字，虽未必直接引自《老子》一书，但应该也是和《老子》语典，同出老子所传述。从《论语》所记孔子论伯夷、叔齐是否有"怨"来看，"报怨以德"或"以德报怨"也许是广泛地在遗民的内心中挣扎的问题。

关于老子的身分，不但和隐逸有关，也和史官有关。从史料上看，老子除了"古之隐君子"的隐逸身分外，还有"史官"的身分。《史记·老子韩非列传》称老子为"周守藏室之史"。《索隐》称："藏室史，周藏书室之史也。又《张仓传》：'老子为柱下史。'盖即藏室之柱下，因以为官名。"又记老子可能为见秦献公的周太史儋，则老子为"太史"。班固《汉书·艺文志》认为道家是"出于史官"，其说法的依据即在于此。王国维《释史》称上古官名多从"史"出，"史"持笔掌书筴、其职专以藏书读书作书为事，又称"作册"，"尹氏""卿士""御

---

① 详参李学勤：《申论〈老子〉的年代》，第78—79页。

② 伯夷、叔齐反对武王革命，不仕新朝，不食周粟，饿死于首阳山。《论语·述而》记冉有问子贡孔子是否会"为卫君"，子贡往问孔子之事："曰：'伯夷、叔齐何人也？'曰：'古之贤人也。'曰：'怨乎？'曰：'求仁而得仁，又何怨？'出，曰：'夫子不为也。'"雄按：孔子评伯夷、叔齐不仕新朝为"求仁得仁"故无怨，以此意告诉子贡，子贡据此而推知孔子之志节。由此可逆知孔子及其弟子的观念中，"怨"之与否，与政治的得失，深有关系。又《论语·公冶长》记孔子评论伯夷、叔齐："伯夷、叔齐，不念旧恶，怨是用希。"亦用有"怨"与否，来形容不接受新政权者的心情，可参《庄子·天运》："怨、恩、取、与、谏、教、生、杀，八者，正之器也，唯循大变无所湮者，为能用之。"

史""御事"诸名均与之有关①，则老子与周初的"史佚"，可能为同一类身分的掌管典籍的智者。杨伯峻（1909—1992）《春秋左传注》僖公十五年注：

> 史佚即《尚书·洛诰》之"作册逸"，逸、佚古通。《晋语》"文王访于莘、尹"，《注》谓尹即尹佚。《逸周书·世俘解》："武王降自东，乃俾史佚繇书。"《淮南子·道应训》云："成王问政于尹佚。"则尹佚历周文、武、成三代。《左传》引史佚之言者五次，成公四年《传》又引《史佚之志》，则史佚之言恐当时人均据《史佚之志》也。《汉书·艺文志》有《尹佚》，《注》云："周臣，在成、康时也。"此史佚为人名。②

春秋时期士大夫广泛称引史佚的格言。这些格言的性质和《老子》颇为类似，只不过前者多具体的人事经验，而后者多抽象的天道理论。

唯先秦被名为"老子"的隐逸之流，可以肯定，绝非只有孔子问礼的那一位，由"老莱子""老聃""太史儋"等数人都被称为"老子"，可见"老子"在先秦时期，早已成为标示某一种思想、具有某一种形象的士大夫的代称。如将此等士大夫视为士阶层的一种流品，那么属于这一个流品的士大夫，又具有一共同特点，即与殷周以来源远流长的史官有关，其潜隐称"老子"而不显姓名，与史官之流的"尹佚"之名"佚"，"作册逸"之名"逸"，其事相同。此一辈史官职掌可上溯至于殷商时代，职务是作书、藏书、读书，主持祝祷祭祀，而皆在辅助天子，不以功自表见。甚至在周武王灭纣后筴祝祭祀时称"殷之末孙季纣，殄废先王明德……③"的"尹佚"，亦未审是殷商遗臣抑或西周史官。这一辈可上溯

---

① 王氏认为"其长谓之'尹氏'，'尹'字从又持丨，象笔形"。参王国维：《释史》，《观堂集林》卷6，第271—272页。

② 杨伯峻考证颇有道理，详杨伯峻：《春秋左传注》，北京：中华书局，1981年，第359—360页。又如《史记·周本纪》："尹佚筴祝曰：'殷之末孙季纣，殄废先王明德，侮蔑神祇不祀，昏暴商邑百姓，其章显闻于天皇上帝。'"

③ 《史记·周本纪》记武王伐纣后"修社及商纣宫……尹佚筴祝曰：'殷之末孙季纣，殄废先王明德，侮蔑神祇不祀，昏暴商邑百姓，其章显闻于天皇上帝。'"推估尹佚在殷朝有相当地位，故受武王之命，读筴书祝文祭社。

至殷商时期，掌管史册的大夫，虽有"老子"之称，实则等同于无名，故被称为"佚""逸"，竟也成为另一种无名的隐逸。班固《汉书·诸子略》称"道家者流，盖出于史官"，其文字背后的含义，值得注意。隐逸如老子，反对推崇礼乐制度的儒家，立场非常鲜明。又墨家亦属先秦反儒极为激烈的学派，《汉书·艺文志》将《史佚书》列在"墨家"①，未悉是否与此有关。从《老子》看其思想，与殷商渊源颇深（详下文），亲睹殷商灭亡、周人定鼎的剧变，于是传述殷人思想，同时检讨周人施政方略。从公元前十一世纪至公元前五世纪大约六百年间，史佚、老子一派的思想已成为思想界主流之一②，至于战国初期，由某一位传述这一主流思想的代表人物写定《老子》五千言。换言之，无论说《老子》成书于一人之手，抑或说其成书于众手，都有其可以成立的理由。总之，综合考察这一批饱看朝代递嬗、盛衰兴亡的隐士逸民的历史智慧，在思想上与儒家大相径庭，在政治立场上，与儒家所推崇的周朝礼乐大异其趣，几乎是理所当然的。

《老子》思想源流，也与老子其人一样悠远。战国中期重要思想家孟子未提及

---

① 马国翰《玉函山房辑佚书》卷72"墨家"："《史佚书》一卷，周太史尹佚撰。按：《书·洛诰》'逸祝册'，孔安国、蔡沈《传》并云：'逸，史佚也。'陈师凯曰：'古字通作逸。'《春秋左氏传》僖十五年杜预注：'史佚，周武王时太史名佚。'襄十四年《正义》：'《晋语》称文王访于辛、尹，贾逵以为辛甲、尹佚。'《汉书·艺文志·墨六家·尹佚二篇》注云：'周臣，在成、康时也。'其书隋、唐皆不著录，散亡已久。惟《左传》《国语》引其言；又《淮南子》引成王问政一节，《说苑》亦引之；又《逸周书》《史记》载佚策祝，皆其佚文，并据辑录。《大戴礼记·保傅篇》云：'承者，承天子之遗忘者也，常立于后，是史佚也，与周公为道，大公为充，召公为弼，同列而总谓之四圣。'则史佚固圣人之流亚也，其对成王问政云：'使之以时而敬顺之，忠而爱之，布令信而不食言。'又云：'善之，则畜也，不善，则雠也。'与《论语》道千乘之国章、《孟子》君之视臣章，意旨复合，而《春秋》内外传所引诸语，亦皆格言大训，不知《班志》何以入其书于墨家之首，意或以墨家者流出于清庙之守，佚为周太史，故探源而定之与？今仍依《班志》，观者勿以墨翟兼爱之流弊，并疑此书也。"马国翰：《玉函山房辑佚书》，《续修四库全书》第1204册，上海：上海古籍出版社，2002年，第332页。

② 今本《老子》一书，有政治的思想，及养生的思想，如《老子》"弱其志，强其骨"和《素问·上古天真论》，"今时之人不然也，以酒为浆，以妄为常，醉以入房，以欲竭其精，以耗散其真"所论相表里。参《补注黄帝内经素问》，北京：中华书局，1991年，第26页。

过老子，但孟子也没有提及过庄周。因此孟子与老庄的关系，并没有什么值得讨论之处。我们看庄子书中颇有申论孔子，而不及子思、孟子，可见老子、庄子之隐，确曾让"好辩"的孟子也忽略了他们。法家申不害（约前385—前337）、慎到、商鞅（约前390—前338）三位代表性人物中，申不害年代最早，《史记·老子韩非列传》记"申子之学本于黄老而主刑名，著书二篇，号曰《申子》"。《史记集解》引《新序》：

> 申子之书言人主当执术无刑，因循以督责臣下，其责深刻，故号曰"术"。[1]

申不害活跃于公元前400年后，当子思逝世以后，而主张"执术无刑"，故《老子韩非列传》"太史公曰"称申子、韩非等学者"皆原道德之意，而老子深远矣"。如《北堂书钞》卷一四九录《申子》佚文：

> 天道无私，是以恒正。天道常正，是以清明。[2]

同书卷一五七录《申子》佚文：

> 地道不作，是以常静。常静是以正方。举事为之，乃有恒常之静者，符信受令必行也。[3]

另一篇佚文又说：

> 窜端匿疏，示天下无为。[4]

---

[1] 司马迁：《史记》卷63，第2146页。

[2] 虞世南撰：《北堂书钞》卷149，台北：文海出版社，1962年，第329页。

[3] 虞世南撰：《北堂书钞》卷157，第377页。

[4] 魏徵撰：《群书治要》卷36，台北：台湾商务印书馆，1965年，第483页。《东塾读书记》引此句，下注曰："日本《佚存丛书》评云：'疏，疑迹'。"参陈澧：《东塾读书记》卷12，台北：台湾商务印书馆，1997年，第206页。

是《申子》论天道地道，有"清明""常静""示天下无为"等学说，与《老子》主旨完全符合。论者或以为，申子属法家，法家学说，在诸子中最重视政治功利实效，其立论竟推本"天道""地道""无为"，难以置信。事实上，先秦思想家无不重视现实政治，亦无不推本宇宙天道，儒、法、道、阴阳等几无一例外。韩非《解老》《喻老》，即属此意。文王居羑里演《周易》①，为翦商、兴周的大工程，先奠定宇宙天道的理论基础，亦为一明显例子。②

关于《老子》成书的年代晚于老子其人的年代，自不待言。其书的编定，与其人的传说，当可分别而观。《老子》在战国中期显然已有稳定的文本。郭店楚简所属墓葬年代约在公元前300年，庄子、荀子均曾论及老子学说（假定《天下》篇为庄子自著）③；《史记》称齐人田骈与慎到、环渊"皆学黄老道德之术"。《老子》简抄写的年代，裘锡圭称"不会晚于公元前300年左右"④。王博"也许在此以前已经出现了一个几乎是五千余字的《老子》传本。郭店《老子》的甲组与乙组、丙组只是依照不同主题或需要，从中选辑的结果"⑤的推论很大胆，但"几乎"一词含糊得很，不能确知其意指。但可以设想的是，郭店楚简随葬之时，老子学说已相当风行——尽管尚未有完全稳定的文本。《论语》编纂，成书于孔子弟子的弟子，其中"罕言性与天道"，抽象观念运用显然较少。儒家自孔伋（子思）始提出充满抽象的

---

① 据《系辞传》，《周易》撰写于殷周之际。

② 文王翦商之事业，始于古公亶父（周太王）。详后文。

③ 此事亦涉及荀子生年的争议。按：《史记》称荀子"年五十，始来游学于齐"，刘向《说苑》作"年十五"，应劭《风俗通·穷通》作"齐威宣之时，孙卿有秀才，年十五，始来游学"，与《说苑》一致。清儒全祖望《鲒埼亭集》、孙志祖《读书脞录》，近代学者如胡元仪《郇卿别传》、江瑔《读子卮言》、钱穆《先秦诸子系年》、陈大齐《荀子学说》、龙宇纯《荀子论集》，均有所讨论。

④ 裘锡圭：《郭店〈老子〉简初探》，《裘锡圭学术文集》第2册，上海：复旦大学出版社，2012年，第284页。他又说："我们根据郭店《老子》简也可以断定，至晚在战国中期，已经有《老子》'五千言'在社会上流传了。"同书，第286页。

⑤ 王博：《郭店〈老子〉为什么有三组？》，1998年5月达慕思大学"郭店《老子》国际研讨会"发言稿，转引自裘锡圭：《郭店〈老子〉简初探》，《裘锡圭学术文集》第2册，第284页。

"天""命""性""情""中"等哲学概念的《中庸》，用以重新诠释西周礼乐与儒家学说。《老子》书的抽象观念极多，"天下万物生于有，有生于无"，这种综括"天下万物"的"有"字，属于极抽象之哲学概念。上文已讨论的"玄牝"一词就更是显例。《老子》对"有""无"等抽象观念运用娴熟，似不下于子思。从另一思路设想，《周易》撰著之初，卦名已多含有抽象意涵，如《复》《泰》《否》《睽》等等均是。下逮春秋末叶，至"孔子适周，将问礼于老子"（假定确有其事）之时，知识界早已进入能纯熟运用抽象观念的年代，只是"性与天道，不可得而闻"的孔子比较不喜欢演绎抽象观念而已。但话说回来，《老子》书多押韵文句，形式略似《诗经》，与战国诸子书如《孟子》《庄子》相异，我们有理由推测，《老子》文本的写定，亦必经历一段长时期，故有古经典的元素，又有较晚出成熟的词汇观念。故综合而言，《老子》文本的形成，历经口耳相传，有可能始于公元前400年前，而写定则必在公元前350年前，且章次大致稳定①。近年多种简帛《老子》出土，包括帛书《老子》、郭店楚简《老子》、北大简本《老子》等等，不一而足，字形、内容颇不相同，研究者可以解释为文本"尚未稳定"的现象，但也可以解释为文本"已经稳定"的证据，因传抄至各地，抄手不同，难以避免地产生了歧异。

四、老子对《易》理的新诠："道"与"无不为"

殷商多沿用母系社会习惯，已如上述。殷《归藏》亦以《坤》卦为首。②《礼记·礼运》载孔子说：

> 我欲观夏道，是故之杞，而不足征也，吾得《夏时》焉。我欲观殷道，是故之宋，而不足征也，吾得《坤乾》焉。《坤乾》之义，《夏时》之等，吾以是观之。

---

① 如学者所知，郭店简本、韩非子《解老》《喻老》、王弼本的章次，相同而密合的部分颇不少，唯马王堆帛书《老子》德经在先而道经在后，与帛书《周易》卦序有别于传本，情况相同。

② 《周礼·太卜》"掌三易之法"下贾公彦《疏》："《归藏易》以纯《坤》为首。"郑玄注，贾公彦疏：《周礼注疏》卷24，第749页。

据郑玄《注》,《夏时》和《坤乾》分别是记录夏朝、殷商之礼的重要典册,《夏小正》和《归藏》正是这两部书的遗留①。孔颖达随顺郑玄的解读,依据文意转折,认为这段话和下文"夫礼之初,始诸饮食"一大段涉及"礼"之源起的文字是连接的,意指《夏时》与《坤乾》关乎一代朝典礼仪②。而"殷易以《坤》为首,故先《坤》后《乾》"③,显然是《归藏》(也就是《坤乾》之书有存者)与《周易》的不同处,首在以《坤》为首而不是以《乾》为首。故李过《西溪易说》,以至洪颐煊(1765—1837)、马国翰(1794—1857)所辑《归藏》,以《坤》为首卦,次列《乾》卦,与《周易》《乾》卦为首《坤》卦为次相反,是最显著的不同。推测其用意,与《归藏》名义喻指万物归藏于大地,颇为一致。干宝《周礼注》及皇甫谧(215—282)所说,《连山》以《艮》卦为首④,与《归藏》以《坤》为首,体系上或有不同,但关于《连山》的形式,因缺乏出土文献以为资

① 《礼记·礼运》"吾得夏时焉"句郑玄《注》:"得夏四时之书也。其书存者有《小正》。""吾得坤乾焉"句郑玄《注》:"得殷阴阳之书也。其书存者有《归藏》。"郑玄注,孔颖达疏:《礼记正义》卷21,第776页。雄按:《夏小正》收录于《大戴礼记》,其书记述由正月至十二月,每月节候草木虫鱼、农业祭祀活动的变化,其学说仍不离古代部族政教生活,而归本于自然。它的内容形式与《归藏》又截然不同。参王聘珍《大戴礼记解诂》卷2,北京:中华书局,1983年,第24—47页。

② 孔颖达《疏》:"'而不足征'者,征,成也。谓杞君闇弱,不堪足与成其夏礼。然因往适杞,而得夏家四时之书焉。夏礼既不可成,我又欲观殷道可成与不,是故适宋,亦以宋君闇弱,不堪足与成其礼,吾得殷之《坤乾》之书,谓得殷家阴阳之书也。其殷之《坤乾》之书,并夏四时之书,吾以二书观之,知上代以来,至于今世,时代运转,礼之变通。即下云'夫礼之初'以下是也。"郑玄注,孔颖达疏:《礼记正义》卷21,第776页。

③ 并参前注引孔颖达《疏》。

④ 马国翰《玉函山房辑佚书》所辑《连山》,录《说卦传》"帝出乎震,齐乎巽,相见乎离,致役乎坤,说言乎兑,战乎乾,劳乎坎,成言乎艮"后说:"干宝《周礼注》引云:'此连山之《易》也。'罗泌《路史》发挥,亦云。"引自《连山》,《无求备斋易经集成》第185册,第8页。又引皇甫谧曰:"夏人因炎帝曰《连山》。《连山易》,其卦以纯《艮》为首。艮为山,山上山下,是名《连山》,云气出内于山。夏以十三月为正,人统,艮渐正月,故以《艮》为首。"(同书,第14页)《连山》晚出,不详其说,文献真伪亦难以论述,据马国翰所辑,历代诸家议论亦不同,本文暂置不论。

证，无法细论。自来学者论《易》，皆以《乾》《坤》为《易》的门户①。殷民族政治理念体现于《归藏》/《坤乾》立《坤》为首卦的理论，以"七八"不变之爻占，用兄终弟及制，均反映其政治意识形态保守稳定的一面，故孔子谓得《坤乾》可以观"殷道"，也就是观察殷商的政治方针与意识形态之大方向。《归藏》名义，郑玄《周礼·春官·太卜》《注》称"名曰《连山》，似山出内气变也。《归藏》者，万物莫不归而藏于其中"。贾公彦《疏》：

> "名曰《连山》，似山出内气也"者，此《连山易》，其卦以纯《艮》为首。《艮》为山，山上山下，是名连山，云气出内于山，故名《易》为《连山》。"《归藏》者，万物莫不归而藏于其中"者，此《归藏易》，以纯《坤》为首。坤为地，故万物莫不归而藏于中，故名为《归藏》也。②

历代学者释《归藏》以《坤》为首，或本《说卦传》"坤以藏之"之言，以大地形象解释，以符合万物归藏于地之意。近代持《归藏》与殷商有关而尚阴之说的学者，以金景芳、吕绍纲最著名。金景芳的高第廖名春即指出：

> 孔子说可用《坤乾》之义观殷道，可见它能反映出殷代的意识形态和政治制度。这主要表现在《坤乾》的卦序上。《坤乾》以坤为首，反映了"殷道亲亲"的历史特点，表现在继承制上，就是强调血缘关系，重母统，传弟，有着较强的氏族社会的残余。③

---

① 《系辞传》："乾坤其易之门邪？乾，阳物也；坤，阴物也。阴阳合德，而刚柔有体，以体天地之撰，以通神明之德。"孔颖达《正义》："《文言》者，是夫子第七翼也。以乾、坤其《易》之门户邪，其余诸卦及爻，皆从乾、坤而出，义理深奥，故特作《文言》以开释之。"王弼注，孔颖达疏：《周易正义》卷1，第14页。关于《乾》《坤》作为《易》之门户的喻象意义，说详郑吉雄：《论乾坤之德与"一致而百虑"》，《清华学报》2002年6月第32卷第1期，第145—166页。

② 郑玄注，贾公彦疏：《周礼注疏》卷24，第749页。

③ 详萧元主编，廖名春副主编：《周易大辞典》"归藏"条，北京：中国工人出版社，1991年，第155页。

廖名春将《坤乾》与《周易》联系到两代的制度之异同，笔者认为是一个正确的方向，表示《易》是统治者在国家政治事务上体认天道与人事关系的典册，标识了朝代的政治方针。至于殷商"重母统，传弟，有着较强的氏族社会的残余"，笔者始终认为：母系社会较近乎自然而然，因怀胎产子的是女性，儿女随母亲生活也属势所必至，反而是以嫡长子为继位者的男性社会属于故意的设计。汉儒已经指出《坤乾》一书以七八不变之爻为占的原则与《周易》以九六变爻为占的原则大相径庭，其实也反映了殷《易》以"地"之喻象为首，与周代《易》以"天"之喻象为首，有基本不同；说明殷代政治倾向保守、周代政治强调变革的异趋。

从"殷道"到"周道"，中国"王道"①发生了重大的转变，而分别被老子和孔子继承，形成了道、儒两派思想，总结了殷周两代政治教化理念，也开启了中国后世两个主要宗教与文化的流派。

关于孔子和老子的思想资源，似与殷商脱离不了关系。孔子是殷人之后，却追慕周公制礼作乐，是人所共知。而老子思想尚柔，显然亦受殷商《归藏》（一名《坤乾》）启迪。自周灭殷后，《归藏》随着殷王朝覆灭而星散，《周易》取而代之成为阴阳哲学的新正朔。《周易》的阴阳哲学，遂对孔子、老子产生深远的影响。孔子及儒家礼乐特重阴阳之义（详下文）而尊尚阳刚、有为，老子则成为《易传》诠释系统以外，最伟大的阴阳哲学新诠者，尊尚阴柔、无为。

首先，《周易》卦爻辞强调天道循环，其专门术语为"初、终"。及至《十翼》，则将此二语变为"终始"，或《彖传》之"终则有始"，或《系辞传》之"原始反终"。老子亦强调天道循环，第二十五章：

> 有物混成，先天地生。寂兮寥兮，独立而不改，周行而不殆，可以为天下母。吾不知其名，字之曰道，强为之名曰大。大曰逝，逝曰远，远曰反。

"周行不殆"即"终则有始"之义；"大曰逝，逝曰远，远曰反"即六十四卦以《未济》告终之义。故老子哲学，首重动态变化，而首揭橥"道"，而指向其抽象性质为"自然"。"道"的界定，可得而言者三：

---

① 此处"王道"即《尚书·洪范》"无偏无党，王道荡荡；无党无偏，王道平平；无反无侧，王道正直"之义。

1. "无名天地之始"：鉴于"名实相副"，"无名"亦即"无实"①。凡"有实"皆"有名"，皆为两两相对；"无实"则"绝对"（与物无对）而非"相对"。唯绝对，故"无名"。

2. 正因"道"非实存，故能兼摄正反、阴阳、有无等一切相对的实存，而此种"非实存"也是"无"的一种体现。注意：老子语汇中的"无"有两个层次，一属与"有"相对之"无"，层次较低；另一属"有无"之上恒常无名无实、以"无为而无不为"的方式让"万物并作"之"无"，其层次较高。"道"本质上的"无"属于后者。

3. "道"的无名、无实、非实存，促使天地万物无为而无不为，就其本体而言则"字之曰'道'"。"道"只是假名（"字之曰道"）。就其作用而言，则称为"自然"②。

---

① 凡读《老子》，必须灵活地从正、反两面解读其文本。自司马光、王安石读为"无，名天地之始"，近代学者梁启超、高亨、陈鼓应等均从之，而不知其误。详刘笑敢：《老子古今：五种对勘与析评引论》第一章，北京：中国社会科学出版社，2006年，第93页。司马光等人皆因未能通解老子讲"无名"亦即"无实"，"有名"亦即"有实"的含义。关于"名"及先秦名学问题，详参拙著：《名、字与概念范畴》，《杭州师范大学学报（社会科学版）》2017年第4期，第13—28页；又收入本书第六篇。

② 唐高祖武德八年（625）赴国子学，召集百官及三教学者，宣布三教位序，以道教居首，儒教次之，佛教最后，并令道士李仲卿宣讲《老子》。时僧慧乘与李仲卿相辩难。此事见于唐释道宣《集古今佛道论衡》卷丙及法琳《辩正论》。兹摘录《集古今佛道论衡》其中一段文字曰："'（慧乘）先问道（士）云：'先生广立道宗，高迈宇宙，向释《道德》云：上卷明道，下卷明德。未知此道更有大此道者？为更无大于道者？'答曰：'天上天下，唯道至极最大，更无大于道者。'难曰：'道是至极最大，更无大于道者，亦可道是至极之法，更无法于道者？'答曰：'道是至极之法，更无法于道。'难曰：'老《经》自云："人法地，地法天，天法道，道法自然。"何意自违本宗，乃云"更无法于道者'？若道是至极之法，遂更有法于道者。何意道法最大，不得更有大于道者？'答曰：'道只是自然，自然即是道。所以更无别法法于道者。'难曰：'道法自然，自然即是道，亦得自然还法道不？'答曰：'道法自然，自然不法道。'难曰：'道法自然，自然不法道，亦可道法自然，自然不即道。'答曰：'道法自然，自然即是道，所以不相法。'难曰：'道法自然，自然即是道，亦可地法于天，天即是地。然地法于天，天不即地。故知道法自然，自然不即道。若自然即是道，天应即是地。''参道宣撰，刘林魁校注：《集古今佛道论衡校注》卷丙，北京：中华书局，2018年，第179页。

此一特殊的"道"观念一经确立，施用于观察万物，即能窥见世间事物正、反两面阴阳互摄、似是而非（反之亦然）的本质。故第2章：

> 天下皆知美之为美，斯恶已。皆知善之为善，斯不善已。故有无相生，难易相成，长短相较，高下相倾，音声相和，前后相随。

此段语序前后调换作"有无相生，难易相成，长短相较，高下相倾，音声相和，前后相随。故天下皆知美之为美，斯恶已。皆知善之为善，斯不善已"，亦无不可。"道"以下的世界，万物皆名实相副："有无相生，难易相成……""名"为两两相对，"实"亦两两相对。老子见世人徒看事理的表层，不明白天地之间阴阳相摄的作用。在有形有名世界，相生并存，只是表象，表象之上，尚有一个绝对的无名无实的"道"作为根源、主宰。世人因不悟此理，遂终致陷身于单一价值的泥淖，不能自拔。人类一旦弄清楚"无名"之"道"以下"有无相生，难易相成……"只是表象，就能明了"天下皆知美之为美"原来并不美，"皆知善之为善"原来并不善[①]。有此一悟，即能从美善的执着中解脱，明白圣人何以要"无为"：

> 是以圣人处无为之事，行不言之教；万物作焉而不辞，生而不有。为而不恃，功成而弗居。夫唯弗居，是以不去。[②]

读通了第一、二章，即基本掌握老子思路："无为"作为一种治世、治身的方法，没有"道恒无名"的宇宙观作为基础，是不行的。

---

① 《老子》第十三章"宠辱若惊，贵大患若身。何谓宠辱若惊？宠为下，得之若惊，失之若惊，是谓宠辱若惊。何谓贵大患若身？吾所以有大患者，为吾有身，及吾无身，吾有何患？"其意正相同。世人皆喜"宠"而恶"辱"，不悟"宠、辱"皆枝末表象，皆宜避之唯恐不及。但"宠、辱"不能免，则临"宠辱／大患"（用刘钊说，"大患"即指"宠辱"而言，详彭裕商、吴毅强：《郭店楚简老子集释》，第423页）之时，宜视之无异如己身。世人皆知贵身，至人则视身如无，既无身，则亦无大患。此章论旨，亦意在强化"宠辱若惊"的论点。

② 刘笑敢：《老子古今：五种对勘与析评引论》，第101页。

在再一步讨论前，我们又必须厘清"无为"与"无不为"的关系。第三十七章：

> 道常无为而无不为。[①]

第四十八章：

> 为学日益，为道日损。损之又损，以至于无为。无为而无不为。[②]

刘笑敢承认"无为而无不为"是老子"无为"理论的一个重要命题，但令人意外地，他将重点放在为老子并非阴谋论而辩护：

> 所谓无为，字面上看是全称否定，实际上所否定的只是通常的、常规的行为和行为方式，特别是会造成冲突，必须付出巨大代价而效果又不好的行为。

---

① 刘笑敢：《老子古今：五种对勘与析评引论》，第383—389页。雄按：关于第三十七章"道常无为而无不为"，帛书甲、乙本均作"道恒无名"。严遵《道德真经指归》"而无不为"作"而无以为"，道藏本《谷神子》同。刘殿爵与高明都讨论了"无以为"与"无不为"的关系，说详高明：《帛书老子校注》，第55—56页。而高明也指出帛书甲、乙本十一处皆言"无为"而无一处言"无不为"，今本则不然。帛书甲、乙本"上德无为而无以为也"。王弼《注》"道常无为而无不为"："顺自然也。万物无不由为以治以成之也。"高明引陶鸿庆、波多野太郎，认为下句当作"万物无不由之以始以成也"，进而推论"王本经文原同帛书甲、乙本作'道恒无名'"，故谓："通过帛书甲、乙本之全面校勘，得知老子原本只讲'无为'，或曰'无为而无以为'，从未讲过'无为而无不为'"。他认为《庄子》外篇、《韩非子》《吕览》等书始出现"无不为"的思想，所以认为"'无为而无不为'的思想不出于《老子》，它是战国末年出现的一种新的观念，可以说是对老子'无为'思想的改造。"高明：《帛书老子校注》，第423—425页。至于郭店甲本《老子》则作"道恒无为也"，诸家皆认为"而无不为"数字是后人所加。说详彭裕商、吴毅强：《郭店楚简老子集释》，第152—155页。

② 刘笑敢：《老子古今：五种对勘与析评引论》，第480—485页。

这种否定同时肯定了另一种"为",即不同方式的"为",可以减少冲突并能达到更高效果的"为"。也就是以"无事""取天下",以"不争"而"善胜",以"不为"而"成",概括言之,即"无为而无不为"。"无为"是方法、原则,"无不为"是效果、目的。……老子要"生"而"不有","为"而"不恃","长"而"不宰","功成"而"不处",又要"为"而"不争","功成"而"身退"。

于是刘笑敢将"无为而无不为"解释为"辅":

> 从今天看,"辅"也是一种"为",但是,从《老子》原文来看就不算。圣人辅助万物正常发展、自然发展,万物兴盛,百姓自在,那不就是虽无为而无所不为了吗?①

刘先生之解,存在三个问题:第一,"辅"字是从《太一生水》中借用,却不能单纯用现代汉语之义释为今语"辅助",而应该回到该篇"反辅""相辅"两词语的文义——"反辅"是"太一"的专用语,只出现两次——"水反辅太一""天反辅太一"。由于"太一"是促成"水"在天地间运行的力量,而非"水"本身(太一藏于水)。它和"道"一样,既无名,亦无实。但作为唯一、超然、不具有相对性的主宰力量,人类必须借由有形的"水"和可见的"天",来感知"太一"的存在——"水反辅太一"就是密云不雨,"天反辅太一"就是普降甘霖②。至于"相辅"一词,则专指名实并存的世间万物:天地、神明、阴阳、四时、寒热、湿燥。《太一生水》的"辅"字,并非现代汉语"辅助"(supplement)之意,而是推动

---

① 刘笑敢:《老子古今:五种对勘与析评引论》,第388页。雄按:老子思想给后人以"阴谋"的印象,不在于"无为而无不为"或"生而不有,为而不恃",而是像第36章"将欲歙之,必固张之;将欲弱之,必固强之;将欲废之,必固兴之;将欲夺之,必固与之。是谓微明"的论述。

② 郑吉雄:《〈太一生水〉释读研究》,安平秋主编:《中国典籍与文化论丛》第14辑,北京:北京大学出版社,2012年,第154—155页。

之意。"反辅"是反向推动，"相辅"则是二元互推①。因为二元关系并不存在"主、从"的关系，而是强调二元之间互动互推的力量。因此，刘先生借用"辅"字引申为圣人的"无不为"是"辅助万物正常发展、自然发展"是不正确的。

刘先生并不是唯一误释"无不为"的学者，事实上不止一位学者将第四十八章"无不为"一语模拟为现代汉语"无所不为"甚至"无不可为"②，是很大的误会。"而"字作为一个介词（preposition）并不是将"无为"和"无不为"设定为因果关系（正如上文刘笑敢解释"无为"是方法、原则，"无不为"是效果、目的），而是用"无不为"来界定"无为"的形态，意思是：所谓"无为"，既要否定"积极有为"（像周朝和儒家那样推行封建、礼乐、宗法），也要避免彻底消极的"毫不作为"（注意："无""不"二字双重否定）。它的意思有一点近似《庄子·山木》的"材与不材之间"，但又略有区别——庄子主旨在于表达"似之而非"的诙谐谑语，而老子的"无为而无不为"则是庄严立论。这个命题旨在说明：治世之圣人既不应有积极之作为，也不是完全不作为。要知道，即使"小国寡民""常使民无知无欲"也属于某种程度的作为——尽管这种"作为"并不像西周礼乐治世那种积极的干预式的作为。刘笑敢解释"为无为"，说：

---

① "辅"从"车"，甫声，是从两旁夹住固定车轮的部件。《诗·小雅·正月》："其车既载，乃弃尔辅。"《说文解字》引"《春秋传》曰：'辅车相依。'（雄按：《左传》僖公五年）"段玉裁《说文解字注》已指出《周易·咸·上六》"咸其辅颊舌"的"辅"当作"酺"，借字"辅"行而"酺"字废。许慎撰，段玉裁注：《说文解字注》14篇上，第726页。李零说《太一生水》"'相辅'是表示二元概念的对称性"，义亦差近。参李零：《郭店楚简校读记》（增订本），第264页。

② 廖名春读郭店乙本第四十八章"亡为而亡不为"为"无所施为就能无所不为"，又说"'取天下'即'无不为'"；丁原植也说"'取天下'也就是'无不为'的实际效用"。而刘信芳说"'亡不为'者，即不知何以作为，也就无为而不可。盖学派众多，则无所适从。无所适从则应超越于诸学派之上，作抽象概括之俯视，登泰山而众山小，此《老子》之书之所以作也。"参彭裕商、吴毅强：《郭店楚简老子集释》，第393—395页。雄按：推刘信芳"无为而不可"意思，就是无为而无所不可、无不可为之意。

是用普通的陈述形式"弗为而已"。显然，"为无为"的句式比"弗为而已"更有概括性、概念化、理论化的特色。①

雄按："为无为"意思其实等于"无为"（第一个"为"字是发语词，无义）。刘先生将"无为"直接释为"弗为"，很容易引起误会。如果"无为"意思是什么都不做的话，实令人费解。老子和先秦诸子一样都以"致治"为目标（尽管"治"的境界不同），倘若什么事都不做，岂非缘木求鱼？②

从逻辑上讲，"无不为"是"无为"的必要条件（necessary condition）。翻译为现代汉语，"无为而无不为"的意思是"无为但也不要毫不作为"。它的直接意义就是顺应万物之所为。《淮南子·原道训》解释说：

所谓无为者，不先物为也；所谓无不为者，因物之所为。③

"不先物为"就是不要主动干预事物；"因物之所为"是顺应万物的作为。这和笔者的理解一致。"因"义为"顺应"，既非积极的有为，也不是毫不作为。要注意：所谓"顺应"在人类社会中实施起来其实至为困难。儒家理想中礼乐制度其实是一种"大政府主义"，无所不干预——大至朝廷君臣之义，小全家庭兄弟之谊，礼乐体系都要彻底干预，"君子慎其独也"云云，甚至要督促君子干预自己的内心。老子对这种"有为"的管治十分反感。但如果彻底站在"有为"的反面，难道君臣之制、夫妇之别、父子之情、兄弟之谊能统统推翻？既不能推翻，就只能在既有的自然关系下，维持一种松散的、足以最低度运作的程度实施管治，这才是《老子》"无为而无不为"以及《淮南子》"因物之所为"的真意义。我们若不能准确

① 刘笑敢：《老子古今：五种对勘与析评引论》，第118页。

② 刘笑敢认为政府实施老子无为而治的原理包括"从人们容易忽略、不易察觉的地方入手，其方法与众不同，其结果自然也会与众不同"。刘笑敢：《老子：年代新考与思想新诠》，台北：东大图书公司，2007年，第121页。雄按：此亦由于刘先生误释"无为"与"无不为"的关系所致。

③ 高诱注"因物之所为"："顺物之性也。"何宁：《淮南子集释》，北京：中华书局，1998年，第48页。

地掌握这层意思，"无为"也好，"无不为"也罢，都将被误解，正因为二者共构为一个命题，意义互相支持。

厘清"无为而无不为"至为重要。笔者反复思考了此一命题，终对《老子》思想获得前所未有的灵光乍现、彻底通透之感。老子的"无为"是针对儒家所继承西周的礼乐教化而言的。面对春秋末叶礼崩乐坏的加速，孔子的办法是实施一个重建礼乐制度的大工程：重订记载礼乐制度的文献——《六经》，同时向众多门弟子申明"礼意"——为君子说明"忠""孝""仁""义"的范畴，以推广儒门礼乐教育。老子则认为孔子完全弄错了方向。他认为，积极有为地重建礼乐只是抱薪救火，因为在名实相副的世界，当"实"已彻底改变，"名教"依赖的"名"的体系亦将难以为继。所谓"道可道，非常道；名可名，非常名"即指此而言（详下文）。因此老子始终坚持柔弱、虚无的主色调，勉励治国者勿积极提倡特定的价值取向，以免在礼崩乐坏的情形下，最终更深地陷入社会大乱的泥淖。在礼崩乐坏的时代，革除虚假礼文、消除对社会大众生活的严格宰制，实为首要之务。且要教谕君子"后其身而身先，外其身而身存"（第七章）、"为道日损，损之又损"（第四十八章）之理，依循"大曰逝，逝曰远，远曰反"的规律，重新提倡小国寡民的施政方略。对于治国者而言，"无为"不可能是无所作为，但亦不是强调无所不可、无所不为。既然"小国寡民"也不能不有管治之方，顺应事物自身发展就是好办法，能让小国亦能致治，民寡更有裨益。

五、老子对《易》理的新诠："道"与"无名"

《老子》道经开首即说：

> 道可道，非常道；名可名，非常名。无名，天地之始；有名，万物之母。

这一章吸引了古今中外学者纷纷讨论，却言人人殊①，夏含夷《"非常道"考》②胪列十几种较具权威性的西方汉学家对《老子》第一章的翻译③，但拙见以为皆因未能上溯到孔子名学以为根源④，以至于对老子的言论有一间之未达。我们首先必须厘清《老子》这段话的言说对象为何。他所针对的正是礼教的内核——"名"的理论，也就是孔子的名学。要知道孔子名学包含两个层面：

1. 礼乐制度中纲纪伦常秩序的确立。

2. 语言文字（名）及指涉事物（实）的绝对关系。

前者是治道的实施，后者则是理论的自然基础，二者相合，共同构筑了一个森严的"名"的世界——也就是"礼"的世界。孔子以"正名"思想而立名教，还进一步说"君子疾没世而名不称"（《论语·卫灵公》）。君子之"名"是什么呢？《礼记·檀弓上》说：

---

① 此一课题参考文献太多，读者可参许抗生：《再解〈老子〉第一章》，陈鼓应主编：《道家文化研究》第15辑，北京：生活·读书·新知三联书店，1999年，第70—77页。李若晖《道之显隐》对《老子》道经第一章有详细的论证，参李若晖：《道之显隐》上、下，分别收入王博主编：《哲学门》总第20、21辑，北京：北京大学出版社，2010年2月、7月，第235—270页，第179—192页。又韩国良：《三十年来老学研究存在的问题及反思》，《孔子研究》2010年第4期，第108—116页；又萧无陂：《近三十年来〈老子〉文本考证与研究方法述评——兼与韩国良先生商榷》，《孔子研究》2012年第3期，第101—111页。

② 夏含夷：《"非常道"考》，《国学学刊》2011年第4期，第39—45页。

③ 包括Stanislas Julien（1842）、Lionel Giles（1904）、Richard Wilhelm（1910），English by H.G. Ostwald（1985）、Léon Wieger（1913），English by Derek Bryce（1999）、Arthur Waley（1934）、Derke Bodde（1937）、Robert Henricks（1989）、Michael LaFargue（1992）、Livia Kohn（1993）、Richard John Lynn（1999）、Ralph D. Sawyer and Mei-chun Lee Sawyer（1999）、Roger T. Ames and David L. Hall（2003）。另又有中国学者Lin Yutang（林语堂，1942）、D.C. Lau（刘殿爵，1963）、Wing-Tsit Chan（陈荣捷，1963）、Ren Jiyu（任继愈，1993）。

④ 此关乎老子年代问题。笔者认为老子其人年代不可考，《史记·老子韩非列传》所记孔子问礼于老子，亦可能是传说中众多老子中之一。至于《老子》书看起来则较《论语》晚，因其中成熟的具概括性的抽象名词如"有""无"之类，似不会形成得很早。

　　幼名，冠字，五十以伯仲，死谥，周道也。

"名"属于个人隐私，具有神秘性。男性及冠即代表进入公领域活动，就要立一个在意义上能影射"名"的一个假名——"字"①，以作公领域活动之用。自此以后，中国男性无不兼有"名"与"字"。君子没世，有没有可称之"名"，是孔子所重视的。这可能源自周民族谥法的古老传统②——逝世者的德行，应透过活着的人为他另立一个"名"，来获得总评。从方法上看，这也是"正名"思想的一部分，是"名，自命"的方法③。由此而将礼制中的语言文字之道，推到一个涵括生前死后、包罗德性治道的抽象理论层次，为纲常伦理的种种名称，设立了具有绝对性意义的康庄大道。而老子"道可道"一节，正是针对此一命题提出根本上的反驳。

---

　　① 　中国传统礼俗，男性进入公领域即隐藏"名"讳，而以"字"行，所以英语世界通译男性的"字"为style name。

　　② 　谥法之兴，学界共识，应始于西周中叶。《逸周书》有《谥法》，学者认为当为周人所作，非周公所作。黄怀信、张懋镕、田旭东：《逸周书汇校集注》称："此篇实周人为周公、太公制谥而作。"黄怀信、张懋镕、田旭东：《逸周书汇校集注》，上海：上海古籍出版社，2006年，第618页。"谥"的意思，就是在帝王公侯等逝世后，用一个字来总结其生平事迹功过。《逸周书·谥法解》："谥者，行之迹也。号者，功之表也。车服，位之章也。是以大行受大名，细行受小名；行出于己，名生于人。"陈逢衡引《礼·外传》："谥者，行之迹也，累积平生所行事善恶而定其名也。"《礼记·表记》"谥以尊名"，郑《注》："谥者，行之迹也。"读者可参《逸周书汇校集注》的意见。

　　③ 　雄按："名"实即"字"，《论语·子路》孔子"必也正名乎"，郑玄《注》："正名，正书字也。"但这个"字"也不是今人所讲的表情达意的文字，因为回到"名"一字而言，与"铭"字有关。依《说文解字》释"名"为"自命也"，段玉裁《注》引《礼记·祭统》《周礼·小祝》，谓"铭者，自名也"，并引《士丧礼》称为死者"作器刻铭，亦谓称扬其先祖之德，著己名于下"，说明许慎之意，认为"名"可取代"铭"字，其意源出于举办丧礼的人为死者生前的德行以自名，"故许君于金部不录铭字"。许慎撰，段玉裁注：《说文解字注》2篇上，第56页。

　　《老子》将"名"置于哲理论辩之第一课题，在思想史上意义甚大。[①]"道经"第一章接着说：

　　　　无名，天地之始；有名，万物之母。故常无欲，以观其妙；常有欲，以观其徼。此两者，同出而异名，同谓之"玄"。玄之又玄，众妙之门。

第二章：

　　　　天下皆知美之为美，斯恶已。皆知善之为善，斯不善已。故有无相生，难易相成，长短相较，高下相倾，音声相和，前后相随。

我们要注意老子相信"道常无名"。依《庄子·逍遥游》"名者，实之宾也"的名实之论，"名"与"实"是并生的，也是并存的——有名则有实，无实则无名。故"无名，天地之始"，是说万物未生之时处于"道"（天地原始）的状态，是既无名亦无实；及至万物始生，有一物之实，则有一物之名。例如有"天"之"实"，就有"天"之"名"；有"地"之"实"就有"地"之"名"。这是"有名，万物之母"的意思，也是《老子》第四十章"天下万物生于有，有生于无"的意思。"有"与"无"既是相对之名，也是相对之实，彼此是相生、并存的关系。从"无名"变而为"有名"，"无实"变而为"有实"，名与实虽属异类，却同出一源，而"玄"就是它们同源的共因（common factor）。共因是"玄"，共源则是"道"。认知的方法，一者要"无欲"，无欲才能观"无名无实"的"道"；另一要"有欲"，有欲才认清"有名有实"的天地万物。方法虽然不同，共因（玄）、共源（道）却是一致的。笔者说"道"是"无名无实"，是因为老子的"道"只是假名；不是与任何"实"物相副的真名，甚至和"有"相对的概念"无"，亦不足以说明"道"，因为"道"是与物无对的。《老子》第二十五章：

―――――――――

　　① 马王堆帛书作"无名万物之始也，有名万物之母也"。关于《老子》道经首章的解释，读者可参李若晖《老子集注汇考》，其中胪列内容极为详尽。李若晖：《老子集注汇考》，上海：上海辞书出版社，2015年。

> 有物混成，先天地生。寂兮寥兮，独立而不改，周行而不殆，可以为天下
> 母。吾不知其名，字之曰道，强为之名曰大。大曰逝，逝曰远，远曰反。……
> 人法地，地法天，天法道，道法自然。

正如礼教社会男性以"名"为讳，以"字"代行，"字"就是一个影射真名却又不
"真"的"假名"。"道"也只是这个"混成"之"物"的"字"，正因为"道"
没有"实"，也就没有"名"。这就是"道常无名"。《老子》第三十二章：

> 道常无名。……始制有名，名亦既有，夫亦将知止，知止可以不殆。①

如上所论，名、实是相依存的。一旦有"实"体存在，即有随之而生的"名"。概
念上的"有"，是集体存有的抽象之"名"，其中每一个存有的实体——譬如天、
地、人、禽——也有各自的名，亦各止于其"名"所指涉的"实"。"知止"，固
然可以不殆，因为每一个"实"都让依附于它的"名"有了归宿。然而，一旦谈到
"道"，因为它不是"名"，没有"实"存，自然就没有"止"可言。所以就概念
上推论，"道"就是超越于万物的抽象存在，故能成为一切事物的根源，也就不能
为经验法则所知。至于"道"所生经验界的万物，皆有"实"，亦皆有"名"，也
因为"共因"（玄）的存在，而依循了"同出"（同出于"道"）而"异名"的自
然法则，成为两两相对——善与不善、有与无、难与易、长与短、高与下——的存
在形式；而这种两两相对的形式，必将时时呈现相反之结果。这就是老子思想中对
《周易》阴阳哲学最深刻的演绎！世间万物皆循此一法则，如如运作；不过，圣人
却不能陷入相对相反的循环，而必须仿效最高层次的"无名"之"道"来治世，由
是而推至于"无为"：

> 是以圣人处无为之事，行不言之教；万物作焉而不辞，生而不有。为而不
> 恃，功成而弗居。夫唯弗居，是以不去。

---

① 马王堆帛书《老子》作"道恒无名"，郭店楚简《老子》甲组作"道恒亡名"。

有与无是相生，难与易为相成。那么"美""恶"亦然，有"美"之标榜，则必有"恶"随之而生；有"善"的传颂，则必有"不善"随之而来。圣人则"不由而照之于天"（借用《庄子·齐物论》语），因圣人托名于"道"而治世①，故必须仿效"道"无名无为的模式致治。既然是无名无为，自然不能制礼作乐，甚至不能像《诗》《书》那样举圣王为范，推崇德行，否则必将有不善、不德随之而来。老子如此透过二元对立的世界而凸显"圣人"托名于"道"作为治世方略的取态，正反映他受《周易》阴阳哲学的影响。读者必须明了这一层意义，才能明白老子和《易传》对《周易》经文有截然不同的诠释，也才能明白不能将道家思想和《易传》思想等同起来。

"道可道"的"道"在上古汉语，既是动词，也是名词，前一"道"字指道路，后者是依循此"道"之意；至"非常道"之"道"则是名词。照《老子》的讲法，"名可名，非常名"，正是因为"道可道，非常道"之故。因为"道"恒常变动。既然"常道"并不恒"常"，则"名"也必然没有"常"可言。"无名，天地之始"，天地万物有名之"实"生于无名之"道"，亦恒常变易。"实"恒变，则依附于"实"而存在的"名"也必随之而变。"道"既不恒"常"，"实"自然也不恒"常"，"名"也更理所当然不恒"常"了。此不啻彻底推翻了儒家将"名"视为纲纪伦常的基础，而其理论依据即是《周易》恒常变动的哲学。

既说"名者，实之宾也"，名、实就是宾主的关系。有"宾"的存在，才有所谓"主"，正如有"你"才有"我"，反之亦然——假设世界上只有一个人，就不会有"我"这个"名"，因为没有"你"的存在与称谓。这正是"名者，实之宾也"的意思，也是名实关系的通谊——名和实，是同时并起、互相依存的。笔者称之为"通谊"，是因为它既适用于儒家，也适用于道家及任何诸子。在于儒家，名、实关系是绝对的，"君、臣、父、子"之"名"各有其"实"去支撑，是伦理教化上自然规定的内涵。这些"名"一旦存在，活在其中、承担着它们的人类，就有责任去充实、实现其内涵。从伦理学的角度看，孔子及其后学专注的，就是名实关系具有稳定性、不变的一面。后世儒者将名教视为纲常、常道，即此缘故。

---

① 郭店楚简《太一生水》第10—12简："以道从事者必托其名，故事成而身长；圣人之从事也，亦托其名，故功成而身不伤。"

我们必须了解儒家这种名实观，才能明了老子"道可道，非常道；名可名，非常名"想要阐述什么，也才能明了先秦思想史中"语言"作为一种"方法"，有多么重要！在老子看来，儒者将名与实视为永恒不变的理念，其实不堪一击，关键不在于"名"本身，而是在于"实"的随时而变——推至根本，就是"道"周行不殆的无常。我们借用《易纬》所说"易"有"简易、变易、不易"的三义来说明，如果说儒家的名实观着眼于"不易"，老子的名实观就是着眼于"变易"。

六、老子哲学：《易》理的调整与进化

学者一旦认清《周易》非占筮记录，自当明了：《六经》之中，唯有《周易》最为概念化，最具概括性。它的尚阳、主刚、尚德、主变的思想，最足以标示周民族灭殷，开邦建国，"天命靡常""殷鉴不远"等全体理念。在先秦思想的历史发展历程中，这些概括性理念，及其建基于宇宙论的政治陈述，实势所必至。在思想界离不开"政教"的大前提下，也顺理成章地被春秋末年以降的思想家吸收，并给予新的诠释。其中老子给予《易》理新诠，并不是像《易传》作者那样将《周易》解释一遍——"诠释"原本就不一定以传、注的形态开展，甚至未必以原有哲理架构的方式进行。更常见的情形是，它被新一代思想家吸收消化之后，以新命题和新架构重新展现。这种情形在战国诸子俯拾皆是。老子思想与《易》哲学之间的关系正是如此。本于《易》的阴阳哲学，老子强调"万物负阴而抱阳"（第42章）也确立了天地万物均为"阴阳"的生化，是"道"的本质，理念近乎《系辞传》的"一阴一阳之谓道"。据黄沛荣师的解释，"一阴一阳"译作今语即：有时候阴，有时候阳，就是"道"。这里"一阴一阳"是动态的，老子"万物负阴而抱阳"也是动态的，所以下句云"冲气以为和"。这个"和"字和《乾》卦《象传》"保合大和"的"和"字意义相同，都是气化宇宙的冲突调和。扼而言之，老子的"阴阳哲学"，实即《周易》阴阳哲学的调整与进化。

谓老子对《易》哲学的"调整"，意思是：依照《周易》尚阳、主刚的哲理本质，"易"道理应为积极有为，故《乾》九三"君子终日乾乾，夕惕，若厉，无咎"，就是尚阳主刚的说明。"道常无为"则否定这种积极有为的方针，凸显出尊

尚阴柔、稳定不变为主的精神。这是它"修正"《易》理的部分。这一点殆无可疑。略举数例，如老子尊尚阴柔，故凡描述天地万物之根源，即视之为虚空柔弱：

> 谷神不死，是谓玄牝。玄牝之门，是谓天地根。绵绵若存，用之不勤。①

《易》道主刚，老子却主柔。生物第一性征区别"牝""牡"即在于性器官，称"天地根"为"玄牝之门"，等于将雌性生物的性器官"抽象化"，以作为宇宙生命根源的譬喻。生命之诞生绵绵不绝，皆自此出。因宇宙之源为阴柔，圣人君子，自治治民，亦应以此为准则。第十六章：

> 致虚极，守静笃。万物并作，吾以观复。夫物芸芸，各复归其根。

虚极、静笃，皆有别于《易》尚阳主刚的精神。又如第二十八章：

> 知其雄，守其雌，为天下溪。为天下溪，常德不离，复归于婴儿。知其白，守其黑，为天下式。为天下式，常德不忒，复归于无极。知其荣，守其辱，为天下谷。为天下谷，常德乃足，复归于朴。

老子此章论题完全奠基于阴阳哲学。在《易》哲学的投射下，"阴阳"（此与《太一生水》"神明复相辅也，是以成阴阳"的"阴阳"层次不同）决定了天下万物的属性。有此一前提，始有"雄雌""白黑""荣辱"的区别。而老子根据最高层次、属性为"无"的自然之"道"，进而提出"尚阴"而非"尚阳"的世界观。

　　谓老子哲学是《易》哲学的"进化"，意思是老子对《易》理作出了主观的调整。要知道《易》理阴阳哲学与时变化，只述说一自然规律。如用以作政治的演

---

　　① 关于"谷神"之"谷"字，王弼《注》读为山谷字："谷中央无者也。无形无影，无逆无违，处卑不动，守静不衰，物以之成而不见其形，此至物也。"因《老子》书中之"谷"字多指山谷。然而后世诸家解读纷然杂陈，难以究诘，有的读为"中虚"之名，有的读为"谷养"。读者可参高明：《帛书老子校注》，第248—249页。

绎，自可有不同的向度。负面的引申，或如山涛（205—283）所谓"天地四时，犹有消息，而况人乎"①，变相鼓励嵇康（223—263）的儿子嵇绍（253—304）变其父亲之节操，成为中国士大夫气节传统的丑闻。但老子承《周易》阴阳消息的思想，却不忘对"善"的坚持，第8章：

> 居善地，心善渊，与善仁，言善信，正善治，事善能，动善时。夫唯不争，故无尤。

就概念范畴而言，"善"的解释当然随儒、道等不同思想赋予新义而有所不同，即使《老子》亦言"（天下）皆知善之为善，斯不善已"。第8章反复强调之"善"，取其正面意义，与"皆知善之为善"之"善"不同。《系辞传》释"善"，从"一阴一阳之谓道"讲起，指出"继之者善，成之者性"，皆指"生生之谓易"而言，也就是强调生命之不断继起。但老子则居、心、言、治、能皆强调"善"，强调言行的"不争"而"无尤"，此正显示老子深谙《易》阴阳之道的同时，未尝对"善"加以忽略。汉魏时期，何晏、王弼阐发《老子》思想为"贵无论"，演绎出"异类俱存"②的包容理念，则是《周易》阴阳哲学进化至《老子》

---

① 参《世说新语·政事》。雄按：嵇康曾与山涛绝交，《与山巨源绝交书》传诵千古。而嵇绍向山涛咨询出仕之理由，山涛称"为君思之久矣"，可见其用心之卑劣。二人之问答，既显嵇绍之无德行，亦证山涛之无节操。余嘉锡：《世说新语笺疏》，周祖谟、余淑宜整理，台北：华正书局，1984年，第171页。

② 《列子·天瑞》张湛《注》记何晏《道论》："有之为有，恃无以生；事而为事，由无以成。夫道之而无语，名之而无名，视之而无形，听之而无声，则道之全焉。故能昭音向而出气物，色形神而彰光影；玄以之黑，素以之白，矩以之方，规以之员。员方得形而此无形，白黑得名而此无名也。"杨伯峻：《列子集释》卷1，第10—11页。雄按：天地间黑的极黑，白的极白；大的极大，小的极小。说明了宇宙根源必然为"无"，才能包容异类。《周易》《复》卦王弼《注》表达了相同的意思："凡动息则静，静非对动者也；语息则默，默非对语者也。然则天地虽大，富有万物，雷动风行，运化万变，寂然至无，是其本矣。故动息地中，乃天地之心见也。若其以有为心，则异类未获具存矣。"王弼注，孔颖达疏：《周易正义》卷3，第132页。

哲学后的进一步演绎。

又《系辞传》称"阳卦多阴，阴卦多阳"，不但指喻《易》占[1]，亦体现弱小者必将壮盛、刚强者必将消亡的符号喻意，故凡一阳二阴"震""坎""艮"，分喻长男、中男、少男，皆阳少阴多，而以阳为主；凡一阴二阳"巽""离""兑"，分喻长女、中女、少女，皆阴少阳多，而以阴为主。此一符号表述方式，正是老子"柔弱胜刚强"（第三十六章）、"飘风不终朝，骤雨不终日"（第二十三章）论据的初源，认为今日之柔弱，必将为他日之刚强，反之则今日刚强必将成为他日的柔弱。（此一原理，王弼稍后在《周易略例》中解释为"以寡治众"，体现在《周易》，则《师》卦䷆九二为"师之主"[2]，《复》卦䷗初九为"刚长"之始。）关键正在于"天地尚不能久"（第二十三章），也就是永恒变化之理促使强者终必弱，柔者终必刚。此为天地之定律[3]。老子以此深信"有为"的方式治身治民，必皆失败：

> 将欲歙之，必固张之；将欲弱之，必固强之；将欲废之，必固兴之；将欲夺之，必固与之。是谓微明。

《老子》书中此类"正言若反"的论述常被认为近于阴谋的方略，实则不然，因其提醒治国者勿以积极有为的态度追求张、强、兴、与，而反陷于歙、弱、废、夺的困境。所谓"微明"，亦即今语见微知著、杜渐防微之意。

后世常执着"无为"二字代表老子思想，原无问题，但若管中窥豹，以为"无为"二字即老子唯一主张，忽略了尚有"无不为"的必要条件，则易生误会。如上

---

① 因揲蓍之法，三变得一奇二偶为少阳，一偶二奇为少阴。

② 《师》卦王弼《注》。王弼注，孔颖达疏：《周易正义》卷2，第62页。

③ 如《老子》第二十二章"是以圣人抱一为天下式"，王弼《注》："少之极也。"圣人抱"一"之"一"，义为"少之极"，表示王弼诠释圣人之治，是要以极少治理极多。参《老子四种》，第19页。第二十三章"德者同于德，失者同于失"，王弼《注》："得，少也；少则得，故曰得也。……失，累多也；累多则失，故曰失也。"同书，第19—20页。第三十九章"昔之得一者"，王弼《注》："昔，始也；一，数之始而物之极也。各是一物之生，所以为主也。"同书，第34—35页。

文指出，"无不为"设定了"无为"的方略，避免陷入"无所作为"的窘境。正如《太一生水》说：

> 以道从事者，必托其名，故事成而身长。圣人之从事也，亦托其名，故功成而身不伤。

治国的圣人"托名""从事"而"功成"，无所作为，又岂能有"功成"可论呢？故老子的"清虚以自守，卑弱以自持"（借用班固《汉书·艺文志》语），固非有为（无为），亦非无所作为（无不为），而是一种介乎"无为"与"有为"之间的方略。"有之以为利，无之以为用"的奥妙之处，正在于处于"有"与"无"之间而倾向于"无"，在"有为"与"无为"之间向"无为"倾斜。此一道理，本于天地之道所谓"天长地久。天地所以能长且久者，以其不自生，故能长生"（第七章），而归结于：

> 曲则全，枉则直，洼则盈，弊则新，少则得，多则惑。（第二十二章）

此类"正言若反"的命题，并不是阴谋的表现，而是"反者道之动，弱者道之用"（第四十章）原理的现实施用。

　　"正言若反"亦非全属于语言技巧——正面论述和反面解读相互依存——而是哲学命题的势所必然。正如"无为"与"无不为"看似相反，也是相互依存一样。这种相互依存，就像《易》中之"阴阳"一样，舍一不可，然而，它们又不似"阴阳"在《易》理属于抽离于现实的观念①，而是处处能显现、能落实于政治伦理、治民治身之上的指导性准则：

> 不尚贤，使民不争；不贵难得之货，使民不为盗；不见可欲，使心不乱。

---

　　①　例如《系辞传》"一阴一阳之谓道。继之者善也，成之者性也。仁者见之谓之仁，知者见之谓之知，百姓日用而不知……"那样出入于人文与自然之间以概念化的方式铺陈阴阳之理。

> 是以圣人之治，虚其心，实其腹，弱其志，强其骨。常使民无知无欲。使夫知者不敢为也。为无为，则无不治。（第三章）

雄按："不尚贤"并不是说治国不需贤能，重点是"不尚"，就是不要用"有为"的态度标榜，而要技巧地用"无不为"的方式进行。其余"不贵难得之货""不见可欲"也一样，"货"与"欲"对民生而言是不可或缺，关键在于不要用胜负之心作侵略性的取舍与区别。由是而后文用"虚、实""强、弱"相对，也是依循"无为而无不为"的准则："虚其心"不是"无其心"，"弱其志"也不是"无其志"，因为人不可能无心志，故只能说"虚、弱"。这样讲，"实、强"的意思也就不言而喻了。这就是老子转化《易》阴阳哲学的妙用。又如：

> 三十辐，共一毂，当其无，有车之用。埏埴以为器，当其无，有器之用。凿户牖以为室，当其无，有室之用。故有之以为利，无之以为用。（第十一章）

老子意旨，并不在于论证"有"一无是处，而是说明世人徒知"有之以为利"，而未知"无之以为用"之理。此与"无为而无不为"的用意相符。

《周易》《坤》卦象征"地"，与《乾》卦象征"天"为相对。凡大地有土亦有水，故尚阴、尚地的思想，亦尊尚"水"。在战国最能代表道家哲学的一篇作品是郭店楚简《太一生水》。《太一生水》原简共十四枚，简形、编组痕迹和字体均与郭店简丙组《老子》相同，显示该篇原与丙组《老子》可能合为一册，自1993年出土，1998年郭店楚简正式刊布后，相关研究论著已超过一百种。其中思想最重要的特色，就是以"水"为宇宙论之核心①。而战国晚期稷下黄老一派思想，亦将"水"与"地"视为一体，故有《管子·水地》，开宗明义曰：

> 地者，万物之本原，诸生之根菀也。美恶贤不肖愚俊之所生也。水者，地之血气，如筋脉之通流者也。故曰水具材也。

---

① 并参郑吉雄：《〈太一生水〉释读研究》，第145—166页。

而《老子》尚水，人所皆知。如第八章"上善若水，水善利万物而不争"，且后文"居善地，心善渊"更以土地和渊泉并举。

经典的语言，有虚有实，《老子》亦不例外。《老子》第八十章：

> 小国寡民，使有什伯之器而不用，使民重死而不远徙。①

历来注家多以为"小国寡民"是老子的理想②。但衡诸史实，殷商代夏而兴，"诸侯归殷者三千"③，至周人"憝国九十有九"而"灭国五十"④，则相对于周朝而言，殷商时代城邦规模小而数量多，《老子》"小国寡民"一语，其实即殷商城邦状况的具体描述，不宜泛指之为理想。其余内容与殷商史实有关者颇不少。

周人尊"天"，故动言"天命"；孔子言"获罪于天，无所祷也"（《论语·八佾》），子思言"诚者，天之道"（《礼记·中庸》），孟子言"尽其心者，知其性也。知其性，则知天矣"（《孟子·尽心上》），是孔子、子思、孟子皆以"天"为德性礼义最高判准。《老子》则不以"天"为究极之辞：

> 人法地，地法天，天法道，道法自然。

---

① 帛书《老子》甲本作"小邦民，使十百人之器毋用"。高明：《帛书老子校注》，第150页。

② 王弼《注》："国既小，民又寡，尚可使反古，况国大民众乎！故举小国而言也。"《老子四种》，第66页。河上公《注》："圣人虽治大国，犹以为小。俭约不奢泰，民虽众，犹若寡少，不敢劳之也。"《老子四种》，第96页。苏辙云："愿得小国寡民以试焉，而不可得耳。"高明：《帛书老子校注》引，第151页。

③ 柳宗元：《封建论》，《柳河东集》卷3，上海：上海古籍出版社，2008年，第48页。

④ 据古史学者研究，殷商已有分封邦国，但与周人封建不同。据徐义华：《商代分封制的产生与发展》，"商代分封制下的诸侯，大致可以分为两类，一类是由商本族人在被征服区建立的地方政权，一类是归服于商王朝的地方政权"。（《殷墟与商文化：殷墟科学发掘80周年纪念文集》，第266页）《淮南子·修务训》记夏禹"治平水土，定千八百国"，可视为古史传说遗留，但从城邦大小演变轨迹，亦应合乎历史发展。

又曰：

> 知常容，容乃公，公乃王，王乃天，天乃道，道乃久，没身不殆。

"天"之上尚有"道"，即以"道"为效法对象，"道"则以"自然"为效法对象。即《太一生水》亦开宗明义说：

> 太一生水，水反辅太一，是以成天。

"天"的位阶亦明显居于"太一"及"水"之下。这显然与周人、儒家尊天[①]、事天[②]、敬天[③]截然不同。

又如孔子倡言"仁"。"仁"的观念，始自《诗·郑风·叔于田》：

> 岂无居人，不如叔也，洵美且仁。

郑《笺》：

> 洵，信也。言叔信美好而又仁。

郑玄以"仁"字《论语》常见，其义显豁，故不再演释。而孔《疏》：

> 信美好而且有仁德。[④]

---

① 《礼记·祭义》："天子卷冕北面，虽有明知之心，必进断其志焉。示不敢专，以尊天也。"

② 《孟子·尽心上》："存其心，养其性，所以事天也。"

③ 《荀子·不苟》："君子大心则敬天而道。"

④ 毛亨传，郑玄笺，孔颖达疏：《毛诗正义》卷4之2，第332页。

则以"仁"指"仁德"。但《老子》第五章称：

> 天地不仁，以万物为刍狗；圣人不仁，以百姓为刍狗。

第十八章又称：

> 大道废，有仁义，慧智出，有大伪，六亲不和，有孝慈。国家昏乱，有
> 忠臣。

则以"仁义"的位阶低于"道德"[①]，这和上文在"天"之上放置更高位阶的
"道"的做法如出一辙。"道、德"和"阴、阳"一样，都是抽象观念，古语谓之
"象"，第三十五章：

> 执大象，天下往。往而不害，安平大。乐与饵，过客止。道之出口，淡乎
> 其无味，视之不足见，听之不足闻，用之不足既。

---

① 此处笔者接受裘锡圭先生之说，大抵认为王弼本第十八章"大道废，有仁义；智
慧出，有大伪；六亲不和，有孝慈；国家昏乱，有忠臣"，郭店简本《老子》作"古（故）
大道废，安（用法同"焉"，可训"乃"）又（有）仁义；六新（亲）不和，安又（有）孝
慈；邦家缙（昏）乱，安又（有）正臣"。王弼本第十九章"绝圣弃智，民利百倍；绝仁弃
义，民复孝慈；绝巧弃利，盗贼无有"，而郭店简本作"绝智弃鞭（辩），民利百倍。绝考
（巧）弃利，掫（盗）恻（贼）亡（无）又（有）。绝伪弃恛（诈），民复（复）季（孝）
子（慈）"，认为老子并没有"绝圣"和"绝仁弃义"的思想。裘先生也引《庄子》"故绝
圣弃知，大盗乃止，……削曾、史之行，钳杨墨之口，攘弃仁义，而天下之德始玄同矣"
（《胠箧》）、"绝圣弃知而天下大治"（《在宥》）以指出究竟是《庄子》这两篇的作者
受到添加了"绝圣""绝仁弃义"版本的老子的影响，抑或是《老子》抄写者受《庄子》的
影响而添加了"绝圣""绝仁弃义"的内容，是今后需要进一步研究的。见裘锡圭：《郭店
〈老子〉简初探》，第294—296页。

这里的"执大象"的"执",诸本无异。河上公注释"执,守也;象,道也"①。唯郭店简本"执"作"埶"。裘锡圭认为"埶"字上古音与"设"相近,引殷墟卜辞、马王堆帛书等为二字通用之例,并引魏启鹏《楚简〈老子〉柬释》指《老子》所"设"的是"大象",是将西周"陈列形之于文字的政教法令,以为万民所观所诵"的"升华为无形无声的大道之象"②。笔者原则上赞同魏说,但要补充老子的"埶大象"是《太一生水》中的"托名"之意,因为"道之为物,唯恍唯惚。忽兮恍兮,其中有象"(王弼本第二十一章),大道无名无形而其中有象(大象),圣人必须假托其名,才能用以治世,才能达到"天下往,往而不害"的目的。

《周易》尚阳而主刚,是在承认阴阳、刚柔并存于天地的前提下提出的;同样地,老子尚阴、主柔而倡无为,亦未尝全盘否定阳、刚及有为,只不过强调二元对立,相推相磨,必然以阴柔无为,作为主轴。然而老子之所论,实与《易》理相映照,相对立。明乎此,始能掌握老子思想的精髓所在。

七、《易》理体现:西周礼乐中的《易》哲学

《周易》哲学就是阴阳哲学,人所共知;人所不知者,是阴阳哲学并非抽象寄托于《说卦传》所记八卦之象征,而是具体寄托于西周礼乐制度。凡西周礼乐中的阴阳之义,其实与《周易》所昭示的阴阳之理,并无二致。《系辞传》所谓"法象莫大乎天地",天地亦即阴阳之"象"的最大者。法象于现实的施用,归本自然,同时不离人伦政治教化。故服术、称名等礼仪,截然不同。谨就西周礼乐中"阴、阳"的施用,略作补充如下。

《礼记·乐记》:

> 人生而静,天之性也;感于物而动,性之欲也。物至知知,然后好恶形焉。好恶无节于内,知诱于外,不能反躬,天理灭矣。

---

① 高明:《帛书老子校注》,第414页。

② 裘锡圭:《郭店〈老子〉简初探》,第303页。

传统儒者受到的启迪，凡论"乐"必归本于人性、动静、天理人欲等问题，殊不能灵活考察音乐的复杂原理。

上古《诗》与"礼""乐"互相涵摄，关系殊深。《诗大序》论诗与乐音：

> 声成文，谓之音。

《礼记·乐记》：

> 声相应，故生变；变成方，谓之音。……乐师辨乎声诗，故北面而弦。

又记子夏答魏文侯：

> 天下大定，然后正六律，和五声，弦歌诗颂，此之谓德音；德音之谓乐。《诗》云："莫其德音，其德克明。克明克类，克长克君，王此大邦；克顺克俾，俾于文王，其德靡悔。既受帝祉，施于孙子。"此之谓也。今君之所好者，其溺音乎？

关于《诗》与乐的关系，王国维区别为二家，所传次第不同：

> 古乐家所传《诗》之次第本与诗家不同。……诗、乐二家，春秋之季，已自分途：诗家习其义，出于古诗儒，……乐家传其声，出于古太师氏。[1]

近当代学者或以为诗乐无关[2]，而所论实以钱锺书（1910—1998）为最深入平情而合理：

---

[1] 王国维：《汉以后所传周乐考》，《观堂集林》卷2，第120—121页。

[2] 可参陈哲音：《先秦儒家乐教思想探究》，《孔孟月刊》2019年4月第57卷第7、8期，第22—32页；江希彦：《战国时代儒家之诗教与乐教情况研究——以楚简文献资料为中心》，《新亚学报》第33卷（2016年8月），第165—229页。

《易·系辞》"物相杂，故曰文"，或陆机《文赋》"暨音声之迭代，若
五色之相宜"。夫文乃眼色为缘，属眼识界；音乃耳声为缘，属耳识界；"成
文为音"，是通耳于眼，比声于色。《左传》襄公二十九年季札论乐，闻歌
《大雅》曰"曲而有直体"，杜预《注》："论其声如此。"亦以听有声说成
视有形，与"成文""成方"相类。①

钱氏由此而推论"诗、乐"有同异之别而常相配合，"犹近世言诗歌入乐所称'文
词与音调之一致'（die Wort-Ton-Einheit）；后谓诗乐性有差异，诗之'言'可
'矫'而乐之'声'难'矫'"②。《管锥编》文长不录，读者可参③。就"乐"而
言，又与"礼"相为表里。故《礼记·礼运》：

> 故人者，其天地之德，阴阳之交，鬼神之会，五行之秀气也。

人之一身蕴涵阴阳，扩而大之，至于天地万物，都是阴阳的赋形；礼制于天地万物
无不包括，故亦处处均可区分阴阳。《礼记·丧服四制》云：

> 凡礼之大体，体天地、法四时、则阴阳、顺人情，故谓之礼。

"则阴阳"三字，意即以"阴阳"为法则。周公制礼作乐，"礼""乐"本身，即
分属阴阳，截然不同。《礼记·郊特牲》：

> 乐由阳来者也，礼由阴作者也，阴阳和而万物得。

---

① 钱锺书：《管锥编·毛诗正义》"关雎（二）"条，香港：中华书局，1980年，第
59页。

② 钱锺书：《管锥编·毛诗正义》"关雎（二）"条，第59页。

③ 钱锺书：《管锥编·毛诗正义》"关雎（二）"条、"关雎（三）"条，第59—
62页。

《礼记·乐记》：

> 圣人作乐以应天，制礼以配地。

"乐""由阳来"而"应天"，"礼""由阴作"而"配地"。礼乐的与天地、阴阳的对应厘然可见。正如后儒的解释，《白虎通义》亦以"阴阳"区分"礼乐"：

> 乐言作，礼言制何？乐者，阳也，动作倡始，故言作。礼者，阴也，系制于阳，故言制。乐象阳也，礼法阴也。[①]

"礼"以象阴，"乐"以象阳。就"乐"而言，"无乐"属阴，"有声"属阳。《礼记·郊特牲》：

> 飨禘有乐，而食尝无乐，阴阳之义也。凡饮，养阳气也；凡食，养阴气也。故春禘而秋尝，春飨孤子，秋食耆老，其义一也，而食尝无乐。饮养阳气也，故有乐；食养阴气也，故无声。凡声，阳也。

"乐""有声"为"阳"，"礼""无乐"属"阴"。秋为少阴，故"食尝无乐"；春为少阳，故"飨禘有乐"。《礼记·乐记》论先王制乐，即陈阴阳之义：

> 是故先王本之情性，稽之度数，制之礼义。合生气之和，道五常之行，使之阳而不散，阴而不密，刚气不怒，柔气不慑，四畅交于中而发作于外，皆安其位而不相夺也；然后立之学等，广其节奏，省其文采，以绳德厚。[②]

---

① 《白虎通义·礼乐》，陈立：《白虎通疏证》卷3，第98—99页。

② 郑玄《注》："五常，五行也。"孔《疏》："'合生气之和，道五常之行'者，言圣人裁制人情，使合生气之和，道达人情以五常之行，谓依金木水火土之性也。"郑玄注，孔颖达疏：《礼记正义》卷38，第1288—1289页。

"阳"属天而与阳光有关,故称"散","阴"属地而与水土有关,故称"密"。"阳而不散,阴而不密"语义即谓"阳"而不至于"散","阴"而不至于"密"。所谓"道五常之行",即依"金木水火土"之"性"而立的"仁义礼智圣"之"行"。《乐记》倘依李善(630—689)《文选注》载沈约(441—513)所说"取公孙尼子",则"道五常之行"以及"阳而不散,阴而不密"的阴阳五行之论,非独子思、孟子传述,公孙尼子亦张皇此一音乐区分阴阳的学说。无怪乎《礼记·乐记》说:

> 天高地下,万物散殊,而礼制行矣。流而不息,合同而化,而乐兴焉。

又曰:

> 地气上齐,天气下降,阴阳相摩,天地相荡,鼓之以雷霆,奋之以风雨,动之以四时,暖之以日月,而百化兴焉。如此,则乐者,天地之和也。

"礼、乐"固然分属"阴、阳",单就"乐"而言,也必以臻"天地之和"为境界,而涉及天地之气的交泰、阴阳的相摩相荡。此皆先秦礼乐思想的精微,儒门君子精研的至理。近世新儒家学者专意于谈心性、论寡欲,于礼乐之道不免忽略太过。而《庄子·天运》记北门成问于黄帝"帝张咸池之乐于洞庭之野",作者托言于黄帝,答曰:

> 吾奏之以人,征之以天,行之以礼义,建之以太清。夫至乐者,先应之以人事,顺之以天理,行之以五德,应之以自然,然后调理四时,太和万物。四时迭起,万物循生;一盛一衰,文武伦经;一清一浊,阴阳调和,流光其声;蛰虫始作,吾惊之以雷霆;其卒无尾,其始无首;一死一生,一偾一起;所常无穷,而一不可待。汝故惧也。吾又奏之以阴阳之和,烛之以日月之明,其声能短能长,能柔能刚,变化齐一,不主故常。

此段论述透露的思想,音乐的极致,无不与自然相融通,故其中清浊、盛衰、抑扬、循环、长短、刚柔之理，无不符合自然界"阴阳"之义，进而涉及日月、死生等等自然人事。如归诸教化，则正如王应麟《困学纪闻》卷三引陶渊明（365—427）《圣贤群辅录》论"传乐为道，以和阴阳"，最终目的则是"移风易俗"，又复归诸《诗》教：

> 《定之方中》传引仲梁子曰："初立楚宫也。"《郑志》："张逸问：'仲梁子何时人？'答曰：'仲梁子，先师鲁人。当六国时，在毛公前。'"《韩非子》"八儒"有仲良氏之儒。陶渊明《群辅录》："仲梁氏传乐为道，以和阴阳，为移风易俗之儒。"①

《诗》之歌咏，必合乐意，实亦关乎阴阳之义，甚至与节候时令相配合。故有"豳风""豳雅""豳颂"之说②，始见《周礼·春官·龠章》：

> 龠章：掌土鼓、豳龠。中春，昼击土鼓，吹豳诗，以逆暑。中秋，夜迎寒，亦如之。凡国祈年于田祖，吹豳雅，击土鼓，以乐田畯。国祭蜡，则吹豳颂，击土鼓，以息老物。

综上所述，周民族制礼作乐，无不意识到"阴、阳"在深层的影响。

八、《易》理消融：《论语》所记孔子的《周易》语汇

孔子自诩"郁郁乎文哉，吾从周"（《论语·八佾》），又说"甚矣吾衰也！

---

① 王应麟：《困学纪闻》卷3《诗》，第338页。

② 《困学纪闻》卷三"《诗》六义，三经三纬"条，翁元圻案语："（王鸿绪）《钦定诗经传说汇纂》：'案：郑康成笺豳诗以应豳籥。孔颖达疏之曰："述其政教之始，则为豳风；述其政教之中，则为豳雅；述其政教之成，则为豳颂。"'此汉、唐相传之说，而程子亦以为然也。"王应麟著，翁元圻等注：《困学纪闻》卷3《诗》，第316—317页。

久矣吾不复梦见周公"（《论语·述而》），孔子毕生向往周朝礼乐，儒家学说完全奠基于礼乐理论，人所共知。唯孔子对《周易》的深造自得，近人却囿于疑古之论，而刻意切断孔子与《易》的关系，甚为可惜。

汉代以降，学者深信孔子是《易传》的作者。而且《史记·孔子世家》记"孔子读《易》，韦编三绝"。孔子读的是竹简编成书册的《易》，翻阅次数多了，系缚竹简的绳子断了好几次，可见他喜爱的程度。自从北宋欧阳修《易童子问》怀疑《易传》非孔子作，清儒崔述《考信录》提出七条证据定案，《易传》的著作权好像已和孔子无关。到了古史辨运动，学者又进一步推翻《论语》关于孔子学《易》的记载——孔子不但没有撰著解释《周易》的著作，他甚至根本没有学《易》。《论语·述而》说：

> 子曰："加我数年，五十以学《易》，可以无大过矣。"

唐代陆德明《经典释文》记：

> 如字。《鲁》读"易"为"亦"，今从《古》。①

原来汉代以来流传的《论语》有三个版本：《鲁论》《齐论》和《古论》。如依照《古论》作"易"，这句话就读作"五十以学《易》，可以无大过矣"，意思是五十岁读《周易》，没有大过错；如依照《鲁论》作"亦"，这句话就读作"五十以学，亦可以无大过矣"，意思是五十岁仍坚持学习，可以避免犯大错。三国魏何晏《论语集解》（即《十三经注疏》所用的版本）正是作"易"而不是"亦"。何晏《集解》说：

> 《易》"穷理尽性以至于命"。年五十而知天命，以知命之年，读至命之书，故可以无大过。②

---

① 陆德明：《经典释文》卷24《论语音义》，第1363页。
② 何晏注，邢昺疏：《论语注疏》卷7，第101页。

清儒惠栋《九经古义》赞成了《鲁论》作"亦"。至民国初年疑古运动加上反传统思潮，学术界大多相信后一说，认为孔子根本没有学《易》，《史记》的记载自然也不可靠[①]。

敦煌文献唐代抄本"伯希和2510"号所记郑玄注解的《论语》本子，也保存了这一章，内容是：

子曰加我数年五十以学易可无大过矣

只有末句少了一个"以"字。而唐代专门辑录和甄别经典异文的学者、《经典释文》的作者陆德明也说"今从《古》"，代表他也支持"易"，而不赞成作"亦"字。足证《鲁论》作"亦"只是孤例，并无依据，亦可见汉代以来，主流学者不约而同地都认为"易"字才是正确的。如此看来，《周易》的确是孔子学习的对象。

孔子曾说"五十而知天命"，这里又说"五十以学《易》"[②]，那意思很明显，是说《周易》艰深，里面又多用占筮术语来引喻政治伦理的教诲，所以勉励学生，最好到了知命之年再读《周易》，较不会受到迷信的魅惑。这主要是因为《周易》是国家的政典，是周民族建邦立国政治方略的寄托。其中所述阴阳之象，具体反映在国家典礼。自周平王东迁，天子力量式微，王者迹熄，王化不行，《周易》流落于各国，成为史官、卜人、士大夫占问政治人事祸福吉凶的工具。《左传》《国语》所记二十多条筮例，显示《易》占盛行，反映的却是《易》道的衰微。孔子读《易》却不太愿意以《易》为教，原因在于此。

不能否认的是，孔子诵读《周易》已经熟极而流。《易》的语汇，已深深根植在孔子思想里，不自觉地流露成为日常语言的一部分。相信《鲁论》作"亦"的学者，忽略了《大过》正是《周易》第二十八卦，这个卦中"大过"的意思，是两件

---

① 说详郑吉雄、傅凯瑄：《〈易传〉作者问题检讨（上、下）》。

② 这两段记文，在战国传诵一时，故《庄子·天运》说："孔子行年五十有一而不闻道，乃南之沛见老聃。"很明显是以戏谑之语，故意加一岁于"五十"之上而强调孔子的"不闻道"。

事物落差很大①，而不是《述而》中孔子用为"重大过错"之意。这里很明显地，孔子稍稍运用了语言的技巧，将作为卦名的"大过"两个字镶嵌在句子中，表达了五十岁知命之后，再读《周易》，就比较不会犯错的意思。《论语》这一章的语言技巧其实十分高明，却被近世学者忽略，十分可惜。孔子常常隰括卦名及卦爻辞以立言。见于《论语》者如下：

1. 《述而》："子曰：'加我数年，五十以学《易》，可以无大过矣。'"

2. 《子路》："子曰：'不得中行而与之，必也狂狷乎。狂者进取，狷者有所不为也。'"

3. 《为政》："子张问十世可知也。子曰：'殷因于夏礼，所损益可知也。周因于殷礼，所损益可知也。其或继周者，虽百世可知也。'"

4. 《季氏》："孔子曰：'益者三友，损者三友。友直，友谅，友多闻，益矣。友便辟，友善柔，友便佞，损矣。'"

5. 《季氏》："孔子曰：'益者三乐，损者三乐。乐节礼乐，乐道人之善，乐多贤友，益矣。乐骄乐，乐佚游，乐宴乐，损矣。'"

6. 《公冶长》："子曰：'已矣乎，吾未见能见其过，而内自讼者也。'"

7. 《颜渊》："子曰：'听讼，吾犹人也。必也使无讼乎。'"

8. 《述而》："子曰：'圣人吾不得而见之矣，得见君子者，斯可矣。'子曰：'善人吾不得而见之矣，得见有恒者，斯可矣。亡而为有，虚而为盈，约而为泰，难乎有恒矣。'"

9. 《子路》："子曰：'南人有言曰："人而无恒，不可以作巫医。"善夫。''不恒其德，或承之羞。'子曰：'不占而已矣。'"

10. 《季氏》："孔子曰：'生而知之者，上也；学而知之者，次也；困而学之，又其次也；困而不学，民斯为下矣。'"

11. 《学而》："子曰：'道千乘之国，敬事而信，节用而爱人，使民以时。'"

以上"约而为泰""节用而爱人"两例，也许是一般用语而未必专属《周易》。但

---

① 作为最早注解之一种的《象传》解释《大过》："大者过也。栋桡，本末弱也；刚过而中，巽而说行，利有攸往，乃亨。大过之时大矣哉！"

即使如此，其余数量亦自不少。第二条以"狂狷"对照申论"中行"，而《周易》卦爻辞"中行"一词出现共五次，意指"中道"。《损》和《益》是第41、42卦。这两卦的精神在于："损、益"一体两面，有时似损实益，有时似益实损；有时则损中有益，或益中有损，讲的都是人生的有得有失。六三爻辞"三人行，则损一人；一人行，则得其友"最足以说明这个道理。第三、四、五条中，孔子借"损、益"以说明三代礼制承继增减，赋予了新意义。第七条和《周易》《讼》卦有关。《讼》卦卦辞说：

> 有孚窒；惕中吉，终凶。利见大人，不利涉大川。①

《讼》卦论述争讼的哲理，核心精神在于两方争讼，多有一伤，故上九爻辞为"或锡之鞶带，终朝三褫之"，即使获得至高荣誉，亦将因争讼而受损伤。因此最理想的状态是不争讼。而孔子申言"必也使无讼"，亦吸取爻辞"中吉，终凶"的训诲意义。第八条"人而无恒"，表面看不出来是引用《周易》《恒》卦卦名或卦义。但"不恒其德，或承之羞"，却是《恒》卦九三爻辞。孔子引述来说明一个人没有恒久的德行，终必招致羞辱。孔子说"不占而已"②，强调这个人生的至理，不需要占筮也能明了。孔子的意思，和荀子说"善为《易》者不占"③的道理是一样的。尤其"损""益"合用，"恒""讼"常言，更显然并不寻常。"五十以学《易》，可以无大过"一语双关，最饶趣味。这样的语言的妙用，足以反映孔子幽默的一面。故传统注经者往往亦认为孔子思想与《易》义相通，可以互证。如《论语·颜渊》：

---

① 雄按：《经典释文》："'有孚窒'一句，'惕中吉'一句。"参陆德明：《经典释文》卷2《周易音义》，第79页。朱熹《周易本义》采此断句。笔者认为据文义，意为"有孚"但有阻碍（窒），"惕"则可获"中吉"，故可读为"有孚，窒；惕，中吉，终凶。利见大人，不利涉大川。"另一读法为"有孚，窒惕，中吉，终凶"。

② 邢昺《疏》："'不恒其德，或承之羞'者，此《易》《恒》卦之辞，孔子引之，言德无恒则羞辱承之也。'子曰：不占而已'者，孔子既言《易》文，又言夫《易》所以占吉凶，无恒之人，《易》所不占也。"何晏注，邢昺疏：《论语注疏》卷13，第203页。

③ 《荀子·大略》："善为《诗》者不说，善为《易》者不占，善为《礼》者不相。"

　　　　子曰：夫达也者，质直而好义，察言而观色，虑以下人，在邦必达，在家
　　必达。①

《集解》引马融说：

　　　　常有谦退之志。察言语、观颜色，知其所欲，其志虑常欲以下人。"谦尊
　　而光，卑而不可逾。"

　　"谦尊而光，卑而不可逾"出自《谦·象传》。孔子生于无道之世，虽然自言"道
之不行，已知之矣"（《论语·微子》），但仍选择一种积极奋进的人生，并且以
积极奋进的态度教人，印证了《乾》九三"君子终日乾乾"的教诲②。
　　《论语·阳货》记孔子谓：

　　　　天何言哉？四时行焉，百物生焉，天何言哉？

　　"四时行焉"为《乾》之道，即日照南北转移以成四季的原理；"百物生焉"为
《坤》之道，即《坤》卦《象传》所谓"坤厚载物，德合无疆"（《乾·象》亦谓
"云行雨施，品物流形"）。故孔子此处所谓"天"，是合天地乾坤之道而言的。
故《史记》太史公称孔子"读《易》，韦编三绝"，洵非虚语。
　　其余如《周易》卦爻辞"君子"一词曾二十见，可见其对"君子之道"的重
视。《论语》所记，孔子屡言"君子"言行矩矱，如出一辙。

---

　　①　何晏注，邢昺疏：《论语注疏》卷12，第188页。
　　②　如《论语·学而》阐释君子好学的态度。《论语·公冶长》："子曰：十室之邑，
必有忠信如丘者焉，不如丘之好学也。""好学"的定义如何呢？《论语·学而》："子
曰：'君子食无求饱，居无求安，敏于事而慎于言，就有道而正焉，可谓好学也已。'"这
不正是一种非常积极的人生态度吗？这种好学、积极、奋进的人生，正也是孔子一生的写
照。《论语·为政》："子曰：'吾十有五而志于学。三十而立，四十而不惑，五十而知天
命，六十而耳顺，七十而从心所欲，不逾矩。'"

何泽恒先生曾发表长文《孔子与易传相关问题复议》①，大意认为孔子毕生不教《易》，据《论语》的编者，孔子最重要的弟子没有任何提及孔子对《易》的讲解，战国传述孔子学问最著名的两位大儒——孟子和荀子，也都没有任何赞《易》的文字。

然而，据《史记·儒林传》，孔子传《易》给弟子商瞿。由此推测，尽管孔子主要弟子大多属反《易》派，只讲《诗》《书》而不提及《易》，但仍有不少属于传《易》派，将孔子对《易》的见解综合为七种《易传》的主要内容。今天我们看《十翼》中很多"子曰"的内容，是强有力之证。他们也致力将《易》列入《六经》，与《诗》《书》等合称，并置于首位，成为战国中期的一种意见。《庄子·天运》说：

> 孔子谓老聃曰："丘治《诗》《书》《礼》《乐》《易》《春秋》六经，自以为久矣，孰知其故矣，以奸者七十二君，论先王之道而明周、召之迹，一君无所钩用。甚矣夫！人之难说也，道之难明邪！"老子曰："幸矣，子之不遇治世之君也！夫六经，先王之陈迹也，岂其所以迹哉！"

《庄子·天下》：

> 《诗》以道志，《书》以道事，《礼》以道行，《乐》以道和，《易》以道阴阳，《春秋》以道名分。

这两篇虽然未必是庄子亲著，但墓葬时间约为公元前300年的郭店楚墓中的竹简，其中《六德》说：

> 观诸《诗》《书》则亦在矣，观诸《礼》《乐》则亦在矣，观诸《易》《春秋》则亦在矣。

---

① 何泽恒：《孔子与易传相关问题复议》，《台大中文学报》第12期（2000年5月），第1—55页。

另一篇《语丛一》也胪列了《礼》《乐》《书》《诗》《易》《春秋》的名称，可见战国中期，六种经典合称，成为儒家所谓"六经"，已被广泛认可。当时《周易》尚未发展到汉代那样，受惠于政府"尊经"，而且居于《六经》之首，但它是《六经》的一种，却是不争的事实。

《易传》之中，《文言传》和《系辞传》"子曰"的文字共有三十条，里面申述的，绝大部分都是"进德修业"一类的德义内容，和《论语》所记孔子的教诲十分一致，这足以证明，《易传》主要内容，和孔子及其门人有密切关系。我们看《系辞下传》：

> 子曰："颜氏之子，其殆庶几乎！有不善，未尝不知；知之，未尝复行也。《易》曰：'不远复，无祇悔，元吉。'"

这段引孔子称许颜回（前521—前491）以解释《复》卦初九爻辞的文字，和《论语·雍也》"有颜回者好学，不迁怒，不贰过"语调相当一致，在义理上也十分符合。反观《论语·公冶长》记子贡（前520—前446）说"夫子之言性与天道，不可得而闻也"，说服力十分薄弱。《礼记》记孔子言论涉及"天道"姑且不谈，《论语·阳货》就记载了孔子论"性相近，习相远"，怎么会"不可得而闻"呢？同样是后学追述孔子的话语，笔者看不出有什么理由只相信《论语》的记载，否定《易传》《礼记》等其他文献所记孔子对自身思想的阐述。

经典化的意义，在于《周易》的重要性在历史上获得重新确认，让它和其他几部经书并列为代表周代政治典礼、也代表儒家学说的作品。

九、《易》理转化：战国《易》学与儒学的交融

在讨论战国儒家学者给予《易》理新的诠解，而推进了《易》哲学的转化，是一个不容易用一个短篇章即可解决的大问题。

关于儒家与《易》关系的问题，可从两方面讨论。一是近代学界关于"儒"的

讨论，另一是孔子与《易》关系之探讨。

关于"儒"的起源问题，及门傅凯瑄博士的博论《近代中国学界对"儒"的论争（1840—1949）》①有详细深入的探讨，笔者于2022年10月19日在香港中文大学主讲第八届新亚儒学讲座第一讲"近世《儒》的论说与变迁"亦有申论。自章太炎在《国故论衡》中发表《原儒》②以来，"儒家思想起源为何"即成为一个广泛被学者讨论的课题③。陈来认为诸家都只是集中在考虑"职业类型与职业名称"，"在论述'儒'的起源，而未尝在根本上挖掘'儒家'作为一种思想的起源。换句话说，这些研究都是语学的或史学的方法，都不是思想史的方法"④。此一批评似有道理；但严格来说，如章太炎、钱穆等提出的"儒"的"行业"，其实正是从"儒"的社会流品（非今人所谓"职业"）论"儒家"的思想渊源，岂不合宜？陈来又认为"职业说"是：

> 视儒为一种"艺"，而没有把儒作为一种"道"。⑤

其实，先秦思想本即围绕政治教化的问题开展，故儒者的"艺"即政治事业，实与其"道"即思想内容，是一致的。

当然，笔者绝对同意讨论"儒"在思想史上的起源，应在前人的基础上再进一

---

① 傅凯瑄：《近代中国学界对"儒"的论争（1840—1949）》，博士学位论文，台北：台湾大学中国文学系，2017年。由李隆献教授及笔者联合指导。

② 章太炎：《原儒》，庞俊、郭诚永疏证：《国故论衡疏证》下之2，北京：中华书局，2008年，第481—495页。

③ 钱穆自1923年始撰《先秦诸子系年》，"治诸子，谓其渊源起于儒，始于孔子"，首度回应了《原儒》的议题。其后胡适著《说儒》，冯友兰著《原儒墨》，郭沫若《驳说儒》，数年后再发表《论儒家的发生》，傅斯年著《战国子家叙论》，1954年钱穆再发表《驳胡适之说儒》。尔后著述寖多，关于"儒"的讨论也极多，不遑细述。近年以陈来综述诸家，自表意见，其文可参。读者可参陈来：《说说儒——古今原儒说及其研究反省》，陈明主编：《原道》第2辑，北京：团结出版社，1995年，第315—336页。

④ 陈来：《说说儒——古今原儒说及其研究反省》，第326—327页。

⑤ 陈来：《说说儒——古今原儒说及其研究反省》，第328页。

步。"儒"之原义为柔、为术士①、为社会一种行业②、或为殷人之遗裔、或为礼崩乐坏之后的没落贵族，都可以聊备一说，作为参考。其实章太炎《原儒》早就从"道"的角度考察"儒"的源起，所以他才推论到原本"儒"业涵括天文，等于指出儒者天人合一思想的关怀，远源甚古。我们当然不必遽信太炎引《周易·象传》"需者，云上于天"之说，但他引述《庄子·田子方》"儒者冠圜冠者知天时"而论"达名之儒""知天文、识旱潦""知天文占候，谓其多技，故号遍施于九能，诸有术者悉晐之矣"③，却是立言有本，不可忽视。儒者治《诗》《书》。《诗·豳风·七月》中所载"三正"之内容、《尚书·尧典》"日中星鸟""日永星火"关于天文的记载，《周易》中的《剥》《复》《明夷》《晋》所涉及的日出日没、阴阳消长的自然哲理，正不离于"天文占候"。陈来的文章引《周礼》"六艺"之论以证儒家思想的来源，其实先秦儒者之擅《周礼》所载之"六艺"，岂不就证明了太炎"遍施于九能，诸有术者悉晐之矣"之论？《易》理本于日照长短强弱依四季递嬗而转变的原理，故与天文学关系甚为密切；《归藏》有"荧惑"（火星的古称谓）之名，更可见其与天文学有关。而且此类天文知识，与《尚书·尧典》命"羲和之官"的原理一

---

① 许慎《说文解字》人部："儒，柔也。术士之称。从人，需声。"按："柔也"句下，段玉裁《注》："郑《目录》云：'《儒行》者，以其记有道德所行。儒之言，优也，柔也；能安人，能服人。又儒者，濡也，以先王之道能濡其身。'《玉藻》注曰：'舒儒者，所畏在前也。'""术士之称"句下段《注》："术，邑中也，因以为道之称。《周礼》'儒以道得民'，注曰'儒，有六艺以教民者'；《大司徒》'以本俗六安万民'；'四曰联师儒'，注云：'师儒，乡里教以道艺者'。按六艺者，礼乐射御书数也，《周礼》谓六德六行六艺，曰德行道艺。自真儒不见，而以儒相诟病矣。"许慎撰，段玉裁注：《说文解字注》8篇上，第366页。

② 钱穆《驳胡适之说儒》："余旧撰《国学概论》，已著墨家得名乃由刑徒劳役取义，而于儒家尚无确诂。及著《先秦诸子系年》，乃知许叔重《说文》儒为术士之称，术指术艺，术士即娴习六艺之士，而六艺即礼乐射御书数。因知儒墨皆当时社会生活职业一流品，此乃自来论先秦学派者所未道。越数载，胡适之先生有《说儒篇》，亦以生活职业释儒家，而持论与余说大异。……据《论语》与《周易》，儒家论人事皆尚刚，不尚柔。"见钱穆：《驳胡适之说儒》，《中国学术思想史论丛（二）》，台北：东大图书公司，1985年，第373—374页。钱先生据《论语》与《周易》证儒家论人事"皆尚刚"，可称巨眼。

③ 章太炎：《原儒》，第483—484页。

样，都是从农业社会的角度，着眼于天文与人事之实用关系，一方面强调一种整体性的世界观，另一方面强调"天"与"人"之间的对应。故《礼记·礼运》有记载：

> 五行四时十二月还相为本也，五声六律十二管还相为宫也，五味六和十二食还相为质也，五色六章十二衣还相为质也。

可见时历、声律、气味、色彩等，都在儒家典礼范围之中。

笔者之所以追溯"儒"的本业，主要还是要强调：对于《周易》特别具有神道设教色彩的经典，儒者不可能因为其书涉及迷信和神秘主义，而加以轻忽。近一世纪以来，儒学研究主流常以孔子是中国人文精神与理性主义之源，而一意否认孔子与《易》的关系，其论点已走了偏锋。"儒"术源远流长，固然本就脱离不了宗教。但更重要的是，《周易》并不是占筮记录，其内涵更多是本于天地、日月运行之理的自然哲学，开展的是涉及政治方略、君子言行的伟业鸿图，而不是算命摊、风水馆的欺骗伎俩。研究者必须先在这一点上有清晰的认识，才能客观地理解战国儒者对于《易》理的新诠。

儒者知天文，却未必专以天文为业。以三《易》的传统而言，其中包括宗教神话、政治民族一体的内容。《周易》的《乾》《坤》、"阴、阳"诸义，固与天文地理有关，即古人所谓仰观俯察；但其为教，却几乎全以人事为本。如《乾》卦之"群龙无首"与《坤》卦之"君子有攸往，先迷后得主"遥相对应，均指君子遇主或不遇主；《坎》卦卦辞"行有尚"，《离》卦归结于"王用出征"。下经《咸》《恒》为夫妇之道，关键之一为"恒其德"与"不恒其德"，更可见天道人事一体之妙。因此，凡论《易》的知识背景，必源本于天道[①]；但论其意义又必归结于人事。天行固有彝则，君子则须立德行。《周易》中"君子""小人"的区别，指的是统治者与被统治者。凡涉及"君子"之内容，实多指上古"士"阶层（即《尚书》所谓"多士"之"士"）而言，专言"士"应如何观察天地之谊与自治治人之原理。

儒家思想主要源出西周礼乐制度。而礼乐的文字寄托，不外乎《易》《诗》

---

① 《周易》的《乾》《坤》二卦卦爻辞内容，中外学者等以天文学解释之。笔者别有评论，详见本书第五篇《海外汉学发展论衡——以欧美为范畴》。

《书》三种经典（《六经》之中，《乐》与《诗》相合，《春秋》代有继作，《礼》以践履为尚而散见于《诗》《书》）。三者之中，《易》为尤重。盖先秦时期，思想界尚无后世观念中独立哲学思辨之事。经典、诸子所记，多属政治教化之范畴，故思想史之问题，亦多围绕政治教化开展。《周易》多政治教化之内容，即以此缘故。周革殷命，制礼作乐，虽属政治教化的实施问题；但此种种政教之基础，又必依托于天道观的奠立。亦即说，《周易》时位变革、崇尚德义的思想，即是周民族革除旧法统、奠立新法统的最高依据。《周易》尚革新、主变化的思想，源出于周民族灭殷之后，以变革之思想，激发周人果敢地贯彻封建宗法制度，以奠定万年之基业的精神。这是《周易》卦爻辞中勉励士大夫观察天地之谊与自治治人之理的原因。

《易传》多撰成于战国时期，而撰述的形态则颇多样。从《十翼》看来，有的紧紧扣着经文的一字一句，如《彖传》和《象传》；《文言传》只演说《乾》《坤》二卦，则紧紧守着《易》的门户；《系辞》《说卦》二传专讲象数；《序卦传》则解说六十四卦卦序，强调其联系发展（articulation）。由于过去一世纪研究者被误导而误以为《易传》皆是战国诸子思想的产物，于是有"儒家《易》"和"道家《易》"的论争，不知《易传》主要是演说六十四卦的义理，并非儒家或道家学说专属。但话说回来，虽不是"专属"，但以战国诸子思想相互间激烈的冲突和交融，战国儒说与《易传》学说之间，确有甚多交互辉映之处，因此我们也必须注意到《易传》中儒家学说的渗透，也要注意到战国儒家典籍中《易》的痕迹。

至于《易传》与儒家学说的关系，首先要认清，《易传》主要是解释《易经》六十四卦卦爻辞的作品，因此"经"的内容，主要皆由"传"所发挥①。《易传》

---

① 拙文《论〈易传〉对〈易经〉哲理的诠释》指出："经"的"辞例""易数""终始观念"三方面均为"传"所承继。"辞例"一节，强调可见《易传》对于六十四卦每卦的卦义透过字义演绎的方法，将隐微而概括的经文，往人事、政治、伦理、自然等各方面作比附引申，以见宇宙万物内在相互的连结（intra-connectivity）。"易数"一节，详见笔者的新著《周易郑解》（即将出版）。"终始观念"一节则提示《易经》本于阴阳循环而提出"初终"一词以喻指万物生死荣枯的定律，而在《易传》则发展出"终则有始""原始反终"的观念，强调了没有终则没有始、没有死则没有生的生命法则。参郑吉雄：《论〈易传〉对〈易经〉哲理的诠释》，第59—79页。

是《易传》，儒家是儒家（如以孟、荀为代表），不必强为牵合。过去笔者在《名、字与概念范畴》中，指出孟子"性善"之说，《系辞传》作者即给予崭新解释，截然与孟子学说不同，主要阐发"生生"之义。因天地之所以崇高伟大，在于无穷尽的循环，荣枯代谢，等于永远给予万物"生"的机会。或有人认为人死不能复生，这纯粹是从个人生死起念。从群体而言，"原始反终……精气为物，游魂为变"即是生命继起，着眼的非个人生死，而是物种的代兴。故六十四卦卦爻辞并无"生死"二字，有的只是"初终"。

但如果说《易传》与儒说截然无关，却又非事实。因《易传》作者常称"子曰"，已公开宣示其哲学立场以孔家为本。如果深入《易传》文本，我们的确可以看到不少章节，充满了《易》理与儒说的纠缠。兹略举三点，分论如下：

（一）本体论：《易》理的基础？

历来讨论《易》哲学，皆本于《易传》立说，因视经文为占筮记录，无哲学可言，可略而不谈。此一观点，固然忽略了《易传》哲学皆源出"经"的义理。笔者在《周易阶梯》中曾揭示"经"的义理，分别为"尚阳""相反相成""贵己""初终""尚中""君子之智""天文历法"七项。而《易传》哲学，则《彖传》"保合太和"的"太和"一词，经张载（1020—1077）阐释，可兼摄"尚阳"与"相反相成"，进而提升为具有本体论（ontology）意义（尽管尚未算得上严格意义的本体论）的概念，又可分化为"中""和""元"三个概念，在不同脉络下有不同的运用，更突显出"主变"哲理，在主变之中强调"时行"①。凡论《易传》哲学，首要大问题是宇宙之根源是一是二？在传统《易》学的问法：《系辞传》"一阴一阳之谓道"，究竟是"一阴一阳"本身即是"道"，抑或是"一阴一阳"的"所以然"是"道"？前者属二元论而后者属一元论。宋儒本于"理、气"关系，首先揭示"所以然"超然于"一阴一阳"之上，是为《易》学哲学史上最早的本体论解释。论者或谓《系辞传》"易有太极，是生两仪"，即可以离析为三部分："易"是"所以然"亦即"本体"，"太极"说明此本体中已先验地蕴涵阴

---

① 过去百年间以本体论说《周易》理者，先有熊十力《乾坤衍》之说，次有成为中英本体诠释学（Onto-hermeneutics）之说。

阳气化流行的"理"（太极不是气化流行）；而"两仪"则是一阴一阳的气化流行。但从语言学角度分析，鉴于"易"兼有"简易、变易、不易"三义，"易有太极"意思是"易即太极，太极即易"，二者是同实而异名。研究先秦思想史的学者以为《易传》思想属"气"论。主"气"的确是战国晚期思想界共法，虽非《易传》可得而专，用来描述《易传》至为适合。由"气"的变化，解说《易传》各个概念，始能妥帖。过去安乐哲《〈易大传〉与中国自然宇宙观》提出"无定体观"（no fixed substratum）、"生生不已观"（The unceasingness of procreation）、"一多不分观"（The inseparability of the one and the many）、"厘清'一'的观念"（disambiguating the notion of "one"）、"倾向与偶然性"（propensity and contingency）、"合有无动静观"（continuity between determinacy and indeterminacy, equilibrium and motion）、"无往不复观"（no advancing without reversion）、"辐射性的核心优于边界观"（priority of radial center over boundaries）共八点①，其中安乐哲多处引述了唐君毅（1909—1978）的学说（如无定体观、辐射性的核心优于边界观），也有并未承认但显然汲取自华严宗学说的"一多不分"学说，用来描述《易传》哲学，亦颇恰当，也呼应了本文所提出《易》哲学阴阳互相涵摄之理、生生不息之义、终则又始的规律等。"倾向与偶然性"其实原本已涵摄于经文。《无妄》卦即强调不可预知的偶然性。至于"辐射性的核心优于边界观"，笔者有不同的看法，安乐哲既然提出"一切事物当下均有局部（local）与普世（global）的双重性质"②，就不可能存在有核心、边界的优劣区分。以"卦"而论，六十四卦各指涉某一特殊情景，而随着内外卦与"非覆即变"的另一卦之间的往复发展而存在一种自足的循环。在这种情形下，世界处处都可以是核心，相对于核心则处处皆可以是普世。这才是他所提出倾向与偶然并存、生生不已又无定体的重要基础之一。

---

① 见安乐哲（Roger T. Ames）著，吴杰夫（Geoffrey Voorhies）译：《〈易大传〉与中国自然宇宙观》，郑吉雄主编：《周易经传文献新诠》，台北：台大出版中心，2010年，第244—267页。英文引自安乐哲提交给笔者的英文演讲稿。

② 安乐哲：《〈易大传〉与中国自然宇宙观》，第265页。

（二）"中"的哲学

进一步说，不但"辞例""易数""终始观念"相互支持，与其他观念也环环相扣，例如"尚中"的观念与"初终""终始"是一整套理念的产物，必须明了"初→终→初""终→始→终"的规律，才能理解所"尚"的"中"，是一个历时性、持续性的抽象观念。任何将"中"理解为某一特定固定价值的想法都不符合真正的"中"，因为"中"既强调在"初→终→初""终→始→终"的规律中呈现一个相对稳定的阶段，又同时强调这种所谓"稳定"切忌一成不变，因为宇宙万物恒常变动，各种价值、条件的调和，是促成、支撑着"中"的要件。正如《尚书·洪范》所指出"雨、旸、燠、寒、风"的自然气候理想状态是"时"（"雨、旸、燠、寒、风"互相替换）而不是"恒"（"雨、旸、燠、寒、风"五者其一恒常不退散），推衍到人事，"恭作肃，从作义，明作晢，聪作谋，睿作圣"亦应如此，故《尚书·洪范》说：

> 曰休征：曰肃，时雨若；曰义，时旸若；曰晢，时燠若；曰谋，时寒若；曰圣，时风若。曰咎征：曰狂，恒雨若；曰僭，恒旸若；曰豫，恒燠若；曰急，恒寒若；曰蒙，恒风若。

这个"时"字，是《易》哲学的核心概念之一。在《易传》"时行"一词凡出现五次，四次在《彖传》，即《大有》卦"其德刚健而文明，应乎天而时行，是以元亨"、《遯》卦"遯亨，遯而亨也。刚当位而应，与时行也"、《艮》卦"艮，止也，时止则止，时行则行，动静不失其时，其道光明"、《小过》卦"小过，小者过而亨也。过以利贞，与时行也"。一次在《文言传》则是《坤》卦"坤道其顺乎，承天而时行"。此外《彖传》也有"时义"（如《豫》卦"豫之时义大矣哉"、《随》卦"随之时义大矣哉"、《遯》卦"遯之时义大矣哉"），或称"时用"（如《习坎》卦"险之时用大矣哉"、《蹇》卦"蹇之时用大矣哉"），又或称"时"（如《豫》卦"颐之时大矣哉"、《革》卦"革之时大矣哉"）。此外尚有"与时偕行"一词，包括《乾·文言传》："终日乾乾，与时偕行。"《损·象传》："损益盈虚，与时偕行。"《益·象传》："凡益之道，与时偕行。"其意义和"时行"二字相同。总是离不开一个"时"字①。所以这简简单单的一个"时"字，构成了一整套光明俊伟的哲学，告诉我们治生、处世、对事、待人都必须要考虑从各方面作出周延细致的考虑，同时注意到勿胶柱鼓瑟，要懂得观察各种条件的变化。而"时"的观念，被战国儒家所吸收，证据历历。如《孟子·万章下》称孔子"圣之时者"，朱熹说：

> 愚谓孔子仕、止、久、速，各当其可，盖兼三子之所以圣者而时出之，非如三子之可以一德名也。②

朱熹显然考虑孟子接着说"孔子之谓集大成"，所以说"兼三子之所以圣者，而时出之"，这个"时"字译作现代汉语就是"适当时候"之意，指孔子依照时势条件各方面考虑，选择合适的时刻，而表现（出）某种德行。"时"的观念也用在《礼记·中庸》，为"时中"：

> 仲尼曰："君子中庸，小人反中庸。君子之中庸也，君子而时中；小人之中庸也，小人而无忌惮也。"

此处"时中"一词，充满《易》哲学的理趣。儒家典籍中，"中"的观念见于《易》《诗》《书》，而各有不同的意涵，或专指时间观念，或专指空间观念，或兼时间、空间而言，或指身体、心性、礼义……不一而足③。而此处之"时中"，不但构词上与《易传》"时行""时用"一致——唯"行""用"为动态动词（dynamic verb）而"中"则为静态动词（stative verb），都旨在凸显变动不居的状态中君子经由审视、考虑、分析而捕捉到恰当的准则。读者要注意，这种

---

① 读者亦可参郑吉雄：《周易阶梯》第八章"易传哲学"。

② 朱熹：《孟子集注》卷10《万章章句下》，《四书章句集注》，台北：大安出版社，1994年，第440页。

③ 关于先秦典籍中"中"字意义的类别与变迁，说详本书《先秦经典"中"字字义分析——兼论〈保训〉"中"字》。

对"中"的理解，在现实生活中——落实到人伦日用时，要精准掌握实相当复杂而不易为之，尤其因为儒家坚持的常常是价值的永恒性，"五经"之称为"经"（longitude）或"常道"（constancy）、"五常"（the Five Constancies）等等，强调的都是不变性、永恒性，追求的是足以跨越不同时代而垂范后世的伦理准则，导致儒者面对随时而变化的情境时显得过于拘执不通。《中庸》记仲尼说"君子而时中"是否是孔子亲口说的并不重要，关键是这句话着眼于以通达的态度、适当变通的方式，去掌握"中"的准则。此一精神涵括在"中庸"这样的大题目里面，实展现了不凡的意义。

（三）《系辞传》儒学元素：对圣人、贤人、君子的期许

《易》哲理影响了儒家学说，而儒家学说更是渗透到《易传》之中。不过这种渗透不是单向的，不是纯粹将儒学引入《易传》，而是将儒家学说与《易》的卦爻之说互相结合，成为相互涵摄的状态。

要了解《易传》政治教化的哲学，先要区别"圣人、贤人、君子"的不同设定。阅读《系辞传》不难发现，尽管同一章中，作者常将"圣人"与"君子"同时置入，如"上传"第一章不言"圣人""君子"，而是述说"贤人"；第二章首论"圣人设卦观象"[1]，随即申论"是故君子所居而安者，《易》之序也……"。由此推论，"贤人"兼圣人、君子二者而言其特质，君子则必将以圣人为效法对象。这样的思想，既与古代政治制度官职阶级的设定一致，也符合儒家德治理念。

上古士大夫思想，绝非以帝王为追求目标（因帝王有待于"天命"），而以佐王致治为终生所望。（自孔子栖栖皇皇奔走于列国，立君子之道，亦依循此一方向。）故君子修身立德，必以言行能符合"佐王致治"的目标为准，由是而有《周易》"遇主""利见大人"，就讲出了士大夫这一层心态，由是而有卦爻辞中对"君子"的种种描述。《易传》中对"君子"的陈述，亦依此一方向而有不同方向、层次、角度申论。其中最值得注意的，莫过于《易传》中"圣人""大

---

① 雄按：王弼读首句为"圣人设卦观象，系辞焉而明吉凶，刚柔相推而生变化"。见王弼注，孔颖达疏：《周易正义》卷7，第306—307页；朱熹《本义》则读为"圣人设卦，观象系辞焉而明吉凶，刚柔相推而生变化。"朱熹：《周易本义》卷3，第235页。

人""君子"的区别[1]。"圣人"居于最高层次，自不待言，而《易传》中的主词，尚有"大人"，和"君子"并不相同，甚至《象传》还有"后""上"等主词，均与"君子"有所不同。如《系辞传》"《易》有圣人之道四焉"胪列尚辞、尚变、尚象、尚占之后，即言"是以君子将有为也，将有行也……"直至叹美"非天下之至变，其孰能与于此"之后，笔锋一转，又说"夫《易》，圣人之所以极深而研几也"又将焦点由"君子"转向"圣人"。这都是过去申论《易传》义理的《易》家鲜少注意的。正因为儒家思想体系特别强调君臣、父子的上下名分，才区别出政教秩序中不同权力、不同位阶的责任与德性要求。这些都是《易传》义理与儒家学说一致的地方。

又如《乾·文言》强调"君子学以聚之，问以辩之，宽以居之，仁以行之"，聚学辩问、居宽行仁，固然是《论语》之教；穷通达变[2]，也是孔子恒常教诲。而《易传》之中，有很多由卦象衍生的君子之道的义理，以《大象传》为例[3]，如《小畜》"君子以懿文德"、《大有》"君子以遏恶扬善，顺天休命"、《蛊》"君子以振民育德"、《大壮》"君子以非礼弗履"、《节》"君子以制度数，议德行"等等，显然是儒家思想的贯注，将儒学的义理，一一与卦象相比附。义理的衍绎，固然属于儒家的学说，但卦象的喻指，却属于《周易》哲理的范畴。此一情形在《系辞传》中亦俯拾皆是。如"上传""圣人有以见天下之赜"一章[4]：

> 子曰：君子居其室，出其言善，则千里之外应之，况其迩者乎？居其室，出其言不善，则千里之外违之，况其迩者乎？言出乎身，加乎民；行发乎迩，见乎远。言行，君子之枢机；枢机之发，荣辱之主也。言行，君子之所以动天

---

① 说详郑吉雄：《隐士逸民与出处进退——清儒论"隐"》。

② 如《乾·文言》九三曰："君子进德修业，忠信，所以进德也，修辞立其诚，所以居业也。知至至之，可与几也，知终终之，可与存义也。是故居上位而不骄，在下位而不忧，故乾乾因其时而惕，虽危无咎矣。"其中所论穷通达变之道。

③ 关于《大象传》与《小象传》是否同一作者，笔者在《周易阶梯》第四章"《易传》综述"有说明，主要认为二传作者应为同一人，只不过因应卦、爻性质之异，而有不同的风格展现。参郑吉雄：《周易阶梯》，第67页。

④ 即朱熹《周易本义》的第八章。参朱熹：《周易本义》卷3，第241页。

地也，可不慎乎？

这段话是阐释《中孚》九二"鹤鸣在阴，其子和之。我有好爵，吾与尔靡之"，而冠之以"子曰"，将著作权归诸孔子。其中强调的是君子"言"的艺术与力量，"言"虽切近己身，在君子却能影响及于千里，不但施政致远，影响人民，动及天地，更是荣辱之主。此段文字意旨源自《论语》所记孔子"慎言"之教，却透过强调"言"进而言行→枢机→荣辱→动天地反向阐述"慎言"的自然之理、人文之义。

（四）《序卦传》的宇宙论

《易传》中儒家学说的渗透，虽谓俯拾皆是[1]，但各个例子展现的实情，则是儒家学说在《易传》中，常常随顺《周易》卦爻内容而开展，让人难以分辨究竟是儒学渗透到《易》学，抑或反过来《易》学渗透到儒学。上文提出的例子，《易》卦爻辞既多记述周民族自天子至于卿大夫伦理政教的法则，而儒学以西周礼乐为型范，则二者所述关于君子、贤人、圣人的诠解，自然有极多暗相吻合之处。然而，一旦谈及《序卦传》那就清楚得多了。本节讨论《序卦传》的宇宙观，也可以说是该传的万物观，因《序卦传》视"天地"与"万物"同体并存之故，虽然开宗明义，随顺《乾》《坤》而以"有天地"三字起首，但其余六十二卦个别事物的开展，实即天地运作的示现。这是我们读古书所必须认清的。

《序卦传》讲述的是六十四卦卦序的理路[2]，因应六十四卦涉及自然、国家、战争、社会、家庭、仪轨等各方面，顺应卦义，就其卦与卦的先后排列，讲出一番道理。鉴于经传撰著年代的数百年差异，这番道理当然不能被视为"经"的作者原意，而应视为《序卦传》作者阅读后赋予经文的一套完整理解。这套理解就其从"天地"设定场域考察，可证其哲学色彩；但其随着六十四卦述说其义，而不是先

---

① 例如《乾·文言》"元者，善之长也"一节，同时见于《左传》襄公九年"穆姜薨于东宫。始往而筮之"穆姜对《随》卦的评骘。

② 山东大学易学与古代中国哲学研究中心李尚信教授专研卦序，读者可参李尚信：《卦序与解卦理路》，成都：巴蜀书社，2008年。

建立一套宇宙观来套用在卦序意义上，它又似乎够不上称为严格意义的"哲学"。但对这一点也许不必太执着，因为先秦思想原本就属中国早期，哲理的体系性尚未完整。但就其设定"天地"为预设场域而言，作者哲理视野的宏伟与高远，令人惊异：

> 有天地，然后万物生焉。盈天地之间者唯万物，故受之以《屯》。屯者，盈也；屯者，物之始生也。物生必蒙，故受之以《蒙》。

以《乾》《坤》二卦取象天地，人或以为理所当然。但其伟论，则在于"盈天地之间者唯万物"一句，视"天地"与"万物"既为一致，亦为互摄，是第一、二句"有天地，然后万物生焉"的发展性新解。"有天地，万物生"，即以天地为父母，万物为天地阴阳交感而生。但"盈天地之间者唯万物"则又产生了新义理：万物充盈于天地，天地亦不外于万物；天地既与万物为一，则无所谓未有天地之先，理论上就没有"有生于无"的可能。沿此解释，甚至较张载《正蒙》本于"太虚无形，气之本体"理念而论"无无"（雄按：对"无"的否定），更为直截了当，立论近似于裴頠（267—300）《崇有论》所谓"夫总混群本，宗极之道"[①]，而凸显"物"字，则已宣示了不依循老子哲学的人方向。"天地万物"同中有异、异中有同，互相涵摄的关系确立，而即顺着卦序，将第三卦《屯》连接上，"故"字作为介词，说明了前后的逻辑关系，意指天地与万物均适于"屯难"之理，天地之自生、万物之化生，无不屯难，而确立了《周易》始于天地万物，在生生不息的历程中，克服艰辛实为常态。而这个"盈天地之间者唯万物"的"盈"字，又与下文"屯，盈也"互相呼应，可以见其义理的严密，环环相扣，而顺着六十四卦次序，

---

① 裴頠《崇有论》："夫总混群本，宗极之道也；方以族异，庶类之品也；形象著分，有生之体也；化感错综，理迹之原也。夫品而为族，则所禀者偏；偏无自足，故凭乎外资。"见房玄龄等：《晋书》卷35《裴頠传》，北京：中华书局，1995年，第1044页。裴頠思想中宇宙本原，就是"总混群本"，说不出是什么但总之是万物的本原。因为这个本原是"总混"，表示其并无共同的原理，于是"庶类之品"（万物）的演化过程中"所禀者偏"，只能依赖其他物种的支持。这是存有论与贵无论立异的主轴。

——铺陈。

上经以"天道"为主，下经以"人事"为主，而下经之始，《序卦传》亦援用上经的辞例，说：

> 有天地，然后有万物；有万物，然后有男女；有男女，然后有夫妇；有夫妇然后有父子；有父子，然后有君臣。

"下篇"与"上篇"起首不同，在于更凸显天地→万物→男女→夫妇→父子→君臣的线性关系。"有天地，然后有万物"实即"上篇"的"有天地，然后万物生焉"，至于"有万物，然后有男女"，意指万物因"天、地"交感而生，则万物或亲于天，则本于乾道，为阳、为男；或亲于地，则本于坤道，为阴、为女。有男女，仍本于天地交感的精神，而有"夫妇"之道，然后伦理逐步确立。正如《郭店楚简·六位》第33—38简云：

> 男女别生言，父子亲生言，君臣义生言。父圣子仁，夫智妇信，君义臣忠。圣生仁，智率信，义使忠。故夫夫、妇妇、父父、子子、君君、臣臣，此六者各行其职，而谗谄蔑由作也。君子言信言尔，言诚言尔，设外内皆得也。其反，夫不夫，妇不妇，父不父，子不子，君不君，臣不臣，昏所由作也。[1]

这段文字由男女之别讲起，进而论父子之亲，再进而论君臣之义。"夫妇→父子→君臣"层层递进，正符合上文所讲述之人伦由男女结合婚配起始，进而有家人之诸谊，再扩而言之，由私领域扩至公领域，则跃进君臣之义的问题了。

透过《序卦传》上篇、下篇起首，即可明了其哲理，部分汲取儒说，部分则仍依经文卦序卦义，引申建构由宇宙乃至于人伦万事的关系。限于篇幅，不能缕述各卦内容。

以上列举四点，大略说明《易》学被战国儒家学说消融转化的痕迹，细节有

---

① 参刘钊：《郭店楚简校释》，福州：福建人民出版社，2003年，第109页。此段排序采李零说。详李零：《郭店楚简校读记》（增订本），第132页。

待他日再详论者尚有很多。例如，《周易》的《革》卦与《鼎》卦为"覆"的关系，其中兼有"变革"与"革命"两义。但战国儒家已不言革命问题，独留变革思想，属德性义理的一部分。《论语》虽说"夫子罕言性与天道"，但譬如"三十而立，四十而不惑，五十而知天命，六十而耳顺，七十而从心所欲，不逾矩"，亦是"变"的思想，体现在个人进德修业。如扩大至于历史，则有三代损益变革的理论。凡此亦属于儒学承继《易》哲学而加以调整转化的痕迹。

《易传》多"子曰"，表示作者不约而同服膺道德性命之理，归宗仁义之说。《易传》所论，与方士占筮一派讲《易》而流为术数者绝不相同，其所蕴含之人文精神，更不能抹杀。指《周易》经传非儒家思想之核心经典，实不合理。孟、荀更将《易》理内化为德性刚健之说，自此以后，儒术出西周礼乐制度依托于天道阴阳观念的事实，愈隐而难见。然西汉孟喜、京房术数，暗含天命无常之学说，借此以儆诫为政者自省自惕。后世操玩术数者不深究于此，导致《周易》人文精神不彰，术数小道，反被术士用以诬民惑世。而儒者转而不喜《易》。这实属不幸！

近年刊布的《清华大学藏战国竹简》（以下简称《清华简》）"肆"有"筮简"，其中有"夫天之道，男胜女，众胜寡"的文字：

图1　清华简（局部）

由于此简上下文并不连贯，无法从文义判断这是否属于"尚阳"的思想。不过，将"𢾭"字读为"胜"，而提出"天之道，男胜女"是很有意思的。参考下一句为"众胜寡"，让读者自然而然想到王弼《周易略例》以《老子》哲学提出"以寡治众"的理论。"众胜寡"显然是其对立面，反映了战国《易》学思想显示其尊阳而卑阴的一个侧面。姑记于此，以俟来者。

十、结语

本文称"同源分流"，旨在辨明儒家和道家的学说理论尽管是南辕北辙，却分享了共同的源头：近源是《周易》，远源则是一套更悠远的、奠基于自然阴阳哲学的政治意识形态——暂时可追溯至殷商的《归藏》。这个共"源"，随着历史变迁又别而为二"流"，依循各自理论的轨迹，其一成为以西周礼乐制度为主体的儒家学说，另一成为以反对西周礼乐制度为目标的道家学说。它们也成为战国乃至于后世思想的主要流派。

本文尝试综合《易》《诗》《论语》等经典及传注、考古及出土简帛、《老子》及其后世解释等等，从中国古代思想的角度，文化、文明的演进，思想、观念的发展，重建殷商、西周到战国的一千余年间，《周易》的阴阳哲学如何分别被孔子及老子所承继。扼而言之，阴阳哲学的奠立，历经殷商《归藏》尊尚阴柔，而至西周《周易》的尊尚阳刚。孔子及儒家的思想资源汲取之而建立阴阳之象厘然清晰的礼乐思想。老子亦承继《周易》变化循环的哲学，而偏取尊尚阴柔一面，为礼崩乐坏的春秋末叶以及走上衰败的周室，指出一条未来的道路。

孔子和老子的思想资源，均与殷商脱离不了关系。孔子是殷人之后，却追慕周公制礼作乐，是人所共知。而老子思想尚柔，思想兼有遗民与隐逸的精神，显然亦受殷商灭亡及《归藏》或是《坤乾》的启迪。自周灭殷后，《归藏》随着殷王朝覆灭而星散，《周易》成为新政府治国理念的正朔。《周易》阴阳哲学，遂对孔子、老子产生深远的影响。孔子及儒家学者借由重新诠解卦爻辞，而陆续成为《十翼》流播人间。西周礼乐与哲学，继续深入渗透到儒家礼教学说中。

殷民族重母统的传统反映于《归藏》立纯阴的《坤》为首，一点灵根，成为老子思想的种子，道家精神的渊源。而老子同时汲取《周易》思想，成为《易传》诠释系统以外，最伟大的阴阳哲学新诠者，将《周易》主刚尚阳的精神，转化为尊尚阴柔、倡议无为的思想，建构了宏大的政治教化方略。原来先秦两大思想家都可溯源于殷商，和《归藏》《周易》都脱离不了关系！

《周易》诸卦卦爻辞均以训诲君子亦即士大夫为主，卜筮必待义理解释，明义理必以修德行为本，此为《周易》原有之精神，与《诗》《书》之教，吻合无间。然据《左传》所记，春秋时期筮人多衍《易》象，修德明义之道衰微。故孔子修《春秋》、立儒门，强调人文精神，虽韦编三绝，而竟不甚以《易》为教，恐君子致大过。战国《易传》盛称孔子，作者尚多服膺儒门仁义之说，用以解释卦爻所蕴含之人文精神，与秦汉方士讲《易》而流为术数者不同。

本文的特色之一，在于为《老子》文本提出新诠。老子思想揭示无名之道、玄牝之门为自然界及人文界的终极原理，而阐发现象界事理两两相对的本质，并提示学者勿追逐现象界二元性的相刃相磨，而应以"无不为"为必要条件行"无为"之事，以避免流于"有为"的舍本逐末，而致在礼崩乐坏以后，企图重建礼乐而反致陷入恶性竞争、价值混乱的泥淖。老子的身分固多传闻异辞，但后人可视之为抱藏典册、隐姓埋名的遗民隐逸的代表，其源可上溯殷周之际，其流则为战国老子、庄子、关尹等。（限于篇幅，庄、关思想当另文讨论）老子柔弱胜刚强、飘风不终朝等言论，皆有警世的作用，论其思想资源，则终不能不推究《周易》阴阳哲学。

汉 学

海外汉学发展论衡

——以欧美为范畴

一、绪论

（一）"汉学"名义

欧美地区指涉"汉学"的用语"sinology"或"Chinese studies"，最早出现可能是在十九世纪初[1]。因焦点在于语言及文学，与文献训诂关系殊深，故早期汉学家所说"Chinese philology"实即指涉汉学或中国古典的研究[2]。在中国，汉学近源则在清代。清儒用语，"汉学"的"汉"字显义指"汉代"，隐义指"汉族"，因清儒研治"五经"之学，注疏根柢皆在汉儒，与满洲氏族文化传统并无丝毫关系。故清儒言"汉学"，在十七、十八世纪中国的政治氛围中，凸显汉人道统的意味鲜明自然，而且不露痕迹。后人因时空变迁，亦不再注意这一点。清初毛奇龄（1623—1716）始倡汉代经说，以攻评宋儒程颐（1033—1107）及朱熹学说，开启汉宋异同之端[3]。吴派惠士奇（1671—1741）、惠栋治学尊汉，栋著《易汉学》，

---

① 如从实质研究追溯，则十七世纪欧洲传教士对中国的研究即已是汉学的滥觞。并参 David B. Honey, *Incense at the Altar: Pioneering Sinologists and the Development of Classical Chinese Philology* New Haven: American Oriental Society, 2001.

② 此处的"literature"是广义的，包括文史哲等典籍及其著述而言，如德国汉堡大学首任汉学讲座为Otto Franke（1863—1946，后转任柏林大学），代表作为1931年刊布第1册（全书共5册）的*Geschichte des Chinesischen Reiches (History of the Chinese Empire)*。"philology"亦不是狭义的训诂学而是广义指涉语言文字文献。

③ 《四库全书总目·经部六·易类六》"易小帖"条："国朝毛奇龄说《易》之语，而其门人编次成书者也。奇龄所著经解，惟《仲氏易》及《春秋传》二种，是其自编，余皆出其门人之手。……今观其书，征引前人之训诂以纠近代说《易》之失，于王弼、陈抟二派，攻击尤力。其间虽不免有强词漫衍，以博济辨之处，而自明以来，申明汉儒之学，使儒者不敢以空言说经，实奇龄开其先路。其论《子夏易传》及《连山》《归藏》，尤为详核。"参永瑢等撰：《四库全书总目》卷6，北京：中华书局，1965年，第38页。

专一发明汉儒《易》说。自"汉学"名称肇兴，始有汉宋之争，亦即标榜"五经"传笺章句之学的"汉学"，与专讲天人性命理学道学的"宋学"相对立，"汉学"在中国传统学问的范畴，始趋于清晰。清中叶以后，因江藩（1761—1831）著《国朝汉学师承记》立"汉学"之名，阮元（1764—1849）从汉代与清代经学的一致性赞成其说[1]，而龚自珍（1792—1841）《与江子屏笺》则提出"十不安"[2]，建议其将书名"汉学"一词易为"经学"。此则注意到"汉学"之说，不足以概括清儒的努力，亦不足以反映汉儒的成就。自鸦片战争后，欧美文明冲击中国，而明代以降耶稣会士将中国典籍输往泰西，从而衍生出大量翻译、研究成果，扩及经史子集，在欧洲植根。于是欧美渐次从远东之学（far-eastern studies）、东方之学（oriental studies）、东亚之学（east Asian studies）之外，有"汉学"（sinology）之名，专指中国古典之学，而与清儒所谓"汉学"不同。由是而观，"汉学"既有中国源流，亦有欧美背景，彼此迥不相侔。

（二）"海外"与"海内"：两种视角

本文标题在"汉学"之上加"海外"二字，相对则为"海内"，二者形成彼此相反又相关之视角。

从海内看海外，焦点在于：近代中国学者既急欲受西学熏染，又忧心失去文化主体的矛盾心情。前一种心情，从自强运动（或洋务运动，self-strengthening movement）即普遍存在于中国各阶层，直至今日之中国。证据太多，毋庸列举。就事论事，二十世纪中国直至今日海峡两岸的汉学界，大体上为单一汉语世界（Sinophone），对英语研究成果的掌握，普遍不足，甚至引来今日美国汉学家的微

---

① 阮元《国朝汉学师承记序》称赞读江藩此书"可知汉世儒林家法之承授，国朝学者经学之渊源。大义微言，不乖不绝，而二氏之说不攻自破矣"。阮元：《揅经室集》一集卷11，台北：台湾商务印书馆，1967年，第224页。

② 龚自珍：《与江子屏笺》，《龚自珍全集》，上海：上海古籍出版社，1975年，第346—347页。

词①。在对欧美汉学研究认识不足的情形下，不自觉地崇奉欧美汉学观点为正统，实是势所必至。在这种"势"的驱使下，中国学者又常忧惧失去文化主体性，自十九世纪中叶"师夷之长技以制夷"②"中学为体"或"旧学为体"③等宣示，国民心情即已如此，学界亦不例外。早期欧洲汉学家来华治学，必借由中国学者协助，方能竟其功。正如"五经"的翻译，理雅各（James Legge，1815—1897）得力于王韬（1828—1897）的协助；而《易经》翻译，卫礼贤（Richard Wilhelm，1873—1930）亦得力于劳乃宣（1843—1921）的教诲。中国学者倘能强化自身原有语文及经典训练的优势，避免邯郸学步，文化自信即能树立，自不难在上述两种心情中找到平衡。

从海外看海内，焦点则落在欧美汉学家的心情。二十世纪中叶以前，欧洲汉学家对中国既充满好奇心，又怀有优越感。好奇心产生自中国的神秘感，惊诧于中国风土、文物、习俗、信仰的殊异；优越感则源自欧美科技的先进，学者挟文明莅临东方（包括中国、日本、朝鲜、越南），俨然对远东学术文化进行启蒙。二十世纪七十年代，中国改革开放，东西方交流、移民增加。在全球化浪潮下，东西方距离缩短了。对欧美学者而言，中国文化神秘感逐渐消失。加上文明优势，学术界各种规范、评比标准，中、日、韩多采用欧美学术界制度及指标④，让欧美汉学家自信心益形强大，甚至多少轻忽东方汉学传统积累，也是势所必至。这在下文将有所分析。

以上海外、海内两种视觉产生的歧异，固然不可能放诸每一位汉学家身上而皆

---

① 柯马丁（Martin Kern）曾撰《早期中国文献研究方法之反思》，批评中国背景的文献研究倾向于"单语主义"，忽视汉语以外的其他语系研究的成果。柯马丁（Martin Kern）著，杨治宜译：《早期中国文献研究方法之反思》，原发表于北京大学《国学学刊》第4期（2011年），第25—38页；修订本由罗进昌补译，刘笑敢、郑吉雄、梁涛合编：《简帛思想文献研究：个案与方法》，北京：东方出版社，2019年，第121—155页。

② 魏源：《海国图志·原叙》，郑州：中州古籍出版社，1999年，第67页。

③ 1896年孙家鼐筹办京师大学堂，倡"中学为体，西学为用"，1898年张之洞《劝学篇》改"中"字为"旧"。

④ 例如世界排名、冲击指数（impact factor）等。香港特别行政区政府自2006年起袭用大英联邦国家RAE（Research Assessment Exercise）评比各公立大学的学术研究实力，更是显例。

准，但歧异毕竟存在，也不能视而不见。研究汉学也就是中国学问的我们，在考察海内外汉学研究情状之时，若不能意识到这两种视角差异存在的事实，一味以国际化、全球化为理由，企图模糊此两种视角差异所引起的价值观的预设，终必随人俯仰，与俗浮沉，无法对学术与真理作出实事求是的评价。研究者建立自信，洞察海内外学者不同视角，进而洞察其心情的异同，实为首要之务。另一方面，无论身处海内或海外，都应当对自己、对对方，坚持客观态度，审视长短优劣、是非对错，从长处中观短处，从缺点中窥其优点，欣赏与批判兼具。实事求是四字，是永不过时的金科玉律。

（三）"汉学"范畴与领域重整

近二三十年来，世界秩序激变、科技日新月异、东西交流密切，海外汉学研究中不少课题也在默默进行着典范性的转移——焦点不同了，新材料涌现，新研究课题不断更新，研究方法的讨论也愈趋成熟。位于东亚地区的我们应该如何重新认识海外汉学的趋势，展望未来发展，并融入教学，深化人文学国际化，是当前至为重要的，也是大家都关心的课题。学术文化视野的高度，决定了求知活动的深度与广度。从事人文学研究的学者，必先建立强大自信心，才能培养出高瞻远瞩的视野。

"汉学"范围浩如烟海，我们想要发展哪些方面？这是需要首先考虑的大课题。而限于篇幅，本义将以欧美地区为主，集中讨论科学实证、语文翻译和宗教哲学三方面。

汉学的含义很广，涵盖了文、史、哲三个范畴，甚至包括部分语言学、社会学的分支。就方法上说，社会学重视横向考察（和历史学较重视纵贯考察不同），又强调可计量性（quantifiability），实倾向自然科学。不过社会学以"人"为研究对象，又让它部分跨越到人文学。拜二十世纪初新史学运动所赐，过去一世纪历史学训练，和社会学重叠的部分相当多[①]。例如方志学，即是兼具史学与社会学特色的学科。即使在人文学里，也有一些学科存在界线的问题，譬如"哲学"，严格来说

---

① 自二十世纪初新史学思潮兴起即如此，故如涂尔干（Èmile Durkheim，1858—1917）、韦伯（Maximilian K. E. Weber，1864—1920）的社会学著作，是上一代史学家必读的经典。从理论上讲，史学与社会学主要差异在于，同样考察人类群体活动，史学家观其纵贯，而社会学则属横向研究。

不应该被归入"汉学"，因为它研究的是普遍的真理，属于全人类的，强调的是共同价值（也有学者认为"中国哲学"属汉学范畴）。"语言学"也如此，从普世角度看，"汉语""汉语方言"等或可归属汉学，但汉藏语系研究就不再是"汉"或"中国"所能规范。其次，"汉学"所谓"汉"主要指向学术内涵，而非国家疆域，因此不能将"汉学"视为专属于国家意义之"中国"的学问，而应视为东西方世界均有专门人才致力的中国古典历史文化研究。"汉学"一词很古老，让人觉得有点过气。当代学者或舍"sinology"而代之以"Chinese studies"，和被称为"中国研究"、以当代1949年以后的新中国为主要研究对象的"China studies"不同。

笔者的基本立场是：学术研究必须时时保持批判态度，对汉学也不能例外。汉学研究者不但要能上接古典传统，掌握经典文献解读的各种方法①，对于当代前沿研究也必须广泛掌握，并具备鉴别能力，能够从众多论著与方法中，辨认出过甚其词的浮夸推论，和真正实事求是的研究，既不轻忽任何最不起眼的研究，亦不能震慑于研究者的名气而忽视其方法谬误。

激变不只是发生在汉学，整个人文学的领域都在激烈地变化重整。"文史哲不分家"这句话流行了几近一个世纪，今天不但仍然有效，更因为跨领域研究的热潮，甚至于已不足以描述今天对此种"不分家"具有迫切需要的情状。以台湾大学文学院为例，半个世纪以前只有6个学系②，现在则有13个系所，表示有不少领域宣告了独立。更重要的是这些不同领域彼此之间的关联性，才足以说明所谓"不分家"的意义。汉学中的"经学"——对《易》《诗》《书》《礼》《春秋》的研究——可能是说明"文史哲不分家"的最佳例子。"经学"是一门高度综合的学科，其中包括政治学、社会学，甚至天文③、地理之学④。台湾的大学中文系较似

---

① 有些很基本的，例如治经学必须先有文字、训诂、音韵的基本训练，史籍则要区分史料，例如方志的利用，要注意里面材料的真伪，因为志乘很多是地方乡绅捐赀编撰，对于地方人物事迹的记录或涉虚构，评价更未必公允。如果研究哲学，则必须对于核心的概念范畴（key notions / conceptual framework / ideas），说详本书《名、字与概念范畴》。

② 分别为中国文学系、外国文学系、历史学系、哲学系、图书馆学系、考古人类学系。

③ 如历代学者关于《周髀算经》及《尚书·尧典》"四仲中星"的研究。

④ 如顾祖禹《读史方舆纪要》、阎若璩《四书释地》、朱右曾《诗地理征》。

汉学系，早期开设包含经史子集的课程。有一长段时间，台大中文系开设经学课程遍及"五经"。大陆近十年来掀起热潮的既不是"经学"，也不是"汉学"，而是"国学"①。2020年以前大陆的大学纷纷设立"国学院"或类似的机构，2012年起甚至每年举办"全国高校国学院院长论坛"，前三四年都很热闹，笔者有幸躬逢其盛，见证若干变化。2013年有资深学者领头向教育部申请"国学"为一级学科，没有成功②。依笔者的观察，主要是因为"国学"与其他一级学科颇有重叠，如古文献、历史、哲学等。此后有学者提倡以"古典学"③作为取代"国学"的名称。但"古典学"一词也不清楚，难以从年代、方法或范畴上清楚界定学科属性。"经学"作为一个古老的范畴，囿于现实环境，与高等教育知识分类早已脱节，近二十年来却又幸运地因着出土简帛文献而重新获得注意。然而，经学研究者心里都明白，整个经学研究的问题意识——提出问题的方法与角度——与半个世纪前风光已大不相同。二十世纪在台湾盛行的经学，带有浓厚的中国文化传承的理想，甚至隐然具有延续"道统"的意味。及至今天，这些理想与意味已悄然消散。又如中国哲学，原本欧美学界就惯将中国哲学典籍归入宗教或文化类别，不与"哲学"同科。在欧美分析哲学（analytic philosophy）兴起以后，亚洲研究中国哲学的学者更显得与主流哲学研究格格不入。这说明了即使是文史哲内部的某一个学科，亦不得不随时代变迁而改变。

"汉学"这大题目牵涉那么广，最终我们要思考一个问题：我们试图对"海外汉学"有更多的了解，不应该只是借他山之石以攻错，甚至对海外研究亦步亦趋。如上文指出，不同地区、不同兴趣的研究者研究中国传统学问，都脱离不了特殊的

① 唯北京大学于2011年以"汉学"为名，设立研究单位"国际汉学家研修基地"。杨煦生《国学与汉学》一文则视"汉学"为专指国外的中国研究，而主张"国学"应积极汲取"汉学"的成果，说："汉学和汉学史的精神历程和成果能否纳入中国思想和学术的视野，正是国学能否获得自觉的价值意识，而同时又成为一个当代学科的重要先决条件。"杨煦生：《国学与汉学》，《光明日报》2009年6月29日国学版。

② 2014年全国高校国学院院长论坛上，立"国学"为一级学科，成为热烈讨论的议题。

③ 上海已故石立善教授推之最力。其实"古典学"早已为人所用，如裘锡圭2000年发表的《中国古典学重建中应该注意的问题》一文即用"古典学"一词。裘锡圭：《中国古典学重建中应该注意的问题》，《裘锡圭学术文集》第2册，第334—344页。

背景和动机，难以生搬硬套。不论立足哪个国度，都会有属于自身独特关切的课题，以及处理这些课题的某些特殊方法、视界。海内也好，海外也罢，汉学研究的特色不可能彼此仿效，只能借由交流以互相学习。更不应以某地、某人的方法与视界为尊，奉为圭臬，而是借由异域异邦别具特色的视野与价值，去激发自身发现自己的问题。比较研究（comparative studies）从来不是为比较而比较，也不是为了"被启蒙"而为之，是为自身人文学精神的生生不息。

讲到这里，关键问题出现了：究竟哪些海外汉学的课题、方法、研究对身处海内的我们来说，是"有意义"的呢？可能我们要先问：我们研究汉学的动机何在？究竟我们怀抱什么理念和理想？

回归到人文学本身去思考，人文学特别和"人"有关系，而从事学术研究首要热情。每个时代的学者都站在自身的立足点去观察学术世界，就像躲在一幢小屋，透过一方小窗窥探外界。不难想象，海外汉学数百年传统，不同地区的汉学家也自然而然地基于他们自身的时代、文化、历史背景，甚至政治、宗教的信仰，去决定他们的选题，并且形成特殊的研究方法和方法论。所以笔者今天和各位分享海外汉学研究，并非单纯地做"介绍"，建议大家怎样去西方"取经"。笔者希望和大家共同思考：历史、时代走到今天，我们在宣示要发展"汉学"之时，要如何回过头来反躬自省，反思我们自己究竟基于何种目标去研究人文学？我们要追求什么？立足点又何在？

二、欧洲汉学背景：从天文历算之学讲起

（一）科学手段与真理探索

从上述的出发点，我们将视角拉回十七世纪欧洲也就是"汉学"兴起的时期观察，最早不少欧洲人正是出于一种亚洲人未必了解的心理远眺中国，就是从欧洲向东方看，先有"远东研究"（Far Eastern studies）和东方学（Oriental studies）。他们界定出近东（Near East）、中东（Middle East）和远东（Far East），中国的国度自然是在远东，所以严格说来汉学原属远东研究的一支。它的源起脱离不了欧洲挟

其海上武力向东方武装殖民的心理。这也是一种带有宗教情操的探险精神。要知道基督教（广义，包括天主教和新教）本身即具有世界主义情怀，与它的远源犹太教（Judaism）并不相同①。十六世纪末意大利裔利玛窦神父（Matteo Ricci, S.J., 1552—1610）、德裔汤若望神父（Johann Adam Schall von Bell S.J., 1591—1666）都属耶稣会，稍后的白晋神父（Joachim Bouvet S.J., 1656—1730）也是耶稣会士。耶稣会士来华的动机，有太多的研究专著，在此省略不谈。它与欧洲向远东通商、殖民的活动相纠缠。笔者在30年前参加国际会议ICANAS（International Congress of Asian and North African Studies），很好奇亚洲研究怎么会跟北非研究放在一起。不过如果回归历史去考察，又不会太奇怪。这个congress的前身是"International Orientalists Congress"，1873年在巴黎举行第一次会议。从名称上就可见是一种东方主义的产物②。至于在二十世纪中叶兴起的东亚研究，也是从远东研究蜕变出来。美国Far Eastern Quarterly后来改名为Journal of Asian Studies，即属一例。

由于欧洲天主教信仰中的宇宙秩序，长期受科学界挑战。矛盾的张力，为教会改革运动注入了浓厚的科学精神。这也说明了欧洲耶稣会教士为东方带来科学知识与精神的历史背景③。利玛窦、汤若望等最大的贡献是带来了欧洲的天文历算之学，影响到徐光启（1562—1633）、李之藻（？—1630）等士大夫也是大家熟知的。李之藻《天学初函》一书卷帙浩繁，除了"天主实义"二卷，还有专章讨论天文、地理、水利、数学等，代表了当时中国知识分子的欧洲科学受容④。这一条重视天文历法之学的学脉，还有许多后续。利玛窦之后，清朝初年继汤若望后曾任钦天监副监，并与杨光先（1597—1669）、吴明炫——曾担任钦天监和监副的两

① 尽管犹太教包括五部经典*Five Books of Moses*在内的《希伯来圣经》成为基督教的《旧约》（Old Testament）。《希伯来圣经》与《旧约》编次不同，内容则一致。

② 关于东方主义，可以参考Edward W. Said, *Orientalism*, Pantheon Books, 1978.

③ 这方面笔者有亲身的体验，因为笔者中学时期就读的香港华仁书院（Wah Yan College Hong Kong）就是耶稣会主办的，笔者的生物课教师，就是耶稣会神父。

④ 关于耶稣会士来华的历史背景与细节，最新的专著韩琦《通天之学：耶稣会士和天文学在中国的传播》有专业而周详的研究。韩琦：《通天之学：耶稣会士和天文学在中国的传播》，北京：生活·读书·新知三联书店，2018年。

位官员①——发生政争而一度陷狱的南怀仁神父（Ferdinand Verbiest S. J.，1623—1688），就曾对于中国传统历家"置闰"的方法提出批评②。

受到清圣祖尊崇的白晋神父，和莱布尼兹（Gottfried Wilhelm Leibniz，1646—1716）关于《易经》的研究，最为人津津乐道。莱布尼兹在1693年与白晋联系，发现了《周易》中的卦象组成的阴阳爻可代入二进制的（1）和（0）。1701年他将二进制表寄给白晋。同年11月，白晋寄他两个图：邵雍先天学的《伏羲六十四卦次序图》（Segregation-table）以及《伏羲六十四卦方位图》（Square and Circular Arrangement）。六十四卦简化成"乾111111""坤000000""屯100010""蒙100101"等形态。其后他在法兰克福创立了China Institute。白晋和莱布尼兹研究《易经》已和中国传统经学无关，因为他们注入了哲学和科学观点的新尝试，让《易经》研究的全球化起步。这是带有宗教和哲学动机的科学思想真实地对"汉学"的影响③。它对人文学的影响，就像明末方以智（1611—1671）《物理小识自序》所说的"质测藏通几"：

---

① 杨光先生平事迹可见阮元：《畴人传》卷36，北京：中华书局，1991年，第450—451页。吴明炫事迹可参黄一农：《吴明炫与吴明烜——清初与西法相抗争的一对回回天文家兄弟》，《大陆杂志》84卷4期（1992年4月），第1—5页。

② 南怀仁在《康熙朝欧洲天文学的回归》中记述："我是被现在的康熙皇帝的父亲从中国西部省分召进北京朝廷的，目的是做汤若望神父的继任人，负责欧洲天文学。那时候欧洲天文学已经被介绍到了中国。针对阁老们的提问，我立即回答说：'这部历书的确有很多错误，其中最大的错误就是在明年（指康熙八年）的历书里设置了十三个月。'当时来年的历书已经印制完毕，并颁布到帝国的各个省分了。可是根据天文学规律，只应该有十二个月，不应该在中间添加一个闰月。中国人的日历是根据月亮的圆缺周期来确定月分的，即'月亮→月分'法则。他们把黄道十二宫的每一个宫与一个月分相对应：如果太阳在既定的月分中没有进入那个月对应的宫的位置，他们就增加一个被称之为闰月的月分，由此这一年设定为十三个月。"南怀仁（Ferdinand Verbiest, S. J.）著，余三乐译：《康熙朝欧洲天文学的回归》，刊《国际汉学》2010年第2期，第206—220页。并参Noël Golvers, *The Astronomia Europaea of Ferdinand Verbiest S. J.*, Monumenta Serica Monograph Series XXVIII, Dillingen, 1687）。

③ 读者可参黎子鹏：《清初耶稣会士白晋〈易经〉残稿选注》，台北：台大出版中心，2020年。

盈天地间皆物也。……以费知隐，重玄一实，是物物神神之深几也。寂感之蕴，深究其所自来，是曰通几。物有其故，实考究之。大而元会，小而草木蠡蠕，类其性情，征其好恶，推其常变，是曰质测；质测即藏通几者也。有竟扫质测而冒举通几，以显其宥密之神者。其流遗物，谁是合外内、贯一多而神明者乎？[1]

"通几"指的是哲学真理的贯通，"质测"则指科学测量的方法。"质测藏通几"意思是：哲学真理的追求，离不开科学实测的手段。这段话预设了一个充满物质的宇宙。而真理的探求，离不开事物的精微分析。此一精神发展到戴震（1724—1777）《勾股割圆记》三卷的球面几何学（spherical geometry）[2]，达到高峰，因为戴震毕生追求是哲理，亦即去世前最后的著作《孟子字义疏证》中的"理"概念[3]。继起者则有所谓"谈天三友"的焦循（1763—1820）、李锐（1769—1817）[4]、汪莱（1768—1813），焦循尤精于《周易》与历算[5]，而李锐与汪莱则有相互"龃龉"的传闻，辩论的都是今天高等数学的问题[6]。

---

① 方以智：《物理小识》，《景印文渊阁四库全书》第867册，第742页。

② 正如戴震引元郭守敬《授时历草》称"凡浑圜中割成平圜，任割平圜之一分，成弧矢形，皆有弧背，有弧弦，有矢。"是站立在地面上仰视天球半圆而作实测。"勾股"是："弧矢之内成相等之勾股二，半弧弦为勾，减矢于圆半径，余为股。勾股之两端曰径隔，亦谓之弦，勾股之弦，得圆半径也。"所谓"割圆"是："割圆之法，中其圆而瓠分之，截圆周为弧背。弧背之两端曰弦，值弧与弦之半曰矢。"戴震：《勾股割圆记》，张岱年主编：《戴震全书》第5册，合肥：黄山书社，1994年，第121—123页。

③ 说详本书《论戴震与章学诚的学术因缘——"理"与"道"的新诠》。

④ 李锐生年，或以为1768年，实为乾隆三十三年十二月八日，公历1769年1月15日。其生平可参罗士琳：《续畴人传·国朝续补二》本传。

⑤ 焦循《易图略》卷八"论卦气六日七分"针对一行《大衍历》将《易》理和历法混为一谈。参郑吉雄：《象数与义理之际——朱子与茶山易学的比较》，北京大学国际汉学家研修基地编：《国际汉学研究通讯》第17期，北京：北京大学出版社，2018年，第3—31页。

⑥ "谈天三友"一说无焦循而有凌廷堪。详参洪万生、刘钝：《汪莱、李锐与乾嘉学派》，《汉学研究》1992年6月第10卷第1期，第85—103页。

　　"句股弦互求"关于三角几何（trigonometry）的探讨，在中国最早可追溯到《周髀算经》所记商高回答周公"周天历数"的问题[①]。它以"以表立影"[②]的方法为基础概念，最终是要测量"天"（以太阳为对象）的高度，以及大地的面积与南北极的距离。经由传教士输入欧洲数学的启发，明末清初学者重新走入中国古典包括《周髀算经》寻绎历算之学的旧义。事实上，中国古书中关于天文历数的记载，古代所谓"畴人之学"，没有专门知识，不易明了。传教士传入的知识，最大贡献在刺激中国士大夫重新绅绎古书所记内容的原理和思想。譬如以今天科学知识回顾中古以前《周易》象数的思想，我们就能明白上古《易》家的天文观念是所谓"盖天说"。根据《太平御览》引《天文录》，盖天说原有三种，其中一种就是"地平说"，古代所谓"天圆地方"，天圆其实是半圆，像锅盖一样盖着平面大地，大地依四方而系以四维，像棋盘一样，故概念上为平面[③]。我们必须理解这种"天"的观念，才能明了各种象数的理论的细节和安排，原来都是基于这种天地观。但平心而论，耶稣会士将当时的科学知识带来中国，包括太阳系与行星、恒星的运动原理，中国学者真的有虚心地全盘吸收吗？实情并非如此。哥白尼（Nicolaus Copernicus，1473—1543）的"日心地动"之说[④]，阮元及同时期儒者就不太欣赏，阮元为中译蒋友仁（Michel Benoist，1715—1774）《地球图说》一书撰《序》，

---

　　① 参赵爽注，甄鸾述，李淳风等注释：《周髀算经》，《丛书集成续编》第76册，第6—7页。

　　② "表"是一根木杆，在日晷出现之前，立于土地，观测影子的变化来推算历日。相传古代用人的大腿骨——髀——来作为"表"。这也是《周髀算经》书名的来由。

　　③ 战国以降中国五行四季的方位，正好反映了中国人相信北方是冬天的方位，而南方是夏天的方位。而《春秋繁露》所记董仲舒关于阴阳气在天地间运行的方位，"阳"起于东北，顺时针运行；"阴"起于东南，逆时针运行，就是用平面的轨迹观念来解释日月地球立体的圆形运动原理。李之藻《浑盖通宪图说·自序》所称"全圜为浑，割圆为盖"，最足说明"浑天说"与"盖天说"的分别，大致认为可见的是盖天，而实测则以浑天为依归，二者并不冲突。所谓"以浑诠盖，盖乃始明；以盖佐浑，浑乃始备"。见李之藻编：《天学初函》，上海：上海交通大学出版社，2013年，第105—106页。

　　④ 见其 *De Revolutionibus Orbium Coelestium (On the Revolutions of the Heavenly Spheres)*。据悉哥白尼不敢出版此书，直至将逝世时才付印。

提醒读者"不必喜其新而宗之"[①]，阮甚至在《畴人传》中批评这一学说为"离经叛道，不可为训"[②]。深深地受到传统君臣上下名分亘古不变的信仰影响，阮元和传统儒者脑海里也罔罔地笼罩着永恒不变的天人秩序。他们难以理解星系运动原理。可以想见，假使今天有人告诉他们：连太阳系亦非静止，而是持续高速绕行银河系，甚至银河系也持续运行移动中，可能在若干年后与仙女座（Andromeda Galaxy）相撞，他们又如何能梦见呢？

（二）东亚天文历法研究的西学基础

尽管保守派学者攻讦西学，积极汲取西学的清儒对于"句、股、弦"的研究，反映了欧洲科学知识对中国学术的刺激，这正是笔者在上文所说的"借由异域异邦别具特色的视野与价值，去激发自身发现自己的问题"。十九世纪末荷兰汉学家施古德（Gustaaf Schlegel，1840—1903）[③]、中国科技史的权威李约瑟（Joseph Needham，1900—1995）[④]等，在中国天文学上的发明都让后来的中国学界获益匪浅。二十世纪初研究中国天文历法的学者除了中国籍也有日本籍学者，如《殷历谱》的作者董作宾（1895—1963）、日本学者饭岛忠夫（1875—1954）、曾任京都

[①] 蒋友仁译，何国宗、钱大昕润色，阮元补图：《地球图说》，《续修四库全书》第1035册，第2页。

[②] 详阮元：《畴人传》卷46"蒋友仁"传，下册，第610页。阮元主要认为，欧洲关于日月行星的轨迹（orbit，即阮元所说的"轮"）动静、迟速等，先后亦有不同理论，故颇谴责"无识之徒，以其能言盈缩、迟疾、顺留、伏逆之所以然，遂误认苍苍者天，果有如是诸轮者"，批评中国人盲目追逐欧洲不断演化中的新学说。读者可并参薄树人：《中国天文学史》第八章"西方天文学的传入"，台北：文津出版社，1996年，第306页。韩琦也指出"乾嘉学派对《地球图说》的严厉批评在某种程度上阻碍了哥白尼学说的传播。"参《通天之学：耶稣会士和天文学在中国的传播》，第176页。

[③] 著有 *Uranographie Chinoise; ou Preuves directes que l'astronomie primitive est originaire de la Chine, et qu'elle a été empruntée chinoise; ouvrage accompagne d'un atlas céleste chinois et grec*, Ledyen: Brill 1875.

[④] 著有《中国科学技术史》（即《中国之科学与文明》），*Science and Civilization in China*, Cambridge: Cambridge University Press, 1962.

大学校长的新城新藏（1873—1938）、白鸟库吉的学生桥本增吉①等。他们研究古史的朔闰，多得力于捷克天文学家奥泊尔子（Theodor von Oppolzer，1841—1886）统计推算了公元前1200年至公元2161年期间一万三千多次日蚀和月蚀②。这些统计成果成为中日学者对中国年历编定研究的重要参考③。在天文学施用于中国经典研究方面，李约瑟《中国科学技术史》（Science and Civilization in China）的贡献和影响是人所共知的。承继者有李约瑟团队成员、担任过剑桥大学李约瑟研究所所长的何丙郁（1926—2014），曾研究敦煌占云气书以及中国古代太乙术数、星占学等，很有贡献。在台湾，黄一农教授对天文、星占、术数之学也很有贡献，他研究星占、候气之术，有创见，新著《制天命而用：星占、术数与中国古代社会》④裒集了他主要的成果。中国科学院自然科学史研究所特聘研究员韩琦2018年新著《通天之学：耶稣会士和天文学在中国的传播》讨论了明代天启至清代乾隆近二百年历史，全书九章，五个附录，参考了大量欧洲庋藏的文献原典，资料翔实，分析深入，获得学界的好评。

（三）经典内容的天文学解释

尽管欧洲汉学家的天文学研究深具启发性，但学者从事研究，随时批判性地检讨复查，也是很有必要的。瑞士汉学家Léopold de Saussure（1866—1925）在其著

---

① 桥本增吉：《支那古代历法史研究》，博士学位论文，东京：东京大学文学部东洋史学科，1941年。

② 发表于Canon der Finsternisse(1887)，英译本于1962年在 Dover Publications (New York)出版。

③ 包括新城新藏：《东洋天文学史研究》，东京：弘文堂，1928年；饭岛忠夫：《支那の曆法》，东京：东亚研究讲座、东亚研究会，1931年；桥本增吉：《支那古代历法史研究》，东京：东洋书林，1943年；陈遵妫：《中国天文学史》，上海：上海人民出版社，2006—2007年；薄树人：《中国天文学史》，台北：文津出版社，1996年；董作宾：《殷历谱》，台北："中央研究院"历史语言研究所专刊，1992年，及《中国年历总谱》，香港：香港大学出版社，1960年等书。

④ 黄一农：《制天命而用：星占、术数与中国古代社会》，成都：四川人民出版社，2018年。

作*Les Origines de l*⑤*Astronomie Chinoise: La régle des cho-ti*①论及"龙星群"（dragon constellation）在《周易》首章（即《乾》卦）就是"乾"的取象。这个解释，后来被夏含夷（Edward L. Shaughnessy）所接受，在论著*Before Confucius*中加以申论，认为"龙"在中国神话中的具体象征当系基于自然现象的观测，也就是对于"龙星群"自春至秋、由东至西运行变化的考察②。近年美国Lehigh University班大为（David Pankenier）巨著*Astrology and Cosmology in Early China: Conforming Earth to Heaven*③出版，其中亦接受Saussure和夏含夷用"龙星群"解释《乾》卦六龙的学说。回顾中国，用星象解释《乾》卦，最早可能是黄宗羲，在其《易学象数论》卷三"原象"说：

> 东方苍龙七宿，角、亢、氐、房、心、尾、箕。子丑月，黄昏，苍龙入地，故曰"潜"。寅卯月，角宿昏见天渊之分，故曰"在渊"。辰巳月，苍龙昏见天田星下，故曰"见龙在田"。午未月，龙星昏中于天，故曰"在天"。申酉月，大火西流，龙将入地，故曰"夕惕"。戌亥月，平旦，龙见于东北，昼晦其形，故曰"亢"。魏献子问龙于蔡墨，蔡墨曰："《周易》有之，在乾之姤云云。若不朝夕见，谁能物之？"龙非星也，岂得朝夕见乎？④

黄宗羲所论诸星，仅属"苍龙七宿"亦即苍龙星群，不涉及其余朱雀七宿、玄武

---

① Léopold de Saussure, "Les Origines de l'Astronomie Chinoise: La régle des cho-ti", *T'oung Pao* 12, vol. 12, no. 3 (1911), pp. 347–374.

② "Still, the attributes of the dragon were so firmly fixed in China's ancient mythology that it had to be based on some natural phenomenon. In fact, the Chinese have long seen the form of a dragon in a constellation of stars which becomes visible in the eastern quadrant of the sky in spring and finally passes out of sight beneath the western horizon in autumn." Chapter 7 "Qian and Kun Hexagrams" in Edward L. Shaughnessy, *Before Confucius: Studies in the Creation of the Chinese Classics*, Albany, N.Y.: State University of New York Press, 1997, p.200.

③ David Pankenier, *Astrology and Cosmology in Early China: Conforming Earth to Heaven*, New York: Cambridge University Press, 2013.

④ 黄宗羲：《易学象数论》，沈善洪主编：《黄宗羲全集》第9册，第104—105页。

七宿、白虎七宿。苍龙七宿中的"角"是苍龙的角，"亢"是颈，"氐"是胸，"房""心"是腹，"尾""箕"是尾。"房""心""尾"三宿，古人或称之为"大辰"，也就是《诗·唐风·绸缪》的"三星在天"的"三星"。古代典籍常出现的"烛龙""句龙"等，古人或以为不同种类的"龙"，近人或以为即苍龙星群。蔡哲茂考证，则认为"烛龙"其实是北极光（Aurora borealis）[1]。黄宗羲以后，又有闻一多（1899—1946）承其说，以星象解释《乾》卦六龙，与黄宗羲不同。例如，黄认为农历九、十月，龙星群出现在东北，因"昼晦其形"，故言"有悔"。而闻一多则读"群"字为"卷"，"群龙"即"卷龙"。"龙欲卷曲，不欲亢直，故亢龙则有悔，见卷龙无首，则吉也。"[2]其实黄宗羲提出了一种文本的解说，证据似乎并不足够。即使到班大为，在书中提供多幅星图说明，星图却无法与经典文字自动对接。班大为深信蔡墨"《周易》有之，在乾之姤云云。若不朝夕见，谁能物久？"的话，认为《乾》是朝夕可见，必然是天象。同时，他认为《乾》《坤》二卦必须合起来考察，认为《坤》初六"履霜坚冰至"讲的正是仲秋的气候，也就是准备进入"子丑月"所谓"苍龙入地"的状态，北半球进入了日照极短、天气严寒的状态，而《乾》卦的"龙"象——龙星群——也开始了它在天上长时期的显现，恰好反映了"阳"凌驾于"阴"之上的状态[3]。然而，我们顺着班大为的逻辑，即使"龙"象在寒冬中显现天上，却也改变不了天气严寒，不是也反映了"阳"始终无法凌驾于"阴"之上吗？可见班大为所说，其实是一种两可之论。

已故著名天文学家薄树人（1934—1997）也注意到《周易》《乾》卦所记龙星的问题，他在《经部文献中的天文学史料（之一）》一文中指出了闻一多论点的

---

① 详蔡哲茂：《烛龙神话的研究》，《政治大学学报》第68期（1994年3月），第41—65页。

② 闻一多：《周易义证类纂》，孙党伯、袁謇正主编：《闻一多全集》第10册，武汉：湖北人民出版社，1993年，第231—233页。

③ 原文：In fact, however, as any ancient farmer or sky-watcher certainly knew, the Dragon never disappeared from the sky during the season of cold and darkness, much as the Yin force never completely overcomes the Yang. David Pankenier, *Astrology and Cosmology in Early China: Conforming Earth to Heaven*, pp. 48–51.

缺失在于龙位与季节的对应关系太过跳跃。他同时亦评骘了夏含夷和陈久金讨论《乾》卦六龙的论点，认为把"用九"作为一个爻位，对应一个月份，前提是需要与每卦六爻的定义一致，也需要顾及历代《易》家对"用九"的理解[①]。薄树人虽是专业天文学家，却注意到经典诠释的一项重要原则——对于文本解释的周延性。在六十四卦中，为何独有《乾》卦直指天上的龙星群，其余六十三卦都没有这种现象呢？经典诠释的基本原则是：任何解释必须兼顾全书，不能将其中一个部分孤立起来不予理会。"用九，见群龙无首，吉"在解释系统中没被照顾，固然是一个问题。班大为将"用九"解释为龙星群依次序而规律地呈现在天上，显示天人相应的和谐状态[②]。这和闻一多用"卷龙""衮龙"解释"群龙"一样，虽有事象根据，却无法自证其与文本展现的意义一致，恐怕亦流于想象。依照筮法，筮得"用九"则以《坤》卦卦辞为占，筮得"用六"则以《乾》卦卦辞为占，也就是朱熹《周易本义》所指出的《坤》卦用六"利永贞"就是《乾》卦卦辞的"利贞"；《乾》卦用九"群龙无首"即《坤》卦卦辞"牝马之贞，先迷后得，东北丧朋"之意。自黄宗羲以降，《易》家只顾及将"群龙无首"解释为星象，却忽略了《乾》《坤》二卦文本解释上整体的文义贯串问题。再说，《乾》卦初九爻辞"潜龙勿用"隐含坤土之象，《坤》卦上六爻辞"龙战于野，其血玄黄"（即衔接《乾》卦初爻位置）也出现了龙象[③]。这些考虑都被上述的天文学解说搁置一旁，没有合理解释，可以吗？如果《乾》卦诸爻均指星象，九三"君子终日乾乾"又应当怎样解释呢？

科学方法对人文学的重要性不容低估，但也不能高估。早期中国众多经典作为一批高度相关又至为复杂的文本，存在的文献解释学，包括语文学和哲学的方法等等，都必须获得同样的重视。

---

① 薄树人：《经部文献中的天文学史料（之一）》，《薄树人文集》，合肥：中国科学技术大学出版社，2003年，第127—128页。

② 原文：Thus the sequential changes in the Dragon's appearance indicated by the other lines of the hexagram, when they conformed to the count of the months, meant that nature and human affairs were in harmony. David Pankenier, *Astrology and Cosmology in Early China: Conforming Earth to Heaven*, p.51.

③ 说详郑吉雄：《论乾坤之德与"一致而百虑"》，《清华学报》2002年6月第32卷第1期，第145—166页。

三、新科学主义的抬头

（一）出土简帛与“物质性”的重视

欧洲汉学中的科学精神，提醒了我们多学科（multi-disciplinary）研究的重要性。从前老一辈老师常教我们做学问要“思不出其位”，告诫我们不要“捞过界”。这不能说错。任何学问都应该力求专注与深耕。但当世界知识图象不变，我们产生问题意识时，也就不能忽视跨领域研究产生的协同效应（synergy）对于深化研究、扩大视野的效益。协同效应将带来知识图象的结构性改变，最终将对于人类对自身的了解产生禆益。例如，音乐对于精神治疗的效益、心理学对于伦理学的启发，在笔者看来，都有无限发展的可能。2002年起笔者在台湾大学积极宣扬跨学科研究。记得2004年北京大学蒋绍愚教授来访台大，笔者邀他与台湾语言学者共同和哲学、文献学者合作研究，他就谨慎地表示：“我觉得跨领域在一个人身上发生较易，要在一个群体中发生较难。”不过蒋先生很积极地参与了我们的学术活动。当时笔者觉得完全明白multi-discipline的人似乎不多。援引自然科学范畴的知识解释人文经典，当然也是一种跨领域实验。关键仍在于实事求是的态度。

科学精神的落实当然并不限于天文历数之学。近年欧美汉学家研究人文学都很重视研究材料的物质性（materiality），认为解决文献、历史、文学等问题，必须奠基于物质研究之上。这也是科学精神的发挥。牛津大学研究郭店楚简的麦笛（Dirk Meyer）、华盛顿大学研究出土文献的语言学家鲍则岳（William Boltz）、普林斯顿大学研究汉赋和简帛的柯马丁（Martin Kern）。他们都持此一信念，也是科学精神的展现。如果往上追溯，早年欧洲汉学传统已经很重视物质性，二十世纪初敦煌文献、殷墟甲骨和器物的出土，就说明了物质研究如何决定了人文学的发展。法国汉学家兼考古学家沙畹（Édouard Émmannuel Chavannes，1865—1918）于1889年赴中国，在北京习中文3年，后在College de France任Chair of Sinology。另一位是沙畹的学生伯希和（Paul Pelliot，1878—1945），他就学于巴黎的St. Stanislaus College。1900

年伯希和先赴印度在法国远东学院（EFEO, École Française de Extrême-Orient）①工作，后往北京搜集资料。1907年随探险队在库车发现已绝迹的吐火罗语（Tocharian languages）的文件。同年原籍匈牙利的英国探险家斯坦因（Marc A. Stein, 1862—1943）从敦煌莫高窟窃取7000多卷古文书，伯希和以流畅中文与守护莫高窟的王圆箓道士谈判，以500两官银买走了2000余卷敦煌文书，其后与中国学者交流，掀起了亚洲敦煌学研究潮流。敦煌文献被英法探险家掠走，引起中国学界的愤慨，指责他们是窃取中国文物。陈垣撰著《敦煌劫余录》以记录留存的文献，后来也引起了海峡两岸不少学者专家专研敦煌学，使其成为一时显学。由此可见新材料的出土，更支持了汉学研究中的"物质性"的地位，足以引起新学术潮流。陈寅恪严肃地推许这种依靠新材料引起的新研究，认为能参与这种新潮流就是"预流"，不能参加就是"未入流"②。敦煌文献菁华在欧洲，而后来大量出土的简帛文献则在中国大陆。这两批文献都引领了一时代人文学的风骚。

谈到近年的出土简帛文献，大致可分为两大类，像马王堆帛书文献、郭店竹简、包山简等都是经标准程序挖掘出土，出土的过程，包括原墓地的地理位置、土质、墓室大小结构、竹简散落位置及编号，出土后清洗保存的状况等等，依照专业考古程序，一定有详细记录。这也是科学精神与方法的贯彻。上海博物馆藏战国楚竹书（简称"上博简"）则经由张光裕教授在香港荷李活道古玩市场觅得并初步鉴定，再由上海博物馆购入。因为没有任何出土过程的记录，曾经引起学者怀疑为伪造。张光裕和上海博物馆馆长马承源（1927—2004）都是资深的古文物专家，经他们共同鉴定，当然没有问题。但自上博简问世以后，大陆未经正常考古挖掘程序刊布的出土竹简愈来愈多，且因被商人拿到市场私下向各大学求售，惹来不少议论。程序上的瑕疵，似乎并未影响研究热潮，新研究成果不断问世。2008年清

---

① 法国另有"东方考古学研究所"（Institut Français d'Archéologie Orientale），隶属教育部，原设立于埃及开罗，称为"The French Institute for Oriental Archaeology in Cairo"，专研埃及考古、语言文字和古文明。

② 陈寅恪："一时代之学术，必有其新材料与新问题。取用此材料，以研求问题，则为此时代学术之新潮流。治学之士，得预于此潮流者，谓之预流（原注：借用佛教初果之名）。其未得预者，谓之未入流。此古今学术史之通义，非彼闭门造车之徒，所能同喻者也。"参陈寅恪：《陈垣敦煌劫余录序》，《金明馆丛稿二编》，第236页。

华大学获得一批数量多达2000多枚的竹简，李学勤先生主持研究并创立出土文献研究与保护中心，先邀请了张光裕做实物鉴定，旋后又召集会议，邀请裘锡圭、胡平生、李伯谦等古文字、文物学的前沿学者检核见证①，也做了碳14的年代测定，并在其后十余年间陆续发布新成果，包括佚失《易》《诗》《书》等文献，价值异常珍贵，引起了海内外的重视，并培养了不少人才。目前在大陆，团队最完整的除了清华大学出土文献研究与保护中心外，还有上海复旦大学由裘锡圭先生创立、刘钊领导的"出土文献与古文字研究中心"，以及武汉大学由陈伟创立主持的"简帛研究中心"等机构。除了地利之便，他们也有系统地建立古文字电子数据库和检索系统，所以索取数据便利，成果也坚实可靠。在海峡另一端的台湾，研究者因为不容易第一时间接触到新出土的汉学文献，心里难免缺少了一分踏实感。文物不在台湾出土，学者表面上看好像失去优势，但因为二十一世纪学术数据流通便利，台湾也出现了很多第一流的简帛学者，诸如丁原植、周凤五（1947—2015）、季旭升等。王国维"二重证据法"提醒我们，出土文献的研究需要传统文献的根基支撑，如今透过学术交流取得新出土文献不难，需要长期浸淫的传统文献训练反而无法一蹴可及。依笔者的考察，出土简帛学者成就之高低，常取决于其在传统经史文献训练的深浅。只要具有扎实的训练，也可以设定属于自己的兴趣、主题和方法，展开研究。

谈到欧美学者的简帛文献研究，笔者拟介绍普林斯顿大学柯马丁、University of Colorado Boulder的Matthias L. Richter、芝加哥大学夏含夷和Yale-NUS College的顾史考（Scott Cook）等四位。柯马丁专研早期中国文学文献，如秦汉文本包括汉赋、秦始皇石刻等，并关注文献和礼制（text and rituals），其后专门从事中国早期写

---

① 张光裕教授是古文字学家，也是世界知名的青铜器专家和古物鉴证专家，毕生爱护古文物，曾应邀为极多的学术单位收藏做鉴证。根据李学勤教授《清华简整理工作的第一年》一文［刊《清华大学学报（哲学社会科学版）》no. 5, vol. 24］，清华简于2008年7月入藏，10月22日新闻发布，李先生说："由于竹简是在境外的流散文物，清华大学入藏前，约请香港中文大学古文字学家张光裕教授对这批简做了实物鉴定，劳苦功高，殊深感谢。"李学勤：《清华简整理工作的第一年》，《清华大学学报（哲学社会科学版）》2009年第5期，第5页。

本（early Chinese manuscripts）研究①，自2011年起担任了《通报》（*T'oung Pao*）主编。他治学严谨，取材广博，在欧美汉学界颇有影响力。近来他和麦笛（Dirk Meyer）2017年合编的*Origins of Chinese Political Philosophy: Studies in the Composition and Thought of the Shangshu (Classic of Documents)*②，是一部很有学术分量的著作。因本书性质扣紧《尚书》各篇，全书显得十分紧凑，各篇作者均奠基于文献来分析其中的思想，无论在写作方法、研究进路上均有相当一致性。但笔者披阅部分篇章，认为各篇仍有相当差异，部分篇章只谈到了一些思想（thought），难以视为具严肃意义的"政治哲学"（political philosophy）。要知凡言"哲学"必具体系，这在"五经"之中，唯有《周易》可谈及于此③，至于《尚书》，则只能算是早期中国政治哲学投射在具体篇章的个别表现。至于Richter著有*The Embodied Text: Establishing Textual Identity in Early Chinese Manuscripts*④，聚焦上博简《民之父母》，透过字形、古音、文本内容等以之与其他出土竹简文献及传本文献对勘以抉发《民之父母》年代内容与思想性质。夏含夷在上文已有论及。他是美国汉学家兼古文字学家顾立雅（Herrlee G. Creel，1905—1994）的传人，曾在台湾就学，又追随过古文字名师裘锡圭，兼通考古、古文字、《周易》等，在著述的丰富和对中国古典的熟悉程度上，久为学界称许。从早年翻译马王堆帛书《周易》开始，到发表《古史异观》⑤等著作，最新著作则是《三代损益记：夏商周义化史研究》⑥，汉学根基厚实，研究成果卓著。最后要介绍的是顾史考，年纪较前述三位轻。他曾就读台湾大学中文研究所，汉语和古文字、音韵的基础很扎实。他主要研究郭店楚简，除了

---

① 柯马丁兴趣很广，近年扩及历史与思想，2015年与几位学者合编*Ideology of Power and Power of Ideology in Early China*, Leiden: Brill, 2015.

② Martin Kern and Dirk Meyer eds., *Origins of Chinese Political Philosophy: Studies in the Composition and Thought of the Shangshu (Classic of Documents)*, Leiden; Boston: Brill, 2017.

③ 因为二十世纪初古史辨学者论证卦爻辞是没有义理的占筮记录，以至于一个世纪以来主流《易》学研究者都对《周易》经文义理避而不谈。

④ Matthias L. Richter, *The Embodied Text: Establishing Textual Identity in Early Chinese Manuscripts*, Leiden; Boston: Brill, 2013.

⑤ 夏含夷：《古史异观》，上海：上海古籍出版社，2005年。

⑥ 夏含夷：《三代损益记：夏商周文化史研究》，上海：上海古籍出版社，2020年。

《郭店楚简先秦儒书宏微观》①，还有代表作两大册 *The Bamboo Texts of Guodian: A Study & Complete Translation*②。这项工作精密而有深度，极不容易又饶富意义。

据笔者粗浅的考察，部分欧美简帛学者强调"manuscript"（写本／手抄本），实即有意凸显以出土简帛抄本为主，而不以传本文献（received texts）为基础，认为前者价值较高，应视为早期中国写本研究的坐标。笔者当然不会说"传本"重要性一定高于"抄本"，但也不认为出土文献一定较传本文献为重要。笔者基本上仍深信王国维二重证据法的观点，认为地下遗物与纸上遗文互相支持，彼此之间的关系视乎个别文献而定，任何"孰为重要"的观点，多少都属率尔之论。传本文献固然借由出土文献获得无数新的启示，但反过来说，没有长期接受坚实的传本文献训练，出土简帛研究是不可能展开的，因为传本文献是早期中国文明记录的主体。首先，从战国至秦汉流传的经史典籍已出现大量文字和义训的讲究，尤其像《诗经》之毛《传》及《周易》之《彖》《象》等解经之"传"，对字义的训释，既反映经典文字义训的严密性，也反映意义的流动性（fluidity），二者常常并存，说明"五经"的研读，不能只讲求字的本义，也要注意它们的引申义。所以，一概用怀疑态度视先秦文献为"口述传统"（oral tradition）产物，既轻率也不可靠。

另一方面，中国经典文献有太多隐微，倘未弄清楚，作出轻率的判断，必不能择精而语详。举例来说，"五行"是早期中国重要的政治哲学观念，过去研究者如哲学家徐复观（1904—1982）、劳思光固然对"五行"思想评价很低，根本忽略其内容；而文献学家如屈万里、高本汉（Klas Bernhard J. Karlgren，1889—1978）等，亦未注意"五行"的具体意义范畴③。其实"五行"不但详细阐述于《尚书·洪范》，亦见于郭店楚简《五行》篇及马王堆帛书。笔者原本颇寄希望于柯马丁和麦

---

① 顾史考：《郭店楚简先秦儒书宏微观》，台北：台湾学生书局，2006年。

② Scott Cook, *The Bamboo Texts of Guodian: A Study & Complete Translation*, Ithaca, N.Y.: East Asia Program, Cornell University, 2012. 该书出版时顾史考仍在Cornell University任教。

③ 他们的主要论点是认为"五行"思想出现很晚，是战国晚期至秦汉间大盛的思想。说详郑吉雄、杨秀芳、朱歧祥等合著：《先秦经典"行"字字义的原始与变迁——兼论"五行"》。这些论证很明显并不稳妥，因为郭店楚简《五行》篇以及《礼记·中庸》等传本文献所记子思、公孙尼子等人的五行思想等，都可以证明"五行"思想在战国初期的盛行，可见其源起更早。

笛合编的*Origins of Chinese Political Philosophy*一书，但收到新书后翻阅，赫然发现竟没有专章讨论《洪范》，不免令笔者十分失望。当中只有柯马丁负责撰写的《尧典》一章提及"五行"时，引述了Sarah Allan的研究，简要概括《尧典》宇宙论含有殷商的遗留而后来扩大为"五行"系统思想[①]。要知道《洪范》是《尚书》诸篇之中，最具有政治哲学意味的篇章。箕子回答武王之访所阐述的政治理念，未必实录，但亦不影响其价值。贯穿全篇的"五行"学说，将人文世界的政治秩序，向内推究到"人"的存在（existence），包括容貌、情感，以及道德展现的相互作用（physical and moral functions of the body），向外推及于自然界的种种气候变化。其学说穷幽探赜、经天纬地，极为精彩。一部探讨《尚书》政治哲学的专书少了《洪范》的讨论，肯定失色不少！相对上，《尧典》在政治理念的铺陈上，大多属迂回的片段，难与《洪范》相比。尤其重要的是，《洪范》"五行"为"4+1"的组合：由"貌言视听思""恭从明聪睿"到"肃乂晢谋圣"，"思""睿""圣"都高出前四者，下文"庶征"的"五事"进一步将圣人道德进阶之境的"肃乂晢谋圣"，推扩到自然界的五种现象"雨旸燠寒风"。其中"风"也不与"雨旸燠寒"并列，属于较高一层次，是综合调和前四者的元素。学者必须从《洪范》中读出这一层意思，才能准确解释楚简《五行》"四行和"为人道，"五行和"为天道的区分。《洪范》提出这种政治哲学，既强调自然界的"雨旸燠寒风"五种现象必须在适当时候交替地展现力量，因此称颂"时……若"，而拒绝"恒……若"。推论到人的德性，"貌言视听""恭从明聪"到"肃乂晢谋"也必须要在适当的"时"做不同的展现，该"恭"的时候"恭"，该"明"的时候"明"，最后才能达至"思""睿""圣"之境。《易传》的"时行"观念，阐述的正是同一类型观念。顾史考*The Bamboo Texts of Guodian: A Study & Complete Translation*讨论《五行》篇，取《孟子》和竹简内容比较，缕述"四行和"与孟子"四端"的关系[②]，说：

四行would appear to refer to 仁, 义, 礼, and 智, given that 圣, in some respects,

---

① Martin Kern and Dirk Meyer eds., *Origins of Chinese Political Philosophy: Studies in the Composition and Thought of the Shangshu (Classic of Documents)*, p. 36.

② Scott Cook, *The Bamboo Texts of Guodian: A Study & Complete Translation*, vol.1, p. 486.

stands at a higher level in this text; in other instances, however, 圣seems roughly parallel with the other conducts, particularly智。①

顾史考用不甚确定的口吻将"圣"与"智"相提并论，却没有提供理据。他明明注意到"圣""stands at a higher level"，却忽略了《洪范》中属于同一位阶的"思""睿""风"三者情况相同，可谓失之交臂，至为可惜！如果他参考笔者在2009年和朱歧祥、杨秀芳、刘承慧合写《先秦经典"行"字字义的原始与变迁——兼论"五行"》一文，尤其是里面对《洪范》与楚简《五行》学说的比较研究，以及"五行"的"4+1"结构，应该会注意到简文与《洪范》的关系远比《孟子》为紧密了。

说到《尚书》"五行"关乎Chinese political philosophy的内容，仔细讲下去其实还不止于《洪范》一篇。《皋陶谟》"以五采彰施于五色"，王国维据魏三体石经、《尚书大传》、今文《尚书》等，论证"五采"应作"五介"，意为"青、黄、黑、白、赤相间为说，五者相界，以发其色"②。若本王国维之意，进一步推扩此一政治理论，则《左传》所记"天有六气，降生五味，发为五色，征为五声，淫生六疾，六气曰阴、阳、风、雨、晦、明也，分为四时，序为五节，过则为菑，阴淫寒疾，阳淫热疾，风淫末疾，雨淫腹疾，晦淫惑疾，明淫心疾"（昭公元年）、"先王之济五味，和五声也，以平其心，成其政也，声亦如味，一气，二体，三类，四物，五声，六律，七音，八风，九歌，以相成也"（昭公二十年）、"夫礼，天之经也，地之义也，民之行也，天地之经，而民实则之，则天之明，因地之性，生其六气，用其五行，气为五味，发为五色，章为五声，淫则昏乱，民失其性，是故为礼以奉之，为六畜，五牲，三牺，以奉五味，为九文，六采，五章，以奉五色，为九歌，八风，七音，六律，以奉五声"（昭公二十五年）等都相关，

---

① Scott Cook, *The Bamboo Texts of Guodian: A Study & Complete Translation*, vol.1, p. 487.

② 参王国维：《以五介彰施于五色说》，《观堂别集》卷1，《观堂集林》，第1121—1122页。《尚书大传》："山龙纯青，华虫纯黄，作绘宗彝纯黑，藻纯白，火纯赤。以此相间，而为五采。"伏胜撰，郑玄注，陈寿祺辑校：《尚书大传》卷2，《四部丛刊初编》第2册，台北：台湾商务印书馆，1968年。

同属于先秦时期"五行"浪潮席卷春秋至战国数百年思想界的表现，可见其占据早期中国政治哲学的重要性。

当年我们研究"五行"，是从研究"行"字字源开始探讨，所以由朱歧祥教授追溯到甲骨文"行"字字形变迁，由杨秀芳教授推究古音演变、语言现象，并由刘承慧教授研究语法结构，最后才是由笔者做文本的分析。从方法论上，我们认为戴震所说的"由字以通其词，由词以通其道"[①]对今天古典文献研究来说，仍然是一条康庄大道。其中如古音的拟定，前辈学者董同龢（1911—1963）、王力（1900—1986）、高本汉、李方桂（1902—1987）都不尽相同。单单依赖当代某一个拟音系统，是否全无问题，值得思量。换言之，没有长期的原典及传注传统的训练，而跳入去研究简帛，即使拥有再先进的电脑技术，亦不容易在比较中获得准确的结论。这是笔者对于当前简帛及写本研究深感关切之处。

（二）传本文献与出土文献理应并重

二十世纪以前科学主义从西方传播到东方，引导强调科学精神的汉学研究。倡议"全盘西化"以及德先生与赛先生的胡适和傅斯年所带领的历史语言研究将这种精神推至高峰。近年来从出土文物的研究上，欧美汉学界再度挟科学精神，企图指导新一代汉学视野。笔者称之为"新科学主义"。当代有一批欧美汉学家深信出土文献（excavated texts）较传本文献更重要，进而认为中国传统经典所记载关于先秦时期的历史、人物、事迹等全属于口述传统（oral tradition）遗留。因为它们至汉代才逐渐定型，所以依靠传本文献所推出的早期中国研究全都不可靠。他们也舍弃了中国学界传统的断代名称，例如不用"先秦""Pre Qin"而用"早期中国/古代中国""early China"，明清时期不用"Ming-Qing"而用"late Imperial China"。特意不用中国朝代名称，试图跳脱中国的观点，这并不是不可以，但就事论事，"早期中国"远较"先秦"界线含糊，"晚期帝国"也远不及"明清"来得清晰。这都是无法否认的事实。

回来谈新科学主义浪潮。对于被辗转贩卖的竹简，部分欧美学者不屑一顾。但

---

① 戴震：《与是仲明论学书》，《东原文集》卷9，张岱年主编：《戴震全书》第6册，第370页。

从个人看来，过度地在人文学中贯注"科学精神"也可能存在问题。例如近年活跃于早期中国研究的考古学家罗泰（Lothar von Falkenhausen）著 *Chinese Society in the Age of Confucius (1000-250 BC)*（中译《宗子维城》）一书，以"从考古学的角度重建孔子时代"（《引论》）自我期许，《引论》明确宣示"本书的宗旨是呈现和解释考古材料，为将来进行上述的比较分析做准备。其价值首先是提供关键资讯，重新认识周代思想发展的大背景"，"本书的考虑范围并不限于物质文化研究，而是要指出新的、充分结合历史学的一条阐释中国早期思想的道路"[①]，令人吃惊。记得2011年我们曾一起在德国参加由柯马丁教授召集的研讨会，笔者也阅读过罗泰的著作，知道他是张光直（1931—2001）的学生，杰出的考古学家。笔者的惊诧主要是他所说的"interpretation of early Chinese thought"涉及专业哲学和诠释学的方法问题，并不属考古学的范畴。当读到该书《引论》中提出的一连串"哲学"的问题时[②]，笔者才发现原来他是认真的。但通读《宗子维城》一书，笔者实在看不出作者有任何哲学、诠释学的训练，难以理解他何以发愿以考古的手段走入"思想"领域，甚至宣示要为思想史"指出道路"。他用"历史虚构"来概括传统孔子的研究，然而，他对诸如梁玉绳（1744—1792）《史记志疑》、崔述《洙泗考信录》等关于孔子的研究有多少掌握？舍弃中国传统学者大量的研究，独依赖冷冰冰的考古文物，就可以重构早期中国思想？令人更感到不安的是《引论》中的言论：

> 考古资料可以提供的早期社会许多方面的资讯，是不见于任何文献的，无

[①] "Looking beyond the scope of material-culture studies, this book seeks to point the way towards a new, historically informed interpretation of early Chinese thought." See Lothar von Falkenhausen, *Chinese Society in the Age of Confucius (1000-250 BC)*, "Introduction," Los Angeles: Cotsen Institute of Archaeology, University of California, 2006, p.11.

[②] 原文："What is a text (or 'book')? What is the relationship between author and text? What is literacy? Who practiced writing, and for what purposes? What is meant by a 'philosophical school' (or 'tradition')? How were ideas disseminated? What status did 'philosophical' ideas have among the various kinds of ideas current in their time? What other kinds of ideas were recorded in writing, and how does the consumption of such texts compare with that of philosophical texts?"

论是传世的还是出土的；而且考古数据也还可以大大拓宽我们研究的视野。[①]

"考古数据"（archeological data）真的可以和"出土文献"（excavated texts）分拆为两回事吗？他又认为"孔子之前的五百年是构成孔子时代不可或缺的一部分"，认为"孔子及其弟子……将周代的文王、武王、周公、召公奉为圣人，认为这些圣贤树立了一种良好统治和正确行为的楷模，可以垂范千古。……现代考古学已经显示，有关西周早期的这种看法很可能是一个历史虚构，是后人将一个哲学理想投射到模糊的、由选择性记忆而建构起来的过去"[②]。笔者无法得知是哪些研究论著让罗泰产生了他所说"历史虚构"的错觉。笔者相信，凡对中国思想史（或哲学史）有相当程度训练的学者，都不会将他所谓"这种看法"信以为真。既然"这种看法"不存在，也就没有他所说的"哲学理想投射"了。关于《宗子维城》中涉及中国早期思想史的方法论问题太多，可能需要另文讨论。在此笔者想表明，"哲学"也好，"思想史"也好，都是至为复杂严肃的学科，或涉及艰难而无法解决的文献校勘与解读问题[③]，或涉及抽象观念的哲理分析[④]，都不可能单凭考古实物而可以确

---

① 原文是"For archeological data provide information on many aspects of early society that are not addressed in any known text, transmitted or excavated, and they can thus significantly widen the scope of inquiry." Lothar von Falkenhausen, *Chinese Society in the Age of Confucius (1000–250 BC)*, p.12.

② Lothar von Falkenhausen, *Chinese Society in the Age of Confucius (1000–250 BC)*, pp. 1–2.

③ 例如《史记·孟子荀卿列传》记荀子"年五十始来游学于齐"，《说苑》则作"十五"，应劭《风俗通·穷通》相同，二者相差达35年。清代以前，因荀子主张"性恶"与儒家性善说主流抵触，荀子研究绝少，至近现代始有大量讨论。全祖望《鲒埼亭集》卷31《读荀子》，孙志祖《读书脞录》、黄以周《儆季杂著文钞》《读荀子》、黄式三《儆居集》《读荀子》、钱穆《先秦诸子系年》第103条、陈大齐《荀子学说》、龙宇纯《荀子论集·荀卿后案》"四"对此一年岁问题都有讨论。由于"五十"与"十五"同出自西汉文献，都可发展出一套合理的解释，正如全祖望《读荀子》说"相去悬绝，无可折衷"，此问题恐怕即使有出土文献，亦难以获得最终可靠的答案。

④ 例如"天""太一""阴阳"等概念范畴，都随着时代、说者、学派、文献、文脉而有不同的范畴。拙著《释"天"》《〈太一生水〉释读研究》均有论述，于此不赘辞。

定或改写。例如早期中国思想史的"中"的思想，裘锡圭先生曾将甲金文的"中"字分为三组，A、B组是测风向的旗帜，C组则是抽象观念的"中"①。笔者回归经史典籍，发现"中"的衍生意义有十多种，或指身体、心、礼义、简册，不一而足，在思想上展现出丰富的多样性②。倘只凭考古资料，不阅读原典，详加诠释，面对"中"字在思想史上的影响，恐怕理解不容易深入。早期中国思想史研究的艰难，可见一斑。王国维"二重证据法"早已提醒我们，地下遗物和纸上遗文本没有重要性孰高孰低的问题，前者可证"古书"中的"实录"，甚至"百家不雅驯之言，亦不无表示一面之事实"③。所以历来研究考古的学者也好，研究思想史的学者也罢，无不采取二重互证的方法，因为文物无论是鼎彝抑或骸骨，都无法自己说话，必有待于纸上遗文（即received texts）的印证，才能建构出立体图象和意义。即使张光直教授在讨论纣王以宝玉缠身的仪式自焚时，也不得不引述《史记·殷本纪》"登鹿台，衣其宝玉衣，赴火而死"的记文用以印证④。

笔者承认，传统学者对历史的印象，确有不少过于依赖纸本文献的辗转追记，常缺实证支持。例如对张衡（78—139）"浑天"的观念见于其《灵宪》与《浑天仪注》⑤，或者虞喜（281—356）发现"岁差"（precession）⑥则见于《晋书》本传。文本欠缺具体细节，可靠性就让人存疑。近年Dr. Edmund Lien根据张衡《思玄赋》中所描述其神游周天时历经星辰的路径，方位依次序为东、南、西、北的环

---

① 裘锡圭：《说〈盘庚〉篇的"设中"——兼论甲骨、金文"中"的字形》，引自2017年10月上海复旦大学出土文献与古文字研究中心主办"出土文献与传世典籍诠释研讨会"会议论文稿。

② 说详本书《先秦经典"中"字字义分析——兼论〈保训〉"中"字》。

③ 王国维：《古史新证——王国维最后的讲义》，北京：清华大学出版社，1994年，第2—3页。

④ 张光直：《商代的巫与巫术》，《中国青铜时代（第二集）》，第60—61页。

⑤ 在二十世纪七十年代四川大学的吕子方教授曾整理张衡的文献，参吕子方：《张衡〈灵宪〉、〈浑天仪〉探源》，《中国科学技术史论文集》，成都：四川人民出版社，1983年，第273—295页。近年有一种意见认为浑天仪实为西汉落下闳所制，张衡不过是改良。这恐怕都是欠缺实物证据的推测。

⑥ 发现春分点每50年向西移一度。现代测量则接近72年一度。

形①。笔者审视此一路径，仍符合"盖天说"的观念，与"浑天"说并不相同。由此可见，适当参照科学实证研究人文经典，实有其必要性。然而"参照"又不能矫枉过正，变成极端科学主义。傅斯年早在1927年于中山大学建立"语言历史学研究所"，后来在中央研究院建立"历史语言研究所"，受德国兰克（Leopold von Ranke，1795—1886）学派影响，是一个世纪以来中国史学界津津乐道之事。这个学派体现了对科学的绝对崇拜，以追求终极的历史，高扬还原历史百分之百真貌的浪漫情怀。然而，余英时先生（1930—2021）在《论天人之际》中指出：

> 自上世纪六七十年代以来，以自然科学的实证方法来研究人文和社会现象的传统想法已逐渐破产了。就社会科学而言，很多人都感到实证方法的限制太大，不够处理"人的世界"中比较精致的问题。②

我们回顾一个世纪历史学的发展，验证余先生的洞见，确实应该反思一下：历史真相果真能完全借由科学的语言研究而获得还原吗？学界当有公论。依傍自然科学律则而提出"科学方法"去研究人文学利弊得失如何？学界也应该反思。

四、从语言到翻译

（一）翻译需要与语言学研究

十七世纪以来，欧洲来华学者喜欢翻译中国书籍，不仅限于"五经"。如马若瑟（Joseph Henri Marie de Prémare，1666—1736）译《赵氏孤儿》（*Tchao-Chi-Cou-Ell, ou Le petit orphelin de la Maison de Tchao*）、冯秉正（Joseph-Anne-Marie de

---

① Edmund Lien, "Hidden Messages in Zhang Heng's Fu," in Nicholas Morrow Williams ed., *The Fu Genre of Imperial China: Studies in the Rhapsodic Imagination*, Amsterdam: ARC Humanities Press, 2019. 雄按：Dr. Lien追随康达维教授读博士，他原本是专业天文学家。

② 余英时：《论天人之际：中国古代思想起源试探》，台北：联经出版事业公司，2014年，第6页。

Moyriac de Mailla, 1669—1748）法译《通鉴纲目》（*Thoung-kian-kang-mou*）。但早期欧洲汉学所选译的未必皆属核心经典，亦未必是最普及的作品，如法国汉学家雷暮沙（Jean-Pierre Abel-Rémusat, 1788—1832）翻译的《玉娇梨》（*Iu-Kiao-Li: ou les Deux Cousines; roman chinos*）[1]在中国的文学地位就难以和《红楼梦》及四大奇书比肩。

欧洲学者对语言的注意源于其民族文化特质。前述傅斯年所借鉴兰克提出历史与语言研究即为一例，说明了欧洲人对字源学（etymology）、训诂学（philology）和校勘学（textual criticism）的重视。

早期传教士来华，学习汉语自然是首要之务。和利玛窦同时期的传教士金尼阁（Nicolas Trigault, 1577—1629）在1610年初抵中国，向教廷请求允许以汉语举行典礼并用中文翻译《圣经》。1626年将儒家"五经"译成拉丁文，书名*Pentabiblion Sinense*，在杭州刊印[2]。同年出版《西儒耳目资》（见图1）是一部在欧洲学界很有名的书，是汉字的罗马字注音字汇，所以称"耳""目"，特别强调字形、字音的辨识，帮助欧洲人读懂汉字。雷暮沙的博士论文撰写中国医药，但时常强调汉学研究必须先了解中国语言。所撰*Eléments de Grammaire Chinoise*[3]可能是欧洲最早尝试归纳书写及口语中文语言系统的书籍。德国汉学家甲柏连孜（Hans Georg Conon von der Gabelentz, 1840—1893）攻语言学。1876年在Dresden大学，以翻译周敦颐《太极图说》获得博士学位，并于两年后在Leipzig大学获聘为首任远东语言（Far Eastern languages）教授教席。欧洲著名语言学家何莫邪（Christoph Harbsmeier，曾任教于哥本哈根大学及奥斯陆大学）和笔者在欧洲交流时，曾向笔者称誉Gabelentz的巨著*Chinesische Grammatik*（1881，中译《汉文经纬》，见图2）至今仍是最细致全面考察古汉语文法的著作。他弟子众多，来自德、法、荷、澳等地，有考古学家

---

① 清代小说，一名《双美奇缘》；雷暮沙译本汉语的意思是"两个表姐妹"。

② 参郑锦怀、岳峰：《金尼阁与中西文化交流新考》，《东方论坛》2011年第2期，第38—43页。刘正：《中国易学预测学》，北京：红旗出版社，1991年，增订后改题《中国易学》，北京：中央编译出版社，2015年。又参赵晓阳：《传教士与中国国学的翻译——以〈四书〉〈五经〉为中心》，鞠曦主编：《恒道》第2辑，长春：吉林文史出版社，2003年。

③ Jean-Pierre Abel-Rémusat, *Eléments de Grammaire Chinoise*, Paris: Maisonneuve, 1857.

Max Uhle、荷兰汉学家高延（或译格鲁特，J. J. M. de Groot，1854—1921）等。

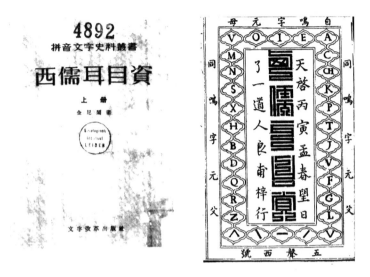

图1　《西儒耳目资》

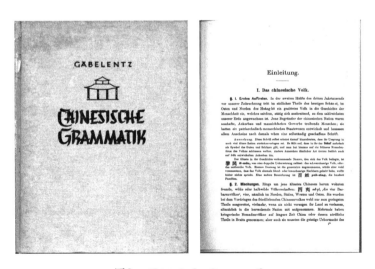

图2　*Chinesische Grammatik*

　　欧洲汉学关于语言学一定要提及的是瑞典汉学家高本汉，他对于中古和上古汉语音韵乃至于古代儒家经典如《诗经》《尚书》等有精深研究。他在《通报》和*Bulletin of the Museum of Far Eastern Antiquities*发表的论文很多，专书则有1957年出版、研究中古及上古中文的字典*Grammata Serica Recensa*、《中日汉字形声论》《中国声韵学大纲》《中国语言学研究》等，影响很大。美国老一辈汉学家也都有训诂学和字源学的训练，对于语音学也很考究，毫无例外。必须一提的是近几年来美国出现了一些重要的字典，像Paul W. Kroll的*A Student's Dictionary of Classical and Medieval Chinese*[①]（见图3），是研究中国文学的学者手边都应该有的工具书。另一部对汉学影响很大的古音学著作是白一平（William H. Baxter）和沙加尔（Laurent Sagart）的*Old Chinese: A New Reconstruction*[②]（见图4）。

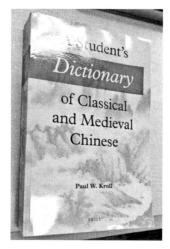

图3　*A Student's Dictionary of Classical and Medieval Chinese*

图4　*Old Chinese: A New Reconstruction*

---

① Paul W. Kroll, *A Student's Dictionary of Classical and Medieval Chinese*, Boston: Brill, 2017. 这部书获得几位美国汉学家William G. Boltz, David R. Knechtges, Y. Edmund Lien, Antje Richter, Matthias L. Richter, Ding Xiang Warner的协助，见该书扉页之鸣谢。

② William H. Baxter and Laurent Sagart, *Old Chinese: A New Reconstruction*, Oxford University Press, 2014。中译本由来国龙、郑伟、王弘治合译：《上古汉语新构拟》，上海：上海教育出版社简体版；香港：中华书局繁体版，2021年。近年包括北京大学等几所大学的语言学家不止一次专门为"白–沙体系"召开研讨会，北京大学中国语言文学研究中心似有读书会，由博士生们共同讨论"白–沙体系"的得与失。

笔者曾和白一平教授在新加坡Yale-NUS College的研讨会上有过交流，他是一位博学多闻的谦谦君子，另有*Handbook of Old Chinese Phonology*[①]，对古音学有专门研究。笔者知道*Old Chinese: A New Reconstruction*在欧美汉学界影响很大，很多从事早期中国文献研究的学者都采用所谓"白沙系统"的拟音。非常感谢聆听笔者演讲的梅广老师的提醒，笔者得知何大安院士于2016年在*Journal of Chinese Linguistics*发表了对*Old Chinese: A New Reconstruction*的书评。会后杨秀芳老师将该文章中文版《这样的错误不该有：评白一平、沙加尔的〈上古音新构拟〉》[②]寄给笔者。笔者阅读之后，对于何院士精密细腻的论证与纵横兼备的眼光叹服不已！何文指出了该书存在"不尊重语言事实"未严格依循"元音相同"为押韵基础、采用汉语方言时误把"嘎裂声"当成"中喉塞"、审视证据时未考虑语料中"直映"与"折射"的差异、对于汉藏语族内证的认识没有充分汲取汉藏语研究先驱龚煌城（1934—2010）教授的研究成果等等问题。这些"错误"，只有资深的专家能洞察，一般学者是无能为力的。在此笔者无法一一复述何文的全部论点，但正如梅广老师在演讲后讨论时指出，欧美学者似乎有意推倒原有的汉语音韵学研究准则，直接重建体系。这恰好与笔者观察到当前欧美汉学家企图推翻传统汉学方法与观点的现象，完全一致！传统汉学家和任何时代的学者一样，都会犯错，既不足怪，也不足为研究者之病。俗语"人非圣人，孰能无过"正是此意。但今日竟有不少欧美研究者将中国旧学传统一概轻蔑，视为缺失（flaw），讥为不严谨，毋乃过甚！奠立于传世文献（received texts）基础的研究，就毫无价值吗？学术研究，与古为新，实事求是，唯证据是问。从此一角度看，现代人一定胜于古代人吗？若说古人都不可信，何以见得批评古人的当代学者们就一定可信呢？当代某些学者将传统学者的研究一概贬抑，即可不再花时间精力深入研究。这当然是一种方便。但做学问恐怕也不能图方便吧？

[①]　Yale-NUS College, *Handbook of Old Chinese Phonology*, Berlin: Mouton de Gruyter, 1992.

[②]　原文为中文，发表在*Journal of Chinese Linguistics*时译为英文。Ho Dah-an, "Such errors could have been avoided: Review of Old Chinese: A New Reconstruction," *Journal of Chinese Linguistics*, vol.44, no.1 (January 2016), pp. 175–230.

（二）"求其新"的危险

对于旧学的轻忽，部分也出于汉学界一种踊跃于"趋新"的风气。过去章太炎曾在《检论·九鼎上铸的一种动物》一文将清代专门汉学分为"吴""皖"二派[①]，后来研究者认为吴派尊崇汉儒是"求其古"，皖派审音辨形是"求其是"。套用这两个概念，现代欧美汉学研究有一项特色，就是"求其新"。影响所及，现在连海峡两岸学者也纷纷赶上了这种趋新的风潮。这对于汉学研究的负面影响，尚有待评估。笔者新近完成《"革"卦"己日乃孚"辨正——再论〈周易〉异文与一字多义》[②]一文，讨论《周易》中《革》卦"已日"一词的异文。历来版本有作"已日"，有作"己日"，有作"巳日"，在经学传注传统中各有说解，成为一宗校勘学上的疑案。如果我们检查英语世界的英译《周易》，也会发现这三种读法分别被欧美学者承继[③]。自从上博简问世，简本《周易》作"改日"，有别于传统三种写法，对传注传统产生冲击。然而整理者濮茅左在《楚竹书〈周易〉研究》中，舍"改"字而隶定为"改"，释"改日"为"逐鬼禳祟之日"[④]。这固然是因为上博简文作"𢽿"，形体近于"改"而非"改"。原本简帛的隶定，除了字形的

---

① 章太炎：《清儒》，《检论》卷4，《章太炎全集（三）》，第473—475页。

② 参郑吉雄：《"革"卦"己日乃孚"辨正——再论〈周易〉异文与一字多义》，第1—12页。

③ Wilhelm / Baynes读为"己日"，自己的"己"："On your own day you are believed……Six in the second place: When one's own day comes, one may create revolution." Richard Welhelm translation, rendered into English by Cary F. Baynes, *The I Ching, or, Book of Changes*, pp.636, 638. John Lynn读为"已日"，已经的"已"："Only on the day when it comes to an end does one begin to enjoy trust." Richard John Lynn trans., *The Classic of Changes: A New Translation of the I Ching as Interpreted by Wang Bi*, New York: Columbia University Press, 1994, p. 445. Richard Rutt则读为"巳日"，祭祀的"巳"："On a sacrifice day, use the captives." Richard Rutt, *The Book of Changes*, Surrey: Curzon Press Ltd. 1996, p.272.

④ 见濮茅左：《楚竹书〈周易〉研究：兼述先秦两汉出土与传世易学文献资料》，第164页。陈仁仁亦采用濮茅左之说，又说"从楚竹书本作'改'来看，此处变革之义似非抽象地谈，而是涉及具体的'逐鬼禳祟'之事或风俗，似表示需待'改'后方可革更之"。参陈仁仁：《战国楚竹书〈周易〉研究》，第270页。

考虑，也必须回归文本文义考察，并且充分参考历代传注。但濮氏似乎没有理会文本，也不考虑历代说解并无"改"字此一说的事实，遽尔提出新说，将历代三种旧说全盘推翻。这似乎是一种方便法门。其实，传统学者早就有独到的考证。顾炎武《日知录》"己日"条对这个词有非常精彩的解说，综合字形、字义、卦义各方面，考定"己日"才是正解，指出"己日"既为十天干日中的第六日，符合"过中则改"之义；同时据《仪礼》郑《注》"丁己"读"丁"为"叮咛"，"己"为"变改"，认为"己日"亦有"改日"之义，与《革》卦变革的精神相符①。清儒吴夌云《吴氏遗箸》卷一有相近同之意见②，屈万里《周易集释初稿》更综合诸说作出分析③。顾炎武"己"字兼有二义之说，就是笔者多年来反复强调《周易》卦爻辞"一字多义"（polysemy）的现象，是围绕着卦名"革"所衍生的"连带意义"（associate meanings）。笔者无法确定濮先生是未见过传统学者的论证，抑或见过但不接受。结果影响及于欧美，夏含夷英译上博简《周易》时，也就接受其读法而译为"exorcism day"④。事实上，濮读此字为"毀改"的"改"，有别于改革字的"改"。他应该要注意到清儒朱骏声《说文通训定声》曾经清楚区别这两

---

① 顾炎武《日知录》"己日"条："《革》'己日乃孚'。六二'己日乃革之'。朱子发读为'戊己'之'己'。天地之化，过中则变，日中则昃，月盈则食，故《易》之所贵者中。十干则'戊''己'为中，至于'己'则过中而将变之时矣，故受之以'庚'。'庚'者，更也，天下之事当过中而将变之时，然后革而人信之矣。古人有以'己'为变改之义者。《仪礼·少牢馈食礼》'日用丁己'《注》：'内事用柔，日必丁己者，取其令名自丁宁，自变改，皆为谨敬。'而《汉书·律历志》亦谓'理纪于己，敛更于庚'是也。王弼谓'即日不孚，己日乃孚'，以'己'为'已事遣往'之'已'，恐未然。"顾炎武著，黄汝成集释：《日知录集释》（全校本）卷1，第28—29页。

② 吴夌云：《吴氏遗箸》卷1，《丛书集成续编》第73册，第591页。

③ 详屈万里：《周易集释初稿》，第298页。

④ 夏含夷说，"Here and in the Six in the Second line, for yi 改, which Pu Maozuo says means 'to drive off ghosts and dispel curses,' " Edward L. Shaughnessy, *Unearthing the Changes: Recently Discovered Manuscripts of the Yi Jing (I Ching) and Related Texts*, New York: Columbia University Press, 2014, pp.122–123.

个字，"毅改"是不能拆开的叠韵复合词；"改"字则是更改、改变的意思①。李零也曾明确指出读"改"字的谬误。②回顾《周易》二千年传注传统，明明没有出现过"毅改"的读法，"改"字在"五经"中常见，而以笔者之浅陋，又尚未见有读"改"为"改"之例。即如郭店楚简"改"字隶定为"改"，亦未尝被学者读为"逐鬼禳祟"。在没有任何传世文献支持下，单凭一支楚简，即舍"改"取"改"，不免一意孤行。由此可见过于"求其新"的危险性。其实，受过传统"经学"训练的人都知道，中国经学旧传统，只要没有相当坚实的证据支持，经学家一般循守旧说。从方法论上讲，可能有人觉得古人太保守了。但这种"保守"，毋宁也是谨慎。

（三）经典（classic / canon）翻译的挑战

谈及语言、翻译的问题，经典翻译一直是广受欧美学术界重视的工作。经典的翻译，自金尼阁*Pentabiblion Sinense*后，译者代有其人。理雅各布将中国多部经书英译为*The Chinese Classics*出版，流传甚广，影响很大。"五经"的现代翻译中，可能以《易经》为最多，笔者有多篇论文讨论到。其他如《左传》则有美国奥勒冈大学东亚语言文学系的Stephen Durrant和哈佛大学东亚系的李惠仪（Li Wai-yee）合作的翻译。文学方面，康达维老师（David R. Knechtges）翻译《昭明文选》［*Wen xuan or Selections of Refined Literature*（3 volumes）］，允为中国文学作品英译的典范。笔

---

① 朱骏声《说文通训定声》"改"字条："'毅改，大刚卯，以逐鬼彪也。从攴，巳声，读若"巳"。'与从己声之改革字别。按：'毅改'亦叠韵连语，以正月卯日作，故曰'刚卯'。或以玉，或以金，佩之辟邪，其度大者长三寸，广一寸，小者长一寸，广五分，皆四方，于中央从穿作孔，采丝系之，文曰'正月刚卯'。既央灵殳四方，赤青白黄四色，是当帝令祝融以教夔龙庶疫刚瘅，莫我敢当。"朱骏声：《说文通训定声·颐部弟五》，第169页。

② 李零说："改，简文从巳。濮说此字与改形近字通，不妥。案许慎以为改字从攴己（原注：《说文》卷三下），李阳冰也说"己有过，攴之即改"，都是误以此字从己。其实，早期巳、已无别，但与己明显不同。改字并不从己，因此也无所谓形近字通。……改，简文写法同简44，马王堆本、今本作巳，濮注读为劲改的改，不妥。"李零：《读上博楚简〈周易〉》，《中国历史文物》2006年第4期，第62—63页。

者曾赞诗推许：

> 绀绎《诗》《骚》溯《六经》，风华才调自昭明。千年选赋生芒气，一代
> 文儒有令名。

康教授的学生、"唐奖"得奖人宇文所安（Stephen Owen）翻译大量唐诗，为学界
艳称，都是学界津津乐道的。

近年包括Brill、Springer等各大出版社和大学出版社有不少都成立专业译丛，
邀请专业领域学者将中国经典译成英文及其他文字。这绝对是一项值得亚洲学者积
极参与的工作。当然前提是参与者必须具有专业的语文水平。除了文法不能有错误
外，我们最关心的是术语（terminology）的精准，英文汉学论著一般在篇末都有词
语表（glossary），列出论著里面用到的词语的中英对照。举几个例子：

1. 经典的通行译名有时或变。这在学界是常态。例如《尚书》早期通译为
Classic of History，后又有*Classic of Documents*之译。《周易》本有另一名称《易
经》，早期则只称为《易》，音译通行就是*I Ching*，稍后有用汉语拼音则为*Yijing*，
采《周易》则音译为*Zhouyi*，尔后又有人认为应将二字分读，作*Yi Jing / Zhou Yi*。
这当中很难说谁对谁错，只反映了译者自身的理解。书名的意译则通用*Book of
Changes*，无甚改变。但要注意"变化"是复数不是单数。当然，如有学者坚持将
"变化"视为一种普遍原理而译为"change"，也很难说他错。不过直至目前为止
似乎未见过。

2. 《中庸》的"中"字，因为篇名译为*Doctrine of the Mean*，但在全篇中有
很多处的"中"并不适合译为"mean"，例如"中立而不倚"的"中立"可能更
接近"neutral"，有些地方则译为"equilibrium"或"moderate"可能更为贴切。
我们也不能忽略，"中"字有"心"的意思，如《诗·大序》"情动于中而形于
言"。所以"喜怒哀乐之未发，谓之中"的"中"字其实也隐藏了"心"的意义。
又如《中庸》《大学》都提到"慎独"的"独"字，有些翻译作"lonesome"或
"loneliness"都不合适。较好的译法是"solitude"。

3. 中国传统的"隐逸"，合理的翻译是"recluse"，适合译为"hermit"或
"eremite"的情形不多，因为后者适合于宗教上的隐士，而中国的隐士更倾向于政

治的或性情上的退隐。

同时也要一提：欧美学界近年来有一种风气，就是欢迎新的译法，扬弃旧的译名。譬如安乐哲（Roger T. Ames）翻译中国的道德观念，就喜欢创一些新译法，例如"孝"，传统译为"filial piety"，但他就译为"family reverence"，"仁"字传统译为"benevolence"，安乐哲译为"consummatory conduct"，等等，而因为安乐哲在中国哲学的影响力，接受他译名的人也愈来愈多。另外，如"儒学"的传统译法是"Confucianism"，但近年欧美学界认为这根本是"孔夫子主义"，不符合史实，于是另创为"Ruism"取代之。其实即使是欧美汉学界，坚持用Confucianism的学者仍不在少数。哲学观念术语的翻译，也许存在刺取意义不同、各有领会而导致分歧的现象，但为数更多的经典语词的英译，是是非非就不能不认真考究。

也有些概念，在古汉语中有模糊性（ambiguity）。例如"知"这个字在经典中有时读为知识（knowledge），有时读为"智慧"（wisdom），有时则二者兼具，记得顾史考在翻译郭店楚简时，就将"知"译为"knowledge"也译为"talents"[1]，舍此之外别无他途。又如"情"字，古代经典并不特别区分情绪（emotion）和情感（sentiment），我们翻译时就只好两个词语并列，但讲到"情感哲学"无法并列，"sentimental philosophy"可能就优先于"emotional philosophy"——尽管情感哲学中"情绪"仍然占很大的比重，例如《中庸》说"喜怒哀乐之未发"，主要讲的就是情绪。

由此可见翻译之难，由字、词开始，已是步步维艰。记得二十年前曾读宇文所安翻译杜甫（712—770）诗《闻官军收河北河南》，将"漫卷诗书喜欲狂"译为"I carelessly roll up poems and writing almost mad with delight"[2]，用"roll up"翻译"漫卷"，显见没有捕捉到词义。仇兆鳌《杜诗详注》记录了一则注解"抛书而起"[3]，就是把书四处乱扔，形容妻儿得悉将能返乡的狂喜之情，这才讲对了"漫卷"的意思。

古代文学作品中若干特殊而精彩的音韵现象，在翻译中也很难展现，例如《楚

---

① See Scott Cook, *The Bamboo Texts of Guodian: A Study & Complete Translation*, vol.1, "Wu xing"《五行》："The Five Conducts," pp. 465–520.

② Stephen Owen trans. & ed., *The Poetry of Du Fu*, Berlin: De Gruyter, 2016, vol 3, pp.186–187.

③ "顾注：忽传二字，惊喜欲绝。愁何在，不复愁矣。漫卷者，抛书而起也。"杜甫著，仇兆鳌注：《杜诗详注》，北京：中华书局，1979年，第968页。

辞·卜居》中的联绵词：

> 将哫訾栗斯，喔咿儒儿，以事妇人乎？^①

"哫""訾"精母双声；"栗""斯"支部叠韵；"喔""儒"侯部叠韵，
"咿""儿"影母、日母，双声，这样双声与叠韵交错而安排出抑扬顿挫的音韵节
奏，体现了联绵词的旋律之美[②]。但外语翻译时，要如何保存这种艺术美，就让人
煞费思量了。

（四）"书面语义"与"经典文义"兼顾的困难

书面上的技术层面和意义上的理论层面，翻译时要兼顾也不容易。以英译为
例，欧美汉学家翻译中国经典时，每为忠实贴近原文，尽量迁就语词的"书面意
义"（verbal meaning）。笔者相信这是出于善意，尽量不去干扰字面的意思；但这
样做又难免引起误导，尤其遇到假借字时。以夏含夷 *Unearthing the Changes: Recently
Discovered Manuscripts of the Yi Jing (I Ching) and Related Texts*^③ 对于几种出土《周易》
的英译为例，这是当今世上仅有一部囊括四种出土《周易》文献而作全面英译的专
著，作者成就非凡。然而其中迁就书面意义的现象，也让读者相当困扰。例如夏著
今本《无妄》注音为"Wu Wang"，译为"Nothing Foolish"（第95页）；《上博
易》"亡忘"注音为"Wang Wang"^④，译为"Forget-Me-Not"（第94页）；《王
家台归藏》"毋亡"，译为"Not Lost"（第178页）；《阜阳易》"无亡"译为
"Nothing Gone"（第245页）。事实上"无妄""亡忘""毋亡""无亡"，甚至
马王堆帛书《周易》作"无孟"，写法虽不同，但音义都没有变，但读者读此卦英

---

① 洪兴祖：《楚辞补注》卷6，第177页。

② 或谓杜甫《秋兴》八首之五的"直北关山金鼓振，征西军骑羽书驰"。"骑"字一
本作"马"。而论者或谓"关山"叠韵，"金鼓"双声；"军骑"双声，"羽书"叠韵。与
《楚辞·卜居》此例相同。此亦可备一说。

③ Edward L. Shaughnessy, *Unearthing the Changes: Recently Discovered Manuscripts of the Yi
Jing (I Ching) and Related Texts*, Columbia University Press, 2013.

④ 另见第49页、第168页。

译而遇到上述几种不同的拼音和翻译，必将无所适从，不知道要如何由"音"而及"义"，或据"义"而审"音"。但话说回来，正面地理解，这样的处理也不无帮助，因为经典诠释的工作必须兼顾本义（original meaning）和各种连带意义，研究者不能为了固执于本义，而忽略了意义的流动性所展现诠释的开放性（openness of interpretation）。翻译《周易》这样充满喻象的经典，更应如此。夏含夷贴近文本辞义的翻译，其实也提醒了我们在阅读和翻译文本时，不妨尽量将各种可能的意义纳入考虑。考虑古书"一字多义"现象，译名多义性和歧异性所引起的混淆，确不容易消除。如何在翻译时适当考虑各种情况，又避免混淆，始终值得研究者和翻译者深刻反思。

（五）诠释学的关注

最后大家也可以注意"语言"与"哲学"的关系，因为欧洲汉学特别注意这两个支柱。要知道将中国的学问输入欧洲的几乎都是传教士。而欧陆哲学在欧洲有非常源远流长的传统。欧洲的诠释学传统大致可以区分为两个源头，一是《圣经》的解释传统，一是古希腊的哲学体系；前者代表了真正对于具有宗教神圣性的圣典的解释，后者则代表了诠释学中重要的理性主义的精神资源。它们都是当代欧洲诠释学的重要基础，任何讨论欧洲诠释学的学者，都必须对于此一传统有充分的尊重与理解。关于前者，《圣经》的解释学（Biblical hermeneutics）原有"犹太教"与"基督教"两支，犹太教以希伯来《圣经》为对象，因为历史语言的差异，其研究较多循训诂、字源、校勘等方法，形态上与中国儒家经典的研究方法有类似的地方。基督教则有教廷与新教对《圣经》的不同解释，而随着十八世纪诠释学理论的发展，新观点也影响了基督教的《圣经》诠释学，其核心问题有二。其一，《圣经》究竟是否要依循教会的权威解释？抑或要回归圣典本身的内容，从中探讨神的意旨？所以诠释学从历史上看，其中一个重大意义就是新教徒对罗马教会的挑战，回归经典主义（fundamentalism）就是以经典来对抗教会的正统与权威。其二，《圣经》的诠释方法究竟属一般方法抑或特殊方法？这个问题，从舒拉玛赫（Friedrich Schleiermacher，1768—1834）即成为显题。十八世纪以后，《圣经》诠释方法与理念成为欧洲诠释学中不可分割的一部分，同时社会学、人类学、历史学也与诠释学发生了千丝万缕的关系。舒拉玛赫以后，狄尔泰（Wilhelm Dilthey，1833—1911）

再深化了诠释学的内涵。他将理解（verstehen）区分为个别与全体的，指出了超越于文本结构的高层次理解的境界，为诠释学指出了超越于文本的世界。接着弗洛伊德（Sigmund Freud，1856—1939）、荣格（Carl G. Jung，1875—1961）继起，又为诠释学注入了心理学的因素。心理学之所以如此顺理成章地成为诠释学的一个重要范畴，笔者认为主要是因为诠释学本质上讲的是一种理解的艺术，而"理解"作为一种活动，本身即是内存于心性。胡塞尔（Edmund G. A. Husserl，1859—1938）所讲的现象学，也多涉及人类对于世界总体现象的认知的问题，将现象的建构带回人类自身的意识，进行探讨。从某种角度观察，也是对"自我"（self）的全面理解与反思；但这个自我，则既是公共的也是个人的；所以对于"意识"（consciousness）作为一种精神活动如何推衍出对于"现象"的理解与建构问题，也就是如何在经验层面之上获得超越经验的共相理解。这本身就是一个涵括了心理学成分的哲学问题。当这样的问题被带进诠释学中，人与文献之间就不是简单的阅读字词、分析文本或者解读符号，而是研究诠释者（也是人）在主观经验观照现象世界的状态下，如何在文献与自身心灵之间游动，所取得的又是什么样的意义。以上是重视理论建构的欧洲诠释学中，心理学之所以扮演着重要角色的多重原因。

五、欧美宗教哲学对汉学的启示

（一）欧洲学者关注宗教

欧洲传教士对汉学的兴趣并不全然在宗教，但毫无疑问宗教也是他们特别感兴趣的地方。受欧陆哲学传统浸润的传教士与东方宗教相遇，引发了大量创新而有趣的研究尝试。上文提到的语言学家Gabelentz同时也是《周易》研究者，他在1876年Dresden大学获得博士学位，其论文就是周敦颐《太极图说》的翻译。欧陆哲学以德、法两地最具特色。德国的现象学、诠释学、语言哲学十分丰富。康德（Immanuel Kant，1724—1804）哲学在汉学界最为人熟知，主要得力于牟宗三翻译其《纯粹理性批判》（*Kritik der reinen Vernunft / Critique of Pure Reason*），引发近二十年中国哲学界不少新思考和新课题。个人则认为胡塞尔现象学给整个诠释学带来巨大的启示，也值得东亚的精神传统参考。现象学直接碰触到宗教上的存在问题，它对宗教研究也发生影响。京都大学西田几多郎（1870—1945）发明两大概念——"善""无"，著有《善の研究》《無の自觉的限定》。据吴汝钧解释，"无"为"绝对无"（absolute Nichts），是"非实体主义"（non-substantialism）的哲学观念，可以和现象学所阐述的"间主体性"（inter-subjectivity）参互比较[1]。当然这种参互比较的研究方法一直受到注意及实践，例如傅伟勋（1933—1996）将实存现象学（existential phenomenology）和中国大乘佛学结合，探讨生命的存在[2]，也是融贯东西方精神传统的方法。将"绝对无"和现象学比较融通并不代表要将二者等量齐观，但现象学的"quale"和"intentionality"所论及认知活动之中，认知者的心境（state of mind）和被认知之事物的本质之间恒常共生的特性，在东方的精神传统中也被广泛阐发，王守仁（1472—1529）著名的"先生游南镇"一段"你未看此花时，此花与汝心同归于寂；你来看此花时，则此花颜色一时明白起来，便知此花不在你的心外"[3]，正好属于显例。只是东、西方运用的语汇、表述的形式，不尽相同。换言之，在援引欧美学说来解释中国经典时，东西方同中有异、异中有同的实际情形绝不能被低估，以免落入生搬硬套的弊病。

宗教方面，荷兰汉学界有卓越贡献，尤其是道教，他们大多有在中国担任翻译或外交工作的经验。老辈汉学家如薛力赫（Gustav Schlegel，1840—1903）1858年即来华担任翻译，和高第（Henri Cordier，1849—1925）于1890年共同创立《通报》。薛力赫的代表作是 *Uranographie Chinoise*[4]。荷兰政府于1875年在莱顿大学（Leiden University）设立汉学讲座，薛力赫是首任。他的学生高延出版了取材丰富、卷帙浩繁的6大册 *The Religious System of China*[5]。该书对灵魂问题以及宗教仪轨的介绍与讨论

---

① 吴汝钧在《绝对无诠释学：京都学派的批判性研究》一书中有详尽的发挥。吴汝钧：《绝对无诠释学：京都学派的批判性研究》，台北：台湾学生书局，2012年。

② 傅伟勋：《从创造的诠释学到大乘佛学》，台北：东大图书公司，1990年，第8页。

③ 王守仁：《传习录》卷下，陈荣捷：《王阳明传习录详注集评》，台北：台湾学生书局，1983年，第275条，第332页。又详卷下第336条论"我的灵明，便是天地鬼神的主宰"，第381页。

④ Gustav Schlegel, *Uranographie Chinoise*, Leyden: Brill, 1875.

⑤ J. J. M. de Groot, *The Religious System of China*, Leyden: Brill, 1907. 该书有中文译本《中国宗教系统》，也有日文译本。

尤多，精义随文可见。笔者引其中一段文字说明他对灵魂二重性的说明：

> The Yang （阳）and the Yin （阴）being deemed to produce, by the power
> of their cooperation, all that exists, so Man, too, was judged by the ancient Chinese
> to be a product of the union of those powers…The "shen" 神 or immaterial soul
> emanates from the ethereal celestial part of the Cosmos, and consists of Yang substance.
> When operating actively in the living human body, it is called "khi" （气）
> or "breath" and "hwun" （魂）; when separated from it after death, it lives forth
> as a refulgent spirit, styled "ming" （明）. And the "kwei" （鬼）, the material,
> substantial soul, emanates from the terrestrial part of the Universe, and is formed of yin
> substance. In living man it operates under the name of "p'oh" （魄）, and on his
> death it returns to the Earth.[①]

作者早岁来华担任外交工作，主要活动于东南沿海，故对于道教的考察，包括古籍、思想、民俗、礼仪等各方面，既能以今证古，观其流变。在中国学者看来，虽偶有理解不够精准，但综合研究中国古典文化的毅力，令人肃然起敬。1912年至1921年高延被柏林大学任命为汉学讲座。其后薛力赫的学生还有博雷尔（Henri Borel，1869—1933），另外也有高第和沙畹的学生戴文达（Jan Julius Lodewijk Duyvendak，1889—1954），他在1893年至1918年被College de France任命为汉学讲座（Chair of Sinology）。以上的荷兰汉学家都是研究道教包括《易》和《老子》等经典。较为人熟知的荷兰汉学家是专研道教、房中术、中国性学史的高罗佩（Robert van Gulik，1910—1967），代表作是 *Erotic Colour Prints of the Ming Period: With an Essay on Chinese Sex Life from the Han to the Ch'ing Dynasty*[②]，背景是高罗

---

① J. J. M. de Groot, *The Religious System of China*, vol.4, pp.3-5. 关于魂魄的问题，可参龚自珍：《释魂魄》，《龚自珍全集》，第126页。樊克政据手校本《文集》卷五该文后附自记"此亦丁丑、戊寅间所作"，定为嘉庆二十三年（1818）二十七岁所作。樊克政：《龚自珍年谱考略》，北京：商务印书馆，2004年，第127页。

② 高罗佩（Robert van Gulik）：《秘戏图考》，东京：R.H. van Gulik，1951年。

佩在日本见到十八世纪从中国传入日本的性爱画册《花营锦阵》，原本想写一前言介绍给西方学界，意外写成一部书。另一名著是*Sexual Life in Ancient China: a Preliminary Survey of Chinese and Society from ca. 1500 B.C. till A.D. 1644*（《中国古代房内考》）[①]。高罗佩《秘戏图考》的案例是非常好的文化传播的例子，由中国→日本→欧洲→中国及美国。

（二）欧美学界的中国哲学研究

以上简介欧洲汉学家一部分关于哲学与宗教的努力与成果。关于中国思想或中国哲学的研究，欧美汉学的研究也没有中断过。回顾近一个世纪，将中国哲学系统性推介到西方世界的学者中，陈荣捷（Wing-tsit Chan，1901—1994）的*A Source Book in Chinese Philosophy*[②]功不可没。陈先生精研朱子学和中国典籍，又受正统哲学训练，因此无论东西方早年研究中国哲学的学者案头必有一册，以供参考。但陈荣捷以后，欧美学界研究中国思想／哲学，有几种取态值得注意。首先，重视物质性而强调实物（出土文献）重要性远高于传本文献的观点问题，上文已有讨论。其次，近一世纪欧美汉学界重视先秦诸子的研究，或是延续古史辨运动以来的路向，因先秦诸子属于古史的一部分（《古史辨》4、5、6册均论辩先秦诸子），而思想内容更形成中国古代文明的主体。近世中国学者致力从《墨经》《公孙龙子》中找寻逻辑思想、从《周易》中找寻科学思想、从《管子》中找寻经济思想，无不与此有关。伦敦大学的葛瑞翰（A. C. Graham，1919—1991）、刘殿爵（D. C. Lau，1921—2010）是欧美汉学的代表人。受到二十世纪初胡适、钱穆等关于中国思想／哲学以儒家抑或道家为开始的争论，他们也着眼于儒、道在先秦思想史上的对话。刘殿爵不但英译《论语》《孟子》《道德经》等先秦诸子典籍，他也和完成多种哈佛引得的洪业（William Hung，1893—1980）一样，领导团队完成了大量中国古籍的逐字索引，对汉学的贡献功不可没。葛瑞翰对于《墨经》以及道家典

---

①　Robert van Gulik, *Sexual Life in Ancient China: a Preliminary Survey of Chinese and Society from ca. 1500 B.C. till A.D. 1644*, Leyden: Brill, 1961.

②　Wing-tsit Chan, *A Source Book in Chinese Philosophy*, New Jersey: Princeton University Press, 1963.

籍和思想包括《老子》《庄子》《列子》等都有著作，也研究过农家的思想。他的研究面很广，在伦敦亚非学院时写过专书*Two Chinese Philosophers: Ch'eng Ming-tao and Ch'eng Yi-ch'uan*[1]，虽然这部书在二程思想的分疏上，远远比不上牟宗三《心体与性体》的目光如炬，但掌握二程思想亦得其肯綮，文献功夫颇为扎实。谈到东西方不同的观点和进路，陈汉生（Chad Hansen）[2]和刘笑敢所代表的两种进路也值得借鉴。二人都是欧美汉学训练，但因为刘重视文献校勘（刘著《老子古今》一书可证），陈汉生并不认可刘的研究是哲学本色。陈、刘进路的差异，大抵也反映近年欧美分析哲学家对中国哲学的研究及其与传统中国学者的差异。最后必须一提的当然是狄培理（Wm. Theodore de Bary，1919—2017），他与赖肖和（Edwin O. Reischauer，1910—1990）是二十世纪五十年代东亚研究（East Asian studies）的奠基者。狄培理对儒学研究影响尤其深远。当然这是大家熟悉的，可以省略。针对欧美汉学家对先秦思想的研究，笔者想提出的困难是，欧美学者从黑格尔（Georg Wilhelm Friedrich Hegel，1770—1831）以降，到史怀哲（Albert Schweitzer，1875—1965）[3]及Herbert Fingarette（1921—2018）的著作评论孔子，都根据《论语》立论。史怀哲采撷《论语》章节解释孔子言论以评骘其思想，Fingarette更坦言他反复阅读《论语》之后对孔子思想发生理解的转变[4]。平心而论，能据《论语》原典探

---

[1]　A. C. Graham, *Two Chinese Philosophers: Ch'eng Ming-tao and Ch'eng Yi-ch'uan*, London: Lund Humphries, 1958.

[2]　代表作有Chad Hansen, *A Daoist Theory of Chinese Thought: A Philosophical Interpretation*, New York: Oxford University Press, 1992.

[3]　Albert Schweitzer, *Geschichte des Chinesischen Denkens*, München: Verlag C. H. Beck, 2002. 中译本参阿尔伯特·史怀哲著，常暄译：《中国思想史》，北京：社会科学文献出版社，2009年。

[4]　从书的内容看，Fingarette多采用Arthur Waley和James Legge对《论语》的翻译与研究。他说，"When I began to read Confucius … Having the benefit of some acquaintance with recent developments in the philosophical study of man, I also saw that there are distinctive insights in the Analects, which are close in substance and spirit to some of the most characteristic of the very recent philosophical developments." See Herbert Fingarette, *Confucius: The Secular As Sacred*, Illinois: Waveland Press Inc., 1972.

讨孔子思想，已殊为不易，但要说"足够"却是远远达不到。要知道孔子是中国历史上第一位以"《诗》《书》执礼"①教授弟子的哲人。《诗》《书》才是孔子思想的根源，《论语》则是后人追记孔子的训诲，是孔子教言的浓缩概括。倘若不能透过《诗》《书》《礼》的融贯去印证孔子思想，只是将《论语》简短的教言——孤立起来讨论，读起来必然语焉不详，甚至没头没脑。譬如孔子"孝"的思想，学者常引《论语·为政》"今之孝者，是谓能养。至于犬马，皆能有养；不敬，何以别乎？"申论。事实上孔子所论和《诗经》多篇申述孝道的诗篇有关。例如，笔者认为《小雅·蓼莪》"瓶之罄矣、维罍之耻"形容"孝"最为深刻，足以说明孔子《论语·阳货》"食旨不甘，闻乐不乐"所描述孝子内心感受。可以说，若不能咀嚼出《诗·蓼莪》的情味，对孔子"孝"思想的理解就不可能深入，因此，理应利用《诗经》经义与孔子言论互证。又如《论语·为政》另一章孟懿子问"孝"，孔子说"生，事之以礼；死，葬之以礼，祭之以礼"，"孝"在人生每个阶段都涉及"礼"，研究者只盯着《论语》各章文字"讲"孝，却不能深入诸种《礼》经关于生事死葬的内容去推究义理②，恐怕也只能在孔子话语的表层打转而已。这种情形，等于学者对《诗经》茫无所知，却想去解读《孟子·告子下》所录孟子与公孙丑围绕《凯风》《小弁》的讨论一样，必然是丈八金刚摸不着头脑。传统学者强调"通诸经然后通一经""以经解经"，是有理由的，因为经典内在的关联性就像人体的血脉一样。这些内在关联性却在欧洲学者的讨论中缺席了。

拜近年来网络科技的助推，传统中国典籍的索引、引得的工作涵括面已甚广，例如"中央研究院"所完成的经史相关索引、网上的中国哲学书电子化计划索引等。也拜东西方交流频繁的助力，欧美学界各种古籍英译也暴增，研究著作也非常多。光在Facebook的"Sinologists"专页中就常能见到推介新出版的英译著作，让笔者在本文难以简短的篇幅作深度介绍。但回归笔者所关心经典语词的"多义性"所引致英译的准确性问题，真的不可轻忽。经部典籍中，《周易》与《诗经》的抽象讽喻字词概念特别多，"一字多义"的例子也很多，传统诗歌或文学作品存在白居

---

① 《论语·述而》："子所雅言，《诗》《书》、执礼，皆雅言也。"

② 《礼记·礼器》："先王之立礼也，有本有文。忠信，礼之本也；义理，礼之文也。无本不立，无文不行。"

易所谓"兴发于此，而义归于彼"①的情形不可忽视。翻译准则有所谓"信、达、雅"。如果翻译只能译出"兴发于此"而遗漏了"义归于彼"的部分，这个翻译就连"信"也达不到，更遑论"达"和"雅"了。

（三）历史与思想研究成就举例

其次是关于中国思想／哲学的研究，其视野深浅阔狭，往往取决于基本文献训练的扎实程度。要知道老一辈的汉学家强调的文献训练，是决定其研究成果可靠程度的主要因素。前述葛瑞翰即为一例。古代中国思想史上，倪德卫（David S. Nivison，1923—2014）的博大精深是赫赫有名的。他在2009年召开关于《竹书纪年》的研讨会，并出版 *The Riddle of the Bamboo Annals*②是上古历史文献与思想文明的坚实成果，与邵东方、夏含夷的《竹书纪年》的研究比合而观③，共同为这个古老的课题——清代关于古本与今本《竹书纪年》真伪的争辩——提供了丰

① 白居易：《与元九书》，白居易著，朱金城笺校：《白居易集笺校》卷45，上海：上海古籍出版社，1988年，第2791页。

② 倪德卫（David S. Nivison）和邵东方在2009年主办了《竹书纪年》的国际研讨会，夏含夷、叶山（Robin Yates）等都有参加。倪德卫 *The Riddle of the Bamboo Annals*（《竹书纪年解谜》），Taipei: Airiti Press Inc., 2009.

③ 夏含夷早在2001年即已有讨论，见夏含夷：《晋侯的世系及其对中国古代纪年的意义》，《中国史研究》2001年第1期，第3—10页。又夏含夷：《〈竹书纪年〉的整理与整理本》，发表于2005年3月23日台大东亚文明研究中心第28次学术讲论会，收入叶国良、郑吉雄、徐富昌合编：《出土文献研究方法论论文集》，台北：台大出版中心，2005年，第339—441页。原来《竹书纪年》的讨论和研究在美国汉学界相当多。夏的《〈竹书纪年〉的整理与整理本》一文可能是该次研讨会的产物，大旨提出一种同情理解的观点，认为今本《竹书纪年》不可能是伪造，可能和汲冢书出土时墓本经过解读，但其中古文字未被完全通解、导致纂本的错误有关。夏的观点可能和陈力相近，而邵东方则认为今本《竹书纪年》不伪只是一种推测，尚欠足够证据支持。相关的辩论，除可参上引夏含夷的论文和 *Unearthing the Changes*（pp.145-148）以外，尚可参邵东方：《"今本"〈竹书纪年〉诸问题考辨——与陈力博士商榷》，《竹书纪年研究论稿》（*Critical reflections on current debates about the Bamboo Annals*），Taipei: Airiti Press Inc., 2011, pp. 17–85。

富的思考角度①。笔者近年研究中国古代"天"与"天命"，感到相当受用的著作还有 Robert Eno的*The Confucian Creation of Heaven: Philosophy and the Defense of Ritual Mastery*②，以及Robin R. Wong的*Yinyang: The Way of Heaven and Earth in Chinese Thought and Culture*③和夏含夷的*Rewriting Early Chinese Texts*④等等。*Rewriting Early Chinese Texts*第一章 "The Editing of Archeologically Recovered Manuscripts and Its Implications for the Study of Received Texts" 是一篇十分精彩的文章，深入讨论了出土文献与传本文献的复杂关系。因夏含夷是古文字学家，对于语言文字敏感度很高。他强调 "to suggest a more subtle instability at all levels of the text: the word, the pericope, and perhaps even the whole text"⑤，显示他从汉语词性的流动性上注意到文本的不稳定性。这一点对出土文献和传世文献的整合研究，至为重要。

　　至于笔者专攻的另一个领域清代思想史，欧美汉学界优秀的著作不可胜数。刘广京的高足、研究中国印刷史卓然有成的周启荣（Kaiwing Chow）所著*The Rise of Confucian Ritualism in Late Imperial China: Ethics, Classics and Lineage Discourse*⑥，以及研治清代哲学的伍安祖（On-cho Ng）研究李光地的名著*Cheng-Zhu Confucianism in the Early Qing*⑦都是令人激赏之作。周启荣提出从清初儒家排斥释、道的角度（周

---

　　① 附带一提，倪德卫在该书Appendix 1: Sandai Science Survey讨论"月相"称谓（lunar phase terms，包括既生霸、旁死霸、初吉、既吉等）时（第197—198页），似乎只参考了王国维"一月四分"之说，并未参考董作宾《"四分一月"说辨正》对王国维的反驳，颇为可惜。董作宾：《"四分一月"说辨正》，原刊《华西大学中国文化研究所辑刊》（1943年），收入《董作宾先生全集甲编》第1册，第1—21页。

　　② Robert Eno, *The Confucian Creation of Heaven: Philosophy and the Defense of Ritual Mastery*, Albany: SUNY, 1990.

　　③ Robin R. Wong, *Yinyang: The Way of Heaven and Earth in Chinese Thought and Culture*, Cambridge University Press, 2012.

　　④ Edward L. Shaughnessy, *Rewriting Early Chinese Texts*, Albany: SUNY, 2006.

　　⑤ Edward L. Shaughnessy, *Rewriting Early Chinese Texts*, p. 60.

　　⑥ Kaiwing Chow, *The Rise of Confucian Ritualism in Late Imperial China: Ethics, Classics and Lineage Discourse*, Stanford, Calif.: Stanford University Press, 1994.

　　⑦ On-cho Ng, *Cheng-Zhu Confucianism in the Early Qing*, Albany: SUNY, 2001.

启荣视为 "purification" ）论及 "儒家礼教主义"，实是目光如炬。伍安祖则不但注意到李光地学术取态与政治意识形态的关系，更与他后来对清代常州今文经学的哲学解读的研究连成一线，可考察清代思想与历史论述的纠葛。必须介绍的还有普林斯顿的三位历史家：余英时先生、牟复礼（Frederick W. Mote，1922—2005）和艾尔曼（Benjamin Elman）。余先生的贡献，将在下文讨论 "巫" 与思想问题时介绍。牟复礼研究中国史集中在元明时期，与陈学霖（1938—2011）、包弼德（Peter Bol）差近，都致力于近代（early modern）时期[①]，路数则偏向于政治史。牟复礼的早期作品*Intellectual Foundations of China*（《中国思想之渊源》）[②]集中介绍早期中国，是具有代表性的名著，他也参与英译萧公权《中国政治思想史》，更为人熟知的可能是*The Cambridge History of China*明代部分的编写。相对上，艾尔曼比较偏重社会史及文化史，尤其精于中国科举考试。艾尔曼的*From Philosophy to Philology: Intellectual and Social Aspects of Change in Late Imperial China*[③]是其代表作，宣示宋明学术发展到清代的重大转折，在于由哲学过渡到文献训诂之学。关于中国思想史如何由宋明转变到清代，解说最多，争论亦最为激烈。除去牟宗三认为刘宗周（1578—1645）以后 "学绝道丧"[④]这样激烈的观点不谈，近代自梁启超在《清代学术概论》首倡清代学术是 "宋明理学一大反动" 最为著名。其后冯友兰著《中国哲学史》提出清代思想是 "宋明道学的一部分延续" 恰与梁说相反。钱穆先生在《中国近三百年学术史》中指出清儒治学深浅，取决于其对宋学浸馈的深浅，与冯友兰相近，但论述层次更为细腻[⑤]。钱先生的两位弟子——余英时先生和笔者的本师何佑森先生（1931—2008）——各自有新观点。余先生指出知识主义

---

① 近十年来包弼德及其门弟子研究有自宋元向明清时期移动的情形。

② Frederick W. Mote, *Intellectual Foundations of China*, New York: Alfred A. Knopf, 1971.

③ Benjamin Elman, *From Philosophy to Philology: Intellectual and Social Aspects of Change in Late Imperial China*, Cambridge, Mass.: Council on East Asian Studies, Harvard University, 1984.

④ 牟宗三：《从陆象山到刘蕺山·序》，台北：台湾学生书局，1979年。

⑤ 钱先生承认清儒治学多与宋明儒思想相悖，但认为清儒治学有成，多因其能溯源于宋学。

（intellectualism）的兴起，源出于理学内部理论之需求，所谓"内在理路说"①，一时瑜亮，成为研究者无法绕过的里程碑。此说既吸纳了钱穆先生的见解，凸显历史的连续性，勾勒出宋明到清代思想史无法切割的内在关联，同时又提出"尊德性"必不得不取决于"道问学"的取证工夫，与钱先生明显不同，可谓不愧于师说又能毅然树立。何先生则提出经世思想之说，指出清初经世、清中叶经学考据，和嘉庆、道光以后陆续问世的20余部《经世文编》所引起的思潮，必须连接起来考察，借由一个"经"字，推见清儒"经世"溯源于"经学"，又切近于实用②。比起一般认为清儒只埋首于故纸堆的皮相之谈，先生的历史洞见，实足发人深省，也成为笔者研究清代思潮的重要指引。最后是笔者个人，在《戴东原经典诠释的思想探索》③中曾借用John Rawls（1921—2002）所提出社群主义（communitarianism）说明清代思想的特质，扼而言之，宋明理学理论认为人性之"善"来自天理，"恶"则来自气禀。清初学者认为"气无不善"，而"恶"则来自群伦（social ethics）和制度。其后清代汉学考据深研上古"礼"也就是群伦与制度的合称。嘉道以下"经世"思想再兴，仍认为国政伦理的良窳，始终离不开群伦与制度的改革，甲午战争前后《经世文编》大量纳入西方议会等新制，可以说明。严复引入史宾塞（Herbert Spencer，1820—1903）社会学理论，《侯官严氏评点老子》和《侯官严氏评点庄子》以欧洲社会学解释先秦诸子，以社群主义精神为清末思想画下句点。

由此背景，可以对照出艾尔曼的"理学到朴学"命题的特殊位置。他比较看重社会群体因科举制度而引起的变动，促成了朴学的需要，至于清代以部族之姿统治

----

① 余先生认为理学家所争论的德性根源诸问题，最终必须取决于古代经典的印证，而回归经典遂成明代晚期诸儒如焦竑、陈第以至顾炎武这一条扩大经典文献知识基础的路数。说详余英时：《从宋明儒学的发展论清代思想史》（1970）、《清代思想史的一个新解释》（1975），收入余英时：《历史与思想》，台北：联经出版事业公司，1976年，第87—156页。

② 何先生认为明末陈子龙、宋徵璧、徐孚远合编《明经世文编》已启经世思想之先机，清初经世思想经由专门汉学经术研究，最后历史形势发展迫出贺长龄和魏源合编的《清经世文编》以及接下来的20余部以"经世"为题的文编。美国汉学家墨子刻（Thomas A. Metzger）及其弟子黄克武均曾研究清代的经世文编。笔者亦曾于1997年至1998年在台湾大学任教时执行过"科学委员会"研究计划研究《皇明经世文编》并提交研究报告。

③ 郑吉雄：《戴东原经典诠释的思想探索》，台北：台大出版中心，2008年。

中国形成政治高压逼迫汉族士大夫转而研究朴学的部分则被淡化。总之，美国的史学家探讨清代思想问题，总是兼有历史与哲理的深度与趣味，对学界的启发难以估量。如与中国台湾学界清史研究者如王汎森、黄进兴①等人的研究比较，彼此路数虽有相异，方向却颇一致，成果更足以互相发明。他们的研究，与中国大陆清史专家包括戴逸、陈祖武、黄爱平等实事求是的丰硕研究，共同形成了二十至二十一世纪清代历史思想研究的辉煌时代！上文提到的前辈倪德卫早年撰写、获得1967年巴黎的the Prix Stanislas Julien Prize的名著*The Life and Thought of Chang Hsueh-ch'eng (1738—1801)*②是清代学术思想史研究的里程碑之作。这部书奠基于翔实的历史方法，作者依循了章学诚的足迹，参考了传主的著作与书信，试图重建他的生平发展与学术规模，兼有严谨的历史方法和抽象的思想理趣。余英时先生著《论戴震与章学诚》，则从宏观上透过界定认识论上"博""约"的区别（书中借助Isaiah Berlin狐狸与刺猬之喻）决定了戴、章二人的歧异，又从微观上深入揭露戴、章二人的心理隐微，说明他们如何在考证学浪潮中凸显哲理的追求。倪、余两位大师的巨著，实为二十世纪关于章学诚研究最重要的两部专著。以上几种著作，是笔者后来撰写清代相关学术论文尤其是《浙东学术研究》一书③章学诚部分的重要参考。

（四）若干检讨与反思

当然，并非所有欧美学术成果都能让笔者满意。虽然笔者无意妄予批评，但若干方法论问题，关系重大，也不得不提出。像Edward Slingerland 的 *Effortless Action: Wu-wei as Conceptual Metaphor and Spiritual Ideal in Early China*④是笔者感到颇失望

---

① 王汎森与黄进兴是余英时先生两大弟子，接续余先生的清代学术。王注意学术社群以及思想、论述（discourse）与权力的深微关系，黄则着眼于庙堂典礼、儒术、政治与文化消长互动，对历史学的方法问题也有深入剖析。

② David S. Nivison, *The Life and Thought of Chang Hsueh-ch'eng (1738–1801)*, Stanford, Calif.: Stanford University Press, 1966.

③ 郑吉雄：《浙东学术研究：近代中国思想史中的知识、道德与现世关怀》，台北：台大出版中心，2017年。

④ Edward Slingerland, *Effortless Action: Wu-wei as Conceptual Metaphor and Spiritual Ideal in Early China*, New York: Oxford University Press, 2003.

的书。作者研究早期中国的"无为"并将之概念化（conceptualization）。第二章讨论《论语》中的"无为"，作者把《论语》中的"安""忘""不知""乐"等观念都视为"无为"；第五章讨论《孟子》，又将"养端"也视作"无为"。这样一来，"无为"看似概念化，实则变成一个可以羼入任何内容、没有焦点和边界的词语！参考《老子》"道常无为而无不为"一语，"无为"既然也是"无不为"，以作者的标准，这部书不妨也可以改名为"effort action"，而不必是"effortless action"了？循此逻辑，充类至尽，作者当然也可以在《韩非子》里面找到类似"仁"的证据，亦不难在《荀子》中找到"性善"的痕迹，最后"兼爱"可以是"仁义"，"为我"等同于"慎独"，先秦诸子学说，最终都可以混为一体。但思想哲理的研究，真的可以这样攀瓜扯藤吗？就哲学概念范畴系统而言，所有哲学家提出的概念（包括《老子》"无为"），都必然有其独特的论据与指涉，而这种独特性是不可以被低估甚至忽视的，否则先秦思想将漫无疆界可言。不过作者专心为了"概念化"而冲破哲学概念范畴的樊篱，为学者带来的困扰是可以想象的。

　　另一个是中国思想史的年代问题，海内外汉学界一直没有突破。例如《周易》经传年代，二十世纪初以来学界都将"经"视为没有义理的占卜记录，将"传"视为秦火以后的作品，因而把《周易》经传的年代订得太晚。这方面，不但欧美学者如此，日本学界亦然。然而，《易》学家诸如李镜池、金景芳早在六十年代以后已发表专著论证卦爻辞具有思想义理。七十年代以后陆续出土的简帛文献也证实了旧说的谬误。[1]要知道卦爻必先有"阴阳"的抽象观念，才有卦爻阴阳符号的制作，并经成熟运作，才形成了六十四卦的体系。阴阳观念和卦爻体系的哲理性，岂能视若无睹，认为它们与哲理思维无关？但如Bo Mou 编*Routledge History of World Philosophies: History of Chinese Philosophy*[2]，第一单元（part one）第一章（chapter one）"Identity of Chinese Philosophy"是由Antonio S. Cua 执笔，题为"The Emergence of the History of Chinese Philosophy"，接着第二单元"Pre Han Period"才

---

① 李学勤《周易溯源》有详细的论述。参李学勤：《周易溯源》，成都：巴蜀书社，2006年。本书《论二十世纪初〈周易〉经传分离说的形成》也有详细分析，亦可参《周易阶梯》一书第三、四章。

② Bo Mou ed., *Routledge History of World Philosophies: History of Chinese Philosophy*, New York: Routledge, 2009.

是好几章由成中英及几位美国学者撰写的《易经》及其哲学，将《周易》经传排除在中国哲学形成阶段之外。这个观点未免太落伍了。

五、从哲学到心理学

从哲学问题衍伸到心理学的问题——这也是中国经典诠释传统转化至今，最被忽略的部分。这就要从中国思想／哲学的独特性讲起。

（一）心性之学的确立

北宋以前，中国士大夫只是随顺封建王权体制，以"致君尧舜上，再使风俗淳"（杜甫《自京赴奉先县咏怀五百字》）为目标，虽然不至于全都像皇帝的"家臣"，但至少毅然以道统自任的胸襟精神尚未确立。至北宋，士大夫真正兴起以追求宇宙真理为己任，担负人间正义的精神，确立了士人对人间的重责大任。而且，在王朝体制下，天子代表"天"而统治天下，士大夫向天子效"忠"固然是天经地义。然而，当士大夫高谈阔论"天"是"理"、是"气"等具有永恒、动态性质的超越性对象，而不是一个年寿有限的肉身帝王，他们已跨越了王权的界线，突破了体制，明确宣示"士"阶层所服膺的，不是人间的天子，而是超越于世俗的昭昭之"天"本身。这种从歌颂"天"而勇于担负人间责任的胸怀，正是中国知识人逐步迈入现代世界的先声。

和世界其他文明相比较，心性之学是中国所独有，不但确立了中国精神传统的智慧，也成为中国精神传统的特征。世界各古老文明的精神传统主要依赖宗教，宗教信仰确立，即成为人间价值的根源，有了"救赎"，人生有了指南。在中国，儒家确立"心性"为价值根源，人类唯一出路是让自己的内心与精神力量壮大，让自我获得救赎——这也是唯一的出路。它完全彰显心性实践人间价值的主体力量，哪怕是经典之中的礼仪条文，也要借由至善之"性"或良知之"心"去理解，价值才能彰显。唯有透过自觉自省，人方能变得光明俊伟，人的价值才能确立。

然而，人类心性就像大海，深不可测，我们能窥见的只有浅层，深层的活动宰制着行为，我们却一无所知，任凭深层意识的暗潮推波助澜，淹没理性。人类价值之所以混乱，人生之所以迷惘，多因人类不了解"心"和"性"，不了解自身内在的精神状态。许多自恃研究心性之学的专家肆意用"道德"批判他人，殊不知自己"未成乎心而有是非"（《庄子·齐物论》）。人们心理上生了病，言语行为也就有了偏差。在知识活动上，人人都以为"求知"是向外的，误把用耳目感官获得新资讯视为"求知"，不明白必须将知识消化了，变成养分，滋养了身体，让内在生命壮大了、健康了，才算是真正的"求知"。人类要追求幸福，首先要向内用功，先让自己的精神也就是"心性"恢复健康。

在儒家学说迈入现代化的时刻，心性之学的讨论十分热烈，但以笔者之浅见，至今学界似仍多纠缠于旧课题，整个大框架能超出上一世纪前贤学说之外的，似并不多。之所以缺乏大突破，恐怕在于人类心理现象的研究，随着医学科技演进，早已超出古典学者的想象。而儒家研究者对真正的"心"与"性"欠缺与时俱进接受新知识的刺激。因此，广泛地向现代心理学理论学习，可能是儒家心性之学一扇崭新的门户。

（二）心性之学与心理学：荣格观点的考虑

但话说回来，儒学和近现代心理学毕竟是两个存在相当距离的学科。说儒学研究者不了解心理学，其实欧美心理学家又岂能轻易了解属于中国的学问呢！在此笔者想引用瑞士心理学家荣格评论《周易》的案例，稍作说明。海峡两岸的学者近年讨论《周易》诠释方法时，颇喜欢援引荣格学说来解释《周易》哲学。但长久以来笔者注意到，研究者似乎连荣格为卫礼贤德译《周易》所撰写的《序》也没有好好细读，十分可惜。事实上荣格心理学视角自有其关怀，他对《周易》进行分析的理论框架和《易》理未必完全一致。

关于荣格的学术的研究论著非常多。他的学说对近现代心理咨询和精神治疗理论影响尤其大，很多心理咨询师都受过荣格学说的启蒙。荣格又注意心理学与集体宗教信仰的关系。[1]他提出"集体潜意识"（collective unconscious）[2]的观念，与他对《周易》的解释有密切的关系。荣格主要活动于工业革命发生后，受到科学

---

[1]　Carl G. Jung , *Psychology and Religion*, New Haven: Yale University Press, 1992.

[2]　Carl G. Jung, trans by R.F.C. Hull, *The Archetypes and the Collective Unconscious*, London: Routledge, 1990.

主义的影响，对科学准则的尊尚，是显而易见的。在为卫礼贤译本《周易》^①所作《序》中，他多次强调对科学的服膺，进而对《周易》提出全面的解释与批评。笔者曾将荣格的观点评为"优雅的傲慢"。他承认《易经》是一部无法完全理解的、具有中国式智慧的书，甚至宣称他在弄清楚此书前，要暂时回避西方思维的偏见^②。这是一种很好的态度。然而，在若干地方，例如篇首他却指出卫礼贤的翻译对《易经》提供深度透视，是独特而专业的中国哲学知识所无法提供的^③。我们很难想象在篇中自称不了解中国思想的他，何以会忽然说出这样惊人的、没有证据支持的断语。我们也许可以想象这是出于对老朋友的推重之辞，但毫无疑问地，他在此实不自觉地透露了作为欧洲学者的优越感，觉得欧洲人用科学态度阐明中国经典，那一定较诸古老神秘的东方更为显豁有效。当然，单单一两句用语，读者也许认为不足以作此推论。但如果再读下去，我们就会发觉荣格解读《易经》方法之大胆，实在和他所宣称"希望回避西方思维的偏见"南辕北辙。他在篇中提出了两种思维的方法，一种是因果性（causality），另一种是融和性（synchronicity），前者是科学所揭示的自然界的规律，因为他认为自然律不过是单纯的统计之事实（merely statistic truths），而统计之所以可能，是因为一切事物均具有线性发展的本质（events evolve one out of another），这就提供了"理解"的可能。例如事物的状态是D，向前推就会获得C，而C又是源出自B，再向前推而不难知其产生自A。这样的讲法，如果置于狄尔泰或胡塞尔的学说体系，实在太粗糙，看不出有什么价值。而荣格在文章中也没有细说这样的因果性在科学律则中应该如何验证，但对他来说，在时间与空间中一切事物的发展，是可以根据这种律则，理性地理解的，而这也是依循科学方法永远可以被理解与信赖的原因。至于"融和性"则不然。在融和性的思维下，A、B、C、D四个事件的因果性是被忽略的，因为它们被视为在同

---

① 本文所用的是英译本。Richard Welhelm translation rendered into English by Cary F. Baynes, *The I Ching, or, Book of Changes*.

② In order to understand what such a book is all about, it is imperative to case off certain prejudices of the Western mind.

③ His (Wilhelm) grasp of the living meaning of the text gives his version of the I Ching a depth of perspective that an exclusively academic knowledge of Chinese philosophy could never provde.

一时空下同质而且同时呈现。荣格视此种思维为中国古代人的思维，其实就等于否定了中国人拥有条理化的历史观念。以中国自西周初期即已奠立的"口述历史"与"书写历史"并存的坚实而深厚的传统加以验证，其错误不言而喻。荣格认为，唯有将众多在时空中线性发展的事实视为同质且同时呈现，才能形成一个具有整体意义的图象。荣格的讲法，融和性是古代中国人的主要思维模式，而《周易》哲学正好是这种思维模式的呈现。

当然，单用"融和性"，并不足以说明一切。荣格注意到融和性，主要是从蓍草（yarrow stalks）演卦的方法而来。他认为这种演卦的方法所预设的基础是随机的（by chance），而中国人的思维正是强调这种忽视因果发展律则的、将不同时空事物融合一起又重视事件之随机性①。在中国人这样独特的思维形式下，他认为理论性（theoretical）的思维所强调的原因与结果之关系常被淡化。然而，他又指出六十四卦所代表的，是六十四种不同的情境所产生的意义所寄托的工具（instrument），它们的解释，其实也相当于六十四种"因果性"的解释。那么，究竟以因果性展现的六十四卦，在《周易》一书中怎样与以融和性为主的整体观念并存而不冲突呢？荣格提出的答案是：融和性之所以有效，唯一的准则是卦爻的示现和观象玩辞的人的心理状态〔the subjective（psychic）states of the observer or observers〕冥相符合的情形下，观象玩辞者提出其洞见。这种洞见，其实就是观象玩辞者对主客观情形的知识。这种知识，是用于解读卦爻所呈现结果的必需品，因为卦爻随机呈现结果，和我们随机将火柴撒在地上呈现出自然形态一样，必须被观察者解读，才能形成某种意义。换言之，如果没有观象玩辞者的解读，卦爻本身呈现何种结果都没有意义；反过来说，若要解构这种活动所透露的意义，解构观象玩辞者的心理背景，就成了唯一的途径！他稍稍带着不屑的态度指出，这样的思维方式实在无法诉诸习于实证的批判性头脑；但对于喜欢沿用古代中国人这样视角去观察世界的人来说，《周易》的确是颇有吸引力的！

由此可见，荣格将观象玩辞者的"心理"，视为唯一能赋予随机式产生的结果某种人间意义的关键因素。他企图重构《周易》和中国人的思维，在二者之间开拓

① The Chinese mind, as I see it at work in the *I Ching*, seems to be exclusively preoccupied with the chance aspect of events. What we call coincidence seems to be the chief concern of this peculiar mind, and what we worship as causality passes almost unnoticed.

出一个居于核心位置的空间，并在其中巧妙地植入他的心理学理论。倘若回归到他的心理学理论，就是既包括原始的心理，亦即婴儿时期尚未有性别之时的心理；也包括集体的心理，亦即出于社群传统给予特定价值观念（例如社会习俗为两性订定不同的伦理行为准则所产生的价值观念）的心理。他的心理学就此在《周易》诠释理论上，占据了最重要的位置！既解释了中国人那种违悖科学的随机式思维，也说明了《周易》的神秘性之所在。他引用"天生神物"一语，点出"神"字，用来说明神媒正是利用蓍草来展现这种神秘的方法以获得意义，并标举之为至高无上的"神"，其实是源自潜意识（unconscious）的作用。他甚至明确地说《周易》和潜意识的联系，更甚于具有理性的意识（consciousness）[①]。他也坦白地承认，要向具有批判性的现代人介绍这一批古老的"咒语"（magic spells），对于像他这样以科学精神自期，且不擅于为一些他无法实证，或至少无法为不具有可接受之理由的事物提出某种定论的人来说，是有困难的；而为卫礼贤这部德文译本《易经》写序，也实在不能让他有什么喜悦之情[②]。荣格就是这样带着心不甘情不愿的态度，有意无意地坐实了他对于中国古老、神秘、不科学的思维模式的轻忽与想象，但他又处处自恃秉持科学准则，以看似缜密的推理娓娓道来，并成功贩卖了他自己的心理学理论。这是笔者称他的态度为"优雅的傲慢"的原因。笔者实在想不通，何以海峡两岸的中国学者，到了二十一世纪的今天，仍然要援用一种一个世纪前的充满异族优越感与科学主义偏执的见解，去诠解一部荣格其实并不了解的经典。

（三）如何评估中国思想史的宗教迷信成分

荣格从心理学角度讲《周易》，最有启发性的也许并不是《易》学，而是让中

[①] If the *I Ching* is not accepted by the conscious, at least the unconscious meets it halfway, and the *I Ching* is more closely connected with the unconscious than with the rational attitude of consciousness.

[②] I must confess that I had not been feeling too happy in the course of writing this foreword, for, as a person with a sense of responsibility toward science, I am not in the habit of asserting something I cannot prove or at least present as acceptable to reason. It is a dubious task indeed to try to introduce to a critical modern public a collection of archaic "magic spells," with the idea of making them more or less acceptable.

国学者蓦然省觉，自身应该如何重新审视中国传统宗教与思想。荣格视《周易》所代表的中国古代宗教思想是古老的、迷信的、随机而不科学的，却又显示一套自足（self contained）的体系。这对中国汉学研究者而言，是喜讯，还是警讯？我们要注意，近年来学者研究中国古代宗教与思想，特别重视"巫"和"萨满"（Shamanism）在原始中国思想的位置，如林富士《汉代的巫者》①、李零《中国方术考》②等，都有此一意思。确立"迷信"作为中国古代文明的起点，似乎早已成为进入中国古代思想文明研究堂奥的必经门槛，甚至是一种洗礼。哈佛大学普鸣（Michael J. Puett）2004年的书*To Become a God: Cosmology, Sacrifice, and Self-Divination in Early China*③也不例外，揭示"神"在早期中国的变迁其实也围绕"巫"此一概念。该书导言颇精彩，对西方汉学界关于中国早期宇宙论的各种观点感到陌生的东亚学者，值得细读④。余先生《论天人之际》也一样，不过余先生从世界文明比较的角度切入，高瞻远瞩。其中引述李零《中国方术考》虽颇不少，但李零较偏重深入剖析中国古代方术思想的内容，而余先生则重在揭示中国理性主义

① 林富士：《汉代的巫者》，台北：稻乡出版社，1999年。

② 李零：《中国方术考》，北京：东方出版社，2000年。又李零：《中国方术续考》，北京：东方出版社，2000年。

③ Michael J. Puett, *To Become a God: Cosmology, Sacrifice, and Self-Divination in Early China*, Harvard University Press, Harvard-Yenching Institute Monograph Series 57, 2004. 中译本参普鸣著，张常煊、李健芸译：《成神：早期中国的宇宙论、祭祀与自我神化》，北京：生活·读书·新知三联书店，2020年。

④ 普鸣回顾西方学界比较中国早期宇宙论与西方宇宙论的两种模型，一者为韦伯（Max Weber）的观点，认为早期中国是一种"此界的世界观"（this worldly orientation），缺乏西方文明所有的"人"与神圣国度（divine realm）之间的紧张性（tension），另一则是雅斯培的观点，确认中国有发生过朝向超越性转移（shift towards transcendence）。他追述史华慈（Benjamin Swartz）接受韦伯的观点，又接受了雅斯培轴心时代（Axial age）观点。而李约瑟（Joseph Needham）则坚信中国的宇宙观突显了一种永恒循环运动中秩序的整体世界观（whole world organism），一切事物都是在结构性的共振中彼此互动消长。普鸣进而指出牟复礼（Frederick Mote）在*Intellectual Foundations of China*所提出中国自然哲学的型范，其中即使神灵（spirit）和其他自然物本质上并无二致。详参普鸣：《成神：早期中国的宇宙论、祭祀与自我神化》"导言"，第11—15页。

（rationalism）源起与发展的细节，并借由雅斯培（Karl Jaspers，1883—1969）"轴心突破"（axial breakthrough）之说，说明在中国理性主义所显示的文化特色立足于人类历史所具有的永恒价值。众所周知，余先生是海外汉学界领袖群伦的学者，博学无涯涘，但究其归宿，其实就在一个"士"字，从中国古代"士"传统阐发文化精神的流衍，并高扬当代知识主义精神。他和同为安徽的先辈胡适一样标举民主与科学，对沧海横流之际的士风与世情，有振聋发聩之效。余先生《论天人之际》一书，特意燃亮中国文化自身内存的生机，其用意至为明显。无论中国政治社会意识形态如何沉沦，中国文化内部的生命力始终存在，关键在于心怀中国命运与前途、怀抱中国深化改革创新的知识人，能否具有自觉肩负责任，正视中国传统文化的痼疾，勇敢革除，同时将自身光明俊伟的内涵发扬光大。

　　本节思考"汉学"和欧陆哲学、心理学的关系，而特别从中国心性之学讲起，用意正是指出，抽象的精神世界才是人文学的活水源头。今天我们不能再沿着十九世纪荣格的方式理解"神"，而应该注意"神"观念的自然哲学基础。这种自然哲学基础，就在《归藏》《周易》一脉流传的阴阳观念，以及从中引导出来的崇德配天思想，再发展到孔子的对理性和人性的崇仰。而且历代哲人都用丰硕的德性义理来充实这个"神"的观念。中国文化从远古天神崇拜，发展到心性价值的高扬，反映了"神"此一概念的转化。从《诗·周颂》歌颂"天"而称"回遹其德""好是懿德"，到《礼记》以阴阳二气视人的生命，再到宋明时期的心性之学，"神"显然植根于人对自然界的观察，原属自然哲学观念，最终则成为理性主义的核心价值。对中国而言，抽象之"神"的确立至为重要。唯有树立抽象的精神理念，彻底舍弃否定"神"的歪论，文化才有价值可言。总之，积极地参考中国传统所缺乏、欧陆学理兼备的心理学，应该是儒学未来可大可久的方向。追溯欧陆诠释学的传统，《圣经》的诠释学涉及超越性主宰的确立，本诸希腊哲学人文传统的德国诠释学，诸如舒拉玛赫阐述的理解之艺术（kunst von verstehen）、狄尔泰阐述的诠释之环（hermeneutic circle），也都离不开思维活动的主体性。

六、结论

2019年夏天，台湾大学中文系赵飞鹏、刘文清、史甄陶三位老师邀笔者12月以"海外汉学的回顾与展望"为题，返母系做演讲。考虑到时间、内容有限，即使转化为文字加以补充，也有篇幅的限制。文章题为"论衡"，取简扼之便。绠短汲深，个人学识有限，将平日读书笔记略作剪裁，并做有限的评骘。顺着写下，浮光掠影，不知不觉竟达四万五千字。重览全文，评骘文字仍未够详尽深入，持论时或过于直率。个人读书心得，尽量就事论事，无意攻讦批评任何特定学者。是否有当，留待读者评断。

曲终雅奏，容笔者重申个人强调，对海外汉学的关心，不应该是只为了向异邦取经，取法欧美，而是借由异域异邦别具特色的视野与价值，去激发自身发现自己的问题。透过了解海外汉学，我们应该反思身处东亚的自己要什么？又为了什么？从此一角度思考，才能找到真正属于自身的文化关怀和价值观念，也才能提出真正属于自己的问题，并选择喜爱的课题，发展出特殊的方法。

近数十年来，学界早已注意到欧美学者常以西方之所"有"（文明、科学、民主等等）来审视中国，最后发现中国之"无"。半个多世纪以前费正清（John K. Fairbank，1907—1991）引领中国研究提出"冲击与响应"（impact and response）的观点，其后柯文（Paul A. Cohen）等美国新一代历史家反思检讨[1]，最后费正清理论框架走入历史。直至今天，历经20多年全球化浪潮，"冲击与响应"的模型早已被史学界弃如敝屣。但无可讳言，自十九世纪中叶以降，欧美文明的进步一直给予中国很大的压力。中国学者既不能回避，又不能模糊。稍一模糊，要不被人视为过度自尊，就被讥为过度自贬。所以，回归本文篇首讨论"海内""海外"两种视角，欧美汉学家是否以他们所"有"来责问东方之所"无"，可能并不是重点；重点在于，东方汉学研究者心目之中究竟认为自己"有"什么？认清这一点，恐怕才是要务。当然，近20年来，因中国大陆政治经济丕变，也形成了不少中国学者以及海外华人学者反过来以中国"没有"西方价值和制度，视为中国优越性所在并感到

---

[1] See Paul A. Cohen, *Discovering History in China: American Historical Writing on the Recent Chinese Past*, New York: Columbia University Press, 1984.

自傲，令人慨叹！两种完全无法"同归"的"殊途"，笔者认为仍源出于本文开始指陈的"海内""海外"视角的心理歧异，导致人文学界弥漫不安全感。无论是从哪一个端看另一端，都必然有严重的障蔽。关键在于，现今人类对于文明和文化价值，是否曾有真正平情的理解，产生出一种真正具有普世意义、没有偏颇的视野？庄子感叹"未成乎心而有是非"，俗世人大多如此，无足深怪。但如果作为一个知识人，仍各自为了某种功利的目的而站在某一角度审视"非我族类"，那就很可悲了。

海外汉学和海峡两岸的中国研究之间，得失可得而论，彼此应该取长补短，更重要的是充分融入全球化，培养全球的思维与视野来发展出自己的问题。综合全球视野和在地关怀，相信人文学会有更光明的前景。

名、字与概念范畴

一、缘起与方法论

中国经典概由汉字书写而成。由于汉字特殊的构造，音义统一在文字构形之中，"形"或有异写而有异文，"音"或以异音（包括汉儒所谓"读为""读若"等例子）而别义，"义"因着"形""音"的变或不变，更可以作各式各样大小幅度的分歧、引申，而有种种变化（variations）。此种现象，从陆德明《经典释文》一书中即可获得较全面观察，因为《释文》广录先秦儒家、道家等各种经典，著录汉代以来学者所持不同版本所记录的字形、音义的异同，其例最多。中国经典传注传统（commentarial tradition），对于汉字的意义阐释，极为重视，古今著述之多，实在难以胜数。先秦习用语，多称具有丰富含义的字词为"名"；宋代以后，则多称之为"字"。这在张岱年（1909—2004）《中国古典哲学概念范畴要论》（以下简称《要论》）已有所说明。①而传统哲学家或用"原"字加上某一概念范畴，作为文章的题目，加以阐发。此从韩愈（768—824）《原道》《原性》等篇即发其端，至千余年后唐君毅《中国哲学原论》亦承继其端绪。

自陈淳（1159—1217）著《北溪字义》（或题《字义》《字义详讲》）阐发朱熹理学观念，影响更及于朝鲜及日本。《北溪字义》先在朝鲜翻刻，题为《性理字义》，其事在1553年。传至日本，伊藤仁斋（1627—1705）著《语孟字义》，浅见絅斋（1652—1712）著有《性理字义讲义》、荻生徂徕（1666—1728）著《辨道》《辨名》。其他像渡边毅著《字义辨解》、佐藤惟孝（1683—1755）著《名义录》，一时之间，讨论字义的风气甚盛，足以说明日本学者治儒学深受中国经典传统的影响。而在中国至于清代，研究字义之风不绝，著名的如戴震《孟子字义疏证》，刘师培（1884—1919）《理学字义通释》。朝鲜和日本儒者主要受宋学影

① 详张岱年：《中国古典哲学概念范畴要论·绪论》，北京：中国社会科学出版社，2000年，第1—3页。

响，我们也应注意，由先秦之"名"学，到宋以后的"字"义之学，其间的复杂发展，亦未必是异邦学者尽能明了的。

近代治中国哲学的学者颇措心于中国经典的"名""字"与概念范畴（key notions／ideas）。如冯友兰《贞元六书》中的《新理学》，即揭示"天""人""性""命"等概念范畴，加以释论。唐君毅《中国哲学原论》亦标举哲学范畴"道""理"等，以作为全书纲目。张岱年于1987年发表《要论》，概分"自然哲学概念范畴"（上、下）、"人生哲学概念范畴"、"知识论概念范畴"共4篇，前有"绪论 论中国古代哲学的范畴体系"，不但作出理论性的说明，更胪列概念范畴至60条，网罗之广，竟较《新理学》多出数倍。冯、唐、张都是专研哲学的学者，因为不具备古文字训诂的专门知识，对于标示这些范畴的每一个"名"或"字"，并没有进行任何的构形和读音的分析。相对上，近代从事文字、声韵、训诂即所谓"小学"的学者，似乎对于将汉字"形音义"三元素中的"义"推衍至哲学领域讨论，也没有太大兴趣。由此可见，近代学界对于范畴的讨论，哲学学者关切较深，小学学者关切较浅；但也因此而导致范畴的研究，长期缺乏小学方面知识的支撑。这是相当可惜的。

我从事"名""字"与概念范畴的研究十余年，可追溯至2002年筹划台湾大学东亚文明研究中心（2002—2006）时。当时我参与黄俊杰老师主持的"东亚近世儒学中的经典诠释传统研究计划"，团队成员各有专研课题，或为日、韩儒学，或为东亚礼制。而我则特别从东西方文明差异性着眼，意识到汉字形音义统一的特性，有别于拼音文字。传统经史子之学，凡研究汉字，皆本于"训诂""义理"两种取向，而彼此又颇有鸿沟。这种鸿沟，造成了汉语特性所建构的中国经典传统精神，常未能获得充分发扬，不容易在东西方人文学上显示其特质、特性。值此二十一世纪之初，必须借由新学术方法考察，全面董理，将旧观念之弊摧陷廓清，新典范才有可能确立。因此我从实务与理论两个层面展开研究。

（一）实务层面

实务上，有系统地选取经典史籍中重要的"名""字"与概念范畴一一梳理。我早在1993年已撰《论章学诚的"道"与经世思想》分析章学诚的"道"观念，

2007年又研究戴震《孟子字义疏证》的考证方法及"群""欲"观念①，近年并比较戴、章"理""道"观念的渊源，撰成《论戴震与章学诚的学术因缘——"理"与"道"的新诠》；在《易》学，撰《试从诠释观点论易阴阳乾坤字义》一文从古文字形解析"乾""坤""阴""阳""易"等字义；在思想史，则与甲骨文、声韵学、语法学的同行合作研究先秦经典的"行"字，发表《先秦经典"行"字字义的原始与变迁——兼论"五行"》。2010年后我进而针对"中""太一""天"等核心概念范畴，一一深入研究。②其中2015年发表的《释"天"》一文，融合天文、历法、经籍、古史等材料，尤可代表我近年的心得所在。

（二）理论层面

在研究理论与方法上，我有六点看法：

1．"训诂""义理"没有先后问题，必须兼容并蓄，汉学、宋学进路的歧异先搁置不论。因为不同的观念（或字、词）各不相同，有的须先考究其形音，有的则不必，所以研究"名""字"或概念范畴，严格而言并没有确定的、一成不变的方法。

2．必须注意古代典籍"字"的"多义性"（polysemy / multiplicity of meaning），就是说一个字词并不只含有一个意义，而是兼具多个不同的意义，或包含一组"意义群"，或称之为"多层意义"（layers of meaning）。这当中有一定的复杂性和歧异性。"多义性"虽然非汉语所专有，在拉丁文、梵文等古老的语言文字，均属常态；但汉字以形音义统一的特殊结构开展"多义"的样态，自有其不同于拉丁文及梵文的特性所在。过去我在《易》学、校勘学的研究论著中，均有讨论到此一问题③，旨在说明传统经典传注对于经义解释的差异，不能单纯地看作注

---

① 郑吉雄：《戴东原"群""欲"观念的思想史回溯》，《湖南大学学报（社会科学版）》2008年第一期，第41—52页。

② 参郑吉雄：《先秦经典"中"字字义分析——兼论〈保训〉"中"字》《〈太一生水〉释读研究》《释"天"》。

③ 参郑吉雄：《从卦爻辞字义的演绎论〈易传〉对〈易经〉的诠释》。又拙著《〈易〉学与校勘学》更针对校勘学中"异文"现象，申论其中隐含"一字多义"的现象，多为学者忽略，造成了经典意义的遗失。郑吉雄：《〈易〉学与校勘学》，刘玉才、水上雅晴编：《经典与校勘论丛》，第9—37页。

家各持己见的现象，而应该思考到注家各执字义的一端，有意无意地舍弃了其他的意义。这种现象在中国经学中十分常见，只不过研究异文、校勘的专家，似很少从"polysemy"的角度思考此现象而已。

3．"意义群"或"多层意义"的现象，在儒家"五经"中例子繁多，不胜枚举，足以证明，"五经"并不是素朴的原始资料，而是艺术性极高、文化发展极其成熟的产物。故求其每字每词的"本义"，有时仅能作参考，更重要的是要考察它们各式各样的引申义。换言之，我们必须扬弃上一个世纪疑古思潮的影响，不要再认为经典都是素朴的古史故事记录。

4．章太炎《菿汉微言·跋》讨论中国儒者的"名相"时，说"此土玄谈，多用假名。立破所持，或非一实"①，此语发人深省。"假名"者，约近于韩愈《原道》所谓"道与德为虚位"。同一个"名"或"字"，不同的思想家或思想流派会赋予不同的含义。研究者追问下去，有时会发现讨论的双方（或多方）其实并无交集，因为面对的"名""字"虽同，认知却大异其趣。太炎提醒我们，如果我们不从认知活动的根本去讨论"名""字"与概念范畴的问题，只讨论意义的末端，恐怕会治丝益棼，迷失在汉语概念的迷宫里。

5．"名"的问题，从哲学上讲其实涉及人类认知的活动以及我们对此种认知活动的理解。我们考察古代圣哲的语言观，不应只停留在分析古圣哲对语言文字的态度或者名实观，而应解剥并批判他们对如何观照世界万物的现象，甚至不妨效法章太炎《国故论衡·原名》一文，借用大乘佛学名相之论与《荀子·正名》和《墨子》经、经说相格。该文文辞古雅，颇不易读，但析理之精微，实为论析"名"学的上乘之作。

6．凡研究"名""字"与概念范畴，最好同时考虑翻译的问题，因为二十一世纪中国学术的研究并不限于中国域内，也应该考虑欧、美、日、韩等域外学者的研究，如能同时考察重要"名""字"与概念范畴在彼邦的译名，或可以发现不同

---

① 章太炎：《菿汉微言》，《章氏丛书》，第961页。

文化背景的学者注意到不同的角度①。

以上综述个人心得，旨在呼吁哲学应该在多向度上，与文字、声韵、训诂之学作跨领域的整合。具体请详见已出版的3部拙著②和前文注脚引的多篇学术论文。

二、训诂、义理：彼此孰为其源

"名""字"与概念范畴的研究，第一个要破除的迷思是牵缠训诂、义理孰为其源的问题。过去我论训诂为义理之源的文字颇不少。本节我也要论证一下，义理实亦可以为训诂之源。

中国传统学者解释经典，常依循两种进路，一是训诂的，一是义理的；前者常被称为汉学的方法，后者则是宋学的方法。自宋学成为典范以后始有汉宋之分，至清儒而门户之见大张。或有义理为训诂之源，训诂为义理之基等等讲法，出门入户，势如水火。依理而言，联字而成词，缀词而成句，因句成章而成篇，先训诂后义理的讲法，在方法上没有什么罅隙，尤其中国文字是方块字，形音义相结合，有

---

① 例如《周易》《屯》卦，Richard Rutt的*The Book of Changes (Zhouyi): A Bronze Age Document Translated with Introduction and Notes* (Surrey: Curzon Press Ltd., 1996) 和Cary Baynes以卫礼贤（Richard Wilhelm）德译本为基础的英译本*I Ching*一样，将读音定为"zhun"而非"tun"，那就是读为"屯难"而不是"屯积"。卫礼贤翻译始终扣紧字义释为"difficulty"，与读音"zhun"一致；Rutt却不知何故将卦名译为"massed"。事实上，译massed则应该读为tun，义为屯积；读zhun则应该译为difficulty，义为屯难。这是两个不可混淆的选择。音义搞混了，读音在此，意义在彼，音义不一致，又失去了本卦"困难"的核心意义，那就造成整个卦的义理系统错乱。又譬如Wilhelm-Baynes本"互体"译作"Nuclear trigram"，虽然广泛为欧美学界沿用接受，但就意义而言，Bent Nielsen译为"interlocking trigrams"似乎更好。参Bent Nielsen, *A Companion to Yi Jing Numerology and Cosmology*, London; New York: RoutledgeCurzon, 2003, pp.111—115.

② 郑吉雄编：《语文、经典与东亚儒学》，台北：台湾学生书局，2008年。郑吉雄主编：《观念字解读与思想史探索》，台北：台湾学生书局，2009年。郑吉雄：《周易玄义诠解》，台北："中央研究院"中国文哲研究所，2012年。

时需要析其形才能辨其义，有时欲明其义必须先辨其音。由此而论，先明"训诂"原本就是正途。戴震《与是仲明论学书》说：

> 经之至者道也，所以明道者其词也，所以成词者字也。由字以通其词，由词以通其道，必有渐。求所谓字，考诸篆书，得许氏《说文解字》，三年知其节目，渐睹古圣人制作本始。又疑许氏于故训未能尽，从友人假《十三经注疏》读之，则知一字之义，当贯群经，本六书，然后为定。[①]

至乾隆三十年乙酉（1765）戴又著《题惠定宇先生授经图》：

> 训故明则古经明，古经明则贤人圣人之理义明，而我心之所同然者，乃因之而明。贤人圣人之理义非它，存乎典章制度者是也。[②]

这两段话被不少学者引以说明清儒的信念，坚信唯有训诂被阐明以后，义理才得以阐明。其后唐君毅加以反驳，说：

> 清儒言训诂明而后义理明，考核为义理之原，今则当补之以义理明而后训诂明，义理亦考核之原矣。[③]

---

① 戴震：《与是仲明论学书》，《东原文集》卷9，第370页。此书段玉裁《戴东原先生年谱》系于乾隆十二年丁卯（1747）。钱穆《中国近三百年学术史》认为应作于乾隆十四年己巳（1749）至翌年（庚午）是仲明两游徽州与戴震相晤之后。参钱穆：《中国近三百年学术史》，台北：台湾商务印书馆，1980年，第312页。个人认为作于乾隆二十二年丁丑（1757）戴震游扬州之后。《戴震全书》所收《东原文集》整理者余国庆、杨昭蔚亦据钱穆《中国近三百年学术史》考据年代，校注称："题下'癸酉'二字为微波榭本所无，当系经韵楼编时误加。"见《戴震全书》第6册，第376页。

② 戴震：《题惠定宇先生授经图》，《戴氏杂录》，《戴震全书》第6册，第505页。

③ 唐君毅：《中国哲学原论·导论篇·自序》，台北：台湾学生书局，1986年，第4页。

其实"典章制度"才是重点所在，包括在"训诂"的范畴内[1]。此姑置不论。唐先生可能没有注意到，戴震后来曾补充说：

> 义理即考核、文章二者之源也。义理又何源哉？吾前言过矣。[2]

则戴震亦承认"义理"才是一切学问的根源，只不过方法上有先后之别[3]。义理、训诂彼此孰为其源的问题，向上可以追溯到汉儒与宋儒治经方法的不同。宋儒特揭示"道"或"理"，也特别揭示"天""中""性""情"等概念，张载《正蒙》特意从《易传》勾稽"太和""太虚"等概念加以发挥，的确与汉儒随顺经典文脉——梳理经义，取径不同。

不过我们仍要问，何以宋儒会不满于汉儒，而另辟蹊径，特别阐发"道""理""中""性""情"等字的义理内涵，而不循传统训诂的方法，像《诗经》毛《传》或《尚书》孔《传》那样，先去探讨字的形音义的元素呢？其实答案在《礼记·中庸》已有所透露：

> 天命之谓性，率性之谓道，修道之谓教。

从字源学（etymology）上讲，"性"字源于"生"字，"生"的甲骨文从屮从一，会意字，会草长于土地之意，引申为凡生命之生长皆有其自然之"性"。"性"字从"心"，告子说"生之谓性"，正说明了两字的关系。正如孔颖达《礼记·王制》疏：

---

① 这方面，拙著《戴东原经典诠释的思想史探索》有详细的分析。

② 段玉裁撰，杨应芹订补：《东原年谱订补》，《戴震全书》附录一，《戴震全书》第6册，第708页。

③ 这当中情形并不简单。读者如读《原善》《孟子字义疏证》，当注意到戴震在阐明训诂之时，已有义理判断在胸中。因此"训故明则古经明"一语，正不能只执着其字面意思。

　　　　《中庸》云"天命之谓性"，是赋命自然。①

这是"性"的字源之义。然而《中庸》说"天命之谓性"，"天命"二字明显地并非"性"字的语源。由后文：

　　　　自诚明，谓之性。……成己，仁也；成物，知也。性之德也，合内外之道也。

看来，"天命之谓性"的"性"字，是指上天赋予人类生命的本性。这种本性，包括"诚明"之理以及能成己成物、践履诚明的四肢百骸而言，显然是将"性"字从形音义的基础语言元素（linguistic elements）②上，再提炼出的新的引申义。这个引申义比起孔颖达"赋命自然"四字要丰富而广阔多了！同样地，"率性"亦非"道"字的语源，而是含有更多德性教诲的引申义；"修道之谓教"的情形相同。换言之，当子思宣示"性""道""教"三个概念时，他既没有一一训解这三个字的形音义，也不认为《中庸》的读者要先了解文字学上"性""道""教"三字的形体、考究其读音，才能得知其意义。倘若我们有机会起子思于地下而问之，相信他必不会承认"由字以通其词，由词以通其道"是唯一有效抉发经典字义范畴的方法，因为这种方法，并不能说明他对于"性""道""教"的义理定义。关键在于，儒家经典，从来就不是素朴的原始材料，而是成熟的作品；而构成经典内容的一字一词，也未必全然用其"本义"，而是多用"引申义"。汉字由"本义"发展到"引申义"，代表的不单只是语言技巧与方法的进步，更是文化内涵的充实与人文精神的丰盈，象征的是中华民族文明的跃进。这种文化底色的深厚化，是一个难以评估的长久历程，至为复杂。我们尤其应该注意，每个"字"如何由本义扩展到引申义，情形各不相同。这正如"天命之谓性"的"天命"一词，虽然和《诗经》《尚书》所说的"天命"一样，但彼此的意涵却大不相同。按《诗·大雅·大明》：

----

①　郑玄注，孔颖达疏：《礼记正义》卷12，第468页。
②　"生"，所母耕部；"性"，字形从"心"，心母耕部。

> 有命自天，命此文王。于周于京，缵女维莘。长子维行，笃生武王。保右命尔，燮伐大商。

《诗·周颂·桓》：

> 绥万邦，娄丰年。天命匪解。桓桓武王，保有厥士。于以四方，克定厥家。

又《大雅·文王》：

> 商之孙子，其丽不亿。上帝既命，侯于周服。侯服于周，天命靡常。殷士肤敏，祼将于京。厥作祼将，常服黼冔。王之荩臣，无念尔祖。无念尔祖，聿修厥德，永言配命，自求多福。殷之未丧师，克配上帝。宜鉴于殷，骏命不易。

以上均可见"天命"一词，系指上天授予天下权柄予人间的王者，故为王者所独专，为王朝所专享，与卿大夫以至于庶民并无任何关系。《尚书》于此亦不例外，《多士》说：

> 王若曰："尔殷遗多士，弗吊，旻天大降丧于殷。我有周佑命，将天明威，致王罚，敕殷命终于帝。肆尔多士，非我小国敢弋殷命，惟天不畀允罔固乱，弼我；我其敢求位？惟帝不畀，惟我下民秉为，惟天明畏。"
> 王曰："猷，告尔多士。予惟时其迁居西尔。非我一人奉德不康宁，时惟天命。无违！朕不敢有后，无我怨。惟尔知惟殷先人有册有典，殷革夏命。"

天无论降福降祸，都是"命"，是政权转移时合法性的根基。但我们看《礼记·中庸》郑玄《注》解"天命"一词说：

　　天命，谓天所命生人者也，是谓性命。①

郑玄对于"天命"一词，亦只就《中庸》文脉以解说其经义，对于西周初年《诗》《书》所载"天命"一词的历史意义，丝毫不提及。可见即以郑玄经术造诣之深，对《诗》《书》故训所知之广，亦明了子思《中庸》要彰明的，是人类普遍秉承自上天的德性之理，与帝王受上天赐予的政权合法性并无任何关系。我们切不可低估子思作《中庸》在这一个概念范畴上努力的意义，因为《中庸》阐发"天命"的新义，实已将此一概念意义的指向，由上天转而为人间，由解释悠远宏大的朝代命运，转向说明普及于全人类的德性根源。由此可见，儒家义理的建立与开展，有时亦未必要仰赖狭义的训诂之法。②倒过来探索经典中的义理，也未必非要字字透过狭义的训诂手段。

　　要知道这一点在方法学（methodology）上关系至为重大。因为自古史辨运动以来，有不少解经的研究，因为反传统思潮的影响，既不满意于传统经典传注的诠解，但又没有其他新途径可以遵循，而逢于其时甲骨文及金文研究为一时之显学，音韵学有章太炎、黄侃（1886—1935）昭示了新方向，即传统训诂之学亦有杨树达（1885—1956）《词诠》一类新成果出现，故学者喜以文字、音韵、训诂的知识直接解读经典。像于省吾（1896—1984）"双剑誃"诸经及诸子新证，即为一例。一时之间，推本一字的形音而追溯其本义，以说明经典文义，蔚为风气。于是儒家"五经"，学者多将之视为先民生活素朴的反映，《诗》三百是民歌，《易》卦爻辞是记载故事反映先民生活的占筮记录。竟然很少学者注意到，"五经"文辞优

---

　　① 郑玄注，孔颖达疏：《礼记正义》卷52，第1661页。

　　② "训诂"一词，本即《汉志》所记《毛诗故训传》的"故训"；"故"者，并不仅仅指语词的表义（verbal meaning），而是如《汉志》所录《尚书》有《大小夏侯解故》，《诗》有《鲁故》《齐后氏故》等的"故"。这个"故"字，即颜师古注所谓："故者，通其指义也。今流俗《毛诗》改'故训传'为'诂'字，失真耳。"班固：《汉书》卷30《艺文志·六艺略·诗》，第1707页。"故训"，也就是《诗·大雅·烝民》："小心翼翼，古训是式"的"古训"，毛《传》释为"古，故；训，道"。参毛亨传，郑玄笺，孔颖达疏：《毛诗正义》卷18之3，第1434页。可见"古训"并不是古语训解，而是已经发生，成为典型的道理。

美、辞采丰润，实是经过高度艺术润饰的成熟产物。当文体发展到某一个成熟的程度，"义"的确是可以超乎"形""音"的结构之外，产生出各式各样瑰丽变幻的新内涵的。

然而，这是否足以证实"由字以通其词，由词以通其道"是一种字源的谬误（fallacy of etymology）呢？我认为也不能就此一口咬定。即以"五经"而言，内容至为丰富，如果说文字字形的结构、读音的推研、训诂的源流可以就此撇开不讲，那又是不切实际的。近半世纪以来大量出土简帛的问世，其中儒家、道家等属于思想性、哲学性的新文献大增，即使专门研究哲学的学者，亦不得不耐心静候研究考古、古文字、古文献的学者将出土竹简清理干净、释读内容、联系简牍而成篇之后，才能依照成果，去探索文献里面的思想。换言之，出土简帛的大量问世，间接促成了训诂之学与义理之学的互通甚至结合。这是任何研究者所无法否认的事实。

三、"名"与人类认知活动：章太炎《原名》分析

其次我要说明"名"的哲学研究，研究者应该深入到反思人类认知活动的种种面相，现身说法，与古人对话，而不是"对塔说相轮"，仅止于隔岸观火地谈论古代圣哲的名实观或语言观。

如本文篇首指出：先秦习用语，多称具有丰富含义的字词为"名"；宋代以后，则多称之为"字"。但这只是笼统的泛论。单就先秦时期而言，"名"与"字"就有所区分。《礼记·檀弓上》就称"幼名，冠字，五十以伯仲，死谥，周道也"；《玉藻》称"大夫没矣，则称谥若字"。"名、字、谥"是士大夫由生到死的三个名。若单就"名"而言，其问题亦至为复杂。老子"名可名，非常名"即困扰了后世读者。《道德经》第一章：

> 道可道，非常道。名可名，非常名。无名，天地之始；有名，万物之母。
> 故常无欲，以观其妙；常有欲，以观其徼。此两者，同出而异名，同谓之玄。
> 玄之又玄，众妙之门。

此章之问题至为繁复，除了句读的问题，几乎每一个字、词的说解，历代均有异说。"道可道，非常道"的问题姑置不论。毕生研究道家哲学的陈鼓应直接指"非常名"之"名"就是"道之名"，或如蒋锡昌（1897—1974）所说的"真常不易之名"①。如此则"名"有二义，通用语的"名"是寻常之名，《老子》"非常名"特著"非常"二字，以显示其与寻常之名不同。李若晖《老子集注汇考》②（以下简称《汇考》）将《道德经》逐句、逐字，胪集古今诸说，加以解析，其功至为深细，也方便了读者搜检。该书列出过和讨论过的问题，本文不拟重复。我想指出的是，大家似乎迫不及待就要去将"名可名，非常名"和"道可道，非常道"两句话合在一起讲通，没有先从根本上思考"'名'的含义是什么？"这个核心问题。例如《汇考》引王中江认为老子旨在说明"名"和"言"是有限度的，因为"言""名"在老子时代有沉沦和异化的现象③。这里王中江讲的"言""名"都属普通意义，与下文引李宗定《老子"道"的诠释与反思》认为"名"就是"语言文字"④差不多。而《汇考》引王强《老子道德经新研》，以"名"为"可以显

---

① 陈鼓应《老子注译及评介》道经第一章注2说："名可名，非常'名'：第一个'名'字是指具体事物的名称。第二个'名'字是称谓的意思，作动词使用。第三个'名'字为《老子》特用术语，是称'道'之名。"该注又引蒋锡昌《老子校诂》："《管子·心术》：'名者，圣人之所以纪万物也。'又《七发》注：'名者，所以命事也。'此名乃世人用于事物之名，其所含意义，常为一般普通心理所可了解，第一'名'字应从是解。第二'名'字用为动词。'常名'者，真常不易之名也，此乃老子自指其书中所用之名而言。老子书中所用之名，其含义与世人习用者多不同。老子深恐后人各以当世所习用之名来解《老子》，则将差以千里，故于开端即作此言以明之。"陈鼓应：《老子注译及评介》（修订增补本），北京：中华书局，2009年，第54页。

② 李若晖：《老子集注汇考》，上海：上海辞书出版社，2015年。

③ 李若晖：《老子集注汇考》引王中江《道家形而上学》，第313—314页。

④ 李宗定《老子"道"的诠释与反思》："……老子……显然认为世间的'名'有所不足，这个不足并非再多造些'名'就可解决，而是'名'有所限制。……之所以称之为'道'，也仅只是'强字之曰'、'强为之名'。这似乎在说明人类的语言文字有不及之处，特别是对形而上的本体存在无法用既有的语言文字说出……"引自李若晖：《老子集注汇考》，第330页。

'道'"的"器物总称"①，或引夏含夷《非常道考》认为"非常名"是"非常"的"名称"，"也就是说是按照时间演变的名称"②。综括而言，似乎"名"本身并没有什么特殊的意义，就是现代汉语所说的"语言文字"。《老子集注汇考》引各种研究文献非常丰富，读者还可以从中读到多达数十种不同的古今解说。这种种的说解让我感到不安的是，"名"在儒家观念中有特殊的意义，无论是孔子说的"必也正名乎"抑或"君子疾没世而名不称"都如是；它在道家哲学也有特殊意义，无论是老子的"道常无名"抑或《庄子·齐物论》的论"名"、论"言"亦都如是。何以研究者在面对"名"的问题时，对于获得"名"的方法和方法论似不甚注意呢？

关键在于，思想史研究或经典研究，不单只是一种客观之学——只是保持距离做归纳的工作，它更是主观之学——终极目标是对真理的探索、追寻与辨析。研究者似乎急于掌握古代圣哲对"名"的态度，看他们怎样看待"名"，又如何互相影响，却鲜少兴趣去了解并批判他们"名"学说建构的过程与方法。事实上古代圣哲建构"名"的过程与方法，恰好可以看出他们对人类认知天地万物此一精神活动的理解，并对这种理解加以重塑。我们研究经典，似乎不应该只是求"知"，也应该要求"真"。老子语汇中的"名"何以见得只是寻常用语的语言文字之称呢？即使只是语言文字之称，老子又何以提出"道常无名"的命题呢？进一步撇开儒、道的歧义不论，究竟"名"本身是怎样来的呢？它作为一个哲学范畴的含义是透过什么认知方法而建立的呢？

在此我想借章太炎《国故论衡·原名》一文，说明对先秦诸子"名"的研究如何与人类认知活动有密切关系。在这篇长文中，太炎以大乘佛学名相之说与《墨经》和《荀子·正名》的"名"学作格义式的阐释。读者暂不必怀疑太炎忽略了印度佛学之说和先秦诸子学说的差异，且看作者如何以普遍的认知活动作为"共法"

---

① 王强《老子道德经新研》："《老子》一书，关心的'道'是'常道'；关心的'名'是'常名'。'道'是宇宙的根本大法；'名'是世界的器物总称。'道'是'法'，'名'是'器'。有'道'则可以约'名'，有'名'则可以显'道'。"引自李若晖：《老子集注汇考》，第326页。

② 李若晖：《老子集注汇考》，第341—342页。

去勾勒出"名"的发生与变化过程，从而让我们反思"名"的范畴与意义，包括它的可靠性与不可靠性。

太炎首先认为，中国古代"名"的兴起与人类政治文化活动的关系至为密切，故有"刑名""爵名""文名"，后始加于万物而有"散名"。自礼崩乐坏，政教权威建构之"名"失去作用，人所知者，则万物"散名"而已。刑名、爵名、文名在政治上的余波尚可见于汉魏，而太炎认为最值得注意的是儒、墨之名学，具而言之就是《荀子·正名》与《墨子》经、经说所论，因为二者不似惠施（约前370—约前310）、公孙龙（约前320—前250）"务于求胜"而"造次辩论"，而是"务穷其柢，……取辩乎一物，而原极天下之污隆"[1]。太炎作为考察者，他自身也遵循同一种严肃的态度，"取辩乎一物，而原极天下之污隆"，考察"名"如何在人类认知行为的变幻中成形和变化。《原名》说：

> "名"之成，始于受，中于想，终于思。

庞俊、郭诚永《国故论衡疏证》（以下简称《疏证》）引《天亲菩萨大乘百法明门论》云：

> "心所有法，遍行有五，谓作意、触、受、想、思。"按：受即感觉，想即知觉，思即考察也。[2]

雄按：更准确地说，在佛教的语汇中，"受"指肉身的感觉，"想"指随之而起的精神知觉，"思"则包括一切再随后而起的思维变幻。我们试想：这难道不就是人类认知世界的一种方式吗？首先透过最直接的耳目感官，利用视觉、听觉、嗅觉、触觉去认识事物，主观的喜怒哀乐等情绪和认知也投射进去了，肉身感觉和精神思绪融合了。随着年齿渐长，综合（integration）、归纳（induction）、演绎

---

① 章太炎：《原名》，庞俊、郭诚永：《国故论衡疏证》下之4，北京：中华书局，2008年，第527页。

② 章太炎：《原名》，第528页。

（deduction）等能力兼用下我们随顺社会大众的共同认知而发生了"约定俗成"，大家共构了一套"名"的体系，用以规范行为，品藻万物。太炎接着引述《荀子·正名》"缘天官。凡同类同情者，其天官之意物也同。故比方之疑似而通，是所以共其约名以相期也"，由是而推论说：

> 此谓"想"随于"受"，"名"役于"想"矣。

人类感知外在世界事物，而对事物以及事物所形成的世界秩序形成稳定的理解，首先凭借的是肉体感官，此所谓"想随于受"。这种理解制约了"名"的形成，也是通行于人类集体"名"（collective names）的初源，此所谓"名役于想"，荀子所谓"同类同情，其天官之意物也同"的理由也在于此。《正名》云：

> 心有征知。征知，则缘耳而知声可也，缘目而知形可也。然而征知必将待天官之当簿其类，然后可也。

太炎以大乘学说"受""想""缘"——解释荀子的"当簿""征知""缘"：

> 接于五官曰"受"，受者谓之"当簿"。传于心曰"想"，想者谓之"征知"。一接焉、一传焉曰"缘"。凡缘有四。（原注："识"以所对之境为"所缘缘"，五识与意识迭相扶助互称为"增上缘"。凡境像、名言、义理，方在意识，而能引续不断，是有意根。故前识于后识为"等无间缘"，一切心物之因名曰"阿赖耶识"，为"因缘"。）"增上缘"者，谓之缘耳知声，缘目知形。此"名"之所以成也。①

《疏证》引《瑜珈师地论》卷三：

> 一、因缘，二、等无间缘，三、所缘缘，四、增上缘。因缘者，谓种子。

---

① 章太炎：《原名》，第529—530页。

等无间缘者，谓若此识无间诸识决定生，此是彼等无间缘。所缘缘者，谓诸心心所所缘境界。增上缘者，谓除种子余所依，如眼及助伴法，望眼识所余识亦尔。又：善不善性、能取爱非爱、果如是等类，名增上缘。又：由种子故，建立因缘；由自性故，立等无间缘；由所缘境故，立所缘缘；由所依及助伴等故，立增上缘。如经言，诸因诸缘能生识者，彼即此四。因缘一种，亦因亦缘。余唯是缘。①

雄按："因缘"是底层的原理（fundamentals）。因缘由"识"而起，显于轮回，决定了一切"生"的基础，譬如一人生于某家某姓，为男为女，皆非自身决定。"等无间缘"则系依此"因缘"而起的"生"之条件，所谓"自性故"，譬如生于某家某姓，依缘其环境而成长，而有性格容貌，此所谓"无间诸识决定生"。"所缘缘"即依此生之基础与条件再加上后天际遇（"所缘境"）所激起向外（同时亦反馈于自身）的各种情绪情感，所谓"诸心心所所缘境界"。"增上缘"就是与诸法（各种人事物）互动（"所依及助伴"）而引起新的"缘"。太炎借大乘之说，认为"接于五官曰'受'（即我所谓"肉身的感觉"），受者谓之'当簿'"，正因荀子言"待天官之当簿其类然后可也"；又认为"传于心曰'想'（即我所谓"精神知觉"），想者谓之'征知'"，正因荀子言"心有征知"；认为"一接焉、一传焉曰'缘'，……增上缘者，谓之'缘耳知声，缘目知形'"，正因荀子强调了"五官"与人事物交接的重要性。"一接、一传"，"缘"就在此发生了。当然太炎侧重的是"增上缘"：

> "增上缘"者，谓之缘耳知声，缘目知形。此"名"之所以成也。

此处所谓"缘耳知声，缘目知形"，就是我在上文所讲的"随顺社会大众的共同认知而发生了'约定俗成'，大家共构了一套'名'的体系，用以规范行为，品藻万物"。"名"就在这种众人之所"受"、所"想"、所"思"之中形成了。在这一

---

① 章太炎：《原名》，第529页。

连串的浑无罅隙的论证中，太炎借由大乘之说与荀子"名""之所以成"的论点相格，显示"名"的世界建构的过程至为复杂——因为人类认知世界的过程本来就至为复杂，而且充满限制：先是肉身耳目感官的接触，继而精神心智夹杂感性、理性的认知，与天官当簿而接受。具而言之，知觉透过耳目感官传入心中，有了感性的投射、理性的分析，而有征知之想，最后"名"才定下来；或者说进一步脱离了实物后，"名"游荡于意识界，成为不受感官限制的"独影"（详下）。按照太炎所阐释荀子"正名"的观念，"名"绝不能被简单化为"语言文字"，而应该被联系到人类个别与集体对于外在世界人事物感知、认识、归纳、思维、指涉的一连串过程。

依照太炎所阐释荀子观念中人类命名万物，其认知过程，还包括物类的归纳，有"别"有"共"，"别"有别名，"共"有共名，《荀子·正名》说：

> 单足以喻则单，单不足以喻则兼。

如人、马、木、绳为单名，兼名则有"丛人曰师、丛马曰驷、丛木曰林，丛绳曰网"。由是可知《荀子·正名》所谓"共名""别名"，并不单单是一种类别范畴大小的区分，也涉及专有之"名""字"的创造。文字的孳乳，仅反映了其中一面。物类的分与合，又让"名"有了新的衍生或结合，而"实"亦随之而变。《荀子·正名》又说：

> 状同而为异所者，虽可合，谓之二实。状变而实无别而为异者，谓之化。有化而无别，谓之一实。

这是人类集体活动命名的最后结果，而亦肇始于人类对事物的认知，都是透过共有的感官进行。所谓"共有的感官"，用太炎引《墨经·说》的讲法，就是"惟以五路知"的"五路"，亦即"五官"①，他进一步以佛教"九缘"譬况②。由个人"五路"而至众人之理解，有一名而二实，有二名而一实，均存在共同的模式或趋向（因为人类是群居的动物）。这种共同模式或趋向的认知，就是荀子所谓"凡同类同情者，其天官之意物也同"，接近于俗语所谓"人同此心，心同此理"。故太炎说：

> 诸同类同情者，谓之众同分。其受想同，其思同，是以有辩。

同为人类，同有感官和情感，思想相同相近，于是对事物的辨别也有了共同基础。然而，五官对于事物的认知以及心灵（精神）的记忆，都不是恒常不变的。太炎说：

> 自"作意"而下，诸夏之学者不亟辩，泛号曰"智"。目之见必有空、明、根、境与智。耳不资明，鼻、舌、身不资空，独目为具五路。既见物已，虽越百旬，其像在。于是取之，谓之"独影"。"独影"者，知声不缘耳，知形不缘目，故曰"不当"。不当者，不直也，是故赖名。曩令所受者逝，其想亦逝，即无所仰于名矣。③

---

① 《国故论衡疏证》引梁启超《墨经校释》："五路者，五官也。官而名以路者，谓感觉所经由之路，若佛典以眼、耳、鼻、舌、身为五入矣。人之得知识，多恃五路。例如见火，目为能见，火为所见，火与目离，火不能独成见也。此之谓'惟以五路知'。"章太炎：《原名》，第530页。

② 太炎说："五路者，若浮屠所谓九缘：一曰空缘、二曰明缘、三曰根缘、四曰境缘、五曰作意缘、六曰分别依、七曰染净依、八曰根本依、九曰种子依。"《疏证》引《成唯识论》七："'缘'谓作意、根、境等缘。"窥基《述记》："眼识依肉眼具九缘生，谓空、明、根、境、作意、根本第八、染净第七、分别俱六，能生种子，九依而生。"章太炎：《原名》，第530—531页。雄按：前五种"空、明、根、境、作意"皆属身体生理层次之活动，"根本依"属感性意识的总合，即唯识学八识中的"阿赖耶识"；"染净依"属理性思维；"种子依"是佛性所在。

③ 章太炎：《原名》，第531页。

"作意缘"以下的四种都涉及心智，中国学者就将它们统称为"智"。而一旦我们透过耳目认取事物，事物在心智里留下影像，此之谓"独影"。独影是一种抽象的存在，因为存在于脑海中，不因为时间变迁而消失，与依托耳目感官所认知的实物已经不尽相同了。假设事物离开耳目就消失，心智的影像也随之而逝，那么"名"就失去作用了，因为"指涉"之物既不存，指涉的活动（命名）也失去了依托。此即所谓"曩令所受者逝，其想亦逝，即无所仰于名矣"。我们透过这个假设，就能明了命"名"的活动，背后有着"物固有所然，物固有所可；无物不然，无物不可"（借用《齐物论》语）的无奈。这种无奈，不但起于"独影"脱离现实，也起于众人心中之"影"未必完全一致。不幸众人"缘耳知声，缘目知形"，又误以为"天官"无不"当簿"，彼此对事物的认知没有丝毫差异，于是忽略了各自内心随"独影"的变化而变化，继而发生争胜，而产生种种歧义。现实的情况是：知声不缘耳、知形不缘目的情况毕竟所在多有，恰好说明了"名"并不可以完全仰赖，也说明了人类对"名"常起争议的部分原因。

接着太炎以"因明"的观念阐释《墨经》的内容。《墨经》说：

> 知：闻、说、亲。名、实、合、为。

《说》：

> 知，传受之，"闻"也。方不㢓，"说"也。身观焉，"亲"也。所以谓，"名"也。所谓，"实"也。名实耦，"合"也。志行，"为"也。

太炎特别解释"知：闻、说、亲"，说：

> "亲"者，因明以为现量；"说"者，因明以为比量；"闻"者，因明以为声量。[1]

---

[1] 章太炎：《原名》，第533—534页。

太炎的意思是："现量"是色声香味触之所遇，"比量"则是感官观察虽未必与实测一致，却不妨碍人类对事物的全体认知，而"闻量"则是对无法证其无又无法证其有的事物的争论。以此三种行为而论，在"名"上争辩的人们，其实多只是集中在"说"的活动，常不涉及"亲"的"现量"的认知活动。这种情况下，所谓辩论，其实是不完整、不彻底、偏差的，也就难以成立。因为太炎认为，辩论"先见其旨，次明其柢"，言语的争胜，常优先于事实的厘析，他说：

> 原物之质，闻不若说，说不若亲。今有闻火浣布者，目所未睹，体所未御，以说又无类，因谓无火浣布，则人莫不然，谓之蔽锢。《墨经》曰："知其所以不知，说在以名取。"此乃使亲、说交诎于闻也。[1]

"原物之质，'闻'不若'说'，'说'不若'亲'"是事理之必然，亲身接触感受，毕竟优于耳目考察比较；而耳目考察比较，又必优于道听途说。然而，人类总是"以名取"，用道听途说（闻）来取代亲身接触和耳目考察，在"比量"的言说中辩论争胜。"名"原本是一连串认知的最后阶段、最终结果，却往往反而干扰了对实事实理的认知。由此可见，太炎对人类关于"名"的辩论，基本上是抱着悲观的态度。

四、由"名"到"字"：《大一生水》的一隅启示

章太炎对于"名"的分析，深入到人类认知活动的细节，耳目感官的接受、意识的保存、心智与记忆的变幻、个人与集体认知对于"名"的"共""别"的影响等。对于引入大乘佛学名相之论作为解牛之屠刀，从"共法"的层面进行分析，以宰割儒、墨名辩的大郤大窾，他可谓毫不避嫌。而他将荀子、《墨经》内容一一对应，持之固然有故，言之也居然成理。须知"名"的形成，出于认知和沟通的需要。正如太炎所说，"曩令所受者逝，其想亦逝，即无所仰于名矣"，假设事物离

---

[1] 章太炎：《原名》，第542—543页。

开耳目即行消失，而人类心智的影像也随之而逝，那么"名"就失去作用了，因为"指涉"之物既不存，指涉的活动（命名）也失去了依托。不幸在现实人世间，"所受者"不但未尝逝去，而且往往以"独影"的方式，脱离实物，在人类脑海心智中浮游飘荡，再加上人们"务在求胜"，"亲、说交讹于闻"，于是人类脱离以实事实理为本的认知愈来愈远。

参酌太炎对先秦名学的分析，荀子、《墨经》等战国晚期诸子显然反省了早期诸子"名"学，将"名"的形成与人类认知的情状推论至前所未有的高度。然而，毕竟他们的目标与早期诸子一样，务在致治，总是以政治训诲作为言说论辩——名学——的终极目标，因此他们不会像太炎那样用高度批判性的准则质疑"名"的效用，而是要"原极天下之污隆"，以政治教化为目标。太炎的"反格义"（借用刘笑敢教授语）——以内典的语言故实，阐释中国故有典籍的义理——固然有效地将荀子和《墨经》名辩之论的义蕴阐发无余，同时也透显了佛典与先秦典籍的重大歧异。我们要讨论先秦的"名"观念，《原名》这篇精彩的文章实在是值得一读。

先秦经典很早即记载古人对于"名、实""形、名"关系一致性的重视，并认定政治混乱，往往起于"名、实"关系混乱。所以政治家、思想家每认为重新将"名、实"关系摆正了，可以收到重要的政治效力，儒家所谓"正名"，法家所谓"循名责实"，均指此而言。《春秋》重视一字之褒贬，"贬天子，退诸侯，讨大夫"，即因孔子处于乱世，欲重建"名"的秩序，以"名"论推扩至伦理礼制各个层面，而引发了战国诸子关于"名"的广泛讨论。在儒者的立场而言，名实相符，正是礼制的必要基础；但反儒的诸子，则多配合其政治伦理思想，推出新的"名实"关系理论，墨家的"墨辩"，庄子的"齐物"，惠施的"历物"，公孙龙的"指物"，都属于此一类。我们要注意的是，先秦哲学，无论儒、道、墨、名、法，尽管对治世有不同的定义，要皆以致治为终极目标，其中儒、道的思想观念，一主礼乐，一反礼乐，虽常相悖，但从"致治"的角度出发，却并无二致。儒、道对"名"的看法也一样，儒家极为正面，极重视"名"的效用。《论语·卫灵公》记孔子说"君子疾没世而名不称"，"名"对于君子固然重要；而《论语·子路》记孔子申论"正名"对于治民兴礼的重要性则是在政教方面。

至于先秦道家，《老子》对于"名"的申论，除了道经第1章外，尚有第25章：

> 有物混成，先天地生。寂兮寥兮，独立而不改，周行而不殆，可以为天下
> 母。吾不（未）知其名，（强）字之曰道，强为之名曰大。大曰逝，逝曰远，
> 远曰反。①

这段著名的文字中，"名"与"字"显然有所区别。《老子》"道恒无名"一语可能是重要的参照。而《郭店楚简·大一生水》第9—12简亦有讨论"名""字"的文字：

> 天道贵弱，削②成者以益生者，伐于强，积③于【弱】……④下，土也，而
> 谓之地；上，气也，而谓之天。道，亦其字也；请问⑤其名？以道从事者必托
> 其名，故事成而身长；圣人之从事也，亦托其名，故功成而身不伤。天地名字
> 并立，故过⑥其方，不思相【当。天不足】⑦

关于《大一生水》的释读问题，详见拙文《〈太一生水〉释读研究》，在此不拟复述。"名""字"的问题，裘锡圭引河井义树对《太一生水》10至14号简译注之解释"'名'是事物的本名、真正的名；'字'则是惯用名，是通称"，谓

---

① 原文参考刘笑敢《老子古今》、高明《帛书老子校注》、朱谦之《老子校释》等。

② 本作"雀"。《释文》"裘按"："疑'雀'可读为'削'。"诸家均读为"削"。

③ 原作"责"，裘锡圭、陈伟均读此字为"积"，可从。下缺数字之首字，可以肯定是"弱"字，故于此径补。

④ 崔仁义、陈伟、刘信芳等将此简置于第13简之前，后缺字读"弱，是故天不足"。陈丽桂赞成其说，认为文义较胜。裘锡圭将第9简置于第14简前，后缺字读"弱，是故天不足于上"。

⑤ 《释文》读为"请问"，陈伟同。夏德安、李零、陈丽桂读为"青昏"。

⑥ 李零《郭店楚简校读记》（增订本）读为"讹"。

⑦ 原简"当"字下半缺，主要的研究者均依上半订为"尚"或"当"。

其说"无疑是正确的"①。《庄子·逍遥游》说"名者，实之宾也"，最足以说明先秦时期"名"的本质以及"名、实"的关系；"字"则是一个通行的、惯用的代称，与"名"有本质上的区别。严格来说，"名者，实之宾也"是先秦思想界的通义，"名"应该受到"实"的制约，借用《马王堆帛书·经法·称》所说的：

> 有物将来，其形先之。建以其形，名以其名。

"物"先有形，"名"属后起；治物的人，最好的办法是因应其形，而名以其名。所谓"名以其名"，可能和"声训"的现象有关，就是建立字义与读音的绝对关联——"音读"同时反映"意义"。《经法·论》说：

> 物自正也，名自命也，事自定也。

徐幹（171—218）《中论·贵验》引子思曰：

> 事自名也，声自呼也。②

"物自正也"就是说：事物的规则与定义不是外铄的、而是内存的。"名"则是依附于此种"内存"的规则与定义之中。这正是"名"的绝对性的来源。"名自命也"似即子思所说的"声自呼也"，说明了古人常用声训之法以解释"名"的原因。像孔子"政者，正也"、孟子"庠者，养也；校者，教也；序者，射也"，都是这一类办法，借由声音，来确定某一字在政治伦理上具有某种绝对性的涵义。"事自定也"，那就是说掌握了前两者，就可以怡然理顺地治事。这都是强

---

① 裘锡圭：《〈太一生水〉"名字"章解释——兼论〈太一生水〉的分章问题》，《裘锡圭学术文集》第2册，第349页。

② 徐幹撰，孙启治解诂：《中论解诂》，北京：中华书局，2014年，第80页。

调"物"的实体存在而有"形",依存其"形"而"名"以其"名",治事就可以无往而不利。《老子》本于"道常无名"的思想,强调"道"是"字"而不是"名"①,与《太一生水》的意思,正是相同。

第12简"天地名字并立"一段是第二章文义的关键。第9简"天道贵弱"上承第1—8简论"水"为中心的"尚阴"的宇宙论,而说明"贵弱"的原则就是"削成益生,伐强积弱"。"天道贵弱",是指天道贵尚柔弱之物。"天道"本身并不弱。所以"贵弱"的"贵"字,和"托名"的"托"字一样,都是外动词(transitive verb)。"托名",即是裘先生说的"寄托道之名于非本名之假名"②。接着借由天地名字并立而反衬"道无名",故须"托名"(托于假名)的事实。"天地"名字并立则不须"托名",而其本名即各有其方(方域、范畴),每一对名字(神明、阴阳、四时、寒热、湿燥)都是"相当"的对等关系。正如《老子》:"故有无相生,难易相成,长短相形,高下相倾,音声相和,前后相随。"由此再讨论,"并立"的关系不是静态的,而是动态的:不足于上则有余于下,不足于下则有余于上。要注意"天不足于西北……,地不足于东南……"已不是讨论"天地"之"名",而是讨论"天地"之"实"了。何以不论"名"而论"实"呢?正因为"名者,实之宾也",讨论了"实",也就等于讨论了"名"。所以无论如何,"名字并立"四字的意思,就是名实一致。天地的不足与有余,也是"天道""削成益生,伐强积弱"的一种作用,就是一切维持相当、对等和互动的状态。这是该篇作者在"削成益生、伐强积弱"以外,对于"天道"如何"贵弱"的另一个补充说明。

---

① 《老子》第二十五章:"吾不知其名,字之曰道,强为之名曰大。大曰逝,逝曰远,远曰反。"

② 裘锡圭:《〈太一生水〉"名字"章解释——兼论〈太一生水〉的分章问题》,第352页。

秦汉以前，有"天，颠也""地，底也"一类^①声训的材料，用以说明"天地"二字音读与意义的绝对性和一致性。那么"天"因"颠"之音义而呼为"天"，"天"就是名而不是字。汉代刘熙《释名》，所释者正是被视为"名"而非"字"。正如《鹖冠子·度万》说：

> 所谓天者，非是苍苍之气之谓天也；所谓地者，非是朕朕之土之谓地也。所谓天者，言其然物而无胜者也；所谓地者，言其均物而不可乱者也。^②

可见"天"之为言"天"、"地"之为言"地"，是因为这两个"名"都有"言其……"的实质意涵："天"因其"然物而无胜者"，故呼之为"天"；"地"因其"均物而不可乱"，故呼之为"地"。如果此一推论成立，那么第10简"下，土也……"一段文字的意思就应该是："天"在上其实质是一团气，人不呼之曰"气"却呼之曰"天"，故有"天"之名；"地"在下其实质是一片土，人不呼之曰"土"却呼之曰"地"，故有"地"之名。这样一来，"天地名字并立"的意思，就是：天地"名"与"字"是统一（"名"就是"字"，"字"就是"名"）^③，接下来"神明""阴阳"一直到"湿燥"都是"名字并立"。相对

---

① 参许慎撰，段玉裁注：《说文解字》1篇上，第1页。《广雅》同。刘熙《释名》"天"："天，显也，在上高显也。"又"地"："地，底也，其体底下载万物也。亦言谛也，五土所生莫不信谛也。"参刘熙《释名》卷1，《四部丛刊》本，第2页上、第5页上。《广雅·释言》："质，地也。"《白虎通义·天地》："天者何也？天之为言镇也，居高理下，为人镇也。……地者，易也。万物怀任，交易变化也。"陈立：《白虎通疏证》卷9，第420页。汉儒煞有介事地连系声音近同的字来解释"天地"，不是为了"释字"，而是为了"释名"。当然，释了名，也就释了字了。

② 关于《鹖冠子·度万》的讨论，读者可参张昱：《〈太一生水〉与古代的太一观》，陈鼓应主编：《道家文化研究》第17辑，北京：生活·读书·新知三联书店，1999年，第369—371页。

③ 王博注意到"并立"究竟说的是"天地"还是"名字"。他认为多数学者主张是"名字"，但他特别主张"天地"也是并立的。他说："关键是天地是并立的，当然它们的名字也是并立的。"此一论点与本文基本上是一致的。

上，唯有"道"不是"名字并立"，因为"道常无名"，"道"只是勉强给予的"字"，也就是所谓"托名"了。万物名字并立，如《经法·论》所说"物自正也，名自命也，事自定也"，这是在存有界层次，人人皆知的；但"道"之无名，却鲜少为人所知，人所知者仅其"字"而已。"道"虽然无名，但圣人是治世之人，既须以"道"从事，也就不得不用"托名"的办法，依托"道"这个假名，作为一种法门，说明其治国的方略与原理。这也就说明了作者何以要特别用第10—12简"以道从事者必托其名，故事成而身长；圣人之从事也，亦托其名，故功成而身不伤"一段话来阐述"托名"的理由与功效。

五、名、字、概念、范畴的纠葛

张岱年《要论·绪论》第二节"范畴体系的层次与演变"有一段区分名词、概念、范畴的话，相当重要，企图为该书所讨论的各个范畴，作出界定。他说：

> 名词、概念、范畴三者既有同一性，又有差别性。表示普遍存在或表示事物类型的名词可称为概念，如物、马等等。而表示一个人或某一物的名词不能叫作概念，如一人的姓名称号或某一历史事件的名称等等都不是概念。在概念之中，有些可以称为范畴，有些不是范畴。简单说来，表示存在的统一性、普遍联系和普遍准则的可以称为范畴，而一些常识的概念，如山、水、日、月、牛、马等等，不能叫作范畴。[①]

根据这段话，依据其所指涉的普遍性来决定，"名词"普遍性最低，故不能与"概念""范畴"相比，其层次最低；"范畴"是表示"存在统一性、普遍联系和普遍准则的"，故层次最高；而有些"常识性的概念"又不能叫作"范畴"，所以"概念"的层次，高于"名词"而低于"范畴"。张岱年提出这一套"名词""概念""范畴"的架构，其实完全可以借由《荀子·正名》"共名"和"别名"的概

---

① 张岱年：《中国古典哲学概念范畴要论·绪论》，第4—5页。

念来理解：

> 万物虽众，有时而欲遍举之，故谓之物。物也者，大共名也。推而共之，
> 共则有共，至于无共然后止。有时而欲别举之，故谓之鸟兽。鸟兽也者，大别
> 名也。推而别之，别则有别，至于无别然后止。[①]

张岱年所说的"范畴"，其位阶近似于荀子的"大共名"，"名词"的位阶近似
"别名"或"大别名"；"概念"则大约居中间的位置。此一架构，其实问题颇
多。像"常识的概念"就不好理解了。如果"山""水""月"只是常识的概念而
不是范畴，那么"天"算不算呢？如果说"天"太明显属于"范畴"，不必争论，
那么《大一生水》的"水"难道不能算范畴？如说"月"不是范畴，佛教语汇中
的"月"如《指月录》之"月"难道也只是常识的概念？我想表达的是，硬是在
名词、概念、范畴三者中确定出各自的内涵与外延，进而区分出不同的位阶，其实
是行不通的。再说，我们若要将这三个词语译成外语，不论是英、德或日语，更是
困难重重。我们又将如何适切地让这三个词语成为三个严谨的学术术语，为学界所
用呢？

关键恐怕还不在于名词、概念、范畴三者的纠葛，即便书名"古典哲学概念范
畴"这个八字词语，是否能恰当地指涉秦汉以前的"名"以及宋代以降的"字"，
已是问题。如果"概念范畴"足以表述，何以需要加上"哲学"二字？"范畴"一
词倘如作者所理解的"表示存在的统一性、普遍关系和普遍准则"，冠上"古典"
二字，岂不戕伤了它的统一性和普遍性？出土简帛文献大量问世，固然促进了中国

---

① 按"有时而欲别举之"，"别"诸本作"徧"，同"遍"。王念孙《读书杂志》
"荀子·第七·徧举之"条："此'徧'字当作'别'，与上条不同。上条以同为主，故曰
'徧举之'；此条以异为主，故曰'别举之'。（原注：下文皆作"别"。）鸟兽不同类，
而鸟兽之中，又各不同类。推而至于一类之中，又有不同。（原注：若雉有五雉、雇有九
雇，牛马毛色不同，其名亦异之类。）故曰'鸟兽也者，大别名也。推而别之，别则有别，
（原注："有"读为"又"，见上条。）至于无别，然后止'也。今本作'徧举'，则义不
可通。盖涉上条'徧举'而误。杨说皆失之。"见王念孙：《读书杂志》，南京：江苏古籍
出版社，1985年，第724页。

哲学研究和古文字文献研究的沟通，但对于"名""字""概念""范畴"的表述、定义与厘清，似乎并没有突破性的帮助。直至今天，我们甚至仍然找不到一个适合的词语，来综合表述"名""字""概念"和"范畴"这一大串语词。我们能将这一大类统称之为"名"吗？但这样等于复制了秦汉以前哲学家的用语，在现代汉语中"名"这个字是含糊混淆的。正如刘熙《释名》，一般现代人看书名就不会知道它里面讲什么。我们能将这一大类统称之为"字"吗？但中国文字至多，《康熙字典》收录约四万九千个，《中文大辞典》五万多个，哪一个不是"字"？又何足以说明这一大类的特殊性呢？我们将这一大类统称之为"概念""范畴"或"概念范畴"吗？但严格而言，无论是"概念""范畴"抑或"概念范畴"，都是哲学术语，它只突显了这个"名"的抽象意义（包括内涵与外延），哲学领域以外的人理解可能有困难，汉字字义常与形音结合的部分被忽略了更是严重的问题。2008年，我在台湾大学举办了研讨会讨论此一课题，研讨会名称为"观念字解读与思想史探索"，英文名称用"key notions"，"观念字"是我的新创的译名，有些与会学者就不太掌握到我的意思。2015年我和香港浸会大学陈致教授合办研讨会，名称为"先秦经典字义源流"，英文名称用"key words"，中英文都算是比较浅白易懂。Arthur O. Lovejoy（1873—1962）首先提出"history of ideas"的观念，"idea"一词就是"观念"或"概念"的译名，但如果向上追溯，我们会发现"idea"是柏拉图（Plátōn，约前429—约前347）思想体系的一部分。这个语词在希腊语中肯定有着某些有异于英语语词"idea"的成分，这成分究竟是什么，我不懂古希腊文，也不确知。一般认为，柏拉图认为经验世界里千差万别的事物，都是源自宇宙里面的抽象的idea。学院里面将柏拉图的思想归入哲学系，那么"idea"的内涵，撇除一般用语的语义（verbal meaning）外，自然还是只有哲学的定义。更不用说是一个外来语，翻译成"观念"或"概念"也无法全盘展现它的意义的立体面的其他部分。也有人称"概念范畴"为"conceptual framework"，但"conceptual framework"强调功能性多于哲理性，似又不甚合适。Berhard Waldenfels *The Question of the Other*[1]一书提出的"Linguistic and Conceptual Shades"讲得好。这部书讲的是"他者"，他举德语"fremd"为例，一个本义接近汉语"外"的字。他认为这个字不

---

① Berhard Waldenfels, *The Question of the Other*, Hong Kong: Chinese University Press, 2007.

需要拆散成不同的同音同形异义词（homonyms）就已经包含了不同的"意义阴影"（shades of meaning），西方世界著名的古典与现代语言中"fremd"是被译为不同的字，端看它在作品文脉里涉及哪一部分的意义阴影。[①]其实任何概念，即便是张岱年所讲的"常识的概念"都会有"conceptual shades"。现代哲学学者用汉语"概念""范畴"或"概念范畴"来称呼，其实也是来自对欧洲哲学的借用，译成中文，意义脱离了原本语义的范围，大家也管不得许多了。但用来重新界定所有抽象概念，显然也是不得已的假借。这三个词是否代表着同样的一件事物，抑或同中有异、异中有同的三件事物，不但我无法断言，相信很多研究哲学的人也无能为力。

中国以汉语汉字表述的"概念范畴"，即使在抽象意义上可以与英语"idea"共通，在语言脉络上始终无法消除彼此"意义阴影"的差异。如前所述，汉字特性是形音义统一：汉字并非拼音文字，凡汉字必有特殊的构形，有专属的读音，而结合"形""音"产生出来的"义"，概分两个层次，一是结构之义，另一是抽象之义。这就有别于印欧语系的"idea"。我在《释"天"》一文篇首应期刊主编的要求，针对汉字"结构之义"和"抽象之义"作了如下的说明：

> 研究的方法，首要之务是深切认知汉字形音义结合统一的本质，明了三者不可分割，然后以传统小学之法分析探求其形音及结构之义，同时以哲学思辨之法玄思冥索其抽象之义。此所谓"结构""抽象"二义，实统一于一字之中而相互映照。传统所谓"训诂""义理"两种进路，正是达致此二义的津梁。当然，研究至于义理抉尽无遗之时，则必然发现二义实同出一源，孰为结构之义？孰为抽象之义？始终无法二分。此又往往缘于汉字形音义结合统一的本质，故虽不断衍生新义成为"意义群"，亦始终有一根本理念作为其内核，统摄诸义。由此而观，传统学者无论坚持"训诂明而后义理明"抑或"义理明而后训诂明"，都不免陷入得一而遗一的危险。唯有兼顾训诂与义理，进而探明汉字"结构"与"抽象"二义，始不辜负新时代学人站立于先哲前贤巨人肩膀之上，让学术与时为新。[②]

---

① Berhard Waldenfels, *The Question of the Other*, pp. 4—5.

② 郑吉雄：《释"天"》，第63—64页。

我所讲的"结构之义"，主要基于形音的元素，造字者或依此"结构之义"而造此字之形，或随顺其形音而产生此义。这方面虽然个别的字，各个不同，但究竟其造字之时是出于何种理路而造为此字，恐怕已无法一一穷究其原初的状况。至于"抽象之义"，就是指它的哲学意涵，那可是一个无止境、无疆域的世界，一切可能的意义，都可能从此引申出去。《周易》《乾》卦卦名、卦辞"乾，元亨利贞"五字，试看《彖传》的作者怎样诠释：

> 大哉乾元，万物资始，乃统天。云行雨施，品物流形。大明始终，六位时成，时乘六龙以御天。乾道变化，各正性命，保合大和，乃利贞。首出庶物，万国咸宁。

"乾"是卦名，"元"是卦辞首字。是谁授予《彖传》作者权柄，取此二字结合一起成为一个新的概念范畴，称为"乾元"？但当此"乾元"二字为作者道出，后来注解《易传》的人，不但没有质疑此二字的合法性，而且随顺其新创之义，作出种种的解释，熊十力阐发"乾元"与"坤元"二概念，更写成《乾坤衍》一巨册。"万物资始"以下一大段文字，实即"元亨利贞"四字的引申，最后"首出庶物"之"首"，仍是回应"天，颠也"的"天"字之义以及"元"字之义[1]。《彖传》的作者简直冲破了逐句解经的规范，将义理世界拓展至前所未有的高度与广度。但回到最根本，这种从"元"字推至"天"字而论天象，难道与"天"字的构形毫无关系？如果我们理解到"天"字甲骨文、金文的构形，和它在殷、周时期丰富的意涵，就不难了解《彖传》作者何以作出这种创造性的诠释了。而不幸这恰好是专门研究哲学而忽视小学训诂的学者们所容易忽略的。

六、先秦诸子赋予范畴的歧义

张岱年《中国古典哲学概念范畴要论》虽列60个词条，似乎综揽了中国古典哲

---

① 《文言传》："元者，善之长也。"《尔雅·释诂》："元，始也。"

学最重要的概念范畴，但其中隐藏的重大问题颇不少。以下我加以讨论，目的不是批评张先生，而是提醒读者，即使在今天中国哲学研究，也有不少研究者忽略了"此土玄谈，多用假名"的现象，有时也忽略了不同思想家利用"假名"申论不同的义理。试看"中、中庸"条，一开始张先生说：

> "中"是儒家哲学的基本观念，又称为中庸。[①]

这两句话都错了！"中"的概念既非儒家所专有[②]，"中"和"中庸"从名义到内涵也都不相同，不能说"中"又称为"中庸"。"中"字最早可能是一个普遍的时间和空间的观念，既代表随着时间而开展的变化规律的稳定阶段[③]，又代表空间上一个居于中央的核心重要的地点[④]。它在《尚书》的运用也许只是普通名词，连"常识性概念"也谈不上，但至迟在春秋时期，尚未有"儒家"的时候，"中"已经是一个抽象概念。《左传》成公十三年：

> 民受天地之中以生，所谓命也。是以有动作礼义威仪之则，以定命也。

孔颖达《正义》：

---

① 张岱年：《中国古典哲学概念范畴要论·绪论》，第174页。

② 龙树著《中论》，为大乘佛教空宗重要经典，我们也可以说"中"是佛家哲学的基本观念。

③ 《周易》卦爻本身即有"尚中"的倾向，姑置勿论。《尚书·尧典》："日中，星鸟，以殷仲春。"伪《孔传》："日中，谓春分之日。……殷，正也。春分之昏，鸟星毕见，以正仲春之气节。"孔安国注，孔颖达疏：《尚书正义》卷2，第33页。《经典释文》释此"中"字："贞仲反，又如字。"又释"殷"字："于勤反。马、郑云：'中也。'"见陆德明：《经典释文》卷3《尚书音义上》，第143页。雄按："日中"指的是"春分之日"，也就是日光自南回归线北返、直照赤道之日。自此以后，北半球日照渐长，故用"日"。孔安国注，孔颖达疏：《尚书正义》卷15，第468页。

④ 《尚书·召诰》："王来绍上帝，自服于土中。"伪《孔传》："言王今来居洛邑，……于地势正中。"

> "天地之中"，谓中和之气也；民者，人也。言人受此天地中和之气，以得生育，所谓命也。命者，教命之意，若有所禀受之辞，故《孝经说》云"命者，人之所禀受度"是也。

雄按：此"中"字不指"中和之气"，孔颖达误。春秋时期固然已有"气"宇宙观，但"中和"的观念则尚有待于战国学者发明①。此"中"字盖指"天""地"调和结合后之精粹而言，算它是抽象的概念是绝无疑问的。其次，张先生由"中"讲到"中庸"，从《论语》，《礼记》郑玄《注》，讨论到《孟子》《易传》，进而汉代以后包括刘劭、叶适（1150—1223）、王夫之的解释。整段文字竟然没有提到道家，也未提到庄子。庄子对于"中"有多向度的发挥，只不过他喜以滑稽之言表述，不像孔子、子思等一本正经地赋予"中"字德性的义涵，像《齐物论》有"枢始得其环中"的理念，《应帝王》则以浑沌为"中央之帝"，而《德充符》说：

> 游于羿之彀中。中央者，中地也，然而不中者，命也。

庄子常以滑稽之态度寓理于言，此处即用吊诡之辞说理。游于羿之彀"中"那是在羿的射箭范围内（"彀中"之"中"训为"内"），"中央""中地"（近似《尚书·召诰》的"土中"）均有尊贵、权威之意。但接着庄子又言"不中者，命也"，特意指其"中而不中"。此真《老子》所谓"正言若反"！至于"庸"的观念，见《齐物论》：

> 其分也，成也；其成也，毁也。凡物无成与毁，复通为一。唯达者知通为一，为是不用而寓诸庸。庸也者，用也；用也者，通也；通也者，得也。适得而几矣。

---

① 说详本书《先秦经典"中"字字义分析——兼论〈保训〉"中"字》。

"寓诸庸"的"庸"，不论释为"用"或"庸常"[1]，很明显是一个抽象的境界，是达者观"成"观"毁"以后，不见"成""毁"而知通为一，故亦既不用成，也不用毁，而寓二者于庸常日用之中，意思是以放任的态度，任其成毁，而无所措心于其间。这当然也是庄子所向往的自然之境，而这段话很明显是给予"庸"字一个新的解释。如果我们将这里的"庸"的观念结合"枢始得其环中"的观念，那等于为"中庸"一词，开拓了一个道家解释的新境。我们姑且不必联想到自号"中庸子"的智圆（976—1022），只单单看庄子，在论述古典哲学概念范畴时，又怎能认为"中庸"是儒家所专有呢？

庄子回应儒家概念范畴还不止"中庸"。"独"也是儒家一个极重要的概念范畴，《礼记》的两个重要篇章，《中庸》和《大学》都讲"慎独"，但不知何故，《中国古典哲学概念范畴要论》60条竟然没有为它留下一个位子，儒家的"独"与庄子的"独"有何不同就更没有触及了。《礼记·中庸》承"性""道""教"三者的天人关系，而直指"道"之"不可须臾离"，是在至隐至微、不闻不睹之处，亦即在君子的内心超越于情绪波动的干扰下，自心判断是非如恶恶臭如好好色的自由状态。而唯有在"独"的朗现下，这种状态才有机会澄然而明。由此而产生出"中""和"两观念，强调的是情感的调和与超越。至于《礼记·大学》则将"慎独"与"诚意"并论。有了这样的解释，才开启了一扇理论的大门，后世儒者得以发挥儒家强调德性自主的道德自由之境，故有刘宗周本于"慎独"而倡"独体"，本于"诚意"而论"意根"的哲学新创。《庄子·大宗师》则提出"见独"：

> 不然，以圣人之道告圣人之才，亦易矣。吾犹守而告之，参日而后能外天下；已外天下矣，吾又守之，七日而后能外物；已外物矣，吾又守之，九日而后能外生；已外生矣，而后能朝彻；朝彻，而后能见独；见独，而后能无古今；无古今，而后能入于不死不生。

---

[1]　郭象《注》释"寓诸庸"三字为"寄当于自用"，故成玄英《疏》释"寓"为"寄"，"庸"为"用"。郭庆藩：《庄子集释》卷1下，第70页。王先谦《庄子集解》："唯达道者能一视之，为是不用己见，而寓诸寻常之理。"王先谦读"庸"为"平庸"，故释为"寻常之理"。王先谦：《庄子集解》卷1，北京：中华书局，1987年，第16页。

郭象《注》释"见独"为"当所遇而安之"近于俗语"随遇而安"，忘记了际遇的前后因果相承的关系之后的一种块然独立的心情：

> 当所遇而安之，忘先后之所接，斯见独者也。

成玄英《疏》说：

> 夫至道凝然，妙绝言象，非无非有，不古不今，独往独来，绝待绝对。睹斯胜境，谓之见独。①

郭象、成玄英囿于体例，未及回归庄子原文的脉络：外天下→外物→外生→朝彻→见独→无古今→不死不生是一连串层层递进的进境，是一个由物质性的外在世界，步步归返自身内在精神之境的过程。如果"朝彻"依成玄英释为"且明"，譬如"朝阳初启"②，这种"朝阳"肯定不是真实世界的晨煦，而是精神生命的昭显。有了这种昭显才能"见独"，则"见独"亦必属精神境界的明彻自由。由此，同样阐释"独"的观念，《大学》《中庸》的作者着眼于超越并调和情绪、道德主体朗现的自由之境；庄子则着眼于超越外在世界与夫形体生命束缚的精神自由昭显之境。"独"作为中国概念范畴，儒、道阐发出两种大异其趣的境界统合于一字，可谓符合了荀子所说的"物有同状而异所者，虽可合，谓之二实"之义了。

"独"以外，还有其他隐然可以看出庄子与儒门观念表达异见的例子，像著名的《孟子·公孙丑》"知言养气"章：

> 其为气也，至大至刚，以直养而无害，则塞于天地之间。其为气也，配义与道；无是，馁也。是集义所生者，非义袭而取之也。行有不慊于心，则馁矣。

---

① 郭庆藩：《庄子集释》卷3上，第254页。

② 成玄英《疏》："朝，旦也。彻，明也。死生一观，物我兼忘，惠照豁然，如朝阳初启，故谓之朝彻也。"郭庆藩：《庄子集释》卷3上，第254页。

孟子"集义"之说，赵岐《注》曰：

> 集，杂也。……言此浩然之气，与义杂生，从内而出。人生受气所自有者。[1]

"集""杂"二字，皆从母缉部，声韵相同，故赵岐释为"浩然之气"是人类秉受而自有的，随着"义"的践履，由内累积而外。所养者为"气"，所集者为"义"。庄子特别阐发"唯道集虚"之语，所论著为"道"，所集者为"虚"。《人间世》：

> 仲尼曰：若一志，无听之以耳而听之以心，无听之以心而听之以气。听止于耳，心止于符。气也者，虚而待物者也。唯道集虚。虚者，心斋也。

庄子认为"听"也有不同的层次，"听止于耳"，人只听到所能听到的声音；"心止于符"，人只接受符合自己标准的话语[2]。凡此都是让人不能聆听天籁之声、自然之音的障碍。由此引出"气"的本质是"虚而待物"，这就有别于孟子"与义杂生"的"浩然之气"了。

再举一例。如孟子本于四端之心"性善"之说，为孟子代表性的概念，于古往今来，大概没有什么异议。然而《中国古典哲学概念范畴要论》讨论了"性"，却没有特别解释"性善"。而《周易·系辞传》说：

> 一阴一阳之谓道，继之者善也，成之者性也。仁者见之谓之仁，知者见之谓之知。百姓日用而不知，故君子之道鲜矣。

---

[1] 赵岐注，孙奭疏：《孟子注疏》卷3上，第91页。

[2] 王先谦《庄子集解》引俞樾云："言耳之为用，止于听而已，故无听之以耳也。……言心之用，止于符而已，故无听之以心也。符之言合，与物合也。与物合，则非虚而待物之谓也。"王先谦：《庄子集解》卷1，第35页。

原来《系辞传》作者本于《易》理给予"性善"二字一个新的诠释。"一阴一阳"，古语即偶然为阴，偶然为阳之意。正如《洪范》论"雨旸燠寒风"以"时雨若、时旸若、时燠若、时寒若、时风若"为"庶征"，以"恒雨若、恒旸若、恒燠若、恒寒若、恒风若"为"咎征"。与《象传》"时行"的观念，实为一致。阴阳交替调和，就是生命源始的必要条件，故能继起一阴一阳之道即为"善"，继善而有所成即为"性"。《易大传》的作者认为，让阴阳交泰，生命继起，生生不息，即属天地至高无上的"性善"；在于人类则未必能完全体贴天地，故仁者见仁，智者见智，能见之全，能贯彻天地之道，才是君子。

以上的例子，提醒我们研究中国的概念范畴，切忌一下子将它们坐实为某一学派的观念。当然这样的例子不是没有，例如"仁"，确是只有孔子将之阐发无余，再也没有其他哲学家能给予一套新解的概念。但我们关切的，不应该是这种显而易见的例子，而应该是一些为不同学派或学者所共享的概念范畴。

七、结论

本文承我十余年研究"字义"的努力，申论五个重点：一则说明义理有时可以先于训诂，有时则训诂宜先于义理，并无确定的一种途径。二则借章太炎《原名》一文的论述说明"名"的建立与系统化，和人类对天地万物的认知活动密切相关，研究"名"，宜从认知的过程与限制，思考先秦诸子开展其"名"学的途径。三则借《郭店楚简·大一生水》"名字章"之说，析论"名"与"字"的范畴。四则引张岱年《中国古典哲学概念范畴要论》，评述"名""字""概念""范畴"的纠葛，认为四者难以区分，亦不宜勉强区分，因为汉字具形音义统一的特性，"义"常与形音相纠缠。当前要务是建立一个简便精准的名称，以统摄诸名。五则举"中庸""独""集义、集虚""性善"等四个例子，说明研究范畴，不可囿于学派派别，而忽视了不同学派对于同一范畴或故意展现不同诠释。

论先秦思想史中的语言方法[①]
——义理与训诂一体性新议

一、"语言"作为方法：方法论中被遗忘的板块

本文主旨在于强调思想史中的语言陈述（language discourse），说明"语言"作为一种方法，如何形塑先秦思想史。

自从2001年起，在语言学与哲学之间建立一道桥梁，一直是我兴趣所在。2003年，我在台湾大学邀请了来自台湾大学、清华大学（新竹）、"中央研究院"中国文哲研究所的同行，一起研究"行"字和其他的字，并举办了研讨会。其后我曾在台湾大学开过专门课程[②]，也曾在欧美和亚洲多所大学主办或合办过相关主题的研讨会共6场[③]，个人出版过专著《周易玄义诠解》1种，主编过论文集3种，十余年

① 本文经多次大修订。初稿发表于2016年6月11日台湾"中央研究院"中国文哲研究所"离词、辩言、闻道——古典研究再出发"国际学术研讨会；修订稿于2016年9月27日复旦大学出土文献与古文字研究中心作专题演讲；定稿增万余字，于2018年6月19日香港中文大学哲学系专题演讲。初稿改定后，承审查人及《文史哲》责任编辑曹峰教授提出多项意见，改定后复承香港中文大学哲学系荣休教授关子尹教授审阅赐教，俾进一步修订，谨此致谢。

② 2009—2010年与杨秀芳教授在台大中文研究所合开的"语文学与经典诠释专题讨论"。

③ 2006年8月23日与北海道大学合办"首届东亚经典诠释中的语文分析国际学术研讨会"。2008年11月23日与北京大学中国古文献研究中心合办"中国经典文献诠释艺术学术研讨会"。2010年6月28日与Confucius Institute at Rutgers University合办"International Symposium on Chinese Classics and Thought"。2011年6月10日在International Institute for Asian Studies, Leiden University我代表IIAS主办 International Symposium "Reading Matters: Chinese and Western Tradition of Interpreting the Classics"。2014年10月17日我通过香港UGC GRF计划在香港教育大学举办"第二届中国经典文献的诠释艺术国际学术研讨会"。2015年10月2日与香港浸会大学饶宗颐国学院合办"先秦经典字义源流"国际学术研讨会。

来撰写的论文，多少都申论了这个主旨。几年前中国台湾学界出版了《东亚观念史集刊》，2016年出版之第11期除了设立专题"日本学者之中国思想研究中的观念史（古代篇）"收录佐藤将之、竹田健二、青山大介、工藤卓司、桥本昭典的5篇论文以及佐藤将之的专题引言《日本学者追求"观念史"研究的固有历史脉络与三个契机》外，又特别开辟"关键词报告"专栏，收录中村未来、菅本大二、草野友子、魏伶珈的4篇论文。其中菅本大二近十年来持续研究"天"观念①，直到为《东亚观念史集刊》撰文时仍在关注"天"的问题②。2016年，范丽梅教授、黄冠云教授在"中研院"文哲所举办了"离词、辩言、闻道——古典研究再出发"国际学术研讨会，专门讨论此一主题，本文就是应他们邀请在会议中发表的论文。看来我十几年前的努力，在学术界也曾激起几丝涟漪，差堪告慰。看见学术界年轻一辈学人接续这项有意义的工作，让我分外欣慰。

与其说"语言"在中国经典研究中被忽略，不如说它因为被误解而被低估。我们阅读近一个世纪关于"中国思想史"③的论著，以及关于先秦经典文献诠释的论著，其中论及"语言"问题的非常多，但似乎很少注意到"语言"是作为一种"方

---

① 菅本教授曾于2004年受我在台湾大学主持之"观念字"（关键词）研究计划的邀请，发表了《中国古代における"天"概念の形成と展開——金文資料を中心として》，后刊于《梅花女子大学文化表現学部紀要》2005年第2号，第105—116页；又收入郑吉雄主编：《观念字解读与思想史探索》，台北：台湾学生书局，2009年，第53—72页。

② 菅本大二：《先秦时期"天"概念之形成与展开》，《东亚观念史集刊》2016年第11期，第339—383页，其中第344页也介绍了拙著《释"天"》一文。

③ 以下为行文方便，暂时涵括"中国哲学史"。"哲学"这个概念源自欧洲，中国之有哲学研究是二十世纪初的事，当时正是后工业革命时期，科学主义和达尔文进化论流行的年代，新实在论（New Realism）也在这样的氛围下从英国迅速散播至美国，罗素（Bertrand Russell, 1872—1970）和摩尔（George Edward Moore, 1873—1958）都是代表性人物。在中国则冯友兰亦接受新实在论（参吾妻重二：《新理学的形成——冯友兰和新实在论》，《冯友兰先生纪念文集》，北京：北京大学出版社，1993年，第233—257页），因《中国哲学史》一书的传播而影响至广。此可见在中国学术界所谓"中国哲学"是受当时时代影响的。同时期唐君毅《中国哲学原论》提出诸如"天""性""理""道"等概念作为各单元之称，则是走观念史的一路。而钱穆先生著《中国思想史》则特别举《左传》叔孙豹三不朽之说为例，指出中国之思想与"哲学"本质上就不一样。

法"而全面地构筑起哲理的世界，叙说了思想的历史发展，而不仅仅是语义的载体而已。

按李若晖《老子集注汇考》第一卷所引当代学者研究《老子》道经第一章"道可道，非常道；名可名，非常名"，"名"都被广泛地理解为一般语义中的"语言"，或者为事物命名的现象，如王中江所说的"言说方式"①、王强所说的"器物总称"②，夏含夷释为"按照时间演变的名称"，都没有什么例外。难怪"语言"常被引导到符号学（semiotics）的方向去探求其字形（"视"的符号）、字音（"听"的符号）透显意义的作用；又或者从社会—语言学（social-linguistics）的视角，认为"语言"主要是人类沟通的媒介，在社群中约定俗成，肩负着意识交流的功能，再沿着这种理解去解读先秦思想家对"名"的诠释。

不过，单循上述观点去理解"语言"在早期中国思想史的角色，恐怕是低估了它的重要性。回到古代，语言并不只是沟通媒介，"名"的活动也并不只是为事物命名而已。严肃地说，语言是真理的示现、世界观的建构、伦理教化的动能、人间秩序的寄托。它是真理、世界观、伦理教化、人间秩序的根本（fundamentality）。本文篇首即提出"语言陈述"（language discourse，或译为论述、言谈）一词，也许让读者想起福柯（Michele Foucuault，1926—1984）侧重历史、社会的解释③。而本文讨论的范围，并不止于福柯特别感兴趣的社会层面，而是既涉及古文字源的探索，也涉及概念范畴的哲理纠缠。本文范围集中于汉代以前一段中国思想史，将讨论到古代中国的"名"及汉代以降的诂训、故训、训诂的关系。譬如说，殷商及西

---

① 王中江认为"名"被滥用而远离事物与人的真实存在时，它也就会异化。参李若晖：《老子集注汇考》，第313页。

② 王强《老子道德经新研》："《老子》一书，关心的'道'是'常道'；关心的'名'是'常名'。'道'是宇宙的根本大法；'名'是世界的器物总称。'道'是'法'，'名'是'器'。有'道'则可以约'名'，有'名'则可以显'道'。"引自李若晖：《老子集注汇考》，第326页。

③ 福柯将"discourse"此一语汇从语言学或语义学（semantics）上的范畴推衍到语言在现实世界中展开的社会架构包括权力与身分的展现，参Michel Foucault, translated by Sheridan Smith, *The Archeology of Knowledge (L'Archéologie du savoir)*, New York: Pantheon Books, 1972.

周王朝所关切的"天"和"天命",如何反映于"天"这个术语上?经典所反映出古人怎样的语言策略?其意义又为何?孔子的"正名"思想所代表的语言策略又为何?孔子以后,"名"如何成为战国诸子驰骋于义理交锋场域的利器?总而言之,早期中国围绕着政治教化的中心展开的种种自然与人文关系的讨论,无不借由"语言"而发挥。从此一观点考察,将中国经典的"名"理解为一般意义的"语言",实是方法论上一大缺失,好比拼拼图时遗忘了其中重要的一个板块。

在中国思想史研究中,从谢无量(1884—1964)出版《中国哲学史》(1916)①、胡适出版《中国哲学史大纲》(1919)②起,至1930年冯友兰出版《中国哲学史》、1952年钱穆先生出版《中国思想史》,乃至于1998年葛兆光出版《中国思想史:七世纪前中国的知识、思想与信仰世界》,关于上古思想史的讨论,"语言"作为一个核心板块,基本上是被忽略的。这不能不说是思想史研究方法上的一个很大的缺陷。读者也许认为,此一领域的著作讨论到先秦"名"学者亦自不少,但事实上讨论"名家"诸如公孙龙、惠施,"名学"如墨辩等并不足够,因为"语言"不应只被视为众多研究课题中的一个,而应该被视为一种贯彻近一千年(约自西周初年至东汉)中国哲人呈现哲理思维的主要方法。

自清代以来"训诂"与"义理"的断裂,是当前"语言"这个重要板块常被遗忘的主要原因。近三十年出土简帛研究,无疑让这个障碍稍为获得弥补。出土简帛文献研究中,语言文字学专业知识是不可或缺的。仅仅受过哲学训练而不具备文字音韵专业知识的学者不容易闯过"释读"这一关,因此不得不仰仗古文字学家的第一序研究。近二十年来海内外的简帛研究者中,杰出者几乎都兼具语言文字和哲理思想两方面的知识和训练,也因此而产生不少新成果。所以简帛研究让语言在思想史研究上重新占据重要的位置,理应令人振奋。不过从武汉大学简帛研究中心出版的期刊《简帛》每年对当年简帛研究的回顾综述看来,我们也必须承认简帛研究对"语言"的关注,目前仍停留在"识字"一项,对于语言与思想之间的内在关系问题的讨论,仍然很少。

中国经学,对于中国思想史的研究而言,其重要性绝不下于简帛研究,但它的

---

① 谢无量:《中国哲学史》,上海:商务印书馆,1916年。

② 胡适:《中国哲学史大纲(卷上)》,上海:商务印书馆,1919年。

发展却远不如简帛研究。在简帛学盛行的今天，当考古文物、文献改变了我们对中国古代文明的认识后，"五经"对很多学者而言只能算是认识早期中国文明的一部分材料而已。从方法论上讲，新出土材料的辨伪释读工作早已将"五经"研究包括在内，使之成为学术界的新焦点。我没有做过严谨的统计，但据陋见观察，近二十年中国全国各重点大学专门研究古文字或出土文献的机构和人员，其每年生产的研究成果数量恐怕远比研究专门经学的多得多。海峡两岸原本专研经学但后来兼及研究简帛文献而斐然有成者，远比专研简帛文献而后来活跃于经学研究的学者为多。究其原因：出土简帛研究的对象，常包括传统"五经"经传。有趣的是，简帛研究本身，常被归属于古文字研究、考古研究、古文献研究、历史研究等几个范畴，与专门经学的关系反见薄弱。究其原因，大概是因为经学文献汗牛充栋，厘清旧问题已极不易，经书的伦理训诲，与现代社会又存在巨大鸿沟。由于"五经"经传在千百年形成极其丰富、多样而复杂的诠释传统，既是先秦思想系统性的开端，又是语言艺术的高峰。这样看，专门的经学研究既与中国思想史研究关系密切，又有助于我们认识中国古代运用语言表述真理的艺术，它的重要性可想而知。

近十年来中国大陆学界致力于"国学"的推动。2013年全国国学研究者曾力争将"国学"列为一级学科，可惜功败垂成。于是又有学者倡议"古典学"。裘锡圭先生指出中国古典学重建已进入第二个阶段。他提出的重建工作主要项目是在古书的解读和辨伪，部分也涉及诸子年代的先后。[①]中国古典学的重建，和早期中国思想史的重建不无关系。古典学无论是辨伪、年代、校勘，都和本文主旨关于"语言"作为一种方法，以及中国思想史研究密不可分。然而，严格而言，这些都不是思想史的研究。

其实日本近代学术界对于"观念"的研究远较中国为多。例如佐藤将之为《东亚观念史集刊》第11期《日本学者之中国思想研究中的观念史（古代篇）》所撰"专题引言"提到丸山真男（1914—1996）的概念史研究。要知道观念或概念研究原本就不限于古代思想史，它也可以是纯哲学的研究，或者像丸山真男对"国家"等政治概念进行的现实批判。尽管各种研究进路都十分有价值，但毕竟和本文"重

---

① 参裘锡圭：《中国古典学重建中应该注意的问题》，《裘锡圭学术文集》第2册，第334—344页。

建中国'先秦思想史'"的论述重心不同。除了菅本大二、佐藤将之的关注，令我特别感到振奋的是读到池田知久教授高足曹峰教授所著《中国古代"名"的政治思想研究》一书①。这部书的精警处有二：一是作者并未像二十世纪初的中国学者那样一谈到"名"学就动辄援引欧陆的逻辑学大做文章②；二是作者扣题很紧凑，将焦点集中在政治思想上，而政治教化正好是先秦思想史的核心课题。作者认为"先秦秦汉时期的政治思想不能没有'名'这条线索"③，这十分正确。除了关于《尹文子》的性质与年代一节，我与曹峰见解不同，以及曹峰未论及儒家"声训"以外，其余部分我们大多走在相同的方向上。

在进入正文前，还要说明一点："语言"之为思想史上重要但被遗忘的板块，只是中国思想史研究几个重要课题之一，不是唯一。其余的重要课题尚有诸如：先秦思想史的主要特征问题、中国思想史的分期问题、二重证据法的运用问题④等等。它们之间有着千丝万缕、环环相扣的关系。

与本文主题直接相关的先行研究，包括我和几位同行2009年发表的关于"行"字的共同研究成果⑤，我个人2012年发表《〈太一生水〉释读研究》为研究《太一生水》之成果，2015年发表《释"天"》研究的"天"字，2017年发表《名、字

---

① 曹峰：《中国古代"名"的政治思想研究》，上海：上海古籍出版社，2017年。

② 池田知久《序言》也指出作者摆脱了长久以来中国学者过度采用西方学术框架的约束。曹峰：《中国古代"名"的政治思想研究》，第2页。

③ 曹峰：《中国古代"名"的政治思想研究》，第20页。

④ 近年学界有大量涉及出土文献与传世文献互相释证即所谓"二重证据法"的运用问题，如《性自命出》第34—35简："喜斯陶，陶斯奋，奋斯咏，咏斯犹，犹斯舞。舞，喜之终也。愠斯忧，忧斯戚，戚斯叹，叹斯辟，辟斯踊，踊，愠之终也。"或有学者认为近似的一段文字也见《礼记·檀弓下》，一向被视为子游之言。由此而可推证《性自命出》亦是出于子游。拙著《试论子思遗说》比较了《礼记·檀弓》与《郭店楚简·性自命出》第34—35简内容，厘清了这两段文字形貌相似，取义却大相径庭，明显不能据《礼记》而推论此篇亦为出自子游。郑吉雄：《试论子思遗说》，《文史哲》2013年第2期，第63—79页。

⑤ 郑吉雄、杨秀芳、朱歧祥等合著：《先秦经典"行"字字义的原始与变迁——兼论"五行"》。

与概念范畴》和《论天文与天命》①。其中《释"天"》一文特别提出汉语的特殊性，以说明"语言"为一种方法的原因：

> "天"的意义弄不清楚，中国思想史上众多重要的问题，都难以厘清。而愚见认为，研究的方法，首要之务是深切认知汉字形音义结合统一的本质，明了三者不可分割，然后以传统小学之法分析探求其形音及结构之义，同时以哲学思辨之法玄思冥索其抽象之义。此所谓"结构""抽象"二义，实统一于一字之中而相互映照。传统所谓"训诂""义理"两种进路，正是达致此二义的津梁。当然，研究至于义理抉尽无遗之时，则必然发现二义实同出一源，孰为结构之义？孰为抽象之义？始终无法二分。此又往往缘于汉字形音义结合统一的本质，故虽不断衍生新义成为"意义群"，亦始终有一根本理念作为其内核，统摄诸义。由此而观，传统学者无论坚持"训诂明而后义理明"抑或"义理明而后训诂明"，都不免陷入得一而遗一的危险。唯有兼顾训诂与义理，进而探明汉字"结构"与"抽象"二义，始不辜负新时代学人站立于先哲前贤巨人肩膀之上，让学术与时为新。②

由此可知，在面对数量庞大、以汉字书写的中国古代经典，研究者解释汉字时，不能只将字形视为视觉形象，单纯研究其形构来探索意义，而忘记了大多汉字在形构之上尚有丰富的抽象意义。反过来说，研究者也不能望文生义，见一字未深探其字源之义就玄思冥索，畅论其哲理的意义，而对于形构的特殊性视而不见。

---

① 初稿首发于2017年10月21—22日"年号と東アジアの思想と文化"国际学术研讨会日本国立历史民俗博物馆共同研究"広橋家旧蔵文書を中心とする年号勘文資料の整理と研究"及JSPS科研费基盘研究（B）"年号勘文資料の研究基盤の構築"（15H03157）。修订稿2017年12月21—24日宣读于北京大学"经学文献学国际学术研讨会"，并于2017年12月20日中国人民大学清史研究所作专题报告。

② 郑吉雄：《释"天"》，第63—64页。

二、从汉字多义性、异文，到义理、训诂之争

汉字、汉语作为抽象玄理的载体，在中国历史上可谓足迹处处。汉字有形有音，属于"具象"；在表述语义的同时，也传达"抽象"的玄义。上文提及"语言陈述"四字，意在强调语言无不与政治教化发生关系。若再严格区分，"语言"和"文字"又有不同：语言可独立于文字而借由"形"和"音"引起意义的千变万化，文字也能脱离读音的个别性而在意义之海上生起万丈波涛。语言→文字→语词→概念，再加上经书的多义性（multiplicity of meaning / polysemy），共同呈现了一个幻影般的思想世界。

二十世纪初学者多视《周易》卦爻辞为"故事"，以影射"古史"，呼应"古史层累说"[①]。学者论卦爻辞文字，则每考订其"本义"，如于省吾《双剑誃易经新证》即为一例。但研究者似乎忽略了一个现象：卦爻辞中惯常虚构事例，用以说明卦爻之义，后世则将虚构事例实体化为真实故事，像《比》卦九五爻辞"显比"[②]、《泰》卦九二爻辞"包荒"[③]都是例子。将卦爻辞的虚构假说"弄假成真"乃至进一步"认假作真"，这真是《周易》作者所始料不及的。

[①] 1926年12月顾颉刚开始撰写《周易卦爻辞中的故事》，要将过去如"筑室沙上"、以"战国秦汉间材料造起"的"三皇直到孔子的《易》学系统"推倒，更借由考辨卦爻辞中的故事，将《易经》的年代定位，还原《周易》为筮书的本来面貌。自此以后，《周易》卦爻辞皆为故事成为主流意见，而汇集于1942年胡朴安《周易古史观》一书。

[②] 如《比》卦九五"显比"二字以下"王用三驱，失前禽，邑人不诫，吉"，并非故事，而是虚构，说明"显比"的意义。按：《史记·殷本纪》："汤出，见野张网四面，祝曰：'自天下四方皆入吾网。'汤曰：'嘻，尽之矣！'乃去其三面。祝曰：'欲左，左。欲右，右。不用命，乃入吾网。'诸侯闻之，曰：'汤德至矣，及禽兽。'"此一古史传说，即"王用三驱，失前禽"所本。

[③] "包荒"《帛易》作"枹妄"。《经典释文》："'包'，本又作'苞'，必交反。下卦同，音薄交反。……'亢'……郑读为康，云虚也。"陆德明：《经典释文》卷2《周易音义》，第83页。郑玄读"亢"为"康"训"虚"，即将"包"字读为"匏"，"包亢"就是"匏虚"。"匏虚，用冯河"，是将匏瓜掏空，用以渡河，即《庄子·逍遥游》："今子有五石之瓠，何不掊以为大樽而浮乎江湖，而忧其瓠落无所容？"庄子所以"掊以为大樽而浮乎江湖"虽然不是史实，却是将"包荒"一词化为具体生活便利的建议。

又卦爻辞辞例，用本义少，用引申义多，借用字义引申，扩大辞义喻指的范围。拙著《从卦爻辞字义的演绎论〈易传〉对〈易经〉的诠释》列举22卦为例，说明卦辞与爻辞都从"卦"之"名"引申一个或多个的新意义而成，足以证明《易传》紧扣经文字义演绎经文字义的方法，根本上就是承袭经文作者的字义演绎方法。举《大壮》卦为例：卦名"壮"前缀见于战国，字形从"士"，本义为大，义指男性①，在本卦则为四阳在下，二阴在上，为阳息卦，故专指抽象"阳"义的壮盛。然而据《周易集解》，"壮"又有"伤"之义。故《易》家或释初九"壮于趾"为"伤于趾"②。据王引之《经义述闻》，"壮"又有"止"之义③。无论"伤"或"止"，都与壮盛义不同。如据高亨之说，则"壮"借为"戕"④。可见《周易》作者在撰著经文时，特意借由"字"的多义性来演绎出一个以上的意义，推广一卦之"名"成为一个意义群。由字的多义性可推扩至"异文"，这方面详见拙著《〈易〉学与校勘学》。《周易》经文的年代，我采屈万里先生之说，认为撰著于西周初年。或有研究者认为晚出，最迟亦不晚于西周末叶⑤。我举此一例，是

①　季旭升《说文新证》指"壮"本义为"大"，取义于雄性的强壮："'壮'前缀见战国，从士，爿声。这时'士'字的意义已指男性。……或以为'壮'字从'土'（原注：或作立形。《战国古文字典》701页说）。案：'壮'字或从'立'形，见楚系文字，其实楚系文字并没有其它从'土'的偏旁可以和'立'相通的例子。"季旭升：《说文新证》卷1上，台北：艺文印书馆，2002年，第51页。故朱熹《周易本义》："大，谓阳也。四阳盛长，故为'大壮'。"朱熹：《周易本义》卷2，第140页。

②　《经典释文》："壮，马云：伤也。"陆德明：《经典释文》卷2《周易音义》，第99页。《周易集解》引虞翻："壮，伤也。"李鼎祚：《周易集解》卷7，第170页。

③　王引之《经义述闻》卷2《周易下》"故受之以大壮　大壮则止"条："今案：壮者，止也。《传》曰：'遯者，退也。''物不可以终遯，故受之以大壮'者，物无终退之理，故止之使不退也。"王引之：《经义述闻》卷2，第63页。

④　高亨《周易古经今注》："壮训为伤，实借为戕。《说文》：'戕，枪也。他国臣来弑君曰戕。'"高亨：《周易古经今注》（重订本），第256页。

⑤　如周锡馥认为著成于西周初年的古本《周易》原为图象，即《左传》韩宣子聘鲁，观书于太史氏时所见的《易象》，今本《周易》则为共和时期召穆公虎所著。说详周锡馥：《〈易经〉的语言形式与著作年代——兼论西周礼乐文化对中国韵文艺术发展的影响》《再论〈周易〉的作者与成书年代》，均收入周锡馥：《易经新论》，香港：中华书局，2013年，第23—48页、第71—105页。

要说明在"五经"之中，利用汉语汉字的特性，进行抽象意义的推衍，这种做法出现的年代甚早。这也是我一直深信中国思想史的起源，应该始于西周初年的原因。

出土文献提示的"异文"所反映语言意义拓展变异的现象，以及这种现象和思想史的关系，有一个很好的例子，那就是"中"字。"中"字之所以让古典文史学者凝聚目光，原本和《周易》的尚中哲学、孔子"中庸"思想（后由子思撰为《礼记·中庸》），以及上古"中国"一词都有关系。几年前因为清华简《保训》篇的"中"字又引起学界热议。2012年我发表了《先秦经典"中"字字义分析——兼论〈保训〉"中"字》，综合分析吴大澂（1835—1902）、段玉裁、王国维关于"史"字持"中"之说，并涉及甲骨、金、石碑文中的"中"字字形、总结了先秦"中"字字义的演变。2017年10月裘锡圭先生在上海复旦大学出土文献与古文字研究中心主办的"出土文献与传世典籍诠释研讨会"发表了《说〈盘庚〉篇的"设中"——兼论甲骨、金文"中"的字形》归纳出"中"字三种最初的写法：

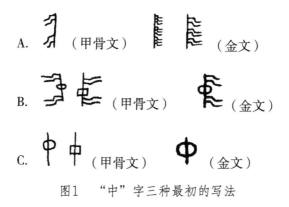

图1　"中"字三种最初的写法

裘先生认为：A和B是一字的异体，是立于标示四方土地中央测风向的旗帜一类物品；C则是另一个较A和B出现更早的指事字。他深信C出现较早。这个观点很有价值。他的理据是：

"左中右""上中下""前中后""大中小"等观念，都应该是在文字出现之前就存在于人们头脑之中的。在古汉语里，含有中间一类意义的"中"这个词，应该早已存在。决不可能先出现作为徽帜、旌旗名称的"中"，然后引申出"中"的各种一般意义。①

这个判断至为重要。关于清华简《保训》"中"字，学界存在着"旗帜"和"中道"两派解释。依照裘先生之说，"中"字构形原本作C，表达的正是抽象之义，其年代较表实物义的A与B更早。但我要补充一点，"中"字的语源只说明了其义理的起源部分，C型的"中"字所含有的抽象意涵，绝不能和春秋以后包括"中庸"一词在内"中"字的"各种一般意义"等量齐观。当然，我们也不能低估语源学的意义——正因为"中"字有抽象义在前，而实物义又透过测风向的旗帜表述自然界之"中"，所以"中"字很早就同时包含"中道"和"准则"两个意义，于是有了《尚书·盘庚》的"设中"、《召诰》的"自服于土中"、《周易》的"中行"等词出现，这也为后来的中庸思想设立了场景。

"中"字抽象义早于实物义之论，和我当年与几位同行一起研究"行"字的观察可谓异曲而同工。我们当时发现，"行"字作为"五行"有抽象的意思，而《说文·行部》曰："行，人之步趋也，从彳亍。"②但甲骨文和金文"行"字则是四达之衢的象形。杨秀芳就说：

> 道路在今天来说，可能是先开发而后提供人行走，但在古代来说，恐怕是人行走后才形成道路。《庄子·齐物论》说"道行之而成，物谓之而然"，行走于人来说是生理活动的一部分，而行走之迹自然形成为道路。换言之，可能是行走义在先，道路义在后。一般来说，语言总是先于文字。从语言的发生来看，虽然行走义在先，但是在写定为文字的时候，与行走义具兼类关系的名词道路义却因具象而比较容易表现。甲骨文宁取道路之形，动词行走义便只好借道路之形来表现；这种一形而兼有动词、名词两义的现象，从兼类的

---

① 裘锡圭：《说〈盘庚〉篇的"设中"——兼论甲骨、金文"中"的字形》，引自2017年10月复旦大学出土文献与古文字研究中心主办"出土文献与传世典籍诠释研讨会"会议论文稿。

② 许慎撰，段玉裁注：《说文解字注》2篇下，第78页。

　　"记""书"等词来看，其实是顺理成章的。[①]

　　由此可知，要了解哲学概念范畴，语源、字形、词义演变的研究至关重要，从事哲学的学者不应该低估之。但进而言之，文字研究也不该囿限于探讨本义，再说字形表达的也未必是本义。从多角度、多层次，兼采各种进路研究古代经典文献，从而探索其思想，才是一条康庄大道。

　　回来谈"中"字，它在思想史上实在太重要了。《中庸》思想的源流影响固无论矣！东汉末年徐幹以《中论》探讨"中"，提出"上求圣人之中，下救流俗之昏"，认为其重要性不言而喻。魏晋以降，龙树《中论》传入中国，以"中道"表达空义，又与儒家、道家的"中"大不相同。唐代道教徒汲取般若"空"义而发展出"重玄"的思想，儒家学者李翱则再度从儒典《中庸》里拈出"中"字回应释老。至北宋，周敦颐在《通书》将"中"字和"诚""通"等观念加以结合，阐释道学核心概念；理学家发明"致中和"的思想，为《中庸》全篇作出新诠。"中"字在战国常指涉"心"[②]，至明代"中"的观念与心学合流，"中"又与"心"相结合，成为理学核心概念，伪《古文尚书·大禹谟》所谓"十六字心传"——"人心惟危，道心惟微。惟精惟一，允执厥中"——扮演了关键的角色。先秦经典"中"观念，在后来成为儒家道统思想、佛教空性义理、道教内丹学的核心观念。至清代，学者舍虚就实，江永（1681—1762）释"中"字为"官府簿书"，吴大澂、王国维踵事增华，标示了清代以降儒者不满于前贤将"中"字的哲理意义过度膨胀，转为以实证的态度考核"中"字在古史的实义。今天我们将甲骨文以降"中"作为一个汉字，推及其背后的语源，再推及其成为一个概念范畴以后的全部演变，实有助我们确立对于"语言"作为一种方法建构了思想史上一个重大课题的

---

① 郑吉雄、杨秀芳、朱歧祥等合著：《先秦经典"行"字字义的原始与变迁——兼论"五行"》，第98页。

② 如《诗·大序》"情动于中而形于言"，《庄子·天运》"中无主而不止"，《周易·坤·文言传》"君子黄中通理，正位居体"，《礼记·仲尼燕居》："子曰：夫礼，所以制中也。"《郭店楚简·语丛一》"人之道也，或由中出，或由外入。由中出者，仁、忠、信。""中"皆指"心"而言。说详本书《先秦经典"中"字字义分析——兼论〈保训〉"中"字》。

正确认知。

从"天""行""中"等字，让我们思考到训诂义理的问题。这个问题被讨论是北宋新儒学兴起以后的事，而清代经学家对于宋儒治学方法的批判则是更重要的一环。自周敦颐、张载，下迄南宋朱熹等大师巨子，无不抽绎出经典中关乎核心义理的字词深加阐发。陈淳《北溪字义》的出现虽然谈不上总结二百余年理学对关键词内涵、外延与相关义理，却开宗明义地标榜了"字义"这个概念，与刘熙《释名》一书相映成趣——一个突显"名"，一个突显"字"，让研究中国经典传统和中国思想的学者，对于"名""字"与真理的密切关系可思过半。中国经典诠释传统，一向不喜欢将方法论抽离于实证。读者只看到某个字被学者释为某某、或"读为某"、或"读若某"，常常摸不着头绪。对于不甚熟悉古汉语的读者而言，《释名》《字义》一类书名，以及经典传注运用的术语和方法，往往让人如雾里看花。

宋学和清学各有所长。在字词训诂之学方面，宋明儒的确难望清儒的项背。一直喜欢谈"字义"的戴震在《与是仲明论学书》中说：

> 经之至者道也，所以明道者其词也，所以成词者字也。由字以通其词，由词以通其道，必有渐。求所谓字，考诸篆书，得许氏《说文解字》，三年知其节目，渐睹古圣人制作本始。又疑许氏于故训未能尽，从友人假《十三经注疏》读之，则知一字之义，当贯群经，本六书，然后为定。[①]

戴震这段很精警的文字，能真正欣赏的实在不多。他区分"字的本义"和"故训之义"两途，指出了只执着字典辞书讲字的本义是不够的，还要广泛地归纳字在经典中的运用实况，察其变迁，交叉比对，才能窥见全豹。熟悉《说文解字》的人应该都知道，其中部首和各字的排列顺序，反映了文字意义的宽紧远近。而且，许慎并不是单讲"字"的本义而已，更重要的是能联系上经书中的训解，所以戴震所说的"一字之义，当贯群经，本六书，然后为定"，许慎不见得没有注意到。戴震显然在这一点上对许不甚满意，所以特别强调要关切"字"在经典中全体意义。这段讲方法论的话深具价值。直至今天，只着重从形和音去讲某一字之"本义"，忽略了

---

① 戴震：《与是仲明论学书》，《东原文集》卷9，第370页。

考察文字实际运用在经典中的意义变化，仍大有人在。其后戴震在《题惠定宇先生授经图》中又说：

> 故训明则古经明，古经明则贤人圣人之理义明，而我心之所同然者，乃因之而明。贤人圣人之理义非它，存乎典章制度者是也。[①]

戴震的这段文字将焦点转到循"训故"而获得的"理义"的"内"与"外"的双向性上去，既向内地存乎"我心之所同然"，也向外地"存乎典章制度"。换言之，理义既非孤立，亦无绝对客观可言，因为它处处都与人心"所同然"互格；理义亦非纯粹抽象，因为它无法被抽离于语境也就是历史上的典章制度，因此必须回到文献所记载的典章制度之上，去理解其语境的形成（contextualization），才能把握"理义"的全体。过去研究者常常将戴震这段话的意思，局限在义理的衡定要先取决于训诂抑或先取决于义理，把一个复杂的问题简单化为义理、训诂先后之争，实在令人遗憾。

世有"戴段二王"之名。戴震的治学方法，为他的弟子段玉裁及王念孙（1744—1832）、王引之父子所继承并发扬光大，可惜在义理发明方面，戴震并没有任何一位弟子承传，只有他的晚辈论故章学诚将他求"理"于典章制度的想法一变而为求"道"于典章制度[②]。其后企图发扬戴震"训故明……理义明"以及"当贯群经"两大心愿的，可能是主编《经籍籑诂》又著《性命古训》的阮元。傅斯年为阮元后一部著作做了《辨证》，将阮元大大推崇一番，却反过来批评戴震"犹未脱乎一家之言，虽曰《疏证》，固仅发挥自己之哲学耳"。拙见认为，阮元和前一辈的许多经学家一样，对戴震并不了解。傅斯年的说法，更嫌浅薄。首先，傅氏《性命古训辨证·引语》称许《性命古训》：

> 实为戴震《原善》《孟子字义疏证》两书之后劲，足以表显清代所谓汉学

---

① 戴震：《题惠定宇先生授经图》，《戴氏杂录》，第505页。
② 说详本书《论戴震与章学诚的学术因缘——"理"与"道"的新诠》。

家反宋明理学之立场者也。①

持论焦点完全错置。戴震的新方法，在于解构复杂的语义，包括人心、礼俗、典章、制度等，目的是要了解语境的全体，而不是胶柱鼓瑟于圣贤训诲。"反理学"三字，岂足以说明呢？戴震认为"理义"不能凿空的主要原因，在于经典"语义"时常埋藏在典章制度的脉络（context）中。换言之，戴震的"理义"，并不单指圣贤所讲的语言训诲而已。伦理道德是人类群体共同心理（"心之所同然"）、共同行为形塑出来，最后反映于典章制度。研究者只循传统义理之途，幽思冥索，默契本体，而不循典章制度去印证，岂能明白②？因此，"明训诂"以"明理义"根本上不是争义理和训诂在方法论上的先后，而是提倡"理"的研究应该由文献推扩到文化、历史、伦理等。傅斯年又认为戴震书"犹未脱乎一家之言，虽曰《疏证》，固仅发挥自己之哲学耳"，此一批评更是失之空泛。举凡有哲学理趣的学者，无不以发挥自己的哲学为务，这有什么问题呢？傅斯年又说阮元较戴震"方法丕变"：

> 阮氏聚积《诗》《书》《论语》《孟子》中之论性、命字，以训诂学的方法定其字义，而后就其字义疏为理论，以张汉学家哲学之立场，以摇程朱之权威。夫阮氏之结论固多不能成立，然其方法则足为后人治思想史者所仪型。其方法惟何？即以语言学的观点解决思想史中之问题是也。③

其实阮元在方法上毫无丕变可言，因为阮元并不了解戴震的义理世界，只好谨愿地退守语义学的路子。而傅先生所讲的"语言学"，依照他一贯的理念，应该是集中在以语料学（corpus linguistic）为主的语义学、词义学、句法学等，根本上没有

---

① 傅斯年：《性命古训辨证》，台北：新文丰出版公司，1985年，第11页。

② 戴震的方法，可以借用艾尔曼（Benjamin Elman）"语境化"一语说明。2015年11月26日《明清史研究资料》刊登了《谁的思想史？——汪晖、艾尔曼的学术对话》，艾尔曼表示他"研究中国思想史主张'语境化'（contextualization），也就是把思想同经济、政治、社会的背景相关联"。这里二人的差别在于，戴震焦点在于上古而着重于跨越时代的"礼"包括制度、风俗、伦理、仪轨等，而艾尔曼的取向则偏重于社会史和文化史。

③ 傅斯年：《性命古训辨证》，第11—12页。

碰触哲学层面或诠释学层面的语言学。要知道哲学和诠释学的核心关怀，主要以"认知"作为一种广义的德性实践及其相关的精神活动，涉及诸如情感（emotion / sentiment）、共感（empathy）、意识（consciousness）等元素①，都是寄寓于文献之中、却又超然于文献之外的经验。它不是经典文献本身的问题，更不是注释或字词训释所能解决的问题。傅先生显然没有考虑这些，因此他所讲的"汉学家的哲学"，其实和真正的"哲学"并没有丝毫交集。

傅先生的反理学立场是人所共知的，和丁文江（1887—1936）在1923年提出的反玄学立场基本上一致。同属反理学，傅先生的情况和戴震截然不同。戴震直接从方法论上否定理学。这个"否定"本身是建基于一个哲学命题：戴震根本否认先验的共相（universality），认为共相仅能从殊相（particularity）归纳而来。所以近代新儒家学者强调的"内在超越"根本上和戴震的信念南辕北辙——这也是新儒家学者讨厌戴震的主因。戴震讲"气化"，只从"阴阳五行"的分化讲起，由此而确定"理"的字义是"分理、条理、肌理"，再据此论证必须透过了解人类社群礼俗、礼制、礼仪的历史演进，来考察抽象的理义。因此戴震正是以语境化、脉络化的取径，循典章制度的进路发明"理义"，以否定宋儒先验的"天理"。这确实捕捉到宋儒长于概念分析而短于历史分析的弱点。②傅先生似乎并不了解戴震的方法论立场，以至于他"以语言学的观点解决思想史中之问题"的讲法似是而非。

我主张在语言学和哲学之间搭建桥梁，却无意沿袭戴震的旧路。我所提倡的"将语言视为方法，解决思想史之问题"，严格来说无论是阮元《性命古训》、陈淳《字义》、戴震《孟子字义疏证》，还是傅斯年的《疏证》，都无法达致。陈淳、戴震方法虽不同，但以追求义理为目标却是一致的，都不在于探索思想的历史发展与变迁。在他们的观念中，可能压根儿没有所谓"思想史"这一回事。"思想

---

① 这一进路或认为，语言（language）、书写之文献（written texts）、语言传统（linguistic tradition）均对"意义"有着无法避免的约束和改变，从而影响诠释与理解。参伽达默尔（Hans-Georg Gadamer）《真理与方法》第三章"The ontological shift of hermeneutics guided by language"，详Hans-Georg Gadamer, *Truth and Method*, New York: Continuum, 1975, pp.351-357.

② 说详郑吉雄：《戴东原经典诠释的思想史探索》。

史"的进路，并不同于传统"在经中求道"的学者遵循着某种进路以图解决某一义理问题的方式，而是要描绘一幅错综复杂地包含各种思想流派观念的综合性图象，其中既包含具象的文字与文献、作为背景的历史条件，以及思想家阐述的抽象的概念，甚至于众多思想家共构的对话及其呈现的共同关怀，而从历史角度考察，它又包含各个不同的阶段，有不同的呈现。例如，"中"字最初表达"前中后""左中右"的"中"义，后有测风向旗帜之"中"，而有标准、准则之义，后来再产生"盛箅之器"的"中"，并且演化出时间、空间的"中"观念而被运用到《尚书》《周易》等西周早期经典，进而产生"极""高"等义①。我们依循这几条线索去理解《礼记·中庸》的"中"观念，就会对整个观念树状的历史发展，有不同的发现和体会。再如"天"字，本为人首之象，早已寄寓天人合一的思想，"天命"在《诗经》"大雅""周颂"及《尚书·周书》诸篇中，都是规范于周革殷命中周天子的专用名词②，至《礼记·中庸》始经由子思赋予新义，扩及人类普遍之善性。这是同一个词汇在不同的历史背景下发生意义大转变的例子。

三、经典奠立神圣时代的语言镶嵌

古典儒学中的知识论，原本就离不开语言文字。甲骨文的"知"字左边偏旁就是"矢"字，是"箭"的象形。《说文解字》解释"知"曰"识詞也"。"詞"就是"辞"，就是语言文字。所以《说文解字》解"詞"字曰"意内而言外也"，段玉裁《说文解字注》说：

---

① 《尚书·洪范》"皇极"，伪《孔传》："中也。"上博简《亘先》，裘锡圭、周凤五读"亘"为"亟"。又《广雅·释诂》："极，高也。"《说文解字》"极，栋也"，段《注》："引伸之义凡至高至远皆为之极。"许慎撰，段玉裁注：《说文解字注》6篇上，第253页。并参本书《先秦经典"中"字字义分析——兼论〈保训〉"中"字》。

② 说详郑吉雄：《从遗民到隐逸：道家思想溯源——兼论孔子的身分认同》及《试论子思遗说》。

> 有是意于内，因有是言于外，谓之詈。……意即意内，詈即言外。言意而
> 詈见，言詈而意见。意者，文字之义也；言者，文字之声也；詈者，文字形声
> 之合也。凡许（慎）之说字义，皆意内也。凡许（慎）之说形说声，皆言外
> 也。有义而后有声，有声而后有形。造字之本也。①

"形"看得见，"声"听得到，合而为"言"，"意"则是"言"的内核。我们常
说"语言"是表情达意的工具，但在中国古典哲学中，"语言"就是思想的寄托。
语言文字的"形"与"声"是"言"发诸外的部分。说到底，"意"或"义"是
"形"与"声"的主宰。在心性之学的传统中，大家注意的是"意内"，是内在的
意义，关于语言文字形声结构的"言外"的部分，却常被忽略、轻视。

一旦我们意识到"言"与"意"的关系，认清"语言"作为抽象玄理之载体的
事实，再近距离阅读《诗经》《尚书》《周易》中语言的各种运用，就能立即理解
《易》《诗》《书》就是中国思想史的起点。

董仲舒（前179—前104）《春秋繁露·精华》说"《诗》无达诂"，《诗》
义的核心元素就是语言，所谓"无达诂"则意味着语言的流动性（fluidity），这种
流动性又决定了诠释的开放性。《尚书》主要为典谟训诰，多属于记言的体裁，
和语言的关系不言而喻。故《汉书·艺文志·六艺略》所记战国以降经师治经著
述，或称"章句""传""说"等名称，唯有《诗经》《尚书》二经，有"故"
或"解故"：《尚书》有《大小夏侯解故》29篇，《诗经》有《鲁故》25卷、《齐
后氏故》20卷、《齐孙氏故》27卷、《韩故》36卷，又有《毛诗故训传》30卷。此
外"小学"10家45篇中，有杜林《苍颉故》一篇。这个"故"字并不寻常。它和
"诂"字有关系。《汉书》颜师古（581—645）注谓：

> "故"者，通其指义也，它皆类此。今流俗《毛诗》改"故训传"为
> "诂"字，失真耳。②

---

① 许慎撰，段玉裁注：《说文解字注》9篇上，第439—430页。
② 班固：《汉书》卷30《艺文志·六艺略·诗》，第1707页。

颜师古认为"故"字比较准确，是"通其指义"的意思，写成"诂"就表达不到真义。这恐怕不是事实。首先，《汉志》说"汉兴，鲁申公为诗训故，而齐辕固、燕韩生皆为之传"，并无证据显示此所谓"训故"和《毛诗故训传》的"故训"有本质上的不同。而且汉人"训诂""训故""诂训""故训"等名，其共同的语源可能是《诗·大雅·烝民》所说的"古训"：

> 小心翼翼，古训是式。

"训"从"言"，"古训"重心仍在于语言。《说文》释"故"为"使为之也"，解释的是作为语辞用的"故"。如果我们看"诂"字，《说文》云：

> 训故言也。从言古声。《诗》曰"诂训"。①

这里明显有"故旧"之意，它的语源仍为"古"；为了强调语言，加"言"旁就成为"诂"。"古训是式"，毛《传》解释曰：

> 古，故；训，道。②

段玉裁《说文解字注》说：

> 故言者，旧言也，十口所识前言也。训者，说教也。训故言者，说释故言以教人，是之谓诂。③

又注"《诗》曰'诂训'"说：

---

① 许慎撰，段玉裁注：《说文解字注》3篇上，第92—93页。
② 毛亨传，郑玄笺，孔颖达疏：《毛诗正义》卷18之3，第1434页。
③ 许慎撰，段玉裁注：《说文解字注》3篇上，第92页。

　　此句或谓即《大雅》"古训是式"，或谓即毛公"诂训传"，皆非是。按：《释文》于《抑》"告之话言"，下云："户快反，《说文》作诂"①，则此四字当为"《诗》曰告之诂言"六字无疑。毛《传》曰："诂言，古之善言也。"以"古"释"诂"，正同许以"故"释"诂"。陆氏所见《说文》未误也。②

　　"诂言"义为"古之善言"，就是我所说的"古"加言旁强调语言。"诂言"义同于"古训"，就是"训故言"，亦即依循美善之言语（依毛《传》："训"为"道"）。这是因为《诗》的功能，就是我一直强调的"语言"是一种方法，而不是载体。范宁（339—401）《春秋穀梁传序》说：

　　　　故父子之恩缺，则《小弁》之刺作；君臣之礼废，则《桑扈》之讽兴；夫妇之道绝，则《谷风》之篇奏；骨肉之亲离，则《角弓》之怨彰；君子之路塞，则《白驹》之诗赋。③

　　这真是对"语言"是一种方法的最佳说明。礼俗乖悖，借由诗赋讽喻，以申不平。过去学界论《诗序》的美刺之说，多认为作者强调了《诗》的教化作用，却忽视了真情实感的表达。其实这两者并不冲突。美刺之说，反映的是语言语义的灵活运用，提醒读者不囿限于文字语言的表层，而能注意语言的流动性和诠释的开放性，认识诗人如何将文辞的意义引导到另一个层面，正如《蓼莪》表达了孝子怀亲的哀思，《诗序》则认为它"刺幽王，民人劳苦，孝子不得终养"。《礼记·曲礼》所谓"教训正俗"④，正说明了教化和语言的一体两面。由此可见，若将"训诂"狭

---

　　① 雄按：《经典释文》原文为："户快反。话言，古之善言。《说文》作诂，云：'诂，故言也。'"《经典释文》卷6《毛诗音义下》，第376页。

　　② 许慎撰，段玉裁注：《说文解字注》3篇上，第93页。

　　③ 范宁：《春秋穀梁传序》，范宁集解，杨士勋疏：《春秋穀梁传注疏》，李学勤主编：《十三经注疏整理本》，第5页。

　　④ 孔颖达《疏》引熊氏云："训，谓训说义理。"郑玄注，孔颖达疏：《礼记正义》卷1，第18页。

窄化为一种探讨语义的学问，实是买椟还珠，忽略了它含有"以美善之语言为德行范式"的本义。然则毛亨为《诗经》作"传"而称为"故训"，并不单单刺取字词表面的语义，也包括德性训诲的深层语义，更反映了在西周神圣经典奠立的年代，音乐、语言、德性、训诲等诸义恒相融合，亦即《尚书·尧典》所说的境界：

> 诗言志，歌永言，声依永，律和声。八音克谐，无相夺伦，神人以和。

《诗序》谓"诗者，志之所之也。在心为志，发言为诗"，"志"是未成言的"诗"，"诗"是已成言的"志"，诗与志都统合于"言"[①]，其意正相近同。

《尚书》和《诗经》性质不同，但以"语言"为核心元素的情况如出一辙。《礼记·玉藻》有谓"动则左史书之，言则右史书之"[②]，学者将《尚书》归为右史之职掌，大致无异辞。篇章则不外"典、谟、训、诰、誓、命之文"[③]，孔颖达《正义》申论"名"作为《尚书》记言的核心精神之所依托，颇有眼光：

> 道本冲寂，非有名言。既形以道生，物由名举，则凡诸经史，因物立名。……圣贤阐教，事显于言，言惬群心，书而示法，既书有法，因号曰"书"。……且"言"者"意"之声，"书"者"言"之记。是故存"言"以声"意"，立"书"以记"言"。[④]

首两句颇有《老子》"道恒无名"之意味，但"形以道生，物由名举"以下，则一变"无"的宗旨而转为"有"，意谓无形之"道"与万化之"形"的统一，正如无

---

① 《汉书·艺文志》谓："故哀乐之心感，而歌咏之声发。诵其言谓之诗，咏其声谓之歌。"此即《诗》与《乐》为《六经》之二，彼此相合。

② 郑玄《注》："其书《春秋》《尚书》其存者。"《正义》："《经》云'动则左史书之'，《春秋》是动作之事，故以《春秋》当左史，所书左阳，阳主动，故记动。《经》云'言则右史书之'，《尚书》记言语之事，故以《尚书》当右史，所书右是阴，阴主静故也。"郑玄注，孔颖达疏：《礼记正义》卷29，第1022—1023页。

③ 孔安国：《尚书序》，孔安国传，孔颖达疏：《尚书正义》卷1，第11页。

④ 孔安国传，孔颖达疏：《尚书正义》卷1，第1页。

形之"名"与有形之"物"的统一。落实于经史，凡"名"皆有指涉之"物"。于是孔颖达又引《周易·系辞传》"书不尽言，言不尽意"以申论《尚书》"存言以声意，立书以记言"的用心。

《尚书》体裁，孔颖达区分为十体，"典、谟、贡、歌、誓、诰、训、命、征、范"，加以说明，其中"典、谟、训、诰"固然是言语训诲，而其他绝大多数亦是。孔氏察觉到这一点：

> 《益稷》亦谟也，因其人称言以别之。其《太甲》《咸有一德》，伊尹训道王，亦训之类。《盘庚》亦诰也。……《高宗肜日》与训序连文，亦训辞可知也。《西伯戡黎》云："祖伊恐，奔告于受"，亦诰也。《武成》云："识其政事"，亦诰也。《旅獒》戒王，亦训也。《金縢》自为一体，祝亦诰辞也。《梓材》《酒诰》分出，亦诰也。《多士》以王命诰，自然诰也。《无逸》戒王，亦训也。《君奭》周公诰召公，亦诰也。《多方》《周官》上诰于下，亦诰也。《君陈》《君牙》与《毕命》之类，亦命也。《吕刑》陈刑告王，亦诰也。①

由此可见，《尚书》几乎全属相传古代圣人训诲之言，故《汉书·艺文志》说：

> 古之王者世有史官，君举必书，所以慎言行，昭法式也。左史记言，右史记事；事为《春秋》，言为《尚书》。②

"左史记言，右史记事；事为《春秋》，言为《尚书》"的讲法，为后世学者如刘

---

① 《尚书·尧典》孔颖达《正义》，孔安国传、孔颖达疏：《尚书正义》卷2，第22—23页。雄按："命"亦关乎语言。按"命""令"二字，甲骨文字形相同，本为一字。《说文解字》"命"为"使也，从口令"（《说文解字注》，2篇上，第57页）。"令"为"发号也，从亼、卩"（同书，9篇上，第435页）。这是后起的解释。甲骨文字形上为口字倒形，下为人跽坐之姿，故有上向下命令之义，如《说命》所述殷高宗命傅说为相，《微子之命》为"命微子启代殷后"之类。

② 班固：《汉书》卷30《艺文志·六艺略·诗》，第1715页。

知幾《史通》所承袭。此说虽然被章学诚在《文史通义》中大加批评，但章氏的批评在于强调《尚书》之"言"与"事"虽两面而实一体，故反对读《尚书》者只注意"言"而忽略背后的"事"①，他并没有否定《尚书》以记言为主的事实。总是因为西周初年周公制礼作乐，《六经》皆史，亦皆先王之政典，故《诗》《书》对语言的重视，恰好反映了在经典形塑的神圣时代，"语言"已镶嵌于政治，而形成现代所谓"政治论述"，成为周人政治原理的展现。就"记言、记事"之别而言，对语言的重视，又何止于"记言"的《尚书》？记事的《春秋》，"别嫌疑，明是非，定犹豫，善善恶恶，贤贤贱不肖"所凭借的正是范宁《春秋穀梁传序》所说：

> 一字之褒，宠逾华衮之赠；片言之贬，辱过市朝之挞。……《春秋》之传有三，而为经之旨一，臧否不同，褒贬殊致。②

"字"关乎拨乱反正，这不正好说明语言文字的伟大？

"五经"之中，《周易》最具抽象哲理，哲理与语言的关系特别密切。试看《观》卦，王家台秦简《归藏》作"灌"。作"灌"，实即《论语·八佾》"禘自既灌而往者，吾不欲观之矣"的"灌"。《观》卦卦辞：

> 盥而不荐，有孚颙若。

《周易集解》引马融：

> 盥者，进爵灌地，以降神也，此是祭祀盛时。及神降荐牲，其礼简略，不

---

① 《文史通义·书教中》："《书》无定体，故附之者杂。后人妄拟《书》以定体，故守之也拘。古人无空言，安有记言之专书哉？汉儒误信《玉藻》记文，而以《尚书》为记言之专书焉。于是后人削趾以适屦，转取事文之合者，削其事而辑录其文，以为《尚书》之续焉。"章学诚：《文史通义·书教中》，《章氏遗书》卷1，第6页。

② 范宁：《春秋穀梁传序》，范宁集解、杨士勋疏：《春秋穀梁传注疏》，第8—9页。

足观也。①

"观"之为义，与"盥"有关。"盥"，《说文解字》释为"澡手也"②，为"进爵灌地以降神"的准备，是"灌"祭的一部分。王家台秦简《归藏》作"灌"反映的正是此义。王弼《周易注》云：

> 王道之可观者，莫盛乎宗庙。宗庙之可观者，莫盛于盥也。至荐，简略不足复观，故观盥而不观荐也。孔子曰："禘自既灌而往者，吾不欲观之矣。"尽夫观盛，则"下观而化"矣。故观至盥则"有孚颙若"也。③

《说文解字》释"观"字曰：

> 谛视也。从见，雚声。④

"观""灌"皆从"雚"，辑本《归藏》此卦作"瞿"，以王家台秦简《归藏》作"灌"考之，显然为"雚"形近之误⑤。"观""盥""灌"又与"祼"有关。《说文解字》释"祼"字曰：

> 灌祭也。从示，果声。⑥

由此可见，王家台秦简《归藏》之作"灌"，绝非只取声音的相同以为"观"之假借，而是关乎祭祀的内容与精神。《左传》襄公九年"君冠，必以祼享之礼行

---

① 李鼎祚：《周易集解》卷5，第112页。

② 许慎撰，段玉裁注：《说文解字注》5篇上，第213页。

③ 王弼注，孔颖达疏：《周易正义》卷3，第114页。

④ 许慎撰，段玉裁注：《说文解字注》8篇下，第408页。

⑤ 灌、观皆从"雚"声，"雚""祼"古音均见母元部，白一平（William H. Baxter）的Baxter–Sagart system为*C.qʷˤar–s。

⑥ 许慎撰，段玉裁注：《说文解字注》1篇上，第6页。

之"，杜预《注》云：

> 祼，谓灌鬯酒也。[1]

孔颖达《疏》曰：

> 《周礼·大宗伯》："以肆献祼享先王。"《郁人》："凡祭祀之祼事，和郁鬯以实彝而陈之。"郑玄云："郁，郁金，香草也。鬯酿秬为酒，芬香条畅于上下也。筑郁金煮之，以和鬯酒。"《郊特牲》云："灌用鬯臭。"郑玄云："灌谓以圭瓒酌鬯，始献神也。"然则"祼"即灌也，故云"祼谓灌鬯酒也"。祼是祭初之礼，故举之以表祭也。[2]

《周礼·春官·大宗伯》"以肆献祼享先王"郑玄《注》曰：

> 祼之言灌，灌以郁鬯，谓始献尸求神时也。《郊特牲》曰："魂气归于天，形魄归于地，故祭所以求诸阴阳之义也。殷人先求诸阳，周人先求诸阴。"灌是也。[3]

扼言之，"祼"为祭礼之专名，"灌"则专指礼中"灌以郁鬯"之仪式[4]。《礼记·郊特牲》云：

> 周人尚臭，灌用鬯臭，郁合鬯，臭阴达于渊泉。灌以圭璋，用玉气也。既灌，然后迎牲，致阴气也。萧合黍、稷，臭阳达于墙屋，故既奠，然后焫萧合膻芗。

---

[1] 杜预注，孔颖达疏：《春秋左传正义》卷30，第1004页。
[2] 杜预注，孔颖达疏：《春秋左传正义》卷30，第1004—1005页。
[3] 郑玄注，贾公彦疏：《周礼注疏》卷18，第541页。
[4] 禘礼亦有"灌"之仪式。《论语·八佾》："禘自既灌而往者，吾不欲观之矣。"

"膻芗"即"馨香"。郑玄《注》曰：

> 膻当为"馨"，声之误也。莫或为"荐"。[①]

这部分的祭礼，先使气味（臭）达于渊泉，再使气味达于墙屋。前者为"灌"礼，属阴；后者为"荐"（莫）礼，属阳。先阴而后阳，次序井然。黄庆萱说：

> "盥""荐"都是宗庙祭祀的仪式。盥，通灌，于宗庙神龛前东向束白茅为神像置地上，而持鬯酒灌白茅束成的神像上，使酒味渗入渊泉以求神。荐，是将牺牲陈列在供桌上。[②]

黄先生似乎没有注意到祭祀仪式中也有阴阳之喻。朱熹《周易本义》云：

> 观者，有以示人，而为人所仰也。九五居上，四阴仰之，又内顺外巽，而九五以中正示天下，所以为"观"。……颙然，尊敬之貌。[③]

雄按："观""灌"从"雚"声，"灌""祼""盥"音义相近。可见《观》卦本义，原本关乎神圣的祭礼，但又绝非如"古史"一派的解释，指该卦为记述某一古代故事，因为《观》卦诸爻都引申"观临""目视"之义，并非史书记实。以"盥"字之会意而分析，有盥手洗涤之义。

倘若再以《临》卦与《观》卦互证，《观》《临》互为覆卦，《临》亦有观临、目视义。（按：凡《周易》六十四卦，每两卦为一组，每组意义或相反，或相近。）《说文解字》"临"字紧接"监"字之后，释"监"字为"临下也"，

---

① 郑玄注，孔颖达疏：《礼记正义》卷26，第952—953页。又《经典释文》："芗，音香。"陆德明：《经典释文》卷12《礼记音义二》，第729页。

② 黄庆萱：《周易读本》，第250页。

③ 朱熹：《周易本义》卷1，第98页。

释"临"字为"监也"①，二字互训。"监"字甲骨文象人俯身自器皿所盛之水为镜自照②，故称"监"，或加偏旁为"鉴"，与"临"字象人巨目注视，《观》卦"观我生""观其生""观国"等义亦相近。《观》卦卦辞用"裸""灌"祭祀之义，以譬喻观民、自观的神圣性。祭礼先"裸"而后"荐"，"盥而不荐"，意即向先祖神灵敬酒，而不以宗庙祭祀的惯例献祭，"有孚颙若"，主要依靠的是个人的孚信。前一卦《临》有"君临"之意，指君主临民教民，故爻辞有"咸临""甘临"之名；《观》则不限于君主，而及于士大夫对人民生活各种观察，故爻辞有"观我生"（治国者自观）、"观其生"（观民）之别——后者以人民为观察对象，前者则以自己为观察对象。总结上文分析，"观""灌""裸""盥"与"临""监"等都彼此相关，共同呈现相关的意义系统：观民、临民，有似祭礼，神圣虔敬是必需的，关键则在于自监自省。

由此也让我们了解到，对待《周易》的异文，未必要执着对错是非，重点在于相互关联的语言观。

至于语言作为一种方法体现于《春秋》，主要在于褒贬，发挥语言文字在德性伦理上施展力量的神圣功能。三《礼》则涵括面较广，并不限于语言。限于篇幅，本文暂不讨论。

过去一个世纪的学者，常忽视"语言"作为思想的核心元素。从西周初年周人将神圣性渗透到语言，镶嵌于《易》《诗》《书》中，已见其端倪。可惜思想史学者鲜少从传统经学训诂的角度考虑，而研究经学训诂的学者也不太关注语言的哲理影响。

四、从语言、观念到思想：语言作为一种方法

语言学原本就是古典哲学的一个重要的部分，在欧洲、中国、印度等古文明传统均如此。《圣经》是基督教的圣典，教义以救赎为目标。信仰实有赖于对《圣

① 许慎撰，段玉裁注：《说文解字注》8篇上，第388页。
② 何琳仪："会人以皿中盛水照影之意。"何琳仪：《战国古文字典》，第1451页。

经》的诠释，以求正确地理解旧约和新约的教诲。希腊哲学是理性主义的高扬，从柏拉图《对话录》以来，经由狄尔泰和海德格尔（Martin Heidegger，1889—1976）等人的努力，诠释学焦点由经典扩大到社群各个面相，并转至个人存在的种种问题。不论经典诠释发展至哪一个向度，"语言"始终是一个核心的元素。

让我们回来观察古代中国文明中的语言世界。中国古代文明和古希腊、古印度文明固然有共同的部分，但相异可能更多。譬如"隐逸"，欧洲的隐士多出于宗教动机，在中国则多由于政治缘故，因此"隐逸"一词，在欧洲多称为"hermit"或"eremites"（此二字在拉丁文属同源），在中国"隐逸"则译为"recluse"，在朝代改易的时候，"隐逸"甚至被译为"政治难民"（political refugees）。语言陈述在早期中国的表现，也一样是与欧陆或印度大不相同。这不但因为中国经典由汉字汉语构成，受到语言文字的制约，更因为上古中国语言与哲学二者均紧密依附于政治体系，因此而处处带有政治意涵。在殷周时代，知识为统治阶层所专有，哲学更多出于政治教化的动机与目的。于是"语言"在经典中的镶嵌与铺陈总含有浓厚的政治教化意味，让后来承继发扬西周礼乐的儒家学者以此自豪，并堂堂发展为"正名"的思想，演化出经学"训诂"的方法。自此以后，"礼教"和"名教"成为同义词，规范着上至帝王下迄士阶层的生活。

利用具有形音义统一特性的汉字书写经典，读者在勾稽经典文献的意义时，"识字"是第一步，"小学"即成为经学的基础训练，细察字形、聆听读音，成为治学的基本功夫，而儒家之学，在于训练政教人才。儒家学者理想的治学途程，是透过文字的察识和读音的聆听，让经典寓意借由耳目感官，产生知性理解而内化于内心，让德性滋润身体，行为展开了政治。荀子《劝学》说"君子之学也，入乎耳，箸乎心，布乎四体，形乎动静。端而言，蝡而动，一可以为法则"的意义正在于此。

也因为如此，"古训"自然而然寄寓于语言文字，"故训"则确立了古老经典成为政治教化的无形圣殿，"诂训"之学则是登入堂奥前必经的洗礼仪式。一旦"语言"成为一种方法，即不再是单纯的表情达意的工具，而成为礼的基础。此可见文明发展背景的不同，造就了古代中国与欧洲、印度在语言观上的大异其趣。

《周易》是上古王朝圣典之一，其中诸如《乾》《坤》《观》《临》《鼎》《革》等都是核心的政治论述。《兑》卦可能是最直接申论语言艺术的卦，对语言的重要性进行了充分说明。《说文解字》释"兑"："说也。从儿，合声。"①显然是据《周易》以为说，因《彖传》《说卦传》《序卦传》均称"兑者，说也"。朱骏声《说文通训定声·泰部第十三》"兑"条：

> 按：合非声。当从儿、口，会意；儿，象气之舒散。②

同部"兑"后紧接着为"说"条：

> 说，释也。一曰谈说也。从言兑，会意。按：兑亦声。

《墨子·经上》："说，所以明也。"《广雅·释诂二》："说，论也。"③
　高亨参考了朱骏声的论点，说：

> 兑即说之古文，从八（雄按：即"儿"），从口，八像气之分散，许云"合声"，非也。《彖传》等训兑为说，当取谈说之义，非喜悦之悦也。本卦兑字皆谓谈说。……"九二，孚兑吉，悔亡。"孚，信也。孚兑者，以诚信之度向人谈说也。……"六三，来兑，凶。"来兑者，言未及我，而我自来说也。《论语·季氏篇》："言未及之而言谓之躁。"《荀子·劝学篇》："不问而告谓之傲。"又曰："未可与言而言谓之傲。"《易》之来兑，即《论语》所谓躁，《荀子》所谓傲也。古人不取多言，故《系辞传下》曰："吉人之辞寡，躁人之辞多。"来兑者必多言，多言者必多败，故曰来兑凶。其戒人者深矣。"九四，商兑未宁，介疾有喜。"……商者，计议也。商兑，犹今言商谈，即相与计议之谈说也。《尔雅·释诂》："宁，安也。安，定也。"商谈者其事未定，故曰商兑未宁。……"上六，引兑。"引兑者，言及于我而我乃说也。即有人牵引我言，而我乃言也。《论语·季氏篇》："言及之而不言

---

①　许慎撰，段玉裁注：《说文解字注》8篇下，第405页。
②　朱骏声：《说文通训定声·泰部第十三》，第652页。
③　朱骏声：《说文通训定声·泰部第十三》，第653页。

谓之隐。"《荀子·劝学篇》："可与言而不言谓之隐。"《易》之引兑，即不隐之意。……则当言即言，而不可隐矣。其辞虽简，而于谈说之道，可云周备。①

以上高亨释《兑》卦卦义，与历代《易》家之说十分一致。《象传》所谓"丽泽，《兑》，君子以朋友讲习"，王弼释九二"孚兑"为"失位而说"，六三"来兑"为"来求说""邪佞"②，朱熹谓"说有亨道，而其妄说不可以不戒"③。故高亨指出"释谈说之道，可云周备"，可谓画龙点睛。《周易》卦爻辞阐释，深微周遍，高《注》引孔子、荀子所强调的不躁不隐、君子如向等等语言艺术，不仅属辞令技巧，更涉及待人处事艺术及德性持守原则等问题，正是引申自《易·兑》卦的义理。

章太炎《国故论衡》有《原名》一文，征引大乘佛典关于情感思维的描述，论析人类认知事物后的意识活动如何决定了事物的命名，以及命者与受者理解的歧异，另开生面，为中国概念范畴的研究揭开了新页。本书的《名、字与概念范畴》已有所阐释。在此我仅依使用不同，将语言略分为四个层面：

1. 日常生活的功能性语言，达到一般沟通功用即可。

2. 日常生活的功能性语言，同时包括高层次综合性的意义引申。

3. 抽象观念的运用，由此达彼，由甲而乙，衍申为政治、社会、伦理、教化等各种用途。

4. 抽象观念的运用，推衍为各种语言形态，发展为艺术表现，主宰着思想哲理的演变。

从《易》《诗》《书》的内容看，古经典语言的运用，早已超出第一、二层次，大量展现于第三、四层次，"一字多义"（polysemy / multiplicity of meaning）

---

① 高亨：《周易古经今注》（重订本），第332—333页。又《说卦传》："兑为口舌。"

② 王弼注，孔颖达疏：《周易正义》卷6，第276页。

③ 朱熹：《周易本义》卷2，第212页。

的现象①正提供了有力的证据。"一字多义"是指一个字在表述一个意义时，亦不妨碍其同时表述另一个（或两个、三个）意义，由此而构成了《诗经》的讽喻技巧，白居易所谓"兴发于此，而义归于彼"，意义随着语言的流动而流动、而拓展、而变幻。多义性展现于《周易》，则是"卦爻辞语义的二重性"——表层语义之上，还有另一层抽象义理，语言作为媒介，跳跃地联系不同类别的事物。这种跳跃，加上《易》卦取象，开启了通往无限可能性的义理世界之门，《系辞传》"观象系辞"即表现方法之一②。举例来说，《井》卦之读为"阱"又书为"穽"，是因为该卦论说水井干涸了、又被利用为捕兽之陷阱。这固然是有理可说，有迹可循；但"豫"为"豫乐"，再引申为舍止、休息等诸义，再引申为"由豫"（即犹豫）之义；"蛊"为"腹中虫"或"皿中虫"，再借由读音相同引申为"故"，而比附"故事"，以衍释"干父之蛊，干母之蛊""高尚其事"的训诲意义，其中的跳跃，就不能不视为哲理意义的拓展了。"五经"将语言视为理民治世的工具，说明了周民族早就知道语言并非单纯表情达意的工具，而是实质上主宰世界的利器。

五、从正名、声训到伦理教化：孔门的语言方法

虽然近一世纪以来学者每不相信孔子读《易》之事③，但读者只参看《易传》大量的"子曰"，已知战国研《易》学者的思想多渊源自孔子。加上《论语》所记，孔子述及《周易》卦爻辞例子不止一处，如论"听讼"之出于《讼》卦，论"不恒其德，或承之羞"之出于《恒》卦，以寄托其思致。而且孔子言谈间常引《易》用《易》。《论语·学而》中"节用而爱民"一语，就骊括了《节》卦卦义。当然，也许有人认为《节》卦本兼有节约、节操二义，孔子不过用"节"的一般语义。但试看《论语·季氏》：

①　参郑吉雄：《〈易经〉身体、语言、义理的开展——兼论〈易〉为士大夫之学》。

②　其说大意谓包牺氏观象于天观法于地，近取诸物，作八卦，于是各种器物制度的制作，均与某一"卦"有关。顾颉刚等古史辨学者，大加抨击，以为附会。

③　详参郑吉雄、傅凯瑄：《〈易传〉作者问题检讨（上、下）》。

> 益者三友，损者三友……益者三乐，损者三乐。

又《论语·为政》：

> 子张问十世可知也。子曰："殷因于夏礼，所损益可知也。周因于殷礼，所损益可知也。其或继周者，虽百世可知也。"

孔子将"损、益"两个观念用得那样纯熟，恐怕和《周易》《损》卦与《益》卦的义理有关，尤其《损》卦六三"三人行则损一人，一人行则得其友"正是因益反损之意，与《季氏》所论"三友"之义明显有关。而《论语·子路》则说：

> 子曰："南人有言曰：'人而无恒，不可以作巫医。'善夫！""不恒其德，或承之羞。"子曰："不占而已矣。"

邢昺《疏》：

> "不恒其德，或承之羞"者，此《易》恒卦之辞，孔子引之，言德无恒则羞辱承之也。"子曰：不占而已"者，孔子既言《易》文，又言夫《易》所以占吉凶，无恒之人，《易》所不占也。[①]

邢昺认为孔子是直接引《易》而论德。这是很值得注意的。《论语》中也有间接引《易》的例子，如《颜渊》：

> 子曰："听讼，吾犹人也，必也使无讼乎！"

《讼》卦义为争讼，卦辞所谓"中吉，终凶"，初六爻辞"小有言，终吉"，言语的争讼固无伤大雅，但发展至终极，则"上九，或锡之鞶带，终朝三褫之"，"鞶

---

① 何晏注，邢昺疏：《论语注疏》卷13，第203页。

带"为命服之饰，非卿士或大夫不能穿着，结果或至于"终朝三褫"，那就符合"终凶"之象。孔子所谓"必也使无讼"，其实和《讼》卦卦义是一致的。然而最有趣的还是《论语·述而》：

> 子曰："加我数年，五十以学《易》，可以无大过矣。"

近世学者每据《鲁论》"易"作"亦"的孤证，而谓孔子未有学《易》之举①，完全不理会《周易》卦义，以及陆德明"今从古"的判读②，可算是充分迎合古史辨运动疑古的思潮。在我看来，《论语》此章恰好反映了孔子的语言旨趣。《大过》是《周易》第二十八卦，原以二、五爻皆为阳爻，刚而不应，所谓"大者过"即卦辞"栋桡"，谓巨大的差别，正如九二爻辞"老夫得其女妻"及九五爻辞"老妇得其士夫"。幸而卦辞"利有攸往，亨"。读者细察该卦，不难发现"过"字并无孔子所谓"可以无大过"的"过失"之义。换言之"五十而知天命"的孔子其实是将"大过"一语，故意转化为"巨大的过失"之意，宣之于口，以申明学《易》要无差失，必须具有相当的人生阅历，达到知命之年，庶几免于迷信。这种方法，其实恰好发挥了《周易》"一字多义"的本领，通过引申、比附，将语义转到另一个方向上去。可惜前人读《论语》而能领略《易》理的似不多。

《兑》卦"来兑""引兑"所提示对语言的严肃态度，恰好说明了孔子"仁"说之教的其中一项原则——慎言。且看孔子的教言："刚毅木讷近仁"（《子路》）、"仁者，其言也讱"（《颜渊》）、"巧言令色，鲜矣仁"（《学而》）等，都指向这项原则。"仁者"有如是的慎言准则，君子当然也有相同的"慎言"的要求，如《论语·宪问》：

---

① 此说自钱穆先生启其端，一个世纪以来学者多相信。何泽恒《孔子与易传相关问题复议》曾征引众说一一厘析，意亦赞成钱先生的论点。

② 《经典释文》："《鲁》读'易'为'亦'，今从《古》。"陆德明：《经典释文》卷24《论语音义》，第1363页。又何晏《论语集解》（即《十三经注疏》所用的版本）正是作"易"而不是"亦"。根据敦煌文献唐代抄本"伯希和2510"号所记郑玄注解的《论语》本子，也保存了这一章，内容是："子曰加我数年五十以学易可无大过矣。"只有末句少了一个"以"字。由此可见，"易"字不应该被妄改为"亦"。

君子耻其言而过其行。

又如《论语·为政》：

子贡问君子。子曰："先行其言而后从之。"

"言从其行"既是君子的准则，"言过其行"必然是可耻的。"慎言"并不止于个人言行，更要实施于政治教化，这正是《论语·子路》记孔子与子路的"正名"理论：

子路曰："卫君待子而为政，子将奚先？"子曰："必也正名乎！"子路曰："有是哉，子之迂也！奚其正？"子曰："野哉由也！君子于其所不知，盖阙如也。名不正则言不顺，言不顺则事不成，事不成则礼乐不兴，礼乐不兴则刑罚不中，刑罚不中，则民无所措手足。故君子名之必可言也，言之必可行也。君子于其言，无所苟而已矣。"

"正名"的关键在于"名""实"一致。这具有多个层次："为之难，言之得无切乎"是一层，重视的是实践，提示"行"先于"言"的原则，是及身的德性要求。由自我推而及于社群，施用于政治，"名"又有了另一层意义："名"的端正，关乎礼乐的兴废、刑罚的中否，也是"名之必可言，言之必可行"的进一步拓展。这里就涉及"语言"的方法——声训，正是先师张以仁教授（1930—2009）在一篇极具启发性的论文《声训的发展与儒家的关系》所说的，孔子视"名"与其所表述之"实"有一种绝对的不可移易的关系[1]。正如《论语·颜渊》说：

季康子问政于孔子。孔子对曰："政者，正也。子帅以正，孰敢不正？"

"政"在语源上源出于"正"，由端正之"正"衍生出政治之"政"。正如墨子也

---

[1] 参张以仁师：《声训的发展与儒家的关系》，《张以仁语文学论集》，上海：上海古籍出版社，2012年，第54—70页。

有相同的用法①。孔子借由同源的字义、相同的语音，已建立了"政"与"正"的一个绝对关系，由是而推论出"子帅以正，孰敢不正"的训诲。孔子这样一讲，便等于认真地将"声训"的手段，变成了儒家治术的原理，"君子于其言，无所苟而已矣"就不再及身而止，而必须推及于政治教化了！难怪《论语·八佾》记宰予答鲁哀公论社树，差点让孔子接不上来也说不下去：

> 哀公问社于宰我。宰我对曰："夏后氏以松，殷人以柏，周人以栗。曰：使民战栗。"子闻之曰："成事不说，遂事不谏，既往不咎。"

"栗"是周人社树，原与"战栗"无关②。"战栗"之"栗"，应该是用《诗·豳风·七月》"栗烈"的语义，也就是后来出现的"慄"字（"慄"采用了"栗烈"字的音与义，而加"心"旁强调内心恐惧）。宰我将社树的"栗"引申为"战栗"原本并没有什么道理，但将字义作跳跃式的引申，如"政者，正也"的例子，本来就是孔子的教诲，如今宰我引申说为政者要让人民感到恐惧，这显然违背了孔子的意思，但尽管不赞成，孔子竟也不好说宰我错。难怪孔子只能无可奈何地说"成事不说，遂事不谏，既往不咎"了。由此而论，"君君，臣臣，父父，子子"并不是单纯地"君主要像个君主的样子……"那样浅显的意义③，而是说，君之所以为

---

① 《墨子·天志上》："且夫义者，政也。无从下之政上，必从上之政下。"这里的"政"正是"端正"之"正"。孙诒让：《墨子间诂》卷7，孙启治点校，北京：中华书局，2001年，第193页。本书引《墨子》皆据此本，不另出注。

② 何晏《注》："孔曰：'凡建邦立社，各以其土所宜之木。宰我不本其意，妄为之说，因周用栗，便云使民战栗。'"邢昺《疏》："孔子闻宰我对哀公使民战栗，知其虚妄，无如之何，故曰：事已成，不可复解说也；事已遂，不可复谏止也；事已往，不可复追咎也。历言此三者以非之，欲使慎其后也。"又："以社者，五土之总神，故凡建邦立国，必立社也。夏都安邑，宜松；殷都亳，宜柏；周都丰镐，宜栗。是各以其土所宜木也。"何晏注，邢昺疏：《论语注疏》卷3，第45—46页。

③ 杨伯峻《论语译注》："齐景公向孔子问政治。孔子答道：'君要像个君，臣要像个臣，父亲要像父亲，儿子要像儿子。'"杨伯峻：《论语译注》，北京：中华书局，1980年，第128页。

君、臣之所以为臣，都必须回归语源的意义去确立政治教化的内涵。声训的办法，子思可能已有所继承。徐幹《中论·贵验》引子思曰：

> 事自名也，声自呼也。[1]

这两句话近于《马王堆帛书·经法·称》"物自正也，名自命也，事自定也"的意思。事实上《说文解字》正是释"名"为"自命也"：事物的规则与定义不是外铄的、而是内存的；它的"内存"显现于外，就成为它的"名"。"名自命也"实即子思所说的"事自名也，声自呼也"，说明了声训之法以解释"名"的原理，和孔子"政者，正也"是如出一辙的。孟子说：

> 庠者，养也；校者，教也；序者，射也。

都是这一类办法，借由声音来确定某一字在政治伦理上具有某种绝对性的涵义。思、孟以后，荀子继起推尊儒家学说，说"君者，善群也"（《王制》）[2]、"君者，民之原也"（《君道》）[3]，进而说：

> 君者何也？曰：能群也。能群也者，何也？曰：善生养人者也，善班治人者也，善显设人者也，善藩饰人者也。[4]

这里用的也是同一手段。

---

① 徐幹撰，孙启治解诂：《中论解诂》，第80页。

② 《说文解字》"群"："从羊，君声。"许慎撰，段玉裁注：《说文解字注》4篇上，第146页。

③ "君"见母文部，"原"疑母元部，声韵皆相近。

④ 张以仁师《声训的发展与儒家的关系》说："班治，王先谦《集解》读班为辨，辨、治同义。班、辨唇音且同在元部；设，王先谦训为用；藩，屏藩，保护也；饰，文饰。有政治则有阶级，有阶级则有礼制，服物采章因而生。"张以仁：《声训的发展与儒家的关系》，第64页。

要知道孔子"正名"思想的方法论预设是：汉字的读音和意义具有绝对的关系。每个字的读音，都并不是随意赋予的。学者必须准确地掌握读音，沿着读音去追寻，才能准确地演绎哲理的、伦理的意涵。这是儒家名学方法颠扑不破的至理，说明了广义的训诂学（包含声韵学在内）并不单单是经学的一个部门，而是中国思想方法的支柱。明了这种"声"→"义"绝对的关系，才能明白儒家复兴礼乐的理论基础。

六、名学论战的肇兴：老子的"名"论的批判

名学的兴起，始于对"名"的哲学性理解，亦即上文所述"语言"发展四阶段中的第三阶段，进入"观念"的层次。也就是说：语言已不限于日常交流的功能作用，而成为哲理的方法。正如伽达默尔（Hans-Georg Gadamer，1900—2002）所说"the ontological shift of hermeneutics is guided by language"[1]，诠释学的本体论转移，"语言"是主导。主客的"对话"也不是一种"行为"（conduct）而是语言内涵与精神双向的互涉，是语言自身传达的真实（truth）在作用[2]。先秦思想家的哲学对话，自始也是受语言主导。他们对话的源头是神圣王朝所撰著的经典，凭借的是经典以文字记录圣王的语言，而语言并不如伽达默尔所说的是诠释经验（hermeneutical experience）的媒介（medium），而是一种方法、手段，用以兼顾经典形成过程中的原意（original meaning）、喻意（metaphors）和后起新意（creative meanings）的融合与纠缠。这是由《易》《诗》《书》发展至于孔子的一个悠远的传统。严格来说，思想史上名学，不能说始于惠施、公孙龙。儒家从孔子、子思以

---

① 这是Hans-Georg Gadamer, *Truth and Method*, Third part第三章的标题，见该书第345—447页。

② 原文为"We say that we 'conduct' a conversation, but the more fundamental a conversation is, the less its conduct lies within the will or either partner…it is more generally more correct to say that we fall into conversation…. All this shows that a conversation has a spirit of its own, and that the language used in it bears its own truth within it, i.e. that it reveals something which henceforth exists." Hans-Georg Gadamer, *Truth and Method*, p. 345.

降即有一套承继自西周初年的独特的名学①，其中字的读音与意义的绝对性与关联性（如"政者，正也"）是其必要条件，其目的是贯彻礼乐、伦理所设定的道德涵义，而以孔子"正名"思想敲了第一响钟声。自此以后，儒家以外的其他诸子百家，其思想亦无不依托其自身独特的名学而开展。儒家思想尚刚尚阳，道家思想则尚柔尚阴，《老子》道经开首即说：

> 道可道，非常道；名可名，非常名。无名，天地之始；有名，万物之母。

这一章吸引了古今中外学者纷纷讨论，却言人人殊，夏含夷《"非常道"考》胪列十几种较具权威性的西方汉学家对《老子》第一章的翻译，依我的陋见，皆因未能上溯到孔子名学以为根源②，以至于对老子的言论有一间之未达。我们首先必须厘清《老子》这一段话的言说对象为何。他所针对的正是礼教的内核——"名"的理论，也就是孔子的名学。要知道孔子名学包含两个层面：其一，礼乐制度中纲纪伦常秩序的确立；其二，语言文字（名）及指涉事物（实）的绝对关系。前者是治道的实施，后者则是理论的自然基础，二者相合，共同构筑了一个森严的"名"的世界。孔子以"正名"思想而立名教，还进一步说"君子疾没世而名不称"（《论语·卫灵公》）。君子之"名"是什么呢？《礼记·檀弓上》说：

> 幼名，冠字，五十以伯仲，死谥，周道也。

"名"属于个人隐私，具有神秘性。男性及冠即代表进入公领域活动，就要立一个在意义上能影射"名"的一个假名——"字"③，以作公领域活动之用。自此以后，中国男性无不兼有"名"与"字"。君子没世，有没有可称之"名"，是孔子

---

① 胡适《诸子不出于王官论》已指出诸子各有其名学，见胡适：《诸子不出于王官论》，《胡适文存》第一集卷2，欧阳哲生编：《胡适文集》第2册，北京：北京大学出版社，1998年，第182页。

② 详参本书《〈易〉儒道同源分流论》。

③ 中国人的"字"，英语世界或译为style name，其实并未能捕捉到它的意思。

所重视的。这可能源自周民族谥法的古老传统①——逝世者的德行应透过活着的人为他另立一个"名"，来获得总评。从方法上看，这也是"正名"思想的一部分，是"名，自命"的方法②。由此而将礼制中的语言文字之道，推到一个涵括生前死后、包罗德性治道的抽象理论层次，为纲常伦理的种种名称，设立了具有绝对性意义的康庄大道。而《老子》"道可道"一节，正是针对此一命题提出根本上的反驳。

《老子》将"名"置于哲理论辩之第一课题，在思想史上意义甚大③。"道经"第一章接着说：

> 无名，天地之始；有名，万物之母。故常无欲，以观其妙；常有欲，以观其徼。此两者，同出而异名，同谓之"玄"。玄之又玄，众妙之门。

第二章说：

> 天下皆知美之为美，斯恶已。皆知善之为善，斯不善已。故有无相生，难易相成，长短相较，高下相倾，音声相和，前后相随。

我们要注意老子相信"道常无名"。依庄子名实论"名者，实之宾也"，"名"与"实"是并生的，也是并存的，所以有名则有实，无实则无名。故"无名天地之

---

① 详参本书《〈易〉儒道同源分流论》。

② 雄按："名"实即"字"，《论语·子路》孔子"必也正名乎"，郑玄《注》："正名，正书字也。"但这个"字"也不是现今人所讲的表情达意的文字，因为回到"名"一字而言，与"铭"字有关。依《说文解字》释"名"为"自命也"，段玉裁《注》引《礼记·祭统》《周礼·小祝》，谓"铭者自名"，并引《仪礼·士丧礼》称为死者"作器刻铭，亦谓称扬其先祖之德，著己名于下"，说明许慎之意，认为"名"可取代"铭"字，其意源出于举办丧礼的人为死者生前的德行以自名，"故许君于金部不录铭字"。许慎撰，段玉裁注：《说文解字注》2篇上，第56页。

③ 马王堆帛书作"无名万物之始也，有名万物之母也"。关于《老子》道经首章的解释，读者可参李若晖《老子集注汇考》，其中胪列内容极为详尽。

始"，是说万物未生之时处于"道"（天地原始）的状态，是既无名亦无实；及至万物始生，有一物之实，则有一物之名。故有天之实，就有天之名；有地之实就有地之名。这是"有名万物之母"的意思，也是《老子》第四十章"天下万物生于有，有生于无"的意思。"有"与"无"既是相对之名，也是相对之实，彼此是相生、并存的关系。从"无名"变而为"有名"，"无实"变而为"有实"，名与实虽属异类，却同出一源，而"玄"就是它们同源的共因（common factor）。共因是"玄"，共源则是"道"。认知的方法，一者要"无欲"，无欲才能观"无名无实"的道；另一要"有欲"，有欲才能观"有名有实"的天地万物。方法虽然不同，共因（玄）、共源（道）却是一致的。我说"道"是"无名无实"，是因为老子的"道"只是假名，不是与任何"实"物相副的真名，甚至和"有"相对的概念"无"亦不足以说明"道"，因为"道"是与物无对的。《老子》第二十五章：

> 有物混成，先天地生。寂兮寥兮，独立而不改，周行而不殆，可以为天下母。吾不知其名，字之曰道，强为之名曰大。大曰逝，逝曰远，远曰反。……人法地，地法天，天法道，道法自然。

正如礼教社会男性以"名"为讳，以"字"代行，"字"就是一个影射真名却又不"真"的"假名"。"道"也只是这个"混成"之"物"的"字"，正因为"道"没有"实"，也就没有"名"。这就是"道常无名"。《老子》第三十二章：

> 道常无名。……始制有名，名亦既有，夫亦将知止，知止可以不殆。[1]

如上所论，名、实是相依存的。一旦有"实"体存在，即有随之而生的"名"。概念上的"有"，是集体存有的抽象之"名"，其中每一个存有的实体——譬如天、地、人、禽——也有各自的名，亦各止于其"名"所指涉的范畴。"知止"，可以不殆。但谈到"道"，因为它不是"名"，没有"实"存，自然就没有"止"可言。所以就概念上推论，"道"就是超越于万物的抽象存在，故能成为一切事

---

[1] 马王堆帛书《老子》作"道恒无名"，郭店楚简《老子》甲组作"道恒亡名"。

物的根源，也就不能为经验法则所知。至于"道"所生的经验界的万物，皆有"实"，亦皆有"名"，也因为"共因"（玄）的存在，而依循了"同出"（同出于"道"）而"异名"的自然法则，成为两两相对——善与不善、有与无、难与易、长与短、高与下——的存在形式；而这种两两相对的形式，必将时时呈现相反之结果。世间万物皆循此一法则，不过，治世的圣人却不能陷入相对相反的循环，而要仿效"无名"之"道"，由是而推至于"无为"：

> 是以圣人处无为之事，行不言之教；万物作焉而不辞，生而不有。为而不恃，功成而弗居。夫唯弗居，是以不去。

有与无为相生，难与易为相成。那么"美""恶"亦然，有"美"之标榜，则必有"恶"随之而生；有"善"之传颂，则必有"不善"随之而来。圣人则"不由而照之于天"（《齐物论》语），因圣人托名于"道"而治世，故必须仿效"道"无名无为的模式致治。既然是无名无为，自然不能像《诗》《书》那样推崇"文王之德"或任何类型的德行，否则必将有不善、不德随之而来。这是老子的根本信念。

"道可道"的"道"在上古汉语中既是动词也是名词，前一"道"字是道路，后者是依循此"道"之意；至"非常道"之"道"又是名词。照《老子》的讲法，"名可名，非常名"，正是因为"道可道，非常道"之故。因为"道"恒常变动。既然"常道"并不恒"常"，则"名"也必然没有"常"可言。"无名天地之始"，天地万物有名之"实"生于无名之"道"，亦恒常变易。"实"恒变，则依附"实"的"名"也必随之而变。"道"既不恒"常"，"实"自然也不恒"常"，"名"也更理所当然不恒"常"了。此不啻彻底推翻了儒家将"名"视为纲纪伦常的理论依据。

既说"名者，实之宾也"，名、实就是宾主的关系。有"宾"的存在，才有所谓"主"，正如有"你"才有"我"，反之亦然——假设世界上只有一个人，就不会有"我"这个"名"，因为没有"你"的存在与称谓。这正是"名者，实之宾也"的意思，也是名实关系的通谊——名和实，是同时并起、互相依存的。我称之为"通谊"，是因为它既适用于儒家，也适用于道家及任何诸子。在于儒家，名、实关系是绝对的，"君、臣、父、子"之"名"各有其"实"，是伦理教化上自然规定的内涵。这些"名"一旦存在，活在其中、承担着它们的人类就有责任去充实、实现其内涵。从伦理学的角度看，孔子及其后学专注的，是名实关系具有稳定性、不变的一面，后世儒者将名教视为纲常、常道，即此缘故。

我们必须了解儒家这种名实观，才能明了老子"道可道，非常道；名可名，非常名"想要阐述什么，也才能明了先秦思想史中"语言"作为一种"方法"，有多么重要！在老子看来，儒者将名与实视为永恒不变的理念，其实不堪一击，关键不在于"名"的不可靠，而是在于"实"的随时而变——推至根本，就是"道"周行不殆的无常。我们借用《易纬》所说"易"有"简易、变易、不易"的三义来说明，如果说儒家的名实观着眼于"不易"，老子的名实观就是着眼于"变易"。

七、名学论战的肇兴：庄子的重言寓言

庄子和老子取径不同，在分析手段上有更多寓言的运用。"寓言"一词，世俗皆视为虚构的故事，故英文通译为fable或parable，但《经典释文》则说：

> 寓，寄也。以人不信己，故托之他人，十言而九见信也。[①]

意思是将自己想讲的话，假托他人之口说出，化主观为客观，以取信于人。这就和"故事"没有什么关系。"寓言"以外，还有"重言"，"重"读为"尊重"字，意思是"为人所重者之言"（亦据《经典释文》）；又有"卮言"，《经典释文》说：

> 字又作巵，音支。《字略》云："巵，圆酒器也。"李：起宜反。王云："夫巵器满即倾，空则仰，随物而变，非执一守故者也。施之于言，而随人从

---

① 又郭象《注》云："寄之他人，则十言而九见信。"俱见郭庆藩：《庄子集释》卷9上，第947页。宋本《经典释文》作"十言而九见言也"。陆德明：《经典释文》卷28《庄子音义下》，第1558页。

变，已无常主者也。"司马云："谓支离无首尾言也。"①

"寓言"是假托他人的语言，"重言"是为人所看重的语言，"卮言"则是随物而变、非执一守故的语言。庄子真是将语言的艺术发挥到淋漓尽致！《齐物论》首论述南郭子綦与颜成子游的问答，就是一段深有启发性的对话。子綦直指子游"女闻人籁而未闻地籁，女闻地籁而未闻天籁"，子游问"敢问其方"，子綦即答：

> 夫大块噫气，其名为风。是唯无作，作则万窍怒呺。而独不闻之翏翏乎？山林之畏佳，大木百围之窍穴，似鼻，似口，似耳，似枅，似圈，似臼，似洼者，似污者；激者，謞者，叱者，吸者，叫者，譹者，宎者，咬者，前者唱于而随者唱喁。泠风则小和，飘风则大和，厉风济则众窍为虚。而独不见之调调、之刁刁乎？

"风"吹过不同形状的众窍，而有不同的声音；同样，"道"透过不同的"心知"形塑，而有不同的意见，从而有不同的言论。有趣的是，这一段申论"天籁"的话，子游并没有听懂，所以他继续问：

> 地籁则众窍是已，人籁则比竹是已。敢问天籁？

他没有注意到子綦"大块噫气"一段话讲的就是"天籁"。最后子綦画龙点睛说：

> 夫吹万不同，而使其自己也，咸其自取，怒者其谁邪！

就自然界而言，"怒者"是风，众窍吹万不同，是因为它们各具形体，"似鼻，似口，似耳，似枅"，而有不同声音；就人生界而言，"怒者"是道，众人言论不同，亦因为各持己见，各师成心，是非遂大异其趣。"儒墨之是非"，由此而生。此种人间之是非，不啻是"道"透过儒者、墨者（其他诸子亦然）的心知，发而为

---

① 陆德明：《经典释文》卷28《庄子音义下》，第1558页。

不同的言论：

> 道恶乎隐而有真伪？言恶乎隐而有是非？道恶乎往而不存？言恶乎存而不可？道隐于小成，言隐于荣华。故有儒、墨之是非，以是其所非，而非其所是。欲是其所非而非其所是，则莫若以明。

儒家言何以为儒家言？墨家言何以为墨家言？这和同一"大块噫气"吹过不同的"窍"，或调调、或刁刁，情况如出一辙。儒墨之言，亦属另类"吹万不同"。故庄子以天籁之喻为始，而全文归结于"言"与"道"的关系。借用佛家"物无自性"或"诸法无自性"的理念，他强调的正是"言无自性"——语言并没有自身的真实意义，因为它完全随人类"心知"的摇曳而变幻，而不幸地，心知天生是脆弱的、变态的、摇荡的：

> 与接为构，日以心斗。缦者，窖者，密者。小恐惴惴，大恐缦缦。其发若机栝，其司是非之谓也；其留如诅盟，其守胜之谓也；其杀如秋冬，以言其日消也；其溺之所为之，不可使复之也；其厌也如缄，以言其老洫也；近死之心，莫使复阳也。喜怒哀乐，虑叹变热，姚佚启态；乐出虚，蒸成菌。日夜相代乎前，而莫知其所萌。已乎已乎！旦暮得此，其所由以生乎！

而人人随其心的脆弱、变态、摇荡而有"言"之相辩，正如有风作众窍而有"吹"万不同。但人类之无知可悲，更有甚于众窍，因众窍有定向而有调调、刁刁之异，人类则"未成乎心而有是非"：

> 夫随其成心而师之，谁独且无师乎？奚必知代而心自取者有之？愚者与有焉。未成乎心而有是非，是今日适越而昔至也。是以无有为有。无有为有，虽有神禹，且不能知，吾独且奈何哉！
> 夫言非吹也。言者有言，其所言者特未定也。果有言邪？其未尝有言邪？其以为异于鷇音，亦有辩乎，其无辩乎？

其极致者，则产生了公孙龙子、惠施一类的名辩之家：

> 昭文之鼓琴也，师旷之枝策也，惠子之据梧也，三子之知几乎！皆其盛者也，故载之末年。唯其好之也，以异于彼，其好之也，欲以明之。彼非所明而明之，故以坚白之昧终。

儒家承继西周经典传统，依据字源之关联确立"名、实""喻、指"之间的绝对性。及于战国，诸子学说蜂起，礼崩乐坏之余，时代新风气促使诸子多以儒家学说为批判对象。名家学者一意提出诸如"白马非马""今日适越而昔至"之类的命题，切割"名"与"实"、"喻"与"指"的关系，进而颠覆人类经验的逻辑。其意原在于破除儒家视为天地间不可移易的纲常伦理。然而，"舍本"终将"逐末"，聆听此种论辩的人别有"成心"，论辩者本人也忘记了破除名教的终极目标，而以混淆是非为务，甚且或用以弋取富贵，《史记·孟子荀卿列传》所谓"各著书言治乱之事，以干世主，岂可胜道哉"，最后"非所明而明之"，变成"彼亦一是非，此亦一是非"的局面。这可能是庄子感到最无奈的地方。在他的观察中，"喻指"活动说明喻与所喻、指与所指并不必然相称，因之名亦无定。在"实"体恒常变动的世界中，世界的真相，亦非固定、有限之语言（名）能穷尽。因此，"以指喻指之非指"，其实仍在牢笼之中；必须以"非指"（不属世俗名实范畴之"名"）才能"喻指之非指"。天地、万物，亦不外如是也！这是《庄子》书常出现诸如瞿鹊子、长梧子、啮缺等奇特而不见于他书的人物之名的原因。此一观念，实即老子"道可道，非常道；名可名，非常名"意思的延伸。故"道未始有封，言未始有常"，"分也者，有不分也；辩也者，有不辩也"。故庄子有见于名教的不可恃，语言的不可靠，不得已而"以谬悠之说，荒唐之言，无端崖之辞，时恣纵而不傥，不以觭见之也。以天下为沈浊，不可与庄语；以卮言为曼衍，以重言为真，以寓言为广"（《庄子·天下》语）。

自孔子确立"名"的理论框架以后，老子、庄子对于"名"有体系宏大的阐述，理论上着眼于变动，范畴上归本于自然。《老子》言简意赅，《庄子》则以奇瑰闳肆之笔，充分将语言技巧纵放于博大的论辩文章中，将道家反儒、反礼乐的思想的理论部分提升至前所未有的高度。战国诸子思想，以儒、道二家最具代表性。

这是本文选取二家为例，说明语言陈述在中国思想史上作用的主因。

至于战国思想中各派对于概念范畴的激烈讨论及相互影响，本书的《名、字与概念范畴》已有讨论。读者可参之。

八、名家"名"论的激扬

孔门大量使用正名、声训的方法，说明了中国古代经典中语言文字的运用，实和伦理教化相结合，不局限于语言学的范畴。透过老子、庄子对"名"的种种论述，我们发现道家对礼乐世界的批判，"名"是首要被检讨的对象。过去章太炎承章学诚"六经皆史"之说，接受《七略》《汉志》诸子之流皆出于王官之说，其后胡适著《诸子不出于王官论》。尽管我对胡适之说并不十分欣赏，但对其论证诸子皆有其名学，以质疑"名家"一说，则十分认同。《汉书·艺文志》即指出"名"与"礼"的源流关系：

> 名家者流，盖出于礼官。古者名位不同，礼亦异数。孔子曰："必也正名乎！名不正，则言不顺；言不顺，则事不成。"此其所长也。及譥者为之，则苟钩鈲析乱而已。

班固所说，在儒家而言固然合理，因儒家学说，在于维护西周以降礼乐教化体系，因此儒家名学，与《易》《诗》《书》方向最为吻合。但儒家以外诸子则不然。如道家、墨家、名家、法家等，无不以儒家为批判对象。他们对礼乐教化的核心价值，持何种观点，亦约略可知。

墨家名学，在二十世纪初多被学者视为中国古代之逻辑学。但视之为纯逻辑学，殊不合历史事实，循名责实，仍应视为墨家学派重新检讨儒家名教，而其重新检讨的动机，不外两端，一者在于《非儒》《非乐》等反对儒学理念，二者在于深知"名"的重要性而欲重新为各种"名"下定义。前者可视为诸子政治立场的延伸，后者则涉及认识论（epistemology）的问题，在先秦诸子学说中特别有价值。如《经上》：

故，所得而后成也。体，分于兼也。知，材也。虑，求也。知，接也。恕，明也。仁，体爱也。义，利也。礼，敬也。行，为也。实，荣也。忠，以为利而强君也。孝，利亲也。信，言合于意也。佴，自作也。䛟，作嗛也。廉，作非也。令，不为所作也。任，士损己而益所为也。勇，志之所以敢也。力，刑之所以奋也。生，刑与知处也。卧，知无知也。梦，卧而以为然也。平，知无欲恶也。利，所得而喜也。害，所得而恶也。治，求得也。誉，明美也。诽，明恶也。①

以上所讨论的"名"——故、体、知、虑、仁、义、礼、行之类，不但关乎伦理纲常，而且涉及人类认知活动的动机与性质。如"故"的概念，除了"所得而后成"外，尚可进一步区分为后文申论的"小故"与"大故"，前者"有之不必然，无之必不然"，后者"有之必然，无之必不然"。"故"就是现代汉语"条件"，此节即在于界定必要条件与充分条件。又如"仁"所谓"体爱"，后文则阐述，谓"仁，爱己者，非为用己也，不若爱马"，至于《经说下》则进一步说：

仁，爱也。义，利也。爱、利，此也。所爱、所利，彼也。爱利不相为内外，所爱利亦不相为外内。其为仁内也，义外也，举爱与所利也，是狂举也。②

这段话的要旨在于反驳《孟子·告子》"仁义""内外"的问题，意思是"爱、利"在于此（例如"我"），"所爱、所利"在于彼（我所爱、我所利的对象），这两者并不相为内外。譬如我爱某人，某人被我所爱；我利某人，某人为我所利。如果说"我爱某人"属"仁"属"内"，"某人为我所利"属"义"属"外"，逻辑上并不能成立，因为二者并没有关系。我们要注意《墨经》不但反驳了告子的"仁内义外"，"举爱与所利也，是狂举也"表示其认为孟子"仁义"皆源出于内的论点也不能成立。由此一例可见，《墨经》所论述的概念范畴，部分与儒家相同，立场则迥异，显示其论辩的对象为儒家的名学，针对儒家提出的伦理学与认

---

① 节引，参孙诒让：《墨子间诂》卷10，第279—285页。
② 孙诒让：《墨子间诂》卷10，第355页。

识论的概念范畴，提出异议。由是而让我们重新检视墨辩的名实观，《经上》论"名"有"达名""类名""私名"三者之分，而原则在于"是名也，止于是实也"，名止于实，是不变的。此所以其后有所谓"二名一实，重同也"之说。《小取》说：

> 夫辩者，将以明是非之分，审治乱之纪，明同异之处，察名实之理，处利害，决嫌疑。焉摹略万物之然，论求群言之比。以名举实，以辞抒意，以说出故，以类取，以类予。有诸己不非诸人，无诸己不求诸人。①

"辩"的功能是多样的！是与非需要阐明，治与乱需要审断，同与异需要明辨，名与实需要细察，更重要的是由摹略万物的实然，接下来就要论求群言之比——亦即阐明了事物的实存状态，再归结于"名"也就是语言的问题，用"名"来呈现"实"，用文辞抒发意旨，用言说阐明事理。语言之道，推而广之，可厘清自然界及人文界一切事理，是条理、纲纪的关键。"有诸己不非诸人，无诸己不求诸人"，可谓深得"为己之学"的精髓。在这一点上，儒、墨原则并无不同，只是有崇礼乐和非礼乐之异而已。

以下论述两位名家——惠施与公孙龙——的名学。

惠施，宋（今河南省商丘市）人，活跃于魏、楚之间，于列国间推动合纵以抗秦。魏惠王时，因与张仪不合，被逐出魏国。转赴楚，后返宋。魏惠王薨，惠施始返魏。《庄子》书所记惠施与庄子辩论甚多。如《庄子·逍遥游》即有两条，其一论大瓠，其二论大树，均以为"大而无用"：

> 惠子谓庄子曰："魏王贻我大瓠之种，我树之成而实五石，以盛水浆，其坚不能自举也。剖之以为瓢，则瓠落无所容。非不呺然大也，吾为其无用而掊之。"……惠子谓庄子曰："吾有大树，人谓之樗。其大本拥肿而不中绳墨，其小枝卷曲而不中规矩，立之涂，匠者不顾。今子之言，大而无用，众所同去也。"

---

① 孙诒让：《墨子间诂》卷11，第379页。

周人尚德，以"德"论人，以"德"之大小，衡定人们适用何种职分名位。由此推理，大有大用，小有小用，故政治制度有圣人、后牧、卿士、大夫、士的等第之分。惠施则宣称"大而无用"，目的显然在于破除儒家大小名分体系。又《德充符》：

> 惠子谓庄子曰："人故无情乎？"庄子曰："然。"惠子曰："人而无情，何以谓之人？"庄子曰："道与之貌，天与之形，恶得不谓之人？"惠子曰："既谓之人，恶得无情？"庄子曰："是非吾所谓情也。吾所谓无情者，言人之不以好恶内伤其身，常因自然而不益生也。"惠子曰："不益生，何以有其身？"庄子曰："道与之貌，天与之形，无以好恶内伤其身。今子外乎子之神，劳乎子之精，倚树而吟，据槁梧而瞑。天选子之形，子以坚白鸣！"

惠施提出之辩题为"人故无情乎"，认为"情"是"人"的必要条件，就是《墨经》的"无之必不然"。"人故无情"，失去了必要条件，则"人"之名还能成立吗？这隐然站在重视情感的儒家的对立面[1]。惠施坚持人类有"身"，自然不得不做"益生"之事；但为了益生而"无情"，又违悖了人类应该"有情"的本质——由此而推论世俗礼教的矛盾之处。庄子赞成惠施"人故无情"，但将"无情"诠释为"人不以好恶内伤其身，常因自然而不益生"，认为"身"是自然所赋予，当顺应自然而不以好恶斫伤，而且指责惠施为了辩论，而违悖了大自然赐予可贵自由的

---

① 儒家重视情感，不但见于《尚书·洪范》，《礼记》之《乐记》《中庸》诸篇，出土文献如郭店楚简《性自命出》谓"道始于情"，《五行》篇谓"不戁（昪）不兑（悦），不兑（悦）不戚（戚），不戚（戚）不新（亲），不新（亲）不恶（爱），不恶（爱）不惪（仁）"，强调了人类各种情感彼此间的同中有异、异中有同、彼此依存、互相影响的关系，所以喜乐（昪）、愉悦（兑）、忧戚共感（戚）、亲近、相爱、行仁，相互之间是有密切联系的。失去了其中一种能力，也会影响到其他的能力。君子最好能使各种情感的能力取得一定平衡，才能展现"仁"的境界。《礼记·檀弓下》记子游论"礼"与"情"的关系非常生动："礼有微情者，有以故兴物者；有直情而径行者，戎狄之道也。礼道则不然，人喜则斯陶，陶斯咏，咏斯犹，犹斯舞，舞斯愠，愠斯戚，戚斯叹，叹斯辟，辟斯踊矣。品节斯，斯之谓礼。"

生命。由此二例可见，庄子常坚持自然无为的原则，惠施则常针对世俗之说或儒家学说，以提出悖论。《庄子·天下》记惠施之学最详，所谓"历物十事"：

> 惠施多方，其书五车，其道舛驳，其言也不中。历物之意，曰："至大无外，谓之大一；至小无内，谓之小一。无厚不可积也，其大千里。天与地卑，山与泽平。日方中方睨，物方生方死。大同而与小同异，此之谓小同异。万物毕同毕异，此之谓大同异。南方无穷而有穷，今日适越而昔来，连环可解也。我知天下之中央，燕之北、越之南，是也。泛爱万物，天地一体也。"惠施以此为大，观于天下，而晓辩者。天下之辩者相与乐之。卵有毛。鸡三足。郢有天下。犬可以为羊。马有卵。丁子有尾。火不热。山出口。轮不蹍地。目不见。指不至，至不绝。龟长于蛇。矩不方。规不可以为圆。凿不围枘。飞鸟之景未尝动也。镞矢之疾而有不行不止之时。狗非犬。黄马骊牛三。白狗黑。孤驹未尝有母。一尺之棰，日取其半，万世不竭。辩者以此与惠施相应，终身无穷。

惠施"历物之意"，有运算的意思，但用一"意"字，表示他并不讲算术细节[1]，亦不在意逻辑问题，而是旨在提出涉及认识论的认知方法，挑战当时思想家习用的概念。"大一"之名甚为古老，至战国则更为广泛。惠施特别立意于诸说之外，用"至大无外""至小无内"说明。"大、小""内、外"均属相对观念，也是人类经验知识中的普通概念。正因为"内、外"为相对，"无外"既无法理解，"无内"自亦难以想象。用"无外"来定义"至大"的"大一"，"大一"必超出人类经验想象以外；用"无内"来定义"至小"的"小一"，"小一"同样必不可究诘。既如此，则无论是"大一"或"小一"，均属《墨经》所谓"狂举"，均不能成立。"日方中方睨，物方生方死"二语，与《庄子·齐物论》相同。"大同而与

---

① 章太炎《膏兰室札记》412条"历物疏证"之"一"论证"历"字驳《经典释文》"其言分别历说之"，引《礼记·郊特牲》郑《注》，证"历"即"算"。章氏曰："仅言其意，则与几何仅言其理者同，其致用者尚少也。"就是说"历物"讲的是计算物理，讲的是理论，而不是数学实用。参章太炎：《膏兰室札记》卷3，《章太炎全集（一）》，第243页。

小同异，此之谓小同异。万物毕同毕异，此之谓大同异"，或可借用荀子《正名》所谓"共名、别名"理解，就"存有"而言，则万物无不相同，举"有"字以概括，一切万物皆"有"；就差异而言，则万物莫不相异，举同一棵大树之叶为例，虽千万片而片片不同①。

从"泛爱万物，天地一体也"可以明了惠施的心志在于反名教。要知道儒家即使有"天地一体"的理想，亦终将因名教、礼教的推行而南辕北辙，与目标背道而驰，正因为"名者，实之宾也"，"实"的复杂性无穷，而"名"的功能性有限，儒者立名教以区别尊卑亲疏，与天地一体的理想，必然背道而驰。因此就现实世界而言，"名者，实之宾也"恰好提醒了人们注意"名"随时变异的本质。老子、庄子都掌握到儒家名教在理论上此一严重弱点，惠施亦不例外。惠施反名教，最终是要劝人明白语言文字的不可依恃，应该直接超越语言文字，体会万物混而为一的本质。他并不以扰乱时人对天地万物的认知为目的。②

以下讨论同样醉心于诡辩的公孙龙的名学，其终极关怀与惠施截然不同。

公孙龙是战国中晚期赵国人，曾为平原君门客。据诸家考据，年世约较庄子略晚，《公孙龙子·迹府》③记其为"六国时辩士也。疾名实之散乱，因资材之所长，为'守白'之论"④。《战国策·赵策二》载苏秦对秦王说：

公孙龙著名的名学论题有"指物""白马""坚白"，皆已见于《庄子》内篇。《齐物论》除前引"昭文之鼓琴也，……非所明而明之，故以坚白之昧终"外，又云：

---

① "历物十事"中，部分亦不可究诘，后人费心猜疑，实亦无根据之推测。"天与地卑，山与泽平""卵有毛。鸡三足。郢有天下。犬可以为羊。马有卵"，均属其例。

② 惠施虽为庄子知音，因二人皆主张天地一体，但在方法上庄子并不欣赏惠施，认为彼操持的亦属名教语言，自亦难免困于名教樊笼之中，所谓"以指喻指之非指"即指此，亦即"非所明而明之，故以坚白之昧终"。而庄子之方法，则以谬悠无稽的寓言、重言，超脱儒家名教的语言系统，所谓"以非指喻指之非指"即指此。

③ 《公孙龙子》，西汉时共存14篇，至北宋仅存6篇：《迹府》《白马》《指物》《通变》《坚白》《名实》。学界多同意《迹府》是公孙龙子后学所作，记公孙龙的行迹。

④ 屈志清：《公孙龙子新注》，武汉：湖北人民出版社，1981年，第1页。

以指喻指之非指，不若以非指喻指之非指也；以马喻马之非马，不若以非马喻马之非马也。天地，一指也；万物，一马也。

《公孙龙子·指物》所谓"物莫非指，而指非指"，《坚白》的"离坚白"，庄子早已论及。但这未必影响公孙龙诸论的原创性，因为名家原本擅于借用名人隽语，用悖论的方式，否定其原意。正如《迹府》假托回应孔穿质疑白马论，而引孔子评楚王"楚人遗弓，楚人得之"，认为"人亡弓，人得之而已，何必楚"更为合宜[1]，以支持自身白马之论[2]。是为一例。

庄子所说"以指喻指之非指，不若以非指喻指之非指"，首先，我们要弄清楚"名""字""指"三者在先秦时期的区别：

1. "名"：依循事物之"实"而有的。有是"物"，则有是"名"。儒家"正名""声训"的方法皆依据此一理念而产生。

2. "字"：假托之"名"，它与"名"有某种从属的关系却并不是"名"本身，如《老子》谓"吾不知其名，字之曰道"，则"道"是"字"，可以影射"有物混成"之"物"，但终究并非"物"之"名"。

3. "指"："物"的约定俗成的称谓，既不是"名"，亦不是"字"，而是世人依功能性、需要性而给予"物"的称呼。

关于名家"名"的讨论，尚需注意四点：

其一，名家源出于"礼官"的可能性很小，产生自儒家"正名"思想则大致无问题。名学辩论的内容常常将孔子及其弟子纳入，名家学者有时也被视为广义地与儒家同道，如《庄子·秋水》说公孙龙"少学先王之道，而明仁义之行，合同异，离坚白，然不然，可不可"。

---

① 屈志清：《公孙龙子新注》，第6页。

② 雄按：楚王所谓"繁弱之弓""忘归之矢"亦皆寓言而命的"假名"，"楚人遗弓，楚人得之，又何求乎"当表达一种仁人爱物之心，楚王自不介意其他楚人得此弓。孔子贯彻仁义，遍诸四海，故引申其说，至全人类皆可，故谓"何必楚"。此亦符合孔子思想。而公孙龙则穿凿其说，谓"楚人"异于"人"，用以引证其"白马"异于"马"之论，甚且用此说，攀引己说为符合孔子儒术之说。此即可见公孙龙名辩之方术，足以炫人耳目，攫取政治利益，而不在于泛爱万物，天地一体。

其二，这些常被视为"名学"的论题可能延续了十年以上至数十年，很难说哪个论题属于哪一位思想家。例如庄子讥惠施"以坚白鸣"，坚白论并非惠施的主要论辩；此外，没有被归属于名家的思想家也有参与"名"的论辩，包括庄子与荀子。

其三，公孙龙的名辩，根据各种文献的记载，有可能有政治的实际作用，让他得以达致某些目的。例如，罗振玉《鸣沙石室古籍丛残》唐写本古类书第一种"白马"注：

> 公孙龙度关。关司禁曰："马不得过。"公孙曰："我马白，非马。"遂过。[1]

此轶事未必为真实，但恰可反映公孙龙白马之论，可能属于施用于政治伎俩。

其四，惠施与公孙龙是战国最著名的名家，本身也招来其他思想家（如庄子）的批评。《史记·平原君列传》：

> 平原君厚待公孙龙。公孙龙善为坚白之辩。及邹衍过赵，言至道，乃绌公孙龙。

《史记集解》引刘向《别录》同样记载邹衍反对公孙龙之说：

> 齐使邹衍过赵，平原君见公孙龙及其徒綦毋子之属，论"白马非马"之辩，以问邹子。邹子曰："不可。彼天下之辩，有五胜三至，而辞正为下。辩者，别殊类使不相害，序异端使不相乱，抒意通指，明其所谓，使人与知焉，不务相迷也。故胜者不失其所守，不胜者得其所求。若是，故辩可为也。及至烦文以相假，饰辞以相悖，巧譬以相移，引人声使不得及其意。如此，害大

---

[1] 罗振玉：《鸣沙石室古籍丛残》，《中国西北文献丛书》第8辑 "敦煌学文献"第11卷，兰州：兰州古籍书店，1990年，第499页。

道。夫缴纷争言而竟后息，不能无害君子。"坐皆称善。①

由《别录》所言，倘若公孙龙之辩在于务使人"相迷"，仅止于"引人声使不得及其意"，则其名学显然与惠施"泛爱万物，天地一体"之目标不同。

至于公孙龙的"名"学，见于后人所辑数篇论文。除了历来被名学研究者奉为焦点的《白马》篇外，更关键的可能是专论名实关系的《名实》篇与论物与指关系的《指物》篇。《名实》说：

> 天地与其所产焉，物也。物以物其所物而不过焉，实也。实以实其所实而不旷焉，位也。出其所位，非位。位其所位焉正也。以其所正，正其所不正；不以其所不正，疑其所正。其正者，正其所实也。正其所实者，正其名也。其名正，则唯乎其彼此焉。②

这段文字对"名、实"的阐释实属先秦思想的通谊，符合"名者，实之宾也"的意旨。天地以及生于其中的事物都是"物"，这是无可争议的。"名"所指涉的正是事"物"的实然。实事求是、恰到好处的"实"可称为"位"。实物处于合宜的位置就是"正"。"正名"，就是要"正其所实"，从"实"上求"名"的端正。"位其所位"则"正"。接下来有两项工作：

其一，"以其所正，正其所不正"，就是以端正之事物作为准绳（如谓"君者，群也"）加以推扩，去端正"不正之事物"。

其二，"不以其所不正，疑其所正"，即厘清正不正的界线，避免误用不正之事物作为准则，反过来怀疑已端正的准则（如不用"不能群"的例子来怀疑"君"的"能群"）。公孙龙又说：

> 夫名实，谓也。知此之非此也，知此之不在此也，则不谓也。知彼之非彼

---

① 司马迁：《史记》卷76，第2370页。
② 屈志清：《公孙龙子新注》，第66—68页。

也，知彼之不在彼也，则不谓也。[①]

这段文字"彼""此"二概念相同，扼而言之就是界定彼此，无论是知"此"之非"此"或不在"此"，抑或"彼"之非"彼"或不在"彼"，都不要妄求称谓，因为严格而言，"谓"须名实相副。

以上的文字内涵，其理甚明，甚至用来描述儒家正名思想，亦不为过，包括《指物》之论亦如此：

物莫非指，而指非指。……天下无指者，生于物之各有名，不为指也。[②]

公孙龙所谓"指"，即庄子"以指喻指之非指"之"指"。如前所述，"指"和"名"近似而不同。"物莫非指"和"物各有名"完全是两回事。"名"依"实"而产生，例如我们本于月亮圆缺的周期，而将一"月"（month）的名称定为"月"，那么"月"（month）之名与实，是相互结合的。此即"物各有名"。"指"则是任意设定的。因此"名"和"指"是不一样的。要实现"天下无指"是不可能的，除非每一件"物"都有其稳定不移的"名"，既有"名"就不是"指"（不为指）了。然而，公孙龙认为，其实所有的事物的名称，都是约定俗成（指）的，既不是"名"，那就没有绝对性了。

就上述文字考察，公孙龙在"名、实"问题上并没有诡辩的嫌疑。但站在这个制高点上，他再开展关于"白马非马""离坚白"等论题的辩析，却足以让听者无法质疑他的理论基础。这是他的高明处。要知道，如果依照他的定义将"谓"的活动定义为"名实"相副，接下来的一连串名辩，都可以吹毛求疵至于极致，人亦不能指斥其非，情况可能失控。例如知"彼"（白马）之非"彼"（马），知"彼"（白马）之不在彼（马之属），亦"不谓也"，就可以轻易让"白马非马"这个课题毫无瑕疵地成立，再加上与孔穿答问时所举孔子言"楚人"与"人"的轶事支

---

① 屈志清：《公孙龙子新注》，第71页。

② 屈志清：《公孙龙子新注》，第29页。

持，又再加上《通变》里面近乎诡辩的方法①，自此以往，一切语言与事物天经地义的名实关系，都可以轻易予以质疑。最后"不以其所不正，疑其所正"根本做不到，名教的秩序可能因此而陷于危机。

《荀子·非十二子》批评名家"辩而无用，多事而寡功，不可以为治纲纪"，是从政治教化之功能，批评名家为无用。《庄子·天下》总评名家的名学：

> 桓团、公孙龙，辩者之徒；饰人之心，易人之意，能胜人之口，不能服人之心，辩者之囿也。惠施日以其知，与人之辩，特与天下之辩者为怪，此其柢也。然惠施之口谈，自以为最贤，曰："天地其壮乎，施存雄而无术。"南方有倚人焉，曰黄缭，问天地所以不坠不陷，风雨雷霆之故。惠施不辞而应，不虑而对，遍为万物说，说而不休，多而无已，犹以为寡，益之以怪。以反人为实，而欲以胜人为名，是以与众不适也。弱于德，强于物，其涂隩矣。由天地之道，观惠施之能，其由一蚊一虻之劳者也。其于物也何庸。夫充一尚可，曰愈贵道，几矣。惠施不能以此自宁，散于万物而不厌，卒以善辩为名。惜乎惠施之才，骀荡而不得，逐万物而不反，是穷响以声，形与影竞走也。悲夫！

庄子批评极精到。"实"为"形"，"名"为"影"，"形"（实）随时变化，"影"（名）则流为诡辩，想归返事物之"实"，并无丝毫成功之可能，真可谓"形与影竞走"。天地之道极大，而语言不过人类各自师其成心而发出之"鷇音"（见《齐物论》）而已。纠结于语言樊笼之中，而自以为能破此樊笼，固然不可能，亦可谓"一蚊一虻之劳"。在于庄子，则另辟蹊径，以谬悠之语言，演说谬悠之宇宙，绕过语言的干扰，以摧破儒家名教的牢笼。

---

① 《公孙龙子·通变》："谓鸡足，一。数足，二。二而一，故三。谓牛羊足，一。数足，四。四而一，故五。牛、羊足五，鸡足三。"屈志清注：《公孙龙子新注》，第6页。雄按："鸡足"是共名，只有一个"足"字，而计算"数"（动词）足则有二，故共为"三"（牛羊足之例亦同）。依逻辑学而论，共名之"足"与可计算之"足"根本无法相加，但此种支离名实的方法，正是公孙龙所以自豪者。

九、荀子对名家诡辩的反击

荀子是先秦儒家最后一位大师，不但儒学理论精到，就今本《荀子》与二戴《记》的关系考察，传经之功亦不可没。荀子惩于战国时期群雄并立、游士横议导致价值观念紊乱之弊，从治道强调儒家价值，因此对名家诡辩亦有独到的响应。今《荀子》书中《解蔽》《正名》两篇，即属于此一论述的专章。《解蔽》所论，主要是以政治伦理为核心，讨论人类认知差误的原因：

> 欲为蔽，恶为蔽，始为蔽，终为蔽，远为蔽，近为蔽，博为蔽，浅为蔽，古为蔽，今为蔽。凡万物异则莫不相为蔽，此心术之公患也。

而防杜方法，即所谓"解蔽"，关键在于"心"。这是后文畅论"心""虚壹而静"的背景。而《正名》则绕过名家诡辩，先揭示"名"由刑名、爵名、文名[①]、散名[②]的历史发展，说：

> "见侮不辱"，"圣人不爱己"，"杀盗非杀人也"，此惑于用名以乱名者也。验之所以为有名，而观其孰行，则能禁之矣。"山渊平"，"情欲寡"，"刍豢不加甘，大钟不加乐"，此惑于用实以乱名者也。验之所缘以同异，而观其孰调，则能禁之矣。"非而谒楹"，"有牛马非马也"，此惑于用名以乱实者也。

"惑于用名以乱名""惑于用实以乱名""惑于用名以乱实"皆有损于治道。我们要注意到，正名思想从孔子宣示以来，名实相副，一直是不变的准则，即使公孙龙

---

① 杨倞注："《康诰》曰'殷罚有伦'，是亦言殷刑之允当也。'爵名从周'，谓五等诸侯及三百六十官也。文名，谓节文、威仪。礼，即周之仪礼。"王先谦：《荀子集解》卷16，第411页。

② "散名之加于万物者，则从诸夏之成俗曲期。"杨倞释"成俗曲期"为"旧俗方言"，参王先谦：《荀子集解》卷16，第411页。

子也要强调"正其所实者，正其名也"。然而，荀子显然吸收了老子"道可道，非常道；名可名，非常名"之教，着眼于"变通"，认为有部分的"名"是随时而变的：

> 名无固宜，约之以命，约定俗成谓之宜，异于约则谓之不宜。名无固实，约之以命实，约定俗成，谓之实名。名有固善，径易而不拂，谓之善名。

荀子强调"约定俗成"，等于从理论层面不再坚持"名、实"的绝对性，这在先秦儒家名教学说中，可谓石破天惊之论！不过他也强调"径易而不拂"的善名不妨执着，又务实地守住了儒家核心价值。这一套学说，实可称为儒家新名学。基于此一新名学，他强调王者要"循于旧名，作于新名"：

> 今圣王没，名守慢，奇辞起，名实乱，是非之形不明，则虽守法之吏，诵数之儒，亦皆乱也。若有王者起，必将有循于旧名，有作于新名。然则所为有名，与所缘以同异，与制名之枢要，不可不察也。

承认"名"会因"实"随时而变而改变，是荀子名学的一大突破，也适切地响应了老子"名可名，非常名"的理论挑战：

> 故王者之制名，名定而实辨，道行而志通，则慎率民而一焉。故析辞擅作名以乱正名，使民疑惑，人多辨讼，则谓之大奸，其罪犹为符节、度量之罪也。

荀子指斥乱名者致人民疑惑辨讼等奸恶之事兴，提醒王者需要随时制名，以谨慎率民。我们在赏叹荀子的过人的智慧之余，也必须注意这段文字潜藏了让人不安的资讯。要知道孔子"正名"思想的关键，在于"名"与"实"的绝对性，而在方法上，"名"的诠释，有赖于形音义的分析，其中声音尤其关键，声训之成为汉代以前儒家名学的主要方法，恰可证明。正因为有了形音义分析的条件，名教体系，必有赖于学问德业兼具的君子的解释，而非由掌握政治权力的王侯任意规定，由此而保证了德性的优先，亦保障了知识的尊严。如今"制名"之权柄授于"王者"，哪些"新名"王者应予制作，哪些"乱名"应予去除，解释权和决定权全在掌握政权者之手。"名"的固宜抑或不宜，界线亦由掌权者判定。在荀子看来，"王者"固然是圣主而非独夫，但从历史长河观察，从中国历代帝王专制的史实考虑，荀子的办法不无可议。

十、结论

本文尝试从方法论的角度，说明"语言"在经典建构、传述乃至于形成诠释传统的过程中的关键地位，进而指出传统学者对"语言"的重视，无法满足学界对于中国先秦思想史研究的需要，是为方法论上遗失或被遗忘的一个板块。本文继而勾稽《易》《诗》《书》中的语言镶嵌，说明西周初年"语言"作为一种表述政治理念（或意识形态）的方法，已标志了中国思想史的起源。中国经典是由形、音、义统一的汉字书写，读者在勾稽经典意义时，"识字"是第一步，"小学"成为经学的基础，细察字形、聆听读音，是治学的基本功夫，而儒家之学，在于训练政教人才。儒家学者理想的治学途程，是透过察识文字、聆听读音，让经典寓意借由耳目感官，产生知性理解而内化于心，让德性滋润身体，行为展开了政治。荀子《劝学》说"君子之学也，入乎耳，箸乎心，布乎四体，形乎动静。端而言，蝡而动，一可以为法则"的意义正在于此。

孔子整齐《六经》，承接西周圣典的传统而宣示了"正名"的方法与理念。孔子处于乱世，认为政治失序起于名实混乱，以语言确立纲常伦理秩序，即以声训的办法提倡"正名"。孔子修《春秋》，重视一字之褒贬，"贬天子，退诸侯，讨大夫"，认为重新将"名、实"关系的一致性摆正了，即可以收到重要的政治效力。

儒者将操作汉字声音与义训的方法，延伸于治术，名实相副，正是礼制的必要基础，于是利用"名"联系人伦事物、礼制纲常乃至于自然事物的大门被打开了，引发了对儒家礼乐深致不满的先秦诸子，纷纷建构其新名学。老子、庄子、墨辩、名家如惠施及公孙龙等都穷尽方法，就"名、实"问题提出新见，破除儒家礼乐旧矩矱。此中名家鞭辟透里，理论方法的挑战不可谓不高明，也引出了庄子、荀子、邹衍等思想家提出响应与批判。整个先秦思想"名"的论述，提升到逻辑学、哲学的高度，也因为与政治教化关系紧密，拓展到政治学、伦理学的范畴。盱衡周初至战国八百余年，"语言"一直是思想发展史上关键性的元素，是引导、决定思想史走向的一种重要的方法。

先秦经典"中"字字义分析

——兼论《保训》"中"字

一、问题的提出

我在2003年至2009年的6年间，和来自不同领域的学者进行了一项计划，研究经典中"行"字字义的原始与变迁，并检讨了"五行"观念的原义[①]，及其在先秦思想史上发展的轨迹。原本我早已准备接着研究"中""天"两个字。恰好近年清华简《保训》里面的"中"字受到瞩目，学界讨论热烈。我也因利乘便，先撰写这篇论文讨论"中"字，或许对《保训》"中"字的训解，有微薄的帮助。

"中"这个字非常古老，作为一个抽象概念在中国思想史上占有举足轻重的关键性位置，更是源远流长。近年受到学界瞩目的清华简《保训》里面多次出现了这个字，有"求中""得中""假中于河""归（追）中于河"等词句，学界讨论非常热烈。据归纳，对于该篇"中"字的意义，学界提出了"中道""公平公正原则""地中""表""众""诉讼文书""旂旗""民众""军队""保证公平的承诺"等多种训释。[②]这些解释，有些存在互相牵合的嫌疑，例如表述"簿书"的"中"字与表述"中正"之义的"中"字，原来是两个字，在甲骨文和金文的字形上厘然分为两种形态，但有些学者并不理会，而直接将两种意义连接起来，认为清华简《保训》之"中"字本指"簿书"，义为"中正"。甚至有些学者由这个"中"字联想到在儒学史上举足轻重的"道统说"，那就已经逸出释读文献的范畴，而一下子跳跃到中国思想史的问题了。

本文拟尝试用与处理"行"字相类似的方法，广搜先秦文献，考察"中"字字

---

① 该计划最初有十几位学者参加，最后由我和杨秀芳、朱歧祥、刘承慧三位教授写定《先秦经典"行"字字义的原始与变迁——兼论"五行"》一文。

② 可参梁涛：《清华简〈保训〉与儒家道统说再检讨——兼论荀子在道统中的地位问题》，《国学学刊》2011年第4期，第18—24页。

义在先秦经典中的义训类别与演变。我不敢保证这样的方法一定可以为清华简《保训》"中"字提供圆满答案，但将基本的材料梳理一下，也许会有助于我们梳理一下问题的症结。

二、两个"中"字

《说文解字》"中"：

> 中，内也。从口丨，下上通也。

段玉裁《注》：

> 俗本"和也"，非是，当作"内也"。宋麻沙本作"肉也"，一本作"而也"，正皆"内"之讹。"入"部曰："内者，入也"；"入者，内也"。然则"中"者，别于"外"之辞也，别于"偏"之辞也，亦合宜之辞也。作"内"，则此字平声、去声之义无不赅矣。[1]

《经典释文》注《周易·蒙·象传》"时中"称：

> 张仲反。《注》"时中""决中"同，又如字，和也。

认为"中"可训释为"和"，唯段《注》说：

> 许以和为唱和字，龢为谐龢字。龢、和，皆非"中"之训也。《周礼》"中失"即"得失"。[2]

---

① 许慎撰，段玉裁注：《说文解字注》1篇上，第20页。
② 许慎撰，段玉裁注：《说文解字注》1篇上，第20页。

按《周礼・地官・司徒》"掌国中失之事，以教国子弟"。段玉裁认为这个"中"字训为"得"，又强调"和"并非"中"的训解，那就是以"中"字与"和"字为各有独立的语义。[①]

段玉裁用"别于外之辞也，别于偏之辞也，亦合宜之辞也"[②]来归纳"中"字的本义，但审察近现代各种学术性辞书字典的训解，参照当代学者的看法，"中"还有"簿书筹筴"的义训，与许慎及段玉裁的解释并无任何明显的关涉。按《说文解字》释"史"字形：

> 记事者也，从又持中；中，正也。[③]

"正也"之解，即段玉裁所谓"合宜之辞"。从文字学上检讨此一训解，我们也许需要参考一下王国维《释史》一文训释"史"字的意义与职掌（作为官员）时，兼对"中"字所做的一番推论。《释史》指出：作为"史"字的一个部件的"中"字，却被许慎混淆为"中正"字之"中"：

> 《说文解字》："史，记事者也。从又持中。中，正也。"其字古文、篆文并作屴，从中。（原注：秦泰山刻石"御史大夫"之"史"，《说文》大、小徐二本皆如此作。）案：古文"中正"之字作屴、屴、屴、屴、屴诸形，而"伯仲"之仲作中，无作中者，唯篆文始作中。[④]

按甲骨文的确也有作"中"的[⑤]，金文亦有[⑥]，非如王国维所说唯篆文始有此形。但"中"与甲骨文及金文"屴、屴、屴、屴、屴"诸形厘然区别为两个系统，从《甲骨

---

① 唯朱骏声《说文通训定声》"中"字条称："古训'中'为'和'者，乃'中'字之转注。"见朱骏声：《说文通训定声・丰部弟一》，第36页。

② 许慎撰，段玉裁注：《说文解字注》1篇上，第20页。

③ 许慎撰，段玉裁注：《说文解字注》3篇上，第116页。

④ 以下引王国维《释史》一文，见《观堂集林》卷6，第263—269页。

⑤ 参《甲骨文编》卷1・9"京都269"即作此形（第18页）。

⑥ 参《金文编》卷1"仲斿父鼎"即作此形（第30页）。

文编》及《金文编》所收诸形看来，王国维之说也是确不可移的。王氏接着说：

> 且"中正"，无形之物德，非可手持，然则"史"所从之"中"，果何物乎？吴氏大澂曰："史，象手执简形。"然中与简形殊不类。江氏永《周礼疑义举要》云："凡官府簿书谓之'中'，故诸官言'治中''受中'。小司寇'断庶民狱讼之中'，皆谓簿书，犹今之案卷也。"此'中'字之本义，故掌文书者谓之'史'，其字从又从'中'。'又'者右手，以手持簿书也。'吏'字、'事'字皆有'中'字。天有'司中星'，后世有'治中'之官，皆取此义。"江氏以"中"为簿书，较吴氏以"中"为简者得之。（简为一简，簿书则需众简）

"'中'为簿书"尚未为王国维的最后推论。他接着说：

> 顾簿书何以云"中"？亦不能得其说。案《周礼·大史》职："凡射事，饰中，舍算。"《大射仪》：司射"命释获者设中"，"大史释获，小臣师执中，先首，坐设之，东面，退。大史实八算于中，横委其余于中西。"又"释获者坐取中之八算，……兴，执而俟，乃射。若中，则释获者每一个释一算。上射于右，下射于左。若有余算，则反委之。又取中之八算，改实八算于中，兴，执而俟。"云云。此即《大史》职所云"饰中舍算"之事。是"中"者，盛算之器也。"中"之制度，《乡射》记云："鹿中，髤，前足跪，凿背容八算，释获者奉之，先首。"又云："君，国中射，则皮树中；于郊，则闾中；于竟，则虎中。大夫，兕中。士，鹿中。"是周时中制皆作兽形，有首有足，凿背容八算，亦与中字形不类。余疑"中"作兽形者，乃周末弥文之制，其初当如中形，而于中之上，横凿空以立算，达于下横；其中央一直，乃所以持之，且可建之于他器者也。考古者"简"与"算"为一物。古之简策，最长者二尺四寸；其次二分取一，为一尺二寸；其次三分取一，为八寸；其次四分取一，为六寸（原注：详见余《简牍检署考》）。算之制亦有一尺二寸与六寸二种，射时所释之算，长尺二寸，投壶算长尺有二寸。《乡射记》："箭筹八十，长尺有握，握素。"注："箭，篠也；筹，算也。握，本所持处

也。素，谓刊之也。刊本一肤。"贾《疏》："云'长尺'，复云'有握'，则'握'在一尺之外，则此筹尺四寸矣。云'刊本一肤'者，《公羊传》僖三十一年：'肤寸而合。'何休云：'侧手为肤。'……"计历数之算，则长六寸。《汉书·律历志》算法用竹，径一分，长六寸。《说文解字》："筭，长六寸，计历数者。"尺二寸与六寸，皆与简策同制。故古"筭""笋"二字，往往互用。……古文"筭"皆作"笋"。《老子》"善计者不用筹策"，意谓不用筹筭也。……是古"筭""笋"同物之证也。射时舍筭，既为史事，而他事用筭者，亦史之所掌。筭与简策，本是一物，又皆为史之所执，则盛筭之"中"，盖亦用以盛简。简之多者，自当编之为"篇"。若数在十简左右者，盛之于"中"，其用较便逸。《逸周书·尝麦解》："宰乃承王中，升自客阶，作笋，执笋，从中。宰坐，尊中于大正之前。"是"中""笋"二物相将，其为盛笋之器无疑。故当时簿书亦谓之"中"。《周礼·天府》："凡官府、乡、州及都鄙之治中，受而藏之。"《小司寇》："以三刺断民狱讼之中。"又："登中于天府。"《乡士》《遂士》《方士》："狱讼成，士师受中。"《楚语》："左执鬼中。"盖均谓之物也。然则"史"字从又持中，义为持书之人，与尹之从又持丨（原注：象笔形）者同意矣。然则谓中为盛笋之器，"史"之义，不取诸持筭，而取诸持笋，亦有说乎？曰：有。持筭为史事者，正由持笋为史事故也。古者书笋皆史掌之书。……则"史"之职，专以藏书、读书、作书为事，其字所从之"中"，自当为盛笋之器。此得由其职掌证之也。

王国维考订"中"为"盛筭之器"，并论"筭笋同物"，"筭简策亦本是一物"，"中"用以盛筭，亦用以盛简盛篇，故"簿书亦谓之'中'"，而"史"字所从之"中"，当为"盛笋之器"。然则"中"的用法，涵括了盛简、盛筭、盛笋之器，

亦包括簿书、简策等相关联的意义。^①

这里就产生一个问题。照王国维的讲法，这个指涉"簿书"或"盛筭之器""盛筭之器"的"丨"，与中正字的"中"，前者具体，后者抽象，显然不是同一个字^②；然而证据不足，我们也很难说二者之间绝无任何关系。但它们的语源是否相同呢？如此，则二者的关系为何？此在目前，尚难以推断。

三、"中"的语义分析

释为"簿书筭筴"的"丨"字既为实物，其语义亦受限于实物形体，而不易有引申的功能。因此在经典中多仅用于礼书。这一点，清儒多已注意到，只是未能如王国维般从甲金文的本形上加以区别而已。《周礼·春官·天府》：

> 凡官府乡州及都鄙之治中，受而藏之。

---

① 王国维引《周礼·秋官·乡士》"狱讼成，士师受中"。雄按：郑玄《注》云："'受中'，谓受狱讼之成也。郑司农云：''士师受中'者，若今二千石受其狱也。'中'者，刑罚之中也。故《论语》曰："刑罚不中，则民无所措手足。"'"孔颖达《疏》："'士师受中'者，士师当受取士成定中平文书为案。"郑玄注，贾公彦疏：《周礼注疏》卷35，第1088页。雄按：郑司农引《论语》，则是训"士师"所受之"中"为"刑罚不中"之"中"，是指抽象的中肯、合宜之义。而孔颖达谓"当受取士成定中平文书为案"，则是释"中"为文书。二者显然不同。王国维所释，与孔颖达之训解相合，与郑玄、郑司农之义则不合。

② 王辉从古文字考释"中"字在《保训》中的语义，却没有像王国维那样严格区别二者。王辉指出，"商代甲骨文中，'中'只有中间义，与上下左右相对而存在。大约到了西周中期，'中'才作为司法用语，由中间引申为公平义。"参王辉：《也说清华简〈保训〉的"中"字》，《古文字研究》第28辑，北京：中华书局，2010年，第471页。雄按：王文引了王国维《古史新证》，却未引《释史》一文。而且王辉论《周礼·秋官·乡士》"狱讼成，士师受中"即用郑玄《注》引郑司农"刑罚之中"之义，不采王国维之说。

郑玄《注》引郑司农：

> 治中，谓其治职簿书之要。[①]

江永《周礼疑义举要·秋官》：

> 凡官府簿书谓之中，故诸官言治中、受中。《小司寇》："断庶民讼狱之中"，皆谓簿书，犹今之案卷也。此中字之本义，故掌文书者谓之史，其字从又、从中，又者，右手以手持簿书也。[②]

《周礼·春官·大史》：

> 凡射事，饰中，舍算，执其礼事。

郑玄《注》引郑司农：

> 中，所以盛算也。[③]

《礼记·投壶》：

> 投壶之礼，主人奉矢，司射奉中，使人执壶。

孔颖达《疏》：

---

① 郑玄注，贾公彦疏：《周礼注疏》卷20，第624页。
② 江永：《周礼疑义举要》卷5，《景印文渊阁四库全书》第101册，第762—763页。
③ 郑玄注，贾公彦疏：《周礼注疏》卷26，第820页。

> 其"中"之形，刻木为之，状如咒鹿而伏，背上立圆圈以盛筭也。[①]

又《逸周书·尝麦》：

> 宰乃承王中，升自客阶。

朱右曾《逸周书集训校释》：

> 中，本盛算器。此盖盛作策之具笔及铅椠也。[②]

清儒注意到释为"簿书筹策"的"中"字，王国维则进一步注意到"中"与中正字"东、电、束、申、串"的差别，但他们却未注意到，抽象的"中正字"，也具有语义多层次（multiplicity of meanings）的特性，义训可谓纷然杂陈，不能仅以之为"中道"或者"中正"，约可归纳为以下十二种。这十二种意义排列的先后，仅能大致依照意义产生的先后来排列。我在每种意义的分析内容中，会进一步穿插说明一种意义与其他意义之间的内在联系（inner connections）：

（一）平均点（时间义之"中"）

中国上古思想史，"空间"观念恒常与"时间"观念相纠缠。此问题当另文讨论。在此处我先讨论"时间"观念的"中"。至于《易经》（卦爻辞）"中行"一词以及"尚中"的思想，则留待下文分析。

《尚书·尧典》：

> 日中，星鸟，以殷仲春。

伪《孔传》：

---

① 郑玄注，贾公彦疏：《周礼注疏》卷58，第1828页。
② 引自《汉语大词典》。

日中，谓春分之日。……殷，正也。春分之昏，鸟星毕见，以正仲春之气节。①

《经典释文》释此"中"字：

贞仲反，又如字。

又"殷"字：

于勤反。马、郑云："中也。"②

《尚书·尧典》：

宵中星虚，以殷仲秋。

伪《孔传》：

宵，夜也。春言日，秋言夜，互相备。虚，玄武之中星，亦言七星皆以秋分日见，以正三秋。③

"日中"指的是"春分之日"，也就是日光自南回归线北返、直照赤道之日。自此以后，北半球日照渐长，故用"日"。"秋分之日"是日光自北回归线南移、直照赤道之日。自此以后，北半球夜晚渐长，故称"宵"。"日中""宵中"的"中"字都是用为形容词，借日夜长短之均衡以标识时令。可以说，此所谓"时间义之'中'"也包含了"平均"之义。而"殷"字亦训"中"则是动词，意义为"端

---

① 孔安国注，孔颖达疏：《尚书正义》卷2，第33页。

② 陆德明：《经典释文》卷3《尚书音义上》，第143页。

③ 孔安国注，孔颖达疏：《尚书正义》卷2，第34—35页。

正",即《传》所谓"正仲春之气节"。很明显地,"中"字有了下列第三种意义的"平均""均衡"的意义,才有施用于标识某一个时间长度的"中"字的用法。

《尚书·尧典》非帝尧时作品,亦非作于西周以前,此在清儒辩论《尚书》古文时已略及,近人亦颇有论证[①],在此暂置不论。但该篇即使定为战国人士追述古史之辞(据"曰若稽古帝尧"),因上古知识掌管于少数贵族之手,并无后世私人著述之事,故即有追述的行为,亦必然前有所承,不可能无中生有。以"日中""宵中"指称春分、秋分,其辞例并未见于战国以降的文献,则学者自亦可以视之为中国早期写本文献的用语。换言之,我相信"日中""宵中"的用法是相当古老的。

《春秋》文公元年《左传》"先王之正时也,履端于始,举正于中,归余于终",杜预《注》:

> 步历之始,以为术之端首。期之日三百六十有六日,日月之行又有迟速,而必分为十二月,举中气以正。[②]

此"举正于中"四字,疑与"履端于始""归余于终"相连属,合指时间的平均点。姑勿论此处指的"始、中、终"是否就是"期之日三百六十有六日","中"字始终应是指一年的时间单位的中间点,很难再有别解。

（二）范围之中央（空间义之"中"）

除了"时间"义外,"中"字被用为表述"空间"之中央的意义也很早。本文以"空间义"居于"时间义"之后,并非认为《尧典》早于《召诰》,而是认为"时间义"早于"空间义",此有待于下文讨论《周易》卦爻辞尚中之思想,再行申论。《尚书·召诰》:

---

① 屈万里《尚书释义》举10证以论《尚书·尧典》著于孔子之后、孟子之前。说详屈万里:《尚书释义》,台北:中国文化大学出版部,1980年,第21—23页。

② 杜预注,孔颖达疏:《春秋左传正义》卷18,第556页。

王来绍上帝，自服于土中。

伪《孔传》：

言王今来居洛邑，……于地势正中。①

据《史记》，《召诰》作于周公反政成王之后，学界咸信是西周初期的作品。伪《孔传》所谓"地势正中"是指政治地理而非自然地理，亦即今语"中土"之意。此"中"字既用于突显王者承上帝之命致治于天下之意，则必然包含权威、尊贵的意涵。又《孟子·尽心上》：

中天下而立，定四海之民，君子乐之，所性不存焉。

孟子"中天下而立"与"定四海之民"为相对，"中"字即指四海之中央，亦系承袭《尚书》"土中"之义以为说。除前举例子所指涉地理之"中"外，天文作为空间亦得言"中"。《春秋》文公十四年《公羊传》：

孛者何？彗星也。其言入于北斗何？北斗有中也。

何休《注》：

中者，魁中。②

《公羊传》之"中"义，固然是指北斗斗魁之中亦即空间之中而言，但参考何休《注》"北斗，天之枢机，玉衡，七政所出，是时桓文迹息，王都不能统政"云云，此"魁中"之"中"，实即比附"七政所出"的"统政"之义，亦有中正的

---

① 孔安国传，孔颖达疏：《尚书正义》卷15，第468页。
② 何休解诂，徐彦疏：《春秋公羊传注疏》卷23，第355页。

含义。

《墨子·经上》释"中"：

> 中，同长也。……圜，一中同长也。……有间，中也。[①]

《墨经》以圆的轴心说明"中"的空间义，可谓最为清楚。庄子承继"尚中"的思想，也屡言"中"，《庄子·齐物论》"枢始得其环中，以应无穷"的"中"字虽亦表述空间义之"中"，但与"枢""环"同属抽象概念，等于《庄子·应帝王》"中央之帝为浑沌"的说法，迂回地暗喻"中"的崇高绝对的地位，不能与《尚书·召诰》"土中"之语的具体用法相提并论。《庄子·德充符》说：

> 游于羿之彀中。中央者，中地也，然而不中者，命也。

庄子常以滑稽之态度、寓理于言，此处即用吊诡之辞说理。游于羿之彀"中"那是在羿的射箭范围内（"彀中"之"中"训为"内"），"中央""中地"（近似《召诰》的"土中"）均有尊贵、权威之意。但接着庄子又言"不中者，命也"，特意指其"中而不中"。此真《老子》所谓"正言若反"！

（三）平均、均衡（副词）

如前文所说，《尚书·尧典》"日中""宵中"之"中"字虽为时间观念之中央义，但亦包含"平均""均衡"的意思。《周礼·考工记·弓人》"斫挚必中，胶之必均"，郑玄《注》：

> 挚之言致也。中，犹均也。[②]

---

① 《墨子·经说上》："中，心，自是往相若也。""圜，规写攴也。"雄按："攴"，孙诒让校："吴钞本作'支'。……攴、支义并未详，疑当为'交'之误。"孙诒让：《墨子间诂》卷10，第343页。

② 郑玄注，贾公彦疏：《周礼注疏》卷42，第1380页。

江永《周礼疑义举要·考工记二》：

> 中与均，皆谓无厚薄不匀也。[1]

"平均""均衡"的意义并不属于抽象义，因为凡涉及"度""量""衡"的"中"概念，均涉及具体事物而言。时间亦有长度，根据两端长度的相等，取其中间均平之一点之"中"观念，亦为具体。唯此种具体之均平意义，并无涉及任何价值（value）的判断，与战国流行的"中正""中道"之义并不相同。

（四）符合（动词）

《论语·微子》：

> 谓柳下惠、少连，降志辱身矣。言中伦，行中虑，其斯而已矣。……谓虞仲、夷逸，隐居放言。身中清，废中权。我则异于是，无可无不可。

邢昺《疏》：

> 伦，理也；中，虑也。但能言应伦理，行应思虑，如此而已，不以世务婴心，故亦谓之逸民。[2]

邢《疏》"中，虑也"，阮元《校勘记》称：

> 案：此三字是"中伦中虑"之误。[3]

---

[1] 江永：《周礼疑义举要》卷7，第787—788页。

[2] 何晏注，邢昺疏：《论语注疏》卷18，第289页。

[3] 何晏注，邢昺疏：《论语注疏》卷18，第289页。

雄按：《经典释文》释《周易·蒙·象传》"时中"之"中"为"张仲反"①；释《论语·微子》"言中"之"中"字为"丁仲反，下同"②。其区别即在于后者用为动词。阮元认为邢昺"中，虑也"应作"中伦，中虑"；我根据邢《疏》下文"行应思虑"一语，疑"中，虑也"应作"中，应也"，"虑"字乃涉下文而误。"中，应也"的"应"字宜释为现代汉语"符合"（外动词），即符合某种价值标准。换言之，作者早已预先设定了某种绝对、正确的价值观念，然后用"中"字表述君子之言行符合此一种价值观念的状态。正如《墨子·天志上》：

> 子墨子言曰：我有天志，譬若轮人之有规，匠人之有矩。轮匠执其规矩，以度天下之方圜，曰：中者是也，不中者非也。

墨子的"方圜"就是我所说的绝对、正确的价值观念，"中"就是符合此种价值观念。《经典释文》同样注音为"丁仲反"的"中"字，尚有数例，如《周易·讼·象传》"惕中吉"，《经典释文》释"中"字又说："如字，马丁仲反。"③如依马融读法，此"中"字亦训为"应"，即指能"惕"而能符应于"吉"。又《礼记·仲尼燕居》：

> 子贡越席而对曰："敢问何如？"子曰："敬而不中礼谓之野，恭而不中礼谓之给，勇而不中礼谓之逆。"

《经典释文》亦注"敬而不中礼"的"中"字为"丁仲反，下同"④，此处之"中"字亦宜释为"应"，符合之义，意即敬而不符合于礼谓之野，恭而不符合于礼谓之给，勇而不符合于礼谓之逆。又《商君书·君臣》："言中法，则辩之；行

---

① 陆德明：《经典释文》卷2《周易音义》，第78页。
② 陆德明：《经典释文》卷24《论语音义》，第1388页。
③ 陆德明：《经典释文》卷2《周易音义》，第79页。
④ 陆德明：《经典释文》卷13《礼记音义三》，第809页。

中法，则高之；事中法，则为之。"①三"中"字亦皆用作符合之义。

（五）合宜、适中（形容词）

《论语·子路》：

> 礼乐不兴，则刑罚不中。

邢昺《疏》：

> 礼乐不行，则有淫刑滥罚，故不中也。刑罚枉滥，民则蹐地局天，动罹刑
> 网，故无所错其手足也。②

雄按：刑罚"中"则无淫刑滥罚，则"中"字宜训为合宜、适中。"刑罚不中"就是"刑罚不合宜"，也可以说是刑罚没有节制。孔子的思想是"道之以德，齐之以礼"，不主张以刑政为先。因此这里说，如果统治者不先兴起礼乐以化民，则必然只好用刑罚来管治。这时候滥刑的问题就出现了。《周礼·秋官·乡士》"狱讼成，士师受中"郑玄《注》引郑司农释"中"云："中者，刑罚之中也。"郑司农又引《论语》"刑罚不中"以为辅证，则读"士师受中"为"士师受刑罪之合宜者"。唯孔颖达《疏》有迥异于郑玄、郑众的解释。我细审诸家论点，仍赞成王国维之说，释"士师受中"为"簿书筭筴"。③

（六）得

"中"训为"得"，即是切中之义。《诗·大雅·桑柔》"维彼不顺，征以中垢"，毛《传》："中垢，言闇冥也。"郑《笺》："征，行也。……不顺之人，

---

① 蒋礼鸿：《商君书锥指》卷5，北京：中华书局，1986年，第131页。

② 何晏注，邢昺疏：《论语注疏》卷13，第194页。

③ 雄按：本文前注引王辉《也说清华简〈保训〉的"中"字》之说，"大约到了西周中期，'中'才作为司法用语"。《周礼》之"士师受中"，殆亦司法之簿书档案之义。

则行闇冥。"①王引之《经义述闻》"征以中垢"条:

> 引之谨案:中,得也。(原注:《地官·师氏》"掌国中失之事",故书"中"为"得"。《齐策》"是秦之计中",高《注》曰:"中,得也。")垢,当读为诟。诟,耻辱也。(原注:宣十五年《左传》:"国君含垢。"杜《注》曰:"忍垢耻。"《释文》"垢"本或作"诟"。《庄子·让王》篇"强力忍垢",司马彪《注》曰:"垢,辱也。"亦以"垢"为"诟"。)不顺之人,行不顺之事以得耻辱,故曰"征以中垢"。《传》《笺》及《正义》皆失之。②

《周礼·地官·司徒·师氏》:

> "掌国中失之事,以教国子弟"。

郑玄《注》:

> 教之者,使识旧事也。中,中礼者也;失,失礼者也,故书"中"为"得"。杜子春云:"当为'得',记君得失,若《春秋》是也。"

贾公彦《疏》:

> 云"中,中礼者"也,又引子春之义,从古书"中"为"得",谓得礼者,"中"与"得"俱合于义,故两从之。③

《战国策·齐策二》:

---

① 毛亨传,郑玄笺,孔颖达疏:《毛诗正义》卷18之2,第1396页。
② 王引之:《经义述闻》卷7《毛诗下》,第167页。
③ 郑玄注,贾公彦疏:《周礼注疏》卷14,第414页。

是秦之计中，而齐燕之计过矣。

高诱《注》：

中，得。[1]

《庄子·达生》：

中身当心则为病。

（七）媒介

《春秋》桓公九年《穀梁传》：

九年春纪季姜归于京师。为之中者，归之也。

范宁《集解》：

中，谓关与婚事。[2]

"关与婚事"意即媒介婚事。此一义训，可能是第五种意义"合宜""适中"及下文第八种意义"调合"引申而来。

（八）调合（名词）

《左传》成公十三年：

---

① 刘向集录，范祥雍笺证，范邦瑾协校：《战国策笺证》卷9，第573—574页。

② 范宁集解，杨士勋疏：《春秋穀梁传注疏》卷4，第56页。

民受天地之中以生，所谓命也。是以有动作礼义威仪之则，以定命也。

孔颖达《正义》：

"天地之中"，谓中和之气也；民者，人也。言人受此天地中和之气，以得生育，所谓命也。命者，教命之意，若有所禀受之辞，故《孝经说》云："命者，人之所禀受度是也。"命虽受之天地，短长有本，顺理则寿考，逆理则夭折，是以有动作礼义威仪之法则，以定此命，言有法则命之长短得定，无法则夭折无恒也。①

雄按：此"中"字不指"中和之气"，春秋时期固然已有"气"宇宙观，但"中和"的观念则尚有待于战国学者发明。此"中"字盖指"天""地"调和结合后之精粹而言。孔颖达称"人"之"命"是"受之天地"是正确的，"受之天地"，故称"命"。天地命于"人"，而人得"生"。故"天地"与"人"的关系，即是就天地调和、精粹赋形而言。此近似《郭店楚简·太一生水》所谓"天地复相辅"。"中"字既有时间和空间的含义，很自然地就产生了可以结合时间与空间中某些精粹的调和结合的意义。但《左传》此条所谓"中"，涉及天地自然的赋命于"人"，"天地"是尊贵的、绝对的主宰，所以民所受的"中"也是含有价值观念的。

（九）内心

"中"字释为内心，亦系先秦经典的通谊，但出现可能较晚。《庄子·天运》：

中无主而不止。

郭象《注》：

---

① 杜预注，孔颖达疏：《春秋左传正义》卷27，第867页。

　　　　心中无受道之质，则虽闻道而过去也。①

雄按："中"即训"心"，郭象并不需要增添为"心中"。《天运》下文谓"由中出者，不受于外，圣人不出；由外入者，无主于中，圣人不隐"，"中"皆与"外"相对，义为"内"，即指"心"而言②。又如《周易·坤·文言传》：

　　　　君子黄中通理，正位居体，美在其中，而畅于四支，发于事业，美之至也。

《文言传》此章释《坤》卦六五。六五居外卦之中爻，而爻辞"黄裳，元吉"，故作者引申以为"黄中通理"，而从此一发自爻位的"中"字，衍伸为阐释身体观念的"中"字。"美在其中"即"美在其心"。"美在其心"故畅于四肢、发于事业则为美之至极。《诗·大序》：

　　　　情动于中而形于言。

孔颖达《疏》：

　　　　中谓中心，言哀乐之情动于心志之中，出口而形见于言。③

雄按："中"即训"心"，非如孔颖达所谓"心志之中"。《礼记·仲尼燕居》：

---

　　① 郭庆藩：《庄子集释》卷5下，第518页。
　　② 《齐物论》言"百骸、九窍、六藏，赅而存焉，吾谁与为亲。汝皆说之乎？其有私焉。……其递相为君臣乎？其有真君存焉"，"真君"即"心"，故后文解释"与物相刃相靡""终身役役"云云，即后文"人谓之不死，奚益？其形化，其心与之然，可不谓大哀乎？"
　　③ 毛亨传，郑玄笺，孔颖达疏：《毛诗正义》卷1之1，第7页。

子贡越席而对曰:"敢问将何以为此中者也?"子曰:"礼乎礼!夫礼,所以制中也。"

雄按:此节之义,应指"治心"而言,"为此中"即"治心",唯"礼"可以制约人之内心。我在好几篇拙著中指出过,早在《易经》六十四卦即有许多卦象皆以人的身体为形象,以足、履为初爻之象,以头或头部器官为上爻之象。"身体观"在先秦思想的运用,可谓源远流长。所以"中"字推扩指涉"人心",似乎是顺理成章的语义发展。《素问·阴阳类论》:"五中所主","五中"指的是"五脏",则是从"心"的训解引申的意义。

(十)身体

上述"中"字指涉"心"或脏腑的意义,与先秦思想身体观有关,或有"中"字直接训释为"身体"的例子,这尤其是施用于礼。《礼记·檀弓下》:

文子其中退然,如不胜衣。

郑玄《注》:

中,身也;退,柔和貌。①

《礼记·礼器》:

礼也者,犹体也。体不备,君子谓之不成人。

郑玄《注》:

---

① 郑玄注,孔颖达疏:《礼记正义》卷10,第378页。

若人身体。①

以"中"为"身"，可能是以"中"训"心"的延伸。用"中"字代替"身"字，可能是源出于"身体观"的一种义训，认为"人"的身体是天地阴阳和合的精粹，能践履天地阴阳的法则。

（十一）中正、中道

《尚书·洪范》"皇极"，伪《孔传》释"极"曰：

> 皇，大；极，中也。②

按上博简《亘先》，裘锡圭释"亘"为"极"，诸家无异辞。郭店楚简《成之闻之》"虽有其亘而可能，终之为难"，周凤五、李学勤皆读"亘"为"极"。同篇"求之于己为亘"，周凤五亦读"亘"为"极"，意谓"治民当以反求诸己为急务"。综合考察，儒家"中"的观念至于战国，已经与"极"（supreme, ultimate）的观念联系在一起。《论语·尧曰》：

> 咨，尔舜，天之历数在尔躬。允执其中。四海困穷，天禄永终。

何晏《集解》：

> 包曰：允，信也；困，极也；永，长也。言为政信执其中，则能穷极四海，天禄所以长终。③

何晏并没有说明"中"字的具体涵义。但《论语》编写年代较战国诸子文献为早，

---

① 郑玄注，孔颖达疏：《礼记正义》卷23，第863页。
② 孔安国传，孔颖达疏：《尚书正义》卷12，第355页。
③ 何晏注，邢昺疏：《论语注疏》卷20，第302页。

此可能与清华简《保训》所言的"求中""得中"之"中"相近，皆指公平、公正之治国准则，而尚未有太多抽象的宇宙论意义。至《礼记·中庸》则大不相同。《经典释文》记郑《注》：

> 以其记中和之为用也。庸，用也，孔子之孙子思作之，以昭明圣祖之德也。①

"喜怒哀乐之未发，谓之中，发而皆中节谓之和。……中也者，天下之大本也"句郑《注》：

> 中为大本者，以其含喜怒哀乐，礼之所由生，政教自此出也。②

雄按：《中庸》为子思所撰，子思所擅长者，在于建立儒家情感哲学，将"喜怒哀乐"联系到"道"之上，故"喜怒哀乐之未发，谓之中"，与郭店楚简《性自命出》"道始于情，情生于性""凡人虽有性。……喜怒哀悲之气，性也。及其见于外，而物取之也"其理念正相近同。"致中和"句下郑《注》：

> 致，行之至也。位，犹正也。育，生也，长也。③

雄按：郑玄称"中为大本，以其含喜怒哀乐"，郑玄所谓"中"，似亦可读为"心"。又《礼记·中庸》：

> 隐恶而扬善，执其两端，用其中于民。

郑玄《注》：

---

① 陆德明：《经典释文》卷14《礼记音义四》，第817页。
② 郑玄注，孔颖达疏：《礼记正义》卷52，第1662页。
③ 郑玄注，孔颖达疏：《礼记正义》卷52，第1662页。

两端，过与不及也。用其中于民，贤与不肖皆能行之也。[①]

《逸周书·度训》开宗明义即说"明本末以立中"[②]：

> 众非和不众，和非中不立，中非礼不慎（注：应为"顺"），礼非乐不
> 履。[③]

《楚辞·九章·惜诵》"令五帝以枑中兮，戒六神与向服"，王逸《注》：

> 枑，犹分也。言己复命五方之帝，分明言是与非也。一本作"折中"。[④]

洪兴祖《补注》：

> 枑，与析同。按：《史记索隐》解"折中于夫子"[⑤]，引此为证，云：
> "（王师叔云）折中，正也。宋均云：折，断也；中，当也。言欲折断其物而
> 用之，与度相中当，故言折中也。"[⑥]

《老子》又言"多言数穷，不如守中"。"守中""折中""尚中"等观念，都可
见"中"广受注目。

（十二）礼义

"中"释为"礼义"，源出《荀子·儒效》：

---

① 郑玄注，孔颖达疏：《礼记正义》卷52，第1665页。
② 黄怀信等：《逸周书汇校集注》，上海：上海古籍出版社，2007年，第2页。
③ 黄怀信等：《逸周书汇校集注》，第14页。
④ 洪兴祖：《楚辞补注》卷4，第121页。
⑤ 《史记·孔子世家》："自天子王侯，中国言六艺者折中于夫子。"
⑥ 洪兴祖：《楚辞补注》卷4，第121页。

先王之道，仁之隆也，比中而行之。曷谓中？曰：礼义是也。道者，非天之道，非地之道，人之所以道也，君子之所道也。

“比中而行之”句下杨倞《注》：

先王之道，谓儒学仁人之所崇高也。以其比类中道而行之，不为诡异之说，不高不下，使贤不肖皆可及也。①

荀子隆礼，其意并非指“中”训“礼义”，而是以具体的礼义，以指称抽象的“中”概念，故谓“曷谓中？礼义是也”。此一意义，实即将前一义“中正”“中道”具体化而提出，以教学者一以礼义为中正、中道的准则。故《儒效》又说：

凡事行，有益于理者，立之；无益于理者，废之。夫是之谓中事。凡知说，有益于理者，为之；无益于理者，舍之。夫是之谓中说。事行失中，谓之奸事；知说失中，谓之奸道。奸事奸道，治世之所弃，而乱世之所从服也。②

四、“中”字义的变迁——从时间、空间说起

以下讨论，暂时排除训指“簿书筭筴”的“史”，因为该字尚有一种说法，释之为钻甲骨以烧灼之工具③。故以下先集中讨论“中正字”。

本文分析“中正字”十二种语义，略依年代先后排列。就造字的本源而言，甲

---

① 王先谦：《荀子集解》卷4，第121—122页。

② 王先谦：《荀子集解》卷4，第124页。

③ 劳榦《史字的结构及史官的原始职务》即曾引人类学及古文字学诸说，推论“中”字原形为钻龟甲卜骨之工具，亦即“史”之职掌。然而我们也应该注意，王国维论“史”和“中”，并不是纯粹讲文字的本义，而是兼论经典训诂的层次。劳榦：《史字的结构及史官的原始职务》，《大陆杂志》1957年2月第14卷第3期，第1—4页。

骨、金文"中"字作"𣄼、𣄼、𣄿、𣄼、𣄿"，李零引于省吾《甲骨文字诂林》，谓有"旗帜""圭表""风向标"等三说①，而折中于"表"字，义即"标杆"。他认为"𣄼、𣄼、𣄿、𣄼、𣄿"均有旂旗之形，似取旗帜的蠹立飞扬的形态。旂旗在军队中是一种精神的标杆，因此而表达"中正"的意旨。"中正"字的源头，是否像李零及其所引的三说（加李零即为四说），是一种实物（李零释为"表"）的引申之义呢？目前看起来很难论断。周凤五亦引殷墟、周原甲骨，提出"可以假设'中'就是旂旗"②。王辉观察到，"商代甲骨文中，'中'只有中间义，与上下左右相对而存在"③，"中间义"最早应该是透过时间及空间意识所呈现的一个特殊时间或空间的位置。因此，这个王国维称为"中正字"的"中"，最早被运用在经典里，意义是否"表"或"标杆"，"表"或"标杆"的意义，又是否"中道""中正"义的原始依托，都需要进一步探讨。

今考察"中"字，商代甲骨文已用作表述"中间"的意思（也就是王国维所说的"中正字"），而《周易》和《尚书》则已分别出现了"时间义"和"空间义"的"中"，那就不足为怪了。战国时期"中"的观念，追溯到殷商甲骨，也许稍嫌迂远；但追溯到西周初年，则绝对有其必要。而且具而言之，"中"的抽象意义世界可以说是西周初年奠定的，甚至有可能是和周初周民族的政治历史意识有关。这就要谈到周民族的世界观。扼要言之，《诗·小雅·北山》"溥天之下，莫非王

---

① 李零："'中'字到底指什么？学者有三说：1. 旗帜说（唐兰说）；2. 圭表说（温少峰、袁庭栋说）；3. 风向标说（黄德宽说）〔原注：于省吾主编：《甲骨文字诂林》（北京：中华书局，1996年，第四册，2935—2926页）〕。"李零：《说清华简〈保训〉篇的"中"字》，刊《中国文物报》2009年5月20日。其实除三说以外，朱骏声《说文通训定声》提出"矢箭说"，主张"中"字："其本训当为矢箭，正也，从口固非，段订从口亦未允。当从𠃊，象射𠃊形，从丨，通也。亦象矢形，横穿为'毌'，从通为'中'，'用'字从此，作𤰈，古文'用'作𤰈，则象𠃊显然。"朱骏声：《说文通训定声·丰部弟一》，第36页。雄按：所谓"矢箭"，即箭的主干，朱骏声认为"正"是"矢箭"的引申义。显然也是混淆了中正字与实物的"中"字。

② 周凤五：《传统汉学经典的再生——以清华简〈保训〉"中"字为例》，《汉学研究通讯》2012年5月第31卷第2期，第5页。

③ 参王辉：《也说清华简〈保训〉的"中"字》，第471页。

土；率土之滨，莫非王臣"，"下"对"上"（即"天"）而言。前引《尚书·召诰》"自服于土中"，"中"则对"四方""四国"而言。"四方""四国"是周人的常用语，与"中国"恰恰相对。《诗·大雅·民劳》：

> 惠此中国，以绥四方。

毛《传》：

> 中国，京师也。四方，诸夏也。

郑玄《笺》：

> 京师者，诸夏之根本。[1]

因此"尚中"的观念，就空间之义而言，原本就直接与周民族灭殷商以后宣示的政治意识形态有关，而进一步延伸到政治教化、伦理、道德观念等内容上。空间观念之"中"，在《尚书·召诰》所谓"土中"与前语"王""上帝"等明显有关，而含有神圣、权威的意味。其后"中国"一词被广泛使用，显示它的意涵在先秦各国普及的情形。[2]

---

① 毛亨传，郑玄笺，孔颖达疏：《毛诗正义》卷17之4，第1338页。《民劳》最多"中国""四国"对言的例子，如"惠此中国，以为民述""惠此京师，以绥四国""惠此中国，国无有残"等等。"四国"亦可喻指"四方"。《诗·大雅·皇矣》："皇矣上帝，临下有赫，监观四方，求民之莫。维此二国，其政不获；维彼四国，爰究爰度。"毛《传》："四国，四方也。"《诗·曹风·鸤鸠》："其仪不忒，正是四国。"《曹风·下泉》："四国有王，郇伯劳之。"《豳风·破斧》："周公东征，四国是皇。"亦泛指"四方"而言。

② 王尔敏统计，"中国"一词在先秦文献出现178次，其中145次的用法，指的是诸夏地区。详王尔敏：《中国近代思想史论》，台北：华世出版社，1977年，第442页。这未必是精准的计算，但也起码反映了相当程度的事实。

至于"时间义"的"中"，最早值得注意的是撰写于西周初年的《周易》。卦爻辞虽未有抽象意义的"中"字，但二、五爻吉辞独多，"中行"一词五见[1]，皆可见作者胸中已有"中"的观念。前引《尚书·尧典》"日中星鸟，以殷仲春"之辞，与周人"尚阳"的思想，适相符合[2]。《易经》卦爻辞虽未出现抽象观念的"中"字，但它存在"尚中"的思想，和"中"字在中国观念发展史上的起源关系十分重大，不能不讨论。《易经》编写于西周初年，六十四卦之中，分别居于内卦和外卦中央位置的二、五爻吉辞独多，很明显就是"尚中"思想的抽象发挥。而且"中行"一词在爻辞中被用过五次，参考其出现的爻位及学者的考释[3]，既不能全部释为通衢大道[4]，"中"字的抽象涵义也就难以排除。我们知道，《易》理主变，其自然哲学提出的是一套变动的宇宙观——古人认为宇宙恒常变化，阴阳不断变换。[5]（其实郭店楚简《太一生水》、上博简《凡物流形》均亦表述此一类宇宙观，但其以"水"为核心理念则不同于《易经》"尚阳"。）而在变化的开始和结束，往往有激烈的、难以预料的转变。故《易》内卦与外卦相接的三、四爻，往往多凶多惧。自然世界本质如此，人间事理亦不例外，唯有事理发展至稳定阶段时，

---

① 即《泰》九二爻辞"包荒，用冯河，不遐遗。朋亡，得尚于中行"、《复》六四爻辞"中行独复"、《益》六三爻辞"益之，用凶事，无咎。有孚中行，告公用圭"、《益》六四爻辞"中行，告公从，利用为依迁国"、《夬》九五爻辞"苋陆夬夬，中行，无咎"。

② 如前文所说，"日中""宵中"分标春分、秋分，即值日照时间长短强弱参半之时，与《易》理以少阳、老阳、少阴、老阴为一年时程之理念有关。关于《周易》所反映周人"尚阳"的哲学，说详郑吉雄：《论易道主刚》，《台大中文学报》第26期（2007年6月），第89—118页，并参本书《〈易〉儒道同源分流论》。

③ 王引之《经义述闻》"得尚于中行"条："《泰》九二'得尚于中行'，'尚'者，右也，助也；'中行'，谓六五。二应于五，五来助二，是得其助于六五，故曰'得尚于中行'也。《坎》象辞'行有尚'，谓二往应五，五往应二，以阳适阳（原注：二五皆九），同类相助，是往而有助，故曰'行有尚'也。往而有助，乃克有成，故《传》曰：'行有尚，往有功也。'"王引之：《经义述闻》卷1《周易上》，第14页。

④ 近世学者多采实证主义的态度据古文字形释"行"字为道路，实则并无确据。

⑤ 说详郑吉雄：《〈太一生水〉释读研究》，第145—166页，及《试从诠释观点论易阴阳乾坤字义》，第33—52页。按：《老子》谓"有物混成，……周行而不殆"思想亦近于此。

才能易得吉利顺遂之效，值得掌握和发挥。有这样的宇宙观出现在先，然后才会具体演化出《易经》六十四卦二、五爻吉辞独多的结果。这也是后来在战国时期，"中"与"时"两个观念常被并举的主要原因（如《彖传》常用"时中"一词）。

十二种意义之中，第一至三种为一组。将上述"中"字时间、空间的意义一并考虑，可见"中"的观念在西周初年即被赋予绝对的，神圣、崇高的含义。当然，正如我讨论"平均点（时间义之中）"时指出，"中"字应该是先有了"平均""均衡"的意义，才有施用于标识某一个时间长度的"中"字，以及某一空间广度的"中"字的用法。这样说，如郑玄《周礼注》所训"中，犹均也"所指出的"平均""均衡"的义训，才是"中"字字义的根本。这个根本意义，在西周初年编写的经典中，在时间和空间的脉络中铺陈出来，并且特别延伸了原来意义系统中的政治意涵（如《春秋公羊传》之例）。要注意，"中"字被运用在稍晚的《周礼·考工记·弓人》中，却没有任何神圣、崇高的意义，而仅仅只是表达"平均""均衡"之意而已。

第四至第七种意义为第二组。第四、五种意义"符合、合宜、适中"也可以说是一样的，不过前者用为动词，后者用为形容词。这两层意义，不能被解释为"公平"。第六种意义是训为"得"，"得"就是"切中"的意思，就像汉语说射箭有射"中"没射"中"的意思，是一样的。所举《战国策》的例子"秦之计中"就是用这一义训。第七种意义"媒介"是一个孤立的用例，但当与第四、五、六种相关。

第八至第十二种意义为第三组。《左传》成公十三年"民受天地之中以生"的用法，反映的是春秋时期"阴阳气"思想的背景。我曾指出，先秦"阴阳"观念的发展有四个阶段，最初（甲骨文）的第一阶段仅表述日光的显隐，第二阶段则用为地理方位南北的指涉，第三阶段为春秋昭公元年《左传》所记以"阴阳"为"六气"之中的两个，其余四个是"风雨晦明"。阴阳尚未提升到成为宇宙间最主要的两种气。（郭店楚简《太一生水》以"神明"居于"阴阳"之前，亦显示其未及于战国晚期。）最后才是第四阶段亦即战国晚期在《荀子》《吕氏春秋》中"阴阳"被用为统辖"气宇宙"观念的两种气。[1]"民受天地之中以生"，"中"字被置于一个立体的宇宙观中，天和地的精粹结合，而赋予了"人"类生命。进一步衍伸演

---

① 说详郑吉雄：《试从诠释观点论易阴阳乾坤字义》。

绎，就使"中"字扩大到"身体观"的思想，而成为第九、十种意义指内心、脏腑、身体。这种扩大，其实也遥遥地与第一组（第一至三种意义）相关联。"中"字指为身体及内脏，绝对跟"人"为天地之"中"或者"人"为天地之精粹的意识有关。"中"的观念扩大成熟了，其意义领域也就推扩到可以喻指充塞于宇宙、具备于一身的中正、中道，同时也被儒家学者引指为儒家学说的高层概念——礼义。

三组意义中，当以第一组意义形成最早，其中"时间义"的"中"字最值得注意，因为它与《易》理运动变迁的原理相结合，在一种动态的过程中呈现"中"的状态。第二组意义，多由"平均""均衡"义衍伸，应该是在第一组意义出现后才产生。第三组意义的内涵较为丰富而具哲理性，发展与形成最晚，也是后世"中"观念的主要来源。

最后有两点补充：第一，孔子有《中庸》思想，可能和他身为殷遗民的身分有关。作为殷朝遗民，而且有贵族的血统，他明白宣示"郁郁乎文哉，吾从周"，因此而屡屡在遇到当世的隐逸时备受冷落讥讽。血缘、身分、政治立场的冲突，让他不得不提出三代礼制损益之论，以及"中庸"的思想。关于这一点，请详拙著《从遗民到隐逸：道家思想溯源——兼论孔子的身分认同》。

第二，孔子说话偶用《周易》语汇（如"损益""三人行"之类），《周易》"中行"一词很可能是《论语·子路》"不得中行而与之，必也狂狷乎"[1]的"中行"一词的来源。不过，在《论语》语义则专用为道德行为的指称。

透过上述"中"字分析归纳，我们可以获得几个原则。其一，后世文献的"中"字，最初实有两个字形，一象"簿书算笑"而为实物，一表"中正"而为抽象。前者在古籍中的意义是很清楚的，它的繁衍并不广；后者则恰好相反，它的意义层至为繁复，而且衍生为十二种意义，有些仍属抽象（如时间、空间义的"中"），有些则由抽象转而变为具体（如"心""身"之义的"中"）。有趣的是，思想家的宇宙观扩得有多大，"中"字随着文献脉络的开展，意义范畴也就扩得有多大。例如，《庄子·天运》"中无主不止"也许只是讲到"心"，《齐物

---

[1] 何晏《论语集解》引包咸："中行，行能得其中者。言不得中行，则欲得狂狷者。"邢昺《疏》："言既不得中行之人，而与之同处，必也得狂狷之人可也。"何晏注，邢昺疏：《论语注疏》卷13，第202—203页。

论》"枢始得其环中",却扩至无限大。它的色彩,也可以随时变换。例如,《荀子》"比中而行之"完全将意义限制在儒家"礼义",《老子》"不如守中"则被后世内丹学推衍为"玄关一窍"。换言之,"中"此一概念,在思想史上的意义外延和内涵,有一定的架构,但又是时时在变幻之中的。

五、清华简《保训》的"中"字字义检讨

清华简《保训》4次出现"中"字,李学勤主编《清华大学藏战国竹简(壹)》只有简释为"中道"[①],让释读的学者感感疑惑。原简四节,移录如下:

> 1. 昔舜久作小人,亲耕于历丘,恐求中。自稽厥志,不违于庶万姓之多欲[②],厥有施于上下远迩。乃易位设仪,测阴阳之物,咸顺不逆。
> 2. 舜既得中,焉不易实变名。
> 3. 昔微假中于河,以复有易,有易服厥罪,微无害,乃归(追)中于河。

近年来研究"中"字的学者非常多,如林志鹏、梁涛、王进锋、甘凤、余佳、邢文等学者都曾归纳过。2011年秋天我接到曹峰教授新撰、发表于2011年7月清华简学术会议的论文《〈保训〉的"中"即"公平公正"之理念说综论——兼论"三降之德"》,也总结学界先进的各种说法。既有曹峰的分析,我也省了不少事,不再讨论诸说。为省篇幅,我仅归纳分析几种说法。

首先讨论"旂旗"说。此说颇明显,是将"中、中、中、中、中"诸形释为"旂旗"的形状。周凤五引甲骨辞例及唐兰之解释而主此说。[③]李零释之为"表",即

---

① 清华大学出土文献研究与保护中心编,李学勤主编:《清华大学藏战国竹简(壹)》,上海:中西书局,2010年。

② 周凤五读为:"恭求中自试,厥志不违于庶万姓之多欲,……"

③ 周凤五:"上甲微向河伯借来象征最高权力的旂旗以出兵征伐。"

是"旗杆"，引申为"标杆"，可用作为军队的旗号，也可作为测量工具[1]，进而释此为"中国之义"的核心概念[2]。从本文的分析，看不出有这样意义发展的痕迹。"中国"一词的意义，应从空间的概念中取义，即《召诰》所谓"土中"，与周民族"尚中"的思想有关。至于反映在《周易》里面的"尚中"思想是一种抽象的意识，不可能与旗杆有关系。据本文分析，"中"字在春秋以后，基本上也没有用为指"表"或者"旌旗"之义。不过，周凤五、李零的"旌旗"说（李零并与子居的"兵众"之说结合），的确是持之有故，言之成理，难以反驳，说详下。

其次是"心灵"说[3]。依本文分析，"心""身体""脏腑""礼义"是属于同一组意义，都与儒家特别发展《易经》的"身体观"有关。很显然地，"心""身体""脏腑"三种意义被用在《庄子·天运》《礼记》《诗序》《素问》等文献，迹象显示都相当晚[4]，"礼义"说则似乎是荀子特殊的讲法，是从"礼"的实践意义，联系到人的"身体"而成，很难施用在《保训》的解释。"心""身体""脏腑"要如何"求""得""假""归／追"，也很难说得通。

其次是"军队"说，较早是子居的读"中"为"众"[5]。"众"就是"兵众"。[6]此说主要的依据是《山海经·大荒东经》郭璞《注》引《竹书纪年》：

---

① 王连龙《谈〈保训〉篇的"中"》也引于省吾《甲骨文字诂林》主张"中"是"旌旗"，"求中"是指舜营建宫室时的"立表测影"。王连龙：《谈〈保训〉篇的"中"》，复旦大学出土文献与古文字研究中心网，2009年6月20日。

② 李零：《说清华楚简〈保训〉篇的"中"字》，及《读清华简〈保训〉释文》，《中国文物报》2009年8月21日。

③ 持此说者为林志鹏，释"求中"为"反求己心"，"得中"为"心明灵清澈"，参林志鹏：《清华大学所藏楚竹书〈保训〉管窥——兼论儒家"中"之内涵》，武汉大学简帛网2009年4月21日。

④ 《天运》在《庄子》外篇，篇首一大段近似《天问》和《凡物流形》的文字，末段提及孔子治《六经》之名，年代似不会太早。

⑤ 陈伟亦主此说，并从韵部支持其说，详陈伟：《〈保训〉词句解读》，武汉大学简帛网2009年7月13日。

⑥ 《周易·师·彖传》："师，众也。""众"就是"兵众"的意思。

殷主甲微假师于河伯，以伐有易。

据此记载，“假师于河伯”与《保训》“假中于河”恰好有平行的文辞，故主此说者直接以《保训》用上甲微的典故，而释“中”为“众”或“师”，也就是军队。周凤五和李零的旗表说，也提出了“中”为河伯的旗号的讲法。《保训》所述的是西周初的史迹，文献年代则很明显是战国人追述。从本文分析的十二种意义，没有一种是与“军队”有丝毫关联的。这也是“军队”说与“旗旗”说汇合在一起的缘故，因为，透过“中”字“􀀀”的形态，和军队旗帜有点相似，“中”和“军队”说就好像一下串联起来了。

作为总结，我想在下文提出两个可能的推论，供《保训》的研究者参考。

第一，《保训》的四个“中”的词汇，我建议不必统一为一种训解，而应该区分为两组（理由详下文）。以第一个“求中”的文脉而言，“公平公正”“中道”的解释才能讲得通。舜以亲耕的勤勉，怀抱着一种恭敬的心情而“求中”①：“不违于庶万姓之多欲”，那就是一方面要考虑到庶民的众多欲求；“厥有施于上下远迩”，又能把上下远近都照顾周到，那就非要把握一种“中道”不可。第二个的“得中”提及“舜既得中，焉不易实变名”，那就是“名实”的问题。《庄子·逍遥游》：“名者，实之宾也。”名实相副是先秦名实论的通谊，这个“中”字，也就与第一组“求中”相同。“求”什么而“得”什么，这是儒家德性思想的一种逻辑，《论语·述而》记孔子说伯夷、叔齐“求仁而得仁，又何怨”，足以说明。这两组“中”的意义，强调的是“舜”希望老老实实地在万姓庶民的众多需求之中，在上下远近的空间、时间里②，体察“中”这个“名”以及它所内涵的中正、平均、调和之“实”，使名实一致。在“求中”“得中”两组词汇而言，曹峰释

---

① 廖名春读“恐”为“工”，说详廖名春：《〈清华大学藏战国竹简保训释文〉初读》，孔子2000网站清华大学简帛研究专栏2009年6月17日。李锐读“恐”为“恭”，说详李锐：《读〈保训〉札记》，孔子2000网站清华大学简帛研究专栏2009年6月17日。周凤五亦读为“恭”，义为“恭敬”，断“恭求中自试”为句。如依原释文读为“恐”，则义为“恐惧”。

② 从“上下远迩”的背景下“求中”，似乎与前引《诗》以“四方”“四国”与“中国”相对，略有近似。

"中"为"公平公正的原则"是确确的。"得中"与前两句所谓"测阴阳之物，咸顺不逆"也是一致的。"测阴阳之物"，也许不须要推论到"阴阳二性的天地万物"，而是借用"见云不见日"（阴之义）和"云开见日"（阳之义）①来喻指"求中"的一种"叩其两端"的态度②。如前所述，春秋时期，"阴阳""气"的观念固已形成，但尚未推到统辖天地万物或宇宙最高元气的位阶；迟至战国，"阴阳"才被思想家推扩为两个统辖宇宙的气范畴。然而要在《保训》这篇历史文献中推论到最高两种"气"的思想，恐有过度诠释的危险。要注意："求中""得中"这两组词汇，其字义较狭窄，不宜推到"忠恕之道""中庸"等概念，或称之为"一种哲学概念"③，赋予太多的抽象义，否则亦必陷于过度诠释。

至于第二组（第三、四个词汇）"假中"和"归中"④，明显与郭璞《山海经注》引《竹书纪年》记上甲微的故事同一来源，这是无法否认的。文献的来源相同，那么"中"字就非依周凤五、李零的解释，释为一种旗帜或者标杆，而与军队之义密切结合不可⑤。因为《竹书纪年》记"殷主甲微假师于河伯"和《保训》"昔微假中于河"之间的平行痕迹实在太具体、太清楚，无法回避。而"归中于河"又在"有易服厥罪，微无害"之后，"归中"字之训，又非与"假中"一致不

---

① 朱骏声《说文通训定声》"易"字云："'开也，从日、一、勿，一曰飞扬，一曰长也，一曰强者众皃。'按：此即古'旸'，为会易字。会者，见云不见日也；易者，云开而见日也。从日，'一'者，云也，蔽翳之象；'勿'者，旗也，展开之象。会意兼指事。或曰'从旦'，亦通。经传皆以山南水北之'阳'为之。"朱骏声：《说文通训定声·壮部弟十八》，第829页。

② 这是曹峰的解释，说详曹峰：《〈保训〉的"中"即"公平公正"之理念说综论——兼论"三降之德"》，2011年6月28—29日《清华简（壹）》国际学术研讨会。李学勤先生就将"阴阳之物"释为正反之事，是可以接受的。廖名春将"阴阳之物"释为君臣、上下、夫妇等，解释又过于具体。雄按：《论语·子罕》："吾有知乎哉？无知也。有鄙夫问于我，空空如也，我叩其两端而竭焉。"

③ 黄怀信称"中"在古文字本指长物之中段，认为它在本文是"作为一种哲学概念"。详黄怀信：《清华简〈保训〉补释》，武汉大学简帛网，2011年3月8日。

④ 个人赞成此字读为"归"。

⑤ 子居首先读"中"为"众"，子居：《清华简〈保训〉解析》（修订版），中国先秦史网站2009年10月5日修订。

可。曹峰引李均明之说，认为"有易服厥罪，微无害"是诉讼用语，甚或罗琨释之为"保证公平的承诺"①，其实都无法推翻《竹书纪年》与《保训》文献平行现象的不可动摇。

但读者也许会怀疑，同一个"中"字用为四个词汇，何以能区分为前后二组而不一致？我谨说明如下：在一篇文献之中，将同一个字，用为两种或以上的不同意义，是先秦文献的通常现象，不足为怪。我在多篇论著已多次提到这种现象。如《易》《屯》卦之"屯"，经文本义为"初生之难"，但九五爻辞"屯其膏"则读为"囤"，义为囤积货财；《需》卦之"需"，经文本义为"须"即等待，但九五爻辞"需于酒食"则读为"醹"，义为"厚于酒食"②。《坎》卦之"坎"，经文本义为"坎窞"或"水坎"，但六三爻辞"来之坎坎"则读为伐檀或击鼓之声音③。又《周易·乾·文言传》："元者，善之长也……君子体仁足以长人。"先后两次以"长"字演绎卦辞"元"字，前一"长"字义为"大"④，后一"长"字义为"统治"或"领导"。除《周易》外，如《尚书·大诰》"无毖于恤，不可不成乃宁考图功"，"考"指父亲⑤；下文"天棐忱辞，其考我民"，"考"字指稽考⑥；又下文"若考作室，既底法，厥子乃弗肯堂"，此"考"字复指父亲⑦。

---

① 罗琨：《〈保训〉"追中于河"解》，清华大学出土文献研究与保护中心编：《出土文献》第1辑，上海：中西书局，2010年，第46页。

② 黄沛荣师："唯是九五'需于酒食'，则不可谓待于酒食之中。细核辞义，疑'需'读为'醹'。《说文》：'醹，厚酒也。'然则谓'需于酒食'者，谓厚于酒食也。"参黄沛荣：《易学乾坤》，第92页。

③ 屈万里《周易集释初稿》："《诗·伐檀》：'坎坎伐檀兮。'《传》：'坎坎，伐檀声。'《宛丘》：'坎其击鼓。'《传》：'坎坎，击鼓声。'皆以坎坎形容声音。"屈万里：《周易集释初稿》，第187页。

④ 雄按："善之长"即"善之大"。

⑤ 伪《孔传》释前两句："无劳于忧，不可不成汝宁祖圣考文武所谋之功。"孔安国传，孔颖达疏：《尚书正义》卷13，第410页。

⑥ 屈万里《尚书释义》："考，察也：杜其容女士说。"屈万里：《尚书释义》，第111页。

⑦ 伪《孔传》："以作室喻治政也。父已致法，子乃不肯为堂基。"孔安国传，孔颖达疏：《尚书正义》卷13，第414页。

《尚书》以外，又如《诗·豳风·东山》首章"制彼裳衣，勿士行枚"，"行"指"行阵"，即军队[1]。次章"町畽鹿场，熠耀宵行"，"行"指萤火或磷火的"飞行"[2]。儒家经典以外，又如《庄子·养生主》"缘督以为经"，"经"指常道[3]；下文"乃中经首之会"，"经首"为乐章名；下文"技经肯綮之未尝"，"经"指经脉[4]。前后三个"经"字，义训各不相同。而《周易·坤·文言传》不但有相同的情形，其例正是用的"中"字，其释六五"黄裳，元吉"云：

> 君子黄中通理，正位居体，美在其中，而畅于四支，发于事业，美之至也。

前一"中"字指"坤"六五爻位；后一"中"字则指"心"，与"四支"（四肢）为相对。这与《保训》的情形正极为相似。所以我常说，研究出土文献，必须具备一种通达的态度，去看待同一个字却有不同写法的"异文"，以及写法相同、但意义却应用到两个不同范畴的"字"，才能充分尊重汉字、汉语的特性[5]。拙著《〈易经〉身体语言义理的开展——兼论〈易〉为士大夫之学》曾说：

> 中国语言文字的"多义性"：在汉语中，有时一个以音表义、音义并具的语言，可以产生出不同的书写字形（如"彷徨"或作"方羊"）；有时一

---

① 郑《笺》："初无行陈衔枚之事。"毛亨传，郑玄笺，孔颖达疏：《毛诗正义》卷8之2，第609页。

② 孔颖达疏引陈思王《萤火论》："天阴沉数雨，在于秋日，萤火夜飞之时也，故云'宵行'。"毛亨传，郑玄笺，孔颖达疏：《毛诗正义》卷8之2，第612页。

③ 《经典释文》："经，常也。"陆德明：《经典释文》卷27《庄子音义上》，第1427页。

④ 俞樾《诸子平议》："'技'疑'枝'字之误。……'枝'谓枝脉，'经'谓经脉，'枝经'犹言经络也。"俞樾：《诸子平议》卷17《庄子一》，台北：世界书局，1973年，第330页。

⑤ 上述所引的《易经》之例子，说详郑吉雄：《从卦爻辞字义的演绎论〈易传〉对〈易经〉的诠释》。

个字的形音不变，意义即可扩充（如"行道"之"行"转化为"行列"之"行"）；有时一个字不需改易字形，也可以转化作另一字来用（如"然烧"字转化为"虽然"字）。音义辗转、孳乳变化，遂使中国文字愈来愈多。……一旦遇到可能兼有两个或以上意义的字词时（如《蹇》卦六二"匪躬之故"上博简本作"非今之古"），抄写者在抄写时，必然只能选择呈现一种写法，注定不可能将所有某一字词所蕴涵的多重意义（如果确有多重意义的话），全部呈现出来（譬如说一位学者抄《周易》至《无妄》卦时，一定得在今本的"无妄"、帛书本《周易》的"无孟"和上博简本《周易》的"亡忘"三种写法中，选择一种写法）。所以我们可以推断，当抄写者选择某一种写法时，其实等于将其他同时并存的众多写法（也许包含"多重意义"）舍弃了，也就等于泯灭了经典文本之中语言的多义性。这是以"抄写"作为文献流传方法的一种限制。①

相对于《易经》一卦之中，同一个字用为两种不同意义的众多例子，《保训》一篇之中，将"中"字用为两种不同的意义，一指"公平公正"，一指"旗旗"，岂有特异可言？《保训》全文共出现四个"中"的词汇，分别用为"求中得中""假中归中"两组不同的意义，应该理解为一种利用汉语形音义统一的特性，演绎不同意义的书写技巧。这在中国经典诠释传统中，是很重要但却常常被人忽略的演绎方法。

第二，论者或以为，《保训》"中"字四见，皆用为二字词组的后一字，而竟分指两种意义，与前举例证都不尽相同。依据我的推断，作者可能正是刻意透过这两种截然不同的意义方向，不言"假师于河"，而以"中"字的"旗旗"义代替"师"字，言"假中于河"，接着又言"归中"，遥与前文的"求中""得中"相联系，共同突显某种"尚中"的价值观念。换言之，一个"中"字多次出现在那么短的一个文本，相当不寻常，显示这四个"中"字的确存在某种统一的意义。这个概念隐含在《保训》的文脉之中，虽然可以与先秦儒家"中"观念的文献共同构筑

---

① 郑吉雄：《〈易经〉身体语言义理的开展——兼论〈易〉为士大夫之学》，第14—15页。

"尚中"的思想史发展图谱。然而，如以《保训》为战国时人追述上古之事，文献年代未至战国晚期，这个"中"字就不可能有太丰富的哲学涵义。落实到《保训》的文献脉络解释，研究者顶多可以推论到为"治国安邦平天下的道理"[①]，却不宜作过度的诠释，与《中庸》"致中和"一类高层次的哲学概念相比附。这种隐含于全篇文脉之中的"尚中"意念，不需要落实在每一组词汇的解释之中。换言之，作为普遍意义（universal meaning）的"中"，与个别意义（particular meanings）的"中"是可以同时存在一个文献之中的。即使《保训》是要传达某种蕴含普遍意义的"中"思想，亦不妨碍每一组词汇里面的"中"表达的是个别的、具体的意义。

六、余论：先秦"尚中"思想及其余波

"中"字体现了先秦即普遍存在的"尚中"思想，引申到身体、心灵、治事、空间、时间等观念的解释上。此一思想经《周易》揭示后，儒家和道家都加以承继发扬。《论语》所记孔子"中庸之为德也，其至矣乎！民鲜久矣"的思想，是"尚中"思想德性涵义的展现，也是《礼记·中庸》的理论来源。《中庸》可说是先秦儒者进一步高扬"尚中"思想的产物。至于先秦道家，《老子》《庄子》《黄帝内经》等亦都重视"中"。《老子》"多言数穷，不如守中"，《庄子》"枢始得其环中，以应无穷"（《齐物论》）、"中央者，中地也，然而不中者，命也"（《德充符》）、"中央之帝为浑沌"（《应帝王》）都可证老庄对"中"观念的重视，却发挥了与《中庸》截然不同的义涵。战国五行思想，"土"居中央，《尚书·洪范》衍释之与"思""睿""圣"的境界连属，"黄帝"在神话传说中

---

① 赵平安：《〈保训〉的性质和结构》，《光明日报》2009年4月13日。不过赵平安也论证《保训》的"誧"字是"中国君长之所共尊奉"，是"治国安邦平天下的道理"；而"中与誧相类"，"中"是"以书的形式流传"。参赵平安：《关于〈保训〉"中"的几点意见》，《中国史研究》2009年第3期，第19—24页。这样的推论恐怕有问题。因为赵先生将"簿书算筮"之"中"即指实物之义的"中"，和作"𠁥、𠁩"即中正字的"中"混为一谈了。这两个"中"字字形和义训的差异，相当清楚。本文引王国维《释史》之说，已有所说明。

恒居中央位置。前引《楚辞·惜诵》："令五帝以折中兮，戒六神与向服。"王逸《章句》：

> 五帝，谓五方神也。东方为太皞，南方为炎帝，西方为少昊，北方为颛顼，中央为黄帝。[①]

此与《周易》《坤》卦六五（外卦的中爻）"黄裳元吉"，《左传》"黄，中之色也"（昭公十二年）等记载遥相一致。衍为神话传说，则黄帝亦代表"中央"的位置，《山海经》之记载即如此。如《大荒北经》：

> 蚩尤作兵伐黄帝。黄帝乃令应龙攻之冀州之野。

郭璞《注》："冀州，中土也。"则冀州之野、中土之地为黄帝与蚩尤争战之地，而有黄帝事迹。同时，黄帝的行迹，也扩及四方。《山海经·大荒东经》：

> 东海之渚中有神，人面鸟身，珥两黄蛇，践两黄蛇，名曰禺虢。黄帝生禺虢，禺虢生禺京。禺京处北海，禺虢处东海，是为海神。

又《海内北经》：

> 犬封国曰犬戎国，状如犬。

《大荒西经》：

> 有北狄之国。黄帝之孙曰始均，始均生北狄。

则东方、北方有黄帝之事迹。又《山海经·海内经》：

---

① 洪兴祖：《楚辞补注》卷4，第121页。

> 南海之外……有禺中之国，有列襄之国……有盐长之国……有九丘，以水络之……有木，青叶紫茎，玄华黄实，名曰建木。百仞无枝，有九欘，下有九枸，其实如麻，其叶如芒，大皞爰过，黄帝所为。

则南方有黄帝之事迹。又《海内西经》：

> 贰负之臣曰危，危与贰负杀窫窳。帝乃梏之疏属之山，桎其右足，反缚两手与发，系之山上木，在开题西北。

而《大荒西经》又记：

> 有北狄之国。黄帝之孙曰始均，始均生北狄。

则西方有黄帝之事迹。难怪《太平御览》卷七十九引《尸子》：

> 古者黄帝四面。[①]

《孙子·行军》：

> 凡此四军之利，黄帝之所以胜四帝也。[②]

黄帝行迹遍及四方，完全符合《周易·系辞传》孔颖达疏"是故易有太极"一节论五行之"土"时所提出"土则分王于四季"的思路。凡此皆可见方位观念上"尚中"意识在战国时期的发展。

　　"中"的观念在汉代也受到重视，如东汉末年徐幹《中论》提出"上求圣人之

---

① 李昉等奉敕编：《太平御览》卷7，第498页。

② 孙武撰，曹操等注，杨丙安校理：《十一家注孙子校理》，北京：中华书局，1999年，第188页。

中，下救流俗之昏"可证。魏晋以降传入中国的印度佛教教义，也重视"中"。传说由龙树所撰的《中论》，是般若学的根本经典，"中道"思想更随着中观学的传播，发挥重大影响。从印度到中国，佛教徒用"中"这个概念表述"空"义——这是与中国传统儒家、道家的"中"均大不相同的义涵。其后中国道家学者汲取般若"空"义而发展出"重玄"的思想，儒家学者则再度从儒典中拈出这个字，加以提倡，用以响应释、老。像唐代李翱（772—841）即做了这样的努力，《复性书》标举《礼记》四十多篇中的一篇《中庸》加以宣扬，"中"的观念自此在儒学重新受到高度的重视。宋儒为了复兴儒学，反击释、老学说，也注意到这个字，周敦颐在《通书》中将"中"字和"诚""通"等观念加以结合；后来的儒者进而发扬《中庸》"致中和"的思想，为《中庸》作出种种新的诠解。至明代"中"的观念又与心学的潮流结合，成为明代理学的核心概念之一。（战国用语"中"字原本即多用为"心""内"的代称，如《郭店楚简·语丛一》"人之道也，或由中出，或由外入。由中出者，仁、忠、信"均是。）在宋明理学发展过程中，伪《古文尚书·大禹谟》"人心惟危，道心惟微。惟精惟一，允厥执中"更被理学家阐扬为尧舜以降圣贤统绪不绝的核心观念所谓"十六字心传"，先秦经典的"中"观念，遂成为儒家道统思想的灵魂。学术思想发展至清代，学者舍虚就实。江永释"中"字为"官府簿书"，吴大澂、王国维踵事增华，标示了清代以降儒者不满于前贤将"中"字的抽象意义过度膨胀，转为以实证的态度考核"中"字在古史的实义。

七、结论

王国维《释史》一文，早已区分出两类的"中"字，一指"簿书筭筴"，一为"中正字"，二者厘然有别，不宜相混。但事实上，古文字形可能为"旂旗"的中正字，在甲骨文已表述"空间"之"中"义，在西周初年编写的《周易》则大量发挥"时间"之"中"义。其后"中"这个字，依循汉语孳乳变化的常轨，演生为十多种意义。本文尝试区分为三组，第一组源出"平均""均衡"的核心意义，而表述时空背景的"中"的概念；第二组衍发而被运用为调和、得、符合等语义；第三组产生较晚，而衍伸为高层次的"中正""中道"等哲学概念，并延伸出身体、心灵、脏腑、礼义等新义。我常说，经典核心观念的诠释方法，义理与训诂必须并行，虚义未必晚于实义。过去我研究"易""阴""阳""乾""坤""行""屯"等字，已有所印证；对于"中"字，也当作如是观。

至于清华简《保训》的"中"字，本文分析，认为"求中""得中"之"中"，宜释为"公平""均衡"的准则，与治民治国之政治事务有关；"假中""归中"之"中"，宜训为军队之旗旗，其事与《竹书纪年》所记太甲微之事相同。同一个字，分用作两种不同意义，具有两种不同的训释，并存于一篇文献之中，是先秦文献常见的现象，学者似乎无须执着一个贯通全篇的训解。但《保训》作者不言"假师于河"而言"假中于河"，旋即又言"归中"，似乎有意遥与前文的"求中""得中"共同突显某种"尚中"的价值观念。这种观念，隐含在《保训》的文脉之中，研究者不宜作过度的诠释，与《中庸》"致中和"一类的哲学概念相比附。这种隐含于全篇文脉的"尚中"思想，不需要落实在每一组词汇的解释之中。作为普遍意义（universal meaning）的"中"，与个别意义（particular meanings）的"中"是可以同时存在一个文献之中的。即使《保训》是要传达某种蕴含普遍意义的"中"思想，亦不妨碍每一组词汇里面的"中"表达的是个别的、具体的意义。

清代学术

读《清史列传》对吴伟业仕清背景之推测①

——兼论清初士风

题吴伟业

萧瑟江关寂寞身，谁怜白发染春尘。

无端风雪长安路，能把新蒲问故人？

1994年冬于西雅图

一、前言

吴伟业（1609—1672），字骏公，号梅村，江南太仓人。崇祯四年（1631）进士，曾任实录纂修官，亦是晚明诗坛和政坛的名人。入清以后，于顺治十年（1653）受荐复出，以原官复任，至顺治十四年（1657）乞罢。因仕二姓而被列于《清史列传·贰臣传》。

中国传统史书的体例，人物在一书中的位置归属即包含褒贬，《清史列传》亦不例外。一个人是否为"贰臣"，只论其是否"仕二姓"，并不论其出仕动机如

---

① 本文改写自1990年的一篇旧稿，当年我对遗民思想发生很大兴趣，因读《清史列传·贰臣传》，写这篇论文时，自然而然就将有关吴伟业的文献和《贰臣传》结合一起思考，而发现了这个问题。论文写成后，1994年10月8日写了《题吴伟业》这首诗。

何。伟业的仕清本非他所愿，这从他的许多诗中都可以窥见委曲之情①，然而一旦出仕，即成定论；尤其伟业以后被列于《贰臣传》乙卷，论者甚至评伟业为"身名交败"②。可见"受荐仕清"一事，实是伟业一生遭遇及身后品藻的大关键，是关心伟业的学人一定会注意的大问题。

近年研究吴伟业的学者中，我并没有见到专门探究他仕清原因的论文，可能是因为材料有限、可提供新结论的可能性不大的缘故。同时，伟业的诗寄托遥深，用典繁复，语意晦暗，往往难详所指，这也增加了研究的困难③。不过并不是说研究

---

① 《吴梅村先生编年诗集》卷6《途中遇雪即事言怀》（节录）："有道宁征管，无才却荐嵇。北山休诮让，东观岂攀跻？令伯亲垂白，中郎女及笄。离程波渺渺，别泪草萋萋。"吴伟业著，程穆衡原笺，杨学沆补注：《吴梅村先生编年诗集》，《丛书集成续编》第172册，第693页。雄按：此诗为伟业作于赴京途中，其以嵇康自况，即可见其不欲出仕之意。管宁，字幼安，《三国志·魏书·管宁传》载其曾数次获荐于魏文帝。见陈寿：《三国志》卷11，北京：中华书局，1982年，第354页。嵇康则因忠于故主，不与新朝合作而被钟会、司马昭所害。《晋书·嵇康传》记钟会憾康而谮之于晋文帝曰："康、安等言论放荡，非毁典谟，帝王者所不宜容。宜因衅除之，以淳风俗。"文帝既昵听信会，遂并害之。房玄龄等：《晋书》卷79，第1373页。王应麟《困学纪闻》："嵇康，魏人，司马昭恶其非汤、武，而死于非辜，未尝一日事晋也。《晋史》有传，康之羞也。后有良史，宜列于《魏书》。"王应麟著，翁元圻等注：《困学纪闻》卷13《考史》，第1546页。

② 参后文林时对《荷锸丛谈》条引。林时对以"身名交败"四字形容伟业，并不奇怪，借用李学颖《吴梅村全集·前言》的讲法："仕清，对梅村自身来说，比亡国还要可怕，他成了'两截人'，丧失了士大夫立身之本的气节，再也直不起脊梁来了。"吴伟业：《吴梅村全集》，李学颖集评标校，上海：上海古籍出版社，1990年，第7页。《贰臣传》在《清史列传》卷78、79，前者为甲编，后者为乙编，有褒贬之意，按《钱谦益传》云："（乾隆）谕曰：'钱谦益素行不端。及明祚既移，率先归命，乃敢于诗文阴行诋谤，是为进退无据，非复人类。若与洪承畴等同列《贰臣传》，不示差等，又何以昭彰瘅？钱谦益应列入乙编，俾斧钺凛然，合于《春秋》之义焉。'"见王钟翰点校：《清史列传》卷79《贰臣传乙·钱谦益》，北京：中华书局，1987年，第6578页。

③ 章太炎《杨颜钱别录》曰："初，明之亡，有合肥龚鼎孳、吴吴伟业，皆以降臣善歌诗，时见愤激，而伟业稍深隐，其言近诚。"章太炎：《检论》卷8《杨颜钱别录》，第581页。伟业的"深隐其言"，从他好几首《七夕》诗可见一斑，不过这并非本文主题，暂置不论。但就如陈寅恪《寒柳堂集》"诗存"有几首以《七夕》为题的诗，亦颇称隐晦，可能是受到吴伟业的影响。

吴伟业的学者对这个问题就含糊其事。我接触到的材料，近年学者的研究，认为伟业在入清后热衷于社党活动，因而引人注目，受荐出仕可说是受盛名所累，亦等于是自招的灾祸①。这个说法本身的对错，在这里暂且不论，我真正想弄清楚的是旧史记载中一个令人大惑不解的地方，就是顺治朝中推荐伟业进京者，竟然有冯铨（1595—1672）和孙承泽（1594—1676）二人。我们在史传中可知，冯铨曾经是魏忠贤（1568—1627）的干儿，名列"十狗"之一，是东林党的宿敌；至于孙承泽则可谓东林的叛徒②。他们二人又都是北方人，竟会推荐为复社名流的南方文人吴伟

① 李学颖《吴梅村全集·前言》说："乙酉之后，梅村自知'虚名在人'，闭户著书，犹自'惴惴莫保'，'每东南有一狱，长虑收者在门'。幸而他'生平规言矩行，尺寸无所逾越'，安分守己，得以无事。而他名心未除，'危疑稍定'，便忘记了韬晦，以前辈的身分，去为各立门户、互相攻讦的吴中同声、慎交两社作调解。顺治十年春，大会于虎丘，'九郡人士至者几千人'，这是继崇祯六年张溥虎丘大会之后最盛大的大次社集，会上'奉梅村先生为宗主'，主持两社合盟。正赶上清廷已在加紧进行禁止社盟活动的部署，第一步先由礼部颁天下学官，禁生员'立盟结社'。这样，梅村在和解社局的同时，就把自己放到了一个极引人注目的位置上，自然首当其冲。"吴伟业：《吴梅村全集》，第7页。雄按：林昌彝《海天琴思续录》："顺治七年庚寅，太仓吴伟业于嘉兴南湖立十郡大社，萃十郡名士赋诗，连舟数百艘。"引自钱仲联主编：《清诗纪事》，南京：江苏古籍出版社，1987年，第1418页。可见退隐后的吴伟业确实长期主盟诗坛，热衷于社党活动。又王勉《吴伟业》亦有分析，可并参。王勉：《吴伟业》，上海：上海古籍出版社，1987年。

② 《清史列传·冯铨传》："铨与锦衣卫都督田尔耕、左都御史崔呈秀、给事中李鲁生等，并谄事忠贤，又引其所取主事曹钦程为忠贤养子，列'十狗'之一。"见《清史列传》卷79《贰臣传乙·冯铨》，第6554页。可见冯铨是东林党的宿敌。孙承泽有《考正晚年定论》二卷，论阳明的《朱子晚年定论》，用王莽、司马懿比喻王守仁，指他惟智术笼罩。《四库全书总目·经部十八·诗类存目二》"诗经朱传翼"条："承泽初附东林，继降闯贼，终乃入于国朝，自知为当代所轻，故末年讲学，惟假借朱子以为重。"永瑢等撰：《四库全书总目》卷18，第144页。东林重名节，源出于阳明致良知实践之教。按：章学诚《文史通义·浙东学术》："浙东之学，虽源流不异，而所遇不同，故其见于世者，阳明得之为事功，蕺山得之为节义，梨洲得之为隐逸。"章学诚：《文史通义·浙东学术》，《章氏遗书》卷2，第33页。孙氏投降李自成，继而为贰臣，自知不见容于气节之士，故必然反对阳明。纪昀亦主此意。

业，照传统社会的伦理习惯，以及当时汉族士大夫的价值标准来说，这是完全违悖常理的。对于此一怪现象，即使举出再多伟业活跃于吴中社党活动的证据，恐怕亦不能解释。

我在读《清史列传·贰臣传》时，偶然注意到当时满汉大臣冲突的史实，似乎颇有可与伟业仕清的问题相参证的地方，但严格来说，这些材料用以描述事件的背景是足够的，用以确实而确切地证明伟业出仕的全部原因则仍嫌不够，所以题目特别用"推测"二字，表示间接推断的意思。学术界的博雅高明如有指正，是我所深盼的。

二、顺治初年满汉大臣之冲突

《碑传集》卷四十三顾湄《吴先生伟业行状》云：

> 易世后，（先生）杜门不通请谒。每东南狱起，常惧收者在门。如是者十年。本朝世祖章皇帝素闻其名，会荐剡交上，有司敦逼，先生抗辞再四……乃扶病入都。①

《清史列传》卷七十九《贰臣传乙·吴伟业》云：

> 本朝顺治九年，两江总督马国柱遵旨举地方品行著闻及才学优长者，疏荐伟业来京。十年，吏部侍郎孙承泽荐伟业学问渊深，器宇凝弘，东南人才，无出其右，堪备顾问之选。十一年，大学士冯铨复荐其才品足资启沃。俱下部知之。寻诏授秘书、侍讲。②

顺治元年（1644）至顺治九年（1652）间，伟业闭门隐居，至九年马国柱疏荐，十

---

① 钱仪吉编：《碑传集》卷43，北京：中华书局，1993年，第1202页。
② 《清史列传》卷79《贰臣传乙·吴伟业》，第6552页。

年（1653）孙承泽再荐，遂于十年（1653）至十一年（1654）间启程入都。同年而冯铨再荐，清世祖（1638—1661）"俱下部知之"，于是出任秘书、侍讲等职。本文主要认为，若仅有马国柱（？—1666）的疏荐，未必能造成如此大的压力。程穆衡《吴梅村先生编年诗集》卷六录"起癸巳入都，尽甲午途中至京作"的诗，收录伟业顺治十年至十一年的作品，其中有《下相极乐庵读同年北使时诗卷》：

> 兰若停骖洒墨成，过河持节事分明。上林飞雁无还表，头白山僧话子卿。①

按：苏武（？—前60），字子卿，传见《汉书》卷五十四。苏武生平为人熟知，不必赘论。这首诗表达了绝无转圜余地的不出仕的决心，以苏武自喻，又说"过河持节事分明"，伟业似乎有十足的决心能坚持不作贰臣。然而同卷又有《将至京师寄当事诸老》四首，写在即将抵达京师时，是向当时在朝的"当事"者②正式表达了不希望再出仕的愿望，其中有"凄凉诗卷乞闲身""早放商山四老归"等句。依照《清史列传》的说法，"当事诸老"便是孙承泽和冯铨。至于孙、冯二人的推荐伟业，其怪异不合理，正如前所述，但究其底里，我推测和顺治初年朝廷的党争有密切关系。所谓党争的情事，可以从三方面加以分析：一是汉族贰臣之操守问题，二是满汉大臣相互间之不合，三是汉族大臣相互间之不合。兹分论如下。

（一）汉族贰臣之操守问题

清初制度，贰臣所任的职位，与他们在崇祯朝（非南明福王朝廷）的职位相同，有功者甚至可得擢升，主要是因为满洲人要仰赖汉族士大夫的政治经验的

---

① 诗题下程穆衡笺："同年者，辛未进士莱阳左懋第也。《明诗综》：懋第以兵部右侍郎，兼都御使，督师河北，充通问使，不屈诛。"程穆衡：《吴梅村诗集笺注》卷6，上海：上海古籍出版社，1983年，第369页。又按："中央研究院"傅斯年图书馆所藏《太昆先哲遗书》本《吴梅村先生编年诗集》，与《诗集笺注》相同。

② 按："当事"即今所谓"管事"的人。

缘故。这是一般治清史的学者都知道的，不遑多论。贰臣除非因罪谪降，或者得罪权贵，卷入政争，否则多能贵显，如洪承畴（1593—1665）、陈名夏（1601—1654）、冯铨、谢升（1572—1645）等皆是①。

派系斗争是古今政治圈最常见的事，而这些"仕二姓"的贰臣重新立足朝廷，又必然会形成更激烈的斗争局面，主要原因有三：一般来说，贰臣本来就鲜有故国之思，才能立足新朝，自不会有同族在朝、势须团结的认知，因之易成倾轧局面，此其一。明末政坛本来就是被东林党与非东林党对立的局面所主导，党同伐异，以迄明亡，而今满洲所用的又是明廷旧臣，党争自然就与之而俱，此其二。清代朝廷，汉臣既多，满洲贵族自不能不深相结纳，对抗汉族士大夫残余势力，于是满汉之间又成对立局面，此其三。

汉族贰臣既多出自晚明政坛的浊流，彼此间又不合作，清世祖正式登位的第二天，孙承泽（时任给事中）奏言"朝贺诸臣，班行错杂，礼节粗疏，皆由内院漫无主持"。大学士谢升、冯铨以及洪承畴乞罢。世祖谕令"益殚忠猷，以襄新治，不必合同请引"②，平息了这件事。可见早在顺治初年，贰臣们已经为了奉忠献媚，而互相攻讦。到了顺治三年（1646）四月，发生了"倪先任事件"。原来另一位贰臣李元鼎（1595—1670）早年曾推荐倪先任于顺天巡抚柳寅东，其后劫盗刘杰被捕，刘宣称倪先任是其同党，鞫实，先任正法，元鼎、寅东亦遭革职③。后至顺治八年（1651）闰二月，多尔衮（1612—1650）死后被夺封追论④，依附多尔衮的权

---

① 余如刘昌于顺治四年（1647）至八年（1651）任工部左侍郎，六年（1649）至八年两诏晋太子太保，十年迁工部尚书；梁清标于顺治十年以前任编修，后累迁侍讲学士。

② 《清史列传》卷79《贰臣传乙·冯铨》，第6556页。

③ 《清史列传》卷79《贰臣传乙·李元鼎》，第6601页。按：《柳寅东传》："初，寅东与侍郎李元鼎善，其出为巡抚也，元鼎荐其门下人倪先任才堪使令，寅东遂给以参将牌札。四年，部臣以先任曾为盗党，寅东滥给牌札，请逮讯鞫实，与元鼎并罢职，归。"《清史列传》卷79《贰臣传乙·柳寅东》，第6611—6612页。

④ 顺治七年（1650）十二月初九，多尔衮病逝于喀喇城。八年正月初七日，以苏克萨哈、詹岱为议政大臣。二月十五日，苏克萨哈等告发摄政王多尔衮不法事，旋追夺所得封典。二十一日世祖即追论多尔衮罪状，昭示中外。其中有"凡伊喜悦之人，不应官者滥升，不合伊者滥降"之状，可见世祖对于多尔衮实隐忍已久，而朝臣中何人属多尔衮之党，世祖亦已了然于胸。

臣谭泰（满人，1593—1651）和陈名夏再推荐李元鼎，元鼎遂起原官（兵部右侍郎），但不久终于又在任珍（亦贰臣）案中，以受贿的罪名而被罢免。按：任珍，河南宜阳人，明河州副将，降清后累官至左都督加太子太保授三等子爵。顺治十年（1653），因为对家人淫乱擅杀，家中的奴婢为首告，遂下三法司鞫讯，论斩决，谕免死，徙置辽阳。李元鼎曾受任珍的贿赂，并议绞，谕免，以杖刑抵赎①。当时汉族贰臣之中，身败名裂的，固然以李元鼎和任珍为主角，但像龚鼎孳（1616—1673）、冯铨、陈名夏等，其名声亦甚狼藉，《贰臣传》中历历可见。如《龚鼎孳传》云：

> 先是，给事中许作梅、庄宪祖等交章劾大学士冯铨，睿亲王集科道各官质问。鼎孳曰："冯铨乃背负天启、党附魏忠贤作恶之人。"铨曰："流贼李自成陷害明帝，窃取神器，鼎孳反顺逆贼，竟为北城御史。"鼎孳曰："岂止鼎孳一人？何人不曾归顺？魏徵亦曾归顺太宗。"王笑曰："人果自立忠贞，然后可以责人。鼎孳自比魏徵，而以李贼比唐太宗，可谓无耻。似此等人，只宜缩颈静坐，何得侈口论人？"②

睿亲王多尔衮领兵入京师，等于是亲手夺取明室江山的首脑，故贰臣之中投降睿亲王的特别多，亦等于因依附睿亲王而得贵显。这些人之中，除了龚鼎孳外，其余如张若麒、李元鼎、薛所蕴（1600—1667）、刘昌、刘余佑、孙承泽、熊文举（1595—1668）等人，又都曾经投降闯王李自成（1606—1645），入福王（1607—1646）时之从贼案。鼎孳在众人面前直言"何人不曾归顺"，等于引述在座者共同经历，实有所指，所言非虚；多尔衮羞辱他，即等于同时侮辱其他在座的贰臣，这些人又岂能没有兔死狐悲之感？这样难堪的情景，根本的原因是汉族贰臣大多出身浊流，行迹卑劣，为蝇营狗苟之辈，被羞辱可谓实至而名归。这是本文所称的"汉族贰臣之操守问题"。

---

① 并参《清史列传》卷79《贰臣传乙·任珍》，第6584页。
② 《清史列传》卷79《贰臣传乙·龚鼎孳》，第6594页。

（二）满汉大臣相互间之不合

《冯铨传》云：

> （顺治十年）四月，九卿等会勘刑部拟斩之归旗原任总兵任珍为家婢首告怨望及丑行，满洲官皆如刑部所拟，管吏部事陈名夏与户部尚书陈之遴等汉官二十八人，拟任珍应勒令自尽。[①]

陈寅恪《柳如是别传》第五章"复明运动"引林时对（1615—1705）《荷锸丛谈》三"鼎甲不足贵"条云：

> 吴伟业，辛未会元榜眼，薄有才名，诗词甚佳。然与人言，如梦语呓语，多不可了。余久知其谜心。鼎革后，投入土抚国宝幕，执贽为门生，受其题荐，复入词林。未有子，多携姬妾以往。满人诇知，以拜谒为名，直造内室，恣意宣淫，受辱不堪，告假而归。又以钱粮奏销一案，褫职，惭愤而死。所谓身名交败，非耶？

陈氏按语云：

> 林氏之语过偏，未可尽信，然藉此亦得窥见当建州入关之初，北京汉族士大夫受其凌辱之情况。[②]

《陈名夏传》：

> （顺治）十一年，大学士宁完我列款奏劾名夏曰："……（名夏）包藏祸

---

① 《清史列传》卷79《贰臣传乙·冯铨》，第6558页。
② 陈寅恪：《柳如是别传》，上海：上海古籍出版社，1980年，第849页。雄按：林时对的说法甚可疑。从伟业赴京时所写的诗来看，他出发时根本没有准备要出仕，更没有准备在北京逗留，所以多携姬妾以往的可能性不大。

441

心以倡乱，尝谓臣曰：'要天下太平，只依我两事。'臣问何事。名夏推帽，
摩其首云：'留发、复衣冠，天下即太平。'……"①

由上述的记载，可以略见当时满汉大臣之间旳关系。任珍任职兴安总兵时，对家奴
淫乱擅杀，于顺治十年（1653）事发，本来已经向兵、刑二部大臣行贿②，却竟然
因区区一小婢的讦告，遂致"满洲官皆如刑部所拟，管吏部事"，正是因为当时的
吏部尚书是陈名夏而非满洲贵族官员。受株连的李元鼎的复出，原本出自权臣谭泰
和陈名夏的推荐，名夏本依附的谭泰既已在顺治八年（1651）正法，所推荐的元鼎
亦已获罪。名夏为求自清，遂不得已主动集合陈之遴（1605—1666）等汉官二十八
人拟任珍"应勒令自尽"。此一事件充分暴露出满汉官员之间的紧张形势。至于林
时对所叙述的故事，虽然未可尽信，但正如寅恪先生所说，亦足以窥见满汉大臣之
间的冲突。我的意思是，满汉冲突，缘起于种姓之别，而汉族贰臣以卑污的品格高
居要津，也有以促成。因为根据史籍如《东华录》所记，建州部落早已知道明季政
局混乱，多半肇因于官僚的腐败；明亡清兴，贰臣的卑劣行径实有以促成之。满洲
人既目睹了导致明朝灭亡的主因，面对贰臣，又岂能不倨傲以对？另一方面满洲大
臣若要打击贰臣，最方便的方法当然从"非我族类，其心必异"一点下手，就是指
他们为包藏祸心以倡乱。其实陈名夏所说的两句话，就种族政策来说固然是大逆不
道；但从统治的实效而论，亦未尝没有道理，这从当年清兵入浙，浙东士民的反
应，即可略知③。满洲大臣固然卑视汉族士大夫，但反过来，对于久历党争的汉族
贰臣来说，他们又岂能对满洲贵族长期隐忍？《龚鼎孳传》云：

上以鼎孳自擢任左都御史，每于法司章奏，倡生议论，事涉满汉，意为轻
重，敕令回奏。④

---

① 《清史列传》卷79《贰臣传乙·陈名夏》，第6615页。

② 《李元鼎传》："（任珍）至是，事败，兵、刑二部株连得罪者十余人。"《清史
列传》卷79《贰臣传乙·李元鼎》，第6601页。

③ 参司徒琳：《南明史（1644—1662）》第三章，李荣庆等译，上海：上海古籍出版
社，1992年，第63页。

④ 《清史列传》卷79《贰臣传乙·龚鼎孳》，第6595页。

《陈之遴传》：

> 十二年正月，奏请照律例以定满洲官员有罪籍没家产、降革世职之法。①

陈之遴的建议被采纳了，鼎挈却被世祖训斥。以汉人而立足于满人盘踞的朝廷，又岂能印首信眉？史家都知道清中叶官场偷媚，汉族学者埋首故籍。其实从清初满洲政权用汉族贰臣的实际情况看，重满轻汉，则汉族士人的外王之学必然无用武之地；朝廷中没有清流（指汉族士大夫之清流）的优良传统，则官场风习必然偷媚。所以清中叶呈露的种种积弊，早在清初已经种下恶因。清世祖屡申训诫，显然亦深知满汉冲突会危及朝纲。《陈名夏传》云：

> 上尝幸内院，阅《会典》及经史奏疏，必与诸臣讲求治理，兼示诸臣以满汉一体，六部大臣不宜互结党与。②

《清史列传》作者用"必""兼训"等字，特别指出了"满汉一体"是世祖时时刻刻不忘训示诸臣的话语，则读者亦不难明白当时满汉大臣的关系了。这就是本文所称"满汉大臣相互间之不合"。

（三）汉族大臣相互间之不合

所谓汉族大臣间的不合，前文所述顺治元年（1644）孙承泽攻击冯铨、洪承畴及谢升，是汉族大臣之间第一次冲突，所牵涉的人物都是贰臣。第二期则是前朝党争的延续，亦即冯铨遭受非贰臣的汉族士大夫交章疏劾。原来冯铨自从于天启年间以谄媚魏忠贤而得势后，屡屡假借魏的威权杀害忠良③。顺治二年（1645）八月，

---

① 《清史列传》卷79《贰臣传乙·陈之遴》，第6571页。
② 《清史列传》卷79《贰臣传乙·陈名夏》，第6614页。
③ 《冯铨传》："副都御史杨涟劾忠贤二十四罪，忠贤惧，求助外廷。铨具书于忠贤侄良卿，言外廷不足虑，且教之行廷杖、兴大狱。铨与锦衣卫都督田尔耕、左都御史崔呈秀、给事中李鲁生等，并谄事忠贤，又引其所取士主事曹钦程为忠贤养子，列'十狗'之一。"《清史列传》卷79《贰臣传乙·冯铨》，第6554页。

御史吴达疏劾冯铨曾为明季逆党魏忠贤干儿，仕清以来，揽权纳贿，故习不移。同时，给事中许作梅、庄宪祖、杜立德，御史王守履、罗国士、邓孕槐、李森先（？—1660）等亦交章劾铨，一时之间朝臣对冯铨的攻击纷至沓来。多尔衮以"明季诸臣党害无辜，以致明亡。今科道各官仍蹈陋习"①论定，杜塞众口，维护了冯氏的地位。这件事同时亦说明了明季党祸在清初政坛的延续。冯铨遭劾一事虽然暂时平息，但党争实愈趋激烈，代表性事件之一，是谭泰一党势力的崩溃，其二则是南人北人的冲突。

谭泰是满洲正黄旗人，颇立戎马之功，曾犯死罪，因立誓效忠，重新被多尔衮拔擢②，权倾朝野，与祖籍南方的贰臣即陈名夏（江南溧阳人）、陈之遴（浙江海宁人）及洪承畴（福建南安人）等深相结纳。顺治八年（1651）二月，多尔衮已遭夺封，浙江道御史（兼掌河南道事）张煊（？—1651，亦贰臣）即上疏，言"文武两途，全才难得，近以武职改任督抚，恐政体民瘼，未必晓畅，请还本职，以全器使"，其中"文武两途，全才难得"二语，颇触谭泰、洪承畴等忌讳，因为他们都出身于沙场之上、立功于戎马之中。时洪承畴为大学士，议煊应调离京师。于是煊又上疏论陈名夏十罪两不法，并指控名夏与承畴、之遴"于火神庙屏左右密议，不知何事"，等于暗指他们密谋造反。疏入，适逢世祖不在京师，由议政王大臣鞫议。鞫议中谭泰"力祖名夏，于廷议时咆哮起争"，指张煊"诬忠臣以死罪，应反坐"，于是煊竟被处死③。世祖追论多尔衮后，即表扬张煊摘奸发伏，谕令将谭泰正法，等于铲除了多尔衮的残余势力。谭泰死后，名夏等三人失去多尔衮和谭泰的支持，形势益蹙。

至于所谓"南人北人之冲突"，冯铨（顺天涿州人）、孙承泽（顺天大兴人）

---

① 《清史列传》卷79《贰臣传乙·冯铨》，第6556页。

② 参《谭泰传》："谭泰，满洲正黄旗人，姓舒穆禄氏，扬古利从弟也。……（崇德）四年，随睿亲王多尔衮等征明，……前后十三战，皆捷。"《清史列传》卷4《大臣画一传档正编一》，第218—219页。

③ 并参《清史列传》卷79《贰臣传乙·张煊》。谭泰与陈名夏等在朝中互为声援事，《陈名夏传》："初，睿亲王多尔衮专擅威福，尚书公谭泰刚愎揽权，名夏既掌铨衡，徇私植党，揣摩执政意指，越格滥用匪人，以迎合固宠。"《清史列传》卷79《贰臣传乙·陈名夏》，第6614页。

等是北方人，与陈名夏（江南溧阳人）、陈之遴（浙江海宁人）、洪承畴（福建南安人）及龚鼎孳（安徽合肥人）等南方人一直不合。前文所述冯铨和龚鼎孳交相指摘事，正是明证。顺治八年（1651）世祖以大学士冯铨受贿，失大臣之体，且在任七年，"毫无建明，毫无争执"，着令致仕。陈名夏和陈之遴旋即取代冯氏的相位，相继入内院（参《冯铨传》）。十一年（1654）铨复原官，世祖询翰林官贤否，铨即奏云：

> 人有优于文而无能无守者，有短于文而有能有守者。南人优于文而行不符，北人短于文而行或善。今取文行兼优者用之，可也。

冯铨这番话，无异尽斥名夏、之遴等南方人为"无能无守"，行为与言语不符。继而任珍事起，名夏、之遴被满洲官员逼迫，于是冯铨趁机会再度于奏对时面议名夏。世祖斥责说：

> 尔冯铨曩不孚于众论，废置业已三载，以尔才堪办事，不念前愆，特行起用，以期更新。自召至以来，谠论未闻，私心已露。如前日面议陈名夏等一事，尔之所对，岂实心忠良之言耶？

铨受责后，即上疏请罪。世祖又说：

> 冯铨与陈名夏素相矛盾，朕所习知。因言不合理，是以有责问之旨。今冯铨既已知罪，再观自新，仍照旧办事。以后诸臣有如此怀私修怨、不公不平者，急宜改省。①

世祖当时年纪虽轻（十六岁），然而岂不知贰臣既可以不忠于明，亦可以背叛于清的道理？而为什么他亲睹贰臣们屡以权谋相轧，仍然隐忍训斥呢？我想，其实他亦深切明白满洲以部落崛起，未尝有统治大帝国的经验；贰臣品格虽然卑下，但却熟

---

① 《清史列传》卷79《贰臣传乙·冯铨》，第6558页。

知旧章故典，是满洲人不得不依赖的。从其他种种迹象，亦可以窥见清代统治者这种矛盾心情。像在平反张煊一案中，廷臣审讯陈名夏，世祖虽然直指名夏为"辗转狡诈之小人"，将他革职，但俸米得照支，而且不久又恢复他吏部尚书的职位①。又如冯铨虽于八年（1651）闰二月受谕着令致仕，三年后复以原官起任。当张煊、谭泰的事件发生后，世祖下旨："凡谭泰干连之人，一概赦免"②，等于为名夏等人留下余地。名夏被革后，孙承泽又向世祖奏荐他。《孙承泽传》：

> 承泽奏言："吏部尚书，权衡所寄，得人为难。伏见大学士陈名夏在吏部时，颇能持正。请以名夏分理部事，必能仰副澄清之治。"上览奏，谓阁臣曰："朕见承泽此疏，洞其隐微，代为含愧，彼意允其所请而用名夏，则于彼有利，否则又将使朕猜疑名夏也。"③

《陈名夏传》：

> 时吏部尚书员缺，左侍郎孙承泽请令名夏兼摄，上以侍郎推举大学士，有乖大体，责令回奏。复谕名夏曰："尔可无疑惧。"越翼日，仍命署吏部尚书。上尝幸内院，阅《会典》及经史奏疏，必与诸臣讲求治理，兼示诸臣以满汉一体，六部大臣不宜互结党与，诚谕名夏益谆切焉。④

世祖惩于明末党争误国，恐怕重蹈覆辙，因此屡次申诫汉臣"不宜互结党与"。此所谓"汉族大臣相互间之不合"。

---

① 《清史列传》卷79《贰臣传乙·陈名夏》，第6614页。
② 《清史列传》卷79《贰臣传乙·张煊》，第6502页。
③ 《清史列传》卷79《贰臣传乙·孙承泽》，第6597页。
④ 《清史列传》卷79《贰臣传乙·陈名夏》，第6614页。

三、受荐出仕的背景

程穆衡《吴梅村诗集笺注》卷六《将至京师寄当事诸老》其一①：

柴门秋色草萧萧，幕府惊传折简招。敢向烟霞坚笑傲，却贪耕凿久逍遥。
杨彪病后称遗老，周党归来话圣朝。自是玺书修盛举，此身只合伴渔樵。

其二：

莫嗟野老倦沉沦，领略青山未是贫。一自弓旌来退谷，苦将行李累衰亲。
田因买马频书券，屋为牵船少结邻。今日巢由车下拜，凄凉诗卷乞闲身。

其三：

匹马天街对落晖，萧条白发怅谁依？北门待诏宾朋盛，东观趋朝故旧稀。
雪满关河书未到，月斜宫阙雁还飞。赤松本是留侯志，早放商山四老归。

其四：

平生踪迹尽蹮天，世事浮名总弃捐。不召岂能逃圣代？无官敢即傲高眠？
匹夫志在何难夺，君相恩深自见怜。记送铁崖诗句好，白衣宣至白衣还。

根据这几首诗，伟业在即将抵达京师时，就知道自己受召出山，必定和朝中显贵"诸公"有密切的关系，他未来的命运，也很可能操纵在他们的手中，于是他写下

---

① 程穆衡：《吴梅村诗集笺注》卷6，第387—389页。

这几首诗，表明不愿出仕之志，祈能白衣而还。诗中哀恳之情，溢于言表①。第一首"逍遥"句下程穆衡《笺注》说：

> 同时诸公弹冠而起者，后先致通显。咸疑公独高节全名，故必欲强起之，不得不如此先破其积见。②

《笺注》卷六收录伟业启程入都途中所作。伟业在顺治十年癸巳（1653）九月出发往北京，依"雪满关河"二句，他在"将至京师"时，正是该年冬天。古时候交通不便，秋天通常是比较不利于远途旅行的，这就可见伟业赴京时内心的迫切和抑郁。所谓"弹冠而进"，典出《楚辞·渔父》"新沐者必弹冠，新浴者必振衣"，是指"新沐皇恩"的仕清明臣。但程穆衡并未具言"同时诸公"的姓名。如果我们据顾湄《行状》和《清史列传》本传，认为"诸公"一词，只指孙承泽和冯铨二人的话，我们可以想象一下：当时朝廷中像陈之遴、洪承畴等南方人对推荐伟业都默默不置一词，独独两名和东林复社不和的北方政客上疏推荐，岂非不可思议？此其一。如前文所述，冯铨在顺治十一年（1654）复任后，就提出"人有优于文而无能无守"和"南人优于文而行不符"的说法，又随即推荐伟业，岂非立即否定自己所说过的话？按常理说这是断断不会发生的事。此其二。以下我根据前文的分析，尝试推测如下。

当顺治八年（1651）多尔衮遭追论以后，依附睿亲王的贰臣失去依靠，于是谭泰伏诛，孙承泽、陈名夏、冯铨，都先后见责于世祖，而且名夏、冯铨先后被罢黜

---

① 雄按："杨彪病后称遗老，周党归来话圣朝"二语，无异向诸贰臣直表心志。《后汉书·杨彪传》："彪见汉祚将终，遂称脚挛不复行，积十年。"范晔：《后汉书》卷54《杨彪传》，第1789页。同书《周党传》："周党字伯况，太原广武人也。……及王莽窃位，托疾杜门。……建武中，征为议郎，以病去职，遂将妻子居黾池。复被征，不得已，乃着短布单衣，谷皮绡头，待见尚书。及光武引见，党伏而不谒，自陈愿守所志，帝乃许焉。……（光武）诏曰：'自古明王圣主必有不宾之士。伯夷、叔齐不食周粟，太原周党不受朕禄，亦各有志焉。其赐帛四十匹。'"同书卷73《逸民列传·周党》，第2761—2762页。伟业以杨彪、周党自喻，等于希望清世祖能效法光武帝，尊重不受俸禄者。

② 程穆衡：《吴梅村诗集笺注》卷6，第387页。

（名夏旋复任，冯铨亦于顺治十一年复原官），顺治十年（1653），任珍、李元鼎获罪。汉族贰臣既自相倾轧，又不断遭受打击，势力大挫。自甲申（1644）以降，其相互间的争斗、颜面的堕落，以至于满族大臣对他们的种种不满，均于顺治九年（1652）、十年至于极点。顺治九年马国柱的推荐伟业，是依据朝廷所颁荐举山林遗老的法令办理，并无特别之处；但对于朝廷汉族贰臣而言，伟业受荐出仕，实符合他们的利益，因为投效清朝的汉族士大夫，几无一人身属清流，像擅于临阵逃窜的兵部侍郎张若麒①、跪求魏忠贤的冯铨②、投降李自成的龚鼎孳和刘余佑等，这些人之所以居高位而屡遭皇帝责辱，又被满洲贵族所鄙所逼，完全和他们的物望名声有关。伟业久在社党，名重词林，出处清谨，在福王的小朝廷任官两月，即与马士英（1591—1646）、阮大铖（1587—1646）不合而拂袖离去，出身与清誉与当时的贵显诸公可谓有天壤之别。侯方域（1618—1655）称伟业为"海内贤士大夫领袖"③，固不无夸大之处，但毕竟伟业居于清流文坛，是具有非常地位的。汉族贰臣的推荐伟业，对朝中汉族士大夫集团实有帮助，这是远因，亦是第一个推测。汉族贰臣素来有南北矛盾，若以北方政客推荐南方文人，则既有团结势力的具体作用，亦有南北和好的象征意义，于是而有顺治九年孙承泽的推荐。这是第二个推测。顺治十年冯铨复任，又因为面议陈名夏而遭世祖训斥，十一年（1654）遂与名

---

① 《张若麒传》："十四年，我太宗文皇帝围锦州，总督洪承畴集诸镇兵来援，未敢决战。兵部尚书陈新甲遣若麒往商于承畴，欲分四路夹攻。承畴虑兵分力弱，议主持重。若麒以围可立解入告，新甲益趣承畴进兵，若麒屡报捷，洊加光禄寺卿。既而诸军自松山出战，我师击败之，歼殪各半。若麒自海道遁还，新甲庇之，复令出关监军。十五年二月，松山城破，若麒复自宁远遁还。……于是若麒论死系狱。及流贼李自成陷京师，纵出之，受伪职为山海防御使。"《清史列传》卷79《贰臣传乙·张若麒》，第6604页。

② 《冯铨传》："（铨）父盛明，官河南左布政，被劾归。……天启四年，魏忠贤进香涿州，铨跪谒道左，泣诉父为东林党陷害。忠贤怜之，起故官。"《清史列传》卷79《贰臣传乙·冯铨》，第6554页。

③ 侯方域：《与吴骏公书》，王树林校笺：《侯方域集校笺》卷3，郑州：中州古籍出版社，1992年，第157页。

夏联名荐举人才①，其中即有吴伟业在内。这样的作为，不但加强南北之嫌已经平息的印象，亦含有冯陈和好、党争结束的象征作用。这是第三个推测。我初读《清史列传·贰臣传乙·吴伟业》，见孙、冯荐举伟业，感到大惑不解，后来追忆汉族贰臣之间的冲突，才开始怀疑荐吴一事，似乎经过籍贯南方的贰臣的默许，而程穆衡所谓"弹冠而进"之"诸公"，除冯、孙二人外，恐怕还应该包括陈名夏、陈之遴、洪承畴及龚鼎孳等人。然而，伟业身处江南，恐怕并不很清楚朝廷中滔滔不断的党争。他在《上马制府书》中说：

> 伟业少年咯血，久治不瘥。今夏旧患弥增，支离床褥，腰脚挛痪，胸腹膨胀，饮食难进，骨瘦形枯，发言喉喘，起立足僵，困劣之状，难以言悉。岂有如此疾苦，尚堪居官效力，趋跄执事者耶？……伟业自辛未通籍后，陈情者二，请急者三。归卧凡逾十载，其清羸善病，即今在京同乡诸老，共所矜谅。②

《辞荐揭》（即《上马制府书》中所称"抚按两台，伟业已具揭请之矣"的

---

① 《冯铨传》："十一年正月，与大学士陈名夏、成克巩、张端、吕宫合疏荐举原任少詹事王崇简、巡按御史郝浴、给事中向玉轩、中书宋徽（徵）璧、知县李人龙可擢任；前明翰林杨廷鉴、宋之绳、吴伟业、方拱乾，中书陈士本、知县黄国琦，可补用。"《清史列传》卷79《贰臣传乙·冯铨》，第6558页。这次荐举共十一人，原任职清朝的五人中，唯王崇简、郝浴《清史列传》中有传，王原为崇祯进士，户部观政，未正式为明朝官员，故不列于《贰臣传》，自顺治三年（1646）补选庶吉士后，逐年晋升至礼部尚书加太子太保，仕途可称顺遂；郝在顺治十年（1653）平定孙可望、李定国乱事中固守保宁，原应有功，因此得到冯铨等人的举荐，但郝因不接受吴三桂赐冠服，更劾吴拥兵观望，而反遭吴疏劾"欺罔冒功"，被革职论死，后免死流徙奉天。至于冯铨、陈名夏等议补用的六个明朝旧臣，只有吴伟业出仕，其余五人在《清史列传》中无传，此可见清初受到朝臣推荐明臣，并不一定得到皇帝的授官。同为前明翰林，杨廷鉴、宋之绳既可得免，何以独吴伟业不能？岂不是由于"当事诸老"的缘故？

② 吴伟业：《上马制府书》，《梅村家藏稿》卷54，《四部丛刊》武进董氏新刊本，第7页。

"揭")说:

> 伟业禀受尫羸,素有咯血之证。每一发举,呕辄数升,药饵支持,仅延残喘。不意今春旧疾大作,竟成虚损。胸膈胀满,腰脚虚寒。自膝以下,支离挛蹶。……岂知沉痼已甚,疗治无功,奄奄一息,饮食短少,待尽床褥,不能行立。……伟业自辛未通籍后,在京止有四载,卧病乃逾十年,其清羸困劣,当涂诸老,见闻共悉。①

以病辞荐,是胜朝遗老不仕新朝惯用的理由,然而伟业哀恳"当事诸老"见怜,希望"白衣宣至白衣还",实是绝无可能的事,因为形势已成,就不是他主观意愿所能左右的了。

四、从吴伟业的两首诗看他赴京时之心情

癸巳以前,伟业的志节绝无可疑,甲申(1644)之变,王鳌永(1588—1644)、王正志(?—1649)等迎降清兵于北京;乙酉(1645)之变,钱谦益(1582—1664)迎多铎(1614—1649)于南京,伟业都不在其列。上文描述了伟业仕清的客观背景,这一节希望谈一谈他的主观心境。他在赴京途中所作的诗,除了前文《将至京寄当事诸老》四首外,还有《言怀》一首、《新蒲绿》两首,都可见其赴京时的心情。谨作分析如下。

七律《言怀》一首,程穆衡《诗集笺注》置于卷二,即"乙酉五月至丁亥游越"所作。但我认为这首诗应系在卷六,亦即癸巳受荐后、甲午赴京前。诗曰:

> 苦留踪迹住尘寰,学道无成且闭关。只为鲁连宁蹈海,谁云介子不焚山?枯桐半死心还直,断石经移藓自斑。欲就君平问消息,风波几得钓船还。②

---

① 吴伟业:《辞荐揭》,《梅村家藏稿》卷57,第4页。
② 程穆衡:《吴梅村诗集笺注》卷2,第118页。

《史记·鲁仲连邹阳列传》：

> 鲁仲连曰："彼秦者，弃礼义而上首功之国也，权使其士，虏使其民。彼即肆然而为帝，过而为政于天下，则连有蹈东海而死耳，吾不忍为之民也。"

《春秋》僖公二十四年《左传》：

> 晋侯赏从亡者，介之推不言禄，禄亦不及。……其母曰："亦使知之，若何？"对曰："言，身之文也。身将隐，焉用文之？是求显也。"其母曰："能如是乎？与女偕隐。"遂隐而死。

《新序·节士篇》：

> （晋文公）求介之推不能得，以谓焚其山宜出。及焚其山，遂不出而焚死。[1]

《言怀》第三、四句是自我表白，意谓宁蹈海而死，亦不甘于仕清；但正如介之推母子偕隐遭焚而死，清廷为征召他出山，又不无祸及其慈亲的可能。第五句靳荣藩《吴诗集览》及吴翌凤（1742—1819）《梅村诗集笺注》都引枚乘《七发》"龙门之桐，其根半死半生"注释[2]，其实伟业这一句典故应该是用庾信（513—581）《枯树赋》"桂何事而销亡，桐何为而半死"。《枯树赋》又云：

> 况复风云不感，羁旅无归。未能采葛，还成食薇。沈沦穷巷，芜没荆扉。

---

① 刘向编著，石光瑛校释：《新序校释》卷7，陈新整理，北京：中华书局，2001年，第962页。又《春秋》僖公二十四年《左传》记介之推与其母"遂隐而死"，其说稍异。

② 吴伟业撰，靳荣藩注：《吴诗集览》卷11，凌云亭刻本，第12页上；吴伟业撰，吴翌凤注：《梅村诗集笺注》卷11，光绪二十二年（1896）新化三昧堂刊本，第8页下。

既伤摇落，弥嗟变衰。①

庾信晚年羁旅北方，每多"乡关之思"。《枯树赋》通篇的主旨，即在这八句，亦即针对篇首"何事销亡，何为半死"二问句的答语。伟业写下这二句，显然是预见了羁旅北方，还乡无日，贞节遭毁，白璧微瑕的岁月，即所谓"断石经移薛自斑"。而末二句暗喻前途未卜、祸福无定，在极度惶惑之余，只希望于风波之中终得还家也。伟业赴京途中，著诗常以庾信自况，不但因为庾信羁旅北方，更因为他受命于外族政权。像《诗集笺注》卷六《过淮阴有感》其一：

落木淮南雁影高，孤城残日乱蓬蒿。天边故旧愁闻笛，市上儿童笑带刀。世事真成反招隐，吾徒何处续离骚？昔人一饭犹思报，廿载恩深感二毛。②

前引《言怀》的意旨和这一首是很一致的。顾湄《吴先生伟业行状》说：

乙亥入朝，充纂修官。③

伟业在崇祯八年（1635）充纂修官，时廿七岁，下距顺治十一年（1654）四十六岁恰为二十年，故谓"廿载恩深"。又庾信《哀江南赋序》云：

粤以戊辰之年，建亥之月，大盗移国，金陵瓦解。……信年始二毛，即逢丧乱，藐是流离，至于暮齿。④

梁武帝太清二年戊辰（548）八月侯景（503—552）举兵反梁。十月辛亥至建业。

---

① 庾信：《枯树赋》，庾信撰，倪璠注：《庾子山集注》卷1，许逸民校点，北京：中华书局，1980年，第53页。

② 程穆衡：《吴梅村诗集笺注》卷6，第360页。

③ 钱仪吉编：《碑传集》卷43，第1201页。

④ 庾信：《哀江南赋序》，《庾子山集注》卷2，第94页。

据倪璠（1637—1704）《庾子山年谱》，庾信时年三十六岁。崇祯十七年（1644）甲申，伟业亦三十六岁，故借用庾信诗意，以古喻今。末二句意谓昔人犹知一饭之德必报（典出《史记·淮阴侯列传》），自己获故主知遇，却因为甲申年大盗移国之故，而不得一报，因此而有悲怆奈何之感也。《离骚》有忠君思想，因此第七、八句即上承第六句而来。伟业远赴北方，以庾信自况，因此清代学者亦每以二人并称。四部丛刊《梅村家藏稿》首页载同治年间六人题诗。秦缃业（1813—1883）诗云：

> 哀江南赋通天表，愁杀前朝侍从臣。苦被人呼吴祭酒，自题圆石作诗人。[①]

施补华（1835—1890）诗云：

> 萧瑟真怜庾子山，空余词赋动江关。白衣难结渔樵侣，青琐重登侍从班。吴地亲朋趋日下，淮王鸡犬望云间。滋兰树蕙无穷意，憔悴聊看画里颜。[②]

可知从前读梅村集者，实颇知以庾信譬况伟业，亦了解伟业的仕清，其内心是有无穷的抱恨的。

马导源《年谱》明永历七年即清顺治十年（1653）五月有《新蒲绿》诗，其一云：

> 白发禅僧到讲堂，衲衣锡杖拜先皇。半杯松叶长陵饭，一炷沉烟寝庙香。有恨山川空岁改，无情莺燕又春忙。欲知遗老伤心处，月下钟楼照万方。

其二云：

---

① 吴伟业：《梅村家藏稿》题词，第1页上。
② 吴伟业：《梅村家藏稿》题词，第2页上。

　　　　甲申龙去可悲哉，几度东风长绿苔。扰扰十年陵谷变，寥寥七日道场开。
　　剖肝义士沈沧海，尝胆王孙葬劫灰。谁助老僧清夜哭，只应猿鹤与同哀。①

这首诗题曰《新蒲绿》，典出杜甫《哀江头》：

　　　　少陵野老吞声哭，春日潜行曲江曲。江头宫殿锁千门，细柳新蒲为谁
　　绿？②

杜甫《哀江头》第四句字面的意义是：蒲柳未解山河变色，不管人离楼空，仍展新
绿，而实不知为谁而绿。伟业用杜甫诗意，譬喻明亡以后，国乱已久，景物依旧，
人事全非。所谓"白发禅僧"，"白发""白头"是明末遗老通用的语汇，用以表
示忠贞志节。《诗集笺注》卷六《自信》：

　　　　自信平生懒是真，底须辛苦踏征尘？每逢墟落愁戎马，却听风涛话鬼神。
　　浊酒一杯今夜醉，好花明日故园春。长安冠盖知多少？头白江湖放散人。③

同卷《临清大雪》：

　　　　白头风雪上长安，裋褐疲驴帽带宽。辜负故园梅树好，南枝开放北枝
　　寒。④

《自信》中所谓"长安冠盖"，即指朝廷的贰臣，伟业自谓"头白江湖"，是他
在途中仍然希冀能全身而退，保全名节。又顾亭林《诗集》康熙八年（1669）"亡
友潘柽章之弟潘耒远来受学兼有投诗答之"有"为秦百姓皆黔首，待汉儒林已白

---

① 马导源编：《吴梅村（伟业）年谱》，香港：崇文书店，1972年，第59页。
② 杜甫著、仇兆鳌注：《杜诗详注》，第329页。
③ 程穆衡：《吴梅村诗集笺注》卷6，第371页。
④ 程穆衡：《吴梅村诗集笺注》卷6，第379页。

头"①，傅山（1607—1684）《霜红龛集》卷十《与某令君》有"民今病疟深红日，私念衰翁已白头"②句，"白头""白首"其义皆同。《编年诗集》卷五、卷六之诗中往往有"白发""白头""白首"等词语，都是伟业自视为前朝遗老的证据③。伟业所感慨者，是国事已去，故友殉节④，唯有偷生者独自哀鸣于人间。伟业希望能持节而终不能，钱澄之（1612—1693）《田间诗集·寄梅村诗》其一云：

> 曾记陪京调后尘，争看天上谪仙人。清姿对雪遥相映，彩笔当筵捷有神。已向南厢悲旧史，谁怜东阁有残宾？当时末座今头白，争怪先生发早新。⑤

钱氏未仕清，故自称"今头白"；谓伟业"发早新"，即指他变节出仕。至于"禅僧"一语，明末遗老针对清"剃发""易服"的命令，往往剃青丝、着袈裟，以表示消极抵抗。或者在绝命时，亦作僧人打扮，以表示不肯易服随时。祝纯嘏编《孤忠后录》：

> （顺治）四年丁亥，黄毓祺起兵海上，谋复常州。……六年己丑，黄毓祺死于金陵狱。……作绝命诗，被衲衣，趺坐而逝。⑥

---

① 顾炎武：《亭林诗集》卷4，《顾亭林诗文集》，香港：中华书局，1976年，第389页。

② 傅山：《霜红龛集》卷10，太原：山西人民出版社，1985年，第272页。

③ 见前引《吴梅村先生编年诗集》卷6《下相极乐庵读同年北使时诗卷》。苏武为匈奴囚禁，持节不屈，参《汉书》卷54《苏武传》，第2459—2467页。

④ "剖肝义士沈沧海"谓陈子龙（1608—1647）投水殉节事。

⑤ 钱澄之：《客隐集·辛亥》，《田间诗集》卷17，《续修四库全书》第1401册，第468页。雄按：所谓"南厢""东阁"者，均指伟业于崇祯时所任的职位。《笺注》卷二《遇南厢园叟感赋八十韵》引陈沂《金陵世纪》云："洪武十四年建国子监于鸡鸣山之南，……东厢为祭酒燕居，南为司业厢。顾湄《梅村先生行状》：'崇祯己卯，升南京国子监司业。'"

⑥ 祝纯嘏：《孤忠后录》，李逊之著，中国历史研究社编：《三朝野记》，上海：上海书店，1982年，第226、228页。

"衲衣"就是僧人穿的衣服。又顾湄《吴先生伟业行状》说：

> （伟业）乃自叙事略曰："吾一生遭际，万事忧危，无一刻不历艰难，无一境不尝辛苦，实为天下大苦人。吾死后，敛以僧装，葬吾于邓尉、灵岩相近，墓前立一圆石，题曰诗人吴梅村之墓。勿作祠堂，勿乞铭于人。"①

可见"白发禅僧"的意思，是很明显的。至于其一称"无情莺燕"，应该是指仕清荐己的贰臣，即陈名夏、孙承泽及冯铨之徒。燕子是历看人间盛衰兴亡的象征，典出刘禹锡（772—842）诗"旧时王谢堂前燕，飞入寻常百姓家"②。"莺"则是小人的象征。孔尚任（1648—1718）《桃花扇·余韵·秣陵秋》：

> 陈隋烟月恨茫茫，井带胭脂土带香。骀荡柳绵沾客鬓，叮咛莺舌恼人肠。中兴朝市繁华续，遗孽儿孙气焰张。只劝楼台追后主，不愁弓矢下残唐。③

陈隋烟月，喻福王的"一年天子小朝廷"。第三、四句承上启下，指出弘光朝因马、阮而倾覆。其中"柳绵""莺舌"，即是下文的"遗孽儿孙"，指认魏忠贤为干爹的阮大铖。所谓"无情莺燕又春忙"，伟业深恨忘故国、迎新朝的贰臣口舌招摇，正是陷他于不义的罪魁祸首。

第二首谓"甲申龙去"，指明思宗（1611—1644）自缢事。"龙去"出自黄帝乘龙而去，小臣攀髯无从的典故④。伟业是复社主要人物之一，复社一向被视为东

---

① 钱仪吉编：《碑传集》卷43，第1203页。

② 《全唐诗》"刘禹锡"条。又周邦彦《西河》："想依稀、王谢邻里，燕子不知何世。入寻常巷陌、人家相对，如说兴亡斜阳里。"周邦彦词好用唐人唐诗故实，充分证明了"燕子"的象征意义。

③ 孔尚任：《桃花扇》，台北：文光出版社，1956年，第146页。

④ 《史记·封禅书》："黄帝采首山铜，铸鼎于荆山下。鼎既成，有龙垂胡髯下迎黄帝。黄帝上骑，群臣后宫从上者七十余人，龙乃上去。余小臣不得上，乃悉持龙髯，龙髯拔，堕，堕黄帝之弓。百姓仰望黄帝既上天，乃抱其弓与胡髯号，故后世因名其处曰鼎湖，其弓曰乌号。"见司马迁：《史记》卷28《封禅书》，第1394页。

林党的延续。东林党所拥护的是潞王常淓（1608—1646）而不是福王由崧①，因此伟业虽然曾经立足弘光朝，但他所感叹的国变，都是指甲申北京之变而不指乙酉南京之变。"十年陵谷变"，就是由甲申年计算至本年（顺治十年）。

五、结论

如前言所说的，本文只说明了吴伟业仕清的部分原因，并不是全部。本文最主要的工作，是推测孙承泽和冯铨推荐伟业的背景与动机。结论认为：孙、冯两位北方政客之所以推荐吴伟业这个南方复社名流，可能经过在朝汉族士大夫取得一致共识，而特意由北方人疏荐，等于向清世祖表示南北对立已不复存在，可以说是一种政治的表态。客观地分析，吴伟业被视为"海内贤士大夫领袖"，他的出仕，既可以提振在朝汉族士大夫的声誉，亦可以增加贰臣们的势力，应该是当时在朝所有贰臣共同愿意的。既有这样的背景，伟业便自然受到更不寻常的压力，使他不得不在赴京途中向"当事诸老"写下四首哀鸣乞怜的诗，亦使他注定无法"白衣宣至白衣还"。

用古人气节的价值标准衡量，仕清一事，固然是伟业一生不可磨洗的污点，但各人的处境自有其不得已。伟业受在朝汉族贰臣的推荐，迫于形势，又有"谁云介子不焚山"的顾虑②，如果他想事君（明朝之君主）以忠，就必不能事亲以孝，故不得已而出山，又有什么办法能够不留踪迹于尘寰呢？或者有人会说：伟业刚勇不

---

① 参陈寅恪：《柳如是别传》第五章"复明运动"，第842页。

② 《吴先生伟业行状》云："本朝世祖章皇帝素闻其名，会荐剡交上，有司敦逼，先生抗辞再四，二亲流涕辨，严摄使就道，难伤老人意，乃扶病出山。"钱仪吉编：《碑传集》卷43，第1202页。又钱仲联《清诗纪事·顺治朝卷》"吴伟业"条引沈德潜《国朝诗别裁集》："梅村故国之思，时时流露。《遣闷》：'故人往日燔妻子，我因亲在何敢死？不意而今至于此。'"亦可作为他出仕心境的另一佐证。钱仲联：《清诗纪事》，第1412页。

足，不能像傅山、李颙（1627—1705）等拒荐时所表现的坚毅勇决[①]。我则认为人的性格刚柔，自有分限，不可勉强，尤其当人生大关节之际，非当事者实难体会抉择时的痛苦。古往今来，人们对易代之际的殉节持节者，产生特殊的尊崇，正是因为殉节持节实不易为。活在太平盛世之中衣食无忧的读书人，固不难夸谈高论自己如何傲骨崚嶒；但“士穷乃见节义”，到了天崩地解、大难临头的一刹那，那些平时自夸硬骨头的人，又未必真能坚持到底了。陈寅恪先生论钱谦益、马士英及阮大铖的关系，说：

> 世情人事，如铁锁连环，密相衔接，惟有恬淡勇敢之人，始能冲破解脱。[②]

这几句话引自陈寅恪晚年的著作《柳如是别传》，是寅恪先生从他的人生磨难中体悟出来的道理，可谓发人深省。平情而论，伟业固然不是一位勇者，但他未尝迎降，亦未尝献媚，相对于那些追逐功名、献策运筹于清朝统治者的贵显贰臣，即使有罪，亦应当从轻考虑，不应将他和一般晚节不保、身名交败的汉族士大夫相提并论[③]。《言怀》与《新蒲绿》都是典型的遗民诗，著作时期恰好在他受荐和赴京之际，都是可以证明其心迹的。

---

① 李颙以死拒出仕，参全祖望：《李二曲先生窆石文》，《鲒埼亭集》卷12，台北：华世出版社，1977年，第150页。又全祖望《阳曲傅先生事略》记傅山被迫受荐接受博学鸿儒之事甚详，参同书卷26，第327页。

② 陈寅恪：《柳如是别传》第五章“复明运动”，第835页。

③ 钱仲联《清诗纪事》引赵翼《瓯北诗话》：“梅村当国亡时，已退闲林下。其仕于我朝也，因荐而起，既不同于降表佥名，而自恨濡忍不死，跼天蹐地之意，没身不忘，则心与迹尚皆可谅。”钱仲联：《清诗纪事》，第1414页。

论戴震与章学诚的学术因缘

——"理"与"道"的新诠

一、撰写动机与问题的提出

1976年，余英时先生《论戴震与章学诚》一书由香港龙门书店刊行，二十年后（1996）该书的增订本由台北东大图书公司"沧海丛刊"出版。由于余先生论点透辟，论据缜密，直到现在，学术界讨论戴震与章学诚学术思想的关系，多以余先生论点为基础，而着眼于戴、章思想之分立，为经学与史学的对立。拙著《戴东原经典诠释的思想史探索》（以下简称《探索》）从中国思想史和中国经典诠释理论两个角度切入，说明戴震思想的社群意识与文化意识，与余先生论点异同处切入较多。尤其该书所收录《乾嘉学者经典诠释的历史背景与观念》（以下简称《观念》）一文曾扼要指出：章学诚的思想，不能仅仅被理解为戴震思想的矛盾和对立，而应该也是对戴震思想的一种延续与发展。此一论点与余先生的观照，存在了较大的距离。但我在该文中尚未及详细发挥。这是本篇论文写作的缘起之一。

理学、经学、史学是三个相互有关、但范畴不同的概念。"理"和"道"是儒学的概念（今人称为"哲学范畴"），也是十一世纪以降六百年来理学家最喜欢讲的。下迄十八世纪，戴震之于"理"，章学诚之于"道"，又各自创发了一套明显与理学家相异的诠释，且都奠基于历史文化及社群意识。我希望借由本文作申述与补充，这是本篇论文写作的缘起之二。

拙文《观念》最初发表于2001年，我在文中曾经讨论到关于戴震与章学诚学术思想的两个要点。我首先指出戴震用"心之所同然"和"以情絜情"诸义诠释阐发

"理"的观念，是奠基于他对古代典章制度也就是"礼"的研究①；而有趣的是，在戴震重新诠释"理"的过程中，章学诚受到戴震的冲击与影响，开始注意到"道"的问题。从戴震"理"观念的新诠，发展到章学诚"道"观念的新诠，颠覆了这两个宋明理学六百年来最核心观念的定义，也反映了清儒经典诠释的新典范。拙文曾说：

> 同样重视"器"之典章制度，实斋着眼的是其背后的人类文化生活细如毛发、刻刻不断的变化；而东原则运思于典章制度所昭示的人心同然的深层意义，并而畅论分殊与一体、反权威、反释老等种种思想观念。同样奠基于"器"观念，东原因典章制度而延伸思考"理"的问题，实斋则由典章制度而折入讨论"道"的问题；一个走了哲学的路，一个走了史学的路。这就形成了戴、章二人学术思想的一个重大分水岭。②

戴震走了经学的路，用考证经义来探求"理"；章学诚走了史学的路，用编纂方志来验证史学理论，最后提出一种独特的"道"论。由于戴震较学诚长15岁，学诚最后竟将戴震的"理"思想与其自身方志学与史学理论熔为一炉，而发展出一套独特的"道"论，这恐怕是平生未尝给予章学诚丝毫尊重的戴震始料所未及、而身后亦未被学者所注意的奇事。这是本篇论文写作的缘起之三。

由于随着拙著《探索》出版，我的戴震研究暂告一个段落。近年我持续不断反思人文学知识整合与重构的问题。章学诚将史学、方志学、文献学冶为一炉的路子，长期以来，和我的精神世界产生共鸣，这也许是我对章学诚的研究始终未能忘

---

① 郑吉雄《乾嘉学者经典诠释的历史背景与观念》："伦理关系中的君臣、父子、夫妇、朋友、亲族，礼制中的昏军宾嘉，以至于'礼仪三百，威仪三千'，都是得到先秦时代不同时期绝大部分中国人认同接受的生活方式与规范，也随着不同时代绝大部分中国人的意志而渐次改变、定型，再改变、再定型。这是真真实实的'心之所同然'，也是'心之所同然'这个命题的真实基础。此所以《疏证》说：'凡一人以为然，天下万世皆曰"是不可易也"，此之谓同然。'"郑吉雄：《戴东原经典诠释的思想史探索》，第268页。此一意旨，我在同书中《论戴东原经学中的文化意识》一文中更历举戴震考订经义的例子加以说明，参《戴东原经典诠释的思想史探索》，第43—86页。

② 郑吉雄：《戴东原经典诠释的思想史探索》，第271—272页。

情的缘故。因此，本文也将分析学诚如何以文化意识贯串史学、文献学、方志学，构筑一种人文学多重意义的境界，借以说明他的"道"观念的内涵。

二、戴震"道""理"观念的发展历程

戴、章二人思想的进展与互动，余英时先生《论戴震与章学诚》言之最详。戴震是如何在考据学家云集的北京逐步追求他心所向往的义理？章学诚是如何在戴震经学考证言论的压力下建构他的"六经皆史"观念？能读余先生著作者必不陌生。但学术界接受余先生观点的，往往会着眼于"考据"与"义理"之间的一种紧张性；我则想借用余先生"内在理路"的提法，重新诠释余先生的观点。我认为戴震的"理"论和章学诚的"道"论之间，甚至可以说"考据"与"义理"之间，都存在一种潜藏于内部的密切关系。以下从戴震开始说明。

"道"和"理"为戴震所重视的两大概念，大致而言，戴震早岁多提"道"，至晚年始转而论"理"，其晚年定论，已以"理"取代"道"，而阐发于《孟子字义疏证》及《与彭进士允初书》。关于"理"的思想，拙著《探索》已有所申论，本文将避免重复，而集中讨论戴震如何由"道"切入"理"。

戴震志于学甚早，但奠定学问基础则始于见江永[1]，事在乾隆七年壬戌（1742）[2]，时戴震二十岁，江永六十二岁。江永曾经集注朱熹与吕祖谦（1137—1181）合著的《近思录》，对宋明理学的概念与内涵相当熟悉。正如过去学者所注意到的，乾隆十九年甲戌（1754）戴震赴北京以前，显然并没有对程朱思想有任何不满。这和他

---

[1]　关于戴震师从江永的年份，可参漆永祥：《新发现戴震〈江慎修先生七十寿序〉佚文一篇》，《中国典籍与文化》2005年第1期，第122—123页；以及蔡锦芳：《戴震与江永交游考——兼析"吾郡老儒"之公案》，《戴震生平与作品考论》，桂林：广西师范大学出版社，2006年，第3—15页。

[2]　据段玉裁《戴东原先生年谱》："婺源江慎修先生永治经数十年，精于三《礼》及步算、钟律、声韵、地名沿革，博综淹贯，岿然大师。先生一见倾心，取平日所学就正焉。"参段玉裁撰，杨应芹订补：《东原年谱订补》，第653页。胡适、余英时、蔡锦芳诸家均从此说。

师承江永显然有着绝对的关系。戴震虽然自称"十七岁时，有志闻道"[①]，但这颗求"道"的种子之所以在他的心中萌芽生长，兴起了与宋明理学家相同的关怀，而有异于同时期的考据学者，也许与江永的教诲脱离不了关系[②]。

早在戴震入京的前一年，即乾隆十八年癸酉（1753），时戴年方三十一，正在撰写《毛诗补传》，约于四年后复撰《与是仲明论学书》[③]，已提出"经之至者道也""由字以通其词，由词以通其道，必有渐""然舍夫'道问学'，则恶可命之'尊德性'乎？"：

---

① 乾隆四十二年丁酉（1777）正月二十四日与段玉裁书，见《戴东原戴子高手札真迹》，台北：中华丛书委员会，1956年。

② 钱穆先生曾指出戴震论学之第一期，"东原主从道问学一边以达大道之理论，统观全书，所论为学门径及其趣解，全是江氏一派。然东原自述为学全出冥搜暗索，则江、戴乃规模暗合，非东原之必有待于江氏之启迪矣"。参钱穆：《中国近三百年学术史》，第314页。个人认为钱先生之论，确能切中治学者心境的实况。其实任何学术观点的建立，无不有启迪的来源，或为人、或为书，视实际情况而定；但一切启迪之演化为受启迪者的学术信仰，则非有待于自身"冥搜暗索"不可。譬如一位老师教授弟子数十人，真有自得而能传其学者，往往不过一二人。其余侪辈，岂不同受启迪？然倘无自身的"冥搜暗索"，即有千万人聆听千万次，亦等于无用。近代学者多针对戴震隐瞒与江永的师生关系一节，而于戴氏有所讥评。唯据钱大昕所记，戴震在纪昀家中与大昕相遇时，极力推崇江永的推步之学，而后为大昕致书质疑，其事详钱大昕：《与戴东原书》，《潜研堂文集》卷33，陈文和主编：《嘉定钱大昕全集》第9册，上海：上海古籍出版社，1989年，第565—567页。可见戴震未尝故意隐瞒他对江永的崇敬之情。唯蔡锦芳考论，据纪昀的讲法，认为戴震仅是借江永之说以扬名，则于此事有不同的解读。参蔡锦芳：《戴震生平与作品考论》，第82—87页。

③ 据段玉裁《戴东原先生年谱》，《与是仲明论学书》撰写于乾隆十二年丁卯（1747）；然钱穆据《是仲明年谱》考订，乾隆十四年己巳（1749）至翌年（庚午）是仲明两游徽州，与戴震相晤，《与是仲明论学书》的撰著年代应在此两年以后，在癸酉入都以前。详钱穆：《中国近三百年学术史》，第312页。唯据段玉裁《年谱》乾隆三十一年丙戌（1766）条下记"先是，癸酉成《诗经补传》，已而在扬州，以此书之《序》及《论郑声》一条示是仲明，仲明索观《诗补传》，先生辞之，作书与之论学而已"云云，则段氏认知戴震作书与是仲明论学，其事在癸酉（1753）以后、在二十二年丁丑（1757）游扬州之时。参段玉裁撰，杨应芹订补：《东原年谱订补》，第678页。

　　　　仆自少家贫，不获亲师，闻圣人之中有孔子者，定《六经》示后之人，求
　　其一经，启而读之，茫茫然无觉。寻思之久，计于心曰：经之至者道也，所以
　　明道者其词也，所以成词者字也。由字以通其词，由词以通其道，必有渐。求
　　所谓字，考诸篆书，得许氏《说文解字》，三年知其节目，渐睹古圣人制作本
　　始。又疑许氏于故训未能尽，从友人假《十三经注疏》读之，则知一字之义，
　　当贯群经、本六书，然后为定。①

《与是仲明论学书》中所提出的这些命题，虽然与他晚年写定的作品，深浅不能相
提并论；但从其中提问题的方式，已可窥见戴震学术触角的敏锐，与心志的高远。
这明明表示他在而立之年，虽然雅奉经典字辞考订之学（知一字之义，当贯群经、
本六书，然后为定），但也注意到"尊德性"与"道问学"之间具有密切关系。戴
震迟至乾隆二十八年（1763）初才撰成《原善》，畅论"善""仁""道""常"
等观念，但从《与是仲明论学书》看来，早在乾隆十九年（1754）之前，他已注意
到由"字词"以通"道"，是一条不可回避的路。也许有人认为戴震所谓"由字以
通其词，由词以通其道"，乾嘉学者中也曾有类似的提法②。但如果我们考虑到戴
震在乾隆十八年（1753）以后逐步撰著《原善》的过程与理论发展，我们就不能将
戴震所讲的"道"和其他考据学家所讲的"六经载道"之"道"等量齐观。"由字
以通其词，由词以通其道"两句话出的一个重要意旨是："语言训诂"并不全然只
是一种考据方法或技术，它同时也是一种通向真理的哲学方法。他接着又说明"语
言"与各种专门知识尤其是名物制度之间的关系，说：

　　　　至若经之难明，尚有若干事：诵《尧典》数行，至"乃命羲和"，不知恒

---

　　①　戴震：《与是仲明论学书》，《东原文集》卷9，第370页。《戴震全书》所收《文
集》整理者余国庆、杨昭蔚亦据钱穆《中国近三百年学术史》考据年代，校注称："题下
'癸酉'二字为微波榭本所无，当系经韵楼编时误加。"参《戴震全书》第6册，第376页。
　　②　如惠栋在《九经古义·述首》曾说："经之义存乎训，识字审音乃知其义。"参
惠栋：《九经古义》，《皇清经解正编》，台北：艺文印书馆影印咸丰十一年补刊本，1962
年，卷359，第3803页。钱大昕《与晦之论尔雅书》亦说："夫《六经》皆以明道，未有不
通训诂而能知道者。欲穷《六经》之旨，必自《尔雅》始。"参钱大昕：《与晦之论尔雅
书》，《潜研堂文集》卷33，第574页。

星七政所以运行，则掩卷不能卒业。诵《周南》《召南》，自《关雎》而往，不知古音，徒强行以协韵，则龃龉失读。诵古《礼经》，先《士冠礼》，不知古者宫室、衣服等制，则迷于其方，莫辨其用。不知古今地名沿革，则《禹贡》职方失其处所。不知少广旁要，则《考工》之器不能因文而推其制。不知鸟兽虫鱼草木之状类名号，则比兴之意乖。而字学、故训、音声未始相离，声与音又经纬衡从宜辨。

字词的探讨属于语言学，恒星七政属于天文学，诵《诗》须讲求声韵学，诵《礼》须知典章制度（宫室衣服）之学，诵《书》则须知地理学（地名沿革）。戴震强调上述的各种专门知识，彼此之间有不可分割的整体关系，是"未始相离"的。换言之，戴震很早就注意到经典的知识背后有一种一贯性和整体性，又共同贯串着一个最高的真理："道"（经之至者道也）。

乾隆十九年甲戌（1754）年初，戴震抵北京，见钱大昕（1728—1804）、王昶（1725—1806）、秦蕙田（1702—1764）等学者[1]，大昕亟称其学精博，叹为"天下奇才"，戴氏始以名物训诂之学为在京学者所推重。翌年，戴震完成《句股割圆记》[2]，撰《与方希原书》：

> 古今学问之途，其大致有三：或事于理义，或事于制数，或事于文章。事于文章者，等而末者也。……足下好道而肆力古文，必将求其本。求其本，更有所谓大本。大本既得矣，然后曰："是道也，非艺也。"[3]

乾隆二十二年（1757）东原游扬州，于都转运使卢见曾（1690—1768）署中首晤惠栋，论学极相得。由于惠栋有着强烈尊汉反宋的立场，而戴震又在此数年之间逐步加重他的批判程朱的力度，学者咸认为惠栋实质上落实了戴震日后对宋儒的批判。余英时先生至谓：

---

① 王昶《戴东原先生墓志铭》："余之获交东原，盖在乾隆甲戌之春，维时秦文恭公蕙田方纂《五礼通考》，延东原于味经轩，偕余同辑'时享'一类，凡五阅月而别。"王昶：《戴东原先生墓志铭》，收入《戴震全书》第7册，第29页。

② 乾隆二十三年（1758）由歙人吴思孝初刻。

③ 戴震：《与方希原书》，《东原文集》卷9，第375页。

　　惠、戴一七五七年扬州之会，彼此曾默默地订下反宋盟约大概是可以肯定的。

自乾隆十八年癸酉至二十八年癸未（1753—1763）的十年之间，戴震先后撰写《尚书今文古文考》《春秋改元即位考》诸篇论文，以及陆续完成之《经考》《毛郑诗考正》《诗补传》①《尚书义考》②等著作。如果我们细读这一批经学考据的著作，

---

　　①　据段玉裁《戴东原先生年谱》乾隆十八年癸酉记"是年，《诗补传》成，有序，在癸酉仲夏"。段玉裁撰，杨应芹订补：《东原年谱订补》，第663页。"癸酉"为乾隆十八年（1753）。唯据戴震《诗比义述序》"昔壬申、癸酉岁，震为《诗补传》未成，别录书内辨证成一帙，曾见有袭其说，以自为书刊行者，不知先生何由见震元书，择其合于比义若干条，俾得以名附大著中"。戴震：《诗比义述序》，《东原文集》卷10，第379页。则乾隆十八年，戴震《诗补传》尚未定稿。唯据杨应芹《东原年谱订补》于本条下考订，杨氏认为段玉裁所称"《诗补传》成"而戴氏《诗比义述序》自称"未成"，是指未定稿，而非未完成，因戴氏"作文不厌改删"之故。参段玉裁撰，杨应芹订补：《东原年谱订补》，第664页。杨氏又记北京图书馆所藏原抄本《毛诗补传》题名《戴氏经考》，有"汪灼校书藏画之印"和"叶氏德辉鉴藏"等印章，认为《诗补传》二十六卷被传抄出去，戴震自己并不知道，故有"不知先生何由见震此书"之语。杨应芹之"订补"意见，亦录于《戴震全书》之《毛诗补传》"说明"。雄按：即如杨应芹所言，戴震"作文不厌改删"，段玉裁于癸酉年条下记"《诗补传》成"，亦属不宜，因据戴氏明明自称"壬申、癸酉岁，震为《诗补传》未成"，显与师说冲突。然段氏实知此事之始末，《年谱》乾隆三十一年丙戌条下记"先是，癸酉成《诗经补传》，……至是，始成二南，改称《补注》。作诗本旨，详于某篇几章几句之下，其体例犹旧也。今二南著录，而《诗补传》已成者不著录。先生所谓'每憾昔人成书太早，多未定之说'者，于此可见"。段玉裁撰，杨应芹订补：《东原年谱订补》，第678页。然则杨应芹之说，亦有采自段氏《年谱》者。

　　②　《戴震全书》"说明"据段玉裁《戴东原先生年谱》提及戴《尚书今文古文考》的撰著时间，推测《尚书义考》著作时间可能在癸酉至癸未十年（东原31至41岁）内。又认为《尚书今文古文考》内容与《义考》"前四条'义例'意同而文约"（引"说明"语），可能代表《尚书今文古文考》约取《义考》"义例"的内容而成篇。雄按：东原有《经考》五卷，附录七卷，撰著时间为乾隆十八年癸酉（1753，时东原31岁）以前，而下限则为乾隆丁丑（1757，时东原35岁）。《经考》"帝王名号"一条和《尚书义考》卷一"帝尧曰放勋"下的考证，可见《经考》略而《尚书义考》详。则《尚书义考》可能是东原35至41岁的作品。又鲍国顺考证，本书"当是成于乾隆廿七年壬午孟冬，或稍后，其时东原已四十岁矣"。详鲍国顺：《戴震研究》，台北：台湾编译馆，1997年，第69页。可参。

其实不难窥见戴震处处在发掘经典所载录的典章制度背后的文化意识。①在这十年之间，戴震并不是只做经典考据的工作，至迟自乾隆二十二年（1757）开始，他又逐步撰写《原善》，至乾隆二十八年（1763，时41岁）而完成《原善》初稿三章。换言之，戴震在1753—1763的十年之间，其实是同时执行"经学考证"以及"哲学思辨"两项工作。难怪戴震在初成《原善》时极有自得之趣，自感"乐不可言，吃饭亦别有甘味"了②。1763年段玉裁始向戴震请业，即详细读了《原善》，后在《戴东原先生年谱》中说：

> 始先生作《原善》三篇，见于户部所刊《文集》中者也。玉裁既于癸未抄写熟读矣，至丙戌，见先生援据经言疏通证明之，仍以三章分为建首。比类合义，古贤圣之言理义，举不外乎是。③

从这段话看来，显然段玉裁也注意到戴震同时进行的这两项工作，彼此之间互相支持、互为表里的关系。所谓"援据经言疏通证明之"，指的正是利用经典考核的理据，来疏通证明哲学的概念。自乾隆二十八年（1763）以后，戴震仍然持续着这种一面继续考证经典，一面疏通义理的工作④。例如乾隆三十一年丙戌（1766）戴震撰写《杲溪诗经补注》时，就同时将《原善》三篇初稿发展为三卷本。其实在前一年，也就是乾隆三十年乙酉（1765），戴震对于"理"概念的掌握已经成熟，对于

① 这些考索"五经"所载上古礼制的著作，多深入探讨制度背后人类社群伦理、性情的问题，故戴震的关怀，绝不仅止于考古，而是在于探索制度背后人类的社群行为，那就涉及"文化"的问题。关于这一点，说详郑吉雄：《论戴东原经学中的文化意识》，第43—86页。

② 段玉裁《戴东原先生年谱》"乾隆二十八年"条说："先生大制作：若《原善》上、中、下三篇，若《尚书今文古文考》、若《春秋改元即位考》三篇，皆癸未以前、癸酉甲戌以后十年内作也。玉裁于癸未皆尝抄誊，记先生尝言：'作《原善》首篇成，乐不可言，吃饭亦别有甘味。'"段玉裁撰，杨应芹订补：《东原年谱订补》，第674页。

③ 段玉裁撰，杨应芹订补：《东原年谱订补》，第703页。

④ 这种工作，当时京师的学者显然并不能理解，亦无法接受。翁方纲、朱筠、洪榜都有过批评。参翁方纲：《理说驳戴震作》，《复初斋文集》卷7，《清代诗文集汇编》第382册，上海：上海古籍出版社，2010年，第19—20页。读者亦可参江藩《汉学师承记》卷6，及余英时：《论戴震与章学诚》六"戴东原与清代考证学风"，台北：东大图书公司，1996年。

"典章制度"实为"性命之理"的基础的理念也大致厘清。他在该年撰《题惠定宇先生授经图》：

> 言者辄曰："有汉儒之经学，有宋儒之经学，一主于故训，一主于理义。"此诚震大不解也者。夫所谓理义，苟可以舍经而空凭胸臆，将人人凿空得之，奚有于经学之云乎哉？惟空凭胸臆之卒无当于贤人圣人之理义，然后求之古经。求之古经而遗文垂绝，古今县隔也，然后求之训故。训故明则古经明，古经明则贤人圣人之理义明，而我心之所同然者，乃因之而明。贤人圣人之理义非它，存乎典章制度者是也。[1]

这段话中值得我们注意的重点是：儒家学者必须运用"训诂"的方法，研究经书中的"典章制度"，才能准确把握儒学中抽象的"理义"。这些话语，其实都明显地向学术界公开宣示，他的经学考据以及《原善》一书，是息息相关、不可分割的——义理的疏解和训诂的阐明，都无法脱离"典章制度"，因为这三者本来就是一整套学问。丙戌年（1766）戴震扩大《原善》初稿三章，为上、中、下三卷。《原善》卷首记此事说：

> 余始为《原善》之书三章，惧学者蔽以异趣也，复援据经言，疏通证明之，而以三章者分为建首，次成上、中、下卷。比类合义，灿然端委毕著矣，天人之道，经之大训萃焉。以今之去古圣哲既远，治经之士，莫能综贯，习所见闻，积非成是，余言恐未足以振兹坠绪也。藏之家塾，以待能者发之。[2]

"天人之道"属于义理的颖悟，"经之大训"则是考据的创获。"治经之士，莫能综贯"二语，关键就在"综贯"这两个字。戴震自忖他与其他"治经之士"不同之处，正在于"能综贯"与"不能综贯"。乾隆三十四年己丑（1769），戴震（时年47岁）在山西朱珪（1731—1807）藩署中草创《绪言》一书[3]，同年编成《汾州府

---

[1] 戴震：《题惠定宇先生授经图》，《戴氏杂录》，第505页。

[2] 戴震：《原善》卷上，《戴震全书》第6册，第7页。

[3] 余英时先生认为"东原著书明斥程朱大概始于一七六九（乾隆己丑）在山西朱珪藩署中所草创的《绪言》一书"。余英时：《论戴震与章学诚》，第125、129—130页。

志》，自认所持地理沿革的观念为独得创获。该年戴震曾作客于朱珪山西布政司使署，又撰写《古经解钩沈序》，再度申明他由语言训诂，以阐明经典义理，通乎古圣贤之心志的理念：

> 经之至者，道也；所以明道者，其词也。所以成词者，未有能外小学文字者也。由文字以通乎语言，由语言以通乎古圣贤之心志，譬之适堂坛之必循其阶而不可以躐等。①

乾隆三十一年丙戌（1766）戴震撰写《杲溪诗经补注》，将他的《诗经》学从《诗补传》再向前推进一步②。尤其重要的是，他在生命的最后十年（1767—1777）撰成了《中庸补注》，其中多次申明"道"不离乎"人伦日用"的观点：

> 道不出人伦日用之常。
>
> 民非知之而能之也，由于先王之礼教而心志纯一谨厚，无私慝偭肆之行，则亦能之。盖生养教化尽于上，使民有恒心故也。
>
> 人伦日用之常，由之而协于中，是谓"中庸"。
>
> 人之为道若远人，不可谓之道。
>
> 道之大目，下文君臣、父子、夫妇、昆弟、朋友之交是也。随其身之为君、为臣、为父、为子，以及朋友。征之践行，身之修不修乃见。……人于人，情相同，恩相洽，故曰"仁者，人也"。事得其宜，则无失，故曰："义者，宜也。"礼，则各止其分位是也。③

---

① 戴震：《古经解钩沈序》，《东原文集》卷10，《戴震全书》第6册，第378页。

② 此书又称《诗经补注》《诗经二南补注》，《清史稿·艺文志》即用此名。段玉裁《年谱》乾隆三十一年丙戌条下记"注《诗·周南》《召南》，名之曰《杲溪诗经补注》。'杲溪'二字，盖以自别于诸言《诗》者。……先是，癸酉成《诗经补传》。……至是，始成二南，改称《补注》。作诗本旨，详于某篇几章几句之下，其体例犹旧也"。段玉裁撰，杨应芹订补：《东原年谱订补》，第678页。段氏所谓"体例犹旧"即指《杲溪诗经补注》用《诗经补注》之体例。

③ 以上诸条分见戴震：《中庸补注》，《戴震全书》第2册，第55、54、56、60、69—70页。

在戴震自觉命途多舛的十余年间①，他仍然不断地将其经学考证和义理疏通的工作，引申到"文化"的层面，扩大经典的意义，至于关怀人类大社群的生活与生命问题，并将这种关怀提升到哲学的层次。在这样"精诚所致"②的力量推动下，《绪言》终于在乾隆三十七年壬辰（1772）脱稿③。丙申年（1776）冬至翌年（乾隆四十二年丁酉，1777）春，将《绪言》易名为《孟子字义疏证》④。1777年，章学诚中举人，同年东原逝世。

从上文的论证，戴震毕生求"道"，无可置疑；而其晚年所定之《孟子字义疏证》竟将"理"字置于"道"字之前讨论，内容则多至十五条，其中透露了何种不寻常讯息呢？"道""理"二概念，究竟哪一个才是戴震的晚年定论呢？钱穆先生于《中国近三百年学术史》中，认定"理"才是戴震晚年新的心得：

> 《疏证》之作，定在丙申，瑶田抄《绪言》之后，而即成于是年。至翌年丁酉正月与段懋堂书，正为理字义解，乃《疏证》最后新得，故属草既竟，即以函告。⑤

《原善》先论"善"，再论"道"，始言"观于其条理，可以知礼"。《孟子私淑录》第一问问"性善"，第二问问"何谓天道"，至第十问始问"理之名起于条理欤"。《绪言》第一问亦"问道之名义"，第二问问"道"，第三问以后，始略及

---

① 自乾隆二十八年（1763）至乾隆四十年（1775）间，戴震凡六次会试不第；乾隆四十年乙未始因供职于四库馆，受赐同进士出身，授翰林院庶吉士。

② 钱大昕：《戴先生震传》，《潜研堂文集》卷39，第674页。

③ 据钱穆先生《记钞本戴东原孟子私淑录》，原刊《四川省立图书馆图书集刊》创刊号（1942年3月），后收入《中国学术思想史论丛（八）》，台北：东大图书公司，1980年，第206—212页，及《中国近三百年学术史》，第328—329页。东原《绪言》完成于乾隆三十七年壬辰（1772）。至四十一年丙申（1776）程瑶田曾影写该书，距成书已有四年。

④ 据钱穆《记钞本戴东原孟子私淑录》考订，《孟子私淑录》"在《绪言》《字义疏证》之间，为其过渡作品"。详钱穆：《记钞本戴东原孟子私淑录》，第209页。则东原将《绪言》易稿为《孟子字义疏证》之际，尚有《孟子私淑录》作为过渡。

⑤ 钱穆：《中国近三百年学术史》，第330页。

于"理气"关系，第九问始问"理之名起于条理欤"。可见戴震撰写《疏证》的前稿《原善》《孟子私淑录》及《绪言》义理著作时，"道"字位阶的确远较"理"字为更高。就这一点而言，钱先生的判断是正确的。然而，如果说"理"字义理，是戴震丁酉"最后新得"，则又与事实不符。因为用"分理""条理"之义来阐释"理"字，实是戴氏与宋明理学家最大的歧异所在（说详拙著《探索》，于此不复述），而在《疏证》之前，《原善》《孟子私淑录》《绪言》论"理"字均已阐发"分理"之义，显见东原于"理"的匠心，早已独运于先。无论如何，《孟子字义疏证》卷上首论"理"15条，卷中论"天道"4条及"性"9条，本末轻重，与前书大不相同，"理"字始转居于首位，远在"道"字之上，是无可怀疑的事实。由此推断，东原于"理"字义证，早有蕴蓄，并非《疏证》之新得；唯《疏证》一书，始将"理"字置于"道"字之前，深致其义理，则是其晚年定论，可以确定。钱先生注意及此，可谓巨眼。戴震在丁酉去世前致书段玉裁时，复针对儒学"理"字，为他的诠解与宋儒的诠解划了清楚的界限：

> 古人曰"理解"者，即寻其腠理而析之也。曰"天理"者，如庄周言"依乎天理"，即所谓"彼节者有间"也。古贤人圣人以体民之情、遂民之欲为得理，今人以己之意见不出于私为理，是以意见杀人，咸自信为理矣。此犹舍字义、制度、名物，去语言、训诂，而欲得圣人之道于遗经也。①

宋儒之学，咸称"道学""理学"，而戴震特于此二字别树新义于宋儒，主要在于戴氏义理的方法，与宋儒大不相同。戴氏所谓"字义、制度、名物"是一体的，都指向"体民之情，遂民之欲"的目的。可见戴震对"知识"的定义，已超越了技术性之考证的层次，而进入一种绾合语言学方法、经典诠释学以及经世思想为一体的境界。为了保证他所追寻的"理"概念具有最坚实的考证基础，他埋首钻研经籍，语言、文字、典章、制度、天文、地理各方面知识都不放过，整整经历了二十多年

---

① 此即《戴震全书》所录《与段茂堂等十一札》中的《第九札》，参《戴震全书》第6册，第540—543页。本段引文是段氏在《年谱》中撷取其中文句而成的一段文字，与原札内容略有出入，但文义则相同。参段玉裁撰，杨应芹订补：《东原年谱订补》，第700页。

的辛勤努力，他才没有遗憾地完成巨著《孟子字义疏证》，用字义考释的方法，建构一个宏伟的义理世界。虽然学者认为戴震孟子学的发展轨迹不易掌握①，但可以确定的是，他的孟子学是在其经学考据的基础上发展出来的。

三、章学诚"道"观念的发展历程

戴震毕生求"道"，晚年衍释《孟子》字义，则重诠"理"字，立异义于宋儒②。"理"与"道"是宋明理学六百年间最重要的两个思想命题。戴震求"道"是一种少年时期已怀抱的理想，对"理"作出新解则反映了他截然与宋儒划分的关键。和戴震相比较，章学诚对"理"字并没有特别发明，对"道"概念的新诠则与戴震释"理"概念一样，截然与宋儒相异。

比戴震年纪要整整小十五岁的章学诚，在戴震开始从事于撰述时，还停留在少年阶段，距离真正的"学术"之途尚远。乾隆十八年癸酉（1753）在戴震（时31岁）正在撰写《毛诗补传》和《与是仲明论学书》时，章学诚年方十六。据《家书六》《与族孙汝楠论学书》等所记，学诚当时虽然"闻经史大义，已私心独喜，决疑质问，间有出成人拟议外者"③，但他自己也同时承认自己始窥学问门径，是乾

①　如岑溢成称："依段玉裁《戴东原先生年谱》记载，《原善》作于四十一岁，《孟子字义疏证》作于四十四岁（原注：这可能只是《绪言》）。从内容看来，《原善》和《绪言》其实只有详略之别。《绪言》和《孟子私淑录》更是大同小异。《绪言》和《孟子字义疏证》，除了体例上有明显的差别外，在思想内容上并无明显的分歧。因此，戴震孟子学的发展轨迹，掌握不易。也许，发展轨迹的掌握，对于戴震孟子学的理解，并非必需的。"参岑溢成：《戴震孟子学的训诂实例》，黄惠娟主编：《台湾学术新视野——经学之部》，台北：五南图书公司，2007年，第385—403页。

②　戴震亦求"道"，曾说"仆自十七岁时，有志闻道"。（戴震：《与段茂堂等十一札·第九札》，第541页。）《与是仲明论学书》说"经之至者道也"。《序剑》又说"君子于书……既博且审矣，惧其不闻道也"。戴震：《序剑》，《东原文集》卷11，第389页。

③　章学诚《与族孙汝楠论学书》原题"丙戌"，为乾隆三十一年（1766）。参《章氏遗书》卷22，第502页。或参章学诚著，仓修良编注：《文史通义新编新注》，杭州：浙江古籍出版社，2005年，第799页。

隆二十二年（1757）以后的事①。在戴震入京的当年（乾隆十九年甲戌，1754），年仅十七岁的章学诚还停留在"性绝呆滞"的阶段。乾隆二十八年（1763）戴震四十一岁而完成《原善》初稿三章，时章学诚始二十八岁，也就是他最早的正式学术著作《壬癸尺牍》收录《与甄秀才论修志二书》的撰写之年，可以说是刚刚踏上他的学术道路。乾隆三十四年己丑（1769），戴震时年四十七岁，在山西朱珪藩署中草创《绪言》一书，于义理已为得手；而章学诚时年方三十二岁，居父丧，携母扶柩乘粮船北上赴京，漏水，失父亲所遗书籍数千卷。抵北京，无以为生，致函朱筠求援②。至乾隆四十二年丁酉（1777）戴震逝世，学诚才完成他的第一部方志《和州志》甫三年，并着手编撰《永清县志》。事实证明，戴震较学诚年长十五岁，形成了极大的差距；这样的差距，一方面如余英时先生所指出戴、章二人生平两次的会面③，给学诚带来的冲击性影响，但另一方面也让学诚从此以后，毕生都背负着一个戴震的影子。拙著《乾嘉学者经典诠释的历史背景与观念》曾指出学诚实受戴震研究上古礼制的影响，而注意到"掌故"的重要性④。此后"掌故"不但发展成为他的方志学理论中最重要的观念，也发展出特殊的、奠基于文化史观

① 章学诚《家书六》："二十岁以前，性绝骏滞，读书日不过三、二百言，犹不能久识；学为文字，虚字多不当理。廿一二岁，骎骎向长，纵览群书，于经训未见领会，而史部之书，乍接于目，便似夙所攻习然者。其中利病得失，随口能举，举而辄当。人皆谓吾得力《史通》，其实吾见《史通》已廿八岁矣。"章学诚：《家书六》，《文史通义》外篇三，《章氏遗书》卷9，第209页。

② 为生计故，为座师秦芝轩校编《续通典》之"乐典"。同年仍任国子监编修。参胡适著，姚名达订补：《章实斋先生年谱》，香港：崇文书店，1975年，第67—68页。

③ 第一次为乾隆三十一年丙戌（1766）在休宁会馆，学诚被戴震"先坐不识字"的话所震惊；至第二次则为乾隆三十八年癸巳（1773）在宁波冯氏道署谈论，戴震批评学诚的《和州志》，引起学诚以其方志理论对戴震提出反击。又：同年学诚道过杭州，复闻戴震与吴颖芳谈次，痛诋郑樵《通志》之事，事详章学诚：《文史通义·答客问上》，《章氏遗书》卷4，第84页。

④ 拙文提出，章学诚很早即注意到"掌故"的重要性，但要迟至五十三岁撰成《亳州志》，再两年后撰《方志立三书议》，才显示他的掌故存典章制度的观念完全成熟。

的"道论"①。这种情形，有似方苞（1668—1749）听闻万斯同（1638—1702）的"事信而言文"的撰史观点，最后发展出其桐城派重要的"义法"的观念一样②。

学诚于乾隆二十八年癸未（1763）撰《与甄秀才论修志》二书及《论文选》二书。翌年著《修志十议》，开始综合思考方志体例的问题。不久，乾隆三十一年丙戌（1766）即发生了休宁会馆学诚与戴震相晤之事③。余先生指出学诚在七年后（1773）第二次会晤戴震时，已"完全恢复了自信心"④，固然是事实，但其实丙

---

① 参《乾嘉学者经典诠释的历史背景与观念》："乾隆四十七年（1782）主讲永平敬胜书院，……其后七年而撰成《原道》篇，指出：有人斯有'道'，有典章制度而有'器'，众人之生活改变，'器'遂不得不变，而'器'改变之所以然为'道'。换言之，'道'就是人类生活文化文明的演进。最后一个阶段，则是晚年撰《文史通义》内篇《易教》《书教》《诗教》《礼教》等文，将《原道》的思想完全融入，提出一个关乎学术史发展的重要观点：后世学术源于百家言、百家言源于王官学、王官学源于典章制度、典章制度源于人文文化演进的理念。换言之，后世学者治学，应从根本着眼，留心人民的生活文化文明的细微改变，次而注意典章制度以及诸子百家学术的演进。"郑吉雄：《戴东原经典诠释的思想史探索》，第271页。

② 此事记于方苞：《万季野墓表》，《方苞集》卷12，上海：上海古籍出版社，1983年，第334页。其中记万斯同讽劝望溪治经史之学，而曾与他详论"史法"，揭示"事信而言文"的观念。这个观念，实即望溪论古文"义法"所提出的"言有物""言有序"两个观念的来源。说详郑吉雄：《万斯同的经世之学》，《浙东学术研究：近代中国思想史中的知识、道德与现世关怀》，台北：台大出版中心，2017年，第151—186页。

③ 章学诚《与族孙汝楠论学书》记此事说："往仆以读书当得大意，又年少气锐，专务涉猎，四部九流，泛览不见涯涘，好立议论，高而不切，攻排训诂，驰骛空虚，未尝不憪然自喜以为得之。独怪休宁戴东原振臂而呼曰：'今之学者，毋论学问文章，先坐不曾识字。'仆骇其说，就而问之，则曰：'予弗能究先天后天、河洛精蕴，即不敢读元亨利贞；弗能知星躔岁差、天象地表，即不敢读钦若敬授；弗能辨声音律吕、古今韵法，即不敢读关关雎鸠；弗能考三统正朔、周官典礼，即不敢读春王正月。'仆重愧其言。因忆向日曾语足下所谓'学者只患读书太易，作文太工，义理太贯'之说，指虽有异，理实无殊。充类至尽，我辈于《四书》一经，正乃未尝开卷卒业，可为惭惕，可为寒心！近从朱先生（筠）游，亦言甚恶轻隽后生枵腹空谈义理。故凡所指授，皆欲学者先求征实，后议扩充，所谓'不能信古，安能疑经？'斯实中症结。"见《章氏遗书》卷22，第502—503页。

④ 余英时：《论戴震与章学诚》，第37页。

戌年那次会晤，学诚虽然自信心受到打击，仍无妨他对学术的先天敏锐感，让他一下子认出戴震思想的特色所在。他在《答邵二云书》中说：

> 丙戌春夏之交，仆因郑诚斋太史之言，往见戴氏休宁馆舍，询其所学，戴为粗言崖略，仆即疑郑太史言不足以尽戴君。时在朱先生门，得见一时通人，虽大扩生平闻见，而求能深识古人大体，进窥天地之纯，惟戴氏可与几此。而当时中朝荐绅负重望者，大兴朱氏、嘉定钱氏，实为一时巨擘。其推重戴氏，亦但云训诂名物、六书九数，用功深细而已；及见《原善》诸篇，则群惜其有用精神耗于无用之地。仆于当时力争朱先生前，以谓此说似买椟而还珠，而人微言轻，不足以动诸公之听。[①]

如果不是因为学诚自己也一直有"求道"的内心动力，当时只有二十九岁的他，又岂能一见即认出了戴震怀抱着"求能深识古人大体，进窥天地之纯"的终极关怀，而认定推重戴震的通人是"买椟还珠"？更由于学诚对风行一时的经学考据潮流，存在一种源出于自身性情与此潮流不相应的不满，他内心力抗考据潮流的动力，恐怕比戴震还要来得强烈。当然，丙戌年的章学诚于学问义理尚未得手，因此对于戴震的私心赞赏，只能算是一种心理上对了具相同关怀者的直觉相应而已。至于乾隆三十八年癸巳（1773）的第二次会晤则发生激辩，值得注意的是，三十六岁的章学诚与戴震交锋的焦点，是落在编纂方志的理论与体例的问题上，这也是学诚的自信心之所在，《记与戴东原论修志》：

> 戴君经术淹贯，名久著于公卿间，而不解史学。闻余言史事，辄盛气凌之。见余《和州志例》，乃曰："此于体例则甚古雅。然修志不贵古雅。……夫志以考地理，但悉心于地理沿革，则志事已竟。侈言文献，岂所谓急务哉！"余曰："余于体例，求其是尔，非有心于求古雅也。……方志如古国史，本非地理专门。如云但重沿革，而文献非其所急，则但作'沿革考'一篇

---

① 章学诚《答邵二云书》，此信《章氏遗书》未收，仓修良订其撰写之年在乾隆五十四年（1789）至嘉庆元年（1796），详仓修良：《文史通义新编新注》，第683—685页。

足矣。……考沿革者，取资载籍；载籍具在，人人得而考之。虽我今日有失，后人犹得而更正也。若夫一方文献，及时不与搜罗，编次不得其法，去取或失其宜，则他日将有放失难稽，湮没无闻者矣。……然则如余所见，考古固宜详慎，不得已而势不两全，无宁重文献而轻沿革耳！"①

这次辩论恰好突显了戴、章二人的学术兴趣差异所在。戴震考证古代经典，固然注意到古人生活文化礼制诸问题，但显然他在乾隆三十四年己丑（1769）编修《汾州府志》时，并没有将这样的关怀延伸到"方志"这一类的当代工作中。这方面，正是余英时先生所说的"表现一狭义的考证观点"②。相对上，学诚注意到"一方文献""放失难稽"的湮没危机，才真正触及了当代文化的问题，显然这是因为在戴、章第二次会面之前两年（乾隆三十六年辛卯，1771），学诚已着手撰写《文史通义》一书③，至少已透过方志的工作奠立了若干史学理论的基础。

如前文所说，我们有理由相信章学诚在乾隆三十一年（1766）第一次晤戴震，已开始对戴有一种特殊的欣赏。这种欣赏，尤其集中在"求道"这一件事上。众所周知，同时期的考据学家并不认同戴震的义理之学④；但相对上，章学诚却始终表现出异乎寻常的推崇。他在晚年撰《书朱陆篇后》追忆和评价戴震学术时说：

---

① 章学诚：《记与戴东原论修志》，《章氏遗书》卷14，第287—288页。

② 余英时：《论戴震与章学诚》，第38页。

③ 乾隆三十六年（1771）秋，朱筠奉命提督安徽学政。十月十八日，与章学诚、邵晋涵、张凤翔、徐瀚、莫与俦等联车十二乘离京。十一月二十八日，同到安徽太平使院。参胡适著，姚名达订补：《章实斋先生年谱》，第69页。章学诚《候国子司业朱春浦先生书》："是以出都以来，颇事著述，斟酌艺林，作为《文史通义》。书虽未成，大指已见《辛楣先生候牍》所录内篇三首，并以附呈。先生试察其言，必将有以得其所自。""出都以来"云云，即指乾隆三十六年离京。章学诚：《候国子司业朱春浦先生书》，《章氏遗书》卷22，第504—505页。

④ 如翁方纲说："近日休宁戴震一生毕力于名物象数之学，博且勤矣，实亦考订之一端耳。乃其人不甘以考订为事，而欲谈性道以立异于程、朱。"参翁方纲：《理说驳戴震作》，《复初斋文集》第1册，第321页。

476

戴君所学，深通训诂，究于名物制度，而得其所以然，将以明道也。时人方贵博雅考订，见其训诂名物有合时好，以谓戴之绝诣在此；及戴著《论性》《原善》诸篇，于天人理气，实有发前人所未发者，时人则谓空说义理，可以无作，是固不知戴学者矣。①

这段话的意旨，其实和"丙戌春夏之交"也就是休宁会馆第一次二人会面时，他对戴震的欣赏的基调是一样，只不过当时学诚尚年轻，于学问尚未有所得，故仅能是一种直觉的欣赏，借用余英时先生的说法，就是刺猬认出了刺猬而已②。我们更应注意的是，学诚很有可能仔细阅读过"《论性》《原善》诸篇"，故能深切知悉戴震"于天人理气，实有发前人所未发者"。换言之，学诚二十九岁首晤戴震，注意到的是他的"窥天地之纯"；二十四年以后③他称许戴震的"天人理气"之说为"发前人所未发"，注意到的始终是他的义理。

既然"求理"和"求道"是戴震和学诚所共同关怀的，那么让我们考察一下学诚"道"论的发展。胡适、姚名达（1905—1942）《章实斋先生年谱》称乾隆四十七年壬寅（1782）学诚主讲永平敬胜书院，"取古人撰述，于典籍有所发挥，道器有所疏证"④。这是有道理的。我们看该年学诚撰写《言公》上、中、下三篇的言论。《言公上》说：

六艺皆周公之旧典，夫子无所事作也。……夫《六艺》为文字之权舆，《论语》为圣言之荟萃，创新述故，未尝有所庸心；盖取足以明道而立教，而圣作明述，未尝分居立言之功也。故曰：古人之言，所以为公也，未尝矜其文辞而私据为己有也。……志期于道，言以明志，文以足言。……诸子思以

① 章学诚：《文史通义·书朱陆篇后》，《章氏遗书》卷2，第36页。

② 狐狸与刺猬之喻，余先生《论戴震与章学诚》是引自英国学者柏林（Isaiah Berlin）的用法。详参余英时：《论戴震与章学诚》，第87页。

③ 乾隆五十五年庚戌（1790），胡适、姚名达《章实斋先生年谱》系《书朱陆篇后》于此年撰著。

④ 见胡适著，姚名达订补：《章实斋先生年谱》，第100页。

其学易天下，固将以其所谓道者争天下之莫可加，而语言文字未尝私其所出也。……诸子之奋起，由于道术既裂，而各以聪明才力之所偏，每有得于大道之一端，而遂欲以之易天下。①

《言公中》则有云："世教之衰也，道不足而争于文"；"古人所欲通者，道也"；"古人有言，先得我心之同然者，即我之言也。何也？其道同也。传之其人，能得我说而变通者，即我之言也。何也？其道同也。穷毕生之学问思辨于一定之道，而上通千古同道之人以为藉，下俟千古同道之人以为之辅，其立言也不易然哉"；"立言之士，将有志于道而从其公而易者欤"；"不知言公之旨而欲自私自利以为功，大道隐而心术不可复问矣"；"学者莫不有志于不朽，而抑知不朽固自有道乎"；"然则后之学者，求工于文字之末而欲据为一己之私者，其亦不足与议于道矣"；"文，虚器也；道，实指也"；"文可以明道，亦可以叛道"。②

《言公下》：

> 识言公之微旨，庶自得于道妙。③

《言公上》揭示"明道""大道"；《言公中》论"道"最多；《言公下》则是以赋体畅论"言"之所以为"公"之诸义。《言公》三篇，处处论"道"，或以之为六艺旧典之道，或泛指天地真理之道，或指称"文以载道、明道、叛道"之道，通观三篇中所论之"道"，用义较广而较分歧，可以为章学诚"道"论发展的一个重要过渡阶段，唯未可视为定论④。翌年（乾隆四十八年癸卯，1783）学诚撰《与朱沧湄中翰论学书》，则对"道"下了两个定义：

---

① 章学诚：《文史通义·言公上》，《章氏遗书》卷4，第65页。

② 章学诚：《文史通义·言公中》，《章氏遗书》卷4，第67—69页。

③ 章学诚：《文史通义·言公下》，《章氏遗书》卷4，第72页。

④ 仓修良《文史通义新编新注》第203页系《言公》的撰著年份于乾隆四十八年（1783），但胡适、姚名达《章实斋年谱》第103页则系于乾隆四十九年（1784）。

盖学问之事，非以为名，经经史纬，出入百家，途辙不同，同期于明道也。道非必袭天人性命、诚正治平，如宋人之别以道学为名，始为之道。文章学问，毋论偏全平奇，为所当然而又知其所以然者，皆道也。《易》曰："形而上者谓之道，形而下者谓之器。"道不离器，犹形不离影。……学术当然，皆下学之器也，中有所以然者，皆上达之道也。器拘于迹而不能相通，惟道无所不通，是故君子即器以明道，将以立乎其大也。……人之性情才质，必有所近。童子塾时，知识初启，盖往往以无心得之，行之而不著也。其后读书作文，与夫游思旷览，亦时时若有会焉，又习而不察焉。此即道之见端，而充之可以无弗达者。①

第一个定义，学诚突出"道"是随人之性情自然而产生与自然契合的真理，即所谓游思旷览，时若有会即"道之见端"；第二个定义是学术"当然"的背后的"所以然"，也就是能贯通众"器"的"道"。这里所讲的"器"，似尚未细推到《原道》所论的相对于人文文化之"道"的典章制度之"器"，只能泛指为具有形迹之事物（广泛地包括文献、制度等，即所谓"学术当然，下学之器"）之上的抽象之理，所以他将童子读书作文性情发端亦视为"道之见端"。

乾隆四十九年甲辰至五十年乙巳（1784—1785）间，章学诚自述学问犹未通变②。至乾隆五十四年己酉（1789）撰《书朱陆篇后》，他再度强烈批评戴震的心术。同年又撰《与陈鉴亭论学》说：

近人所谓学问，则以《尔雅》名物、六书训故，谓足尽经世之大业，虽以周程义理，韩欧文辞，不难一映置之。其稍通方者，则分考订、义理、文辞为三家，而谓各有其所长。不知此皆道中之一事耳。著述纷纷，出奴入主，正坐

---

① 章学诚：《与朱沧湄中翰论学书》，《文史通义》外篇三，《章氏遗书》卷9，第187—188页。

② 章学诚《跋甲乙剩稿》："甲辰乙巳……所作亦有斐然可观，而未通变也。"章学诚：《跋甲乙剩稿》，《章氏遗书》卷28，第714页

此也。①

同年撰《说林》：

> 　　道，公也；学，私也。君子学以致其道，将尽人以达于天也。人者何？聪明才力，分于形气之私者也；天者何？中正平直，本于自然之公者也。故曰道公而学私。……孔子学周公，周公监二代，二代本唐虞，唐虞法前古。故曰："道之大原出于天。"盖尝观于山下出泉，沙石隐显，流注曲直，因微渐著，而知江河舟楫之原始也。观于孩提呕哑，有声无言，形揣意求，而知文章著述之最初也。②

这段文字透露了两点消息，第一，它道出了学诚深受宋明理学"公私义利之辨"的影响③。第二，它从"前古→唐虞→二代→周公→孔子"的传承角度诠解董仲舒的"道之大原出于天"的观念，将"道"的定义规范在"圣人治道"的核心之上。事实上，《说林》撰成的当年，学诚的"道"论已趋成熟。乾隆五十三年戊申至五十四年己酉（1788—1789）学诚写定了《文史通义》内篇最重要的二十余篇论文。其中所讲的"道"，与之前所著都不再相同，都是围绕着"圣人治道"而立论。举《易教》三篇数例，即可概其余：

> 　　1.《坤乾》……所以厚民生与利民用者，盖与治历明时同为一代之法宪，而非圣人一己之心思，离事物而特著一书，以谓明道也。（《易教上》）
> 　　2. 若夫《六经》，皆先王得位行道，经纬世宙之迹，而非托于空言。（《易教上》）

---

① 章学诚：《与陈鉴亭论学》，《文史通义》外篇三，《章氏遗书》卷9，第192页。
② 章学诚：《文史通义·说林》，《章氏遗书》卷4，第72页。
③ 章学诚在《文史通义》内篇诸篇多次提出《六经》"非圣人一己之心思，离事物著书，以谓明道"（《易教》）一类的见解，强调圣人治道为公，一己之著作为私。这都反映了北宋以来儒学公私义利之辨的论题，对于章学诚的影响。

3. 是知上古圣人开天创制，立法以治天下，作《易》之与造宪，同出一源，未可强分孰先孰后。故《易》曰："开物成务，冒天下之道。"（《易教中》）

4. 令彼所学，与夫文字之所指拟，但切入于人伦之所日用，即圣人之道也。（《易教下》）

5. 诸子百家，不衰大道，其所以持之有故而言之成理者，则以本原所出，皆不外于周官之典守。其支离而不合道者，师失官守，末流之学，各以私意恣其说尔，非于先王之道全无所得，而自树一家之学者也。（《易教下》）

学诚认为，即使像《周易》这样讲卜筮的经典，也和"厚民生"与"利民用"的"事物"不相分离，故其所论之"道"，既非圣人之私意，亦非抽象而悬空。圣人既不能脱离"治天下"的大目标来"明道"，故行道必不离世宙之经纬，而治天下即"冒天下之道"。圣人之道，始终是切合人伦日用，否则终如诸子以私意恣说，是支离而不合道。因此，在其他篇章中，如《诗教上》所说"周衰文敝，六艺道息"之"道"，实亦指圣人治道而言，而所谓"圣人治道"，又非仅指官制而言，必须落实于人伦日用、民生民用。至于《原道》三篇，宗旨则更显豁，所谓"道"是始自三人居室，而终至部别班分，始简终大的社群国家天下之道：

"道之大原出于天。"天固谆谆然命之乎？曰：天地之前，则吾不得而知也；天地生人，斯有道矣，而未形也；三人居室而道形矣，犹未著也。人有什伍而至百千，一室所不能容，部别班分，而道著矣。仁义忠孝之名、刑政礼乐之制，皆其不得已而后起者也。①

"器"则是"道之故"，是可形其形而名其名的典章制度：

故可形其形而名其名者，皆道之故，而非道也。道者，万事万物之所以然，而非万事万物之当然也。人可得而见者，则其当然而已矣。……当日圣人

① 章学诚：《文史通义·原道上》，《章氏遗书》卷2，第21页。

创制，只觉事势出于不得不然，一似暑之必须为葛，寒之必须为裘，而非有所容心，以谓吾必如是而后异于前人，吾必如是而后可以齐名前圣也。此皆一阴一阳往复循环所必至，而非可即是以为一阴一阳之道也。[①]

前文提及戴震于《中庸补注》中多次提及"人伦日用之常"，用君臣、父子、夫妇等伦理结构与活动来说明"道"。戴震大概始料未及，他毕生未尝给予敬意的一位冲撞他的年轻人，已在不知不觉之中吸收了他的思想[②]，在二十年之后，建构了一个和他极相近的观念。他们都注意到经史文献所记载的内容背后的一种人伦、社群、文化的自然力量。不过，章学诚始终不屈服于戴震的"读书先识字""由字以通其词，由词以通其道"的教条，转而以史学理念进一步将这种思想拓展方志学及其中核心的"掌故"观念，而阐发了当代的意义。乾隆五十五年庚戌（1790）学诚撰成《亳州志》（时年53岁），有《亳州志掌故例议》上、中、下三篇。两年后（乾隆五十七年壬子，1792）学诚复撰《方志立三书议》。这三年之间，章学诚厘清了"方志"和"国史"之间的关系，并更深入讨论了"掌故"的论点。他首先落实"掌故"的理念。《亳州志掌故例议上》：

> 先王制作，存乎六艺，明其条贯，天下示诸掌乎！夫《书》道政事，典、谟、贡、范，可以为经要矣。而《周官》器数，不入四代之书。夏礼殷礼，夫子能言，而今已不存其籍。盖政教典训之大，自为专书；而人官物曲之细，别存其籍。其义各有攸当，故以周、孔经纶，不能合为一也。[③]

---

① 章学诚：《文史通义·原道上》，《章氏遗书》卷2，第21—22页。雄按：学诚《答客问上》："嗟乎！道之不明久矣。《六经》皆史也。形而上者谓之道，形而下者谓之器。孔子之作《春秋》也，盖曰：'我欲托之空言，不如见诸行事之深切著明。'然则典章事实，作者之所不敢忽，盖将即器而明道耳。"章学诚：《文史通义·答客问上》，《章氏遗书》卷4，第85页。可见学诚所谓"器"，即是"典章事实"。至于"道"，则是典章事实形成的原因与背景，那就是《原道》篇所指三人居室以至什伍仟佰的社群发展。

② 胡适早已敏锐地指出："章学诚常骂戴氏，但他实在是戴学的第一知己。"胡适：《戴东原的哲学》，台北：远流出版公司，1986年，第22页。

③ 章学诚：《亳州志掌故例议上》，《章氏遗书》卷15，第305页。

学诚所谓"政教典训之大",是记录于"纪传"之中,而"人官物曲之细",则保存于"掌故"之内。《亳州志掌故例议下》:

> 掌故之原,始于官礼,百官于朝廷,则惟国史书志,得而撷其要;国家会典会要之书,得而备其物与数矣。①

《方志立三书议》:

> 仿纪传正史之体而作志,仿律令典例之体而作掌故,仿《文选》《文苑》之体而作文征。……或曰:志既取簿牒以为之骨矣,何又删簿牒而为掌故乎?曰:说详《亳州·掌故》之《例议》矣。今复约略言之。马迁八书,皆综核典章,发明大旨者也。其《礼书》例曰:"笾豆之事,则有司存。"此史部书志之通例也。马迁所指为有司者,如叔孙朝仪,韩信军法,萧何律令,各有官守而存其掌故,史文不能一概而收耳。②

这里的"掌故"观念,和《书教中》"官礼政举而人存,世氏师传之掌故耳"的"掌故"是相同的。他也借此将"方志"与"国史"的关系说得更明确。《掌故例议下》:

> 夫治国史者,因推国史以及掌故。盖史法未亡,而掌故之义不明,故病史也。治方志者,转从掌故而正方志。盖志义久亡,而掌故之守未坠,修其掌故,则志义转可明也。③

《方志立三书议》说:

---

① 章学诚:《亳州志掌故例议下》,《章氏遗书》卷15,第306页。
② 章学诚:《方志立三书议》,《章氏遗书》卷14,第276页。
③ 章学诚:《亳州志掌故例议下》,《章氏遗书》卷15,第306—307页。

> 或曰：六经演而为三史，亦一朝典制之钜也。方州蕞尔之地，一志足以尽之，何必取于备物欤？曰：类例不容合一也。古者天子之服十有二章，公侯卿大夫士差降，至于元裳一章，斯为极矣。然以为贱，而使与冠履并合为一物，必不可也。前人于六部卿监，盖有志矣。然吏不知兵，而户不侵礼，虽合天下之大，其实一官之偏，不必责以备物也。方州虽小，其所承奉而施布者，吏户礼兵刑工，无所不备，是则所谓具体而微矣。国史于是取裁，方将如《春秋》之藉资于百国宝书也，又何可忽欤？[①]

他认为"方志"与"掌故"是两个不容合一的主体。在一方之内，吏户礼兵刑工各个部门施政的"掌故"须极其详备，而"方志"则须"发明大旨"，二者均可供国史之取裁。故就"掌故"之义而言，保存的是各种因应人文文化演进而不断新创的制度之记录，就"方志"之义而言，保存的是经纪一方的布政者治州县方域的经世策略。以此一观念与《书教》篇记注方以智、撰述圆而神的观念比较，再与《原道》篇所谓"学于众人，斯为圣人"相格，则可知乾隆五十五年（1790）以后的章学诚，思想真正达到了圆融的境界。

四、结论

戴震在经学研究中灌注了文化意识，认为"礼"源起于人伦日用，以人伦日用渐次产生之礼制为基础，畅论"理"的诸义，向宋儒争夺"理"的解释权。但戴震大概始料未及，一位曾当面冲撞过他，他也毕生未尝给予过敬意的年轻人章学诚，在不知不觉之中吸收了他的思想，在他逝世十余年之后，将他生前深研"人伦日用之常"的"礼"论，转化为强调"典章制度"的"六经皆史"说；同时也撷取了他"心之所同然"的学说，推衍为"道"即人伦日用的思想，终而建构了一套和与戴震有同有异的学说思想。作为戴震的后继者，章学诚和他深予批判过的先行者戴震，都注意到经史文献所记载的内容背后的一种人伦、社群、文化的自然力量。

---

① 章学诚：《方志立三书议》，《章氏遗书》卷14，第275页。

　　章学诚将历史的典章制度与方志之掌故互相融通，而探析方志所记录人民日用伦常之道的改变，再回过头来推原上古历史嬗变，认为圣王不断创作新典章制度以因应人伦日用之变，史官则存掌故以示帝王经世之迹，至战国王官学流为百家言，诗教影响诸子之文而后世文体大备。因此在章学诚观念中，后世文章流别渐而四部既分、集林大畅（后世学术）只是一个末流的表层（第一层），经史一体演变为战国诸子之百家言则是其基础（第二层），王官学中史官以"记注""撰述"互用以藏往知来则又是更下面的基础（第三层），圣王创立典章制度让史官笔之于书以示经世大略又是更下面的基础（第四层），而人伦日用的"文化"（即人民生活的需要所推动文明的演进）推动了圣人"不得不然"而学于众人以创立制度，才是最底层的一个基础（第五层）。故章学诚的文献学与其方志思想结合，首以"文化"为重，其次则重视制度记载的"掌故"，再其次重视政教之迹。《亳州志·掌故例议》首论先王制作政教源流，即可证明其史学理论、方志理论。过去倪德卫曾指出章学诚的思想特别以"时间"与"变化"为主脉，当是着眼于章学诚的历史背景而言[1]；但"时间"与"变化"亦适足以说明章学诚的历史文化意识。

　　戴震和章学诚分别针对"理"与"道"两个重要的儒学观念，灌注了以"人伦日用"为精神的浓厚文化意识。宋明理学家以"理"与"道"两大观念为核心，逐步建构一套繁复的心性道德形上之学，讨论了六百年之久；而在乾嘉盛世、考据学风行一时的年代，竟有戴、章二人共同以文化意识为基础，分别从经学与史学两种观点，重新诠释这两大观念，揭示了一个迥异于宋明理学家的思想境界。而夷考史实，戴震探讨阐发"理"观念，历时凡二十年；章学诚则受他"理"思想的启发，于戴氏乾隆四十二年（1777）逝世后，逐步奠立其"道"思想，终于至于乾隆五十五年前后即《原道》（1789）和《亳州志掌故例议》（1790）撰著之年而趋于成熟，前后也经历了十四年之久。戴、章两位乾嘉儒者虽然年岁相差了十五年，但二人的学术对话与互动之激烈，对近世学术思潮转变产生的力量之强大，不能不说是近世学术史上的"一大事因缘"了。

---

　　① 　"But Chang's world was subject to time and change, and in examining his life and thought, we must know the land forms, storms, and currents that shaped his attitudes and fashioned the problems he faced. This background is political and social as well as intellectual." See David Nivison, *The Life and Thought of Chang Hsueh-ch'eng (1738-1801)*, p.3.

戴震"以理杀人"说兼义衍释①

亟称戴震为"世所仰之通人"的乾嘉大儒焦循特著《申戴》一文，借王芑孙（1755—1817）未定稿载戴震临终"生平读书，绝不复记，到此方知义理之学可以养心"数语，辩证戴震毕生精气贯注，实在于《孟子字义疏证》一书，其中之义理，"即东原自得之义理，非讲学家西铭、太极之义理也"②。焦氏并在《读书三十二赞·孟子字义疏证》时说：

> 性道之谭，如风如影。先生明之，如昏得朗。先生疏之，如示诸掌。人性
> 相近，其善不爽。惟物则殊，知识罔罔。仁义中和，此来彼往，各持一理，道
> 乃不广，以理杀人，与圣学两。③

末二句特揭示"以理杀人"四字，与《孟子字义疏证》开宗明义所论之"理"互相映照，在戴震卒后二百余年至于今天，引起大量学者讨论。方东树（1772—

---

① 谨以此文向当代人文学界先觉余英时教授致敬。英时老师与先师何佑森教授为挚友，新亚书院同班同学，对笔者有提携之恩，爱护有加，笔者虽未立先生门墙，亦曾精读先生著述五十年，受教半世纪，本文因通称"英时师"以表敬意，读者幸谅督焉。

② 焦循：《申戴》，《雕菰集》卷7，《续修四库全书》第1489册，第168页。关于此语可信与否，方东树与胡适均表达了不同看法，最后经余英时先生考证确定，揭露此语先载于戴祖启（1753—1783）《答衍善问经学书》，又见于焦循引王芑孙《未定稿》，后录于段玉裁《戴东原先生年谱》，只是内容有所不同。英时师说："细究此书（雄按：即戴祖启的《答衍善问经学书》），则东原临殁之言不但可信，且为了解东原晚年思想状态之极重要的证据。"见余英时：《论戴震与章学诚》，第144—150页。英时师亦认为焦循部分出于想象，故有"临终之言"的臆断，但"焦里堂以为义理养心云者，谓东原自得之义理，非宋儒之义理，确深得东原的本意，不愧为戴学护法"，则对焦循的睿见深为肯定。

③ 焦循：《读书三十二赞·孟子字义疏证》，《雕菰集》卷6，第163页。

1851）、朱一新（1846—1894）严厉批评[1]，别持见解，可置勿论。不少学者都认为戴震"理"的学说有未发之覆，常被误会，故着意发明。在笔者看来，"理"字之所以系当世之轻重，与近三百年中国人权发展及人文思潮关系甚大，值得不同时代的人不停反思。

一、从刘师培与章太炎谈起

戴震论"理"，因揭示程朱为论敌，故后世新儒家一派学者多贬抑戴震之论，或完全无视其立说论点，或讥诋其误释程朱、或认为其将身体欲望（即后文所谓physical impulse）与"天理人欲之辨"的私"欲"相混淆。欲申论戴震思想者，则多从"气本论"立场欲阐明其学说。至于调和派的观点，则以为戴震思想近于荀子，转而疏证孟子。近二十年来，"情欲"之论甚嚣尘上，而因戴震重视"情""欲"故亦对其支持并表同情[2]。凡此种种，不一而足。

按戴震"理"的思想，笔者所撰《探索》已有所申论，拙著《论戴震与章学诚的学术因缘——"理"与"道"的新诠》一文中，亦已缕述其晚年由论"道"转而论"理"的转变，以见其"理"思想为晚年定论。本文则就近世学者包括章太炎、刘师培、胡适、先师何佑森师（下文尊称"佑森师"）及余英时师（下文尊称"英时师"）所论戴震"理"说及"以理杀人"之论，以揭示近代中国学者发明戴震科学理性、独立自由、追求人权平等的思想的精神。

近代率先注意到戴震"理"思想立说的政治论述者，值得注意的是刘师培。他重论戴震"理"观念之说，主要见于《理学字义通释》及《中国民约精义》。《理

---

[1]　方东树《汉学商兑》认为戴震"言理则为以意见杀人，此亘古未有之异端邪说"；朱一新《无邪堂答问》则说："东原误以人欲为天理。"方东树：《汉学商兑》卷中上，《续修四库全书》第951册，第561页。朱一新：《无邪堂答问》卷1，《续修四库全书》第1164册，第465页。

[2]　戴震《绪言》："圣人而后尽乎人之理。尽乎人之理非他，人伦日用尽乎其必然而已矣。"《戴震全书》第6册，第87页。又《孟子字义疏证》："圣贤之道，无私而非无欲；老庄释氏，无欲而非无私。"《戴震全书》第6册，第211页。

学字义通释·序》一开口就引戴震之教：

> 昔东原戴先生之言曰："经之至者，道也；所以明道者，其词也；所以成词者，字也。由字以通其词，由词以通其道，必以渐求。（原注：《与是仲明论学书》）"①

其书中论戴震论"理"，指戴震说"《六经》群籍'理'字不多见"，是"东原立说之偏"。刘氏遂就其"立说之偏"作补充，故就先秦典籍所见"理"为"分理""条理""条分缕析"等意义一一勾稽，以充实戴震之说，并论证戴的立论实前有所承，非仅为其个人独创②。

至于《中国民约精义》则上承严复翻译史宾塞*The Study of Sociology*为《群学肄言》（1897）一书所宣示重视"个人""个体"的微旨，而阐发卢梭（Jean J. Rousseau, 1712—1778）《民约论》（*On The Social Contract / Principle of Political Right*）所批判君权宰制民权的论述：

> 案：宋代以降，人君悉挟其名分之说以临民。于是天下之强者，变其"权

---

① 刘师培：《理学字义通释》，《刘申叔遗书》，南京：江苏古籍出版社，1997年，第460页。

② 雄按：刘师培博揽广搜，其功甚大，充实了先秦经典"理"为"分理""条分缕析"等义，但传统学者的局限亦可见，就是常常受困语义的层面，未能将戴震礼敬"分理"的精髓点出。刘氏引《礼记·乐记》"人化物也者，灭天理以穷人欲者也"，而释为"即人心同然之公理"。此固本于《孟子·告子上》"心之所同然者何也？谓理也，义也"，但释为"公理"，则不免会被误会是一超越于个别性（particularity）之上的概念，即刘氏自己所批评的"若宋儒言理，以天理为浑全之物，复以天理为绝对之词"。要知道戴震之所以凸显"分理""条分缕析"，实即强调回归个体（individual）在社会上权利的尊重，而反对"理"被强权者所绑架，将其权势私心强加于人民身上。另一方面，若就语义（verbal meaning）而言，刘师培固然不错，先秦典籍"理"观念出现甚多，但刘氏也可能未考虑到戴震对"条分缕析"意义的发挥，着眼于与汉代以前儒家典籍取义不同的部分，而自视其立说为独创见解。

力"为"权利",天下之弱者,变其"从顺"为"义务"。(原注:《民约论》卷一第三章云:"天下强有力者,必变其力为权利,否则不足以使众;天下之弱者必易其从顺为义务,否则不可以事人。")推其原因,皆由于"君为臣纲"之说。《民约论》不云乎,"民约"也者,以为人之天性,虽有智愚强弱之不同,而以义理所生为制限。(原注:卷上第八章)盖卢氏之所谓"义理",即戴氏之所谓"情欲"。此船山所以言"天理即在人欲中"也,非情欲之外,别有所谓义理。《礼记·乐记篇》云:"人生而静,天之性也。感于物而动,性之欲也。物至知知,然后好恶形焉。好恶无节于内,知诱于外,不能反躬,天理灭矣。夫物之感人无穷,而人之好恶无节,则是物至而人化物也。人化物也者,灭天理而穷人欲者也。于是有悖逆诈伪之心,有淫佚作乱之事。是故强者胁弱,众者暴寡,知者诈愚,勇者苦怯,疾病不养,老幼孤独不得其所,此大乱之道也。"推《乐记》之旨,盖谓乱之生也,由于不平等;而不平等之弊,必至人人不保,其自由争竞之兴,全基于此。孰意宋儒倡说,以权力之强弱,定名分之尊卑,于是情欲之外,别有所谓义理三纲之说,中于民心,而君上之尊,遂无复起而反抗之者矣。戴氏此言本于《乐记》,力破宋儒之谬说。孔门恕字之精义,赖此仅存,不可谓非汉学之功也①。

"卢氏之所谓'义理',即戴氏之所谓'情欲'"云云,按《民约论》Frederick Watkins英译此词为"physical impulse"②,意以口腹之欲为譬,说明责任之兴感与法律之要求未必一致,正如口舌之嗜,未必与身体之欲求相同。人人体质不同,生理需求亦异。譬如要求"饱足",有人需要一碗饭,有人需要三碗。唯能满足此不同之需求,始能维持生命。由此而引申至于公平的问题,亦即戴震所谓"达情遂

---

① 刘师培:《中国民约精义》,《刘申叔遗书》,第597页。"全基于此"四字后,原有刘师培自注,文长省略。

② 原文为"Then only is that the voice of duty takes place of physical impulse, and law the place of appetite; and that man, who until then has thought only of himself, finds himself compelled to act on other principles, and to consult his reason before listening to his inclinations." Jean Jacques Rousseau authored, Frederick Watkins translated & edited, Political Writings, Madison: The University of Wisconsin Press, reprint 1986, pp. 19–20.

欲"的进阶考虑。刘师培这段话主旨有二：其一，统治者狡猾地隐藏其以强权宰制人民的事实，而将"权力"二字美化为"权利"，又用"义务"一词说服人民乖乖服从，隐匿了他们被迫"从顺"（屈服于强权）的事实。所以他痛陈"宋儒倡说，以权力之强弱，定名分之尊卑，于是情欲之外，别有所谓义理三纲之说，中于民心。而君上之尊，遂无复起而反抗之者矣"。其二，认为人民的情欲，人人不同，但在单一政治制度下，被迫整齐划一，制造了各种不公平。戴震倡言"情欲"、王夫之倡言"天理即在人欲中"，皆属此一意义。我们要特别注意刘氏"孔门恕字之精义，赖此仅存"确立了"恕"字在戴震学说中的重量，也确立了戴震在儒门的地位。

相较于刘师培，章太炎对戴震思想的阐释实更为深刻，但因其托意遥深，且将论题开展较阔，对一般读者来说不但较迂回，层次也更复杂，故发表之后，知音甚鲜。他在《悲先戴》中首揭示其旨：

> 叔世有大儒二人：一曰颜元，再曰戴震。颜氏明三物出于司徒之官，举必循礼，与荀卿相似；戴君道性善，为孟轲之徒，持术虽异，悉推本于晚周大师，近校宋儒为得真。戴君生雍正乱世，亲见贼渠之遇士民，不循法律，而以洛闽之言相稽。哀矜庶戮之不辜，方告无辜于上，其言绝痛。桑荫未移，而为纪昀所假，以其惩艾宋儒者，旋转以泯华戎之界，寿不中身，愤以时陨，岂无故耶？[1]

指出戴震立言实有民族及政治意识，但鉴于文字狱危险，以攻击宋儒寄托微言，所关怀"华戎之界"的焦点却不幸被模糊了。其后在《释戴》一文中，太炎回归三千年中国思想基础，从儒法之异切入，平议戴震思想的特质与宋儒绝异的背景，并及于治国之效。他先借明太祖"诵洛闽儒言，又自谓法家"，讥此开国之主不悟儒家与法家思想各有效能，不能相混，否则法将不成法，儒亦不成儒，最终就如韩非子所说"上无以使下，下无以事上"。太炎将主题上溯至遥远的先秦诸子政治理论，

---

[1] 章太炎：《说林·悲先戴》发表于《民报》第9号（1906年11月），后收入《太炎文录初编》文录卷1《说林上》，《章太炎全集（四）》，第117页。

而以明清政治升降为征验，旨在说明“洛闽诸儒”与“法家学说”不可兼用：

> 洛闽诸儒，制言以劝行己，其本不为长民，故其语有廉棱，而亦时时轶
> 出。夫法家者，辅万物之自然，而不敢为，与行己者绝异。任法律而参洛闽，
> 是使种马与良牛并驷，则败绩覆驾之术也。①

宋儒学说要旨在约束个人言行，并无治理人民（长民）的效能，相对上，法家则崇尚自然，不求人为干预②，与强调自我约束的儒家南辕北辙。太炎认为，既用法律绳墨、又参洛闽之说，即使二说皆有裨于治道，亦等于将优良的马牛并辔齐驱，终将导致车辆覆毁。

太炎进一步指出，清政府的部族专制统治亦误蹈此一陷阱，标榜峻法又带头违法，再以程朱道德思想作为遮饰。在虚伪的法制下，转以“洛闽儒言”强化纲常威权的力量，“罪及燕语”，扼杀言论自由，连街谈巷议都不放过。由政治而弥漫至社会，充斥着士民受尽压迫的政治情状。戴震既目睹社会情状，这成为他发愤著述的动机，以阐扬“平恕”精神——追求阶级平等（平）并体恤小老百姓之苦（恕）：

> 震自幼为贾贩，转运千里，复具知民生隐曲，而上无一言之惠。故发愤著
> 《原善》《孟子字义疏证》，专务平恕，为臣民愬上天，明死于法可救，死于
> 理即不可救。又谓衽席之间，米盐之事，古先王以是相民，而后人视之猥鄙。
> 其中坚之言尽是也。

“专务平恕”四字，与刘师培“孔门恕字”，“恕”的意义范畴虽异（详下文），

---

① 以下引《释戴》文句，见章太炎：《释戴》，《太炎文录初编》文录卷1，《章太炎全集（四）》，第122—124页。

② 雄按：先秦法家皆尊崇道家道术，如申不害“天道无私，是以恒正；天道恒正，是以清明”；慎到《慎子·威德》称“天无事……地无事……人无事”，推其文意，亦皆“无为”之意。《韩非子》书中“无为”一字常见，又有《解老》《喻老》二篇，更可证。

精神却相呼应，都强调了戴震体现了孔门体贴、谅解、包容、保民之教。为《毛诗补注》撰《序》的焦循实为知音：

> 焦循撝之云：《诗》教亡于明，故言不本性情，而听者厌倦。至于忿毒相寻，以同为党，以比为争，或假宫闱、庙祀、储贰诸名，千百人哭于朝，以激君怒，害及其身，祸延其国。

性情之说，固是《诗》教之旨，其推至极致，则关乎国家治乱[1]，非仅宋儒所论《学》《庸》所得而尽。戴震的理想，正在于将平恕之义，借由《诗》义的阐发而普及于庶民，其效能亦在于政治，而非洛闽之儒所重视的"饬身"之教：

> 如震所言，施于有政，上不酷苛，下无怨讟，衣食孳殖，可以置刑措。究极其义，及于性命之本，情欲之流，为数万言。夫言欲不可绝，欲当即为理者，斯固肄政之言，非饬身之典矣。

太炎这里呼应了篇首关于儒家、法家的比较，认为戴震平恕之义，争的是政治上的公平，着眼的是士民受政治压迫，原不涉于儒家修身的讨论。至于戴震身后，学者借戴的言论为挡箭牌，以遮饰追求物质生活，这又与戴震无关：

> 挽世或盗其言，以崇饰惛淫。今又文致西来之说，教天下奢，以菜食裘衣为耻，为廉节士所非。诚明震意，诸款言岂得托哉？

话说回来，《原善》《孟子字义疏证》等书也的确将程朱理学作为批评对象。太炎指出，戴震评议及于程朱，实无必要，因为洛闽儒言，既不关乎长民之术，也就不值得诃斥。太炎说：

---

① 传统经学家论《诗经》多本孔子论《诗》的兴观群怨，以及《诗序》的美刺说，着眼于《诗》的教化功效。

洛闽所言，本以饬身，不以隶政，震所诃又非也。凡行己欲陵，而长民欲恕。陵之至者，止于释迦，其次若伯夷、陈仲。持以阅世，则《关雎》为淫哇，《鹿鸣》为流湎，《文王》《大明》为盗言矣。……洛闽之儒，躬行虽短，其言颇欲放物一二，而不足以长民。长民者，使人人得职，筱荡其性，国以富强，上之于下，如大小羊豵相而已，本不可自别于鸟兽也。夫商鞅、韩非虽陟，不踰法以施罪，剿民以任功。徒以礼义，厉民犹难，况遏其欲？民惟有欲，故刑赏可用。向若以此行己，则终身在鹎鹊之域也。

太炎虽说"震所诃又非"，却不知不觉地自己也加入戴震的行列，在"法律"与"道德"的治国效能上作出平议，将"洛闽之儒"大大诃斥一番。太炎认为：节欲、寡欲的"饬身"办法，进不能与释迦苦行相比，退则与"五经"的训诲冲突，实亦无治民之效。即使有儒者欲退而施于己身，亦终必使其个人"终身在鹎鹊之域"，难以有所作为。长民之术，"恕"字尤其重要。"长民欲恕"的"恕"，意即包容、放任，是前言"孔门恕道"之"恕"的扩大，将"恕"的包容精神推衍到治国经世：治国譬如牧养牲口，应采无为放任，让牲口饮食繁衍。牲口繁茂，牧场兴旺；人口繁多，国以富强。（好比今天国家生育率剧降则奖励男女生育，通货紧缩则鼓励人民消费。明乎此，则能明白太炎的论点。）既然要有善治，就必须令刑赏可用，要先激发人民趋利避害之心，更非得提倡"欲"不可。至于戴震思想究竟立基于孟子抑或荀子，太炎其实不如大部分学者般直觉、独断地指其为宗孟抑或宗荀，只是敏锐地指出：

以欲当为理者，莫察乎孙卿。孙卿为《正名》一首，其言曰："凡语治而待去欲者，无以道欲，而困于有欲者也。凡语治而待寡欲者，无以节欲，而困于多欲者也。……故欲过之而动不及，心止之也。心之所可中理，欲虽多，奚伤于治？欲不及而动过之，心使之也。心之所可失理，欲虽寡，奚止于乱？故治乱在于心之所可，亡于情之所欲。不求之其所在，而求之其所亡，虽曰我得之，失之矣！"

太炎指出"以欲当为理"，荀子算是思想史上有洞见的第一人。荀子注意到，朝廷

（政府）宣示什么，其实并无意义。"去欲""寡欲"的政策，最终或不能引导亦无法节制欲望，反而让人民困于"有欲"和"多欲"，因为"欲"是生存本能，注定无法消除。宣示"去欲""寡欲"而不懂得适当导引，人民始终为"欲"所困，甚且反致欲望炽盛。"欲"的"止"与"使"在于"心"，而国家的治乱则系于"中理"抑或"失理"。职是之故，倡"寡欲"抑或会致乱，倡"遂欲"反可能致治。致治致乱，实无关乎"欲"的去与寡。重读荀子，不难叹服其睿见。

太炎上溯儒、法思想源头，比较"务德"与"务法"的要旨。末引荀子论"欲"，不无讥弹戴震之意，认为戴氏所谓"遂欲"，或未能如荀子般深刻了解"欲"之于国政的复杂与困难①。至于戴震是否真的有此意，下文将有分析。关键是何以刘师培和章太炎会有此一想，一针见血地指出戴震阐发平恕之道，为专制下针砭、为士民鸣不平？这就要从晚清思潮讨论。

中国自汉代确立三纲五常思想，即将先秦自西周礼乐制度以来"家天下"用家庭伦理确立天下道一风同的体系。而宋元以来，天理之说，强化了君臣纲纪，愈强调"群体"的力量，就愈压抑"个体"（individual）的地位。作为个体的人民，原本在文明不断进步中，有机会由卑微的小民，进而成为公民社会（civil society）中的强大实体（entity）。但在伦常纲纪的膨胀中，机会一点一滴流失了。"公"（群体）的力量压抑了"私"（个体），社会趋向于拥护群体价值，让个体的存在，在巨大的集体意识中消失。从清代思想史的全程考察，"私"这个观念的兴起，实为一大突破。而首揭"私"观念的思想家是黄宗羲，其言论见于《明夷待访录》：

> 有生之初，人各自私也，人各自利也。天下有公利而莫或兴之，有公害而莫或除之。有人者出，不以一己之利为利，而使天下受其利；不以一己之害为害，而使天下释其害。此其人之勤劳，必千万于天下之人。夫以千万倍之勤劳，而己又不享其利，必非天下之人情所欲居也。故古之人君，量而不欲入

---

① 雄按：由此可知，学者或采另一位安徽学者、戴震的同窗程瑶田（易田）之说，认为戴震思想近于荀子，实未能如太炎那样，洞见荀、戴之异。如钱穆"东原思想之渊源"称"戴学近荀卿，同时程易田已言之"。参钱穆：《中国近三百年学术史》，第358页，并详"戴学与程瑶田"一节，第371—379页。

者，许由、务光是也；入而又去之者，尧舜是也；初不欲入而不得去者，禹是
也。岂古之人有所异哉？好逸恶劳，亦犹夫人之情也。[①]

身为明亡后硕果仅存的大理学家的黄宗羲，揭橥一个"私"字，用"人各自私，
人各自利"来解释禅让制度，可谓独步千古，尤其在重视"理欲、公私"之辨的
理学界，此论堪称石破天惊。而将近两百年后的龚自珍亦倡言"私"的重要性，
《论私》：

> 天有闰月，以处赢缩之度，气盈朔虚，夏有凉风，冬有燠日，天有私也。
> 地有畸零华离，为附庸闲田，地有私也。日月不照人床闼之内，日月有私也。
> 圣帝哲后，明诏大号，……何以不爱他人之国家，而爱其国家？何以不庇他人
> 之子孙，而庇其子孙？……忠臣何以不忠他人之君而忠其君？孝子何以不慈他
> 人之亲而慈其亲？寡妻贞妇何以不公此身于都市，乃私自贞、私自葆也？……
> 且夫狸交禽媾，不避人于白昼，无私也。若人，则必有闺阃之蔽，房帷之设，
> 枕席之匿，颒颒之拒矣。[②]

自珍本义所论的"私"观念包含了多层的意义，当中有自尊之"私"、血缘之
"私"甚至有个人隐私之"私"，这是传统中国学者处理抽象观念时，常出现的
方法问题。但撇开此一节不谈，毕竟龚自珍注意到中国传统严重"贵公"（重视
集体）而"去私"[③]（轻视个体）的价值取向，引起流弊不小，遂一针见血，痛陈
"私"之可贵——这是不争的事实。时序进入晚清，学界有严复，深悉"个体"的
重要性，沉痛反对为了国家利益而牺牲"小己"，可谓将"牺牲小我，完成大我"
的世俗之说，给了一记响亮的耳光：

> 是故治国是者，必不能以国利之故，而使小己为之牺牲。盖以小己之利而

---

① 黄宗羲：《明夷待访录》，沈善洪主编：《黄宗羲全集》第1册，第2页。

② 龚自珍：《论私》，《龚自珍全集》，第92页。

③ 《吕氏春秋》即有《贵公》《去私》二篇。

后立群，而非以群而有小己。小己无所利，则群无所为立。[①]

每一个人民都强大，国家才能真正强大。倘当政者坚持独裁而强势，灌输人民为国牺牲，人民悚惧于苛政，长期承受政治运动冲击，又在大政府反复的政策中惶惶不可终日，最终卑屈畏缩，强大的只是政府，软弱的却是国家。论小己之"私"，学界有严复，政界则有出任欧洲四国大使的薛福成（1838—1894）说：

> 商务之兴，厥要有三：一曰贩运之利。……今夫市廛之内，商旅非无折阅，而挟赀而往者踵相接。何也？以人人之欲济其私也。惟人人欲济其私，则无损公家之帑项，而终为公家之大利。[②]

薛福成注意到欧洲商业之所以为强国之本，要旨即在于让"人人之欲济其私"，鼓励商人各自谋私，既无损于政府开支，最终还能为政府带来财富。

晚清国是蜩螗，列强入侵，积弱暴露，让思想界中的先觉者注意到过信群体力量、反致软弱的病症，实导源于个体的卑屈——没有强大的个人，强盛的国家只是空想。也在此一思潮下，促成了刘师培和章太炎揭示戴震重视情欲、平恕的思想。

笔者之所以特别勾稽刘师培、章太炎对戴震"理"思想的诠释，而揭示其与清代思想界愈来愈看重"私"观念，实是因为戴震论"理"，实同时注意到"分殊"与"一体"之义，界定了社会之中个体之特殊性实不可轻忽。关于戴震论阴阳气化流行"分殊"之义，《探索》一书论之已详，此不赘辞。他的"理"论，若择一言以蔽之，则可以用"分殊之一体"五字概括——以"分殊"为主，以"一体"为从。在戴震逝世当年（乾隆四十二年，1777）所撰《答彭进士允初书》，他阐发对

---

① 严复：《天演进化论》，王栻主编：《严复集》，北京：中华书局，1986年，第315页。此段文字之"么匿"即严复对"unit"的译音，相对则为"拓都"（total）。并参黄克武：《惟适之安：严复与近代中国的文化转型》第四章"新语战争：清末严复译语与和制汉语的竞赛"，台北：联经出版事业公司，2010年，第127页。

② 薛福成：《筹洋刍议·商政》，《薛福成全集：庸盦全集》，台北：广文书局，1963年，第10页下—11页上。

万物分殊的观察：

> 譬天地于大树，有华、有实、有叶之不同，而华、实、叶皆分于树。形之巨细，色臭之浓淡，味之厚薄，又华与华不同，实与实不同，叶与叶不同。一言乎分，则各限于所分。取水于川，盈罍、盈瓶、盈缶，凝而成冰，其大如罍、如瓶、如缶，或不盈而各如其浅深。水虽取诸一川，随时与地，味殊而清浊亦异，由分于川，则各限于所分。人之得于天也，虽亦限于所分，而人人能全乎天德。以一身譬之，有心，有耳目鼻口手足，须眉毛发，惟心统其全，其余各有一德焉，故《记》曰："人者，天地之心也。"瞽者，心不能代目而视，聋者，心不能代耳而听，是心亦限于所分也。[①]

反复申论"气化""分殊"的戴震，其思想亦承认宇宙是一个整体的生命——这种整体生命观，可谓中国思想的共法。但阅读这段文字，镁光灯应该投射在"分"这个字上。"天地"是一个有机生命，以大树为譬：人类万物各分于天地，而各得分殊之性。即使同出于一树，花朵、果实、树叶彼此不同。即使同为花朵、树叶，花与花的颜色亦不同、叶与叶的气味亦不同。推至于人类，虽然同出于"天地"之精粹，人人的体格、相貌、禀性亦各不相同；推至于人身器官，则每个器官亦各不相同。诚如朱熹所强调"具众理而应万事"[②]的"心"，亦有其限制。对盲、聋之人而言，"心"的功能再大，亦不可能代目而视、代耳而听，代替其他器官的功能。故以人为譬喻，人身各个器官，各有分殊，亦各有功能，一人一生命内部分殊，扩充至一切万物，亦不例外。

推论分殊，并未否定"天地"一体的事实。譬诸花、实、叶同属一棵大树，戴震也强调了万物彼此之间生命互相支持、融通的事实。在天地大生命中，人类与万物正因为各有分殊，各有不同功能，才能促成形气相益，彼此相通，互相支持。他说：

---

① 戴震：《答彭进士允初书》，《东原文集》卷8，第357—358页。

② "具众理而应万事"于朱熹《四书章句集注》两见，分别为：《大学章句》，《四书章句集注》，第5页；《孟子集注》卷13《尽心章句上》，同书，第489页。

> 饮食之化为营卫，为肌髓，形可并而一也。形可益形，气可益气，精气附益，神明自倍。散之还天地，萃之成人物。与天地通者生，与天地隔者死。以植物言，叶受风日雨露以通天气，根接土壤肥沃以通地气。以动物言，呼吸通天气，饮食通地气。人物于天地，犹然合如一体也。体有贵贱，有小大，无非限于所分也。[①]

依照戴震的分析，一碗饭、一杯水、一个人，三者各为独立的形体，各得其分殊。然而，人吃了饭，喝了水，就得到了养分，维护了健康，生命也就得以延续。这就证明了万物存在的共通性。这种共通性，证明了宇宙原本就是一个整体生命，也证明了其中的分殊性。说"犹然合如一体"，并未否定或消减"分殊"的意义，因为花朵、果实、树叶之所以能支撑着大树，让它生意盎然，正在于其各自发挥自身特殊的功能——花朵不会取代果实的功能，树叶也不能替代花朵的效用，就像"心"不能"代目而视、代耳而听"一样。因此这种"犹然合如一体"的性质，正是建立在其分殊的质性之上。戴震的"分殊"，意义上实与严复所谓"小己"，相去不远。一棵大树的每一个小部分、小单位都要健康苗壮，发挥其功能，整棵大树才能欣欣向荣。推至人类社会亦如此。唯有亿万人民，人人都能顶天立地，健康苗壮，国家才能强盛。

二、从科学与平等论"理"：胡适的观点

胡适对戴震"理"思想的论述是置于整个清代"反理学"思潮中勾画的。这是他撰写《戴东原的哲学》，开宗明义以"戴学与颜李学派的关系"谈起[②]，而举洪榜（1745—1780）至方东树等十人论"戴学的反响"的原因。

---

① 戴震：《答彭进士允初书》，《戴震全书》第6册，第358页。

② 胡适自称是读了戴望《颜氏学记》，注意到戴望曾说"戴震的学说是根据于颜元而畅发其旨（原注：《学记》一，页四）"，而胡适自称"个人推测起来，戴学与颜学的媒介似乎是程廷祚"。胡适：《戴东原的哲学》，第17—18页。

胡适阐释戴震思想，有三点值得注意：

第一，他本于其重视科学、反对玄学的思想，特别引述戴震《与某书》的话来表扬其探究事理细节的精神①：

> 宋以来，儒者以己之见硬坐为古贤圣立言之意，而语言文字实未之知。其于天下之事也，以己所谓"理"强断行之，而事情原委隐曲实未能得。是以大道失而行事乖。②

这种重视事情原委隐曲的精神，刘师培《理学字义通释》有所申论：

> 是文理、条理，为理字最先之训。特事物之理，必由穷究而后明。条理、文理（原注：有条有缕之理），属于外物者也。穷究事物之理，属于吾心者也。《易·系辞》又言"穷理尽性"，穷理者，即《中庸》所谓慎思明辨耳。然慎思明辨，必赖比较分析之功。理也者，即由比较分析而后见者也。而比较分析之能，又即在心之理也。心理由物理而后起（原注：人心本静，感物而动，使无外物，则心理何从而见之哉？），物理亦由心理而后明（原注：《说文·序》："言知分理之可以相别异也。观知字一字，则分理之能具于心矣。"）。非物则心无所感，非心则物不可知。吾心之所辨别者，外物之理也；吾心之所以能辨别外物者，即吾心之理也。……故皙种析心理、物理为二科。③

刘师培深入讨论"心理"和"物理"相须相待的关系，实已说明这种"理"兼有人文科学与自然科学的元素，所以刘氏强调西方世界学科"心理""物理"也区分为二。宋儒之所以"大道失而行事乖"，是由于起步就过于凸显"己之见"，在语言

---

① 胡适：《戴东原的哲学》，第20页。
② 戴震：《与某书》，《戴东原先生文》，《戴震全书》第6册，第495页。参胡适：《戴东原的哲学》，第20页。
③ 刘师培：《理学字义通释》，《刘申叔遗书》，第462页。皙种，白种人。

文字上已轻忽了，接下来对天下大事也以自己所认知的"理"加以臆断。正如刘师培指出，心理、物理非截然二物，而是互相决定彼此。"臆断"一旦成为习惯，思维就永远无法培养出追究"事情原委隐曲"的能力。换言之，习惯于"玄学"式的主观臆断，注定不利于客观科学、穷究物理的养成。所以胡适首先揭示戴震"在清儒中最特异的地方"是"认清了考据名物训诂不是最后的目的，只是一种'明道'的方法"[①]。此一结论，近于稍后英时师论戴震认为戴深信"义理"是"考证"的伸延[②]，和刘师培"心理由物理而后起，物理亦由心理而后明"之说亦可相通，聚焦的是裨益于文明进步的认识论（epistemology）问题。

第二，胡适特别欣赏戴震的"气化"论与宋儒的理气二元论不同。上承第一点科学精神，胡适引述戴震《原象》八篇和《续天文略》二卷，缕述戴震的"气"宇宙观，并指出这种宇宙观是奠基于清代的天文历数之学[③]。《续天文略》主"地球中心说"，认为"天为大圆，以地为大圆之中心"[④]，又说：

> 梅氏（雄按：梅文鼎）所谓"不忧环立"，推原其故，惟"大气举之"，一言足以蔽之。[⑤]

以今日科学知识看，地球中心说[⑥]当然不确，但胡适认为此并未损于戴震思想的价值，因戴氏宇宙论关键是科学精神，突出"气化"论批判宋儒的理气二元论，综合二者即可看出戴震哲学是建基于经验主义，而经验主义是科学的重要基础。经验主

---

① 胡适：《戴东原的哲学》，第20页。

② 英时师说："东原……的义理是与考证合而为一的，是考证的一种伸延。"余英时：《论戴震与章学诚》，第121页。

③ 胡适：《戴东原的哲学》，第26页。

④ 戴震：《续天文略》卷中"晷景短长"，《戴震全书》第4册，第65页。

⑤ 梅氏，指梅文鼎。戴震：《续天文略》卷中"晷景短长"，《戴震全书》第4册，第65页。

⑥ 亦即哥白尼"日心地动说"，详本书《海外汉学发展论衡——以欧美为范畴》。

义也影响戴氏的"性"论，处处强调血气心知，强调情、欲，分别自然和必然①，远离了臆断的危险。

第三，胡适认为"戴氏在哲学史上的最大贡献：他的'理'论②"。相对于宋儒"这个人静坐冥想出来的，也自命为天理；那个人读书傅会出来的，也自命为天理"，戴震的"理"论"一面成为破坏理学的武器，一面又成为一种新哲学系统的基础③"。这里胡适仍然以他扬科学、弃玄学的立场为中心，但意义实不止于科学精神。他说：

> 学者提倡理性，以为人人可以体会天理，理附着于人性之中；虽贫富贵贱不同，而同为有理性的人，即是平等。这种学说深入人心之后，不知不觉地使个人的价值抬高，使个人觉得只要有理可说，富贵利禄都不足美慕，威武刑戮都不足畏惧。理既是不生不灭的，暂时的失败和压制终不能永远把天理埋没了，天理终有大白于天下的一日。我们试看这八百年的政治史，便知道这八百年里的智识阶级对政府的奋斗，无一次不是搠着"理"字的大旗来和政府的威权作战。④

推动着民主与科学的胡适，果然不会关切科学精神，就忘记了民主的可贵。一再批评宋儒"理气二元论"的他，甚至终于历数北宋元祐党禁、南宋庆元党禁、明成祖杀戮学者、明末东林党案为例，称赞"无一次没有理学家在里面做运动的中坚⑤"。胡适对于宋明理学家表达如此崇高礼敬，真是难得一见！要注意这礼敬不在于理学家的思想，而是节操。胡适的研究，虽然没有引述刘师培《中国民约精义》，也没有一语提及章太炎，却朝向了刘、章二人的方向，以及笔者前文指出清

---

① 用胡适的话，"自然是自己如此，必然是必须如此，应该如此"。胡适：《戴东原的哲学》，第28页。

② 胡适：《戴东原的哲学》，第37页。

③ 胡适：《戴东原的哲学》，第39页。

④ 胡适：《戴东原的哲学》，第39页。

⑤ 胡适：《戴东原的哲学》，第40页。

代思潮对于"私"这个观念所凸显个体性（individuality）之价值的确定——"个人的价值抬高，使个人觉得只要有理可说……"云云，精准地指出了中国传统社会的沉疴，就是中国传统政治体制，强权永远占据着道德高地，确立有利于威权的价值系统和论述，而士民的、个人的权利地位，则难以在这种体制中获得伸张。由此而更让我们注意到戴震以降，思想界先觉们高扬个体性价值的意义。

胡适朝着上述的方向，进一步发扬戴震的"理"思想，办法是又回到批判理学家的"天理"思想：

> 理学家把他们冥想出来的臆说认为天理而强人服从。他们一面说存天理，一面又说去人欲。他们认人的情欲为仇敌，所以定下许多不近人情的礼教，用理来杀人，吃人。譬如一个人说"饿死事极小，失节事极大"，这分明是一个人的私见，然而八百年来竟成为天理，竟害死了无数无数的妇人女子。又如一个人说"天下无不是的父母"，这又分明是一个人的偏见，然而八百年来竟成为天理，遂使无数无数的儿子媳妇负屈含冤，无处伸诉。八百年来，"理学先生"一个名词竟成了不近人情的别名。理与势战时，理还可以得人的同情；而理与势携手时，势力借理之名，行私利之实，理就成了势力的护身符，那些负屈含冤的幼者弱者就无处伸诉了。八百年来，一个理字遂渐渐成了父母压儿子，公婆压媳妇，男子压女子，君主压百姓的唯一武器；渐渐造成了一个不人道，不近人情，没有生气的中国。[1]

胡适敏锐地注意到"理"成为横行无阻的恶霸，主要是在旧封建伦理制度中，和"势"结合成了团伙，彻底令"负屈含冤的幼者弱者无处伸诉"。胡适接着说：

> 戴震生于满清全盛之时，亲见雍正朝许多惨酷的大狱，常见皇帝长篇大论地用"理"来责人；受责的人，虽有理，而无处可伸诉，只好屈伏受死，死时还要说死的有理。[2]

---

① 胡适：《戴东原的哲学》，第40—41页。
② 胡适：《戴东原的哲学》，第41页。

胡适结合“理”“势”而言，为负屈含冤者申诉的意思，实引述自戴震。戴在《孟子字义疏证》中说：

> 《六经》孔孟之言，以及传记群籍，“理”字不多见。今虽至愚之人，悖戾恣睢，其处断一事，责诘一人，莫不辄曰“理”者，自宋以来，始相习成俗，则以理为如有物焉，得于天而具于心，因以心之意见当之也。于是负其气，挟其势位，加以口给者，理伸；力弱气慑，口不能道辞者，理屈。呜呼，其孰谓以此制事，以此制人之非理哉？……昔人知在己之意见，不可以理名，而今人轻言之。夫以理为如有物焉，得于天而具于心，未有不以意见当之者也。①

“负其气，挟其势位”就是胡适说的“理与势携手”。戴震又说：

> 今之治人者，视古贤圣体民之情，遂民之欲，多出于鄙细隐曲，不措诸意，不足为怪。而及其责以理也，不难举旷世之高节，著于义而罪之。尊者以理责卑，长者以理责幼，贵者以理责贱。虽失，谓之顺。卑者幼者贱者以理争之，虽得，谓之逆。于是下之人不能以天下之同情，天下所同欲，达之于上。上以理责其下，而在下之罪，人人不胜指数。人死于法，犹有怜之者。死于理，其谁怜之！呜呼，杂乎老释之言以为言，其祸甚于申韩如是也。《六经》孔孟之书，岂尝以理为如有物焉，外乎人之性之发为情欲者，而强制之也哉？②

在伦理体制中，人们总把“尊卑、贵贱”放在首位，把“是非”置于次要，视为当然，积非成是，给弱势者制造了多少枉屈。胡适解释说：

> 这一段真沉痛。宋明以来的理学先生们往往用理责人，而不知道他们所谓

---

① 戴震：《孟子字义疏证》，第154页。
② 戴震：《孟子字义疏证》，第161页。

"理"往往只是几千年因袭下来的成见习惯。这些成见习惯大都是特殊阶级（原注：君主，父母，舅姑，男子等等）的保障；讲起"理"来，卑者幼者贱者实在没有开口的权利。"回嘴"就是罪！理无所不在；故背理的人竟无所逃于天地之间。①

将戴震的"理"形容为"寻求事物的通则"，且：

有两种说法：一种是关于人事的理，一种是关于事物的理。前者是从儒家经典里出来的；后者很少依据，可算是戴氏自己的贡献。②

胡适进一步归结出：

戴氏说理，无论是人情物理，都只是要人用心之明，去审察辨别，寻求事物的条理。……《与段玉裁书》："古人曰理解者，即寻其腠理而析之也。"……戴氏这样说理，最可以代表那个时代的科学精神。③

科学精神以外，胡适最后也归纳了戴震所批判"理欲之辨"的三大害处。第一是"责备贤者太苛刻了，使天下无好人，使君子无完行"。第二是"养成刚愎自用，残忍惨酷的风气"。第三是"重理而斥欲，轻重失当，使人不得不变成诈伪"④。关于胡适阐发戴震"理"论，丘为君在《戴震学的形成》第九章"戴震'新哲学'的内涵：道论、性论、理论"亦有深入介绍⑤。

有两点，胡适尚未发挥至极致。第一，就是刘师培、章太炎点出的"恕"字。刘、章二人指出戴震思想高扬了"恕道"，其中实包含两层意思："专务平恕"

---

① 胡适：《戴东原的哲学》，第54页。
② 胡适：《戴东原的哲学》，第44页。
③ 胡适：《戴东原的哲学》，第46—47页。
④ 胡适：《戴东原的哲学》，第55页。
⑤ 丘为君：《戴震学的形成》，台北：联经出版事业公司，2004年，第228页。

固然强调体贴、谅解，这是儒门之教，"夫子之道，忠恕而已矣"（《论语·里仁》），孔子在《论语》中对道德的要求固然崇高，但对不同品性的弟子、各阶层的人们都充分展现了包容的气度。另一层则是太炎讲的"长民欲恕"的政治意义，亦即要国家富强，最好采用放任政策，给予人民充分自由。胡适所引述戴震《孟子字义疏证》的论点，其实都离不开儒家恕道，但他似乎没有注意这个"恕"字及其中两层意思。第二，戴震论点指向的并不是某一位或某几位理学家的特定篇章文字或特定言语内容，而是宋代理学价值观念形成而弥漫于社会的价值取向，逐渐促成了一种拥有地位（无论是伦常地位抑或政治地位）、权势（无论是政治权势抑或道德权势）的人轻易以道德来绑架卑者、弱者的情形。这不是哲学或思想的理论本身的问题，而是哲学与思想的现实效应——当然，这二者原本无法切割区分，因为儒学的目的，从来不是自了汉，只追求自身德性的完成，而忽略知识人的社会责任和政治责任。

三、知识主义与反权威："理"解释的两个向度

胡适对于同为安徽人而祖籍休宁的戴震"理"思想的承继与发扬，实包括两大要点，其一为戴震具有科学方法条分缕析，考察事理、物理的精神，有别于宋明理学家所讲的"天理"。其二为戴震本此"理"的思想发而为体情遂欲之说，推至于"人死于法，犹有怜之者。死于理，其谁怜之"的平恕之道。这两个要点，其后也分别被两位同为祖籍安徽的学者——潜山余英时师和巢县何佑森师分别承继发扬。四位安徽学者在二百余年间先后将这一条"理"的学脉发扬光大，实可以说是中国近代思想史一大事因缘。

前文指出，二十世纪初倡议民主与科学的灵魂人物胡适，着重点放在科学精神所昭示反理学的内容，而英时师《论戴震与章学诚》则将主线扣紧在"道问学"一节，也就是他书中提出的"知识主义"（intellectualism）[1]。学界师友大多熟知英

---

① 余英时：《论戴震与章学诚》三"儒家智识主义的兴起"，并参英时先生的英文论文 "Some Preliminary Observations on the Rise of Ch'ing Confucian Intellectualism," *Tsing Hua Journal of Chinese Studies*, New Series, XI, nos. 1 & 2, December, 1975, pp.105–146.

时师此书的论点，受胡适和钱宾四先生①影响甚大，英时师"知识主义"的观点，成熟于1975、1976年，见于其1975年10月5日于美国麻州之碧山定稿的《清代思想史的一个新解释》一文，以及1976年由香港龙门书店刊行的《论戴震与章学诚》一书。这四个字与"道问学"和"内在理路"（inner logic）共为有机关系的概念。他在《论戴震与章学诚》提出"内在理路"，强调以"尊德性"为主要精神的宋明理学转入以"道问学"为灵魂的清代思想，所存在的发展性转折。这个观点，一方面呼应了胡适、梁启超揭示的宋明理学与清代思想之间的断裂——亦即胡适指出清儒"反理学"以及梁氏《清代学术概论》所提出的清代思潮为"宋明理学之一大反动"的鲜明论点。十七世纪中叶由"尊德性"一变而为"道问学"，英时师虽未接受"断裂"之说，却也承认了其间转折极大。然而英时师并没有走进"断裂"的结论，正在于提出了"内在理路"的概念。这个概念在《清代思想史的一个新解释》中有深入的说明，认为"尊德性"的种种论辩，最终必将回归文献论据，才能有效判别是非长短，于是"尊德性"的大方向也就自然而然地逼出"道问学"来。扼而言之，"道问学"是从六百年"尊德性"讨论内部发展出来的一种内在需求，此即"内在理路"概念意义所在②。在英时师的解释中，戴震以"考证"的手段——也就是道问学的方法——来达致他"义理"的追求目标——亦即尊德性的精神。（用英时师的话，戴震好比披着狐狸皮的刺猬，最终竟成为群狐之首。）如果戴震的治学方法的确具备胡适所说的科学精神，这种精神也不能被简单地视为"反理学"的体系，而是从理学内部长期讨论中产生的一个解决核心问题的出路。

英时师《论戴震与章学诚》一书具在，笔者不拟重复其中论点，只想指出英时

---

① 本文行文一律称姓名，不称字。唯佑森师生前曾叮咛笔者，宾四先生为太老师，下笔不宜称名。因此本文一律称"宾四先生"。

② 我们也不能忽略，1930年冯友兰出版《中国哲学史》，已认为清代思想是"宋代道学一部分的延续"，实即指清代的文献考证学出于朱子，而姚鼐、翁方纲等程朱一派学者亦属宋儒的继起，只不过在朝廷功令推助下，风光与宋明理学大不相同而已。更重要的是英时师师承宾四先生，而宾四先生在《中国近三百年学术史》中，多次强调清代学者治学的深浅，常取决其对宋明理学研治的深浅，也就是和冯友兰一样，强调宋明理学与清代学术其实并未断裂更谈不上"反动"。只是宾四先生持论与冯友兰不同。由是观之，英时师"内在理路"之说，亦可能颇受到老师的影响。

师对戴震"理"思想的解读,重点不在于发挥"以理杀人"一节,而是透过治学的两种途径或模型——道问学与尊德性、博雅与专家、狐狸与刺猬、经学与史学——的对照,以及书信、著述等文献的考察,依循戴震与章学诚二人学术成长的时序先后,立体地描画出这两个途径所代表的两类典范,在清代中叶思想史上的开展与转变。《论戴震与章学诚》一书最大的贡献,在于给予学界一幅清晰的图象:"尊德性"从来不是和"道问学"截然二途,而是共同构成互相支持对话的有机关系。德性的尊崇,最终既取决于文献训诂的考订,则以文献训诂为主要对象的考证学,也必然可以延伸至于德性义理的确立。换言之,德性之学实不可能缺少知识主义的支撑,而道问学的典型,除了纯粹淹博的钱大昕所展现像狐狸一样展骋知识的广度外,也有另一种典型:戴震博中取约、以考证为手段而像刺猬一样专注于真理的追求。透过英时师的洞见,我们若重新检视胡适所描述戴震的科学精神,不难窥见其与梅文鼎(1633—1721)、钱大昕等人的不同之处。有了英时师提供的新视角,后人考察清代学术,将不再视清代学术思想为义理的沙漠,也不再陷入德性、问学各走一途的决裂。

必须说明的是,虽说《论戴震与章学诚》中的戴震之论,并未发挥"以理杀人"之说,但英时师崇尚平等,反对权威[1],为普罗百姓发不平之鸣,广泛批判世道人心,其精神和安徽乡先辈戴震、胡适对于"理"的伸张,并无二致。

博学无涯的佑森师曾在台大中文系开设课程"胡适研究",亦曾撰《论戴震"以理杀人"说的历史意义》[2],对这两位安徽学者有深入研究。《论戴震"以理杀人"说的历史意义》一文属于晚年作品[3],撰写于1991年,生前未正式刊布。先

---

[1] 英时师仙逝后,8月12日《中古史研究资讯》刊登王汎森兄一篇文字《绝不容许任何人以权威欺负他人——记与余英时老师的几次谈话》:"回忆十一年前大伙参访内藤湖南恭仁山庄时,随行的摄影谈到少年余英时准备状告桂军杜营长时,余先生随口说了一句:'绝不容许任何人以权威欺负他人。'我把这句不经意的话,记在记事本上。"

[2] 何佑森师:《论戴震"以理杀人"说的历史意义》,原为未刊稿,收入何佑森师:《清代学术思潮——何佑森先生学术论文集(下)》,台北:台大出版中心,2009年,第329—346页。

[3] 关于先生毕生学术思想的成长,详参郑吉雄:《何佑森先生学术思想的发展》,《中国文哲研究通讯》2009年3月第19卷第1期,第193—211页,又收入本书第十四篇。

师将焦点上溯先秦，考察中国思想史的全程。第一部分为"权势杀人"，分析了唐甄（1630—1704）、黄宗羲、吕留良（1629—1683）等各家关于"帝王皆贼"、"天子杀人"、帝王"屠毒天下之肝脑，离散天下之子女"等言论。这些言论，在今天看来，帝制独裁之大害，厘然可见，不必深论了①。第二部分"学术杀人"，分析了颜元（1635—1704）"朱学杀人""王学杀人"之论，释之为假道学杀人。原来颜元说：

> 贬道学曰伪学，犯文人之深恶耳。宋儒之学，平心论之，支离章句，杂痼释老而自居于直接孔孟，不近于伪乎？②

颜元直指宋儒之学本身就是"伪学"，可谓反理学之极致。不过张伯行（1651—1725）也批评颜元：

> 艾东乡曰："李卓吾书，一字一句皆可杀人。"今习斋之说亦可以杀人也。③

这样互相批评，实在让问题失焦。佑森师之意：学者在社会上提倡一种意见，一套价值观，是有效应、有后果的。严重的话，的确可以让人们信仰和价值被摧毁，失去了立足之地，也就没有了活路，只好走上自杀一途。这"学术杀人"四个字，提醒了学者在恣意申论自身的信仰时，不要忘记了身上背负的社会责任。

---

① 唐甄《潜书·鲜君》批判君主制度，说："治天下者惟君，乱天下者惟君。治乱非他人所能为也，君也。小人乱天下，用小人者谁也？女子寺人乱天下，宠女子寺人者谁也？奸雄盗贼乱天下，致奸雄盗贼之乱者谁也？"唐甄：《潜书》，北京：中华书局，2009年，第66页。"屠毒天下之肝脑，离散天下之子女"见黄宗羲：《原君》，沈善洪主编：《黄宗羲全集》第1册，第2页。

② 李塨：《颜习斋先生年谱》卷下"六十二岁"条，《续修四库全书》第554册，第308页。

③ 张伯行：《论学》，《正谊堂文集》卷9，《四库存目丛书》集部第254册，第120页。

第三部分“反权威思想”则列举谭嗣同（1865—1898）、章太炎和胡适。章、胡二人观点前文已述，兹从略。至于谭嗣同，佑森师考其所著《仁学》上承黄宗羲指人君“视天下为莫大之产业”的看法，说“天下为君主囊橐中之私产，不始今日，固数千年以来矣”“辽金元之君主，一旦逞其凶残淫杀之威，以摄取中原之子女玉帛”，又引《明季稗史》《南巡录》等缕述清朝焚掠淫掳，因剃发令而屠城的惨事[1]。除了历代“家天下”形成一姓之兴亡引来兆万士民之苦难外，谭氏也注意到戴震所讨论的社会公义引起人权问题，故产生激烈的主张，认为“五伦”中只有“朋友”一伦有留存价值，说：

> 所以者何？一曰平等，二曰自由，三曰节宣惟意。总括其义，曰不失自主之权而已矣。[2]

所谓“自主之权”，就是指的黄宗羲说的“私”，严复说的“小己”，胡适说的“个人”。君臣、父子、夫妇、兄弟之伦皆可去，其意为何？岂不与戴震所说“死于法可救，死于理即不可救”以及胡适所论家庭内“尊卑”威权有关。

两年后（1993）佑森师在这篇文章的基础上撰成《清代的反权威思想》，以冷静的笔触指出政治和学术交互形成权威的史实：

> 学问领域中，各自都有权威，如朱熹、王守仁是学术权威；在政治上，有名实相符的权威，如天子、皇帝；以及权威所制造的特权阶级，也是权威，如宦官、权臣；更有名实不符的权威，俗称傀儡，如明神宗、清德宗。本文提出讨论的是政治权威与学术权威，因为在中国历史上，有时是思想指导政治，有时则是政治领导思想，阳儒阴法或阳法阴儒，两种势力的抗争，有消长，有融

---

[1] 雄按：此则涉及异族入主中原行恐怖统治一节，实侧面反映谭嗣同的思想。唯佑森师于此未有申论。

[2] 谭嗣同：《仁学·二·三十八》，谭嗣同著，蔡尚思、方行编：《谭嗣同全集》（增订本），北京：中华书局，1981年，第350页。

合，很难明显区分。不是以法为主体，就是以儒为主体。①

佑森师讨论戴震，对于英时师揭示道问学、尊德性的问题未有着墨，却延续了胡适发挥"理"论的"负屈含冤的幼者弱者无处伸诉"，将焦点转至"反权威"三字，并说明此三字意义范畴随"权威"的身分而转变，无异于扩大了棒喝的范畴，补充了胡适尚未论及之处。

四、结论

戴震论"理"精神价值的第一要义，是从宇宙论标举"分殊"的大纛，确立"个体性"的价值。因中国儒学自先秦以来，即本礼乐、宗族确立纲纪伦常，强调家族血缘纽带（bond），个体的价值恒常不能脱离群体，必赖群体始得以留存，显示了中国传统个体、个人价值的萎靡。孔子"我欲仁，斯仁至矣"（《论语·述而》）、孟子"万物皆备于我"（《孟子·尽心上》）之论，所凸显个体性的精神，在汉以后帝王专制的架构中未能获得高扬。"牺牲小我，完成大我"成为近代中国人普遍价值。殊不知中国传统社会，"大我"早已被掌握威权者所占据，"小我"永远只能卑微地依附于"大我"之下苟活，终致民性卑屈，国民尊严始终未能彻底彰显。虽宋明儒者将孔孟精神转释为个人德性境界的充实，对于支撑个人（individual）在社会上不需要依附于家、国，亦足以成为顶天立地的实体一节，毫无帮助。"理"不能被威权所绑架，而变成掌握绝对权力者手上屠刀的装饰品。"以情絜情"，实即强调个体与个体之协调，不受强权所枉屈。此即戴震思想中含有反对专制、人权平等的现代性元素的辅证。戴震生于十八世纪，虽未有现代人权知识，但能在封建社会注意到势位高低、理伸理屈的不平现象，已隐含人权意识的先声，亦可见其为时代之先觉矣！

戴震论"理"精神价值的第二要义，是倡议科学精神、实事求是地考核经典文献的底蕴，回归语言训诂的基础，而探求其义理。这也是人文科学未来无可回避的

---

① 何佑森师：《清代的反权威思想》，《清代学术思潮》，第103页。

康庄大道。衡诸东西方文明体系，无论是欧陆、中东、印度，最古老的经典体系无不本诸语言训诂从事研究，研究方法则必须具有科学精神。胡适、英时师在这一方面所论尤精。

中国数千年政治史的漫漫长路，乱世多而治世少，河清难俟，关键实在于中国人迷信政治清明必有待于"圣人"横空出世。而历代政治权力集中于独裁者之手，体制上一直缺少充分的力量加以制衡。其流弊至于：智力有限、私心无穷的独裁君主每每被粉墨渲染为冠绝古今、爱民如子的圣人。当集权者掌握杀人利器之后，为求合法化、合理化其集权，必定援引道德伦常价值体系，作为杀人不见血的软刀子，结合枪炮刑具，人民只能噤若寒蝉中频频自我审查以避祸。至于陋儒，则唯知高扬道德，随顺纲常、伦理、大义之说，义正辞严，训示学子，在不知不觉或有意无意之间，被集权者利用，为当政者驯化新世代而张目。戴震申言"以理杀人"，关键实不在于批判宋儒，而是痛悼宋学价值成为政治屠刀上的装饰品，悲悯追随宋儒的后学甘心为极权者所利用。此一大关节，先被敏锐的刘师培、章太炎揭露，民国以来，再有几位祖籍安徽的学者——绩溪胡适、潜山英时师、巢县佑森师，追随其乡先辈休宁戴震的先声，发扬丰厚宏阔的"理"思想。

2021年8月1日英时师仙逝，海内外人文学界同感哀悼。笔者虽未立于先生门墙，却因为先师佑森教授与先生的同窗之谊，得蒙英时师奖掖，多所提携，并为拙著《戴东原经典诠释的思想史探索》一书赐题，愧未能回报于万一。笔者平生治学，受佑森师、英时师启发甚大，谨撰本文，追述戴震"以理杀人"说的伟论，并兼及晚清以降学者的讨论，揭示近世人文精神传统，尤其聚焦于胡、余、何三位祖籍安徽的学者对戴震思想的发明，兼集其义，衍释其意，以明戴震对于近代中国思潮的影响，并向英时师及所有更早的先辈致上最高敬意。儒林师友，随时匡正，是所至盼。

附录

英时师1972年原玉

癸丑夏将行役香江，莲生师赠诗，有"楚材自是堪梁栋，起凤腾蛟到海隅"之句。愧无以当，谨答七律一首明志，即以呈别。英时未是草。

火凤难燃劫后灰，侨居鹦鹉几盘回。已甘寂寞依山镇，又逐喧哗向海隈。

小草披离无远志，细枝拳曲是遗材。平生负尽名师教，欲著新书绢未裁。

劳思光老师1972年步韵英时师

人间谁许拨寒灰，逼眼沧桑更几回？车过山川皆客路，心安朝市等林隈。

久疑配命关多福，翻悟全生贵不材。风雨满天怀旧切，殷勤尺素手亲裁。

关子尹教授步韵余、劳二师1972年旧唱（2021年8月）

太息乾坤尽劫灰，名师余铎叹空回。人间道路凡千嶂，诗昧情怀乍一隈。

曾共黉宫诚正愿，更期叔世栋梁材。桑榆向晚时年急，残帙商量费别裁。

郑吉雄敬和英时师七律一首

辛丑年立秋前六日恸闻英时师仙逝。值关子尹兄《我心归隐处》诗稿将付梓，雅嘱撰序，读至兄次韵英时、韦斋二师之七律唱和，意随境生，遂步韵元唱。《檀弓》子曰："今丘也，东西南北人也。"伤哉！

劫余鲁殿已无灰，沧海人间又几回？逆旅寻常伤瘴疠，潜龙往复问山隈。

寂寥陶泽归桑梓，憔悴钟仪失楚材。日暮乡关唯入梦，东西南北费量裁。

论章学诚的"道"

——《文史通义·原道》新释①

韩愈在《原道》一文中，指出"道"的内涵是会随着不同的认识而改变的：

> 仁与义为定名，道与德为虚位。②

所谓"定名"，就是说"仁""义"是儒家特有的观念；所谓"虚位"，就是说"道""德"并无固定涵义，不同学派均可以赋予特定的意义。在这里韩愈所说的，是儒家道德与老子道德的涵义不同。其实不但不同学派对于"道"有不同的定义，即使在儒学传统中，不同时代的儒者对"道"也有不同的理解。北宋理学家将"道"定为宇宙万物的最高原理，"道"遂成为儒者必然讨论的课题③。所以宋代以后，不同的学者所秉持不同的道论，事实上也代表了他们对儒学的不同的看法。我们看章学诚的"道"论，也可以同时观察章氏对前人道论的修正、他的学术宗旨以及宋明理学时期过渡到清学时期，学术史上一些重要的转变。

---

① 本文是奠基于旧研究的新著。1991年我在第12届国际亚洲史学家学会（12th IAHA，香港大学）发表《论章学诚的"道"》，其后将论文修订，在1992年以《论章学诚的"道"与经世思想》发表在《台大中文学报》第5期。2013年5月31日至6月1日我在The Pennsylvania State University参加International Conference on "Reading, Textual Production and Literati Culture in Late Imperial China"用新的视角重理旧说，发表"The Way and Its Manifestations: Zhang Xuecheng's Conceptions of the Dao"，重新探讨"三人居室"之义及先秦儒家血缘观念与礼教思想的关系。2017年出版《浙东学术研究》一书，我又将旧义新知综合一起，重写本章，并透过《文史通义》版本比较，讨论《原道》篇的意旨，并作全文注释。参郑吉雄：《浙东学术研究》，第281—321页。

② 韩愈：《原道》，马通伯校注：《韩昌黎文集校注》卷1，香港：中华书局，1972年，第7页。

③ 朱熹与吕祖谦编《近思录》，就列"道体"为篇首。

可能受到"道学"一词的影响，一般当我们提及"道"时，自然会联想到专门哲学方面的概念及其范畴，包括宇宙的本原、人类道德的根源等①。但是否也有可能：在学术思想史的发展过程中，"道"这个概念有时也会经由某些学者的新诠，而完全脱离了哲学的范畴，别具意义？本章的目的，就是要从讨论学诚的经世之学，证明他的"道"，是完全规范在文化史的范畴之内，而与哲学基本上没有关系。

一、知音稀少的作品——《原道》

章学诚的知音之少，学者所共知。而其著作中最具代表性的一篇文章《原道》，知音尤稀。撰成以后，学诚的好友邵晋涵（1743—1796）说：

> 是篇初出，传稿京师，同人素爱章氏文者皆不满意，谓蹈宋人语录习气，不免陈腐取憎，与其平日为文不类，至有移书相规诫者。余谛审之，谓朱少白曰：此乃明其《通义》所著一切，创言别论，皆出自然，无矫强耳。语虽浑成，意多精湛，未可议也。②

邵晋涵这几句让人摸不着头脑的话，显示出他对于时人不满于学诚此文的意见——蹈宋人语录习气，不免陈腐取憎——清楚得很，同时很讽刺地，也显示了他对这位老朋友大著的意旨，真是一无所知到令人浩叹的地步。倘若该篇文章真有浑成之语，精湛之意，邵氏要赅而言之，一语中的，不是很容易吗？何以只能说"创言别论，皆出自然，无矫强耳"这样囫囵的话？再说，有哪一位作者用心经营的学术创见不是出于"自然"的呢？学诚的族子廷枫曰：

---

① 本文所用"哲学"一词采严肃意义，指探索包括宇宙与人生、自然及人文、形而下至形而上的唯一真理的学问，并非用一般宽泛语义的"哲学"。

② 附于《章氏遗书》本《文史通义·原道下》篇末，《章氏遗书》卷2，第27页。朱少白（1762—？），讳锡庚，乾隆戊申（1788）举人，为朱筠的次子。

> 叔父《通义》，平日脍炙人口，岂尽得其心哉？不过清言高论，类多新奇
> 可喜，或资为掌中之谈助耳。不知叔父尝自恨其名隽过多，失古意也。是篇题
> 目，虽似迂阔，而意义实多创辟。如云道始三人居室，而君师政教，皆出乎
> 天；贤智学于圣人；圣人学于百姓；集大成者，为周公而非孔子，学者不可妄
> 分周孔；学孔子者，不当先以垂教万世为心；孔子之大，学周礼一言，可以蔽
> 其全体。皆乍闻至奇，深思至确，《通义》以前，从未经人道过，岂得谓陈腐
> 耶？诸君当日诋为陈腐，恐是读得题目太熟，未尝详察其文字耳。①

照晋涵的讲法，众人批评"陈腐取憎"，讲的恐怕是题目而不是内容。章学诚袭用
前人"原道"旧题，用意当是取旧瓶而注入新酒，但读者未能品尝佳酿，睹旧瓶已
先感厌恶，在章学诚可能早已逆料。不过他和大谈"理"概念的戴震一样，都深
入宋明理学家的阵营，拔其旧义之旗，而立其经史解释之帜。至于廷枫所谓"诸
君当日诋为陈腐，恐是读得题目太熟"云云，其实学诚早已指出，《与陈鉴亭论
学》说：

> 鄙著《原道》之作……篇名为前人叠见之余，其所发明，实从古未凿之
> 窍。诸君似见题袭前人，遂觉文如常习耳。②

学诚临终前数月，将他所撰著的文稿，托付于萧山王宗炎代为校订。宗炎曾有一
信，回复学诚，论及书稿的编次问题。这封信中宗炎一开口就特别针对《原道》篇
提出看法，尤其对于"三人居室"四字表示无法理解，宗炎《复实斋书》说：

> 奉到大著……始取《原道》一篇读之，于"三人居室而道形"一语，尚有
> 未能融彻者。夫男女居室，孟子以为人之大伦。而《中庸》言道，造端夫妇。
> 今言"三人居室"已近不辞。若以居室作居处解，则"三人"二字亦无著落。

---

① 此段文字亦附于《文史通义·原道下》篇末，接在邵晋涵评论之后，《章氏遗书》
卷2，第27—28页。

② 章学诚：《与陈鉴亭论学》，《文史通义》外篇三，《章氏遗书》卷9，第192页。

> 盖一必生二，二乃生三。一即未形，二已渐著，断无舍偶而言参之道。……鄙
> 见僭校数语，别楮具之，未识有当否也？[1]

从这段话看来，我终于有点了解，何以章华绂对王宗炎的工作感到不满，而决定另
行刊行《文史通义》。作为学诚毕生著作的整理人，宗炎竟然对作者的观点陌生如
斯，那真是让人非常讶异的。"三人居室"之义，讲的就是一对夫妇生了一个小
孩。男女婚配，自为人伦之始，礼所谓男女之别，是天地、乾坤、阴阳、刚柔互动
相合的体现；夫妇生了小孩，始有父子之伦；有父子之伦，始有家庭可言，是为宗
族血缘的开端。倘若夫妇结婚但没有子嗣，又岂有"什伍而至百千，一室所不能
容"的结果呢？正是因为有了"偶"，才能有"三"。这样理解，"三人"二字何
来无着落？"三人居室"又何"不辞"之有呢？但历来读章学诚著作的学者，似乎
真的普遍对这四个字不甚了了。《文史通义校注》的作者叶瑛说：

> 盖清儒自顾亭林以来，以为道在《六经》，通经即所以明道。实斋谓道在
> 事物，初不出乎人伦日用之间。学者明道，应即事物而求其所以然，《六经》
> 不足以尽之。《文史通义》本为救当时经学之流弊而作，此三篇实为全书总
> 汇。……本篇言圣人之经纶治化，出于道体之自然，而周公集其大成。[2]

诸家之中，以叶瑛这番说，读起来和学诚思想最相契合。但细看其实仍有一间之
未达，关键仍在于"三人居室"四字。叶《注》引王宗炎评"三人居室"四字为
"不辞"，认为宗炎"欲将此句改为'有彼我而道形矣'"，是"殊于作者原意未
谛"。他说：

> 人营社会生活，日用饮食，胥有其共由之则以维持之。道犹路也，人生不
> 可离道，犹之行必由路，"三人"极言其少耳。[3]

---

① 王宗炎：《复实斋书》，收入仓修良：《文史通义新编新注》，第1086页。

② 章学诚著，叶瑛校注：《文史通义校注》卷2，北京：中华书局，1994年，第124页。

③ 章学诚著，叶瑛校注：《文史通义校注》卷2，第124页。

人生在世，即使独自活着，亦必须"行必由路"。如果学诚要"极言其少"，用"一人"岂非更为恰当？何必言"三人"呢？由此看来，此一解释无法成立，也说明了叶瑛亦不明白这四个字的意思。

问题可能在于，章学诚自己也没有直接讲清楚什么是"三人居室"。也许他高估了读者的理解能力，而低估这个概念的含糊性。而且他的"道"论，前后有一个变化历程，即使他在《与陈鉴亭论学》中评论"《淮南》托于空蒙，刘勰专言文指，韩昌黎氏特为佛老塞源"，自言"鄙著宗旨，则与三家又殊"，那就是对"道"的义理别有心得，有别于同样提出"原道"一题的《淮南子》《文心雕龙》和《韩昌黎集》。在《与陈鉴亭论学》中他阐发《原道》的论点：

> 孔子不得位而行道，述《六经》以垂教于万世。孔子之不得已也。后儒非处衰周不可为之世；辄谓师法孔子，必当著述以垂世，岂有不得已者乎？何其蔑视同时之人，而惓惓于后世邪？故学孔子者，当学孔子之所学，不当学孔子之不得已。然自孟子以后，命为通儒者，率皆愿学孔子之不得已也。以孔子之不得已而误为孔子之本志，则虚尊道德文章别为一物。大而经纬世宙，细而日用伦常，视为粗迹矣。故知道器合一，方可言学。道器合一之故，必求端于周孔之分。此实古今学术之要旨，而前人于此，言议或有未尽也。故篇中所举，如言"道出于天"，其说似廓，则切证之于"三人居室"。若夫"穷变通久"，则推"道体之存，即在众人之不知其然而然"，"集大成者，实周公而非孔子"，"孔子虽大如天，亦可一言而尽。孔子于学周公之外，更无可言"。"《六经》未尝离器言道"，"道德之衰，道始因人而异名"，皆妄自诩谓开凿鸿蒙，前人从未言至此也。①

其中章学诚进一步解释了"当学孔子之所学""道器合一"及"周孔功业"等论点，阐发义理至为透彻，但偏偏就没有说明"三人居室"意思是什么。

尤其令人伤心的是，章学诚的思想常被研究者视为一种唯物论。由于"道"的

---

① 章学诚：《与陈鉴亭论学》，《文史通义》外篇三，《章氏遗书》卷9，第192—193页。

范畴，久为理学家所阐发。研究者进一步视学诚《原道》篇陈述的必然涉及抽象形上之理，而认为其特色在于唯物观点。仓修良（1933—2021）这样说：

> 这是一篇研究章氏哲学思想，特别是历史哲学的重要文章。文中提出了"道不离器，犹影不离形"的光辉命题，这表明了他继承了荀子、柳宗元、王夫之等以来许多唯物主义思想家的哲学体系。"道不离器"就是说事物的理或规律，是不能离开客观事物而存在的。这一命题，是反映了"存在决定意识"的唯物观点。[①]

仓修良的见解其来有自，大体上半个世纪以来中国大陆哲学界不太重视章学诚，可能认为他并不是一位哲学家而是史学家。冯友兰《中国哲学史》旧编和新编有专章讨论戴震但没有讨论章学诚。北京大学哲学系中国哲学教研室主编的《中国哲学史》也是有戴而无章。但稍早的由中国社会科学院哲学研究所中国哲学史研究室编的《中国哲学史资料选辑（清代之部）》倒是有选学诚的作品，包括《易教》《原道》《原学》诸篇。作者介绍的部分，编者说：

> 章学诚的哲学思想基本上是唯物主义的。他说："盈天地间惟万物。"（《匡谬》）又说："未有人而道已具也。""道者，万事万物之所以然。"（《原道上》）他认为物质世界先人而存在，物质世界是第一性的，规律是客观的。在道器关系的认识上，他基本上继承了清初王夫之等唯物主义哲学家的传统。他说："道不离器，犹影不离形。"（《原道中》）"道寓于器"（《原道下》）"器"指客观事物，"道"指事物的规律，规律不能离开事物本身而存在。这样，他在认识论上提出了"即器以明道"（《与朱沧湄中翰论学书》），也就是从研究客观事物中求得理论和规律。在他看来，认识就是主观向客观的"效法"。[②]

[①] 仓修良：《文史通义新编新注》，第98页注1。

[②] 中国社会科学院哲学研究所中国哲学史研究室编：《中国哲学史资料选辑（清代之部）》下册，北京：中华书局，1981年，第384—385页。

这段文字对章学诚思想的分析，不能说是全错。清代学者认知方法重视客观证据先于抽象法则，这是事实，章学诚也不例外。然而，正如韩愈所说"道与德为虚位"的意思，中国文字很有趣，同样一个字，有时表述的不是同样的内容，像杯子一样，倒了牛奶和倒了开水，有很大不同。章学诚顺着宋明道学家老传统的讲法，他所谓"道"当然也有普遍意义，但实际上他在《原道》三篇对于"道"的个人分析，完全排除"天地生人"以前的阶段，那就是将未有人类以前的存在问题截而不谈。所以他所申论的"道""器"观念，主要是讲可形其形而名其名的典章制度，以及引起圣人创立这种制度的不得已的人伦日用、伦理社群的自然发展之"势"。所以，将章学诚这个意思和清儒重视经验的思考倾向视为一致大致上是没问题的，但如果将这一类的分析语言，完全视为普遍指涉宇宙万物的本质以及认识宇宙万物的方法的语言，就很危险了，因为这已超出章学诚的讨论主旨。倘若再进一步跳入结论说章氏思想是"唯物主义"，那可是大大的错误！

学诚"道不离器，犹影不离形"二语，有他的语义范围，指的是《六经》是记载制度的文献，是有形有名的"器"（故谓"六经皆器"），学者认《六经》的内容就是"道"，是弄错了对象，因为"《六经》皆器"；形成制度的不可见的"所以然"（天下事物、人伦日用）才是"道"，才是学者所要追求的对象（说详下）。所以，简而言之，"道不离器，犹影不离形"之说，并不在哲学的层次上泛论事物的理或规律不离客观事物存在，而是有针对性地说明制度典册之"器"，与形成制度典册的抽象之"道"，二者之间有所区别，学者不能误将"器"视为"道"，老是要直接在《六经》中求"道"，忽略了制度形成的真正原因，在于圣王为了因应人类生活文化文明的需要。事实上这篇文章一开始讲"天地之前，则吾不得而知也"，那就不涉及哲学命题，更不能无限上纲至于说"存在决定意识"。倘若反客为主，借章学诚这个命题来宣扬唯物主义，这就大可不必了。

二、《原道》注释

首先要说明的是版本问题。研究者知道，章学诚晚年曾将文稿交付萧山王宗炎编订。学诚逝世后，次子章华绂对王氏的工作不满，而在道光十二年壬辰（1832）

另刊《文史通义》，并《序》曰：

> 易箦时，以全稿付萧山王谷塍先生，乞为校定，时嘉庆辛酉年也。谷塍先生旋游道山。道光丙戌，长兄杼思自南中寄出原草并谷塍先生订定目录一卷，查阅所遗尚多，亦有与先人原编篇次互异者，自应更正，以复旧观。先录成副本十六册，其中亥豕鲁鱼，别无定本，无从校正。庚寅辛卯，幸得交洪洞刘子敬①、华亭姚春木二先生，将副本乞为覆勘。今勘定《文史通义》内篇五卷，外篇三卷，《校雠通义》三卷，先为付梓。尚有《杂篇》及《湖北通志检存稿》并《文集》等若干卷，当俟校定后再为续刊。道光壬辰十月，男华绂谨识。②

章华绂的版本，世称"大梁本"，也就是后来流传较广的一个本子。由于学诚在乾隆四十六年辛丑（1781，时四十四岁）游古大梁（开封）时遇盗，尽失平生著作③。从此每撰一文，即抄留副本。此外，友人或喜爱其著作者亦多抄存副本，因此清代不少丛书，如《昭代丛书》《艺海珠尘》《古学汇刊》等，都各有收录④。这些辗转抄刊的本子，内容自然有不少讹夺的情形。其后民国十一年（1922）嘉业堂主人刘承幹获得沈曾植所藏的抄本，遂在该本的基础上，并参考浙江图书馆所藏徐氏抄本、双藤花馆周氏抄本等，编次大抵依照王宗炎目录，刊行为嘉业堂《章氏遗书》，与"大梁本"并行。诚如仓修良在《文史通义新编新注》中指出，"后来

---

① 据钱穆《记钞本章氏遗书》，洪洞刘子敬，字师陆，时为大梁书院山长。钱先生自书肆购得之本上有其手记字迹。

② 章华绂序《文史通义》，见《章氏遗书》附录，第1393—1394页。按：嘉业堂《章氏遗书》收录时改题为"跋"。

③ 章学诚《跋酉冬戌春志余草》："余自辛丑游古大梁，所遇匪人，尽失箧携文墨，四十四岁以前撰著，荡然无存。……但己亥著《校雠通义》四卷，自未赴大梁时，知好家前钞存三卷者，已有数本。及余失去原稿，其第四卷竟不可得。索还诸家所存之前卷，则互有异同，难以悬断，余亦自忘真稿果何如矣。遂仍讹袭舛，一并钞之。"章学诚：《跋酉冬戌春志余草》，《章氏遗书》卷29，第727页。

④ 并参高志彬：《景印刘刻本章氏遗书前言》，《章氏遗书》卷首，第1—3页。

社会上尽管流传了许多种版本，但不外乎都源出于这两种版本"①。

目前学界流传较广《文史通义》计三种，一是叶瑛《文史通义校注》（以下称《校注》本），用的是"大梁本"，前附章华绂《序》；另两种是嘉业堂《章氏遗书》和仓修良《新编新注》，祖本则都是王宗炎本（以下称《遗书》本）。就《原道》篇而言，这两个系统的内容差异颇多，尤以《原道上》为甚。这种差异的成因，虽然无法详知，但若排除掉手民之误、传抄讹夺等意外情形，那么只有两种可能：一是作者将内容较详的版本删节缩短，另一是作者将内容较简的增订较详。而读者如比较两版本内容差异的部分，不难发现《校注》本的内容较略，而《遗书》本的内容较详。而这种详略的原因并不似是前者，而似是后者。也有可能是抄写者遗漏，因为"大梁本"自问世后，翻刻甚多，各版本舛误不少，已难以究诘（因此我下文不能说是"王宗炎本"与"大梁本"的比较，只能说是用《遗书》本与《校注》本比较）。如《原道上》，《遗书》本"人之生也，自有其道，人不自知，故未有形"，《校注》本作"人生有道，人不自知"，缺去"故未有形"四字，而这四字恰好是上承首段"天地生人，斯有道矣，而未形也"而进一步解释"未形"的原因，就是"人不自知"。因为人不自知，所以说道未有形。少了这四个字，"人不自知"一语就失去了指涉。又如《遗书》本申论周公与孔子"金声玉振"的区别，用意在阐释孟子的意思。这段意旨，前后文都未直接论及，也没有删掉的理由，但《校注》本却消失了。再如《原道下》，《遗书》本"太上立德，其次立功，其次立言，立言与功、德相准"，《校注》本作"太上立德，其次立功，其次立言，立言与立功相准"，言、功、德三者是一整套的观念，不能分割，《校注》本称"立言与立功相准"，缺少了"德"，也没有道理。因此，就文义而考察，《遗书》本较《校注》本为优，是显而易见的。

艾文贺（Philip Ivanhoe）选译《文史通义》若干篇章，辑为 *On Ethics and History: Essays and Lectures of Zhang Xuecheng*②，将两种本子的《原道》篇内容都一

---

① 仓修良：《文史通义新编新注·序》，第1页。关于《文史通义》版本，张述祖《文史通义版本考》记述甚为详尽，可参。张述祖：《文史通义版本考》，《史学年报》1939年12月第3卷第1期，第71—98页。

② Philip Ivanhoe, *On Ethics and History: Essays and Lectures of Zhang Xuecheng*, Stanford, California: Stanford University Press, 2010.

并翻译，看似忠于原文，但让读者无从选择，弊多于利。以下我亦将两种本子的内容并陈，凡两个本子内容相异之处，嘉业堂《遗书》亦即仓修良《新编新注》本子的内容用［标楷体］，叶瑛《校注》本加［灰色阴影］，加以区别。至于我的按语分析，则仍以《遗书》本为基础。

为彻底说明《原道》篇意旨，谨以本篇作逐段注释。

原道上

"道之大原出于天"，天固谆谆然命之乎？曰：天地之前，则吾不得而知也。天地生人，斯有道矣，而未形也。三人居室，而道形矣，犹未著也。人有什伍而至百千，一室所不能容，部别班分，而道著矣。仁义忠孝之名，刑政礼乐之制，皆其不得已而后起者也。

雄按：学诚引董仲舒《贤良对策》"道之大原出于天"[1]一语，却说"天地之前，则吾不得而知也；天地生人，斯有道矣"，那就将董仲舒这句话背后支撑的天人合一的神秘意义消解掉，没有丝毫解释、发挥。"天地生人"以前的一段存而不论，等于不去碰触宇宙论、理气先后等议题。有人始有"道"。"道"随伦理关系的发生（三人居室）而呈现（形）。所谓"三人居室"，指的是一男一女结婚，生了一个孩子。男女婚配，是人伦之大者，因为这是人类生命繁衍的基础。养儿育女，也是人伦之大者，因为开始有了父子、母子的血缘关系，是人类族群生命繁衍的开始。人口渐多，社群渐大，由家而族、由族而群，人际关系渐趋复杂，必须用"部别班分"来调解纠纷、建立秩序，于是有了"刑政礼乐"等典章制度去管理调和，由刑政礼乐又进而有仁义忠孝等抽象理念，而"道"也就随之而愈加显著了。所以，无论是经学家所重视的制度（刑政礼乐），抑或理学家所重视的义理（仁义忠孝），都是后起的产物。经学家与理学家应该将重点重新放在人类社群文化的自然演进之上。由此我们得出第一个结论：章学诚的道论，是规范在人类出现以后，人文文化与生活的发展史上的。

---

[1] 班固：《汉书》卷56《董仲舒传》，第2518页。

[人生有道，人不自知；][人之生也，自有其道，人不自知，故未有形。]三人居室，则必朝暮启闭其门户，饔飧取给于樵汲，既非一身，则必有分任者矣。或各司其事，或番易其班，所谓不得不然之势也，而均平秩序之义出矣。又恐交委而互争焉，则必推年之长者持其平，亦不得不然之势也，而长幼尊卑之别形矣。至于什伍千百，部别班分，亦必各长其什伍，而积至于千百，则人众而赖于[干]济，必推才之杰者理其繁，势纷而须于率俾，必推德之懋者司其化，是亦不得不然之势也；而作君作师，画野分州，井田封建学校之意著矣。故道者，非圣人智力之所能为，皆其事势自然，渐形渐著，不得已而出之，故曰天也。

雄按：承上文之意，"道"之所以"未形"，是因为人类在生活中尚未有存在、意义的自觉。"道"非语言所能说明，非当事人所能察觉，因为它是随着人类生活的需要而发展、而变化。"朝暮启闭其门户，饔飧取给于樵汲"的生活需要既非为照顾一人，就必然需要社群的合作"分任"，于是为了公平，"分任"又需要"各司其事，番易其班"的制度性调节，这是一种集体自然而然按照需要而兴起的办法，所谓"势"也。在这当中，"长幼尊卑"的区别形成了，也是出于合作分任的不得已，接着才德杰出的负重要的责任，较轻的责任自然由一般人分担，由是而分出"治人"及"治于人"两种阶级。社群再扩，人口再膨胀，于是建邦建国，又有了邦国所需的制度（画野分州，井田封建）。学诚最后的结论认为"道"非圣人所能为，而是人类社会自然发展趋势。他暗示了后儒从古代经典所记圣人的言论中求"道"是错误的。此一思想与陈亮、叶适"道在事物"的命题遥相呼应。

《易》曰："一阴一阳之谓道。"是未有人而道已具也。继之者善，成之者性。是天著于人，而理附于气。故可形其形而名其名者，皆道之故，而非道也。道者，万事万物之所以然，而非万事万物之当然也。人可得而见者，则其当然而已矣。人之初生，至于什伍千百，以及作君作师，分州画野，盖必有所需而后从而给之，有所郁而后从而宣之，有所弊而后从而救之。羲、农、轩、颛之制作，初意不过如是尔。法积美备，至唐、虞而尽善焉，殷因夏监，至成周而无憾焉。譬如滥觞积而渐为江河，培塿积而至于山岳，亦其理势之自然；

而非尧、舜之圣，过乎羲、轩，文、武之神，胜于禹、汤也。后圣法前圣，非法前圣也，法其道之渐形而渐著者也。三皇无为而自化，五帝开物而成务，三王立制而垂法，后人见为治化不同有如是尔。当日圣人创制，[只觉事势出于不得不然，一似][则犹]暑之必须为葛，寒之必须为裘，而非有所容心，以谓吾必如是而后可以异于圣[前]人，吾必如是而后可以齐名前圣也。此皆一阴一阳往复循环所必至，而非可即是以为一阴一阳之道也。一阴一阳往复循环者，犹车轮也。圣人创制，一似暑葛寒裘，犹轨辙也。

雄按：这段话的要旨在于，有形可辨、有名可呼的，包括制作、法制、治化，圣人创制，都不是"道"，因为那都是圣人"只觉事势出于不得不然"而创作出来的制度。它们都是看得见的轨辙，而促使车子形成轨辙的，是带动车子的"车轮"，才是"道"，也就是众人的生活、社群的发展。由此则引申到后文"学于众人，斯为圣人"之论。至于政治社会制度、《六经》掌故，则是"可形其形而名其名"，是"道之故"，也就是"器"，亦即"万事万物之当然"①。每一个时代的典章制度之"器"，都是经过一番发展、变化才形成的"可形其形而名其名"的结果，一般人看见这结果、这"器"、这"故"，便视之以为"当然"，却往往忽略"器"与"器"之间的无形、莫名的发展与变化——"道"——才是导致前一时代的"器"演变成后一时代的"器"的原因。

道有自然，圣人有不得不然，其事同乎？曰：不同。道无所为而自然，圣人有所见而不得不然也。[故言圣人体道，可也，言圣人与道同体，不可也。]圣人有所见，故不得不然；众人无所见，则不知其然而然。孰为近道？曰：不知其然而然，即道也。非无所见也，不可见也。不得不然者，圣人所以

①　"故"本义训为"事"。《周礼·占人》："以八卦占筮之八故。"郑《注》："以八卦占筮之八故，谓八事不卜而徒筮之也。"郑玄注，贾公彦疏：《周礼注疏》卷24，第762页。《说文解字》："故，使为之也。"段玉裁注："凡为之，必有使之者，使之而为之，则成故事矣。"许慎撰，段玉裁注：《说文解字注》3篇下，第123页。"故"指具体的事物，在这里指的是《六经》及其所记载的典章制度。

合乎道，非可即以为道也。圣人求道，道无可见，即众人之不知其然而然，圣人所藉以见道者也。故不知其然而然，一阴一阳之迹也。学于圣人，斯为贤人。学于贤人，斯为君子。学于众人，斯为圣人。非众可学也，求道必于一阴一阳之迹也。自有天地，而至唐、虞、夏、商，迹既多而穷变通久之理亦大备。周公以天纵生知之圣，而适当积古留传，道法大备之时，是以经纶制作，集千古之大成，则亦时会使然，非周公之圣智能使之然也。盖自古圣人，皆学于众人之不知其然而然，而周公又遍阅于自古圣人之不得不然，而知其然也。周公固天纵生知之圣矣，此非周公智力所能也，时会使然也。譬如春夏秋冬，各主一时，而冬令告一岁之成，亦其时会使然，而非冬令胜于三时也。故创制显庸之圣，千古所同也。集大成者，周公所独也。时会适当时而然，周公亦不自知其然也。

雄按：此段重点在于将"圣人"和"道"区分出来。儒家学者常将"圣人"和"道"等同起来，以"学做圣人"作为求"道"的目标，却不知众人的生活、社群的发展，都是不知其然而然的，才是"道"，即所谓"不知其然而然，即道也"。而"圣人"只是"体道"的人，自身却不是"道"。"体道"就是深入观察、充分了解众人生活细如毛发的内容与变化，顺应着"道"的"势"去创制。贤人学于圣人，君子学于贤人。他们都没有足够智慧去充分了解圣人之所以为"圣"，是因为重视"众人"的缘故。正因为他们忽略于此，总是误把"圣人"与"道"等同起来，用训诂的方法去分析圣人的话语，却忘记了"众人"才是圣人学习的对象。由此，学诚确立了"周公制作"的集大成的意义。推而广之，每一时代迭有更新的制度，都不是圣人凭一己之胸臆创造出来的，而是他们依循着"不得不然"的"道"的发展，以及前代圣王所创作的基础而产生的。所以，文化发展的自然力在后面推动着圣人，而圣人通过"鉴"和"折衷"，也影响了"道"的方向和文化继续发展的内容。由此我们可以得出第三个结论：众人之道的变化，和圣人体道的结果是相互为用、不断改变的。

孟子曰："孔子之谓集大成。"今言集大成者为周公，毋乃悖于孟子之指欤？曰：集之为言，萃众之所有而一之也。自有天地，而至唐、虞、夏、商，皆圣人而得天子之位，经纶治化，一出于道体之适然。周公成文、武之德，适当帝全王备，殷因夏监，至于无可复加之际，故得藉为制作典章，而以周道集古圣之成，斯乃所谓集大成也。孔子有德无位，即无从得制作之权，不得列于一成，安有大成可集乎？非孔子之圣逊于周公也，时会使然也。孟子所谓集大成者，乃对伯夷、伊尹、柳下惠而言之也。［意谓伯夷、尹、惠，皆古圣人，］恐学者疑孔子之圣，与三子同，［公孙丑氏尝有若是其般之问矣，故言三子之偏，与孔子之全，］无所取譬，譬于作乐之大成也。故孔子大成之说，可以对三子，而不可以尽孔子也。以之尽孔子，反小孔子矣。何也？周公集羲、轩、尧、舜以来之大成，周公固学于历圣而集之，无历圣之道法，则固无以成其周公也。孔子［非］集伯夷、尹、惠之大成，孔子固未尝学于伯夷、尹、惠，且无伯夷、尹、惠之行事，岂将无以成其孔子乎？夫孟子之言，各有所当而已矣，岂可以文害意乎？

达巷党人曰："大哉孔子！博学而无所成名。"今人皆嗤党人不知孔子矣；抑知孔子果成何名乎？以谓天纵生知之圣，不可言思拟议，而为一定之名也，于是援天与神，以为圣不可知而已矣。斯其所见，何以异于党人乎？天地之大，可［以］一言尽。孔子［之大，亦天地也］［虽大，不过天地］，独不可以一言尽乎？或问：何以一言尽［孔子］［之］，则曰：学周公而已矣。周公之外，别无所学乎？曰：非有学而孔子有所不至；周公既集群圣之成，则周公之外，更无所谓学也。周公集群圣之大成，孔子学而尽周公之道，斯一言也，足以蔽孔子之全体矣。"祖述尧、舜"，周公之志也。"宪章文、武"，周公之业也。一则曰："文王既没，文不在兹。"再则曰："甚矣吾衰，不复梦见周公。"又曰："吾学周礼，今用之。"又曰："郁郁乎文哉！吾从周。"哀公问政，则曰："文、武之政，布在方策。"或问"仲尼焉学？"子贡以［为］［谓］"文、武之道，未坠于地"。"述而不作"，周公之旧典也。"好古敏求"，周公之遗籍也。党人生同时而不知，乃谓无所成名，亦非全无所见矣。后人观载籍，而不知夫子之所学，是不如党人所见矣。而犹嗤党人为不知，奚翅百步之笑五十步乎？故自古圣人，其圣虽同，而其所以为圣，不必尽同，时会使然也。惟孔子与周公，俱生法积道备，［至于］无可复加之后，周公集其成以行其道，孔子尽其道以明其教，符节吻合，如出于一人，不复更有毫末异同之致也。然则欲尊孔子者，安在援天与神，而为恍惚难凭之说哉？

雄按：上文厘清了"道"的发生、范畴、圣人与道的异同。读者如掌握正确，后文就很好讲了。此段以上文圣人创制，因应众人不知其然而然的本质，而讨论周公与孔子历史地位的异同。在历史地位上，周公得位行道，损益三代礼制，是"时会使然"。孟子称孔子为"集大成"是对伯夷、尹、惠三子而言，但以三子与孔子比较，孔子"学周公"一节，将周公所编之遗籍用于教育，"尽其道以明其教"，又非三子所能及。总之，《六经》所记载的典章制度，是经过不断的因革损益才形成的，并不是圣人如周公无中生有地创造出来。上古圣王之所以伟大，是因为能顺应"理势之自然"的发展变化，彼此之间，实没有谁胜于谁，谁过于谁的问题。自然就像车轮一样，依照其自身的力量循环转动，而圣人则是依循车轮画出轨辙，去创造新的制度，因应人类社会文明文化的新变化。

或曰：孔子既与周公同道矣，周公集大成，而孔子独非大成欤？曰：孔子之大成，亦非孟子 [所谓] [仅对夷齐尹惠之谓] 也。[又不同于周公之集也。孟子曰："集大成也者，金声而玉振之也。"窃取其义以拟周孔，周公其玉振之大成，孔子其金声之大成欤？周公集羲轩尧舜以来之道法，而于前圣所传，损益尽其美善，玉振之收于其后者也。孔子尽周公之道，法不得行而明其教。后世纵有圣人，不能出其范围。金声之宣于前者也。] [盖与周公同其集羲、农、轩、顼、唐、虞、三代之成，而非集夷、尹、柳下之成也。] 盖君师分而治教不能合于一，气数之出于天者也。周公集治统之成，而孔子明立教之极，皆事理之不得不然，而非圣人 [故欲如是以求] 异于前人，此道法之出于天者也。故隋唐以前，学校并祀周、孔，以周公为先圣，孔子为先师，盖言制作之为圣，而立教之为师。故孟子曰："周公、仲尼之道一也。"然则周公、孔子，以时会而立统宗之极，圣人固藉时会欤？宰我以谓 [为] 夫子"贤于尧、舜"，子贡以谓 [为] "生民未有如夫子"，有若以夫子较古圣人，则谓出类拔萃，三子 [得毋阿所好欤？曰：朱子之言尽之矣。语圣则不异，事功则有异也。] [皆舍周公，独尊孔氏。朱子以谓事功有异，是也。] 然而治见实事，教则垂空言矣。［立言必折衷夫子，大贤而下，其言不能不有所偏矣。宰我子贡，有若孟子，并引其言，以谓知足知圣矣。子贡之言固无弊，而宰我贤于尧舜且日远。使非朱子疏别为事功，则无是理也。］［后人因三子之言，而盛推孔子，过于尧、舜，因之崇性命而薄事功，于是千圣之经纶，不足当儒生之坐论矣。（原注：伊川论禹、稷、颜子，谓禹、稷较颜子为粗。朱子又以二程与颜、孟切比长短。盖门户之见，贤者不免，古今之通患。）］夫尊夫子者，莫若切近人情。［虽固体于道之不得不然，而已为生民之所未有矣。盖周公集成之功在前王，而夫子明教之功在万世也。若歧视周孔而优劣之，则妄矣。］［不知其实，而但务推崇，则玄之又玄，圣人一神天之通号耳，世教何补焉？故周、孔不可优劣也，尘垢秕穅，陶铸尧、舜，庄生且谓寓言，曾儒者而袭其说钦？］故欲知道者，必先知周、孔之所以为周、孔。

雄按：前段言周公、孔子的区别（异），本段则借玉振金声言周公、孔子的关系（同）。周公总结三代礼制，集治统，奠立礼法，是为玉振；孔子上承周公大业，明立教，宣示言论，是为金声。前者治见实事，后者教垂空言，总是各自因应其时会的需要，而作出贡献，未可以分优劣。

原道中

韩退之曰："由周公而上，上而为君，故其事行；由周公而下，下而为臣，故其说长。"夫说长者，道之所由明；而说长者，亦即道之所由晦也。夫子［尽周公之道，而］明［其］教于万世，夫子未尝自为说也。表章六籍，存周公之旧典，故曰："述而不作，信而好古。"又曰："盖有不知而作之者，我无是也。""子所雅言，《诗》《书》执《礼》"，所谓明先王之道以导之也。非夫子推尊先王，意存谦牧而不自作也，夫子本无可作也。有德无位，即无制作之权。空言不可以教人，所谓无征不信也。教之为事，羲、轩以来，盖已有之。观《易大传》之所称述，则知圣人即身示法，因事立教，而未尝于敷政出治之外，别有所谓教法也。虞廷之教，则有专官矣；司徒之所敬敷，典乐之所咨命；以至学校之设，通于四代；司成师保之职，详于周官。然既列于有司，则肄业存于掌故，其所习者，修齐治平之道，而所师者，守官典法之人。

治教无二，官师合一，岂有空言以存其私说哉？儒家者流，尊奉孔子，若将私为儒者之宗师，则亦不知孔子矣。孔子立人道之极，［未可以谓］［岂有意于］立儒道之极［也！］［耶？］儒也者，贤士不遇明良之盛，不得位而大行，于是守先王之道，以待后之学者，出于势之无可如何尔。人道所当为者，广矣，大矣。岂当身皆无所遇，而必出于守先待后，不复涉于人世哉？学《易》原于羲画，不必同其卉服野处也。观《书》始于虞典，不必同其呼［旻］［天］号泣也。以为所处之境，各有不同也。然则学夫子者，岂曰屏弃事功，预期道不行而垂其教邪？

雄按：此段承上，推广“儒”的职责，勿死守“儒道”，而应扩大为“人道”。陈亮（1143—1194）《又乙巳春书》致朱子亦曾建议以“人道”取代“儒道”，说：“天地人为三才，人生只是要做个人。圣人，人之极则也。如圣人，方是成人。……才立个‘儒者’名字，固有该不尽之处矣。学者，所以学为人也，而岂必其儒哉？子夏、子张、子游，皆所谓儒者也，学之不至，则荀卿有某氏贱儒之说。”[①]儒者如能着眼于“人”，则自能知道事功治统的重要性而贡献于人道，儒道也因此得以阐明；否则只专注于“儒”，摒事功而崇空言，则“儒”的范围也狭窄了。

《易》曰：“形而上者谓之道，形而下者谓之器。”道不离器，犹影不离形。后世服夫子之教者自《六经》，以谓《六经》载道之书也，而不知《六经》皆器也。《易》之为书，所以开物成务，掌于《春官》太卜，则固有官守而列于掌故矣。《书》在外史，《诗》领太师，《礼》自宗伯，乐有司成，《春秋》各有国史。三代以前，《诗》《书》六艺，未尝不以教人，［非］［不］如后世尊奉六经，别为儒学一门，而专称为载道之书者。盖以学者所习，不出官司典守，国家政教；而其为用，亦不出于人伦日用之常，是以但见其为不得不然之事耳，未尝别见所载之道也。夫子述六经以训后世，亦谓先圣先王之道不可见，六经即其器之可见者也。后人不见先王，当据可守之器而思

---

① 陈亮：《又乙巳春书之一》，《陈亮集》（增订本）卷28，邓广铭点校，北京：中华书局，1987年，第346页。

不可见之道。故表章先王政教，与夫官司典守以示人，而不自著为说，以致离器言道也。夫子自述《春秋》之所以作，则云："我欲托之空言，不如见诸行事之深切著明。"则政教典章，人伦日用之外，更无别出著述之道，亦已明矣。秦人禁偶语《诗》《书》，而云"欲学法令，以吏为师"。夫秦之悖于古者，禁《诗》《书》耳。至云学法令者，以吏为师，则亦道器合一，而官师治教，未尝分歧为二之至理也。其后治学既分，不能合一，天也。官司守一时之掌故，经师传授受之章句，亦事之出于不得不然者也。然而历代相传，不废儒业，为其所守先王之道也。而儒家者流，守其六籍，以谓是特载道之书耳。夫天下岂有离器言道，离形存影者哉？彼舍天下事物、人伦日用，而守六籍以言道，则固不可与言夫道矣。

雄按：此段区别"道器"，强调"六经皆器"。正如圣人"体道"而非"道"，《六经》是"器"是"道"之寄托，也不等于"道"。这是因为"道"是众人人伦日用、社群发展之"不知其然而然"，圣人体察之而创立礼制，官守录其文始有《六经》（礼法与《六经》皆"器"）。故后世学者，应读《六经》而思其不可见之"道"，而不应死守六部典籍来求"道"。

《易》曰："仁者见之谓之仁，智者见之谓之智，百姓日用而不知"［道之所由隐也，夫见亦谓之，则固贤于日用不知］矣。然而不知道而道存，见谓道而道亡。大道之隐也，不隐于庸愚，而隐于贤智之伦者纷纷有见也。盖官师治教合，而天下聪明范于一，故即器存道，而人心无越思。官师治教分，而聪明才智，不入于范围，则一阴一阳，入于受性之偏，而各以所见为固然，亦势也。夫礼司乐职，各守专官，虽有离娄之明，师旷之聪，不能不赴范而就律也。今云官守失传，而吾以道德明其教，则人人皆自以为道德矣。故夫子述而不作，而表章六艺，以存周公［之］旧典也，不敢舍器而言道也。而诸子纷纷，则已言道矣。庄生譬之为耳目口鼻，司马谈别之为六家，刘向区之为九流。皆自以为至极，而思以其道易天下者也。由君子观之，皆仁智之见而谓之，而非道之果若是易也。夫道因器而显，不因人而名也。自人有谓道者，而道始因人而异其名矣。仁见谓仁，智见谓智，是也。人自率道而行，道非人之所能据而有也。自人各谓其道，而各行其所谓，而道始得为人所有矣。墨者之道，许子之道，其类皆是也。夫道自形于三人居室，而大备于周公、孔子，历圣未尝别以道名者，盖犹一门之内，不自标其姓氏也。至百家杂出而言道，而儒者不得不自尊其所出矣。一则曰尧、舜之道，再则曰周公、仲尼之道，故韩退之谓"道与德为虚位"也。夫"道与德为虚位"者，道与德之衰也。

雄按：此段承上文论即器存道，官司合一。章学诚推崇"以吏为师"，非推许秦朝政治威权，而是惩于清士大夫治学完全与现实脱节。这种脱节也许自有其政治历史背景，与清代治术有关。但在儒学界而言，将真理（道）视为《六经》所记圣人言语训诲，以德性践履之途，训诂考据之法去获得，实是导致儒者与现实社会、人伦日用脱轨的主因。因此学诚立言宗旨，是在于勉励学者勿在人伦日用以外高悬一"道"，治学须切近人伦日用、国计民生的需要。

原道下

人之萃处也，因宾而立主之名。言之庞出也，因非而立是之名。自诸子之纷纷言道，而为道病焉，儒家者流，乃尊尧、舜、周、孔之道，以为吾道矣。道本无吾，而人自吾之，以谓庶几别于非道之道也。而不知各吾其吾，犹三军之众，可称我军，对敌国而我之也；非临敌国，三军又各有其我也。夫六艺者，圣人即器而存道；而三家之《易》，四氏之《诗》，攻且习者，不胜其入主而出奴也。不知古人于六艺，被服如衣食，人人习之为固然，未尝专门以名家者也。后儒但即一经之隅曲，而终身殚竭其精力，犹恐不得一当焉，是岂古今人不相及哉？其势有然也。古者道寓于器，官师合一，学士所肄，非国家之典章，即有司之故事，耳目习而无事深求，故其得之易也。后儒即器求道，有师无官，事出传闻，而非目见，文须训故而非质言，是以得之难也。夫六艺并重，非可止守一经也；经旨闳深，非可限于隅曲也；而诸儒专攻一经之隅曲，必倍古人兼通六艺之功能，则去圣久远，于事固无足怪也。但既殚竭其［耳目心思］［心思耳目］之智力，则必于中独见天地之高深，因谓天地之大，人莫我尚也，亦人之情也。而不知特为一经之隅曲，未足窥古人之全体也。训诂章句，疏解义理，考求名物，皆不足以言道也。取三者而兼用之，则以萃聚之力，补遥溯之功，或可庶几耳。而经师先已不能无抵牾，传其学者，又复各分其门户，不啻儒墨之辨焉；则因宾定主，而又有主中之宾，因非立是，而又有是中之非，门径愈歧，而大道愈隐矣。

雄按： 学术本自人伦日用之需要而来，《六经》即古代圣人经国治民的实绩，古代圣王以此为治，学者以此为学，故学术切合民生实用，而学者治学亦易于为力；后世儒者以上古为对象，以训诂章句、疏解义理、考求名物为方法，穷毕生之力用于考古，却完全忽略当世人伦日用。这是当前"大道愈隐"的主因。

"上古结绳而治，后世圣人易之以书契，百官以治，万民以察。"夫文字之用，为治为察，古人未尝取以为著述也。以文字为著述，起于官师之分职，治教之分途也。夫子曰："予欲无言。"欲无言者，不能不有所言也。孟子曰："予岂好辨哉？予不得已也。"后世载笔之士，作为文章，将以信今而传后，其亦尚念欲无言之旨，与夫不得已之情，庶几哉。言出于我，而所以为言，初非由我也。夫道备于《六经》，义蕴之匿于前者，章句训诂足以发明之。事变之出于后者，《六经》不能言，固贵约《六经》之旨，而随时撰述以究大道也。太上立德，其次立功，其次立言，立言与［功德］［立功］相准。盖必有所需而后从而给之，有所郁而后从而宣之，有所弊而后从而救之，而非徒夸声音采色，以为一己之名也。《易》曰："神以知来，智以藏往。"知来，阳也。藏往，阴也。一阴一阳，道也。文章之用，或以述事，或以明理。事溯已往，阴也；理阐方来，阳也。其至焉者，则述事而理以昭焉，言理而事以范焉，则主适不偏，而文乃衷于道矣。迁、固之史，董、韩之文，庶几哉，有所不得已于言者乎！不知其故，而但溺文辞，其人不足道已。即为高论者，以谓文贵明道，何取声情色采以为愉悦，亦非知道之言也。夫无为之治而奏熏风，灵台之功而乐钟鼓，以及弹琴遇文，风雩言志，则帝王致治，贤圣功修，未尝无悦目娱心之适；而谓文章之用，必无咏叹抑扬之致哉？［但溺于文辞之末，则害道已。］

雄按： 本节申论文辞，认为文辞之用，应本《六经》经世之旨，随时而撰述，以探究人伦日用与时俱进的变化。咏叹娱悦，亦可以有经世的价值，至于耽溺于文辞，或欲信今而传后，皆所不宜。

> 子贡曰："夫子之文章，可得而闻也。夫子之言性与天道，不可得而闻也。"盖夫子所言，无非性与天道，而未尝表而著之曰，此性，此天道也。故不曰"性与天道，不可得闻"；而曰"言性与天道，不可得闻"也。所言无非性与天道，而不明著此性与天道者，恐人舍器而求道也。夏礼能言，殷礼能言，皆曰"无征不信"。则夫子所言，必取征于事物，而非徒托空言，以为明道也。曾子真积力久，则曰："一以贯之。"子贡多学而识，则曰："一以贯之。"非真积力久，与多学而识，则固无所据为一之贯也。训诂名物，将以求古圣之迹也，而侈记诵者，如货殖之市矣。撰述文辞，欲以阐古圣之心也，而溺光采者，如玩好之弄矣。异端曲学，道其所道，而德其所德，固不足为斯道之得失也。记诵之学，文辞之才，不能不以斯道为宗主，而市且弄者之纷纷忘所自也。宋儒起而争之，以谓是皆溺于器而不知道也。夫溺于器而不知道者，亦即器而示之以道，斯可矣。而其弊也，则欲使人舍器而言道。夫子教人博学于文，而宋儒则曰："玩物而丧志。"曾子教人辞远鄙倍，而宋儒则曰："工文则害道。"夫宋儒之言，岂非末流良药石哉？然药石所以攻脏腑之疾耳。宋儒之意，似见疾在脏腑，遂欲并脏腑而去之。将求性天，乃薄记诵而厌辞章，何以异乎？然其析理之精，践履之笃，汉唐之儒，未之闻也。孟子曰："义理之悦我心，独刍豢之悦我口。"义理不可空言也，博学以实之，文章以达之，三者合于一，庶几哉。周、孔之道虽远，不啻累译而通矣。顾经师互诋，文人相轻，而性理诸儒，又有朱、陆之同异，从朱从陆者之交攻，而言学问与文章者，又逐风气而不悟，庄生所谓"百家往而不反，必不合矣"，悲夫！

雄按：世上有空悬一抽象理念而求"道"者，有溺于"器"而仅务于经典名物考据者，有耽于文学辞章玩好者。学诚认为各有所长，而各有所偏。宋儒析理践履，经师记诵考核，文人撰述文辞，倘三者均能守一以贯之之道，以博学充实言论，以文章畅达其理，合三者于一，则为至道之理想。然而文人相轻，交讥互诋，让人兴叹，学诚似亦不寄予希望。

三、章学诚 "道" 与经世思想

我分析章学诚《原道》篇，认为其中并没有哲学的意涵。当然这在哲学上仍必招来争议，因为从哲学的角度观照下，世上并没有任何理念能自我宣示不含哲学意涵。正如倪德卫在其名著《章学诚的生平与思想》一书中掌握章学诚 "道" 的意旨至为精准，也认为它的 "道" 具有宗教绝对性（religious absolute）：

> 章（学诚）的 "道" 看来是人类追求秩序、文明生活的本性的基本动力，在历史中逐步自我开展，并且在人类实践正确与真实之中自我开示。"道" "原出于天"，但 "天" 对章氏来说实在是可敬可畏的自然秩序。尽管他的 "道" 并非超自然，但宗教绝对性却是具足的。①

用 "religious absolute" 来说明章学诚 "道" 的性质是否适切，端视我们如何理解 "religious absolute" 此一概念的内涵。古往今来，人类生命的肇始，均发端于三人居室，每一个人都对父母都有一种先天的需求。这是随着生命诞生而自然赋予的动力。而随着社群发展，人类文化文明渐进，各种政治伦理社会制度，应运而生，人类的价值系统（仁义忠孝之名）也随之而奠立，成为人类赖以生存的伦理秩序。学诚的 "道" 既取义于此，那就不能说它不是一种 "宗教绝对性"。然而，章学诚既将 "天地以前" 排除在 "道" 的范畴外，又界定 "道" 为众人不知其然而然的人伦日用，始于家庭伦常（三人居室），毕竟将章学诚的 "道" 论与宋明理学家的 "道" 论，甚至东西方哲学对于 "天"（Heaven）、"道"（the Way）等概念等量齐观，加以比较，都显然是方枘圆凿，格格不入的。

---

①   "Chang's Tao therefore seems to be the basic potential in human nature for living an ordered, civilized life, a potential that gradually writes itself out in history, and actualizes itself in what man must come to regard as right and true. The Tao 'comes from Heaven,' but 'Heaven' for Chang is really the order of nature, regarded with reverence. His Tao therefore commands all the respect of a religious absolute, even though it is not supernatural." *The Life and Thought of Chang Hsueh-ch'eng (1738–1801)*, p.141.

（一）章学诚道论形成的历史背景——从"不变之道"到"变之道"

宋明理学家所讲的"道"基本上是"不变"的。宋代的理学家对于《周易·系辞下传》"形而上者谓之道，形而下者谓之器"中"道"的解释，大体上有两个特点：

1. "道"为万物原始：如周敦颐的"无极而太极"、张载的"太和"[1]、程颐朱熹的"天理"。[2]这里值得注意的是："器"循"道"而生，正如"气"依"理"而形。因此道是器之主；犹如理是气之主。

2. 道依循万物之理：朱熹《中庸章句》亦引用董仲舒"道之大原出于天"一语，但朱熹的"道"可以从两方面讲：一是天理赋命于事物，事事物物各有定理，"道"就是依循这"理"而行[3]；二是"为人君止于仁，为人臣止于敬，为人子止于孝，为人父止于慈"中，行仁敬孝慈的善性之理即是道[4]。这里值得注意的是："器"之中的"道"原出于天（或理）。它是静态的、至善的，如仁敬孝慈皆是。

---

[1] 周敦颐《太极图说》："无极而太极。太极动而生阳，动极而静，静而生阴，静极复动。一动一静，互为其根；分阴分阳，两仪立焉。"朱熹解说，就用"一阴一阳之谓道"来讲太极的动静。参周敦颐：《周敦颐集》，第3页。又张载《正蒙·太和篇第一》说："太和所谓道。中涵浮沈、升降、动静、相感之性，是生絪缊、相荡、胜负、屈伸之始。……散殊而可象为气，清通而不可象为神。"张载：《张载集》，章锡琛点校，北京：中华书局，2008年，第7页。

[2] 陈淳在《北溪字义》卷下"道"条说："道之大纲，只是日用间人伦事物所当行之理。"又说："论道之大原，则是出于天。自未有天地之先，固是先有理。"参陈淳：《北溪字义》，熊国祯、高流水点校，北京：中华书局，1983年，第38、40页。

[3] 朱熹注《中庸》第一章说："右第一章，子思述所传之意以立言。首明道之本原出于天而不可易，其实体备于己而不可离。……"朱熹：《中庸章句》，《四书章句集注》，第22页。朱子所谓"天"，其实就是"理"；"道"是什么呢？就是循自然之"性"或循物之"理"。所以朱子说："'天命之谓性'，是专言理。虽气亦包在其中，然说理意较多。"黎靖德编：《朱子语类》卷62，王星贤点校，北京：中华书局，1986年，第1490页。这段话就是说人物禀受天理而行者，即是"道"，所谓"流行而付与万物，以人物禀受者谓之性"，"循万物自然之性之谓道"。同书，第1490—1491页。

[4] 见黎靖德编：《朱子语类》卷75，第1935—1936页。

以上两点其实还可以归纳为一点，就是："道"是不变的。以万物原始的"天道"而言，它本身是万物的源头，就无所谓"变"了，例如张载就将"变化"置于"气"的"聚散"上[1]；落实到具体的人伦日用之"器"而言，我们只能说"道"静态地在不同的"器"上有不同的内涵，就这些殊别的内涵而言却是不变的。就像既有父子君臣，便有孝慈仁敬之道。孝慈仁敬之道本身并不可以变。尤其朱子学说成为宋元以至明代中叶以前的理学主流，以至善不变的"性理"来理解"道"便成为通行之义。甚至取代朱子成为理学宗师的王守仁，仍将"道"说成是"良知"。所以在守仁而言，"道"仍是一个绝对不变的道德源头[2]。

直到明末清初，学术风气起了大转变，学者对"道"的认识才起了较大的变化。虽然宋明理学家不断强调道器之间不即不离的关系，但毕竟各各殊别的"器"和绝对不变的"道"是不能无差距的。朱子说：

> 道，犹路也。人物各循其性之自然，则其日用事物之间，莫不各有当行之路，是则所谓道也[3]。

天理赋于人心则为"性"，在"日用事物"（器）之中有个当行之路就是"道"。然则朱子的"道"是性理在"器"上所必然行走的至善之路，而不是"器"本身呈现的条理。这个解释自然就为"重器"的清代学者所反对。王夫之就率先认为"器"比"道"重要，有器才会有道。所以"道"的存在与形态完全取决于"器"。他在《周易外传》说：

> 天下惟器而已矣。道者器之道，器者不可谓之道之器也。……无其器则无其道，人鲜能言之，而固其诚然者也。洪荒无揖让之道，唐虞无吊伐之道，汉唐无

---

① 张载《正蒙·太和篇第一》："太虚无形，气之本体，其聚其散，变化之客形尔。"张载：《张载集》，第7页。

② 王守仁《传习录》卷下："道即是良知。良知原是完完全全的，是的还他是，非的还他非。是非只依着他，更无有不是处。这良知便还是你的明师。"陈荣捷：《王阳明传习录详注集评》第265条，第325页。

③ 《中庸》"修道之谓教"句下朱子《集注》说。朱熹：《四书章句集注》，第23页。

今日之道，则今日无他年之道者多矣。未有弓矢而无射道，未有车马而无御道，未有牢醴璧币、钟磬管弦而无礼乐之道。则未有子而无父道，未有弟而无兄道。道之可有而且无者多矣。故无其器则无其道，诚然之言也，而人特未之察耳。[1]

所以"器"永远是先于"道"而存在的。什么是"器"呢？"器"是包括在宇宙间由阴阳到具体事物的一切有形有象的实物。"道"就是这些阴阳万物的继变、发展与完成。夫之说：

> 两间皆阴阳，两间皆道。[2]

又说：

> 阴阳之相继也善，其未相继也不可谓之善。故成之而后性存焉，继之而后善著焉。言道者统而同之，不以其序，故知道者鲜矣。……故成之者人也，继之者天人之际也，天则道而已矣。道大而善小，善大而性小。道生善，善生性。[3]

"阴阳"就是"道"，阴阳相继就是"道"的发展，因有发展而呈现出"善"，人类循着此相继之善而完成种种的文化建设（诸如造车马之器而有车马之道，造为牢醴璧币钟磬管弦之器而有礼乐之道），就是所谓"成之者人"[4]。船山的观点，将

---

[1] 王夫之：《周易外传》卷5《系辞上传第十二章》，《船山全书》第1册，第1027—1028页。

[2] 王夫之：《周易外传》卷5《系辞上传第五章》，第1003页。

[3] 王夫之：《周易外传》卷5《系辞上传第五章》，第1006页。

[4] 王夫之"成之者人"一语，除了指人类的文化建设外，尚与他"性日生日成"的思想有关。《尚书引义》卷三"太甲二"说："性者，生理也，日生则日成也。"又说："故天日命于人，而人日受命于天。故曰：'性者，生也，日生而日成也。'"王夫之：《尚书引义》卷3，《船山全书》第2册，第299—300页。"性日生日成"的观念，是王夫之哲学思想中一个非常重要的主题。天地化育，阴阳相继而成善；而天地有人以后，人性日生日成，文化亦逐渐发展。故此在船山而言，"继"和"成"都是"道"的最高精神。

宋明理学家对"道"的两个基本论点转变过来：

1. "道"不是先于天地万物而存在的，而是"器"的发展与完成。所以"器"较"道"毋宁更为重要。

2. "道"是不断变化的。因为阴阳的继续、人文的完成都是往前走、不停顿的。所以说"今日无他年之道者多矣"。

在明末清初，与王夫之持相类似观点的还有陈确（1604—1677）。陈确说：

> 一阴一阳之道，天道也，《易》道也，即圣人之道也。……继之者，继此一阴一阳之道也，则刚柔不偏而粹然至善矣。[1]

所说的"道"与阴阳相继而成善之义，亦是用"形下"来讲"形上"。事实上，除了王夫之和陈确以外，在明末清初渐次形成的"经世致用"风气下，学者也对理学家赋予"道"的意义重新检讨。经世之学，无论是陈子龙（1608—1647）选编的508卷《经世文编》，抑或是顾炎武的《日知录》，所讲的治道、边防、官制、科举等专题，都是属于具体事物"器"的范围。明末清初"重器"的学术趋向，遂成为清学的主要精神。[2]

章学诚承着由"不变之道"发展到"变之道"的学术史趋向，所讲的"道"亦是"器之道"，亦即根据"形而下"的具体事物（器）来推论并且规范"形而上"的"道"。如前文所论，学诚所讲的"器"为典章制度、《六经》掌故，是可形可名的实物，"道"则是人的生活。"道"与"器"都是在永恒的变化之中。这和王夫之颇为一致。

有一点必须说明，王夫之及章学诚与宋代理学家，在思想上、理念上其实仍有若干内在的关系。宋明理学家视"道"具有宗教超越性，置于较"器"为重要及崇高的位置，具体个别事物则都是"器"方面的事。"道"是先验的，"器"是后验的；"道"是普遍的，"器"是个别的。至于王夫之虽然明确宣示"器"先于"道"，将理学家所认定的"道器"主从轻重关系倒转过来，但夫之将"道"的发

---

① 陈确：《性解上》，《陈确集》卷4，北京：中华书局，1979年，第447—448页。

② 说详何佑森师：《明末清初的实学》，《清代学术思潮》，第75—87页。

展，分成"继之者善"和"成之者性"两个阶段，在人类文化制度的发展和创造之前，还有阴阳相继而成善的自然界发展和"性日生日成"的人性成长阶段，讨论的范围涵盖自然界和人文界的范畴。如果说天道本有"继善成性"之德，那么所谓"天下惟器"，其实还有一个更高层次、更为先验的"道"在起决定性的作用。换言之，王夫之的"道"论，仍保有若干理学的痕迹，并未与理学范畴与定义脱节。

至于章学诚也在一个关键处与王夫之截然不同，而近于理学家思想，那就是"道先器后"的观念。王夫之强调的是"器"因时不同而变，故器中之"道"亦变。器既有不得不变的"势"，故"道"亦不断转变。能随"时"而"变"，即合于"道"的精神。这是说，"器"决定了"道"。王夫之的用意，在于扭转理学家"重道轻器"的潮流。章学诚则以"道"始于三人居室，为人伦日用，"道"变了，典章制度、《六经》掌故之"器"则不得不变。这是"道"决定了"器"。换言之，章学诚遗弃了天地生成和气化流行的一段自然界形成阶段不论，将"道"论的范围规范在人文文化中，这虽然与宋明理学基本预设前提不同，但"道先器后"的主从顺序上，却与理学家为近。

（二）章学诚经世思想的历史背景——从"常理之经"到"经世之经"

从《原道下》末段考察，章学诚的理想，在于追原《六经》切合人伦日用、经世治民的宗旨，绾合宋儒德性义理、经师名物度数、文士辞章文采三者而为一。这是学诚经世思想的具体表现。关于学诚经学经世的思想，论者甚多，如王中江《历史与社会实践意识：章学诚的经学思想》就有所评论说：

> 章学诚意识不到，"学术"并非只有同现实之"用"或"经世"结合起来才有价值，"学术"所要从事的"事业"，要比直接的现实实践广泛得多。"经世"只是"学术"的一个方面，而不是全部。"六经"也不都是"经世"的内容。章学诚把"学术"完全限制到"经世"的方向上，把"六经"（特别是他专门讨论的《易》《诗》和《书》）完全看成是"经世"的产物，显然使学术陷入了狭隘的"实践实用主义"中，并把"六经"丰富的思想"套入"了"单调"的格式中。仅仅就此而论，章学诚经学思想的归宿可能使我们感到

失望。况且，"经世"观念对我们来说也并不"新鲜"。单就明清之际的顾炎武、黄宗羲等人来说，就给我们提供了"经世致用"的重要思想资源。[1]

这篇论文对章学诚学术思想有广泛深入的讨论，反驳钱锺书一节亦很恰当。"经世只是学术的一个方面，而不是全部"的观点，更是我所同意的。像宋代学术，大家都说是理学为主流，一种泛道德主义的世界观。然而，说宋代儒学都是道德主义，都是教条，也是一偏之见，因为它还有前代儒者所没有阐发的美学的一面，将道德观念化为一种美感的欣赏。像范仲淹（989—1052）《岳阳楼记》传诵千古，正在于作者将"阴阳"这一对抽象观念，利用以物候晴雨转变来验证其变幻，再而内化（inward）为古仁人之心的悲喜之情，向外扩充，则是忧乐的转换，而归结到先天下、后天下的一种对待忧乐的态度，将人心的阴阳统一起来。这种艺术的手法，缺乏审美能力，是不可能看出的。所以，说"经世"只是学术的一个方面，绝对是正确的。然而，我们评论古人，可能更需要回到古人当时的历史环境去理解。章学诚身处乾嘉专门汉学全盛时期，遇到一位以反程朱理学为职志的戴震而深受其影响。所以其论学，一方面受其乡先辈亦即南宋浙东学者流风遗绪的影响，另一方面惩于汉学与现实的疏离，遂而特别阐发先秦时期政治与学术合一的史实，并用来批判清中叶学术与政治脱离的弊端。此外，我并不很同意"狭隘的实践实用主义"这样的讲法，因为章学诚的经世思想贯彻于其文献学、方志学、史学等多个领域，由上古"六经皆史""六经皆器"的命题，进而评骘唐宋史学如刘知幾《史通》及郑樵《通志》等史籍，并用以贯串其清代地方志之学，其整体理论呈现出具有多面相、多样性的立体架构。

　　《六经》之为古代政治典册，殆无疑问。周公制礼作乐[2]、采诗官采诗以观风及《尚书》中的《召诰》《雒诰》诸篇为西周初年的政治实录等，都是学者习知

---

　　① 王中江：《历史与社会实践意识：章学诚的经学思想》，《中国哲学》编辑部、国际儒联学术委员会合编：《经学今诠续编》，沈阳：辽宁教育出版社，2001年，第632页。

　　② 按《尚书·雒诰》："王曰：'公，予小子其退即辟于周，命公后。四方迪乱，未定于宗礼，亦未克敉公功。迪将其后，监我士、师、工，诞保文武受民，乱为四辅。'"这是说成王将归宗周，而命周公留守雒邑以行建设。又伏生《尚书大传》："周公将作礼乐，先营雒以观天下之心。"以及《左传》文公十八年大史克有"先君周公制周礼"之语，都是周公制礼作乐的证据。

的。正如章学诚指出《六经》为帝王经纬世宙之迹，它本来就是周代政治教化的记录。因此汉代自武帝独尊儒术以后，今文诸经立于学官，朝廷议礼议政常常引经典为依据①，就是将"经"施用于政治之上。但这里又有一个问题，为什么"经"具有如此的力量，足以为施政的根据呢？除了"经"本身即是儒者所推崇的"三代"的政典之外，最主要的，恐怕是由于"经"中有"圣人的教训"的缘故。班固在《汉书·艺文志·六艺略》中记"汉兴，鲁申公为诗训故"。又录有《毛诗故训传》《齐后氏故》及《齐孙氏故》等书。训诂二字，如用许慎《说文解字》的说法，原是训示、教训之意，与《诗·大雅·烝民》"古训是式"、《尚书·说命》"学于古训，乃有获"的意思相当接近②。古训的含义就很广，不限于政治上的，而亦包含了个人行为上的了。这些古训，在《尚书》《左传》中就记载了不少。所以《六经》所包含的内容，除了孔子寄托于其中、垂示后代君主治国治世的政治准则以外，还有可足个人训式的圣言圣训。③

到了宋代，理学取代了经学的地位。学者多用理学的角度追寻《六经》的价值。张载著《经学理窟》，想从《经》中找出其中"理"，就正好说明了这一点。所以他在《理窟·诗书》中说：

> 圣人文章无定体。《诗》《书》《易》《礼》《春秋》，只随义理如此而言。④

又说：

> 《书》称天应如影响，其福祸果然否？大抵天道不可得而见，惟占之于民。人所悦则天必悦之，所恶则天必恶之。只为人心至公也，至众也。……大

---

① 例证多见于《史记》《汉书》二书，不烦引述。

② 说本张以仁师：《说文"训""诂"解》及《从若干有关资料看"训诂"一词的早期的涵义》二文。张以仁：《张以仁语文学论集》，第15—21页；第22—26页。

③ 参皮锡瑞著，周予同注释：《经学历史》"经学开辟时代"，北京：中华书局，1981年，第19—20页。

④ 张载：《张载集》，第255页。

抵众所向者必是理也。理则天道存焉。[①]

《诗》《书》之说实皆义理；礼也有义理，《礼记·礼器》说"义理，礼之文也"。故张载又说：

> 礼天生自有分别，人须推原其自然，故言"反其所自生"。[②]

宋儒甚至认为乐音也可用"德性"或"理"定之求之。张载说：

> 今尺长于古尺，尺度权衡之正必起于律。律本黄钟，黄钟之声，以理亦可定。……律吕有可求之理，德性深厚者必能知之。[③]

所以作为典籍的"经"变成不是最重要的，最重要的是其中的"理"。这种从"经"中萃取出"理"字，进而以研究"理"的"理学"取代研究"经"的经学的思想，是宋代普遍的思潮。所以朱熹说：

> 经之有解，所以通经；经既通，自无事于解，借经以通乎理耳。理得，则无俟乎经。[④]

亦是主张理学比经学更高一层。他又说：

> 为学须是先立大本。其初甚约，中间一节甚广大，到末梢又约。孟子曰："博学而详说之，将以反说约也。"故必先观《论》《孟》《大学》《中庸》，以考圣贤之意。[⑤]

---

① 张载：《张载集》，第256页。
② 张载：《张载集》，第261页。
③ 张载：《张载集》，第262—263页。
④ 黎靖德编：《朱子语类》卷11，第188页。
⑤ 黎靖德编：《朱子语类》卷11，第192页。

这就显然是要以《四书》取代《六经》了。所以他的学生陈淳在《北溪字义》中解释经字说：

> 经是日用常行道理。①

其实无论是汉人所肯定的经中古训，抑或是宋人重视的经中日用常行之理，《六经》在儒者的心中，都含有不变的真理。甚至直至明代中叶，首言"五经即史"的王守仁，亦认为"圣人作经，只是要去人欲，存天理"。守仁说：

> 以事言谓之史，以道言谓之经。事即道，道即事。《春秋》亦经，五经亦史。《易》是包牺氏之史，《书》是尧舜以下史，《礼》《乐》是三代史。其事同，其道同，安有所谓异。②

据守仁所说的：从"天理"之"道"去看，则圣人所作的史书其实无一不是经书。因此经之所以为经，仍然是由于它们含有绝对不变的真理（道）的缘故。这真理，就是儒家认定的《六经》的价值。

　　章学诚以其经世思想，一意用"经世"去理解《六经》中的"经"字。他把握着《周易·屯·象传》"云雷屯，君子以经纶"之语，对《六经》"经世"的意义大加发挥。他在五十二岁著成《文史通义·经解》三篇。《经解上》辨"经"名的起源，说：

> 《易》曰："云雷屯，君子以经纶。"经纶之言，纲纪世宙之谓也。郑氏《注》谓："论撰诗书礼乐，施政事。"经之命名，所由昉乎？然犹经纬、经纪云尔，未尝明指诗书六艺为经也。③

---

① 陈淳：《北溪字义》卷下"经权"条，第51页。
② 陈荣捷：《王阳明传习录详注集评》第13条，第51页。
③ 章学诚：《文章通义·经解上》，《章氏遗书》卷1，第17页。

《经解下》说：

> 《六经》初不为尊称，义取"经纶"，为世法耳。[①]

然而他在约十年前四十至四十二岁修《永清县志》时，已发挥此义。《永清县志文征序例·论说叙录》说：

> 论说之文，其原出于《论语》。郑氏《易》云："云雷屯，君子以经论（按：此版为纶）。言论撰书礼乐，施政事。"盖当其用则为典谟训诰，当其未用则为论撰说议。圣人制作，其用虽异，而其本出于一也。[②]

《论说叙录》扣着"论说"一词，故此引郑玄语作"经论"；《经解上》扣着"纲纪世宙"为说，故引《经典释文》作"经纶"。按《释文》原载有两说，一作"经论"，一作"经纶"。[③]在《论说叙录》中章学诚"经论"一说，用的是郑玄的本义。所以学诚以"当用"与"未用"为标准，将学术与施政说为"本出于一"，是

---

① 章学诚：《文章通义·经解下》，《章氏遗书》卷1，第19页。

② 章学诚：《永清县志文征序例·论说叙录》，仓修良：《文史通义新编新注》，第990页。

③ 雄按：宋刻宋元递修本《经典释文》《屯》卦："经论，音论。郑如字，谓'论选书礼乐，施政事。'黄颖云：'经论，匡济也。'本亦作纶。"陆德明：《经典释文》卷2《周易音义》，第77页。按：抱经堂本《经典释文》作："经论，音伦。郑如字，谓'论撰书礼乐，施政事。'黄颖云：'经论，匡济也。'本亦作纶。"见陆德明撰，卢文弨校：《抱经堂本经典释文》卷2《周易音义》，台北：汉京文化事业公司，1980年，第19页。"郑如字"一语，显示郑玄是将"经论"的"论"读成言论的"论"字，而黄颖则显然是读作"经纶"的，故用"匡济"之义释之。郑玄的解释，是认为论撰《书》《礼》《乐》等经典的效用，就是将这些经典施用于政事之上；因此"经典"的意义是需要讲论的。黄颖则直用另一版本的"纶"字来讲"匡济"之义。比较两家的说法，二人各持一本，都不烦改字，而郑说虽较黄说多一曲折，文义上亦无不可。不过两个版本，一作"音论"，一作"音伦"，却有很大的分别。陆德明两说并存，显然并没有指出谁的说法较长。

同为治理国家的两条路子。十年以后章学诚著《经解上》时，可能认为十年前的说法仍不免迂曲，故用另一版本，读作"经纶"，更直接地申明他"经纬世宙"的思想，并进一步认为《六经》之所以称"经"，就是用的"经纬""经纪"的意义。

四、结语

"道"不但是儒学的核心概念，更是宋代道学家所重视的最高动态原理，而对乾嘉时期专门汉学家而言则是一个不讨喜的凿空理念，亦职是之故，学诚发表《原道》三篇为时人讥为"陈腐取憎"。不过，学诚大胆地拈出此一宋代道学最高概念重新诠释，从人类两性繁衍的自然之道作为起始点，说明人类社群的渐次扩展、人伦日用细如毛发、刻刻不断的变化，是圣王创制所考察的对象，也是《六经》所记典章制度及其抽象内涵的根本。人类社群成长茁壮，终至枝茂叶盛，亭亭如华盖，归根究底，就是从"三人居室"这一颗种子开始。学诚以此论证，经学家和理学家殚精竭虑穷究《六经》中所记圣人的话语以求"道"，是错误的，因为"经"和其中所记的典章制度都是可形、可名的"器"，而促成这个"器"不断变化的那一股无形的、不知其然而然的社群力量，才是"道"。

过去因为版本传抄翻刻的缘故，《原道》内容颇有淆乱，其中的一些理念如"三人居室"更一直困惑着研究者。本文透过逐段疏释文本，以便读者容易掌握。最后两节，从"变"与"不变"两个层次讨论章学诚论"道"、论"经"的特色。

钱穆《先秦诸子系年》的历史考察：方法与思潮

一、缘起

　　钱宾四先生（以下简称"先生"）于经史百家，无不通贯，体大思精，难以尽述。笔者是先生的再传弟子[①]，怀抱敬意撰写本文，饮水思源，希望借由本文，勉励未来从事先秦思想史的学者，对先生巨著《先秦诸子系年》（或称《先秦诸子系年考辨》，以下简称《系年》）有更深入的认识。

　　先生从事先秦诸子的研究集中于1923年至1934年的十二年，正是古史辨运动最鼎盛的时期，其成果辑为《系年》上、下册，对先秦思想、诸子百家源流、中国思想史等课题贡献宏大，在近代中国思潮发展史上地位亦十分重要。然而，近一世纪以来学术界包括研究古史、先秦诸子、思想史或古典研究的学者，对于此书都没有给予充分的重视。进入二十一世纪后，论者更少，而研究宾四先生的专家，同时治先秦诸子学的亦不多，遂使这一部积学甚深的论著，最终有似被置于可有可无之地，实在遗憾。究其原因，主要由于学者认为该书缺乏出土文献基础。先生活跃于二十世纪初，正值殷墟出土，考古学、甲骨学鼎盛之时，研究先秦历史思想，却较少注意出土文献。亦因此，研究出土文献的学者亦不甚重视先生的成果。原本王国维"二重证据法"已经指出传世文献（received texts）与出土文献（excavated texts）的研究存在"互补"而非"对立"的关系。然而迈入二十一世纪的今天，因为出土文献的风潮，导致传统学者所擅长的传世文献研究，反被批评为"过时"而被置于次要的位置。近年欧美汉学界治中国先秦思想史[②]，多重视"物质性"（materiality），认为传世文献多写定于汉代或更晚，历经口述历史（oral history）的干扰而不可靠，于是低估传世文献价值的情形，时有所闻，甚至专业考古学家罗

---

　　① 笔者的本师为台湾大学荣誉教授何佑森先生。

　　② 雄按：近年欧美学者喜用"早期中国"思想指涉"中国先秦时期"，用意在于刻意回避作为中国王朝纪年名称的"先秦"一词。

泰在《宗子维城·引论》中高调地宣称"从考古学的角度重建孔子时代"，"要指出新的、充分结合历史学的一条阐释中国早期思想的道路"。考古学竟可以用以阐释"思想"，闻者咋舌。先生极少参考最新出土文献，所坚持《老子》晚出之说被出土《老子》文献证实不确，无可否认，后人不需要为贤者讳。但先生将传统文献学"内证"的方法，发挥极致，所获得的结论，值得专研出土文献学者参考的相当多，也是事实。

其实，学术研究原本就是旧学商量，新知涵养，与时俱进。从一个宏观的角度看，无论建立于出土文献或传统文献的推论，都有可能犯错，也应该不断被检验。至于出现个别错误，又未必代表某一部著作或某位学者全盘皆错。传统文献的研究，原本就应该和出土文献研究成果互参互补。"二重证据法"影响深远，正是因为它提出了兼容并蓄的态度，值得后人遵循。

《系年》被学界忽略的另一原因，则是由于学界对十八世纪以后先秦诸子学迈向复兴的重要性，缺乏足够认识。学界长期的印象，总认为"经史考据"才是清代学术主流。不知进入十八世纪后，清朝因政治社会危机重重（在内由于政治腐败，在外则面对列强来华贸易的要求）、变化激烈（故有经世思潮的兴起，以及西学传入），学者早已将研究的"面"由"五经"诸史，扩大到先秦诸子典籍，先由整理文献，再而解读训诂，进而阐发义理，让清代经史之学在自强运动中吸纳西学之余，进而拓展至先秦诸子，形成人文学知识板块全面重构（reconstruct / remap）。过去梁启超曾指出先秦诸子学复兴于晚清，似未充分注意清代自乾嘉时期起，诸子学已受到学者重视。笔者自2000年起开始研究清代先秦诸子学，发表《乾嘉治经方法中的思想史线索——以王念孙〈读书杂志〉为例》一文[①]，已将诸子学复兴上推至清中叶。关键在于，这种所谓"复兴"并不单止于将诸子文献纳入经史考据的范围，将它们视为语言、训诂、传注的素材，以充实考据学的基础，而是更受到诸子文献中义理的冲击，思想也获得发扬。要知道要整理先秦诸子著作，必先通读文本，通解文义。文义一经疏解，研读者的思维就不可能不受到其中思想的影响。这

---

① 郑吉雄：《乾嘉治经方法中的思想史线索——以王念孙〈读书杂志〉为例》，林庆彰、张寿安主编：《乾嘉学者的义理学》，台北："中央研究院"中国文哲研究所，第481—545页；又收入《戴东原经典诠释的思想史探索》，第403—447页。

正是"经典诠释"之学中常说的"诠释之环"（hermeneutic circle）的作用——读者阅读经典是一种双向的思维活动：读者历经多年阅读历程，思想早已被数不清的典籍浸润。当他一步步踏进诸子典籍的哲理世界而进行理解、消化的活动，新知和旧义发生了融合，视界的交融（fusion of horizon）也于焉发生：在同一时间，诸子典籍的哲理透过这种精神活动，进入了读者的思想世界而与其预存（preexist）的思维发生你中有我，我中有你的融合作用。这时候，连阅读者自己也无法区别，究竟哪一部分的思想是自身原有，哪一部分是预存知识的作用，哪一部分是新接触典籍的影响。

过去清代学术研究者，因心中常先横亘经史考证学的刻板印象，低估了先秦诸子百家思维活动的效力，明知清儒遍注先秦诸子百家典籍，却忽略了这些典籍在学者精神世界发生的宏大效应，殊为可惜。及至晚清进入了龚自珍《己亥杂诗》所谓"万马齐喑究可哀"、方东树《昭昧詹言·忾旨》所谓"朝花已谢，夕秀方衰"的衰败之局，学者发现"五经"诸史的知识，已不足以救世，转而深入研究先秦诸子。回顾先秦诸子学亦曾在晚明兴盛，也许反映了先秦诸子书特别在衰败之世带给人们希望的历史事实。由魏源（1794—1857）研究《老子》、王先谦（1842—1917）集解《庄子》、严复点评《老》《庄》、俞樾撰《诸子平议》等等，难以计量。及至二十世纪初《古史辨》思潮，第四、五、六册全属先秦诸子百家的讨论，尤可见先秦诸子思潮实为十八世纪中叶至二十世纪中国学术思潮的主流。而《先秦诸子系年》一书，以综括全部诸子生卒活动年代之全盘考察为主，在《古史辨》众多个别主题的研究中，尤显得卓尔不凡，对近代先秦诸子学研究，产生了承先启后的作用。

关于清代诸子学的研究，笔者自2000年倡议清代先秦子学及晚清思潮转变的研究，曾搜检清儒著作数百种，并发表《清儒文集所见荀子文献管窥——兼论荀子"性""群"的观念》[1]等多种论著。同时期海峡两岸学界对清代先秦诸子学研究成果亦丰硕，如罗检秋《近代诸子学与文化思潮》[2]、刘仲华《清代诸子学研

---

[1] 郑吉雄：《清儒文集所见荀子文献管窥——兼论荀子"性""群"的观念》，《邯郸学院学报》2013年3月第23卷第1期，第5—24页。

[2] 罗检秋：《近代诸子学与文化思潮》，北京：中国社会科学出版社，1998年。

究》①、黄佳骏《晚清诸子学研究》②、李畅然《清代〈孟子〉学史大纲》③等。
近年先秦诸子研究更趋蓬勃，山东郑杰文研究《子藏》，上海方勇主编《诸子学
刊》。北京师范大学李锐教授曾召开先秦诸子学的研讨会。李锐《先秦诸子年代研
究省思：由〈先秦诸子系年〉论先秦诸子之年代研究》④更直接批判地讨论了《系
年》一书的价值。

本文限于篇幅，拟从历史的角度，考察《系年》成书的历史背景，亦即清代先
秦诸子研究潮流的兴起，并讨论《系年》研究方法与清代学术的关系。

二、清代先秦诸子学研究潮流的兴起

关于清代学术的特性，自梁启超《清代学术概论》"宋明理学一大反动"说
后，学者论述其多，诸如冯友兰《中国哲学史》"宋明道学一部分之延续"说、
宾四先生《中国近三百年学术史》"清儒治学之深浅，视其宋学浸馈之深浅而

---

① 刘仲华：《清代诸子学研究》，北京：中国人民大学出版社，2004年。

② 黄佳骏：《晚清诸子学研究》，博士学位论文，彰化：彰化师范大学国文学系，
2014年。

③ 李畅然：《清代〈孟子〉学史大纲》，北京：北京大学出版社、中国人民大学出版
社，2016年。

④ 李锐：《先秦诸子年代研究省思：由〈先秦诸子系年〉论先秦诸子之年代研究》，
《中国文化》2018年第2期，第214—221页。该文摘要说："本文依据近年出土的简帛古书
以及诸子学研究成果，重新考察钱穆先生的《先秦诸子系年》，指出此书中存在一些问题。
但更重要的问题是此书对于诸子生卒年代的推定，标准不一，而且只能得出一个大概的结
论，不具有确定性。在今日要探求比较有确定性的诸子年代，应该从钱穆先生所提出过的
考察诸子游仕年代着手，而不必过度执着于生卒年代的考证或推论。"雄按：这一批评并不
公允。既然作者亦承认诸子生卒年代"不具有确定性"，年代的推定，原本就不可能用单一
标准。而钱先生在科学主义高涨的年代，执着于生卒年代的考证或推论自有其不得已。更重
要的是，钱先生考论诸子生卒与活动，是依照文献所记所有人的事迹汇整一起，全盘考虑
的。他的立体思维，更是单一考论一家一者不能相比。至于出土文献材料的发现，更是前
人注定无法胜于后人的。后人不应以此讥贬前人。

定"之说、牟宗三《从陆象山到刘蕺山》"学绝道丧"说、余英时先生《论戴震与章学诚》"内在理路"说、辛冠洁《明清实学思潮史》"实学思潮"说等等。笔者在2008年刊布《戴东原经典诠释的思想史探索》，则提出"社群主义"（communitarianism）之说实为清代学术的特有元素，在古典则表现于"经学"而特别体现在"礼"的群伦秩序，在当代则表现于"经世"而特别表现在社会伦理的新猷。先秦诸子百家的研究，上承经学的余绪，而下开经世的新局。其重要性可想而知。

关于晚清诸子学兴起的问题，其中大约包含三个主要的问题：第一，兴起的年代在何时？第二，兴起的源头为何处？第三，兴起的方式为如何？

关于第一个问题，据笔者初步的考察，清代诸子学的兴起，最早只能推到乾隆时期。在明末三教合一的思潮影响下，诸子思想尤其是《老》《庄》思想特盛。明末清初学者治诸子学的亦颇多，如方以智之治《庄子》[1]、傅山之评注《荀子》《淮南子》[2]等皆是。唐甄撰《潜书》，潘耒为撰《序》，称该书"直名为《唐子》可也"，颇有以先秦汉魏诸子之流品看待《潜书》之意。然而入清以后，清廷鼓吹程朱理学在上，经学家推动汉学考据在下，先秦诸子研究的空间被严重压缩。高宗命修《四库全书》，子部道家类收录书籍44部，432卷，没有一部一卷是清代的作品；而"存目"部分著录的清朝作品只有3部，都是方士修道术、炼内丹的书籍。即使是儒家类的著作，除了御纂、御制一类书籍之外，被收入《四库全书》的计有8种：陆世仪（1611—1672）《正学偶见述》1卷、《思辨录辑要》35卷；周召《双桥随笔》12卷；陆陇其（1630—1692）《读朱随笔》4卷、《三鱼堂剩言》12卷、《松阳钞存》2卷；李光地《榕村语录》30卷；雷铉（1697—1760）《读书偶记》3卷。陆世仪、陆陇其、李光地在清初都是著名的治朱子学的学者。至于《双桥随笔》一书，《四库全书总目》称：

所言皆崇礼教、斥异端，于明末士大夫阳儒阴释、空谈性命之弊，尤为言

---

① 方以智《药地炮庄》，颇阐发三教合一思想，于道家则取《庄子》。

② 参《傅山〈荀子〉〈淮南子〉评注手稿》，吴连城释文，上海：上古籍出版社，1990年。

之深切。[①]

则该书之收入《四库》，与其理学立场诋斥王学，似不无关系。雷铉亦推尊程朱，他曾在《易》图的问题上企图为朱熹辩诬，却显然对于《朱子语类》亦不甚熟悉[②]。《四库全书总目》称《读书偶记》：

> 后世如陆子静、王阳明、陈白沙论学术者必辨之，谓其非孔孟程朱之正派也。[③]

则雷铉尊程朱而抑陆王，门户之见甚为明显。可见《四库全书》收录儒家类的著作，隐含推尊程朱的意识形态。《墨子》《庄子》非儒诋孔的文字甚多，更不符合清政府的"正学"原则。论者或谓《四库全书》容有未备，民间流传的诸子学研究的书籍或者不少。孙殿起（1894—1958）正、续《贩书偶记》所著录的诸子书籍中，刊行于顺治至雍正年间的《老子》类著作，计有7种，分别为：朱鹤龄（1606—1683）《道德经批注》2卷（顺治），张尔岐（1612—1678）《老子说略》2卷附录1卷（康熙己酉），蜀渝华、岩德玉《道德经顺朱》2卷（康熙癸亥），董汉策《老子道德经注》2卷（康熙），吴世尚《老子宗指》4卷（雍正），罗俊《老子道德真经集注》2卷（雍正），徐永佑《道德经注》2卷（雍正十二年）。《庄子》类的著述计有3种，分别为：胡文蔚《南华经合注吹影》33卷（顺治丙申），释性通《南华发覆》6卷（顺治），李腾芳《说庄》3卷（顺治）。后2

---

① 永瑢等撰：《四库全书总目》卷94《子部·儒家类四》，第798页。

② 举《周易》图书之学为例，王懋竑称朱熹《易本义》前附图为后人所加，而朱熹实不同意图书释《易》。同时的雷铉对懋竑的论点表示肯定，说："余尝见万季野叙胡胐明《易图明辨》，诋朱子《本义》不当以九图冠卷首。胡胐明谓河图洛书，乃仰观俯察中之一事，《周易》古经及注疏未有列图书于其前者；有之，自朱子《本义》始。嗟乎！使胡、万二先生得闻先生之论，应自悔其轻肆诋诃，未尝细读朱子之书矣。"雷铉：《白田草堂存稿序》，王懋竑：《白田草堂存稿》卷首，《四库全书存目丛书》集部第268册，第172页。雷铉似乎也没有发现《朱子语类》卷65收录了相当多朱子研讨"河图洛书"的文字。

③ 永瑢等撰：《四库全书总目》卷94《子部·儒家类四》，第799页。

种的撰著者为明朝人。同时期刊行过的关于《孙子》的著作计1种：邓廷罗《孙子集注》2卷（康熙己未）。《尸子》亦有1种：惠栋"朴学斋丛书"中的《尸子》1卷（雍正）。其他诸子的著作则未见。据此可知，清末民初流布民间的刊刻于顺治至雍正年间的诸子学书籍，不过十余种而已，其贫乏可想而知①。至于正、续《贩书偶记》所录乾隆年间以迄清末的诸子学书籍，若扣除儒家类则有127种，含儒家类计算则近150种，与顺、康、雍三朝相较，可谓大相径庭。此可见风气的一大转变，正在于乾隆时期。

至于风气转变出现于乾隆时期的原因，笔者认为主要是当时学者士大夫寻求思想的解放②。因先秦诸子思想中，除儒家以外，其余诸子立论，每多批判儒学，老、庄、墨、韩等无不如此。而其反儒、非儒以外，又各自建立其完整的思想体系，足以与儒家的价值体系并立。对于乾嘉时期的儒者来说，先秦诸子学是具有特殊意义的。其时经学发展至极盛，而国家衰象也渐呈露。据昭梿（1776—1830）《啸亭杂录》所记载，当时满洲贵族习染汉族士大夫生活恶习甚深，政坛腐化，贪污盛行。其后龚自珍《明良论》《乙丙之际箸议》也论述了清中叶官僚制度僵化，考试制度无法培育人才等问题；洪亮吉（1746—1809）《卷施阁文集·意言》则论及人口增长所连带产生的粮食分配、生产、货物流通等问题。这时期中国的社会、政治、思想文化等各个层面存在的问题，都可谓极其严重。这些国家社会的衰象，与经学考据的极盛，一荣一悴，恰为相对。经学的最高理想，应该是要经世的。如今研治经典的学者无法扭转当时的政治环境，则他们心里的苦闷，可想而知。当儒者同感经史考据无法圆满解决国家社会人生现实问题时，诸子学说未尝不能提供另一出路。要知道传统中国士大夫读的是儒家经典，生活在三纲五常的伦理社会中。对他们来说，极盛的经学解决不了社会纷乱和政治败坏，而儒书中所载的纲纪伦常体系，又是人生信仰与生活基础。儒学经学既不能否定、又不能完全仰赖，转而寻求诸子百家典籍与思想，便成为一个选项。

---

① 其时亦有考论先秦诸子之作，如马骕《绎史》颇录先秦诸子之言；又如陈梦雷撰《墨子汇考》。

② 参郑吉雄：《钱穆先生治学方法的三点特性》，《文史哲》2000年第2期，第22—26页。

关于先秦诸子研究的潮流源起为何的问题，可从宏观和微观考察。从宏观角度出发，如章学诚承《汉书·艺文志》诸子出于王官之论，从历史发展讨论诸子百家兴起的源流。《诗教上》说：

> 周衰文弊，六艺道息，而诸子争鸣。……后世之文，其体皆备于战国，人不知；其源多出于诗教，人愈不知也。知文体备于战国，而始可与论后世之文；知诸家本于六艺，而后可与论战国之文；知战国多出于诗教，而后可与论六艺之文。①

他又从"诸子出于王官"的观点，进一步推衍到古今文体的升降。《诗教上》又说：

> 战国者，纵横之世也。纵横之学，本于古者行人之官。观《春秋》之辞命，列国大夫聘问诸侯，出使专对，盖欲文其言以达旨而已。至战国而抵掌揣摩、腾说以取富贵，其辞敷张而扬厉，变其本而加恢奇焉，不可谓非行人辞命之极也。②

《汉书·艺文志》承刘歆《七略》，论诸子的源、流、末流③。《诗教》则指出，就文体源流而言，《诗经》是战国诸子瑰玮文章之源；而诸子著述又是后世私人著述之源，真正开启了"文"的历史长河。回顾历史，后人应该深切认识战国诸子在历史长河中承先启后的贡献与意义。

汪中（1745—1794）著《述学》，卷三有《墨子序》和《墨子后叙》，强调墨翟与孔子同为大夫，位阶相等。《墨子序》：

---

① 章学诚：《文史通义·诗教上》，《章氏遗书》卷1，第10页。
② 章学诚：《文史通义·诗教上》，《章氏遗书》卷1，第11页。
③ 就以前注所引"纵横家者流"一段而言，"盖出于行人之官"，"行人之官"便是"纵横家"的一个"源"；而"及邪人为之，则上诈谖，而弃其信。"则是纵横之术的"末流"弊端。

　　自儒者言之，孔子之尊，固生民以来所未有矣；自墨者言之，则孔子，鲁大夫也，而墨子，宋之大夫也，其位相埒，其年又相近，其操术不同，而立言务以求胜。此在诸子百家，莫不如是。是故墨子之诬孔子，犹老子之绌儒学也。归于不相为谋而已矣。①

孔、墨位阶既相等，诸子百家又莫不相黜，则汪中"归于不相为谋"云云，颇有针对传统尊儒卑墨的偏颇观点翻案之意。汪中又作《荀卿子通论》《老子考异》。稍晚龚自珍《古史钩沈论二》，则称：

　　五经者，周史之大宗也。……诸子也者，周史之小宗也。②

清中叶的儒者打破了尊儒的壁垒，以平等的眼光，将经、史、子视为同一源流，由此而确立先秦诸子的历史地位。

　　至于微观的研究，主要是校勘、训解、释义的工作，较早期的著作，以王念孙《读书杂志》最为雄博。《读书杂志》正编共82卷、另余编2卷。《正编》讨论《逸周书》《战国策》《史记》《汉书》《管子》《晏子春秋》《墨子》《荀子》《淮南内篇》《汉隶拾遗》等子史之书共10种；《余编》上卷讨论《后汉书》21条、《老子》4条、《庄子》35条、《吕氏春秋》38条、《韩非子》14条、《法言》8条；下卷《楚辞》26条、《文选》115条。合计数千条的考证，绝大部分是王念孙所撰，但其中也有王引之记的，约600余条；顾广圻（1766—1839）记的有43条。与王念孙同时期的学者亦颇有论著，如卢文弨（1717—1795）《庄子音义考证》3卷；姚鼐（1731—1815）《老子章义》2卷、《庄子章义》5卷；孙星衍（1753—1818）著《孙子十家注》；严可均校辑《慎子》1卷、《商君书》5卷、《公孙龙子》3卷、《邓析子》1卷。稍晚有丁晏（1794—1875）著《诸子粹言》，毕沅（1730—1797）撰《墨子注》16卷，又校勘过《吕氏春秋》和《老子》。风气直至晚清，方宗诚（1818—1888）著《读诸子诸儒书杂记》，俞樾撰《诸子平

---

① 汪中：《墨子序》，《新编汪中集》文辑第四辑，第410页。
② 龚自珍：《古史钩沈论二》，《龚自珍全集》，第21页。

议》35卷，谭献（1832—1901）撰《批校墨子》16卷，戴望（1837—1873）撰《管子校正》24卷，孙诒让撰《墨子间诂》15卷，陶鸿庆（1860—1918）撰《读诸子札记》，亦都是做类似的微观的工作。

宏观和微观的工作对新风气、新思潮的推动，都是不可或缺的。诚如章学诚经世思想所透露，知识人理应救时弊、挽风气①，微观的工作步履艰辛地耕耘出学术的园地，勠力灌溉让园地繁花似锦；宏观的工作则说明了园地和花团锦簇的意义与贡献。清代先秦诸子研究从这两方面都得到主流学者的支持，成为潮流是理所当然的。

战国诸子在开展思想学说时常常征引《诗》《书》，固然显示了他们承继王官学的事实，但更多时候，诸子直接就自然、万物、历史、人生作解释或引申，而没有停留在字斟句酌的文献功夫。因此，战国诸子即使引述历史人物言行和轶事（anecdote），往往并不严谨，因此而充满了多样性，有时或者误甲为乙，或者易丙为丁。正因为他们引述掌故，旨在铺陈义理，能申明自身思想，即达目的。后世所谓"百家争鸣"，正表示思想义理的铺陈，是战国诸子最具价值的地方。但从清代学者在战国诸子的研究著作中观察，大部分著作都属于校注、解诂、校勘一类的文献工作，阐发先秦思想相对显得较少②。过度侧重文献功夫的缺失，后人也必须承认。推究其原因，这应该是受到清儒研究经史考证学方法的影响，让他们不容易

---

① 学术经世为章学诚毕生重要的思想观念，散见于《文史通义》各篇之中，而其中以《天喻》篇说得最为具体。该文以"天"为讨论基础，认为"天浑然而无名者"，在自然之天象，则有各种星宿，在人文世界中则"古今以来，合之为文质损益，分之为学业事功，文章性命；而不可合并者，皆因偏救弊，有所举而诏示于人，不得已而强为之名，定趋向尔"，章氏指出，不同的历史阶段而兴起的学术风气都是为了"因偏救弊"而产生的，换言之，"孔子生于衰世，有德无位，故述而不作，以明先王之大道。孟子当处士横议之时，故力距杨墨，以尊孔子之传述。韩子当佛老炽盛之时，故推明圣道，以正天下之学术。程朱当末学忘本之会，故辨明性理，以挽流俗之人心，其事与功，皆不相袭。"章氏进而得出结论说："故学业者，所以辟风气也。风气未开，学业有以开之；风气既弊，学业有以挽之。"参章学诚：《文史通义·天喻》，《章氏遗书》卷6，第114—115页。

② 笔者在这里只是说明一种现象，并没有任何瞧不起文献工作的意思。相反地，如果没有这些细腻的文献研究成果，许多先秦诸子书籍根本无法卒读，更遑论阐述思想了。

勇于跳出文献校勘（textual criticism）的框架。俞樾为孙诒让《札迻》撰《序》时就说：

> 读书必逐字校对，亦孔氏之家法也。汉儒本以说经，盖自杜子春始。杜子春治《周礼》，每曰字当为某，即校字之权舆也。自是以后，是正文字，遂为治经之要。至后人又以治经者治群书，而笔针墨灸之功，遍及四部矣。[1]

俞樾所谓"笔针墨灸之功，遍及四部"，说明了治经方法延伸到其他领域研究的情况。历代如《太平御览》《群书治要》等书籍，既移录了不少先秦典籍，遂为清代校勘诸子典籍的重要参考书。典籍的校勘，既是治经家法，而又是清儒治诸子书的主要方法。《读书杂志》就是最好的例子。关于治经与治诸子的方法问题，胡适与章太炎曾于1922年至1923年有过讨论。胡适接受了俞樾的观点，认为治经与治诸子方法相同，都属校勘训诂；而章太炎则认为经书"多陈事实"，诸子书则"多明义理"，因此"校勘训诂"对于治诸子书来说只是一种"暂为初步"而已[2]（详后文）。就《读书杂志》而言，王氏的"校勘训诂"实包含相当程度的义理疏解的工作，和单纯求取字词本义异同的狭义校勘训诂截然不同。《读书杂志》"荀子·第七·共则有共"条：

> "故万物虽众，有时而欲偏举之，故谓之物。物也者，大共名也。推而共之，共则有共，至于无共，然后止。"念孙案："共则有共"之"有"读为"又"，谓共而又共，至于无共，然后止也。杨说失之。[3]

念孙纠正杨倞《注》的谬误。"有"读为"又"是古汉语常识，念孙于此不惮烦复，再加申论，更进一步厘清了荀子"大共名"的观念。又"荀子·第七·偏举之"条：

① 孙诒让：《札迻》，梁运华点校，北京：中华书局，1989年，第1页。
② 这一问题及相关问题的讨论，读者可参陈平原《中国现代学术之建立》第六章"关于经学、子学方法之争"，台北：麦田出版，2000年，第242—243页。
③ 王念孙：《读书杂志》，第723页。

　　　　"有时而欲偏举之，故谓之鸟兽。鸟兽也者，大别名也；推而别之，别则有别，至于无别，然后止。"念孙案：此"偏"字当作"别"，与上条不同。上条以同为主，故曰"偏举之"；此条以异为主，故曰"别举之"。（原注：下文皆作"别"。）鸟兽不同类，而鸟兽之中，又各不同类。推而至于一类之中，又有不同。（原注：若雉有五雉、雇有九雇，牛马毛色不同，其名亦异之类。）故曰"鸟兽也者，大别名也。推而别之，别则有别，（原注："有"读为"又"，见上条。）至于无别，然后止"也。今本作"偏举"，则义不可通。盖涉上条"偏举"而误。杨说皆失之。①

　　"大共名"与"大别名"是先秦名学中重要的观念。王念孙特别注明"牛马毛色不同，其名亦异之类"根据的是公孙龙"白马论"。经他一解释，则荀子"大别名"的观念得以更清晰。此可见王氏父子绝非仅仅做一些机械的工作，而是在相当程度上掌握书中的思想后，才能进行校勘训诂，所以常能针对某一概念，串联不同的子书互相释证。倘非对思想有精准掌握，语词的串联和比对，实难开展，校勘训诂也将难以达到如此精深境界。因此，与其说校勘训诂是"暂为初步"，不如说它与义理索解相互为用，让不可读的文本变为可读（如脱文之类）；使不可知晓的文字变为可知晓（如讹误异写之类）；使旧注训解的正确之处和误解之处都显露无遗（包括汉魏注解以迄清人注解）。我们要注意，这种透过艰辛的文献工作中淬炼出来的义理，和哲学方法玄思冥解所获得义理是不同的。从学术思想发展的脉络看，可以肯定的是：诸子思想在清中叶后得到发皇，其起始点就是在乾嘉经学家以治经的方法治诸子书的成果之中。如果说晚清诸子思想复兴的线索源出乾嘉学术文献校勘训诂的方法，实为适切。

三、《先秦诸子系年》撰著的历史背景

　　自十八至十九世纪大约百余年间，清儒对于先秦诸子的研究已经取得相当丰硕

---

　　① 王念孙：《读书杂志》，第723—724页。

的成果。但不可否认，由于进入晚清（1840）后儒学并未衰竭，儒家依附保守派在社会上仍有相当影响力[①]。面对充满着反礼乐课题的诸子典籍而言，儒生做校勘训诂的工作当无任何问题，公开宣扬先秦诸子的思想理念的人仍不多。严复发表《侯官严氏评点老庄》，用欧洲政治学等新思想阐释《老子》《庄子》，实发先声。宾四先生《中国近三百年学术史》讨论康有为《大同书》时，就曾引朱一新《佩弦斋文存》卷上《复长孺第四书》，说：

> 原足下之所以为此者，无他焉，盖闻见杂博为之害耳。其汪洋自恣也取诸《庄》，其兼爱无等也取诸《墨》，其权实互用也取诸释，而又炫于外夷一日之富强。[②]

先生据朱氏之说，称：

> 长素思想之来历，在中国则为《庄子》寓言荒唐，（原注：《论语注》卷五，谓孔子大同之道，再传为庄周，《在宥》《天下》，大发自由之旨。又曰：善读孔子书者，当知《六经》不足见孔子之全，当推子贡、庄子之言而善观之。）为《墨子》之兼爱无等。（原注：《礼运》晚出，本杂道、墨思想。又谭复生《仁学》亦力尊墨子，其风亦沿晚清治子学之遗绪，又附会之于西国耶教而然。）[③]

先生将康有为《论语注》《大同书》，以及朱一新《复长孺第四书》、谭嗣同《仁学》等相关材料综合分析，显然已经窥见先秦诸子对于晚清儒生的影响。同时期谭嗣同《仁学》极推言墨子，称墨子未尝乱亲疏，理由为：

---

① 尤其以康有为及倡议保皇、复辟的一派士族举办的孔教会、经学会等为代表。

② 朱一新：《复长孺第四书》，《佩弦斋文存》卷上，《续修四库全书》第1565册，第245页。

③ 钱穆：《中国近三百年学术史》，第665页。

> 通天地万物人我为一身，复何亲疏之有？……不能超体魄而生亲疏，亲疏
> 生分别；分别亲疏，则有礼之名。自礼明亲疏，而亲疏于是乎大乱。心所不乐
> 而强之，身所不便而缚之，缚则升降跪拜之文繁，强则至诚恻怛之意汩，亲者
> 反缘此而疏，疏者亦可冒此而亲。日糜其有用之精力，有限之光阴，以从事无
> 谓之虚礼。①

嗣同也批判老子"黜奢崇俭"的思想，这又与当时从西方传入中国的市场经济思想
有关。关于康有为与谭嗣同的思想问题，以非本文重点，暂置不论。笔者只是想说
明，清代汉学家治先秦诸子，致力于将小学、文献、名物、制度等各种知识熔为一
炉的高层次归纳功夫；而康、谭却直接将诸子义理融贯到改革思想中。这两种方法
截然不同，前者为客观的研究，后者为主观的运用。这与历史背景也有关系，因乾
嘉经儒受文献考据之学束缚，晚清学者则急于解放社会价值观念。从谨愿的校勘训
诂，演变为闳肆的发挥义理，反映晚清诸子学研究方法的巨变。其中章太炎和严复
都扮演了重要的角色。太炎的老师俞樾于诂经精舍任教时，辑录研究晚周诸子的笔
记，为《诸子平议》35卷，对太炎有深远的影响。《诸子平议·序目》称：

> 圣人之道，具在于经，而周秦两汉诸子之书，亦各有所得。虽以申韩之刻
> 薄、庄列之怪诞，要各本其心之所独得者，而著之书，非如后人剿窃陈言，一
> 倡百和者也。且其书往往可以考证经义，不必称引其文，而古言古义，居然可
> 见。②

从《序目》的内容看，俞樾似乎要利用诸子书以考证经义；但细读《平议》却会得
到一个相反的结论。卷一"管子一·守国之度，在饰四维"说：

> 樾谨按：礼义廉耻，非由修饰。"饰"当读为"飭"。《诗·六月》"戎
> 车既飭"，毛《传》曰："飭，正也。""飭四维"者，正四维也。飭与饰古

---

① 谭嗣同：《仁学·一·十四》，《谭嗣同全集》（增订本），第312页。
② 俞樾：《诸子平议·序目》，第1页。

通用。《易·杂卦传》："蛊则饬也"，《释文》曰："王肃本作饰。"《礼记·乐记》篇："复乱以饬归"，《史记·乐书》作"复乱以饰归"，并其证矣。①

在这全书第一条中，俞樾用了《诗经》经传、《周易·杂卦传》《经典释文》《礼记·乐记》和《史记·乐书》等经史材料，证明《管子》书里一句话中的一个字的意义。我们并没有看到俞樾用诸子书"考证经义"，而是反过来用经书来"考证诸子"。《平议》全书这类例子甚多。对俞樾而言，校勘训诂的方法，改变不了诸子学不再附庸于经学的事实，诸子典籍研究也不仅仅为"考证经义"而服务。章太炎二十四岁（光绪十七年，1891）起三年间于诂经精舍读书，撰《膏兰室札记》②，内容除了经史书外，还考辨诸子至数百条之多，包括《列子》《管子》《晏子春秋》《法言》《商君书》《吕览》《韩非子》《淮南子》《墨子》《庄子》《荀子》《文子》等，可见其治学的兴趣，亦在于战国诸子，只是方法上仍谨守王、俞的旧矩，以校勘训诂为主。但太炎很快就踏入新阶段。光绪二十二年七月十日（1896年8月18日）他写了信给谭献说：

> 麟前论《管子》《淮南》诸篇，近引西书，旁傅诸子，未审大楚人士以伧父目之否？顷览严周《天下》篇，得惠施诸辩论，既题以历物之意，历实训算，傅以西学，正如闭门造车，不得合彻。分曹疏证，得十许条，较前说为简明确凿矣。③

"历实训算"云云，足见太炎仍严守语义训诂矩籚，但他"傅以西学""近引西书，旁傅诸子"，又敢于冲破校勘训诂的樊篱，着眼于义理和西学。光绪二十三年（1897）太炎在《经世报》发表《读〈管子〉书后》，论及文明、侈靡、工艺、贸

① 俞樾：《诸子平议》，第1页。
② 今存3卷，辑入《章太炎全集（一）》，并参沈延国：《膏兰室札记校点后记》，《章太炎全集》第1册，第302—307页。
③ 章太炎：《致谭献书》，马勇编：《章太炎书信集》，第2页。

易等相关的经济问题，开始用诸子思想讨论经世问题。这显然受到严复的影响。

严复是最早将西方名学传入中国的学人。中国先秦名家文献，有《墨经》《公孙龙子》《荀子·正名》等。晚清时期名学的论著，有陈澧（1810—1882）《公孙龙子注》1卷（附《校勘记》1卷《篇目考》1卷《附录》1卷）、王先谦《荀子集解》20卷《考证》1卷、王闿运（1833—1916）《墨子注》、郑文焯（1856—1918）《墨经古微》《辑注王闿运墨子经说上下篇注》《批校张皋文墨子经说解》、吴汝纶（1840—1903）《考订墨子经下篇》等等。严复于1900年至1902年翻译了半部穆勒（或译弥尔，John Stuart Mill, 1806—1873）《名学》①，于1905年交金陵金粟斋木刻出版，其中严氏所作按语，颇用中国理学、《易》学、佛学及先秦名学绎释穆勒的学说，亦即以中国思想观念来诠解西洋典籍。《穆勒名学》译本出版的同年12月，《侯官严氏评点老子》在日本东京印制发行；未几严氏又评点了《庄子》②。在这两部评点《老》《庄》的著作中，用的正是欧洲若干政治理论和穆勒名学等思想③。

翌年（1906）9月，太炎在日本办"国学讲习会"，为学生讲述诸子学，并以《诸子学略说》为题，将讲义发表于第二十、二十一期《国粹学报》。文章中已不复用逐条考辨的方式论述先秦诸子，而是以"诸子出于王官"的理念为中心，自孔子、老子以下将诸子思想逐一论述，并且严厉地加以批判。这时候太炎的先秦诸子研究已不再是《膏兰室札记》用逐条考辨的方法，也完全脱离了"傅以西学"的形态，而是融会贯通。1909年至1910年间，章氏撰《齐物论释》，自诩该书为"一字千金"；1915年章氏著《齐物论释定本》；1916年，撰《菿汉微言·跋》，自述平生思想变迁，称少年时：

> 虽尝博观诸子，略识微言，亦随顺旧义耳。遭世衰微，不忘经国；寻求政

---

① 原著名称为 *A System of Logic, Ratiocinative and Inductive*，著成于1843年。

② 据严璩所撰《侯官严先生年谱》1916年条称："府君六十四岁，手批《庄子》。入冬，气喘仍烈。"严璩编：《侯官严先生年谱》，《北京图书馆藏珍本年谱丛刊》第183册，北京：北京图书馆出版社，1999年，第196页。

③ 关于严复的思想，当代学术界中如黄克武、吴展良都有专论。

术，历览前史，独于荀卿、韩非所说，谓不可易。[①]

原来先秦诸子在他的学术生命中，早就占了重要的分量。他最终"操齐物以解纷，明天倪以为量"，归本于《庄子》书中的"齐物""天倪"的观念。《国粹学报》所刊登的《诸子学略说》所产生的影响尤其大。在太炎笔下，在政治压力下的孔子和老子都充满权谋计算，而不是单纯的圣人、隐者。太炎在先秦诸子学的圣殿登堂入室，"入室"后却"操戈"，借由阐释诸子思想，打破了传统儒、道圣人和隐士的形象，并波及中国古史体系。这与1920年以后的古史辨思潮有重大关系。康有为托古改制，提出"伪经"的观念，固然否定了儒家圣经的绝对可靠性；而太炎严批孔子，更提出了有别于二千年圣人典范的形象。"疑古"不只是材料上的怀疑，更扩及于思想信仰上的否定。其重要性可见一斑。

1919年傅斯年撰《清梁玉绳著史记志疑》，说：

> 自我观之，与其过而信之也，毋宁过而疑之。中国人之通病，在乎信所不当信，此书独能疑所不当疑。无论所疑诸端，条理毕张，即此敢于疑古之精神，已可以作范后昆矣。……可知学术之用，始于疑而终于信，不疑无以见信。[②]

傅斯年"与其过而信之也，毋宁过而疑之"二语，胡适也说过类似的话。1920年7月胡适演讲《研究国故的方法》，说：

> 宁可疑而错，不可信而错。[③]

同年胡适请顾颉刚查索姚际恒的著作，顾回信，附呈1914年春所撰《古今伪书考

① 章太炎：《菿汉微言》，《章氏丛书》，第960页。

② 傅斯年：《清梁玉绳著史记志疑》，《新潮》创刊号（1919年1月），《傅斯年全集》第4册，台北：联经出版事业公司，1980年，第369—370页。

③ 胡颂平：《胡适之先生年谱长编初稿》，第407页。

跋》，胡适于11月24日评说：

> 我主张，宁可疑而过，不可信而过。[①]

翌年（1921）1月，钱玄同向顾氏提"疑古"的观念，并公开宣扬要敢于"疑古"[②]。1923年5月6日，顾颉刚在《读书杂志》发表《与钱玄同先生论古史书》，依据《说文解字》，提出"禹"是"九鼎上铸的一种动物"，"大约是蜥蜴之类"的理论[③]，正式掀起了古史辨运动的大波澜。

就在顾颉刚《与钱玄同先生论古史书》这一年的12月，宾四先生始撰《先秦诸子系年》。《系年·跋》称：

> 此书草创，在民国十二年秋，时余始就江苏省立无锡师范学校讲席，助诸生治《论语》，编《要略》一书。

《论语要略》又名《孔子研究》，等于是"诸子研究"的第一种。《师友杂忆》记1923年事，说：

> 其时顾颉刚《古史辨》方问世，余手一册，在湖上，与之勉（雄按：施之勉）畅论之。[④]

关于顾颉刚论"禹可能是蜥蜴之类的动物"，在宾四先生的许多著述中都曾提及，是他非常在意的一个观点。《古史辨》甫出版，先生读后而与学友有所论，旋于该

---

① 顾颉刚编著：《古史辨》第1册，第12页。

② 钱玄同：《论近人辨伪见解书》，顾颉刚编著：《古史辨》第1册，第25页。

③ 此信原写于1923年2月25日，见顾颉刚：《与钱玄同先生论古史书》，顾颉刚编著：《古史辨》第1册，第63页。

④ 钱穆：《师友杂忆》，第119页。

年开始草创《系年》，则前后衔接说明了彼此的关系①。

《古史辨》第一册问世后，1924年至1926年间，傅斯年写了长信给顾颉刚，称赞顾提出"累层地造成的中国古史"是"史学中央题目"，而顾氏"恰如牛顿之在力学，达尔文之在生物学"，"在史学上称王了"②。1925年8月，钱玄同废钱姓而以"疑古玄同"为姓名。1926年1月12日顾颉刚草成《古史辨自序》，其中提及其推翻古史的动机是受了《孔子改制考》的启发③。顾氏的话当然可信，但这并不代表康有为"孔子改制"之论是古史辨运动唯一的源头。我们先看《古史辨》第四、五、六册的内容。第四册（诸子丛考）：上编起1916年2月，迄1933年1月。下编起1913年7月，迄1933年1月。讨论的课题包括《汉书·艺文志》、孔子、《荀子》、《孝经》、《大学》、《中庸》、《孔丛子》、《新语》、《新序》、《墨子》、《老子》、《吕氏春秋》、《列子》、杨朱、魏牟、田骈、《管子》、慎到、《韩非子》等。第五册上编起1927年4月，迄1934年1月。下编起1923年，迄1934年10月。讨论的课题包括：《左传》、刘向歆父子、阴阳五行及五德终始等。第六册上编起1926年6月，迄1936年7月。下编起1933年5月，迄1936年12月。讨论的课题包括：晚周诸子反古、惠施、公孙龙子、商鞅、老子、庄子等问题，并再讨论第四册的相关问题。

古史辨运动大量讨论先秦诸子的问题，可以说将乾嘉以来学术界研究先秦诸子的风气推到顶峰。

倘若将十九世纪末叶以前视为晚清诸子学复兴的前一时期，那么这个时期，以谨严地考证经史的"归纳"方法研究先秦诸子典籍是其主流，而疏解典籍中的思想义理则是隐藏的伏流。这时期以王念孙《读书杂志》为始，俞樾《诸子平议》、孙

---

① 　《先秦诸子系年·跋》说："初，余于十二年春，在福建私立集美师范，曾草《墨辩探源》及公孙龙《白马论注》，均未成。及十三年四月，《墨辩》一题，赓续成篇，而公孙龙《注》迄未再理，至是始竟体改作。又附旧稿《说惠施历物》及《辨者二十一事》，并汇《系年》考惠施、公孙龙事迹诸篇，为《惠公孙小传》，合订一本。"由此可见，《论语要略》以前，先生已先注意到先秦名家名学的考辩。但这只能说是远源或者是一种无心插柳的前期工作。毕竟回应古史辨运动，才是《系年》的撰著动机。

② 　傅斯年：《谈两件〈努力周报〉上的物事》，顾颉刚编著：《古史辨》第2册，第297—298页。

③ 　顾颉刚：《古史辨·自序》，顾颉刚编著：《古史辨》第1册，第43页。

诒让《墨子间诂》为终。

十九世纪末叶以后，先秦诸子研究进入新时期，其特点为义理的发挥与思想的批判，并进而利用诸子思想批判社会、历史、政治、文化等，研究的形态是以"演绎"为主的。康有为、谭嗣同、严复、章太炎在这一时期都扮演了关键的角色。其中尤以太炎的全面批判诸子，最为瞩目。

及至古史辨兴起，学者上承继乾嘉考据传统，下接晚清诸儒，复挟西方治学方法，可以说归纳与演绎兼备。

四、《系年》对清学的承继：方法的考察

下列分别就三点，尝试从方法的角度考察《系年》对清代学术的承继。

（一）透过历史方法重建古史

用传统四部分类，《先秦诸子系年》应属"子部"著作。但就内容而言，此书实亦可归属于"史部"。由于先秦诸子是古代历史的一部分，要考辨诸子，不能不辨析古史。《系年》透过厘清各种古史问题，重建古史基础，再将先秦诸了的问题一一置于这基础之上。《系年·自序》说：

> 盖昔人考论诸子年世，率不免于三病。各治一家，未能通贯，一也。详其著显，略其晦沉，二也。依据史籍，不加细勘，三也。……而其精力所注，尤在最后一事。前人为诸子论年，每多依据《史记·六国表》，而即以诸子年世事实系之。如据《魏世家》《六国表》魏文侯之年推子夏年寿，据《宋世家》及《六国表》宋偃称王之年定孟子游宋，是也。然《史记》实多错误，未可尽据。余之此书，于先秦列国世系，多所考核。别为"通表"，明其先后。前史之误，颇有纠正。而后诸子年世，亦若网在纲，条贯秩如矣。寻源探本，自无踳误袭缪之弊。此差胜昔人者三也。①

---

① 钱穆：《先秦诸子系年·自序》，第1—2页。

先谈第三病。先生指出过去研究先秦诸子的学者未能从严密的校勘，深入考究历史材料本身的舛误、脱讹、异同等问题，造成先秦诸子年代的混乱。《自序》提出，"掇逸""辨伪"两项工作，是"考年"所依赖：

> 且有非考年之事，而为考年之所待以成者二端焉：曰掇逸，曰辨伪。夫事之不详，何论其年？故考年者必先寻事实。实事有证，而其年自定。[①]

考证事实，掇逸辨伪，才能考订年份。考辨最终目的，就是年份的确定。但有趣的是，实际阅读《系年》，我们会发现这个过程有时会倒过来——先考定年份，才能掇逸、辨伪，亦即说，年份不考订清楚，"伪"将难以考"辨"。正如先生初撰《论语要略》（即《系年》第一部分），第二章"孔子的事迹"，考论孔子生平，除了引《论语》外，就引用大量《左传》《礼记》《史记》《孟子》《墨子》《吕氏春秋》等材料[②]。在《系年·自序》中，先生举五证以证明《竹书纪年》胜于《史记》，并综括清代学者对《史记》的考辨，分析判断，对《史记》所涉及战国诸侯年世、诸子年代的种种考虑，坦然展示其细密的考虑。他指陈《史记》：

> 载春秋后事最疏失者，在三家分晋，田氏篡齐之际；其记诸国世系错误最甚者，为田齐、魏、宋三国。

而关于秦国历史世系，则谓：

> 史公记六国时事，多本《秦纪》……其记秦列君年数尤多歧。[③]

---

① 钱穆：《先秦诸子系年·自序》，第20页。
② 《论语要略》第一章"序说"共分五节，分别为"《论语》之编辑者及其年代"、"《论语》之真伪"、"《论语》之内容及其价值"、"《论语》之读法及本要略编纂之体例"、"《论语》之注释书关系书及本要略参考之材料"，分析《论语》一书之性质及相关问题，包括纂辑者为何人、版本之异同、附记混入正文之误、上下论之相异等等。第二章始进入"孔子之事迹"。
③ 钱穆：《先秦诸子系年·自序》，第9页。

先生指出：《秦始皇本纪》与《秦本纪》之间关于秦列君年数的相异的有"悼公""灵公""简公""献公""庄襄王"，而《年表》则自灵公以下四君均与《秦始皇本纪》相同。于是先生就四君的世系年数一一考辨[1]，并说：

> 求定《纪年》《史记》之得失，不得不参伍以验之于诸子。[2]

这是说，要考辨古史记文，也需要参考诸子的著作。如此则"考年"重在古史考辨，但考辨古史又必须考释诸子。将诸子散逸的事迹重新捃摭搜辑，有助于考年，而"捃逸"又必有待于去伪存真的"辨伪"。由此可见，《系年》的研究方法，包含了古史、诸子、帝系等各个不同层面的课题，是一种立体、多维的工作。

对于《竹书纪年》的讨论，尤其反映先生史学的深湛。虽说《系年》多用《竹书纪年》，但《纪年》多被认为是伪书，虽经王国维重辑古本、疏证今本，先生仍认为其颇有"考证未详"[3]。于是他重探《纪年》，区分其可信与不可信：

> 夫纪年乃战国魏史，其于春秋前事，容采他书以成。至言战国事，则端可信据。如《魏世家》《索隐》引《纪年》曰："二十九年五月，齐田肦伐我东鄙。九月，秦卫鞅伐我西鄙。十月，邯郸伐我北鄙，王攻卫鞅，我师败绩。"此非当时史官据实书事之例乎？至益为启诛，太甲杀伊尹，则战国杂说，其与儒家异者多矣。[4]

他认为《纪年》有可信的部分，但有缺失的亦应补订。《系年》卷四第134条"王氏古本竹书纪年辑校补正"，共补正了35条[5]。《系年》又记述他初稿粗定后，仍继续搜讨《竹书纪年》相关的著作：

---

① 钱穆：《先秦诸子系年·自序》，第12—16页。
② 钱穆：《先秦诸子系年·自序》，第19页。
③ 钱穆：《先秦诸子系年·自序》，第3页。
④ 钱穆：《先秦诸子系年·自序》，第3页。
⑤ 钱穆：《先秦诸子系年》，第410—423页。

余草《诸子系年》稿粗定，乃博涉诸家考论《纪年》诸书以相参证，最后惟雷氏学淇《纪年义证》未得见。雷氏书亦能辨《纪年》真伪，当与朱氏、王氏《存真》《辑校》同列，非陈氏《集证》以前诸贤之见矣。然余犹得读其《介庵经说》，略窥一斑。其论孟子时事，盖亦得失参半，粗具涯略，未尽精密。而论魏徙大梁，则其说犹在朱氏《存真》之前。朱氏之说，雷氏又复先言之。兹再钞录，以见考古之事，虽若茫昧，而烛照所及，苟有真知，无不同明，有相视而笑，莫逆于心者，而亦所以志余之陋也。……越一年，得见雷氏《义证》，其议论与《经说》大同。[1]

这段记载见于《系年》卷二"魏徙大梁乃惠成王九年非三十一年辨"。先生获得结论后才读到雷学淇《介庵经说》，发现雷氏已先他而发。遇前贤先发其蕴，他十分高兴，忍不住记了一笔。这也可看出先生治学专注力的贯彻。

《系年》卷末有"通表"四，"附表"三，最后附"诸子生卒年世约数"。自《史记》有"十表"，"表"成为传统史籍的重要项目，正如万斯同撰《明史》就特立《史表》。《系年》一书用"表"极多，对于学术界曾刊行过的关于"表"的相关著作亦极重视[2]。《论语要略》第二章有"孔子年表"。《系年》卷二第36条"晋出公以下世系年数考"附"出公以下《史记》《世本》《纪年》三家异同表""桓公以下晋事表"；卷三第75条"稷下通考"附"稷下学士名表"；同卷第95条"附苏代苏厉考"后附"历代年表"；最后则有四个"通表"，自孔子生年亦即周灵王二十一年（前551）起，下迄赵高杀二世皇帝立孺子婴（前207），计三百四十五年。之后又有三个"通表之部附表"，第一是"列国世次年数异同表"（共列周及十三国），第二是"战国初中晚三期列国国势盛衰转移表"，第三是"诸子生卒年世先后一览表"，自公元前555年起，下迄公元前200年止，计355年。有了这些表，《系年》的结论更显得朗若列眉。

---

① 钱穆：《先秦诸子系年》，第151页。

② 他又曾于1929年春得到武内义雄所著《六国年表订误》，发现该书主张以《竹书纪年》校《史记》，与自己"取径正同"，但"所以为说者则异"，于是取该书与己书比对，加以辨正。参《先秦诸子系年》卷4第153条后附"武内义雄六国年表订误论鲁谱之误辨"。

（二）"信"与"疑"的折中与内证的方法

宾四先生在二十世纪初学术界最鲜明的形象是对于"疑古"思潮深表不满，认为研究中国的学者理应对中国文化存有温情，也因此，先生虽承继崔述疑古辨伪的精神与方法，却强调对历史文化维持信心。荀子曾于《非十二子》篇中讨论"信"与"疑"两种态度，说：

> 信信，信也；疑疑，亦信也。

荀子敏锐地指出，"信"和"疑"适为相反，动机却很难说一定相反。因为信所当信，是"信"；疑所当疑，也有可能是"信"。所以单看行为或态度的表征，实在很难认定信古者或疑古者究竟是真信或真疑。我们批判性地解读荀子的话：不带任何怀疑地信其所信，或至于盲从；不怀好意地疑其所疑，或流于非理性。所以浅层地认定对古史的考辨是出于"信"或"疑"，甚至这种"信"或"疑"是否具有哲理深度，都是有待商榷的。乾嘉时期学者研究诸子学，有倾向于"信"的，也有倾向于"疑"的。以崔述《考信录》而言，其中对古籍古史的考证辨伪，究竟是为了"信"而"疑"，抑或为了"疑"而"疑"，实在难言，更大可能性是二者兼而有之。但如就历史作一鸟瞰，从乾嘉考证学潮流发展至民国初年古史辨运动约二百年间，随着时间推移和思想解放，二十世纪初研究先秦诸子与中国古史的学者，尽管校勘、训诂的功力远逊乾嘉学者，"疑"的精神却是愈来愈高涨。如古史辨运动初始，顾颉刚、钱玄同等几位年轻学者致力建立己说，不免对传统、出土文献均未奠立厚实基础，古文字亦不够精熟，以致缺乏建构新古史观的基础，而他们对古史之"疑"，多受进化论思想的影响。因为根据进化史观，愈往古代，文明愈原始素朴，愈往近现代则愈进步。而以当时中国文明落后于西方，可证中国古代皆属历史糟粕，必全盘推倒之而后快。古史辨学者有了全盘推翻中国古史体统的企图，却没有二百年前考据学者研究古籍的功力，必然导致所获得的结论欠缺稳妥。此一危机，很快就被王国维看出来。1925年王国维在清华学校（清华大学前身）国学研究院讲授"古史新证"一课，讲义其后成为《古史新证》的一部分。第一章"总论"明白宣示古史研究应有的态度，首先针对"信古太过"和"疑古太过"的风气严正批判，说：

> 吾辈生于今日，幸于纸上之材料外，更得地下之新材料，由此种材料，我辈固得据以补正纸上之材料，亦得证明古书之某部分全为实录，即百家不雅驯之言，亦不无表示一面之事实。此二重证据法，惟在今日始得为之。虽古书之未得证明者，不能加以否定，而其已得证明者，不能不加以肯定，可断言也。①

王氏说"即百家不雅驯之言，亦不无表示一面之事实"二语，充分表露了他对于胡适"宁可疑而错，不可信而错"此一疑古态度的不满。而王氏的方法，则是以极严谨的方法结合出土文献和传统文献检视古史课题，以对抗急于推翻古史体统的疑古思潮。

我们不好说王国维的学术信念是"信"先于"疑"，因为王氏治学独到的新见极多，并不迁从古人，而是充满怀疑精神。宾四先生则采取了不同于王氏的方法，以《系年》一书，针对传统文献，对诸子思想系统作全盘的掌握，全面回应疑古思潮所形成古史体统的危机。

从《系年》一书的方法与内容观察，先生特别重视以诸子文献与年代互相释证、互相支持，并透过诸子之间的比较联系，以参互推知其思想关系。这种综合比较的研究方法，首先需要具备传统校勘学的功夫，尤其是文献内证的方法。"内证"或称本证、自证，主要是在单一文献中，依据年代的先后，内容的详略，事理的逻辑，寻觅其间足以互相支持的部分，加以释证。由"内证"，又可扩而及于以相关的几种典籍互证（例如《墨子》《韩非子》《吕氏春秋》中关于孔子弟子的记载），或以经传互证。这一方法的近源，是清初黄宗羲《万充宗墓志铭》中提到的"非通诸经，不能通一经"及"以经释经"之法，以及毛奇龄《西河合集》所说的"以本经文为主""以彼经证此经"②的方法。

---

① 王国维：《古史新证——王国维最后的讲义》，第2—3页。
② 毛远宗：《经问·述始篇》，《毛西河先生全集》，萧山陆凝瑞堂藏本。另《经集·凡例》列举16条条例，说明治经方法。

　　"内证"是否可靠，端赖于取材是否周备详细，而要成功运用，必须先具有宏达的视野。正是这种视野，促成了《系年》一书取材极广，《竹书纪年》《水经注》《山海经》《楚辞》《穆天子传》《逸周书》《史记》《战国策》《国语》等，都广泛地采用。而且不是随便撷取一点，而是深入所有相关材料的内部。先生选材又极尽谨慎之能事，一篇之中，举证数十，何者属于主证，何者属于旁证，都依照其年代、性质和内容加以区别。

　　关于归纳与演绎两种方法在清儒治学方法中的内涵与意义，最早提出说明的应该是胡适，胡氏发表过《清代汉学家的科学方法》，时间是1919年11月至1921年4月①。1919年宾四先生仍在无锡任小学教师，1921年赴厦门集美中学教书，旋又返无锡任教于师范学校。目前并没有证据证明他在撰著《先秦诸子系年》以前，知道胡适"归纳"和"演绎"的见解。根据《师友杂忆》所述，他最早治学主要受到清代桐城派古文家影响，从古文家扩而至宋明理学；中年又复著成《中国近三百年学术史》（1931），可以说得力于清儒特多。读者若细心搜检《系年》一书所征引的书籍，除了先秦两汉文献的原典外，以清代学者的著作最多②，诸如顾炎武《日知录》、阎若璩（1636—1704）《四书释地》、顾栋高（1679—1759）《春秋大事表》、全祖望（1705—1755）《经史问答》、王氏父子《经义述闻》《读书杂志》、崔述《考信录》、焦循《孟子正义》、孔广森（1752—1786）《经学卮言》、臧庸（1767—1811）《拜经楼日记》、俞正燮（1775—1840）《癸巳类稿》、马叙伦（1885—1970）《庄子义证》等，都是《系年》书中时常出现的。

　　如果我们回顾《系年》以前的诸子研究书籍，从乾嘉以降以至于二十世纪初，

---

　　①　胡适《清代汉学家的科学方法》，原载《北京大学月刊》第5、7、9期（1919年11月、1920年9月、1921年4月），收入《胡适文存》时改题为《清代学者的治学方法》，参《胡适文存》第一集卷2，第282—304页。按：笔者对于清儒治学所用归纳法与演绎法的解释，虽然源出胡适，但笔者的解释和适之先生并不完全相同。

　　②　如《先秦诸子系年》第127条"屈原居汉北为三闾大夫考"后附"战国时洞庭在江北不在江南辨"，其中论述《禹贡》彭蠡衡山在江北，征引了4种著作，分别为崔述《夏考信录》、倪文蔚《禹贡说》、魏源《书古微》、杨守敬《禹贡本义》。见钱穆：《先秦诸子系年》，第353—355页。

由前一阶段考核精密，发展至后一阶段义理闳肆，不论是以归纳为主的校勘训诂，抑或以演绎为主的阐释义理，从来没有一种著作如《先秦诸子系年》那样的企图心和恢宏气度，以全盘通贯考核先秦诸子姓名、年世、游历、互动，重建一个先秦思想史大图象为目的。

（三）通贯时间与空间——年世及地理的方法

《系年·自序》说：

> 盖昔人考论诸子年世，率不免于三病。各治一家，未能通贯，一也。详其著显，略其晦沉，二也。依据史籍，不加细勘，三也。惟其各治一家，未能通贯，故治墨者不能通于孟，治孟者不能通于荀。自为起迄，差若可据，比而观之，乖戾自见。余之此书，上溯孔子生年，下逮李斯卒岁。前后二百年，排比联络，一以贯之。如常山之蛇，击其首则尾应，击其尾则首应，击其中则首尾皆应。以诸子之年证成一子。一子有错，诸子皆摇。[1]

《系年》一书与其他先秦诸子学研究论著比较，显著特点在于：以诸子的文献、事迹、思想等互相释证，着眼于宏观视野下对诸子之间的互相考证。因此《系年》对诸子生卒、游历等各方面的考辨，论点是互相支持的，构成一前后呼应的紧密结构。先生透露的意思相当大胆。他对相关历史考伪深具信心，认为读者要么就接受全书的推论，否则就只能全盘推翻。单就其中一点来推翻书中某一推论，是不可能，至少是不适切的。先生撰《系年》，对于史部及子部材料的互相释证，尤其详尽：

> 即以诸子之书，还考诸子之事，为之罗往迹、推年岁，参伍以求，错综以观，万缕千绪，丝丝入扣，朗若列眉，斠可寻指。[2]

---

① 钱穆：《先秦诸子系年·自序》，第1页。
② 钱穆：《先秦诸子系年·自序》，第20页。

"以诸子之书，还考诸子之事"，非常明确是要以先秦诸子的文献、年代、游历、对话等各种材料互相释证。诸子之事迹经由"捃逸""辨伪"，进而"考年"而寻得事实，最后《竹书纪年》《史记》的得失也可以推求而得。史部书籍和子部典籍也得以通贯，甚至扩大到经部典籍也纳入一并处理，例如他将孔子、老子的问题，包括到《易传》哲理一并思考：

> 时余治诸子，谓其渊源起于儒，始于孔子；而孔子之学见于《论语》《春秋》；《易系》非孔子书，老子不得在孔子前。既粗发孔子学术大体于《要略》，又先成《易传辨伪》《老子辨伪》两篇。及十三年秋，《论孟要略》既成，始专意治《易》，拟为书三卷，发明《易》意。谓《易》与《老子》之思想不明，则诸子学之体统不可说也。①

先生认为《易》与《老子》是"诸子学之体统"，而"名家、阴阳家"，则"关系先秦学术系统者甚大"：

> 先秦学术，孔墨孟庄荀韩诸家，皆有书可按，惟名家阴阳家，其思想议论，关系先秦学术系统者甚大，而记载散佚，特为难治。窃欲于治《老》《易》外，先为《先秦名学钩沉》及《先秦阴阳学发微》两书。②

这些论述中，"体统""系统"等概念一再出现，真正表达了宾四先生重视全体、宏观、通贯的信念。唯有用通贯性的研究，才能避免"治墨者不能通于孟，治孟者不能通于荀"的状况。我们看《系年》范围之大，课题之多，实令人叹服。如第29条"孔子弟子通考"论商瞿③，实涉及《周易》的传承。第32条"墨翟非姓墨墨为刑徒之称考"论点兼及"儒"的流品以及儒家"礼"的精神，诸如此类，难以一一细述。

---

① 钱穆：《先秦诸子系年·跋》，页621页。
② 钱穆：《先秦诸子系年·跋》，第622页。
③ 钱穆：《先秦诸子系年》，第77页。

先生既考辨诸子年世，必然重视其游历，因而兼及地理的考辨。正如第5条"孔子适齐考"、第6条"孔子自齐返鲁考"、第8条"阳虎名字考"、第12条"孔子仕鲁考"等，均直接涉及孔子游历问题。因《史记·孔子世家》所记孔子游迹混乱异常，其中错简造成的讹误极多，清儒曾有所考论。而先生以地理的远近，厘清了孔子行迹的先后，以及其间人事记载的纷扰（如阳虎）。因为先生在古史地理方面造诣甚深。他于1931年、1932年发表《周初地理考》及《古三曲疆域考》①，后考证《楚辞》所涉地理问题，写成《楚辞地名考》。著《系年》时也撰成相关的论文多篇，后收入《古史地理论丛》一书。其后又以《史记》三家注为主要材料，著成《史记地名考》。《系年》一书，时间、空间并重，对于诸子年代和古史地理都有详尽的考辨。例如论孔子至蔡，则须考辨为负函之蔡而非州来之蔡②；论曾子居武城有越寇，则须考辨越徙都琅琊事③；论子夏居西河，则考辨西河在东方河济之间而不在西土龙门汾州④；论宋偃称王，则考辨战国时宋都彭城⑤；论屈原，则既考辨屈原作品的真伪⑥，并考辨《楚辞》所载洞庭在江北而不在江南⑦、屈原沉湘在江北不在江南⑧。所论皆精到。

先生考证地理，征引清儒地理著作固多。其实他早就意识到地理研究的重要性。从其生平考察，先生自少年治学，已经受到桐城派学者的影响，而注意到地理的问题。先生自言在中学三年级时即喜读《曾文正公家训》⑨，受该书的启迪，并进而读《昭明文选》⑩。他曾说：

---

① 该两篇文章先后刊登于《燕京学报》第10期及第12期。
② 钱穆：《先秦诸子系年》，第47页。
③ 钱穆：《先秦诸子系年》，第110页。
④ 钱穆：《先秦诸子系年》，第125页。
⑤ 钱穆：《先秦诸子系年》，第322页。
⑥ 钱穆：《先秦诸子系年》，第265页。
⑦ 钱穆：《先秦诸子系年》，第387页。
⑧ 钱穆：《先秦诸子系年》，第390页。
⑨ 钱穆：《师友杂忆》，第68—69页。
⑩ 钱穆：《师友杂忆》，第73页。

　　　　余之自幼为学，最好唐宋古文，上自韩欧，下迄姚曾，寝馈梦寐，尽在是。①

可见他治学，是先以古文为起点，而范围自姚鼐、曾国藩（1811—1872）、韩愈、欧阳修，上溯至于《昭明文选》。其实自明末复古文人如侯方域提倡所谓"文必秦汉，诗必盛唐"，对先秦诸子文章已推崇备至。以非本文主旨，暂置不论。姚鼐是桐城派代表人物，亦推崇先秦诸子，曾撰《老子章义》2卷。《惜抱轩文集》卷三载《老子章义序》，颇考论古籍所载《老子》书及老子其人事迹乡里年代真伪；又有《庄子章义》5卷，《文集》卷三有《庄子章义序》，对庄子学说有专门研究。姚氏对于古史地理亦有所考论，所著《九经说》中有《三江说》《九江说》；《文集》卷二则有《汉庐江九江二郡沿革考》，对于古史地理曾有所考辨。上述《系年》考辨洞庭在江北而不在江南，屈原沉湘亦在江北不在江南。宾四先生的观点，主要是认为战国时期楚国的活动地点都在江北，甚至对于屈原沉湘，他亦颇疑在汉水之北②，而不止是长江之北。他的主要观念在于：

　　　　古人迁居不常，由此至彼，往往以故地名新邑，如殷人所都皆曰"亳"之类是也。故鄙论谓探索古史地名，有可以推见古代民族迁徙之遗迹者，在此。异地同名既有先后，则必其地人文开发较早者得名在先，人文开发较迟者得名在后。故湖南地名有与湖北相同者，大抵皆湖北人迁徙至湖南，而挟其故乡旧名以肇锡兹新土，非湖南之山水土地自始即有此名，与湖北所有者暗合。③

换言之，楚地洞庭、屈原沉湘，原本都是江北地名，后经人文播迁而成为江南地名，新名掩故名，遂令后人读古籍，以为战国楚地尽在湖南。他持此一观念，对于古史地理有许多新的发现。而就江南地名源自江北此一观念，姚鼐亦曾提出。姚氏

　　① 钱穆：《师友杂忆》，第352页。

　　② 参见《楚辞地名考》附注63。钱穆：《古史地理论丛》，台北：东大图书公司，1982年，第133页。

　　③ 参见钱穆：《再论楚辞地名答方君》，《古史地理论丛》，第180页。

《九江说》考辨"九江"位置，引《汉书·地理志》提出五点，反驳朱熹"以洞庭为禹九江"的失误，说：

> 禹九江处今湖北黄州府九江府之间，今黄州黄梅，汉寻阳县。故《地理志》曰："寻阳，《禹贡》九江在南，皆东合为大江。"是也。①

则姚鼐早已据《地理志》而相信九江在江北。《先秦诸子系年》成书于1933年，翌年宾四先生于《清华学报》9卷3期刊《楚辞地名考》，其中持论，仍然延续《系年》卷三论屈原洞庭诸条。《楚辞地名考》"释九江"条亦引《汉书·地理志》（同上引文）后，又说：

> 汉庐江郡无江南地，寻阳汉亦在江北，则禹贡九江在江北，班氏犹明指之。后人自以江南鄱阳诸水说之，九江始移而南；又益后以湖南洞庭诸水说之，则九江更移而西。②

关于江南若干地名于古代原在江北的观念，姚鼐早已提出。不过正如宾四先生所说的"烛照所及，苟有真知，无不同明"，一地名的考据，二人或为暗合，并非谁接受谁的说法的问题。不过笔者相信即为暗合，亦是由于宾四先生"寝馈梦寐"于古文家而精神意气相贯通的缘故。

五、结论

清代诸子学思潮的兴起，影响了晚清新思潮并促成了二十世纪初疑古运动，而《先秦诸子系年》则与此二者都有密切的联系。古史辨运动问题并不是本文的重点，笔者亦无意将此运动及疑古思潮复杂的因与果，简化为只有先秦诸子学。疑古

---

① 转引自徐世昌：《清儒学案》卷98，北京：中国书店，1990年，第589页。
② 钱穆：《楚辞地名考》，《古史地理论丛》，第118页。

思潮兴起的成因是非常复杂的。顾颉刚的观念，确有不少承自康有为思想[①]，而康氏的托古改制，又上承清今文经学中的公羊学[②]。1923年胡适于《国学季刊》1卷2期发表《科学的古史家崔述》，表扬崔述《考信录》的疑古精神，可见崔述与古史辨运动之间也有很深的渊源。顾颉刚自己认为，五德终始说是促成伪古史建构的重要关键[③]，童书业（1908—1968）在《古史辨》第五册《五行说起源的讨论》一文中对顾氏大加推崇[④]，则廓清阴阳五行之说，又是疑古思潮的重要启导。

本文特别着眼于从先秦诸子研究的兴起考察《先秦诸子系年》，主要是认为疑古思潮引起破坏固然巨大，但属于消极因素；对于二十世纪初中国新思潮的解释，尚需考虑积极因素。而清代先秦诸子学研究的潮流，即属于积极因素。因战国诸子，儒家以外，多以批判儒家为主，或批判儒家所向慕的西周礼乐制度为目标。即使儒门之中，孔门弟子、子思与孟子、孟子与荀子，亦各不相同，由此而形成了高度的多样性（diversity）。正如生态学（environmental studies）之强调生物多样性（biodiversity），认为多样性是促进自然生态环境健康的要素，思想、哲理研究也一样，价值的多样性或多元性，是促进人文学健康发展的重要元素。在二十世纪初的中国，在学术界和文化界群趋于摒弃以儒家价值为主体的中国旧文化传统之际，在欧美新价值新意识形态冲击中国之时，价值多元的先秦诸子思想，恰好和欧美的

[①] 康有为于1891年著成《新学伪经考》，并于1897年著成《孔子改制考》。读者并参王汎森：《古史辨运动的兴起：一个思想史的分析》第四章"顾颉刚与古史辨运动"。

[②] 陈寅恪《朱延丰突厥通考序》曾说："曩以家世因缘，获闻光绪京朝胜流之绪论。其时学术风气，治经颇尚《公羊春秋》，乙部之学，则喜谈西北史地。后来今文公羊之学，递演为改制疑古，流风所被，与近四十年间变幻之政治，浪漫之文学，殊有连系。此稍习国闻之士所能知者也。"陈寅恪：《寒柳堂集》，上海：上海古籍出版社，1980年，第144页，并参蔡长林：《论崔适与晚清今文学》，台北：圣环图书公司，2002年。

[③] 说详顾颉刚：《五德终始下的政治和历史》，顾颉刚编著：《古史辨》第5册，第404—617页。

[④] 并参杨向奎《清儒学案新编》第4册《附：受今文经学影响的"〈古史辨〉派"》说："顾颉刚先生在辩论古史的过程中，先后提出两种有名的论点，其一是'层累地造成的古史说'，另一个是'五德终始说下的政治和历史'。"杨向奎：《清儒学案新编》第4册，济南：齐鲁书社，1985年，第549页。

逻辑学、伦理学、社会学等新知识架构共同形成了活泼的思想环境，推动着中国新思潮的发展。

二十一世纪的今天，随着出土古文献日多，关于先秦诸子年代的问题，已有更多新证据和论述，部分或足以修正《先秦诸子系年》一书的某些论点。但笔者始终欣赏宾四先生全盘考辨先秦诸子与古史的毅力与魄力，以及他从乾嘉考据学萃取的方法与精神，也始终相信无论未来有多少新出土文献问世，传统文献和传统治学方法，应该获得学者的尊敬与重视。

何佑森先生学术思想的发展

一、前言

对一位以生命投身学术研究的学者而言，其毕生治学的问题意识之发展，必然与其自生精神生命的成长变化为一致。其所以在某一时期注意某一种观念，又在另一时期研究另一个观念，应非追逐潮流，随人俯仰，而是源出于其自身精神生命在不同时期对于不同的问题，渴求得到适切答案的动力。学术思想之于知识分子，就如饥餐渴饮，是源出内在心性的需求，是一种於穆不已之情。将一位学者一生中所提出的一连串问题、答案与观念贯串起来，应能窥探其精神生命的发展过程。本文拟以上述的基本观点与角度，尝试分析先师何佑森先生（以下尊称"先生"）毕生重要思想观念的发展。我将分别以"二""三""四"共三节，提出先生所重视的观念，包括"势""器""实学""经学""经世""体用""形而上、形而下""气质""反权威""清议""一体""生命"等，以说明先生学术思想的进程。

在整理先生的文稿时，我得以重新窥见先生思想观念的变化，引起了撰写本文的动机。本文对于先生毕生思想发展变化，谨提出"三次变化""四个阶段"之说。第一个阶段自1955年起，约至1958年止；此下八年为第一次变化。第二个阶段自1966年起，约至1974年止；此下四年为第二次变化。第三阶段自1978年开始，约至1990年止，当年发生第三次变化。1990年以后则为第四个阶段。倘以大树譬喻先生毕生思想，有"根柢"，有"主干、枝叶"，也有"花朵、果实"。本文即以四个阶段的学术宗旨，来呈现这样的发展状态。其间我将分别讨论上述十二个观念。这些观念，彼此之间有着交错的关系，有些观念经历了较长时间的发展（如"经学"及"经世"），不容易截然划分，只能在各节交错分析，以尽量呈现先生学术思想发展的节奏与前后历程。

二、第一及第二阶段：1955年至1978年

先生治学第一阶段（1955—1958）现存的论文包括《两宋学风的地理分布》（1955）、《元代学术之地理分布》（1956）、《元代书院之地理分布》（1956）、《〈元史·艺文志〉补注》（1957，1958）等五篇。这五篇论文客观而论，固然非常有代表性，但先生生前对此五文颇不惬意，认为与其中年以后之治学旨趣迥不相侔。但无论如何，今天我们回顾此一阶段，先生早岁已注意到地理空间与学术思想之间的关系，透显出一种以"宏观"观点盱衡整体的广阔视野。唯1958—1966的八年间，先生辗转在中国香港、美国、日本留学访学，并没有留下重要的著作，故目前只能视此八年为一个过渡变化，而不能视为一个独立的"阶段"。然而，其间先生先后问学于杨联陞（莲生，1914—1990）教授、吉川幸次郎（1904—1980）教授等大师，我们有理由相信，先生的思想在此期间，一定经历了相当重要的过渡变化，故学术兴趣很明显地从游观学风地理分布问题，而渐次转为确定于钻研清代儒学、文献和思想。因此，我将这八年间隔视为先生学术思想第一次转变。

1965年先生受台静农（1903—1990）教授之聘，返母校任副教授。自1966年起生活安定后，先生开始专注于中国近三百年儒学的研究，持续发表关于黄梨洲、顾亭林、颜李学派、龚定盦、阮芸台、陈兰甫等学者学术思想的论文，至于1974年为止，计约八年。

1966年先生首先发表的两篇论文，一是《清代常州学记》，该文已佚，但应该

就是1969年发表之《龚定盦的思想》的初稿①；另一篇则是《〈日知录〉札记》，讨论"黄金""吏胥"等关乎现实民生的大问题。翌年先生又发表《顾亭林的经学》，关怀"经世"的问题。常州学派也治经学，重经世，此显示先生很早就注意到"经学"和"经世"是两个不可分割的观念。"经学"二字，不能被限缩在纯文献的研究，更不能抽离掉其中的历史背景与意义。先生在论文中指出：

> 亭林治经，着重在以伦理为起脚点，以博文知耻为原则，进而钻研《五经》中有关"自一身以至于国家"，"自子臣弟友以至出入往来辞受取与之间"的事。②

---

① 我在编辑先生生平论文著作时，即以为《龚定盦的思想》与《清代常州学记》为两篇论文，前者刊登于《故宫文献》1969年12月第1卷第1期，第27—36页；后者则寻觅而不得。2008年秋天朱晓海教授嘱其高第往政治大学社资中心寻访了一份"科学委员会"所保存先生于1966年提交给"长期发展科学委员会"的文稿《龚定盦的思想》，旁注"清代常州学记"。据张弘锡《科学技术年鉴》，"长期发展科学委员会"于1959年成立，简称"长科会"，1967年始扩充改组为"科学委员会"。我分析《清代常州学记》就是《龚定盦的思想》的初稿。"科学委员会"所保存先生于1966年提交"长科会"之报告文稿，其"封面"题目、作者以及其中内容，均是三年后（1969年）始出版于《故宫文献》1卷1期之排印稿所影印。"封面"左上方有一长方形印记，内分三栏，最上一栏为"55"，应指1966年度，中间一栏为"人号5"（旁又有手写笔迹"H—005"，"55"），最下一栏为"科学委员会拨存教师研究著作"字样，题目旁边有手写"清代常州学记""台大"八个字。综合考察，先生提交1966年"长科会"之报告应为《清代常州学记》，但其后文稿佚失；至1967年"长科会"改组为"科学委员会"之后，不知道在哪一年，"科学委员会"始重新搜检保存以前送缴"长科会"之报告，而《清代常州学记》文稿已佚，故整理者以三年后出版之《龚定盦的思想》代替，于是而发生"1966年提交'长科会'之报告，其本子为1969年"之情事。然收录者竟将题目不同的两篇论文以后出版者取代之前发表者，必有所本，故收录后在"封面"标题旁径以手写"清代常州学记"六字。无论如何，前者可确定为后者之初稿，不能遽视为完全相同一篇论文。《龚定盦的思想》文末附注："本文为'清代常州学记'中的一章。"正可说明这一点。

② 何佑森师：《顾亭林的经学》，《清代学术思潮》，第240页。

可以为证。三年后（1969），先生发表《颜习斋和李恕谷的学术异同》。颜李一向并称，均以践履精神鸣世。先生除阐发此一精神外，又注意二人思想的不同之处。同年，将《龚定盦的思想》写定发表。自1970年至1973年，先生陆续发表了《阮元的经学及其治学方法》（1970）、《黄梨洲晚年思想的转变》（1971）[①]、《陈兰甫的学术及其渊源》（1971）、《钱大昕的学术渊源与要旨》（1972）、《清初三大儒的思想》（1973）等论文。这些论文的内容，我在这里不遑一一细述，但大致可以看出，先生选择了清代最重要的几位儒者，透过扎实的文献，仔细考察了他们的思想。这时期的先生，走的是"分别而观""专题钻研"的路子。而经过大约七年的努力后，先生在1973—1974两年间写成《清代中叶学术发展的趋势》（1973）、《明清之际学术风气的转变及其发展》（1974）、《清初学者对于孔子思想的继承与发展》（1974）三篇属于宏观考察的论文，前两篇可以说是对于过去七年来明末清初至清中叶儒学主题的一个贯串综合研究，第三篇则是在"清初儒学"与"孔子思想"之间建立起一条桥梁，在二十世纪初以来新儒家学者对清代儒学充满讥贬的学术氛围中，为清儒"也是属于儒学正统传承"此一理念，找出了一个合理的根据。

先生治清儒学术思想，自始即不是只着眼于文献，或只空谈观念和理论，而是非常稳固而全面地在文献、文辞、史实、观念四者之间，纵横交错，以一个或数个观念或问题为核心，引申推扩，呈现一幅立体的、整体的图象。在1974年以前，先生针对清代儒学的课题做"个别研究"的工作，展现较为圆融的格局；唯自1974年发表《黄梨洲与浙东学术》一文，因应文中所讨论"浙东""浙西"两学派异同的问题，而开始突出了一种"叩其两端"的"提问题"的方式。此后他陆续注意浙东、浙西和"汉学、宋学""体、用""朱子、反朱子""形而上、形而下"等几组对立的概念群。这些概念群，必须针对其对立性厘析其间的同异与辩证的关系。这是1974年起先生思想上的一个重要转折。

"浙东"与"浙西"的学派分合问题，自宋元以降，酝酿已久，经章实斋《浙东学术》篇的张皇，益为论学术思想史者所乐道。但赞成的人不少，反对的人也很

---

① 据朱晓海先生搜检，先生以该文申请1972年"科学委员会"研究奖励费时，则题为《黄梨洲的生平与学术》。

多。先生钻研学术地理分布之问题已很久，对此一问题自然有他的看法。他在《黄梨洲与浙东学术》一文中开宗明义地指出章实斋的区分观点为"错误"，认为实斋所指出浙东学派的特点，浙西学者也兼具；反之亦然。先生说：

> 以地域的观点，将学术史上的人物分门别派或划分界限，以现代知识分科的观点，将古代学者冠以经学家或史学家的头衔，这是错误的。我们试读顾、黄两氏的诗文专集，就会发现亭林、梨洲并未自立门户，其治学亦未尝先定范围，说得明白一点，所谓浙西与浙东之学亦绝无严格的分野。亭林、梨洲同是史学家，亦同是经学家，他们讲现代史学，共同的目的都重在经世致用。讲清初学术，如果不从此点着眼，终究将导致我们不能认清亭林、梨洲之学的真正面貌。①

我们将"以地域的观点，将学术史上的人物分门别派或划分界限……是错误的"这段话与二十年前先生所撰关于"地理分布"的论文相对比，不难发现先生论地理学风的观念几乎发生了一百八十度的转变。而其间的关键，正是先生提出的"经世致用"四个字。"经世"思想，的确是先生在1966年至1985年阶段的重要观念；但我也要强调，先生此时期对于"经世"，所得仍尚非甚深。

综合上述分析，自1955年至1966年的"第一阶段"和"第一次变化"，先生实事求是，出入经史，考订艺文，于学风地理分布有坚实的研究。自1966年进入"第二阶段"后，先生转为专注于清代儒学文献与思想，并时而推扩至上溯孔子、朱子，其间先生反复钻研，归结于1973年撰写的《清代中叶学术发展的趋势》和《明清之际学术风气的转变及其发展》两文，渐渐展露其重视"宏观"的企图心。故在此一阶段（1966—1974）中，先生改循分别而观、专题钻研、综合评断的路子，又同时重视学术宗旨的调和圆融、承继与发扬。在反复浸淫之中，先生的思想进境渐渐成熟，从实质的文献分析，开始提升到思想观念的吸收、消化、调和、整合。

自1974年至1978年之间有四年时间，是先生平生思想的第二次变化，也就是从"圆融调和"渐渐转为"叩其两端"。质而言之，1974年《黄梨洲与浙东学术》开

---

① 何佑森师：《黄梨洲与浙东学术》，《清代学术思潮》，第195页。

宗明义反对以学风地理为学者区分学派，并透过"浙东""浙西"争议的讨论，注意到历史上的许多学派与观念的对立现象，进而考察学术宗旨相反对立的两个学派或两种概念之间的矛盾与统一之关系。在这四年间，先生更从清初回溯宋学，于1976年发表了《朱子学与清代学术》，于1977年发表了《朱子学与近世思想》，旋即在1978年发表《顾亭林与黄梨洲——兼述清初朱子学》和《清代汉宋之争平议》。后两篇论文都可清楚看出《黄梨洲与浙东学术》的痕迹，但又有毫厘纤细的不同，主要在于：《黄梨洲与浙东学术》主张不分浙东浙西，《顾亭林与黄梨洲》一文的副标题是"兼述清初朱子学"则强调亭林、梨洲的经史之学是由朱子学发展而来①，清初学者大都由阳明上溯朱子、孔子。这篇文章可以说是透过亭林、梨洲的学术点出了儒学歧为理学、经学、史学之"异"，也从亭林、梨洲并出自朱子，再上溯孔子血脉的一贯之"同"：

> 朱子学发展到清代初年，其间经过儒与释的一番争辩，儒学本身又经过了一番检讨，逐渐演变成为一种经史之学。亭林、梨洲的经史之学就是由朱子学发展而来。他们特别看重史学，是因为义理不限于《大学》《中庸》，史学中的人事制度也有义理。朱子著《通鉴纲目》，讲的就是史学中的义理。梨洲反对将理学经学史学三者割裂，因为三者都是儒学中的一环。亭林、梨洲同一时期学者，也大都不愿儒学走向禅学的虚无一路，宁愿儒学偏向经史一途发展。当时陆王学者如李颙、孙奇逢等也有同一倾向，他们大都由阳明上溯朱子，承认朱子学最近孔孟。由孔子到朱子，是传统儒学的一条主要血脉，也可以说是清初学者的一个共同信念。②

从文中可以看出先生在这几年间解析汉宋、经史、义理人事等对立的概念愈来愈纯

---

① 这个观点实承自《朱子学与清代学术》及《朱子学与近世思想》两篇论文。

② 何佑森师：《顾亭林与黄梨洲——兼述清初朱子学》，《清代学术思潮》，第235—236页。

熟。至于《清代汉宋之争平议》一文，则提出"道德与知识不能分途"[①]，固然是之前强调"圆融"的调子。但该文中也提出"平心而论，汉学有流弊，宋学也有流弊"[②]，指出了汉学家与宋学家对于"虚、实"两概念有不同的诠解，更指出有"汉人小学"和"朱子小学"的不同[③]。虽然先生也处处强调"小学"归结于实践的共同精神，但这篇论文也从许多对立的观念，辨析汉学与宋学的不同的诠解角度，则显示了先生所进行的，已不再是前一阶段单纯圆融调和的考察，而是从一种对立、歧异的观念与立论中，叩其两端，辨其是非，穷其义理，一击而断，作出平情的评议。

三、第三阶段：1978年至1990年

1978年以后先生学术思想进入"第三阶段"。1980、1981年延续"第二变"开始"叩其两端"的大方向，先后发表了《近代思想史上关于体用问题的争论》（1980）、《近三百年朱子学的反对学派》（1981）、《朱一新对清代学术人物的批评》（1981）等三篇文章。宋儒和清儒对于"体、用"的定义本不同，清儒中也存在着"主宋学"和"反宋学"两种立场或态度。朱子为宋学集大成者，影响近世东亚思想甚巨，但验诸史实，朱子学的反对学派也的确存在。朱一新持宋学立场非常鲜明，先生一一分析其对清代学术人物的批评，从中观察出他以心性功夫为基础，进而肯定气节、经世等价值。先生论清代学术，从来就没有落入门户之见，而是紧紧扣着汉宋分歧所衍生的种种思想观念，作出毫厘之辨。其立论鞭辟入里，处处充满启发性。

---

① 先生在该文中说："真正为世人所称道的汉学家，其一言一行，必然合乎宋学家所规定的道德标准。近人争论汉学宋学，是非考据义理，唯一遗憾的是将道德与知识分为两途，将考据与义理分成两截，未能透过考据与义理将两者合而为一，未能更进一层离开知识深究一下汉学家的道德实践。"何佑森师：《清代汉宋之争平议》，《清代学术思潮》，第151—152页。

② 何佑森师：《清代汉宋之争平议》，《清代学术思潮》，第147页。

③ 何佑森师：《清代汉宋之争平议》，《清代学术思潮》，第158—162页。

1981年以前先生已讨论过"经学""经世""体用"等观念。1981年则开始阐发"实学"这个重要观念。该年先生受香港中文大学龚雪因计划邀请，赴该校专题演讲"清代实学"，这次演讲文稿，虽然没有正式发表，却掀起了海内外讨论"实学"的风潮①。从该文的论点考察，先生从心性与实践、经世与经济等多个角度去考察清代"实学"的精神，可见他对于此一观念的内容有非常复杂和细微的考虑。可惜先生的提法，后来被不少学者过度引申，大大超出了先生立说的本意之外②。1989年先生在韩国汉阳大学专题主讲了"明末清初的实学"③，是1981年《清代实学》一文的论点发展出来的④。从《明末清初的实学》一文考察，先生所阐释的"实学"涵义，和他早年提倡"经学""经世致用"等观念都有关系，既奠基于文献分析，又顾及观念本身的抽象涵义，更铺陈了观念背后的历史背景。"文史哲不分家"一语，先生一向不唯口说，更常常贯彻于其学术研究中。《明末清初的实学》提要云：

> 论文分四部分：一、"宋代实学"，说明理学是实学的观点；二、"清初实学"，说明经史、经世、质测、名实、事功、道德和实学的关系；三、"虚实之辨"，说明实学思想的形成和虚实之辨的关系；四、"注释"和正文相辅相成，其中涉及器、事物等几个重要观念的讨论。

---

① 1991年我在香港参加亚洲史学家学会（IAHA）时遇到大力提倡"实学"的葛荣晋教授，葛教授特别向我承认，先生是掀起海峡两岸关于"实学"的讨论的第一人。

② 关于这一点，详参郑吉雄：《从乾嘉学者经典诠释论清代儒学思想的属性》，《戴东原经典诠释的思想史探索》，第290—291页。

③ 1989年6月韩国汉阳大学之研讨会"Semi-Centennial International Symposium on 'The Role of Future University'"。该文刊《台大中文学报》第4期（1991年6月），第37—51页，并获1990年"科学委员会"优等奖。

④ 在该论文文末"附记"中先生说："笔者于一九八〇年及一九八九年先后应邀在香港中文大学和韩国汉阳大学作专题演讲，讲题分别是'清代实学'和'明末清初的实学'。由于生性疏懒，初次讲稿整整整理了十年，内心始终感到不安，特此谨向两个主办单位深致歉意。"雄按："1980"应作"1981"，此应系偶然忆述之误。

该文分为三个部分：一是宋代实学，二是清代实学（下分"经史和经世""质测""名实和事功""道德"四节），三是虚实之辨。这篇论文并没有"结论"，但这篇"提要"实可视为结论，其中特别提到这篇文章的注释和正文"涉及器、事物等几个重要观念的讨论"，值得读者注意。先生在1990年申请"科学委员会"研究奖励时，自述"重要研究成果"说：

> 近几年来，我开始用现代人所谓的"宏观"方式，处理一些中国学术思想上的问题，已经完成的有：《论"变化气质"》《论"形而上"与"形而下"》《尊孔与反孔》《历史思想中的一个重要观念——"势"》《明末清初的实学》等。记得曾于一九八一年应香港中文大学龚雪因计划邀请，专题演讲题目是"清代实学"。去年一九八九年六月又应韩国汉阳大学邀请，专题演讲题目指定为"明末清初的实学"。

从这段话看，1981年至1989年先生提出了几个重要的观念，其中"实学"应该是最重要的。

在1981年至1989年之间，还有三篇论文值得一提。第一篇是1985年的《论"形而上"与"形而下"——兼论朱子与戴东原》。这篇论文围绕着"形"这个概念，以"三个时期"说明魏晋思想家首先围绕"有形""无形"的问题展开讨论，朱子则承北宋诸儒之说认为形上形下有分别但不相离，及至刘蕺山、王船山和戴东原则偏重形下之气。这篇论文延续了1980年关于"体、用"的讨论，再次从源头上讲明了宋学与汉学歧异的理论背景，并且为1990年撰成的《中国近三百年"经世思想"中的一个基本观念——"器"》一文奠定了理论基础。第二篇是同年（1985）发表的《论"变化气质"》。该文从"周敦颐"《太极图说》对二程气质说的影响谈起，第二部分分论张载"学能变化气质"及朱子"读书变化气质"两种见解，第三部分则以"明清学者的批评"来陈述此二说在明清时期的发展，以见明清儒者思想的转化。最后结论指出宋儒与清儒对变化气质不同看法的理论背景，并进而讨论"知识"与"道德"之间具有不可区分的关系。

第三篇论文则是1986年发表的《历史思想中的一个重要观念——"势"》。该文以"势"观念为中心，讨论了相关的"威势""形势""趋势""时

"变""几"等几个观念，也讨论了"理决定势抑势决定理""尊经和尊史之异""推动历史的动力是圣人意志抑或客观形势"，更针对"势是不是气""可不可以造势""理和势可不可以分为两截"三个问题，提出答案。先生在文中有一段非常精辟的话：

> 我认为理和势是体用的关系。用杯子为例，杯子是器物，是用肉眼可以看得到，手可以接触到的事物。我们可以毫不犹豫地说，杯子这个器是体，是实的，就如同我们的身体一样。我们喝水，将水注进杯子的空的部分，空的部分是用。杯子的用和杯子的体是分不开的，这就是古人所谓的"器体道用"（原注：清代大部份学者主张"器体道用"），理势的体用也是如此。如果追问杯子这个器是如何形成的，我们穷追不舍一直问下去，最后必然会超出了人的经验知识，跑进了哲学的概念领域。用概念一步一步地向上推，终于我们找到了杯子这个器的本源，原来是道。这个道是永恒的，不变的，实在的；它所创造出来的东西倒是暂时的，变化的，虚而不实的。这就是古人所谓的"道体器用"（原注：宋明大部份学者主张"道体器用"），理势的关系也是如此。从本源看，是理决定势；从现象看，是势决定理。古人所说的"理势合一"（原注："理势合一"是王夫之的观点），"体用一源"（原注："体用一源"是朱熹等学者的观点），可能是这个意思。[1]

"理"是理学家、宋明儒喜欢讲的；"势"是历史家、法家喜欢讲的，先生从"杯子"之"器"的本源是"道"，推论体用不能分，道器不能分，而论证"理"与"势"也是同源。先生仍然以"叩其两端"之法进行考察，针对两种不同的诠释"势"的对立意见，勾勒出双方的立论依据，引申到其他相关的几个重要观念，说明其互相依存的关系。这篇论文对于理解中国思想史的观念相互间的关系，有极大的帮助。

先生从历史与思想两方面切入分析"势"的观念，体现了第二阶段折入第三

---

[1] 何佑森师：《历史思想中的一个重要观念——"势"》，《儒学与思想——何佑森先生学术论文集（上）》，台北：台大出版中心，2009年，第53页。

阶段（即第二次变化）的叩其两端、同中见异、异中见同的分析方法；四年之后（1990）先生撰成的《中国近三百年"经世思想"中的一个基本观念——"器"》一文中阐发的"器"观念，则进一步为此一时期（第三阶段，1978—1990）学术思想，作出了阶段性的总结。

约在1988年夏天起，先生常常和我讨论陈子龙、徐孚远（1600—1665）、宋徵璧（约1602—1672）合编的《皇明经世文编》以及清代十多部《经世文编》的相关问题。1989年秋天"科学委员会"研究奖励申请期间，先生口述，由我记录下来他的"未来三年研究构想"中说：

> 中国近三百年学术分两大部分：一是经史考订之学，一是经世之学。前者已取得很好的成绩，后者正在开始阶段。经史考订的对象是古代文献中文物典制问题，经世致用的对象则是近代掌故中的政治社会问题。现存的经世文献，除了十八部《经世文编》所收大量文章之外，在清人专集中未收的尚有很多，其数量并不少于两清《经解》，内容讨论的都是现实历史问题，代表了很多知识分子的心声，是近三百年学术史的重要部分。我计划在未来三年从其中发掘一些重要问题，为清代学术开拓一个新的领域。

先生注意到"经世"和《经世文编》以后，"计划在未来三年从其中发掘一些重要问题"，《器》一文就是第一个被发掘出来的重要概念。先生在文中首先忆述他大约在1980年前后与钱宾四先生关于中国近三百年学术史观点的一番对话①。在这次对话中，先生向钱先生提出了"经世"作为中国近三百年学术思想的主要观念的理由，并且经由反复说明，终于得到钱先生完全认同与支持：

> 钱先生最后要我说明一下经世思想的意义。我说，这个很难，因为经世思想随着时代的变化而出现了不同的意义。在清初，万斯同（1638—1702）就反

---

① 先生在文章中说："记得大约在十年前，有一天我和钱先生坐在素书楼上赏月，一边品茶，一边闲谈'时务'。我突然说，清代学者不只是专读经书，只做考据，也和我们现代人一样，非常关心'时务'的。"

对把"经济"当作经世。［原注：万斯同《与从子贞一书》云："至若经世之学，实儒者之要务，而不可不宿为讲求者。……吾窃不自揆，常欲讲求经世之学。……夫吾之所谓经世者，非因时补救，如今之所谓经济云尔也。"。（《石园文集》卷七，四明丛书本）］实际上，自明朝亡国以后，学者群起检讨历史的兴亡和制度的得失，这是清初的经世。乾嘉时期的学者，分析经史上的事物，也可说是研究古代的制度和现代的掌故，进而联系两者的关系，这是清中叶的经世。从道光到光绪，"变法"从理论的研究到运动的实践，这是清晚期的经世。清代有十八部以上《经世文编》，每部《文编》各有其特定的内容。随便翻读一部《文编》，从它所收录的文章内容，至少大致可了解这部《经世文编》的经世意义。《文编》收录的文章真的是汗牛充栋，其中的文字透露了读书人的感情和思想，这些心声不是用考证方法所能表达的，也不是清代两部《经解》所能概括的。我将来有意要写一部中国近三百年经世思想史，就不知道我有没有这个能力。钱先生听完我的话，满面笑容地说，很好，很好。当年梁启超和我写学术史时，都没有注意到这一批有价值的文献，我很同意你的观点，希望在我有生之年，能读到你的著作，今天时代不同了，不能老是局限在几部古书上，考个没完没了，学术应该为年轻一代开出一条新的途径，适应这个时代才对。

先生这次谈话重点是在"经世"；但在这篇文章的后半，却是在"经世"的涵义上，缕述清儒对于"器"观念的解释与阐发。我的解读是："器"这个观念和"道"是不即不离的关系，宋明理学家偏喜谈"道"，先生特揭"器"作为清代学术宗旨，即有综绾道器、连接汉宋、兼摄体用之意，抑且注入"经世"作为新的活水源头，让"经世"之主旨与"器"之观念互相支持，更显得充实而有光辉。该论文最后一段讨论"器之道"与"道之器"，其意正在于此。可以说，"器"是"经世"的先导观念，"经世"则是清代学术思想的主脉。1990年，秋天先生为新作《中国近三百年"经世思想"中的一个基本观念——"器"》撰写"论文提要"说：

　　本文分为三部分，共讨论了五个主题：一、检讨中国近三百年学术发展的主流问题；二、说明经世思想的意义；三、说明器的含义；四、说明器的观念与经世思想的关系；五、对未来学术发展的展望。作者正开始写作"中国近三百年经世思想史"，这一篇文章是概念部分。

从这段"提要"中，我们可以了解，1990年先生曾有过写作《中国近三百年经世思想史》的构想，并准备将《器》一文作为该书"概念"部分。

钱宾四以及梁任公二位先生关于中国近三百年学术思想史的解释，向称对立。先生《器》一文找到了一个完全不需要批评两位先生的崭新观点，更整合了1990年以前阐发的经世致用、体用合一的思想。这篇文章，先生用以作为申请"科学委员会"年度奖励费代表作之用，从没有正式发表过；但它的重要性，窃以为又超出了先生前期所发表的多篇掷地有声的论文。要知道强调"经世致用"的"器"观念，实为近三百年学术思想找到了一个清楚的定位。有清一代（1644—1911）二百余年间思想史的发展，在整个中国思想史上的定位与价值，一向较为模糊。持宋学立场者多所批评，甚且认为清代学绝道丧；研究清代学术者一般则多做归纳叙述的工作，广泛考察清儒的文献业绩，对概念部分则鲜少论及；也有的学者对清代哲学多所推崇，却不免带有浓厚的意识形态（如过去以唯物论立场强调清代唯气论的学者）①。唯有先生是扎扎实实从文献着手，洞见汉学考据、宋学义理与儒家二千年一贯的经世思想，而标举了一个"器"字，宗旨最为明朗。一提到"器"字，"道"字已隐伏其中，则体用兼备，上下一贯；益之以"经世致用"的思想，则汉宋之争，又一旦而归结于实用，总之，经典文献与抽象观念相须并重，学术理想不能脱离现实人生。这是先生1990年前后学术思想的大旨。

综上所述，先生学术思想的第三阶段，自1978年开始，至1990年为止。1974年以前不着眼分而着眼合。1974—1978年思想发生转变，始着眼变、异、对立。其间

---

① 依我之陋见，唯先生以及余英时先生（二人为新亚书院时期的同窗）成功消融转化了钱宾四先生《中国近三百年学术史》"清学源出于晚明"的宗旨。余先生从"道问学继尊德性而兴起"的观点，以"知识主义"为核心观念，厘清清代思想的属性及其对现当代中国知识前景之启示，其立说影响甚大。当然，先生"器"与"经世"的观念，与余先生的立言宗旨相比较，实各有偏重，不尽相同，可见一个学派学术思想的发展，后出转精，胜义纷起，随时而变，均贵于自得。

先生特别重在厘析"汉宋平议"的相关观念，认为"学派"与"反对学派"、对立的观念如"形而上"与"形而下"均须要注意，一定要从对立之中，观察异同，才能真正做到客观持平。1985年起，先生才渐渐结束汉宋、形而上形而下的叩其两端的态度，以"实学""气质"（1985年发表《论"变化气质"》）等观念，重新整合其思想，至1990年而确立"器"思想。

四、第四阶段：1990年以后

1990年先生既奠立了"器"的宗旨，学术思想也很快地经历了第三变，而进入了"第四阶段"。此下先生思想圆熟，温故知新，开展出一连串的新观念与新思想。先生首先回过头来重新检讨"经学""经世"两个观念，并拓展相关的人文精神与思想问题，提出对于未来学术研究前景的方向。1992年12月"中央研究院"中国文哲研究所筹备处主办"清代经学国际学术研讨会"，先生受邀担任主题演讲，即以"清代经学思潮"为题撰文，并将初稿作为申请1993年度"科学委员会"研究奖励费之代表作。他在1992年秋天为《清代经学思潮》一文撰写"提要"说：

> 论文分为三个部份：一、两类资料——1. 皇清经解，2. 经世文编；二、经学与理学的一体思想——1. 为什么反理学？ 2. 什么是一体思想？三、经学与史学的一体思想。

翌年全稿写定，第一节"自然与人文结合的新思潮"，先生特别提出方以智《物理小识》"质测藏通几"一语，认为清初学者早已为自然之"质测"与人文之"通几"，提出了整合的可能性。先生说：

> 结合自然与人文的研究，是清初学者所提出的一个新的课题，后来逐渐形成了一股新思潮。经学思潮只是其中之一，除此之外，也包括了经世、史学、文学等思潮。结合自然和人文的研究，衍生了许多问题，譬如说，天文算术和文物制度结合的经学等就是一例，这些都需要分别地处理，才可以认识清代学

者结合自然与人文研究的新课题。[①]

先生认为经学思潮不是孤立的，它也与经世、史学、文学等思潮相关。接着他提出《皇清经解》与《经世文编》两类资料的相辅相成，那就是经典文献与经世致用的相结合。自第三节以下，先生提出"一体"的观念，除了上述"人文与自然一体""经典文献与经世致用一体"外，尚包括"经学与理学一体""经学与史学一体""义理与事功一体""天文算术与文物制度相结合"的"一体"等。"一体"的观念，将先生第二阶段着重"叩其两端"的立题方式，又重新转变而为强调圆融调和。但这种圆融调和，与早年第一阶段强调学风地理、第二阶段对清代诸儒分别而观的圆融调和，大不相同。它是先生经历了十二年"叩其两端"的思考模式以后，重新强调一切自然与人文一体性的一种圆融，其中涵括了宇宙论、认识论的问题，同时也间接对儒家道德形而上学的思想架构，提出迥异的看法。论文中，先生对于近世儒者不同的成学之途——有些从理学入手，有的从经学入手，也有的从史学入手——也表达了高度的尊重（所以也涉及工夫论的问题）。先生最后作结论说：

> 方以智在《药地炮庄》中，反对"斩头求活"。唐甄在《潜书·良功》中，反对"裂一得半"。世上没有无头的活人，也没有所谓半个真理。血脉是相通的，经与史、经学与理学、学与悟；甚至自然与人文，何尝不可以如方以智在《东西均》中所主张的"合二为一"呢？更何况老子所谓的"人法地，地法天，天法道，道法自然"，何尝不将人与天地自然合而为一呢！[②]

先生在《清代经学思潮》这样的题目下，自首至尾彻谈"一体"的思想，其中对于如何改善人文学者分派分裂之弊，如何消除自然科学与人文学之间的隔阂，谆谆善诱，再三致意。

"经学"与"经世"并重，原本就是先生早岁所强调的。1995年先生撰写

---

① 何佑森师：《清代经学思潮》，《清代学术思潮》，第116页。
② 何佑森师：《清代经学思潮》，《清代学术思潮》，第128页。

《清代经世思潮》，承续五年前《中国近三百年"经世思想"中的一个基本观念——"器"》一文强调"经世"的要旨，首章开宗明义即提出"儒学中的四个基本观念"——义理、事功、经世、功利——之间错综复杂的关系，接着先生指出《明经世文编》与清儒经世之学之间的传承关系，指出了"经世"与"事功"不同。清代"经世"思潮，与"华夷之辨""反理学""反礼教"的思想都有密切关系。先生认为，"华夷之辨""反理学""反礼教"的出现，自有其现实历史背景，对于清代历史与思想产生重大冲击。这是经世学者所不可不知的。先生也评论了"礼教""伦理""反礼教"的关系：

> 如果摒弃了生命中人伦之理的准则，单独制定许多不合理的礼，失去了礼的精神，礼便变成教条，礼就不能说是理了。不合理的礼，最后必然造成反礼教的运动。①

不但"理"与"礼"要兼顾，经术经世和史学经世要兼顾，"道问学"和"尊德性"也要兼顾。这是先生对于"经世思潮"的一种整合性观念②。

先生从1992年的"一体"观念，又发展出1995年发表《近世儒学中有关生命的几个故事》对"生命"尊严的呼吁。先生早岁飘荡，备尝艰困，特别能体会社会上穷者、弱者无以为生的痛苦；故其提倡经世，本即出于对人类生命的关怀，也不无蕴涵自身生命的深沉感受。先生也进一步将这种深沉的感受，投射到经典史籍所载古往今来知识分子"忧时"与"爱物"的生命情怀，并且一贯以其简驭繁、举重若轻的笔触，娓娓道出个人生命与群体生命在生死、穷通之际，应该秉持的高尚精神。先生首先标举的是"尊"这个观念。知识分子尊经、尊史、尊心，都有一个

---

① 何佑森师：《清代经世思潮》，《清代学术思潮》，第138页。

② 先生《清代经世思潮》提要说："一、分析经世、事功、功利、义理等四个观念的相互关系。二、分析心学如何转化为事功。三、讨论《明经世文编》一书对清初经世之学的影响。四、从华夷之辨和反礼教言论看清代经世思想的时代意义。五、从文和质的观点分析道问学和尊德性的关系。六、从尊心、尊经、尊史中的'尊'字，看理学、经学、史学三者的一体关系。"

"尊"字。先生指出，生命需要尊重和尊严，经史文献也需要尊重和尊严，但这个"尊"字，不是教读书人做一个目下无人的高傲者，而是要珍惜人类生命中最可贵的与自然世界相融通的自由，也要珍惜人人而殊的独特遭际与殊别个性。先生说：

> 近世儒家要求无论识字或不识字的人都成为圣人，或学为圣人。他们太过强调圣人，而忽视了自然；太过看重圣学，而看轻了生命。史实证明，在几千年历史上，到底出现了几个圣人？不是圣人的人也会想，圣人到底与我何干？话说回来，人在自然中，只要学到王阳明在"生死一念"间所表现的心胸洒脱，朱子在《论语注》中所说的宽宏包容，做些有意义的事，这时的你何尝不是"圣人"，又何必刻意地"学为圣人"呢？[①]

与其歌颂圣人，不如歌颂深藏在每个人心灵里面的自由洒脱、宽宏包容的灵性。这是先生的真意。先生平生绝不在文字上与他人较论是非，但这段文字中，却可以看出先生非常委婉地劝导讲儒学的人，不要胸中老横着"圣人"，以致看不起一般人。先生在结论中也一再点出"生""尊""悟""理""气"五个字在人类生命中的意义。这篇论文，价值观念极其鲜明，辞义含蓄温厚，隐含悲悯之情，反映的是一位对于人生穷通顺逆已了然于胸的知识分子，在消融各种原始文献和抽象概念之后，提炼出对生命的亲切感受。先生因此文而获"科学委员会"颁授杰出奖，可谓实至名归。

最后我要特别提出的是先生《中国二千五百年以来的"清议"》这一篇晚年的力作。此文原是先生于1998年5月4日在北京孔庙演讲之讲稿。先生选择此一时间和地点，选讲此一题目，已见不凡。"清议"的观念，看似与先生前期的论文宗旨，均不相同，实则不然。先生早年个性耿直，于是非对错之际，直言无隐，凡先生之师友无不知晓。故先生早岁撰文，已特别重视知识分子的独立自由之思想。1969年写定《龚定盦的思想》一文时，先生对于定盦自由批判的精神，在字里行间透露出仰慕之意。他说：

---

① 何佑森师：《近世儒学中有关生命的几个故事》，《儒学与思想》，第109页。

> 尊诸子，重史学，以及对于当时现实问题的深入批评，而终极以重士、养士为归宿，才是定盦学术的精神所寄。[①]

又说：

> 最能代表定盦性格的，是《捕蜮第一》《捕雄黑鸱鸮豺狼第二》《捕狗绳蚂蚁蚤蟹蚊蛇第三》三篇简短的小品。他认为蜮性善忌，"能含沙射人影，人不能见"。豺狼之性善慑，"必噬有恩者及仁柔者"。蚊蛇无性，聚散适然，"而朋嚼人，使人愤耗"。人若不能使其殄灭，则遗患无穷。定盦以此比喻当时小人，含义深远。此文似与管同《除奸》一篇的用意相近。[②]

先生耿介的个性，毕生未移，他注意知识分子的独立自由之思想，亦未尝间断。他在"第一届国际孔学会议"（1987年11月12—17日）上发表《中国历史上的尊孔与反孔》一文，在当时传统价值观念仍深植人心的年代，让不少与会的儒学研究者大惊失色，无法理解何以先生在"孔学会议"之上提出"反孔"一词。论文具在，先生之意，当然不是为宣扬"反孔"，而是要"检讨这二十年来的反孔或反传统运动"。究其深意，先生是为了劝诫研究孔学的学者，不能一味用正面的态度歌颂孔子的功绩，应该深入理解"反孔"思潮的形成原因。先生在论文中就明确指出，历史上"反孔"的学者往往并非反对孔子，而是反对自命继承孔学、惑乱世道的世儒。先生持论之特立独行，于此又可见一斑。

与"清议"观念直接相关的，可能是1991年撰成的《论戴震"以理杀人"说的历史意义》。该文中先生直接揭示了知识分子对于现实政治社会不公不义的批判精神。在论文提要中，先生将该文分为三个部分，说：

> 一、"权势杀人"，此章分析唐甄、黄宗羲、吕留良等各家的言论。二、"学术杀人"，此章分析颜元、张伯行的言论。三、"反权威思想"，此章分

---

① 何佑森师：《龚定盦的思想》，《清代学术思潮》，第397页。
② 何佑森师：《龚定盦的思想》，《清代学术思潮》，第410页。

析谭嗣同、章炳麟、胡适等各家的言论。以上各家言论都和戴震的"以理杀人"学说有关，藉此不但可以看出戴学的传承关系，而且也可了解到戴学的历史意义。

继"以理杀人"的命题提出后，1993年先生又在两年前《论戴震"以理杀人"说的历史意义》的基础上撰成《清代的反权威思想》一文。论文开宗明义说：

> 学问领域中，各自都有权威，如朱熹、王守仁是学术权威；在政治上，有名实相符的权威，如天子、皇帝；以及权威所制造的特权阶级，也是权威，如宦官、权臣；更有名实不符的权威，俗称傀儡，如明神宗、清德宗。本文提出讨论的是政治权威与学术权威，因为在中国历史上，有时是思想指导政治，有时则是政治领导思想，阳儒阴法或阳法阴儒，两种势力的抗争，有消长，有融合，很难明显区分。不是以法为主体，就是以儒为主体。（原注：《儒林传》和《酷吏传》出现在同一部史书中，充分暴露了儒法两种势力的冲突。）[1]

先生在论文中并没有剑拔弩张地批判权威，而是一贯地站立在一个超然的立场，纵目古今历史中权势、权威的消长。先生首先引述明末清初的许多政治权威的杀人事件，以及知识分子的批判态度。接着回顾了明代因讲学不屈，而遭到株连屠杀的士大夫的故事，以及清初以降的文字狱故事，并从中讨论清代知识分子提倡变法、平等思潮背后所蕴藏的反权威的思想。

　　1998年先生在"反权威"观念的基础上形成了"清议"的概念，为知识分子自由批判的精神，作出了他个人思想最重要的总结。《中国二千五百年以来的"清议"》一文首先指出"清议"和"为迎合群众，而颠倒是非，满足人们对现状的不满"的"横议"是不同的，先生引述龚定盦的思想，认为只有"史家"是最后的裁判者，是"公正的清议者"：

> 清代史家龚自珍定盦，举了一个例子：一出戏的演出，有的扮演正派角

---

① 　何佑森师：《清代的反权威思想》，《清代学术思潮》，第103页。

色，有的扮演反派角色。这些艺人，都在堂下卖力地表演唱做工夫；而坐在堂上的史家，是一个观众。他静静地观察，耳听唱腔，眼看演技，不时指指点点，看谁尽责，谁未尽责。这时，史官万万不可跳到台上，穿上戏服，混在艺人中，客串演出。（原注：《龚自珍全集·尊史》篇。译文用意译，其中有笔者的意见。）史官又好比是一个法官，坐在审判椅子上，聆听案情，岂可走到台下，参与原告和被告双方的辩论，否则，最后由谁来作判决呢？[①]

可见"清议"的首要条件，是知识分子的自尊，要先做到客观、公正，更要记取董狐和南史氏为直笔、为真理而不畏死亡的独立精神。接着先生讨论"清议"与历史上发生的学生运动，列举陈东、贾似道、朱子、东林党人的历史例证，指出这些运动的背后，有清议，也有横议，两种势力的争持，真相真理往往很容易混淆。最后先生则指出儒家清议和道家清议的不同[②]，前者多趋保守，后者则以隐逸之姿而每成为时代变迁的改革者。清议者必须本于良心，而风俗人心则决定清议的存亡。

综上所述，先生学术思想，1990年为第三变；自1990年起至1998年告一段落，为第四阶段。其间先生重新检讨"经学思潮"与"经世思潮"，对"经"字灌注更丰富而多层次的意义，从当中引发出的"一体"思想，至为重要。由"一体"又推论至于"生命"二字，将历史的故实、儒学的观念、知识分子的自尊，共相熔冶为一炉。同时期先生也以六十余年耿介不阿的个性为根本，从"以理杀人"之论推扩至于畅论"反权威"，终而深入检讨中国历史上的"清议"，畅论对知识分子争取独立自由批判精神的理想。"一体""生命""反权威""清议"等四个观念，实可以视为先生第四阶段的定论。

---

① 何佑森师：《中国二千五百年以来的"清议"》，《儒学与思想》，第37—38页。先生平日和我聊天，常常用定盦的这段话来告诫我治学要客观、超然。

② 先生说："儒者恪守道德规范，言行保守，是当权者笼络的对象；道家不为道德束缚，想说就说，敢于直言，身为贤者，却不受欢迎，只好过着隐居生活，他们有学有识，等待机会，往往是改革的先驱人物。"

五、结论

总结前文，先生的学术思想，约可归纳为三次转变，凡四个阶段。分论如下：

第一阶段自1955年起，至1958年结束。其间先生发表《两宋学风的地理分布》《元代学术之地理分布》《元代书院之地理分布》《〈元史·艺文志〉补注》等论文，注意到地理空间与学术思想之间的关系，已透显出一种以"宏观"观点盱衡整体的广阔视野。1958年至1966年的八年间，先生经历了一个重要的过渡变化（第一变），学术兴趣从游观学风地理分布问题，而渐次确定于钻研清代的儒学、文献和思想。

第二阶段自1966年起，先生转入近三百年儒学的研究，持续发表关于黄梨洲、顾亭林、颜李学派、龚定盦、阮芸台、陈兰甫等学者学术思想的论文，至于1974年为止，计约八年。其间先生钻研清代儒学，归结于1973年综观清中叶学术发展趋势和清儒对孔子之继承的两篇论文。1974年《黄梨洲与浙东学术》一文重视学术宗旨的调和圆融，内蕴则隐含一种从对立之宗旨游观其异同的气象。先生此一阶段（即第二阶段）专注于清代学术，治学特色，是走了分别而观、专题钻研、综合评断的路子。

1974—1978年之间有四年时间，先生又进入了一个过渡变化的时期（第二变），其间先生的思想进境渐渐成熟，从实质的文献分析提升到思想观念的吸收、消化、调和、整合，并注意到学派对立的问题。

自1978年起先生进入第三阶段，更清晰地揭示平议汉宋之争、讨论体用问题之争论、注意朱子学的反对学派，突显了先生对于相反、相争之不同观念与宗派之间的对立，既不肯妄为调和，又不肯任意抑扬彼此，而是在"平议"之际，崭露出一种以"气""器"两大观念整合汉宋、体用等问题的立场，并指引出"实学""经世"的方向。尤其1990年先生提出"器"观念，绾合了此一阶段（即第三个阶段）着眼于气质、"形上形下"的思想观念，为后来的"一体"思想，奠立了重要的基础。因此第三阶段自1978年开始，至1990年为止，凡十二年。其间先生以"叩其两端"的态度，考察学术流别的分合，深探近世学人宗旨的异同，最终以"器"观念总结了十二年的丰硕成果。

1990年前后，先生思想又一变。在此以前多用"叩其两端"的方式进行分析、调和；自此以后，融会贯通，游心于汉宋理气之间，出入于内外体用之际，是为第三变。自该年起，先生进入其学术思想的第四阶段，提出了"一体"的观念，指出经学经世是"经"的一体两面。论内圣一路则提揭出"生命"的一体性，论外王一路则标举"反权威"、礼赞"清议"，发扬知识分子自由批判之精神。"一体""生命""反权威""清议"是此一阶段的四个主要观念，实为先生学术思想最成熟的产物，可称为晚年之定论。

正如"前言"的大树之喻，先生第一、二阶段为树的根柢，艺文、学派地理分布、清儒经典思想等研究，厚植其下，自古今文史哲丰富之土壤，汲取养分；第三阶段为大树的主干、枝叶，其间析论汉宋、体用等课题，深探学术流派宗旨的分合异同之故，而归结以蕴涵"经世"思想的"器"观念，奠立了一生最重要的关怀课题；第四阶段则为开花结果，以四个重要的观念整合了前期所有的思想与关怀。

先生生前常告诫我，读书当求自得，尽可吸收前贤胜义，但切勿追步他人。先生说："人人都有一个面目，他人即藉此面目来认识对方。写文章也如此，切忌写起来没有面目，看不出自己的个性。"所以先生常常叮嘱我不要学习他。我认为这一点非常重要。历史上一个学派的盛衰，端视后学如何承继发扬；而所谓承继发扬，绝不是要求学生将老师讲过的观点与内容再讲一次。倘仅能如此，那就代表这个学派衰微。一个学派真要有所发展甚至大盛，后继者必须切合历史环境的变化，用新的思维提出新的讲法，以印证、诠解、光大前贤学术思想的精髓。先生早年追随钱宾四先生治学。宾四先生晚年，先生每周必赴外双溪与之论学谈天，风雨不改。但先生平生论学撰文，与宾四先生路径颇相违背，论者或感不解；不知先生深悉学术传承之道，不求形貌之似，而一以自身生命所观所感，开出一个迥异于宾四先生的精神世界。如本文"前言"所述，学术思想之于知识分子，就如饥餐渴饮，是源出内在心性的需求，是一种於穆不已之情。关于先生平生可称道者，限于题旨与篇幅，不能一一细述；谨借本文篇末，略志我所聆听的先生生前的教言，以作结束。